SOCIÉTÉ NATIONALE

DES

ANTIQUAIRES DE FRANCE

CENTENAIRE

1804-1904

RECUEIL DE MÉMOIRES

PUBLIÉS PAR LES MEMBRES DE LA SOCIÉTÉ

PARIS
C. KLINCKSIECK
LIBRAIRE DE LA SOCIÉTÉ
11, RUE DE LILLE, 11

SOCIÉTÉ NATIONALE

DES

ANTIQUAIRES DE FRANCE

AVIS

La Commission du Centenaire croit devoir rappeler que la Société des Antiquaires de France ne prend pas la responsabilité des doctrines émises par les auteurs.

SOCIÉTÉ NATIONALE
DES
ANTIQUAIRES DE FRANCE

CENTENAIRE
1804-1904

RECUEIL DE MÉMOIRES

PUBLIÉS PAR LES MEMBRES DE LA SOCIÉTÉ

PARIS
C. KLINCKSIECK
LIBRAIRE DE LA SOCIÉTÉ
11, RUE DE LILLE, 11

BUREAU DE LA SOCIÉTÉ

POUR L'ANNÉE 1904.

MM. le comte P. Durrieu, Président.
  H. Bouchot, Premier Vice-Président.
  H. Omont, Deuxième Vice-Président.
  N. Valois, Secrétaire.
  P. Girard, Secrétaire adjoint.
  A. Blanchet, Trésorier.
  M. Prou, Bibliothécaire-Archiviste.

COMMISSION DES IMPRESSIONS.

MM. A. de Barthélemy.
  A. Héron de Villefosse.
  l'abbé H. Thédenat.
  H. Omont.
  E. Michon.

COMMISSION DE PUBLICATION DES *METTENSIA*.

MM. A. de Barthélemy.
  H. Omont.
  M. Collignon.
  A. Blanchet.

COMMISSION DES FONDS.

MM. E. Babelon.
  Ch. Ravaisson-Mollien.
  Th. Homolle.

COMMISSION DU CENTENAIRE.

MM. A. Héron de Villefosse, Président.
  E. Saglio, Vice-Président.
  E. Michon, Secrétaire.
  H. Omont, N. Valois, et les membres du Bureau.

MEMBRES HONORAIRES

AU 1er AVRIL 1904.

MM.

1. BARTHÉLEMY (Anatole DE), ✽, membre de l'Institut (Académie des inscriptions et belles-lettres), membre du Comité des travaux historiques et scientifiques, rue d'Anjou, 9 (9 mai 1842-7 juin 1882).
2. DELISLE (Léopold), G. O. ✽, membre de l'Institut (Académie des inscriptions et belles-lettres), administrateur général de la Bibliothèque nationale, président du Comité des travaux historiques et scientifiques (section d'histoire), rue des Petits-Champs, 8 (9 juillet 1855-2 décembre 1885).
3. PASSY (Louis), membre de l'Institut (Académie des sciences morales et politiques), ancien sous-secrétaire d'État, député, rue de Courcelles, 75 (7 août 1861-6 janvier 1886).
4. PERROT (Georges), G. O. ✽, membre de l'Institut (Académie des inscriptions et belles-lettres), professeur honoraire à la Faculté des lettres de l'Université de Paris, directeur de l'École normale supérieure, membre du Comité des travaux historiques et scientifiques, rue d'Ulm, 45 (8 janvier 1868-3 décembre 1890).
5. WESCHER (Carle), ✽, ancien professeur d'archéologie près la Bibliothèque nationale, rue Notre-Dame-des-Champs, 27 (3 juin 1868-6 avril 1892).
6. HÉRON DE VILLEFOSSE (Antoine), O. ✽, membre de l'Institut (Académie des inscriptions et belles-lettres), conservateur du département des antiquités grecques et romaines au Musée du Louvre, directeur à l'École pratique des Hautes-Études, président du Comité des travaux historiques et scientifiques (section d'archéologie), membre de la Commission des monuments historiques, rue Washington, 16 (5 janvier 1876-5 janvier 1898).
7. HEUZEY (Léon), G. O. ✽, membre de l'Institut (Académie des inscriptions et belles-lettres et Académie des beaux-arts), professeur à l'École des Beaux-Arts et à l'École du Louvre, conservateur du département des antiquités orientales et de la céramique antique au Musée du Louvre, membre du Comité des travaux historiques et scientifiques, boulevard Exelmans, 90 (1er mai 1867-3 mai 1899).
8. SAGLIO (Edmond), O. ✽, membre de l'Institut (Académie des inscriptions et belles-lettres), directeur honoraire du Musée des Thermes et de l'Hôtel de Cluny, membre du Comité des travaux historiques et scientifiques et de la Commission des monuments historiques, rue de Sèvres, 85 (3 novembre 1875-2 mai 1900).
9. LONGNON (Auguste), ✽, membre de l'Institut (Académie des inscriptions et belles-lettres), professeur au Collège de France, directeur à l'École pratique des Hautes-Études, membre du Comité des travaux historiques et scientifiques, rue de Bourgogne, 50 (7 juin 1876-2 mai 1900).
10. . . . .

CORRESPONDANTS ÉTRANGERS HONORAIRES

AU 1er AVRIL 1904.

MM.

1. Helbig (Wolfgang), associé étranger de l'Institut (Académie des inscriptions et belles-lettres), à Rome, villa Lante sul Gianicolo (10 janvier 1893).
2. Hirschfeld (Otto), associé étranger de l'Institut (Académie des inscriptions et belles-lettres), membre de l'Académie des sciences et professeur à l'Université de Berlin, à Charlottenbourg, près Berlin, Carmerstrasse, 8 (10 janvier 1893).
3. Ouvaroff (la comtesse), présidente de la Société impériale archéologique de Moscou, à Moscou (8 avril 1893).
4. Lovatelli (la comtesse Ersilia Caetani), à Rome, palazzo Lovatelli, piazza Campitelli (7 juin 1893).
5. Sickel (le chevalier Theodor von), associé étranger de l'Institut (Académie des inscriptions et belles-lettres), professeur à l'Université de Vienne, président de l'Institut autrichien des études historiques, à Rome, via della Croce, 74 (6 février 1895).
6. Benndorf (Otto), correspondant de l'Institut (Académie des inscriptions et belles-lettres), membre de l'Académie des sciences et professeur à l'Université de Vienne, directeur de l'Institut autrichien d'archéologie, à Vienne, Pelikangasse, 18 (16 juin 1897).
7. Albe (la duchesse de Berwick et d'), à Madrid, palacio de Liria (1er février 1899).
8. Ferrero (Ermanno), membre de l'Académie royale des sciences et professeur à l'Université de Turin, à Turin (8 avril 1891-1er février 1899).
9. . . . .
10. . . . .

MEMBRES RÉSIDANTS

AU 1er AVRIL 1904.

MM.

1. Vogüé (le marquis Melchior de), C. ✻, membre de l'Institut (Académie française et Académie des inscriptions et belles-lettres), ancien ambassadeur, rue Fabert, 2 (4 juillet 1860).
2. Rey (le baron Emmanuel), ✻, avenue de Breteuil, 70 (5 février 1862).
3. Guiffrey (Jules), O. ✻, membre de l'Institut (Académie des beaux-arts), administrateur de la Manufacture nationale des Gobelins, membre du Comité des travaux historiques et scientifiques et de la Commission des monuments historiques, avenue des Gobelins, 42 (7 février 1877).
4. Schlumberger (Gustave), ✻, membre de l'Institut (Académie des inscriptions et belles-lettres), membre du Comité des travaux historiques et scientifiques, avenue d'Antin, 37 (7 février 1877).
5. Gaidoz (Henri), ✻, directeur à l'École pratique des Hautes-Études, rue Servandoni, 22 (7 novembre 1877).
6. Mowat (Robert), O. ✻, chef d'escadrons d'artillerie en retraite, rue des Feuillantines, 10 (6 novembre 1878).
7. Lasteyrie (le comte Robert de), ✻, membre de l'Institut (Académie des inscriptions et belles-lettres), professeur à l'École des Chartes, secrétaire du Comité des travaux historiques et scientifiques (section d'archéologie), membre de la Commission des monuments historiques, rue du Pré-aux-Clercs, 10 *bis* (5 novembre 1879).
8. Duchesne (Mgr Louis), C. ✻, membre de l'Institut (Académie des inscriptions et belles-lettres), directeur de l'École française de Rome, directeur à l'École pratique des Hautes-Études, rue de Vaugirard, 71 *bis*, et à Rome, Palais Farnèse (3 décembre 1879).
9. Boislisle (Arthur de), ✻, membre de l'Institut (Académie des inscriptions et belles-lettres), membre du Comité des travaux historiques et scientifiques, boulevard Saint-Germain, 174 (4 mai 1881).
10. Arbois de Jubainville (Henry d'), O. ✻, membre de l'Institut (Académie des inscriptions et belles-lettres), professeur au Collège de France, boulevard Montparnasse, 84 (5 avril 1882).
11. Rougé (le vicomte Jacques de), au château de Bois-Dauphin, par Précigné (Sarthe) (5 juillet 1882).

MEMBRES RÉSIDANTS.

MM.

12. Thédenat (l'abbé Henry), membre de l'Institut (Académie des inscriptions et belles-lettres), membre du Comité des travaux historiques et scientifiques, rue de Bourgogne, 54 (8 novembre 1882).
13. Bapst (Germain), ✻, rue Vignon, 15 (4 février 1885).
14. Molinier (Émile), O. ✻, conservateur honoraire au Musée du Louvre, rue La Rochefoucauld, 29 (4 février 1885).
15. Collignon (Maxime), O. ✻, membre de l'Institut (Académie des inscriptions et belles-lettres), professeur à la Faculté des lettres de l'Université de Paris, boulevard Saint-Germain, 88 (6 janvier 1886).
16. Babelon (Ernest), ✻, membre de l'Institut (Académie des inscriptions et belles-lettres), conservateur du département des médailles et antiques de la Bibliothèque nationale, chargé de cours au Collège de France, membre du Comité des travaux historiques et scientifiques et de la Commission des monuments historiques, rue de Verneuil, 30 (7 avril 1886).
17. Ravaisson-Mollien (Charles), conservateur adjoint du département des antiquités grecques et romaines au Musée du Louvre, rue Vital, 39 (12 janvier 1887).
18. Homolle (Théophile), C. ✻, membre de l'Institut (Académie des inscriptions et belles-lettres), directeur des Musées nationaux et de l'École du Louvre, au Palais du Louvre (4 mai 1887).
19. Durrieu (le comte Paul), ✻, conservateur honoraire au Musée du Louvre, avenue Malakoff, 74 (7 mars 1888).
20. Bouchot (Henri), ✻, conservateur du département des estampes de la Bibliothèque nationale, rue Madame, 60 (2 mai 1888).
21. Omont (Henri), ✻, membre de l'Institut, (Académie des inscriptions et belles-lettres), conservateur du département des manuscrits de la Bibliothèque nationale, membre du Comité des travaux historiques et scientifiques, rue Raynouard, 17 (9 janvier 1889).
22. Baye (le baron J. de), avenue de la Grande-Armée, 58 (3 avril 1889).
23. Delaborde (le comte H.-François), ✻, sous-chef de section aux Archives nationales, rue de Phalsbourg, 14 (4 février 1891).
24. Martha (Jules), ✻, professeur à la Faculté des lettres de l'Université de Paris, rue de Bagneux, 16 (4 février 1891).
25. Prou (Maurice), ✻, professeur à l'École des Chartes, membre du Comité des travaux historiques et scientifiques, rue des Martyrs, 51 (6 mai 1891).
26. Cagnat (René), O. ✻, membre de l'Institut (Académie des inscriptions et belles-lettres), professeur au Collège de France, membre du Comité des travaux historiques et scientifiques et de la Commission des monuments historiques, rue Stanislas, 10 (6 janvier 1892).
27. Beurlier (l'abbé Émile), curé de Notre-Dame d'Auteuil, rue Corot, 4 (7 mars 1894).

MM.

28. Michon (Étienne), conservateur adjoint du département des antiquités grecques et romaines au Musée du Louvre, rue Barbet-de-Jouy, 26 (9 janvier 1895).
29. Lafaye (Georges), professeur adjoint à la Faculté des lettres de l'Université de Paris, boulevard Saint-Michel, 105 (9 janvier 1895).
30. Blanchet (Adrien), bibliothécaire honoraire au département des médailles et antiques de la Bibliothèque nationale, membre du Comité des travaux historiques et scientifiques, avenue Bosquet, 40 (11 décembre 1895).
31. Valois (Noël), membre de l'Institut (Académie des inscriptions et belles-lettres), archiviste honoraire aux Archives nationales, rue de l'Abbaye, 13 (9 décembre 1896).
32. Girard (Paul), ✻, maître de conférences à l'École normale supérieure, rue du Cherche-Midi, 55 (9 décembre 1896).
33. Lefèvre-Pontalis (Eugène), archiviste-paléographe, directeur de la Société française d'archéologie, membre du Comité des travaux historiques et scientifiques, rue de Phalsbourg, 13 (13 janvier 1897).
34. La Tour (Henri de), conservateur adjoint du département des médailles et antiques de la Bibliothèque nationale, avenue de Villars, 2 *bis* (2 juin 1897).
35. Hauvette (Amédée), ✻, maître de conférences à l'École normale supérieure, rue Racine, 28 (2 février 1898).
36. Enlart (Camille), conservateur du Musée de sculpture comparée du Trocadéro, rue du Cherche-Midi, 14 (3 mai 1899).
37. Martin (Henry), conservateur adjoint à la Bibliothèque de l'Arsenal, rue de Sully, 1 (5 juillet 1899).
38. Tardif (Joseph), docteur en droit, rue du Cherche-Midi, 28 (5 juillet 1899).
39. Monceaux (Paul), ✻, professeur au lycée Henri IV, rue de Tournon, 12 (13 juin 1900).
40. Stein (Henri), archiviste aux Archives nationales, rue Gay-Lussac, 38 (13 juin 1900).
41. Clément Pallu de Lessert (A.), docteur en droit, rue de Tournon, 17 (9 janvier 1901).
42. Mély (Fernand de), rue de la Trémoille, 26 (4 février 1903).
43. Maurice (Jules), rue Washington, 33 (4 février 1903).
44. Toutain (Jules), maître de conférences à l'École pratique des Hautes-Études, professeur à l'École normale supérieure de Fontenay-aux-Roses, rue du Four, 25 (3 février 1904).
45. . . . .

LISTE

DES ANCIENS MEMBRES

DE L'ACADÉMIE CELTIQUE

(1804-1814)

ET DE

LA SOCIÉTÉ DES ANTIQUAIRES DE FRANCE[1]

(1814-1904)

A

Abeille (Louis-Paul), membre résidant de l'Académie celtique, mort le 28 juillet 1807.

Affry de la Monnoye (Alfred d'), membre résidant le 9 juin 1842, démissionnaire le 19 août 1848.

Allou (Charles-Nicolas), associé correspondant national le 9 décembre 1822, membre résidant le 9 janvier 1833, membre honoraire le 9 janvier 1843, mort le 7 octobre 1843.

Andreossy (le comte Antoine-François), membre résidant de l'Académie celtique, mort le 10 septembre 1828.

Angiolini, membre résidant de l'Académie celtique.

Anson (Pierre-Hubert), membre résidant de l'Académie celtique le 9 octobre 1808, mort le 20 novembre 1810.

Attel de Luttange (Jean-François-Didier d'), membre résidant le 9 mars 1829, associé correspondant national en 1833.

Aubenas (Adolphe), membre résidant le 19 janvier 1839, démissionnaire en 1847.

Aubert (Édouard), membre résidant le 3 juillet 1867, mort le 19 décembre 1888.

Aubert du Petit-Thouars (L.-M.-A.), membre résidant de l'Académie celtique le 9 nivôse an XIV, mort le 12 mai 1831.

Auguis (P. R.), membre résidant de l'Académie celtique le 9 décembre 1813, membre résidant de la Société des Antiquaires, associé correspondant national en 1833, mort le 21 décembre 1844.

B

Bail (Charles-Joseph), membre résidant le 9 juin 1818, associé correspondant national en 1822, mort le 20 février 1824.

Barbié du Bocage (Jean-Denis), membre résidant en 1819, mort le 28 décembre 1825.

Barbié du Bocage (Alexandre-François), membre résidant le 9 mars 1826, mort le 25 février 1835.

---

1. Cette liste comprend, outre les anciens membres résidants de l'Académie Celtique et de la Société des Antiquaires de France, les anciens correspondants étrangers honoraires de cette Société.

BARBIER DE NEUVILLE, membre résidant de l'Académie celtique, membre honoraire le 29 décembre 1814.

BARRÈRE, membre résidant de l'Académie celtique.

BASTIDE, membre résidant de l'Académie celtique.

BATAILLARD (Anne-Charles-Thomas), membre résidant le 9 août 1842, membre honoraire le 2 février 1859, mort le 8 décembre 1881.

BEAULIEU (Jean-Louis DUGAS DE), associé correspondant de l'Académie celtique le 16 octobre 1809, membre résidant de la Société des Antiquaires le 9 mars 1832, mort en juillet 1861.

BERGER (le pasteur Samuel), membre résidant le 1er juin 1892, mort le 13 juillet 1900.

BERNARD (Auguste), membre résidant le 10 avril 1843, membre honoraire le 6 février 1856.

BERR (Michel), de Turique, associé correspondant national de l'Académie celtique le 9 janvier 1814, membre résidant de la Société des Antiquaires le 9 novembre 1817, associé correspondant national le 9 août 1837.

BERRIAT DE SAINT-PRIX (Jacques), membre résidant le 29 août 1820, mort le 4 octobre 1845.

BERTRAND (Alexandre), membre résidant le 7 août 1861, membre honoraire le 6 avril 1892, mort le 8 décembre 1902.

BESNARD (Pierre-Joachim), membre résidant fondateur de l'Académie celtique, démissionnaire le 9 février 1807, membre non résidant, mort à Paris le 27 février 1808.

BESSON, membre résidant de l'Académie celtique.

BEULÉ (Charles-Ernest), membre résidant le 9 mai 1854, démissionnaire le 10 mars 1862, mort le 4 avril 1874.

BEURNONVILLE (le comte Pierre RIEL DE), membre résidant de l'Académie celtique, mort le 23 avril 1821.

BINART, membre résidant de l'Académie celtique.

BIOT (Édouard-Constant), membre résidant le 9 juin 1845, mort le 13 mars 1850.

BLACAS D'AULPS (Louis-Charles-Pierre-Casimir, duc DE), membre résidant le 5 février 1862, mort en 1866.

BLOUET (Guillaume-Abel), membre résidant le 19 juillet 1830, démissionnaire le 15 janvier 1835, mort le 17 mai 1853.

BOILEAU DE MAULAVILLE, membre résidant de l'Académie celtique le 17 avril 1809, membre résidant de la Société des Antiquaires, mort le 24 septembre 1826.

BONIFACE (Alexandre), membre résidant de l'Académie celtique le 19 août 1812.

BORDIER (Henri-Léonard), membre résidant le 9 avril 1851, mort le 31 août 1888.

BOREL DE BRÉTIZEL (Durand), membre résidant de l'Académie celtique, mort en 1838.

BOTTÉE DE TOULMON (Auguste), membre résidant le 29 février 1836, démissionnaire le 20 avril 1840, réélu le 9 avril 1842, mort le 22 mars 1850.

BOTTIN (Sébastien), membre non résidant de l'Académie celtique le 16 juillet 1810, membre résidant de la Société des Antiquaires le 19 février 1818, démissionnaire le 19 mars 1827, mort en 1853.

BOULAGE (Thomas-Pascal), membre résidant de l'Académie celtique le 9 juillet 1811, mort le 20 mai 1820.

BOULARD (Antoine-Marie-Henri), membre résidant de l'Académie celtique, mort le 6 mai 1825.

BOURGEAT (Louis-Alexandre-Marguerite), membre résidant de l'Académie celtique le 9 décembre 1813, mort le 14 septembre 1814.

BOURQUELOT (Louis-Félix), membre résidant le 9 décembre 1840, mort le 15 décembre 1868.

BOUTARIC (Edgard), membre résidant le 4 janvier 1860, membre honoraire le 6 décembre 1876, mort le 17 décembre 1877.

BRETON (François-Pierre-Hippolyte-Ernest), membre résidant le 19 décembre 1838, membre honoraire le 9 juillet 1854, mort le 29 mai 1875.

BREUVERY (J. DE), membre résidant de l'Académie celtique le 17 juillet 1809.

BRILLAT-SAVARIN (Anthelme), membre résidant de l'Académie celtique, membre résidant de la Société des Antiquaires, mort le 2 février 1826.

BRUAND (Anne-Joseph), associé correspondant national le 9 novembre 1814, membre résidant le 9 avril 1816, associé correspondant national de la Société des Antiquaires, mort le 19 avril 1820.

BRUIX (Eustache), membre résidant de l'Académie celtique, mort le 18 mars 1805.

BRUNE (Guillaume-Marie-Anne), membre résidant de l'Académie celtique, mort le 2 août 1815.

BRUNET DE PRESLE (Charles-Marie-Wladimir), membre résidant le 9 avril 1851, mort le 12 septembre 1875.

BUTET (Pierre-Roland-François), de la Sarthe, membre résidant de l'Académie celtique le 28 février 1806, mort en mars 1825.

C

CADALVÈNE (Édouard DE), membre résidant le 9 juin 1828, démissionnaire le 30 mai 1836, mort en décembre 1852.

CAILA (le baron DE), membre résidant de l'Académie celtique le 29 mars 1808, associé correspondant national de la Société des Antiquaires, mort en 1826 ou 1827.

CAILLEUX (Alphonse DE), membre résidant le 29 octobre 1825, démissionnaire le 19 avril 1833.

CAMBRY (Jacques), membre résidant fondateur de l'Académie celtique, mort le 30 décembre 1807.

CAPPERONNIER (Jean-Augustin), membre résidant de l'Académie celtique, mort le 16 novembre 1820.

CARTIER (Étienne), membre résidant le 19 janvier 1846, associé correspondant national le 9 décembre 1853.

CHABAILLE (J. P.), membre résidant le 9 mars 1843, associé correspondant national le 7 août 1861, mort en 1864.

CHABOUILLET (P.-M.-Anatole), membre résidant le 4 novembre 1861, membre honoraire le 9 janvier 1884, mort le 5 janvier 1899.

CHANLAIRE (P.-G.), membre résidant de l'Académie celtique, mort en 1817.

CHARDON DE LA ROCHETTE (Simon), membre résidant de l'Académie celtique le 9 octobre 1806, mort le 18 septembre 1814.

CHATEAUGIRON (le marquis René-Charles-Hippolyte DE), membre résidant de l'Académie celtique, associé correspondant national de la Société des Antiquaires, mort le 6 juin 1848.

CHAUDRUC DE CRAZANNES (le baron Jean-César-Marie-Alexandre), associé correspondant de l'Académie celtique le 9 mars 1808, membre résidant de la Société des Antiquaires le 19 septembre 1814, associé correspondant national, mort en 1862.

CHAULMETON (François-Pierre), associé correspondant national de l'Académie celtique le 9 janvier 1809, membre résidant, démissionnaire le 9 décembre 1815, mort le 10 août 1819.

CHAULMETTE DES FOSSÉS (Amédée), membre résidant le 9 mai 1823, associé correspondant national le 9 août 1837, mort le 4 octobre 1841.

CHENNEVIÈRES-POINTEL (le marquis Philippe DE), membre résidant le 10 février 1851, démissionnaire le 16 mars 1854, associé correspondant national, mort le 1ᵉʳ avril 1899.

CHESNE, membre résidant de l'Académie celtique le 29 janvier 1806.

CIBIED (Jacques CHABAN DE), membre résidant en décembre 1815, associé correspondant national le 9 août 1837, mort en 1837.

COCHERIS (Hippolyte-François-Jules-Marie), membre résidant le 8 novembre 1854, membre honoraire le 2 mars 1881, mort le 14 avril 1882.

COQUEBERT DE MONTBRET (le baron Charles-Étienne), membre résidant de l'Académie celtique, membre résidant de la Société des Antiquaires le 9 avril 1819, mort le 9 avril 1831.

CORBET (Charles-Louis), membre résidant de l'Académie celtique, mort le 10 décembre 1808.

CORRÉA DE SERRA (Joseph-François), membre résidant fondateur de l'Académie celtique, mort le 11 septembre 1823.

b

CORROYER (Édouard), membre résidant le 5 février 1879, mort le 30 janvier 1904.

COURAJOD (Louis), membre résidant le 5 mai 1875, mort le 26 juin 1896.

COUSINARD (Jean-Antoine-Eugène), membre résidant le 9 août 1836, démissionnaire le 9 novembre 1841.

COUSINÉRY (Esprit-Marie), membre résidant de l'Académie celtique le 16 octobre 1809, membre honoraire de la Société des Antiquaires le 28 février 1831, mort le 7 janvier 1833.

CRAPELET (Georges-Adrien), membre résidant le 9 février 1829, mort le 11 décembre 1842.

CREULY (Casimir), membre résidant le 16 novembre 1859, membre honoraire le 3 janvier 1877, mort en 1879.

D

DAMÉCOURT, membre résidant de l'Académie celtique le 29 mai 1808.

DANJOU (Jean-Louis-Félix), membre résidant le 9 août 1837, démissionnaire le 19 août 1841, mort le 4 mars 1866.

DARETTEY (C. J. V.), membre résidant le 9 février 1842, démissionnaire le 19 décembre 1844.

DECROSNE D'ARCONVILLE, membre résidant de l'Académie celtique.

DELACROIX (Jacques-Vincent), membre résidant de l'Académie celtique le 1er septembre 1809, mort le 9 mars 1832.

DELESSAIGNES, membre résidant de l'Académie celtique le 19 février 1808.

DELOCHE (Jules-Edmond-Maximin), membre résidant le 16 avril 1856, membre honoraire le 12 novembre 1879, mort le 12 février 1900.

DEMANTE (Auguste-Gabriel), membre résidant le 9 mars 1849, démissionnaire le 29 mars 1850, mort en 1856.

DEMAY (G.), membre résidant le 2 avril 1873, mort le 4 octobre 1886.

DENINA (Giacomo-Maria-Carlo), membre honoraire de l'Académie celtique, mort le 5 décembre 1813.

DENIS, membre résidant de l'Académie celtique le 1er mai 1809.

DEPPING (Georges-Bernard), membre résidant de l'Académie celtique le 9 février 1814, membre honoraire de la Société des Antiquaires le 9 décembre 1844, mort le 7 septembre 1853.

DESCHAMPS (Jean-Marie), membre résidant de l'Académie celtique le 9 juillet 1807, mort en 1826.

DESGRANGES, membre résidant de l'Académie celtique le 19 mai 1808, membre honoraire de la Société des Antiquaires, mort en 1852.

DESPREZ, membre résidant de l'Académie celtique.

DESSALLES (Léon), membre résidant le 9 mars 1842, associé correspondant national le 29 mars 1851.

DESSOLLES (le marquis Jean-Joseph-Paul-Augustin), membre résidant de l'Académie celtique le 9 germinal an XIII, membre honoraire de la Société des Antiquaires le 9 janvier 1828, mort le 4 novembre 1828.

DESVAUX (Nicaise-Auguste), membre résidant de l'Académie celtique le 9 février 1814, associé correspondant national de la Société des Antiquaires.

DES VERGERS (Marie-Joseph-Adolphe-Noël), membre résidant le 4 février 1857, mort le 2 janvier 1867.

DEVÉRIA (Théodule), membre résidant le 8 novembre 1854, mort le 31 janvier 1871.

DIDOT (Pierre), l'aîné, membre résidant de l'Académie celtique, mort le 31 décembre 1853.

DODUN, membre résidant de l'Académie celtique.

DODUN DE NEUVRY, membre résidant de l'Académie celtique.

DROJAT (François), associé correspondant national le 9 février 1824, membre résidant le 9 août 1824, démissionnaire le 10 juillet 1843.

DUCHALAIS (J.-B.-Adolphe-Ursin), membre résidant le 9 août 1840, mort le 21 août 1854.

DULAURE (Jacques-Antoine), membre résidant de l'Académie celtique, membre honoraire de la Société des Antiquaires le 9 janvier 1832, mort le 9 août 1835.

Dumont (Albert), membre résidant le 6 décembre 1871, mort le 11 août 1884.

Dupin (le baron Claude-François-Étienne), associé correspondant national de l'Académie celtique, membre résidant de la Société des Antiquaires le 9 septembre 1814, membre honoraire le 9 janvier 1828, mort le 11 novembre 1828.

Duplessis (Georges), membre résidant le 6 décembre 1871, mort le 26 mars 1899.

Dupré (Augustin), membre résidant de l'Académie celtique, mort le 30 janvier 1833.

Du Sommerard (Alexandre), membre résidant le 9 août 1825, mort le 19 août 1842.

Duval-Pineux (Amaury), membre résidant fondateur de l'Académie celtique, mort le 12 novembre 1838.

Duveyrier (Hon.-Nicolas-Marie), membre résidant de l'Académie celtique, mort en 1833.

E

Egger (Émile), membre résidant le 5 mai 1858, membre honoraire le 2 juillet 1879, mort le 30 août 1885.

Esquiron (Antoine-Toussaint de Saint-Agnan d'), membre résidant de l'Académie celtique le 19 octobre 1811.

Étienne (Henri), membre résidant le 29 août 1829, démissionnaire le 29 août 1841.

F

Fabré (Bernard-Raymond), membre résidant le 9 novembre 1814, démissionnaire le 29 décembre 1827.

Farcy (François-Charles), membre résidant le 9 mai 1826, démissionnaire le 29 juin 1837.

Faujas de Saint-Fond (Barthélemy), membre résidant de l'Académie celtique, mort le 18 juillet 1819.

Favé (Ildephonse), membre résidant le 9 août 1850, démissionnaire le 12 juillet 1871, mort le 14 mars 1894.

Fayolle (François-Joseph-Marie), membre résidant de l'Académie celtique le 29 mai 1811, mort en 1852.

Flouest (Édouard), associé correspondant national le 3 novembre 1869, membre résidant le 5 mars 1884, mort le 4 juin 1891.

Fontanes (le marquis Louis de), membre résidant de l'Académie celtique, mort le 17 mars 1821.

Fortia d'Urban (le marquis Agricol-Joseph-François-Xavier-Pierre-Esprit-Paul-Antoine), membre résidant, membre honoraire le 9 janvier 1828, mort le 4 août 1843.

Fortis (le comte François-Marie de), membre résidant le 9 octobre 1823, mort le 25 janvier 1847.

Fourcroy (le comte Antoine-François), membre résidant de l'Académie celtique, mort le 16 décembre 1809.

Fragonard (Alexandre-Évariste), membre résidant en 1824, mort le 10 novembre 1850.

François de Neufchateau (le comte Nicolas-Louis), membre résidant de l'Académie celtique, mort le 10 janvier 1828.

Franks (Sir Augustus Wollaston), associé correspondant étranger le 5 février 1862, associé correspondant étranger honoraire le 10 janvier 1893, mort en 1897.

Frary (Alexandre-Juste), membre résidant le 30 mars 1835, membre honoraire le 19 mai 1851, mort le 20 mars 1854.

Fréminville (Christophe-Paulin de la Poix de), associé correspondant national de l'Académie celtique le 1er septembre 1810, membre résidant de la Société des Antiquaires le 9 mars 1814, mort le 11 janvier 1848.

Fréville (Charles-Ernest de), membre résidant le 9 avril 1846, mort le 18 novembre 1855.

G

Garnier (le baron Jean-Baptiste-Étienne), membre résidant de l'Académie celtique.

Gaucheraud (Hippolyte), membre résidant le 9 février 1843, associé correspondant national le 12 juin 1867, mort en 1874.

Gaudelet, membre résidant de l'Académie celtique le 1er décembre 1809.

Gaujal (le baron Marc-Antoine-François de), associé correspondant national en 1826, membre résidant le 9 février 1838, démissionnaire le 20 juillet 1840.

GAULTIER (L.), membre résidant de l'Académie celtique le 29 thermidor an XIII.
GAUTTIER DU LYS D'ARC (Louis-Édouard), membre résidant le 9 janvier 1829, associé correspondant national en 1837, mort le 26 avril 1843.
GENCE (Jean-Baptiste-Modeste), membre résidant de l'Académie celtique le 29 mai 1811, membre résidant de la Société des Antiquaires en 1826, mort le 17 avril 1840.
GILBERT, membre résidant de l'Académie celtique le 29 prairial an XIII.
GILBERT (Antoine-Pierre-Marie), membre résidant le 19 février 1829, membre honoraire le 9 mai 1855, mort le 5 janvier 1858.
GILLET DE LAUMONT (François-Pierre-Nicolas), membre résidant de l'Académie celtique, associé correspondant national le 9 janvier 1811, mort le 1er juin 1834.
GINGUENÉ (Pierre-Louis), membre résidant de l'Académie celtique le 19 février 1808, mort le 16 novembre 1816.
GRAVE (le marquis Pierre-Marie DE), membre résidant de l'Académie celtique, mort le 16 janvier 1823.
GRÉSY (Eugène), membre résidant le 9 mars 1846, mort en décembre 1867.
GRILLE DE BEUZELIN (Ernest-Louis-Hippolyte-Théodore), membre résidant le 9 avril 1835, mort le 26 février 1845.
GRIVAUD DE LA VINCELLE (Claude-Madeleine), membre résidant de l'Académie celtique, mort le 4 décembre 1819.
GROUVELLE (Philippe-Antoine), membre de l'Académie celtique, mort le 30 septembre 1806.
GUÉNÉBAULT (L.-J.), membre résidant le 9 novembre 1838, démissionnaire le 9 janvier 1839.
GUÉRIN (Honoré-Victor), membre résidant le 3 décembre 1862, mort le 21 septembre 1890.
GUICHARD (Jean-Marie), membre résidant le 9 octobre 1841, associé correspondant national en 1849, mort le 4 avril 1852.
GUILHERMY (le baron Ferdinand DE), membre résidant le 4 juillet 1866, mort le 27 avril 1878.

GUILLAUME (Edmond), membre résidant le 1er juillet 1874, mort le 20 juillet 1894.
GUIZOT (François-Pierre-Guillaume), membre résidant, membre honoraire le 9 janvier 1828, mort le 12 septembre 1874.

H

HÉDOUVILLE (le comte Nicolas-Jean-Charles D'), membre résidant de l'Académie celtique, mort en 1846.
HENNIN (Pierre-Michel), membre résidant fondateur de l'Académie celtique, mort le 5 juillet 1807.
HÉRICART DE THURY (le vicomte L.-E.-F.), membre résidant fondateur de l'Académie celtique, membre honoraire de la Société des Antiquaires le 19 juillet 1831, mort le 15 janvier 1854.
HEYBERG, membre résidant de l'Académie celtique, associé correspondant national de la Société des Antiquaires en 1822.
HUILLARD-BRÉHOLLES (Jean-Louis-Alphonse), membre résidant le 9 avril 1851, mort le 25 mars 1871.

I

IMBERT (E.-F.), membre résidant de l'Académie celtique le 16 juin 1809.

J

JALEY (H.), membre non résidant de l'Académie celtique le 29 décembre 1810, membre résidant de la Société des Antiquaires, membre honoraire le 30 mars 1829, mort en 1848.
JAUBERT (Pierre-Amédée-Émilien-Probe), membre résidant le 10 janvier 1825, membre honoraire en 1833, mort le 27 janvier 1847.
JOHANNEAU (Éloi), membre résidant fondateur de l'Académie celtique, démissionnaire le 29 décembre 1827, mort le 25 juillet 1851.
JOLLOIS (Jean-Baptiste-Prosper), membre résidant le 9 mars 1832, mort le 24 juin 1842.
JOLY (Jacques-Adrien), membre résidant de l'Académie celtique, mort en novembre 1829.

JORAND (Jean-Baptiste-Joseph), membre résidant le 9 décembre 1822, mort le 27 avril 1850.

JOUBERT, membre résidant de l'Académie celtique.

JUBÉ (Auguste), baron de LA PÉRELLE, membre résidant, mort le 1er juillet 1824.

JUBINAL (Achille), membre résidant le 9 novembre 1834, associé correspondant national, démissionnaire, mort le 28 décembre 1875.

JULLIEN (Marc-Antoine), associé correspondant national de l'Académie celtique le 16 juin 1810, membre résidant de la Société des Antiquaires le 19 avril 1819, démissionnaire le 9 décembre 1834, mort le 28 octobre 1848.

K

KÉRAUDREN (Pierre-François), membre résidant de l'Académie celtique le 19 septembre 1807, mort en 1857.

KERGARIOU (le comte DE), membre résidant de l'Académie celtique.

KODRIKA, membre résidant de l'Académie celtique.

KOENIGSWARTER (Louis), membre résidant le 9 août 1842, démissionnaire en 1845, réélu le 9 décembre 1849, mort en 1878.

L

LABAT (Pierre-Auguste-Eugène), membre résidant le 9 janvier 1827, démissionnaire le 19 juillet 1831, réélu le 9 janvier 1840, mort en 1867.

LABITTE (Charles), membre résidant le 10 juillet 1843, mort le 19 septembre 1845.

LABORDE (le comte Alexandre DE), membre résidant de l'Académie celtique le 19 juillet 1811, mort le 20 octobre 1842.

LABOUDERIE (l'abbé Jean), membre résidant le 9 octobre 1823, membre honoraire le 9 mars 1840, mort le 2 mai 1849.

LACABANE (Jean-Léon), membre résidant le 9 juin 1841, membre honoraire le 1er février 1882, mort le 24 décembre 1884.

LACÉPÈDE (Bernard-Germain-Étienne DE LA VILLE-SUR-ILLON, comte DE), membre résidant fondateur de l'Académie celtique, mort le 6 octobre 1825.

LACROIX (Nicolas DE), membre résidant de l'Académie celtique, associé correspondant national), mort en 1843.

LADOUCETTE (le baron Jean-Charles-François DE), membre résidant le 9 mars 1818, membre honoraire en 1836, mort le 10 mars 1848.

LALANDE (Isidore-Gérôme LEFRANÇAIS DE), membre résidant de l'Académie celtique, mort le 4 avril 1807.

LALANNE (Marie-Ludovic CHRÉTIEN dit), membre résidant le 19 janvier 1846, démissionnaire en février 1848, mort le 16 mai 1898.

LA MARE (Adolphe-Hedwige-Alphonse DE), membre résidant le 19 avril 1850, mort le 28 janvier 1861.

LAMÉSANGÈRE (Pierre DE), membre résidant de l'Académie celtique, mort le 25 février 1831.

LANGLÈS (Louis-Mathieu), membre résidant le 19 octobre 1815, mort le 28 janvier 1824.

LANJUINAIS (le comte Jean-Denis), membre résidant de l'Académie celtique le 16 juin 1809, mort le 13 janvier 1827.

LA NOË (G. DE), membre résidant le 1er juin 1892, mort le 1er septembre 1902.

LANORGARD, membre résidant de l'Académie celtique.

LA PYLAIE (le baron BACHELOT DE), associé correspondant national, membre résidant le 9 mai 1843, démissionnaire le 29 janvier 1850.

LA RENAUDIÈRE (Philippe DE), membre résidant de l'Académie celtique le 16 mai 1807, mort en 1846.

LA RÉVELLIÈRE-LEPEAUX (Louis-Marie), membre résidant de l'Académie celtique, membre résidant de la Société des Antiquaires, mort le 27 mars 1824.

LA SAUSSAYE (Jean-François-de-Paul-Louis PETIT DE), associé correspondant national le 19 août 1833, membre résidant le 9 mars 1843, membre honoraire le 16 janvier 1867, mort le 25 février 1878.

LASTEYRIE DU SAILLANT (le comte Charles-Philibert DE), membre non résidant de l'Académie celtique, membre honoraire le

29 mars 1820, démissionnaire le 19 juillet 1831, mort le 5 novembre 1849.

LASTEYRIE DU SAILLANT (le comte Ferdinand DE), membre résidant le 9 avril 1851, membre honoraire le 1er avril 1874, mort le 12 mai 1879.

LA TOUR D'AUVERGNE DE CORRET (Théophile-Malo), mort le 27 juin 1800, inscrit en tête des membres de l'Académie celtique.

LAUGIER (André), membre résidant de l'Académie celtique le 19 août 1808, mort en 1832.

LAUBIÈRE (Jules DE), associé correspondant national le 3 mai 1876, membre résidant le 12 janvier 1887, mort le 8 octobre 1894.

LAVALLÉE (Joseph), marquis DE BOIS-ROBERT, membre résidant fondateur de l'Académie celtique, mort le 28 février 1816.

LA VILLEGILLE (Arthur NOUAIL DE), membre résidant le 29 novembre 1836, membre honoraire le 3 février 1875, mort en 1882.

LE BARBIER (Jean-Jacques-François), membre résidant de l'Académie celtique, mort le 7 mai 1826.

LE BAS (Philippe), membre résidant le 9 mai 1845, mort le 16 mai 1860.

LEBER (Jean-Michel-Constant), membre résidant le 9 mars 1832, associé correspondant national le 19 novembre 1849, membre honoraire le 29 novembre 1854, mort le 22 décembre 1859.

LE BLANT (Edmond), membre résidant le 2 mars 1859, membre honoraire le 14 février 1883, mort le 5 juillet 1897.

LE BRETON (Jean-Pierre), membre résidant fondateur de l'Académie celtique, membre honoraire de la Société des Antiquaires le 9 janvier 1828, mort le 21 avril 1829.

LECOY DE LA MARCHE (Albert), membre résidant le 6 mai 1885, mort le 22 février 1897.

LEDRU (Jacques-Philippe), membre non résidant de l'Académie celtique le 9 novembre 1807, membre résidant de la Société des Antiquaires, mort le 10 novembre 1832.

LEGILE, membre non résidant de l'Académie celtique le 19 septembre 1806, membre résidant le 19 janvier 1808.

LEGONIDEC (Jean-François-Marie-Maurice-Agathe), membre non résidant de l'Académie celtique le 29 prairial an XIII, membre résidant le 9 janvier 1806, membre honoraire le 19 mars 1836, mort le 12 octobre 1838.

LEGRAND (Jacques-Guillaume), membre résidant de l'Académie celtique, mort le 9 novembre 1807.

LEROC (Louis-Grégoire), membre résidant de l'Académie celtique, mort le 15 octobre 1810.

LEMIÈRE DE CORVEY (Jean-Frédéric-Auguste), associé correspondant national de l'Académie celtique, membre résidant de la Société des Antiquaires le 20 janvier 1817, associé correspondant national, mort en 1833.

LEMOT (le baron François-Frédéric), membre résidant de l'Académie celtique, mort le 6 mai 1827.

LENOIR (Alexandre), membre résidant de l'Académie celtique, membre honoraire de la Société des Antiquaires en 1833, mort le 11 juin 1839.

LENORMANT (Charles), membre résidant le 9 mai 1845, mort le 22 novembre 1859.

LE PRÉVOST D'IRAY (le vicomte Chrétien-Siméon), membre résidant de l'Académie celtique, mort le 15 septembre 1849.

LEROUGE (André-Joseph-Étienne), membre résidant de l'Académie celtique le 9 janvier 1809, membre résidant de la Société des Antiquaires, membre honoraire le 10 mai 1830, mort le 26 avril 1833.

LEROUX, membre résidant de l'Académie celtique.

LE ROUX DE LINCY (Adrien-Jean-Victor), membre résidant le 9 avril 1842, démissionnaire le 20 mars 1848, mort le 13 mai 1869.

L'ESCALOPIER (le comte Marie-Joseph-Charles DE), associé correspondant national le 9 avril 1835, membre résidant le 9 mars 1839, mort le 11 octobre 1861.

LESPINE, membre résidant de l'Académie celtique.

LONGPÉRIER (Henri-Adrien PRÉVOST DE),

membre résidant le 9 avril 1838, mort le 14 janvier 1882.
LORAIN (membre résidant de l'Académie celtique, mort le 18 novembre 1848.

M

MABILLE (Émile), membre résidant le 8 janvier 1868, mort le 24 septembre 1874.
MACDONALD (Étienne-Jacques-Joseph), membre résidant de l'Académie celtique, mort le 26 septembre 1840.
MALHERBE (Dominique), membre résidant de l'Académie celtique.
MALLEVILLE (le marquis Pierre-Joseph DE), membre résidant de l'Académie celtique le 9 novembre 1811, membre résidant de la Société des Antiquaires en 1832, mort le 5 juillet 1832.
MANGOURIT (Michel-Ange-Bernard DE), membre résidant fondateur de l'Académie celtique, membre résidant de la Société des Antiquaires, mort le 17 février 1829.
MAREC (Pierre), membre résidant de l'Académie celtique, mort le 23 janvier 1828.
MARIETTE PACHA (Auguste), membre résidant le 9 janvier 1856, membre honoraire le 6 mars 1878, mort le 19 janvier 1881.
MARION (Jules), membre résidant le 9 février 1843, démissionnaire le 6 septembre 1876, mort le 4 mars 1886.
MARTIN (le R. P. Arthur-Julien-Marie), membre résidant le 9 avril 1851, mort le 24 novembre 1856.
MARTONNE (Guillaume-M. DE), membre résidant le 29 mars 1833, membre honoraire le 9 novembre 1853, mort en 1873.
MARY-LAFON, membre résidant le 9 août 1836, associé correspondant national.
MAS LATRIE (le comte Jacques-Marie-Joseph-Louis DE), membre résidant le 9 avril 1838, démissionnaire le 9 juillet 1841, mort le 3 janvier 1897.
MAUFRAS (Charles-Louis), membre résidant le 9 mars 1849, mort le 9 août 1859.
MAURY (Louis-Ferdinand-Alfred), membre résidant le 9 avril 1842, membre honoraire le 14 avril 1858, mort le 12 février 1892.
MEJEAN (le comte Maurice), membre résidant de l'Académie celtique le 1er septembre 1809, mort en 1823.
MENTELLE (Edme), membre résidant de l'Académie celtique, mort le 28 décembre 1815.
MICHELANT (Henri-Victor), membre résidant le 19 décembre 1853, membre honoraire le 4 février 1885, mort le 23 mai 1890.
MILLIN DE GRANDMAISON (Aubin-Louis-Éleuthérophile), membre résidant de l'Académie celtique le 9 octobre 1806, mort le 14 août 1818.
MIOLLIS (le baron Gabriel-Honoré-Henri), membre résidant de l'Académie celtique, membre résidant de la Société des Antiquaires le 9 février 1829, mort le 10 décembre 1830.
MIOLLIS (le comte Sextius-Alexandre-François), membre résidant de l'Académie celtique, membre résidant de la Société des Antiquaires le 19 mai 1818, mort le 18 juin 1828.
MIOT (André-François), comte DE MELITO, membre résidant de l'Académie celtique, mort le 5 janvier 1841.
MONBRUN, membre résidant de l'Académie celtique.
MONTAIGLON (Anatole DE COURDE DE), membre résidant le 10 février 1851, mort le 1er septembre 1895.
MONTESQUIOU - FEZENZAC (l'abbé François-Xavier-Marie-Antoine, comte DE), membre résidant le 30 juin 1814, membre honoraire, démissionnaire, mort le 4 février 1832.
MONTGLAVE (François - Eugène GARAY DE), membre résidant le 9 juin 1835, démissionnaire le 9 février 1841.
MONTROL (F. DE), membre résidant le 9 avril 1829, démissionnaire le 30 mai 1836.
MOREAU DE SAINT-MÉRY (Médéric-Louis-Élie), membre résidant de l'Académie celtique, mort le 28 janvier 1819.
MOURCIN (Joseph DE), membre résidant le 9 février 1815, associé correspondant national, démissionnaire.
MÜNTZ (Eugène), membre résidant le 8 mai 1878, mort le 30 octobre 1902.
MUSSET (le marquis Louis-Alexandre-Marie DE COGNERS DE), membre résidant de l'Académie celtique le 1er octobre 1810, associé

correspondant national, mort le 17 septembre 1839.

MUSSET-PATHAY (Victor-Donatien DE), membre résidant de l'Académie celtique le 1er octobre 1810, mort le 8 avril 1832.

N

NICARD (Hippolyte-Charles-Marie-Pol), membre résidant le 9 mai 1851, mort le 27 février 1891.

NIEUWERKERKE (le comte Alfred-Émilien DE), membre honoraire le 29 septembre 1854, mort le 16 janvier 1892.

NODIER (Charles), membre non résidant de l'Académie celtique le 16 février 1810, membre résidant le 9 février 1814, mort le 27 janvier 1844.

NOUAL DE LA HOUSSAYE (Alexandre DE), membre résidant de l'Académie celtique, mort en juin 1811.

O

ORTIGUE (Joseph-Louis D'), membre résidant le 9 juin 1842, démissionnaire en 1846.

P

PAGANEL, membre résidant de l'Académie celtique le 9 juillet 1811, associé correspondant étranger.

PARDESSUS (Jean-Marie), membre résidant de l'Académie celtique, mort le 27 mai 1853.

PARIS (Alexis-Paulin), membre résidant le 9 juin 1833, démissionnaire le 29 avril 1847, mort le 13 février 1881.

PAROLETTI, membre résidant fondateur de l'Académie celtique, associé correspondant étranger.

PASTORET (le marquis Claude-Emmanuel-Joseph-Pierre DE), membre résidant de l'Académie celtique, mort le 28 septembre 1839.

PAZZIS (l'abbé Maxime SÉGUIN DE), membre résidant de l'Académie celtique le 16 juin 1809, mort le 24 août 1817.

PELLIER, membre résidant de l'Académie celtique.

PETIET (le baron Claude), membre résidant de l'Académie celtique le 19 messidor an XIII, mort le 26 mai 1806.

PETIT-RADEL (Louis-Charles-François), membre résidant de l'Académie celtique, mort le 27 juin 1836.

PEUCHET (Jacques), membre résidant de l'Académie celtique le 29 thermidor an XIII, mort le 28 septembre 1830.

PFEFFEL (Christian-Frédéric), membre résidant de l'Académie celtique, mort le 19 mars 1807.

PICHON (Jérôme), membre résidant le 9 mai 1843, démissionnaire le 10 avril 1848, mort le 26 août 1896.

PIOT (Eugène), membre résidant le 9 mai 1843, démissionnaire le 9 janvier 1847, rétabli sur la liste le 19 février 1847, mort le 17 janvier 1890.

POMMEREUL (le baron François-René-Jean DE), membre résidant de l'Académie celtique, mort le 5 janvier 1823.

PONCE (Nicolas), membre résidant de l'Académie celtique, mort en 1831.

POUGENS (le chevalier Marie-Charles-Joseph DE), membre résidant de l'Académie celtique et de la Société des Antiquaires de France, mort le 19 décembre 1833.

PROST (Gabriel-Auguste), associé correspondant national le 5 mars 1862, membre résidant le 8 novembre 1871, mort le 14 juillet 1896.

PROUST, membre résidant de l'Académie celtique.

Q

QUICHERAT (Jules), membre résidant le 9 mai 1845, mort le 8 avril 1882.

R

RAMÉ (Alfred), membre résidant le 4 avril 1883, mort le 13 octobre 1886.

RAOUL-ROCHETTE (Désiré), membre résidant le 19 décembre 1831, démissionnaire le 8 novembre 1842, mort le 6 juillet 1854.

RAYET (Olivier), membre résidant le 4 avril 1877, mort le 19 février 1887.

READ (Charles), membre résidant le 6 mars 1867, mort le 19 décembre 1898.

RÉMUSAT (Jean-Pierre-Abel), membre résidant de l'Académie celtique le 9 mars 1814, démissionnaire le 29 mars 1815, mort le 3 juin 1832.

RENAN (Ernest), membre résidant le 9 avril 1851, membre honoraire le 5 novembre 1884, mort le 20 octobre 1892.

RENÉE (Amédée), membre résidant le 30 juillet 1839, démissionnaire le 19 novembre 1840.

RENIER (Charles-Alphonse-Léon), membre résidant le 9 mai 1843, membre honoraire le 4 juillet 1877, mort le 11 juin 1885.

REY (Jean), membre résidant le 19 novembre 1833, membre honoraire le 10 mai 1847, mort le 23 juillet 1849.

RIANT (le comte Paul), membre résidant le 2 mai 1865, démissionnaire le 14 mars 1884, mort le 17 décembre 1888.

RIFFAUT (Jean-Jacques), membre résidant le 9 mars 1830, démissionnaire en 1833.

ROBERT (Charles), associé correspondant national le 9 mai 1848, membre résidant le 3 mars 1869, mort le 15 décembre 1887.

ROBERT (Ulysse), membre résidant le 5 avril 1882, mort le 5 novembre 1903.

ROCHON (l'abbé Alexis-Marie), membre résidant de l'Académie celtique, mort le 5 avril 1817.

ROGER (le baron), associé correspondant national, membre résidant le 9 avril 1834, associé correspondant national le 29 mai 1839, mort le 19 mai 1849.

ROLLE (Pierre-Nicolas), membre résidant le 9 mars 1822, associé correspondant national en 1833.

ROQUEFORT (Jean-Baptiste-Boniface FLAMERICOURT DE), membre résidant de l'Académie celtique le 1er mai 1809, membre résidant de la Société des Antiquaires, associé correspondant national en 1833, mort le 17 juin 1834.

ROSSI (le commandeur G.-B. DE), associé correspondant étranger le 10 janvier 1853, associé correspondant étranger honoraire le 10 janvier 1893, mort le 20 septembre 1894.

ROUGÉ (le vicomte Emmanuel DE), membre résidant le 10 mars 1851, mort le 27 décembre 1872.

ROUSSEL-VANZEME, membre résidant de l'Académie celtique.

ROZIÈRE (Eugène DE), membre résidant le 5 mai 1875, mort le 18 juin 1896.

S

SABBAN (DE), membre résidant de l'Académie celtique le 9 août 1808.

SADE-MAZAN (Louis-Marie DE), membre résidant de l'Académie celtique, mort le 9 juin 1809.

SAINTE-FOI (DE), membre résidant de l'Académie celtique.

SAINT-MARS (THOMAS DE), associé correspondant national, membre résidant de l'Académie celtique le 19 messidor an XIII, mort en 1812.

SAINT-MARTIN (Jean-Antoine), membre résidant le 9 mars 1814, démissionnaire le 29 mars 1815, mort le 10 juillet 1832.

SAINT-MARTIN LA MOTTE, membre résidant de l'Académie celtique.

SAINT-MORYS (Étienne-Bourgelin VIALART, comte DE), membre résidant de l'Académie celtique, mort le 21 juillet 1817.

SALVERTE (Anne-Joseph-Eusèbe BACONNIÈRE), membre résidant de l'Académie celtique le 16 février 1810, démissionnaire le 19 janvier 1814, associé correspondant national de la Société des Antiquaires, mort le 27 octobre 1839.

SANÉ (le baron Jacques-Nicolas), membre résidant de l'Académie celtique le 29 prairial an XIII, membre honoraire de la Société des Antiquaires le 9 janvier 1828, mort le 22 août 1831.

SAULCY (Louis-Félicien-Joseph CAIGNART DE), membre résidant le 9 juin 1851, membre honoraire le 1er mars 1876, mort le 5 novembre 1880.

SIMÉON (le comte Joseph-Balthasard), membre résidant le 9 mars 1829, membre honoraire en 1833, démissionnaire le 9 janvier 1835, mort le 14 novembre 1846.

SORGO (le comte DE), membre résidant de l'Académie celtique le 29 octobre 1806, membre honoraire de la Société des Antiquaires le 9 janvier 1828.

STAPFER (Philippe-Albert), membre résidant de l'Académie celtique, membre honoraire de la Société des Antiquaires le 29 mars 1820, démissionnaire le 29 décembre 1827, mort en mars 1840.

LISTE DES ANCIENS MEMBRES DE L'ACADÉMIE CELTIQUE.

T

TAILLANDIER (Alphonse-Honoré), membre résidant le 10 mars 1828, membre honoraire le 9 octobre 1848, mort le 16 juillet 1867.

TAYLOR (le baron Isidore-Justin-Severin), membre résidant le 9 avril 1824, démissionnaire en 1833, mort le 8 septembre 1879.

TERRASSON-SÉNEVAS, membre résidant de l'Académie celtique.

TRULET (Alexandre), membre résidant le 9 juin 1842, mort le 23 mai 1866.

THÉVENARD (Antoine), membre résidant de l'Académie celtique, mort le 9 février 1815.

THIEBAUT DE BERNEAUD (Arsène), membre résidant de l'Académie celtique le 9 février 1812, démissionnaire le 20 juin 1814, mort en 1850.

THOMASSY (Raymond), membre résidant le 19 juin 1837, démissionnaire le 19 octobre 1840, mort en juillet 1863.

THOURET (Guillaume-François-Antoine), associé correspondant national, membre résidant le 9 mars 1832, mort le 5 juillet 1832.

TIRAN (Melchior), membre résidant le 19 juin 1839, associé correspondant national le 29 décembre 1844.

TOCHON (Joseph-François), membre résidant de l'Académie celtique le 28 février 1807, mort le 19 août 1820.

TOLLARD aîné, membre résidant de l'Académie celtique le 29 mai 1812.

TOURET, membre honoraire le 30 mars 1829.

TOURLET (René), membre résidant de l'Académie celtique, membre honoraire de la Société des Antiquaires le 29 mars 1820, mort en 1835.

TRIQUETI (le baron Henri DE), membre résidant le 9 mai 1835, démissionnaire le 19 décembre 1840.

V

VALLET DE VIRIVILLE (Auguste), membre résidant le 9 décembre 1855, mort le 19 février 1868.

VAN PRAET (Joseph-Basile-Bernard), membre résidant de l'Académie celtique, mort le 5 février 1837.

VEAU-DELAUNAY (Claude-Jean), membre résidant de l'Académie celtique, mort le 2 avril 1826.

VILLENAVE (Mathieu-Guillaume-Thérèse), membre résidant de l'Académie celtique le 1er septembre 1809, mort le 16 mars 1846.

VILLEVIEILLE (le comte DE), membre résidant de l'Académie celtique.

VILLIERS DU TERRAGE (René-Édouard DE), membre résidant le 9 décembre 1852, mort le 21 avril 1855.

VILLOT (Marie-Joseph-Frédéric), membre résidant le 9 déc. 1849, mort le 27 mai 1875.

VINCENT (Alexandre-Joseph-Hidulphe), membre résidant le 9 novembre 1842, membre honoraire le 10 juillet 1861.

VINET (Charles-Ernest), associé correspondant national le 19 juillet 1832, membre résidant le 9 avril 1851, associé correspondant national le 5 juin 1861.

VITRY (Étienne DE), membre résidant de l'Académie celtique, démissionnaire le 19 septembre 1807, associé correspondant national, mort en octobre 1812.

VOLNEY (Constantin-François CHASSEBOEUF, comte DE), membre résidant de l'Académie celtique, membre honoraire de la Société des Antiquaires le 29 mars 1820, mort le 25 avril 1820.

W

WADDINGTON (William-Henri), membre résidant le 19 décembre 1853, mort le 13 janvier 1894.

WALCKENAËR (le baron Charles-Athanase), membre résidant de l'Académie celtique le 29 juin 1811, mort le 27 avril 1852.

WARDEN (David-Baily), membre résidant le 9 février 1828, membre honoraire le 9 décembre 1840, mort le 9 octobre 1845.

WEISS (Charles), membre résidant de l'Académie celtique le 29 décembre 1807, mort le 11 février 1866.

WILLEMIN (Nicolas-Xavier), membre résidant le 9 décembre 1822, membre honoraire le 9 juin 1831, mort le 23 janvier 1833.

WITTE (le baron Jean-Joseph-Antoine-Marie DE), associé correspondant étranger le 19 mai 1846, associé correspondant étranger honoraire le 8 juin 1887, mort le 29 juillet 1889.

RECUEIL DE MÉMOIRES

PUBLIÉS

PAR LES MEMBRES DE LA SOCIÉTÉ

RELATION

DE

LA BATAILLE DE ROCROY

PAR LE DUC D'ALBURQUERQUE

Document publié par la Duchesse d'Albe, Comtesse de Siruela

Correspondant étranger honoraire.

Sur l'aimable invitation de la Société des Antiquaires de France, je publie le récit suivant de la bataille de Rocroy, en partie autographe et rédigé en entier par le duc d'Alburquerque. L'intérêt de ce document consiste en ceci, qu'il confirme ou rectifie certains jugements émis sur cette bataille, glorieuse pour la France, malheureuse mais honorable pour les armes espagnoles.

Cette lettre, écrite par Alburquerque peu de jours après le combat, et adressée, je pense, au comte-duc d'Olivares avec toute la franchise que comporte l'intimité, bien que destinée, comme il le dit, à être communiquée au public, vient aujourd'hui corroborer les assertions de Dávila Orejón, de Vincart, Cánovas del Castillo, Rodriguez Villa et Fernández Duro, prouve jusqu'à l'évidence la courageuse conduite d'Alburquerque et contredit la version admise par le duc d'Aumale.

A l'exception de Fabert, faible appui du récit du prince, l'héroïque courage d'Alburquerque est reconnu par tous ses contemporains, depuis Philippe IV, son Conseil d'État et Don Francisco de Melo, jusqu'aux Français, qui surnommèrent le *tercio* commandé par le duc à cette bataille « le petit château, » à cause de son inébranlable fermeté.

Le jugement porté par Alburquerque sur la mauvaise disposition donnée à l'armée par le généralissime, les sages et judicieux conseils qu'il lui présenta d'abord en particulier, ensuite devant toute l'armée, détruisent l'accusation d'inexpérience que portèrent contre lui, à cause de son extrême jeunesse, le marquis de Santa Cruz et les comtes de Monterrey et d'Oñate, membres du Conseil d'État, dans leur rapport adressé à Philippe IV sur les causes de ce désastre. Il suffit de lire attentivement tout ce que le duc affirme pour reconnaitre qu'il a répondu à ses critiques par ces mots : « Le désir que j'ai d'apprendre me fait écouter avec attention et observer avec avidité. »

Les blâmes continuels adressés à Fontaine et à Melo ; l'assurance avec laquelle il dit que la bataille fut perdue par ignorance et non par manque de courage ; le renseignement qu'il donne que la funeste inaction de l'infanterie répondit aux ordres de Fontaine ; sa demande d'artillerie et de chariots de vivres ; l'indication du moment opportun pour l'attaque ; son insistance à réclamer l'appui de l'infanterie pour la joindre à sa cavalerie et le conseil de se fortifier avec des tranchées, fondé sur ces belles paroles « qu'il faut toujours redouter l'ennemi jusqu'au jour du combat, mais que c'est alors qu'il ne faut plus le craindre, » tout cela me semble l'intuition du génie militaire concédée parfois à la jeunesse et refusée à l'expérience des années ; et c'est ce qui eut lieu dans le cas présent, le duc déclarant avec modestie qu'il s'en tenait à ce qu'il avait lu et entendu dire aux autres.

La lecture de ce récit inspirera peut-être des observations plus importantes aux personnes versées dans l'art de la guerre, auquel je suis absolument étrangère. Elles trouveront sans doute le moyen d'expliquer l'apparente contradiction qui existe entre le compte-rendu officiel d'Alburquerque, assurant que ni lui ni *aucune force humaine* ne put empêcher le désastre, et les causes bien *humaines* auxquelles il l'attribue dans son récit.

Je me bornerai à ajouter que j'ai trouvé les cinq pages qui constituent ce document dans nos archives, parmi les papiers de la maison des marquis del Carpio, titre aujourd'hui porté par mon fils, le duc d'Albe, et c'est là ce qui m'a fait croire que la personne à qui il est adressé est le célèbre comte-duc d'Olivares, dont la maison est alliée à la maison d'Albe.

La partie autographe du document où le duc emploie une orthographe fantaisiste démontre que son auteur conserva en écrivant le bégayement dont il souffrait, et c'est une nouvelle preuve de la spontanéité de son récit.

RELACION DE LA BATALLA DE ROCROY

Por el Duque de Alburquerque.

Ilustrisimo Señor,

Escribí a V. S. los dias pasados la relacion del desgraciado suceso que las armas de S. M. tubieron sobre Rocroy; y aunque procuré dar quenta a V. S. de todo y lo puse en execucion, no se pueden referir de una vez negocios de tanto peso, y mas quando la pena y sentimiento estaban tan frescos en la memoria que no dejaban obrar al discurso para desmenuçar las menores circunstancias que en semejantes successos son siempre las mas importantes para la claridad de quien los oye.

Bien me acuerdo que en la pasada prometí a V. S. hablar claro y arrimarme mas a la verdad del caso que a los rodeos de la disculpa, y por si entonces no lo hice, por auer cumplido con el nerbio de mi relacion, aora la eslabonaré con todas las circunstancias, perdonandome V. S. si repito otra uez lo que ya ha oydo, que todo es menester para que la culpa de los vnos sirua de abono a la inocencia de los otros. Y tomando de mas atras mi relacion, digo, Señor, que sin comprehender ninguno el intento y disinio del Sr D. Francisco, fuimos marchando la buelta de Abinas[1]. No sabia nadie del exercito adonde auia de dar el rayo, porque no solo no lo auia comunicado el Sr D. Francisco a ningun cabo, pero aun a mí no me lo dixo asta que ya estubieron tomados los puestos, y como en aquel estado no tenian remedio los consejos, aunque allí importara la disuasion, solo atendí a preuenille que mirase no nos hallasemos sin artilleria gruessa, como el año pasado en la Basse[2]; dixome que ya tenia preuenidos quatro medios cañones de las plaças circunbecinas para encaminallos asi como llegassemos; aduertile tambien que para hazer entrada en pays estrangero adonde nos auian de venir los biberes de tan lexos, me parecia que no teniamos carros para conducillos, pues en nuestra armada, que era de mas de veinte mil hombres, no se hallaban avn cinquenta carros del Rey. Respondiome que ya auia embiado a Bruselas por ellos, y auiendo yo quitado el escrupulo que tenia con estas aduertencias, marchamos a Rocroy, adonde, reconociendo la plaça, se eligieron los ataques y se empezaron aquella noche.

Parecerá vanidad el que yo diga esto; pues no lo es, sino hablar con la verdad que acostumbro, siendo testigos de todo quanto me ha pasado los hombres de mas importancia de toda la armada, pues siempre hablé a voces delante dellos, que no ha

---

1. Avesnes.
2. La Bassée.

pasado cosa desde el principio al fin que yo no lo aya preuenido con aduertencias tan necesarias que pluguiera a Dios, Señor, que se vbieran admitido, pues oy cantaramos la vitoria en vez de llorar nuestra ruyna.

Pusose nuestro exercito en frente de vanderas al rededor de la villa, o por mejor dezir, pusole el Conde de Fontana, que parece que Dios le auia dado ciencia infusa para herrarlo todo, o que permitió traelle con nosotros para castigo de nuestros pecados. Salí de mi quartel a ver el frente de banderas y hallé desde el cuerno izquierdo de la infanteria asta el derecho de mi caballeria, que auia bien tres quartos de legua, sin persona que le guardase, y conociendo luego aquella falta, escribí vn papel al Sr D. Francisco dandole quenta de lo facil que era el socorrer la plaça por aquel franco; y como no corria por mi cuenta el guardar mas que el puesto que se me auia encargado, salió el Sr D. Francisco a vello y yo y todo, y hallando verdadero mi reparo, se mudó el frente por consejo mio, cerrando mas aquel franco y asegurandole de socorro; y fue a tan lindo tiempo, que a la noche vino el enemigo por aquella misma parte con mil y ochocientos caballos a socorrer la villa, y hallandose burlado, mataron nuestras centinelas a sus reconocedores y tocando vn arma, nos hallaron preuenidos y se fueron burlados. Nada de esto lo digo porque importe a lo principal del succeso, sino porque vea V. S. que fui siempre haciendo reparo asta en las menores preuenciones y todas salieron verdaderas.

Determinose ganar las medias lunas, porque estando nosotros sin fortificarnos, no diessemos lugar al enemigo con la tardanza a que se juntase a socorrella; y como para ganallas no tuvimos artilleria, murió infinita de nuestra gente, porque tiraban sin temor a que les ofendiessemos con esta parte tan principal de vn sitio; pero en fin se ganaron y sustentaron y la artilleria nuestra no bino por mas que yo la preuine. Estubo la gente tres dias sin pan, que tan poco vinieron los carros que auian de venir de Bruselas, sin auer importado mi aduertencia para que viniessen. Dejamos la plaza en el ultimo estado de ganalla, pues estabamos en tres dias cegando el foso; y vamos a la venida del enemigo que fué lunes a 18 de mayo. Tuvimos noticia de que llegaba y con la mayor prontitud que pude saqué mi caballeria a la plaça de armas y encargandose Fontana de poner la batalla que como a Maestre de campo general le tocaba, lo primero que hizo fué sacar el exercito del puesto que tenia (que era un marrazo por frente que no podiamos ser envestidos, y vn bosque por el costado derecho) y ponerle a la falda de vna colineja que, si el enemigo la ganara, nos pudiera derrengar con su artilleria. Di gritos diciendo que como se hacia aquello, que abançassemos a ganalla. Ayudaronme todos, y Fontana era tan porfiado que no lo quiso hacer asta que vió aquella tarde que quiso avançar el enemigo a ganalla, y entonces nos mandó avançar a nosotros conociendo que era saludable lo que yo abia dicho. Quando el enemigo venia era fuerça desfilar su gente por vn paso angosto, y quiriendo inbiar mil quinientos caballos, me ofreci yo a ir con mi caballeria a disputalle la desfilada, que es cosa evidente que si me lo permiten, se vuelben sin socorrer la villa, como lo dice la razon y como los mismos enemigos han confessado. Tanbien quando aquella tarde se avançaron a ganar nuestra colina, no abia pasado mas de la mitad de su gente y hicieron presencia con ella para que pasase la otra, y vendo nosotros resueltos a embestir y estando a tiro y medio de mosquete, boluió el enemigo las espaldas y Fontana mandó que hiciesemos alto. Yo dí voces delante de todos que embistiesemos, y viendo que no se daba orden para ello, me fuí al Sr D. Francisco y me dixo que él estaba esperando al varon de Beque[1] que estaba tres leguas de allí y venia con mas gente, y así que no queria salir a buscar el enemigo pudiendo esperàlle y aguardando este soccorro del varon, y que esperando se habian perdido muy pocas vitorias, dandome exemplos para conuencerme.

Vamos aora a la mala forma con que estaba dispuesto el ejercito, que parece imposible que lo pudiese herrar vn niño, quanto y mas vn hombre tan viejo como Fontana. Auiendo 21 tercios de ynfanteria, tenia puestos cinco de frente al enemigo y los demas que hacian frente al sesgo por los costados, y toda la caballeria del Rey en ala al cuerno yzquierdo y al derecho otra ala de alguna caballeria del Rey y lo demas de regimientos y caballeria alemana; en fin él tenia puesto el exercito en plaça de armas en vez de ponelle en vatalla, y con tan poco reten y reserua como si no se vbiese de pelear, porque Fontana nunca se persuadia a que el enemigo nos auia de dar la batalla. Reconocí la flaqueza de nuestros puestos y en particular la del cuerno yzquierdo adonde estaba mi caballeria, pues estaba tan desamparado aquel lado asta llegar a vn bosque, que nos podian ganar la retaguardia por aquel costado. Llamé al Sr D. Francisco para que lo reconociese, y pregutandole a D. Pedro de Villamor, mi comisario general, si se atrevia a guardar aquel puesto, respondió que no. Dixo que que remedio abria para guardalle; replicamos que ninguno si no es trabajando con çapa y pala alguna zanja en aquel franco para que el enemigo se embarazase al querernos embestir. Respondió el Sr D. Francisco que era imposible a causa de no auer zapas ni palas (propia confiança de quien tiene mucho valor ò mucha prisa de ganar vna villa venirse sin los mas necessarios instrumentos de vn sitio que son la zapa y la pala para fortificarse). Añadió el Sr D. Francisco que si lo podria guardar embiando mil caballos mas; respondiose que no, pero que todavia se guardaria algo mejor con los mil caballos. Fuese amagando que los embiaria luego y los caballos no binieron. Yo viendo que ya anochecia y que con el amparo de la noche nos podriamos mejorar sin que el enemigo lo viese, pedi al *Conde de Fontana que se pusiese en batalla mezclando batallones de ynfanteria con gruesos de caballeria, para que estubiesen vnidas y incorporadas nuestras fuerzas. ó que por lo menos me embiase mangas sueltas de mosqueteria para mezclar entre mis gruesos y para que diessen mas viua carga al enemigo, y no quiso*. Boluile a embiar recados asta el amanecer que le embié el ultimo con el ayudante Pedro Perez y me respondió con él : « Qué me quiere el Duque de Albuquerque, ya no le he embiado quinientos mosqueteros para el bosque? » Como ví esto, no quise replicar à su porfia, y dixe a todos los mas capitanes y a algunos de mis criados : « Presto veremos que el

---

1. El baron de Beck.

enemigo nos ataca y nos corta ganandonos la retaguardia y la vitoria ». Y fué tan leida esta raçon en mi entendimiento, que sucedió al pié de la letra como lo dixe. Embistionos el enemigo, y para acaballo de herrar todo, Fontana mandó que le saliese a recebir nuestra caballeria *y que la infanteria se quedase fixa en sus puestos, que fué nuestra ultima perdicion, pues salió la caballeria a pelear contra la caballeria y la infanteria del enemigo que venia mezclada y vnida, y nuestra infanteria se quedó sin que nos ayudassemos los vnos a los otros;* pero no obstante, peleó tan valerosamente la caballeria que ella sola tubo ganada la vitoria dos veces y boluiendo contra el enemigo su artilleria misma, que se la tubimos ganada, se empezó a aclamar la vitoria a tiempo que el reten del enemigo se fué deshilando a ganar nos la retaguardia y, ganada, nos embistió por todas partes y puso nuestra gente en derrota. En fin, Señor, yo no pude hacer mas que pelear por mi persona y juntar siempre las tropas para llevallas a la cara del enemigo ; pero ya el mal auia sucedido, que esta batalla estaba perdida desde que se puso el exercito en forma de pelear, o por mejor decir, en forma de muestra, pues Fontana no le puso mas que para mostralle. Dios le aya perdonado, pues por su culpa padece oy la reputacion de tantos, que aunque parezca poca modestia el hablar de los muertos, tampoco es justo que por ese respeto se calle su mala disposicion, que eso fuera hacer culpados a los que merecen tener mucha gloria aun en medio de la contrariedad del suceso. Y asi he querido hablar claro a V. S. para que sepa y conozca que aunque por el puesto que tengo pudo correr algo por mi quenta deste suceso, que no corrió nada mas que el pudrirme de auerlo visto obrar tan mal y el auer dado mis consejos en vano, pues auiendolos dado ansi en lo que V. S. ha oydo como en que nos fortificasemos con cordon, cosa tan sabida en los sitios y tan experimentada por buena, jamas lo quisieron hacer. Ya he dicho a V. S. que seria por sobra de valor y por ganar con mas breuedad la villa escusandose de la tardanza de quien se fortifica ; pero en todo acontecimiento yo, como por mis pocos años no puedo hacer voto solo, siempre me atengo a lo que he leydo y oydo platicar a los otros, que con el deseo que tengo de aprender, escucho con atencion y obseruo con codicia, y nunca he oydo dejar de alabar por bueno el fortificarse temiendo siempre al enemigo asta el dia de pelear, que entonces es quando no se ha de temer. En fin los franceses han dicho claramente que si les vbieramos embestido la tarde antes quando yo lo dixe, que les vbieramos rompido ; que si nos hallaran fortificados, se vbieran buelto, y que si nos vbieramos mudado a la mañana de la forma en que quedamos por la noche, que les vbieramos rompido. Y Gacion, el gobernador de la caballeria francesa, dixo que yendonos a reconocer por la mañana y hallandonos puestos en la forma que el dia antes, auia dicho al Duque de Anguien : « Embistamos que todos son nuestros. »

Suceso ha sido que tendremos bien que sentir, no tanto por la perdida, con ser tan grande, como por la ganancia que dejamos de hacer y por auerla perdido de ignorancia. Verdad es que el enemigo hiço mucha mas perdida que nosotros, pues ellos mismos afirman que de seis partes de muertos perdieron ellos las quatro. Ya he auisado a V. S. lo balerosos que andubieron los españoles y en particular mi tercio a quien llaman en Francia el « petit chateau » por la firmeza con que se defendió siempre. D. Antonio Coello ha salido de la prision trocado por vn capitan de caballos; tambien han salido D. Luis del Castillo, D. Diego Bazquez y otro paje mio, todos heridos, si no es D. Antonio que está bueno. Nuestra gente se va recogiendo cada dia, y el enemigo, pudiendo auer hecho mucho en todo este tiempo, no ha hecho nada, con que nos ha dado lugar a respirar y a juntar la gente. Ruego a Nro. S^r pase adelante este desahogo y nos veamos con algun desquite de tan gran perdida. Ya V. S. estará informada de todo, con que conocerá que ni fuí llamado á consejo, ni quisieron tomar el mio, ni pude hacer mas ni menos de lo que hice, pues es mi obligacion el hacer todo quanto mis fuerças alcançan sin dexar nada reservado de lo que llego a conocer. De todo lo que en adelante fuere sucediendo daré quenta a V. S. como a persona con quien descanso y a quien tan entrañablemente quiero, por cuya razon le descubro siempre la verdad de todo porque no la mendigue de nadie, estando yo de por medio, que soy tan fiel coronista y tan seruidor de V. S., cuya il^{ma} persona guarde Dios muchos años. — Del Campo junto a Mons a 15 de 643.

Desde aquí autógrafo :

V. S. me abise de todo lo que ubie de acer en materia deste negocio y qreame que todo lo que describo es verdad sin juntar a nada y tambien que se da tan (?) supico a V. S. procure sacar copia de la carta que e Sr Don Francisco escribe a su Mag^d o saber lo que ai de cierto, que yo escribo al rey y V. S. me haga merced de enseñar esta a todos porque sepan la verdad : yo solo se decir a V. S. que no siento la perdida sino la mala dispusicion que ter es egecito de Faudes perdido por esto ; pero no me queda ningun escrupulo en mi consiensia pus todo lo dije a todos y al Señor Don Francisco y al maldito Conde de Fontana, y como mi oficio es obedecer a estos dos yo yçe en todo lo que me mandaron y pudo tanto el valor de nuestra caballeria que nostante la mada forma de nusto egecito tuvo ella soda conmigo que siempre fui delante della ganado dos vese la vitodia, toda la caballeria mia contra la de el enemigo y onta su infatedia, sin que jamas en ninguna raçon nos ayudase la nuesta ni se mobiese de su pusto. Mide V. S. cuando se a bisto tantos erodes como en esta ocasion : en fin el que abia destar en todas partes andaba en una silla de manos, que con esto esta dicho todo. Y tambien es la berdad quel nemigo a perdido mucha mas gente que nosotros por que la nuesta esta pesa casi toda que estamos docos de contentos y el nemigo de beldad a pedido sodo de mutos en la pasa 5,000 sin muchos edidos.

V. S. quea que en todo esto es la berdad lo que de escribo y me abise de todo y si fuede menester esseñar esta carta por todo Mardid lo haga y si no se bedal (?) para V. S.

Beso a V. S. las manos su primo y mayor seruidor.

El Duque de Alburquerque.

RÉCIT DE LA BATAILLE DE ROCROY

Par le Duc d'Alburquerque.

(*Traduction*.)

Monseigneur,

J'ai écrit à Votre Seigneurie ces jours derniers le récit du malheureux échec que les armes de S. M^{té} ont éprouvé devant Rocroy, et bien que j'aie tâché de rendre compte de tout à V. S. et que je l'aie fait, il n'est pas possible de raconter en une seule fois des événements aussi importants, surtout lorsque le chagrin et le regret étaient encore si présents à la mémoire qu'ils empêchaient la réflexion d'agir pour détailler les moindres circonstances, qui, dans de semblables événements, sont toujours les plus importantes pour l'information de celui qui en écoute le récit. Je me souviens bien que j'ai offert à V. S., dans ma dernière lettre, de parler franchement et de m'attacher plus à la vérité du fait qu'aux détours de l'excuse, et si je ne l'ai pas accompli alors, n'ayant compris dans mon récit que les choses essentielles, j'y ajouterai maintenant toutes les circonstances secondaires, et V. S. me pardonnera si je répète encore ce qu'elle a déjà appris, car tout est nécessaire pour que la faute des uns puisse être la décharge des autres. Je vous dirai donc, Seigneur, reprenant de plus haut ma narration, que, sans que personne comprît l'intention et le dessein de Don Francisco, nous marchâmes sur Avesnes. Personne, à l'armée, ne savait où la foudre allait tomber, puisque Don Francisco n'en avait fait part à aucun chef, ni même à moi, à qui il ne le dit que lorsque les postes étaient pris, et, comme alors les conseils n'étaient plus de circonstance, quoiqu'il eût été important de le dissuader, je ne m'occupai que de le prévenir qu'il eût à veiller à ce que la grosse artillerie ne nous fît pas défaut, comme l'année dernière, à la Bassée. Il me dit qu'il tenait prêts quatre demi-canons des places voisines pour les faire venir dès que nous serions arrivés. Je le prévins aussi que, pour entrer en pays étranger où les vivres devaient nous arriver de si loin, nous n'avions point de chariots pour les conduire, car, dans notre armée, forte de plus de vingt mille hommes, il ne se trouvait pas même cinquante chariots du roi. Il me répondit qu'il en avait fait chercher à Bruxelles, et ces informations ayant fait taire mes scrupules, nous marchâmes sur Rocroy, où, une fois la place reconnue, on fit choix des attaques, qui commencèrent le soir même.

Peut-être ce que je dis pourra-t-il être qualifié de vanité, mais ce n'est que la vérité, que j'ai toujours coutume de dire, et les personnes les plus considérables de l'armée sont témoins de tout ce qui est arrivé, car je me suis toujours exprimé à haute voix devant elles, et rien ne s'est passé, depuis le commencement jusqu'à la fin, que je ne l'aie prévu. Plût à Dieu qu'on eût écouté mes avertissements : nous chanterions aujourd'hui la victoire au lieu de pleurer notre ruine.

Notre armée se rangea en front de bandière autour de la ville, ou, pour mieux dire, ce fut le comte de Fontaine qui la fit ranger, car il semble que Dieu lui avait donné la science infuse de tout gâter ou qu'il ne lui avait permis de venir avec nous que comme châtiment de nos péchés. Je quittai mes quartiers pour visiter le front et j'observai que, depuis le flanc gauche de l'infanterie jusqu'au flanc droit de ma cavalerie, il y avait bien trois quarts de lieue sans personne pour le soutenir, et, me rendant compte de suite de cette faute, j'écrivis un billet à Don Francisco lui disant combien il était facile de secourir la ville de ce côté et qu'il ne m'incombait de garder que le poste qui m'avait été confié. Don Francisco sortit pour tout voir avec moi et, trouvant mon observation exacte, il changea le front sur mon avis et resserra davantage ce flanc pour le protéger contre un secours. Ceci fut fait en temps si opportun que l'ennemi vint pendant la nuit de ce même côté avec mille huit cents chevaux pour secourir la ville, et, se trouvant déçu, nos sentinelles tuèrent ses éclaireurs, et, l'alarme donnée, l'ennemi nous trouva prévenus et dut se retirer désappointé.

Rien de ce que je viens de dire n'intéresse le point principal de l'affaire, mais j'en fais mention uniquement pour que V. S. voie que je n'ai cessé de faire des observations jusque dans les moindres détails et que toutes ont été justifiées par l'événement.

Il fut décidé que nous nous emparerions des demi-lunes, car, n'étant pas fortifiés, il ne fallait pas fournir à l'ennemi, par notre retard, l'occasion de se masser pour secourir la place. Comme nous n'eûmes point d'artillerie pour les prendre, il périt infiniment des nôtres, car on tirait sur nous sans aucune crainte que nous puissions leur faire du mal avec cet engin si important dans un siège.

Elles furent enfin prises et maintenues, et notre artillerie ne vint pas, quoique je l'eusse prévenue. Nos soldats passèrent trois jours sans pain, car les chariots qui devaient venir de Bruxelles n'arrivèrent pas non plus, et mes avis pour les faire venir ne servirent à rien. Nous laissâmes la ville tout près d'être prise par nous, étant arrivés en trois jours au point de combler le fossé. Passons maintenant à l'approche de l'ennemi, qui eut lieu le lundi 18 mai. Nous apprîmes son arrivée, et, aussitôt que je le pus, je fis sortir ma cavalerie sur la place d'armes, et Fontaine se chargea de disposer la bataille, ce qui lui revenait de droit, comme mestre de camp général. La première chose qu'il fit fut de tirer l'armée des positions qu'elle occupait (c'était, de front, un marais qui empêchait que nous fussions investis, et une forêt au flanc gauche). Il la rangea au pied d'un coteau, d'où l'ennemi, s'il parvenait à le prendre, aurait pu nous détruire avec son artillerie. Je criai, demandant comment on avait pu faire cela, et je dis qu'il fallait avancer et occuper la hauteur. Tous s'unirent à moi, mais Fontaine était tellement entêté qu'il ne voulut le faire que lorsqu'il vit, le soir,

2

avancer l'ennemi pour atteindre le coteau ; il nous fit alors avancer, comprenant que mon avis était salutaire. L'ennemi, pour arriver, devait s'engager dans un défilé, et, comme l'on pensa à y envoyer mille cinq cents chevaux, je m'offris à y aller avec ma cavalerie pour lui disputer le passage ; il est évident que, si on me l'eût permis, il serait reparti sans secourir la ville, comme le bon sens l'indique et comme les ennemis eux-mêmes l'ont avoué. Lorsque, dans l'après-midi, ils avancèrent pour gagner notre colline, la moitié de leurs hommes seulement passa et s'arrêta pour faire avancer l'autre moitié. Et tandis que nous étions résolus à l'attaque, nous trouvant à une portée et demie de mousquet, l'ennemi nous tourna le dos et Fontaine donna alors l'ordre de faire halte. Je criai devant tout le monde qu'il fallait attaquer, et, voyant qu'on ne nous en donnait point l'ordre, j'allai trouver Don Francisco, lequel me dit qu'il attendait le baron de Beck, qui était à trois lieues de là et venait avec des renforts, qu'il ne voulait point aller au-devant de l'ennemi, pouvant l'attendre en même temps que le secours du baron ; il ajouta que très peu de victoires avaient été perdues pour attendre, ce dont il me cita plusieurs exemples afin de me convaincre.

J'en viens maintenant à la mauvaise disposition de l'armée : il semble impossible qu'un enfant même eût pu s'y méprendre et encore moins un homme de l'âge de Fontaine. Ayant à sa disposition vingt et un *tercios* d'infanterie, il en avait placé cinq face à l'ennemi ; tous les autres faisaient face au flanc de côté ; toute la cavalerie du roi était déployée en aile au flanc gauche ; au droit, il y avait une autre aile composée de quelques cavaliers du roi, des régiments et de la cavalerie allemande ; enfin, il avait rangé son armée en place d'armes au lieu de la ranger en bataille et avec aussi peu de renforts et de réserves que s'il n'avait pas à combattre, car Fontaine ne put jamais se persuader que l'ennemi nous livrerait la bataille. Je reconnus la faiblesse de nos positions et tout spécialement celle du flanc gauche, où se trouvait ma cavalerie, et qui était si dégarni jusqu'à la forêt qu'on pouvait atteindre notre arrière-garde de ce côté. J'appelai Don Francisco, afin qu'il le reconnût, et, ayant demandé à Don Pedro de Villamor, mon commissaire général, s'il était en mesure de garder ce poste, il répondit que non. Il demanda encore comment on pourrait s'y prendre pour le garder, et nous répondîmes qu'il n'y avait d'autre moyen que de creuser sur le flanc un fossé avec la pique et la pelle pour gêner l'ennemi, s'il prétendait nous attaquer. Don Francisco répondit que cela n'était pas possible, parce que nous n'avions ni piques ni pelles (il faut vraiment être ou très hardi ou très pressé de prendre une ville pour commencer un siège sans les outils les plus nécessaires, tels que piques et pelles !).

Don Francisco demanda encore si l'on pourrait garder ce flanc en y envoyant mille chevaux de plus ; il lui fut répondu que non, mais qu'on le garderait toujours un peu mieux avec ces mille chevaux. Il partit en nous laissant croire qu'il les enverrait aussitôt ; mais ces chevaux ne vinrent pas. Moi, voyant la nuit avancer et qu'à sa faveur nous pourrions améliorer nos positions sans que l'ennemi s'en aperçût, je demandai au comte de Fontaine de se ranger en bataille, en mêlant l'infanterie avec des pelotons de cavalerie, afin que nos forces fussent unies et entremêlées, ou du moins de m'envoyer quelques pelotons détachés de mousqueterie pour les mêler à ma cavalerie et qu'ils chargeassent plus vivement l'ennemi. Il ne voulut pas le faire. Je continuai donc à lui envoyer des messages jusqu'au point du jour; je lui adressai alors le dernier par l'adjudant Pedro Perez, qui me rapporta cette réponse : « Que me veut le duc d'Alburquerque, ne lui ai-je pas déjà envoyé cinq cents mousquetaires pour la forêt? » Voyant cela, je ne voulus pas répondre à son obstination et je dis à la plupart des capitaines et à plusieurs de mes serviteurs : « Nous verrons bientôt l'ennemi nous attaquer, nous couper, gagner notre arrière-garde et remporter la victoire. » Et cette idée était tellement nette dans ma pensée qu'il advint point par point ce que j'avais dit.

L'ennemi nous attaqua donc et, comme dernière erreur, Fontaine donna l'ordre à notre cavalerie de se porter à sa rencontre et à l'infanterie de rester immobile dans ses positions; ce fut notre dernier malheur, car la cavalerie alla combattre contre la cavalerie et l'infanterie ennemies, qui arrivaient mêlées et unies, et notre infanterie resta sans pouvoir recevoir notre aide et sans que nous puissions recevoir la sienne. Cependant, la cavalerie combattit avec tant de courage que seule elle remporta deux fois la victoire, et, tournant contre l'ennemi sa propre artillerie que nous parvînmes à lui saisir, on commença à crier victoire au moment même où la réserve de l'ennemi défilait pour gagner notre arrière-garde, et, cela fait, nous attaqua de tous côtés et mit nos gens en déroute. Enfin, Seigneur, je n'ai pu faire autre chose que payer de ma personne et réunir toujours les troupes pour les porter à l'ennemi; mais le mal était déjà fait, car cette bataille était d'avance perdue depuis que l'armée fut rangée en bataille ou, pour mieux dire, formée en parade, puisque Fontaine ne la forma que pour la faire voir. Que Dieu lui pardonne; car, par sa faute, la réputation d'un si grand nombre souffre aujourd'hui, et, quoiqu'il semble peu décent de parler des morts, il n'est pas juste non plus que cette considération fasse passer sous silence sa maladresse, car ce serait attribuer la faute à ceux qui ont droit à beaucoup de gloire, même au milieu de cette malheureuse défaite.

J'ai donc voulu parler clairement à V. S., afin qu'elle sache et connaisse que si, en raison du poste que j'occupe, j'ai eu quelque responsabilité dans cette affaire, mon intervention n'a consisté qu'à me désoler d'avoir vu si mal agir et d'avoir donné en vain mes conseils; car, les ayant donnés non seulement sur ce que V. S. vient d'entendre, mais encore sur la nécessité de nous fortifier avec une ligne de troupes, opération si pratiquée dans les sièges et reconnue bonne, on ne voulut jamais m'écouter. J'ai déjà dit à V. S. que ce fut peut-être par excès de courage et pour se rendre plus vite maître de la ville que Fontaine négligea de se fortifier (ce qui lui eût fait perdre du temps), mais, comme ma jeunesse ne me permet pas de formuler une opinion particulière, je m'en tiens en toute circonstance à ce que j'ai lu et entendu dire aux autres, car le désir que j'ai d'apprendre me fait écouter avec attention et observer avec avidité, et j'ai toujours entendu dire qu'il est bon de se fortifier et de redouter l'ennemi jusqu'au jour du combat, mais que c'est alors qu'il ne faut plus le craindre. Enfin, les Français ont dit clairement que, si nous les eussions attaqués la veille dans l'après-midi, comme je l'avais dit, nous les aurions défaits; que, s'ils nous eussent trouvés fortifiés, ils s'en seraient retournés, et que, si le matin nous nous fussions formés autrement que nous ne l'étions la veille au soir, nous les aurions enfoncés. Gassion, le chef de la cavalerie française, a dit que, lorsqu'il alla le matin nous reconnaître, nous trouvant formés comme la veille, il avait dit au duc d'Enghien : « Attaquons-les, car ils sont à nous. »

C'est une journée que nous aurons bien à regretter, non pas tant à cause de la perte, quelque grande qu'elle soit, mais à cause de la victoire qu'elle nous a empêchés de gagner et parce que nous l'avons perdue par ignorance. Il est vrai que les pertes de l'ennemi sont beaucoup plus considérables que les nôtres, car, de son aveu, il reconnaît avoir perdu les quatre sixièmes des morts. J'ai déjà informé V. S. combien les Espagnols ont montré de courage et tout spécialement mon *tercio*, surnommé en France « le petit château, » à cause de la fermeté avec laquelle il s'est toujours défendu. Don Antonio Coello est sorti de prison échangé contre un capitaine de cavalerie, ainsi que Don Luis del Castillo, Don Diego Vazquez et un autre de mes pages, tous blessés, excepté Don Antonio. Nos hommes se rassemblent de jour en jour, et l'ennemi, qui aurait pu faire beaucoup pendant tout ce temps, n'a rien fait, ce qui nous a permis de respirer et de réunir les hommes. Je prie Dieu de permettre que ce soulagement continue et que nous puissions prendre quelque revanche d'une aussi grande défaite. V. S. aura déjà été informée de tout et saura que je n'ai pas été appelé au Conseil, que l'on ne voulut pas suivre le mien, que je ne pus faire ni plus ni moins que ce que j'ai fait, car mon devoir est d'agir autant que mes forces le permettent, sans rien taire de ce que je peux savoir.

De tout ce qui surviendra, je continuerai à rendre compte à V. S. comme je le dois à une personne avec laquelle je peux m'épancher et que j'aime si tendrement. Aussi je vous dis toujours la vérité sur tout, afin que vous n'ayez pas à la mendier à d'autres, tandis que je puis le faire, moi votre fidèle chroniqueur et serviteur qui prie Dieu de vous tenir en sa sainte grâce. — Du camp près de Mons, le 15, 643.

Ce qui suit est autographe :

V. S. voudra bien m'avertir de tout ce que j'aurai à faire en ce qui concerne cette affaire, et croyez bien que tout ce que je raconte est la vérité, sans rien ajouter et . . . .[1]. Je supplie V. S. d'obtenir une copie de la lettre de Don Francisco à S. M. ou de savoir ce qu'il y a de certain; moi j'écris au roi et V. S. aura l'obligeance de montrer la présente lettre à tout le monde pour que l'on sache la vérité. Je dirai

---

1. Inintelligible.

seulement à V. S. que je regrette encore plus que la défaite la mauvaise disposition donnée à l'armée de Flandre, cause de sa perte. Ma conscience ne me reproche rien, car j'ai tout dit à tous, à Don Francisco et au maudit comte de Fontaine; mais mon devoir étant d'obéir à tous les deux, je fis tout ce qu'ils m'ordonnèrent, et le courage de notre cavalerie fut tel que, malgré la mauvaise disposition de notre armée, elle seule, avec moi qui marchai toujours à sa tête, remporta par deux fois la victoire; toute ma cavalerie combattit contre celle de l'ennemi et contre son infanterie, sans que jamais et d'aucune façon nous fussions aidés par notre infanterie, qui ne quitta pas ses positions.

Quand V. S. a-t-elle vu plus d'erreurs qu'en cette occasion? Enfin, celui qui aurait dû être partout allait en chaise à porteurs, ce qui est tout dire. Il est vrai aussi que l'ennemi a perdu beaucoup plus de monde que nous, car presque tous nos hommes sont prisonniers, ce dont nous sommes on ne peut plus contents; tandis que l'ennemi compte dans l'affaire cinq mille morts et beaucoup de blessés.

V. S. peut croire que tout ce que j'écris ici est la vérité et qu'elle veuille me tenir au courant de tout, et, s'il faut montrer cette lettre à tout Madrid, qu'elle le fasse, sinon, elle servira ? toujours pour Votre Seigneurie.

Je baise les mains de V. S.

Son cousin et dévoué serviteur,

Le Duc d'Alburquerque.

AVOTIS

Par M. H. d'Arbois de Jubainville

Membre résidant.

En 1888, dans la *Revue archéologique*, 3ᵉ série, t. XI, p. 155-159, notre savant confrère M. Héron de Villefosse a le premier attiré l'attention sur un mot gaulois, écrit AVVOT, AVOT, AVO, AV, A, qu'on trouve à la suite du nom du fabricant sur plusieurs monuments de la céramique gauloise :

```
REXTV-GENOS SVLLIAS AVVOT
        SACRILLOS AVOT
        FLAV      AVO
        RVTENVS   AV
        TOGOS     A
```

AVOT se lit aussi à la suite du nom d'homme *bo*VDILLVS sur l'arc de triomphe d'Orange.

Comme, dans les inscriptions latines, le nom du fabricant au nominatif est souvent suivi du mot FECIT, il était naturel de conclure que le mot gaulois AVVOT, AVOT, était la traduction littérale du latin *fecit*, c'est-à-dire la troisième personne du singulier d'un parfait actif gaulois. Il paraissait, toutefois, extraordinaire qu'en gaulois on trouvât, au singulier du parfait actif, une troisième personne terminée en *ot*. La désinence indo-européenne de la troisième personne du singulier du parfait actif est é, λέλοιπε; c'est la désinence celtique que suppose l'irlandais *cechain* = *cecane, « il a chanté. »

Mais AVVOT, AVOT, n'est que le commencement du mot. Le mot avait deux lettres de plus, dont la première apparaît dans la légende BoLLo AVoTI inscrite sur un pot gaulois du Musée de Trèves (*Corp. inscr. lat.*, t. XIII, 3ᵉ partie, p. 160, n° 335); AVoTI est aussi la lecture probable du second mot d'une légende du Musée de Nimègue (*Ibid.*, p. 146, n° 217). Enfin, M. Bohn a trouvé les deux lettres finales dans la légende BVCCOS AVoTIS d'un petit monument en céramique, conservé au Musée de Gand (*Ibid.*, p. 163, n° 362).

Avotis paraît être un nom masculin au nominatif singulier s'accordant avec le nom du potier et signifiant « fabricant » ou quelque chose de semblable ; c'est un dérivé en -*ti*- d'un thème *avo*- qui a fourni le premier terme du nom de lieu *Avo-briga*, en Espagne, et qui apparaît aussi dans le nom commun latin *avos*, *avus*, « grand-père. » De ce thème dérive AVOTA, nom d'homme gaulois inscrit sur un vase trouvé à Jublains ; AVOTA est une lecture de notre savant confrère M. Mowat, reproduite dans le t. XIII, 3ᵉ partie, du *Corp. inscr. lat.*, p. 130, n° 249.

Avo- est le thème du verbe irlandais *con-ói*, « il protège, » = *'com-auet*. En retranchant le préfixe *com*-, *con*-, on reconnaît le verbe sanscrit, dont la troisième personne du singulier, au présent de l'indicatif, est aussi *avati* = *'aueti*, « il fait avancer, » « hâte, » « protège, » « commande. »

Le suffixe nominal -*ti*-, qui, la plupart du temps, sert à former des noms abstraits, est aussi employé pour les noms d'agent. Exemples : 1° le latin *hos-ti-s*, « ennemi, » mais à l'origine « étranger, » identique au gothique *gas-t-s*, « hôte, » tous deux supposant un primitif *ghos-ti-s ;* 2° l'irlandais *táid*, « voleur, » = *'tá-ti-s*.

Ainsi, *avotis* veut dire « celui qui fait faire, » « celui qui commande dans l'usine. » Le sens général correspond au latin *fecit*, mais *fecit* n'est pas la traduction littérale du mot celtique ; la traduction littérale serait plutôt *factor* ou peut-être même *dominus* : *avos*, *avus*, « grand-père, » en droit romain, c'est le maître.

CAMÉE
REPRÉSENTANT LUCIUS VERUS

(Planche I)

Par M. E. BABELON

Membre résidant.

Le magnifique camée qui fait l'objet de cette courte notice a été acquis par le Cabinet des Médailles au mois de février 1900. Il avait été trouvé peu de semaines auparavant en Égypte, sans que je puisse préciser exactement le lieu et les circonstances de la découverte.

La gemme est une calcédoine laiteuse translucide, d'une remarquable limpidité et d'une grandeur peu commune; elle mesure 0^{m}069 en hauteur et 0^{m}052 en largeur.

Le buste qui s'y trouve figuré en haut-relief est d'une conservation parfaite qui, jointe à l'exécution particulièrement soignée et habile de la gravure, fait de ce camée un intéressant monument pour l'histoire de la gravure sur gemmes à l'époque romaine et lui assigne une place utile dans l'iconographie des empereurs (Pl. I, n. 1).

On ne saurait hésiter à reconnaître ici Lucius Verus, avec sa barbe et ses cheveux frisés et abondants, bien que certains portraits de Marc-Aurèle et d'Aelius Verus lui soient très apparentés[1]. Il convient de rapprocher notre camée non seulement des monnaies et du buste colossal de Lucius Verus, conservé au Musée du Louvre[2], mais aussi d'un autre camée de dimensions beaucoup plus modestes que possède le Cabinet des Médailles, et qui représente les bustes en regard de Marc-Aurèle et de Lucius Verus[3]. Sur ce dernier monu-

---
1. Comparez, par exemple, Bernoulli, *Römische Ikonographie*, t. III, pl. XLII et XLIII (Aelius Verus); pl. XLIX, *a* et *b* (Marc-Aurèle).
2. Bernoulli, *op. cit.*, pl. LVI, *a* et *b*.
3. E. Babelon, *Catal. des camées de la Bibliothèque nationale*, pl. XXXIII, n° 294.

ment, les figures des deux empereurs sont traitées avec une délicatesse qui accuse le souci du détail et de la ressemblance au même degré que sur la gemme que nous faisons connaitre aujourd'hui.

Dans ce nouveau portrait, l'empereur est vêtu d'une tunique dont le bord supérieur, ample et plissé, est seul visible autour du cou. Sa cuirasse ne nous est révélée que par les lanières de cuir de l'épaulière; enfin, le *paludamentum*, recouvrant le tout, est agrafé sur l'épaule droite et les plis en sont rejetés sur l'épaule gauche.

Le buste est habilement enlevé de face; on sait, en dépit de quelques exemples fameux[1], combien les figures de face sont rares en glyptique, parce que les difficultés techniques à vaincre de la part de l'artiste, qui voulait néanmoins s'astreindre à la ressemblance, étaient particulièrement délicates. Ici, rien n'a arrêté le lithoglyphe, qui s'est tiré, avec une parfaite aisance, des obstacles de toute nature qu'offrait pour lui la gravure au touret d'un sujet aussi hardi. Non seulement la ressemblance ne laisse rien à désirer, mais analysez les détails de la gravure dans les yeux, le nez, la bouche, les mèches de la barbe et des cheveux, vous admirerez la légèreté expérimentée de la main qui a si délicatement présenté la gemme à la morsure de la bouterolle enduite d'émeri et tournant avec une vertigineuse vitesse sous l'action de l'archet ou de la poulie, *terebrarum fervor*, dit Pline le Naturaliste.

Pourtant, cette habileté technique a produit une œuvre où se reflète une certaine sécheresse : on sent qu'on n'a plus affaire aux grands artistes grecs, comme Dioscoride ou ses émules, qui gravèrent les merveilleuses gemmes de l'époque des premiers Césars. Au temps de Lucius Verus, ce ne sont plus que leurs élèves, leurs fils ou leurs petits-fils; ceux-ci conservent, sans aucun doute, les traditions d'atelier et le tour de main, mais on sent bien que dans leur âme l'étincelle du génie ne brille plus avec le même éclat. Vous ne trouverez plus dans ce portrait de Lucius Verus et dans les œuvres de la glyptique du milieu du IIe siècle cette noblesse imposante et cette grâce naturelle qu'on remarque dans des œuvres telles que certains portraits d'Auguste[2], de Julie, fille d'Auguste[3], de Messaline[4] ou d'autres membres de la famille julio-claudienne, ou

---

1. Par exemple, E. Babelon, *op. cit.*, pl. XXIII, n° 233.
2. E. Babelon, *op. cit.*, pl. XXIII, n° 233, et pl. XXIV, n° 234.
3. E. Babelon, *op. cit.*, pl. XXV, n° 242, 243 et 244.
4. E. Babelon, *op. cit.*, pl. XXXI, n° 277.

même encore dans notre *Julia Titi*, signée d'un nom grec, *Evodos*[1], et dans notre beau buste de Trajan sur une sardonyx-nicolo[2], bien que ces deux dernières œuvres trahissent déjà quelques symptômes de décadence.

Après l'époque des Antonins, cette même sécheresse dans la technique ne fera que s'accentuer davantage, ainsi qu'il est aisé de s'en rendre compte par la comparaison des œuvres que nous venons de signaler avec le grand camée du Cabinet des Médailles qui représente Septime-Sévère et sa famille[3].

Un léger rebord, qui fait tout le tour de la gemme que nous étudions, était destiné à s'encastrer dans un cadre ou une monture quelconque. Ce camée devait, sans aucun doute, servir de décoration au couvercle ou à la paroi principale d'un coffret de haut prix, ou bien former l'ornement d'une fibule exceptionnellement grande et riche, comme l'admirable camée d'Auguste trouvé à Tirlemont en 1892 et qui appartient à M. le baron Edmond de Rothschild[4].

Il est un point encore sur lequel il importe d'attirer particulièrement l'attention; ce sont les traces de couleur, fort légères, mais néanmoins certaines, qu'un examen attentif permet de reconnaître dans les cheveux, la barbe et même les sourcils de l'empereur. Ces parties du portrait de Lucius Verus étaient délicatement rehaussées de traits noirs, nuancés peut-être d'un roux fauve, qui avaient pour but de faire ressortir la physionomie de l'empereur sur la nuance trop uniformément blonde et cendrée de la gemme. Ceci n'a pas lieu de nous surprendre, car j'ai signalé déjà des traces de couleur sur notre grand camée de la Sainte-Chapelle, qui représente la Glorification de Germanicus, et sur d'autres monuments de la glyptique, notamment la belle statuette de Vénus en calcédoine de la collection de M. Edmond de Rothschild[5], et un buste, aussi en calcédoine translucide, entré, il y a peu d'années, au Cabinet des Médailles, et dans lequel j'ai proposé de reconnaître l'empereur Julien l'Apostat[6].

Ainsi, nous sommes contraints de le reconnaître, quelque invraisemblable que ce fait paraisse à priori, les anciens, parfois, allaient jusqu'à maquiller de couleurs variées les pierres fines qu'ils faisaient graver et qu'ils recherchaient avec tant de passion pour la beauté et la rareté de la matière. Tel était leur

---

1. E. Babelon, *Histoire de la gravure sur gemmes en France*, p. 21, fig. 14.
2. E. Babelon, *Catal. des camées*, pl. XXXII, n° 289.
3. E. Babelon, *op. cit.*, pl. XXXIV, n° 300.
4. *Gazette des beaux-arts*, 3ᵉ pér., t. XXI, 1899, p. 105.
5. *Gazette des beaux-arts*, t. XXI, 1899, p. 360 et suiv.
6. *Ibid.*, t. XXI, 1899, p. 109.

amour de la polychromie qu'ils voulaient ajouter quelque chose aux nuances naturelles d'un camée à plusieurs couches, lorsque celles-ci ne présentaient pas la richesse de tons et toute la gamme de couleurs qu'ils avaient rêvée[1]. A plus forte raison tenaient-ils à compléter artificiellement l'œuvre de la nature lorsque la gemme n'avait qu'une seule nuance, comme la calcédoine cendrée de notre portrait de Lucius Verus et des autres œuvres que je viens de citer. Et cette application de couleurs sur les camées en pierres fines ne nous fait-elle pas soupçonner que la recherche des sardonyx à plusieurs couches n'a tant captivé les anciens que parce que ces nuances multicolores étaient inaltérables, et, par conséquent, moins fragiles et plus durables que les couleurs appliquées au pinceau ?

J'ai fait reproduire sur la planche, pour servir de comparaison iconographique avec notre camée, le plus beau portrait sur médaille que je connaisse de Lucius Verus (Pl. 1, n. 2). C'est un splendide médaillon de bronze, du Cabinet des Médailles, qui a fait autrefois partie de la collection célèbre de Tyszkiewicz. Il a été frappé en 164 pour célébrer le triomphe récent des armées romaines en Orient. On voit, au revers, une Victoire qui érige un trophée d'armes orientales; au pied du trophée, un Arménien et une Arménienne, celle-ci assise dans l'attitude de l'Arménie sur le Grand Camée du Cabinet des Médailles[2]. Dans la titulature de l'empereur on ne voit pas encore figurer le titre de *Parthicus* que Verus devait prendre en 166 sur un médaillon dont le revers est pareil à celui-ci, avec l'addition d'une légende[3]. En revenant d'Orient, Lucius Verus passa par Alexandrie, où notre nouveau camée a probablement été exécuté : l'école des lithoglyphes alexandrins brillait alors de tout son éclat.

---

1. J'ai insisté sur cette polychromie artificielle de certains camées dans la *Gazette des beaux-arts*, t. XXI, 1899, p. 367 et suiv.
2. H. Cohen, *Méd. impér.*, t. III, p. 204, n. 346.
3. W. Fröhner, *Les médaillons de l'empire romain*, p. 90.

NOTE

SUR

JEAN GOUJON

(Planche II)

Par M. Germain BAPST

Membre résidant.

A peine sait-on où et quand est mort Jean Goujon.
Où est-il né? De quelle condition était-il? Comment vivait-il? Quel était son physique et son moral? Autant de questions insolubles aujourd'hui. Le mystère dont la vie de cet artiste est entourée n'a pas nui à sa renommée : au contraire, Jean Goujon a profité de l'attrait qu'offre à l'imagination humaine tout ce qui demeure inconnu.

Combien d'histoires et de légendes ne lui a-t-on pas attribuées! Laissons les suppositions et venons à des faits positifs.

Il y a deux ans nous avons eu la chance de retrouver plusieurs actes notariés concernant le Palais du Louvre et plus particulièrement Jean Goujon. Notre découverte ne nous donne pas l'indication de nouvelles œuvres du grand artiste, mais elle confirme l'attribution, qu'on a toujours faite à ce sculpteur, des bas-reliefs du rez-de-chaussée du Louvre de Henri II, des cariatides et des deux grandes figures de la cheminée de la salle de bal, aujourd'hui salle du département de la sculpture antique.

Le premier de ces documents est un marché conclu entre Pierre Lescot, au nom du roi, et « Jehan Goujon, sculteur, demeurant à Paris, de faire quatre figures de demye-taille de pierre de liaiz de la grandeur de deux aultres qui ont été ci-devant faictes, moyennant la somme de huict vingtz escuz soleil, etc. — 9ᵉ jour de décembre 1549. »

Ces figures sont les bas-reliefs qui ornent les trois œils-de-bœuf du rez-de-chaussée de l'aile à gauche du Pavillon de l'Horloge (Pl. II).

La deuxième pièce est encore un marché entre les mêmes artistes. Jean Goujon s'y engage « de tailler quatre figures de femmes de pierre dure de Trossy, de dix pieds de hault ou environ, en façon de Termes, servant de colonnes, pour servir à ung petit portique dedans la grand salle de bal dud. chastel du Louvre, au bout et en bas de ladicte salle, sous lequel portique est l'une des entrées de ladicte salle. Ledict portique servant par hault du dessubs de ladicte entrée à recepvoir et à mectre les hautbois et joueurs d'instruments. Lesd. figures taillées de taille ronde selon et suivant ung modèle de plastre par cy devant faict et à luy livré par ledit sieur de Clagny (Pierre Lescot)..... Ce moyennant la somme de 80 escus d'or soleil pour chacune pièce, le tout montant à trois cent vingt escus sol....., qui lui seront payés au feur qu'il besognera à la taille des quatre figures qu'il promect tailler en toute dilligence à luy possible sans détournement. — Le vendredi 5ᵉ jour de septembre 1550[1]. »

Ce sont les fameuses cariatides qui ont donné, comme nous l'avons dit, son nom à l'ancienne salle de bal du Louvre.

Le troisième contrat est toujours entre l'architecte et le sculpteur, qui s'engage « de faire et tailler deux figures de pierre dure de Trocy de la haulteur chacune de huict pieds huict poulces et de deux pieds et un poulce de large sur l'épaisseur qu'il appartient : lesquelles figures servant à enrichyr de deux costés d'une cheminée qui sera au cabinet de la grant salle du bal dud. Louvre. Ce marché faict moyennant le prix et somme de huit vingtz escus d'or sol., vallant chascun desdictz escuz quarante six sols tournois..... — A Paris, le jeudi 10 décembre 1551. »

La cheminée en question a été détruite. Les débris en ont été reconstitués par Percier et Fontaine en face des quatre cariatides, là où elle était primitivement. Malheureusement, les figures brisées ont dû être réparées, grattées, retouchées, et nous ne connaissons plus maintenant qu'une forme très éloignée de celle que Jean Goujon avait sculptée.

La quatrième pièce est d'ordre privé. Le roi accorde à Jean Goujon l'office « de recepveur des aydes en l'élection d'Évreux », et le sculpteur repasse ce droit à un praticien demeurant à Évreux, du nom de Guillaume Le Bigault,

---

1. Ce contrat a été déjà résumé par Sauval, qui ne donne pas la source où il a puisé ce renseignement.

« duquel office led. Goujon promect rendre, bailler et délivrer les lettres bien et deuement scellées, signées et expédiées pour et au nom et au proffict dud. Le Bigault, et ce moyennant la somme de six cents livres tournois. — 14e jour de novembre 1554. »

L'étude de ces documents amènera-t-elle à dissiper les nuages qui entourent la vie de Jean Goujon?

Au premier abord, on peut en douter. Les Comptes des bâtiments, publiés par le marquis de Laborde, ne nous offrent pas une base assez sûre pour pouvoir établir la somme totale que Jean Goujon a touchée pour ses travaux du Louvre; donc, de ce côté, nous ne pouvons pas connaître, même approximativement, l'importance du travail qu'il accomplit au Louvre, et par conséquent il nous est impossible de déterminer la proportion qu'y représentent les trois œuvres dont nous avons reproduit les marchés.

Nous pouvons cependant admettre, à l'aide des textes précités, que Jean Goujon ne sculptait que la figure. Les ornements, les arabesques étaient exécutés par un spécialiste, probablement par Étienne Carmoy.

Nous proposons aussi d'admettre comme vraisemblable que Jean Goujon est l'auteur des figures d'Amours qui décorent les plafonds des paliers de l'escalier du Louvre conduisant à la salle La Caze.

Arrêtons là nos suppositions, et, si nous ramenons l'attention sur le dernier acte, peut-être pourrons-nous y trouver un argument en faveur de ceux qui croient à l'origine normande de Jean Goujon, puisque le roi lui concède un office de finances à Évreux.

J'espère que les noms, les dates de ces documents pourront fournir quelques indices à d'infatigables chercheurs, qui trouveront ainsi de nouveaux détails sur notre grand sculpteur. Je le souhaite de tout cœur.

NOTE

SUR

QUELQUES FIBULES FRANQUES

Par M. A. de Barthélemy

Membre honoraire.

L'usage de faire servir les monnaies et les médailles à l'ornementation de bijoux est très ancien. Fr. Lenormant, dans son ouvrage, malheureusement inachevé, a rappelé que, dès l'époque romaine, les pièces d'or et d'argent, surtout celles qui n'avaient plus cours, étaient ainsi utilisées par les orfèvres[1]. Les personnages les plus riches faisaient encastrer des monnaies ou des médaillons en or; les moins fortunés se contentaient de pièces en argent; les plus modestes usaient de monnaies en bronze, quelquefois simplement percées d'un trou de suspension; les pièces en or étaient généralement enchâssées dans un cercle ouvragé muni d'une bélière. Aujourd'hui, les monnaies antiques d'or et d'argent sont montées en bracelets et en épingles; la mode s'en est assez répandue pour les rendre relativement rares dans le commerce et donner une valeur souvent élevée à celles qui, jusqu'à ce jour, étaient cotées à des prix modestes.

Entre l'époque des beaux bijoux antiques et celle des affiques du moyen âge étudiées par M. Bordier[2] ou des élégants bijoux inventés de nos jours, on constate une période pendant laquelle cette mode se continua en subissant la dégénérescence que justifiait l'absence complète contemporaine du sens artistique. Ce sont quelques échantillons de cette période comprenant les VIe et VIIe siècles que je signale dans cette note. Il s'agit d'objets qui doivent être attribués à l'époque franque.

1. F. Lenormant, *La monnaie dans l'antiquité*, t. 1, p. 34 et suiv.
2. Bordier, *Mém. de la Soc. des Antiq. de France*, t. XXXVI, p. 249 et suiv.

Après avoir formé des colliers avec les deniers romains, les pièces byzantines et même les deniers gaulois[1], tout simplement percés, on voulut faire des bijoux francs originaux, mais on arriva à ne produire que des objets barbares dont l'aspect révèle une absence complète de goût et d'art; et cependant les prétendus artistes qui les fabriquaient n'hésitaient pas à les signer. — Je ne parlerai ici que de fibules.

On trouve assez fréquemment dans les sépultures franques des fibules, les unes ornées d'incrustations en pierres précieuses ou en verre de couleur, les autres de têtes humaines de profil ou de face, accompagnées de légendes. Parmi celles-ci, il s'en rencontre que l'on peut déchiffrer et d'autres où des lettres semblent semées au hasard pour former un trompe-l'œil. Sur un disque en bronze qui forme le corps de la fibule est fixée une lame d'or ou d'argent, très mince, sur laquelle a été estampé le sujet que l'on a la prétention de représenter.

Le procédé qui consistait à appliquer des feuilles d'or ou d'argent, amincies autant que possible par le battage, était usité dès la plus haute antiquité en Grèce et dans le Bosphore[2]; mais, je ne pense pas que l'on doive confondre l'industrie des Francs avec celle des *bractearii*, des *aurifices inauratores* romains et des étameurs gaulois. Le procédé était analogue; les produits différaient.

Ces rondelles d'or et d'argent, estampées, trouvées quelquefois détachées de la fibule en bronze qu'elles devaient recouvrir, ont fait supposer, un peu hâtivement, qu'elles avaient pu être destinées à orner des vêtements. Lelewel a pensé qu'elles avaient servi de plaques funéraires. Sa conjecture est basée sur la lecture qu'il propose de l'une de ces rondelles représentant un profil tourné à gauche et posé entre deux croisettes, avec la légende ANTONIN HIC HVMATVS; il me semble que l'on ne peut lire que ANTONINVS et quelques lettres dont le sens m'échappe[3]; ma rectification, déjà entrevue par M. Rigollot, peut être justifiée par l'examen d'une variété conservée au Cabinet de France, sur laquelle, autour d'un profil à droite, accompagné d'une seule croisette, on lit très distinctement : IMP ANTONINVS AVG.

---

1. Babelon, *Traité des monnaies grecques et romaines*, t. I, p. 70, 654, 658.
2. Daremberg et Saglio, *Dictionnaire des antiquités grecques et romaines*, aux mots *bracteati, brattea, bractea;* G. Schlumberger, *Les bractéates d'Allemagne*. A propos des fibules romaines des ve et vi[e] siècles portant des invocations, voir Mowat, *Mém. de la Soc. des Antiq. de France*, t. XLIX, p. 19 et suiv.
3. Cette fibule provient des Ardennes luxembourgeoises, *Rev. num. belge*, t. II; Rigollot, *Mém. de la Soc. des Antiq. de Picardie*, t. X, p. 200 et suiv.

Il est assez curieux de voir les têtes d'Antonin ou de Marc-Aurèle, avec une croix, gravées par un artiste franc. Certaines monnaies mérovingiennes présentent un profil avec une croix devant[1].

Fig. 1. — Fibule en or (Cabinet de France).

Du reste, dans l'ornementation des fibules franques, on remarque assez souvent des effigies de personnages historiques et des légendes empruntées à la numismatique officielle, mais modifiées ou altérées au point d'être indéchiffrables : par exemple, INVICTA ROMA VTERE FELIX, au lieu de AETERNA, légende empruntée à un revers d'une monnaie d'Attale ; la tête d'Egbert, roi de Kent (664-673), accompagnée de la formule impériale D · N · ECBERTVS P · F · AVG. Citons encore la fibule avec les noms de l'empereur Hadrien et

Fig. 2. — Fibule trouvée a Thuillies (Hainaut).

la légende ✝ ATRIANO IMPERATORI, qui fut signalée dans le cabinet de

1. Cf. M. Prou, *Les monnaies mérovingiennes*, pl. VII, p. 7 ; le Musée de Saint-Germain possède un tiers de sol, de Chalon-sur-Saône, au nom de Clovis II, avec une croisette devant le profil. Voy. aussi Ch. Robert, *Numism. du Languedoc*, pl. IX, p. 6 ; pl. X, p. 28 à 31 ; une plaque portant une tête accompagnée d'une croisette, mais sans légende, a été recueillie dans le cimetière de Marchelepot, près de Péronne, Alf. Danicourt, *Étude sur quelques antiquités trouvées en Picardie*, pl. IV, n° 5.

M. Feuardent, ainsi que la fibule de Constance II[1]. Lelewel a cherché, avec une certaine insistance, à identifier le nom inscrit sur une fibule, trouvée à Thuillies, province de Hainaut, arr. et cant. de Thuin, aujourd'hui au Cabinet de France, avec quelques personnages connus par des textes. Je vois que ses efforts ont été vains et que l'on n'a là qu'un souvenir de quelque *Aurélien*, soit l'empereur, soit, comme nous en verrons plus bas des exemples, l'orfèvre qui a gravé la fibule.

Le cimetière de Liverdun, dont je parlerai encore dans un instant, soigneusement exploré, a fourni de nombreux objets au Musée de Nancy; une note détaillée de M. Ch. Cournault nous a conservé le détail des principaux résultats. Parmi ces objets se trouvaient plusieurs fibules, l'une, avec la légende OAVIVAED, présente une tête de face, analogue à celles qui figurent sur des monnaies mérovingiennes et certains sceaux royaux de cette époque.

Fig. 3. — Fibule du cimetière de Liverdun (Musée de Nancy).

Il est difficile d'interpréter la légende; M. Cournault propose d'y lire une reproduction maladroite de l'invocation VIVA DEO; peut-être n'est-ce qu'un nom propre?

Une autre fibule, présentant aussi une tête de face, provient des fouilles faites par M. E. Doublemart dans le cimetière de Monceau-le-Neuf (Aisne). Il n'est pas inutile d'en donner ici un bon dessin, car les reproductions, publiées dans le journal *l'Éclair* du 15 février 1903, à propos du concours d'archéologie proposé par cette feuille, et dans le *Bulletin archéologique du Comité*[2],

---

1. *Comptes-rendus de la Soc. fr. de numismatique*, t. IV, 1873, p. 163 et suiv.; *Mém. de la Soc. des Antiq. de Picardie*, t. X, p. 121, 227, pl. 1, p. 1 à 4.
2. *Bulletin arch. du Comité des travaux historiques*, 1901, p. 250 et 251.

laissent à désirer. La première est plus barbare encore que l'original; la seconde, faite par M. Pilloy, est singulièrement agrandie.

Fig. 4. — Fibule du cimetière de Monceau-le-Neuf (Aisne).

Ici, l'artiste (?) qui a façonné la fibule n'a pas hésité à signer son œuvre; avouons qu'il faisait ainsi acte de courage. Nous lisons : ✝ AGLEBERTVS FICIT OGO; c'est la formule employée par les graveurs de coins mérovingiens, qui n'étaient pas plus habiles que Aglebert. Les trois dernières lettres cependant ne laissent pas que de m'embarrasser, et c'est avec grande réserve que je suppose que ces trois lettres tiennent la place du mot *ego*. Tout à l'heure nous trouverons un détail analogue sur une autre fibule.

Je rapprocherai de ces deux fibules une troisième présentant encore une tête de face, mais celle-ci sans légende. Elle est formée d'une plaque en argent sertie dans un disque en bronze.

Fig. 5. — Fibule trouvée a Ramèche, près de Namur.

Elle a été trouvée à Ramèche, village situé à 10 kilomètres de Namur, dans un cimetière de l'époque franque. Une fibule semblable, mais en or, a été signalée par M. van Bartelaer dans des fouilles faites à Gougnies, en Hainaut[1].

Voici maintenant une fibule, avec plaque en argent, qui ne représente plus de figure humaine, mais une rosace entourée par deux cercles de grenetis. Nous y lisons un nouveau nom d'artiste, CRIMOALDVS FICIT, puis trois lettres, ΔOΛ, comme sur la fibule d'Aglebertus, ou GRIMOALDVS FICIT AO.

Fig. 6. — Fibule du cimetière de Liverdun (Meuse).

Elle a été trouvée dans une tombe fouillée par M. Ch. Cournault, dans le cimetière de Liverdun (Meuse). A cette occasion, le vicomte d'Amécourt fit remarquer que, dans le cimetière de Pompey (Meurthe), en 1853, M. Digot avait recueilli une fibule semblable, avec la légende GRIMOALDVS FICIT RICI. Ce cimetière donna aussi une fibule dont la feuille d'or porte : D · N · CONSTANTIVS M AVG, et celle qui est gravée plus haut à la légende OAVIVAED[2]. Il est probable que l'on trouvera encore d'autres plaques de fibules signées; rappelons, en passant, celle qui laisse lire INCELDVS FICIT, mentionnée par M. Pilloy.

La fibule, avec plaque en or, qui suit, appartient au Cabinet de France ; elle provient d'une sépulture de Sery-les-Mézières (Aisne) ; acquise par M. de Roucy, ancien magistrat à Compiègne, elle fut cédée par lui à la collection nationale. Autour d'un buste tourné à droite et qui rappelle les triens francs les plus barbares, on distingue une série de lettres qui, paraissant jetées au hasard, ne présentent pas un sens appréciable; il me semble apercevoir un groupe de

---

1. Adr. Oger, *Annales de la Soc. arch. de Namur*, t. XXIV, p. 75; D. van Bartelaer, *Documents et rapports de la Soc. arch. de Charleroi*, t. XIII.
2. *Comptes-rendus de la Soc. fr. de numismatique*, t. IV, 1873, p. 163 ; *Mém. de la Soc. d'arch. lorraine*, 1871.

lettres qui donne LVDIACO, puis des caractères avant et après qui font penser au mot FICIT.

Fig. 7. — Fibule de Sery-les-Mézières (Cabinet de France).

Les orfèvres francs, lorsqu'il ne s'agissait pas de représenter une tête humaine, étaient moins maladroits. La fibule de Grimoaldus, qui ne porte qu'un ornement, est moins barbare; il en est de même de celle qui est gravée ci-dessous et qui provient aussi des fouilles faites par M. Doublemart. Ici on voit deux oiseaux à long bec, alternés.

Fig. 8. — Fibule du cimetière de Monceau-le-Neuf (Aisne).

Si cette fibule avait été connue de Lelewel, il n'aurait pas manqué de la citer dans son chapitre des « Réapparitions du type gaulois »; il aurait été certainement amené à rapprocher ces deux oiseaux, ainsi disposés, de monnaies gauloises sur lesquelles on voit des animaux dans une position analogue. Je crois que ce sont là des analogies que l'on peut constater, mais sans en tirer quant à présent aucune conséquence.

LE
TROPHÉE D'AUGUSTE

PRÈS DE MONACO (LA TURBIE)

(Planche III)

Par M. Otto Benndorf

Correspondant étranger honoraire.

Aux frontières sud-ouest et sud-est de la Gaule se dressaient autrefois, près du rivage de la mer Méditerranée, deux grands monuments de l'époque romaine. Après avoir terminé la guerre contre Sertorius, Pompée avait érigé dans un passage des Pyrénées un trophée, sur lequel il se glorifiait d'avoir acquis à la domination romaine 876 localités de la péninsule Hispanique. En l'an 7-6 avant J.-C., le Sénat romain avait élevé, sur une hauteur des Alpes Maritimes, dominant la Riviera et la mer, un trophée en l'honneur de l'empereur Auguste. L'inscription de ce second trophée, que Pline nous a transmise et que confirment onze fragments conservés, attestait l'incorporation à l'empire de tout le territoire des Alpes, depuis Trieste jusqu'à Nice.

Du premier de ces monuments, rien n'est actuellement connu et du second peu de chose; le lieu même où se trouvait le monument de Pompée n'a pas encore été établi. Quant au monument d'Auguste, près de Monaco, tristes ruines mutilées, elles attendent toujours, à ce que je sais, un relevé technique et des fouilles sérieuses. Il serait donc bien à propos de pénétrer enfin les secrets de ces deux monuments. Si je ne me trompe, la tâche en vaudrait la peine et serait digne de la Société des Antiquaires de France, à qui je voudrais marquer, par cette étude préparatoire et préliminaire, ma reconnaissance sincère pour l'honneur qu'elle m'a fait en m'admettant au nombre de ses illustres collaborateurs.

Th. Mommsen a reproduit, dans le cinquième volume de son *Corpus inscriptionum latinarum*, la bibliographie et les textes concernant la Turbie : il a ainsi fourni une base à toutes sortes de recherches[1]. Il s'agit maintenant d'interpréter et d'examiner avec les lumières de l'archéologie deux descriptions détaillées du trophée d'Auguste, datant d'une époque où les ruines étaient en meilleur état, et de les mettre à profit pour proposer une reconstruction. J'ai déjà tenté sommairement ce travail dans l'ouvrage sur Adamklissi[2] ; je voudrais ici reprendre en détail ce que j'y disais, en le corrigeant en partie et en l'appuyant sur de nouveaux documents.

C'est Petrus Gioffredus (1629-1692), prêtre de Nice et historiographe du duc Charles-Emmanuel II, qui nous transmet ces deux descriptions dans ses ouvrages, *Nicaea civitas* et *Storia delle Alpi Marittime*[3]. L'une de ces descriptions, en italien, est anonyme ; l'autre, en latin, a été écrite en 1564 par un franciscain, le P. Pietro Antonio Bojero, *istorico e matematico*. Toutes deux étaient manuscrites entre les mains de Gioffredus. Je désigne la description anonyme par A, celle de Bojero par B. L'auteur anonyme est plus ancien, ayant vu, encore intactes, des parties que Bojero depuis a trouvées détruites ; il est aussi plus détaillé et plus précis. C'était certainement un architecte, et il paraît Toscan, car il écrit quelquefois *anchora* au lieu de *ancora*, *charo* au lieu de *caro*. Bojero donne, d'autre part, quelques mesures et quelques détails importants qui ne se trouvent pas chez l'anonyme. Les deux textes, notamment celui de Bojero, ont des lacunes et sont altérés par des fautes d'écriture ou de lecture. Ajoutons que le latin de Bojero est, en plusieurs endroits, obscur et suspect ; il emploie constamment *fornix* au féminin et latinise *cornix* pour désigner une corniche.

---

1. *C. I. L.*, V, n. 7817 et p. 1092. Ajoutez Millin, *Voyage dans les départements du midi de la France*, II, p. 579 ; A. de Laborde, *Monuments de la France*, I, pl. IX, p. 63 ; J. Gilles, *Monuments triomphaux dans les Gaules*, p. 76 ; H. Meyer, *Zeitschrift für Alterthumswissenschaft*, 1843, p. 449 ; Desjardins, *Géographie de la Gaule romaine*, II, p. 246 ; Gardthausen, *Augustus*, I², p. 718 ; II², p. 399 ; Canina, *Architettura romana*, III, tav. CCI, p. 489. [Cf. *Jahreshefte des österr. archæol. Institutes*, VI, p. 264.]

2. *Das Monument von Adamklissi, Tropaeum Traiani*, unter Mitwirkung von Otto Benndorf und George Niemann, herausgegeben von Gr. G. Tocilesco. Wien, 1895.

3. P. Gioffredi, *Storia delle Alpi marittime*, publié par Costanzo Gazzera (Torino, 1839), I, p. 284-288 ; *Nicaea civitas*, Turin, 1658, p. 39-41, republié par Graevius-Burmann, *Thesaurus antiquitatum Italiae*, IX, pars VI, *Lugduni Batavorum*, 1723.

Avant tout, il me faut reproduire scrupuleusement ces deux textes précieux, en tâchant de les éclairer par une ponctuation plus commode et par des corrections ou des conjectures ajoutées entre parenthèses.

A. — Anonyme italien.

Da Monaco vanno con erta salita inalzandosi i gioghi dell' Alpi, e nello spatio d'un miglio verso il vento Maestro resta un picciolo piano frà tre colline : l'una, che è più sopra la marina, è detta la Colla della Turbia, l'altra verso tramontana si chiama Aggel, la terza verso Ponente si addimanda Sembola. Nel detto piano è la Villa della Torbia, cioè un Borgo di circa ducento case, che si veggono fabricate con le rovine dell' edificio antico, del qual si dirà appresso.

Nella parte del Villaggio più eminente è un recinto di mura merlate quasi circolare, che chiamano Ricetto, fatto di tali rovine, con il quale nelle fattioni Guelfe e Gibelline gl'huomini de Villaggi ritiravano le Donne, e robbe loro più chare, o per difendersi ivi, o per star più sicuri dalle incursioni. Nel mezzo di detto Recinto sorge una mole parte antica e parte moderna, dalle cui reliquie si può congetturare, che la struttura sua fosse di questa forma.

Era una Platea di pietre quadrate di longhezza per ogni faccia di passi 42 andanti.

Sopra la quale posava un zoccolo alto piedi manuali doi e. tre quarti. Sopra il zoccolo era una Base intorno, intorno, e sopra la Base un muro per ogni lato di pietre vive quadrate, polite e commesse à bugne con i suoi alveoli ò canaletti. Dal qual muro indentro per spatio di piedi sei è un' ossatura d'altri quattro muri dell' istessa pietra quadrata alla rustica, il cui spatio era ripieno di cemento fatto di calce, arena e sassi; e frà l'ossatura ed il muro esteriore era parimente un' empitura, come la suddetta di calce, sassi ricalciati (e) di fragmenti ò scarpellature delle pietre messe in opera. Nella facciata verso mezzo giorno era una Nicchia nel mezzo, larga piedi sei, alta dodici, per onde si entrava, e trovavasi alla mano sinistra un vano, largo p. 3, entrovi una salita di scaglioni alti un palmo, per i quali si andava sopra il piano del muro adornato d'una cornice. L'istessa porta e scala si trovava alla facciata opposta verso tramontana. Le altre due facciate da levante e da ponente erano massiccie di pietre quadrate a bugne, molto bene commesse.

Sopra questo basamento quadro era un piano, che lo circondava, e sopra il vivo dell' ossatura s'inalzava un' altro basamento parimente di quattro facciate di pietra quadrata d'opera più gentile con suo zoccolo e base e la cornice di sopra. In una delle facciate era l'inscrittione cavata da Plinio nel capo 20. del libro 3. Nelle facciate dalle bande erano due gran Trofei di marmo bianco intagliato à mezzo rilievo, simili alli Trofei di Mario, che ancora si veggono a Roma.

Sopra questo secondo quadrato, che parimente era ripieno di cemento, eccetto in due luoghi per commodità di due scale à lumacca, era un Basamento rotondo, circondato da zoccoli di pietra viva, sopra quali posavano Colonne Doriche, fatte di molti pezzi diligentemente commessi, sopra le quali era l'architrave con tre faccie, il freggio con triglifi e le metope e la cornice tutto d'opera Dorica. Dietro le colonne era il muro rotondo continuato, pieno di cemento suddetto, e nelli spatij delli intercolunnij erano nicchi. Sopra la cornice era un volto sferico con sue Coste, che nascevano dal vivo del muro contro le colonne, ed in cima con bello ornamento era la statua d'Augusto Cesare…

Il suddetto edificio fù rovinato col fuoco, il che mostrano alcune mine fattevi, e l'essere i pezzi delle Colonne, e altre pietre grossissime sparse in quel contorno molto lontano dalla machina. Di poi al tempo de Gotti ò altri Barbari pare, che si fabricasse quel pezzo della rotondità, dirizzandone una Torre, che dalli ornamenti di cima mostra struttura Gothica, e si servirono delle due scale à lumacca, facendone una sola, per quale si ascende sopra detta Torre. In altro tempo poi s'è fatto un muro merlato sopra l'ossatura principale con una picciola Torre nell' angolo, che guarda à Levante verso il Mare. Trà il qual muro et la Torre sono alcune stanze, ricavate al meglio che si è potuto, per habitatione di Soldati, andandosi dal basso in alto per una scala verso Ponente fatta nel cemento, che resta trà l'ossatura ed il muro esteriore. Sono poi attorno al luogo molti fragmenti del marmo bianco dell' inscrittione sopracennata, delli Trofei e della statua. Mà parte ne è stata murata nel muro del Ricetto, parte è stata messa in opera per far avelli di Sepolture alla Chiesa ivi vicina, che anchor essa hà i muri e la volta assai grande col Choro e Campanile tutto de sassi cavati dalla suddetta machina, che serve di Torre forte ò Castello per guardia di quel luogo, che è sul passaggio di terra, qual và da Genova in Provenza.

B. — Père franciscain Pietro Antonio Bojero (1564).

Non erit forte alienum hoc loco operis formam inserere ac magnitudinem, et ex fragmentis etiam quaedam.

Primum artifex quadratis maximisque lapidibus, ab altera montis facie non procul inde excisis, ut cernitur, solum ad libellam aequavit, ferro ac plumbo saxis inter se vinctis. Forma areae, tetragona ad quatuor coeli plagas, latus habet pedum 230(?).

Ubi opus ad cingulum artificis pervenit, pro plintho haberi coepit (? primo plinthum habere coepit). Cui Forus (l. torus) statim insidet dorici generis. Non potui Astragali aliqua signa invenire, cum Forus (l. torus) ipse nusquam non violatus data opera appareat. Ubi haec ornamenta aderant, contrahebatur area spatio decem pedum circumquaque relicto. Inde quadratum opus solidum exurgebat (l. exsurgebat) ad parem latitudini altitudinem. Scalae haerebant duae a meridie et septentrione. Occiduum latus indigeno lapide affabre factum, mirabili iunctura, ceterum nudum. A meridie scalae, ut locum faceret intra praescriptum ambitum, angulum exeserat (l. exciderat) artifex. Quod foris ab eo tantum latere cernitur, mihi persuadeo ad conglutinanda ac sustinenda tenacius marmora rudere ac cemento confectum. Nam caput ipsius statuae atque trophaei signum aperte indicat, non ex se stetisse marmora, in quibus bellorum gesta, victoris victarumque gentium signa essent caelata, sed potius alieni (? alicubi) operis lateri haesisse. Ceterum quadratam molem, licet omnia sint abrasa, ex frusto invento ornamentis suis non caruisse conieci : nempe cymatio regulis atque astragalo et quae capitibus stylobatarum convenire putantur.

Turris veluti columna striata, ut aiunt architecti, pari lapide atque soliditate e medio atque centro surgebat. Cui quadrangulae antae numero undecim, latit. p. 4 $^1/_2$ fere, et profundit. 3 $^1/_2$ (l. $^1/_2$); spatia inter ipsas p. 5. Altitudo truncato corpori deest : si doricum morem spectes, septenis latitudinis modulis expleri oportuit. Ergo columnatis (l. columnatae) turris, seu mavis molis, ambitus, qua erat antis etiam patentior, ped. centum; circumferentia, quam antae complectebantur, recedebat introrsum paullo plus semipede semidiametri, censebaturque ped. 99. Antis quae pro trabibus solent imponi epystilia (!), duplicis ordinis inveni, alia dorice geminis faciolis (l. fasciolis) distincta, alia trinis corinthio ac ionico modo. Quoniam dorica ratio maiorem vim sustinere est nata, puto antas eius ornamentis in hoc etiam opere subiectas. Super doricis corinthium aut ionicum peristylum, cuius columnae, ex indigeno lapide, diametri . . . . bases vero ex Lunensi marmore, ex quo etiam fuisse capita non abhorret a vero, licet nullum fuerit invenire. Basis una superest tantum in fano ad usum christiani lavacri excavata ac resupina. In epistyliis huius (!) ordinis capitula ac gutulas notavi, zophori ac totius cornicis (sic!) indicium. Fornicem omnium summam (!) iis columnis fultam (!) atque cornice (!) ornatam (!) — unde totam molem Dio Cassius in vita Augusti appellat fornicem — cum tanto viro fuisse censeo. Quid autem in epistylio sub fornice ipsa (!) repositum fuerit, nec compertum nec divinare audeo.

Tantum statuae ipsius Augusti ornatum ac partes referam. A capite exordiar, cuius tegumentum non satis dignosci poterat, thiara ne foret, aut regium quodvis aliud ornamentum, seu potius galea. A collo sursum totum tegebat, facie tantum ad supercilia excepta, quae et ipsa nescio quo obtecta. Vertex turbinatus claviculis videbatur reliquo assutus. Strophio bullis distincto tempora iuncta et ad medias utrinque malas terna florum caelata folia. Oris species nulla, omnia inter malas a superciliis ad mentum aequa, ac superficies una sub praefatum tegumentum undequaque desinens. Media in facie, pari elevatione, orbis e regione narium erat, de quo ligula pendens, acuta admodum, extrema ritus (l. rictus) non attingebat. Intra orbem signum nullum, omnia tamen frontis rotunditatem imitabantur.

Reliquum corpus tunicatum et cinctum, ab humeris cuius pendebat bullata vestis — nescio an ob amplitudinem possit paludamentum videri — cuius ipse laciniam ad cingulum, circum cubitos, manu revinciebat. Haec ad limbum (? . . . . .) pendentiaque a collo ora (? lora) bullis fulgebat (? fulgebant). Idem videre erat in cingulo, quod num esset militare, distingui non potuit.

Quod spectat ad mensuras magnitudinemque statuae, altitudo a summis humeris ad supremum turbinati verticis apicem ped. 3, ex quibus pes 1 et ¹/₃ a superciliis ad mentum; nam frontis nullus alius terminus venit in conspectum, cum tota lateret sub galea seu pontificia mitra. Maxima capitis latitudo ped. 1 ³/₄, cuius quinta pars diameter orbis e regione narium. Faciei latitudo (? ped....) inter universi capitis tegminis latera, quae paullo eminere diximus. Ex iis equidem colligi facile puto totius simulacri magnitudinem. Nam si dimidium eius, quod ab imo mento ad supercilia est, superaddatur, procul dubio totius oris a mento scilicet ad summam frontem constitutio prodibit. Tum si secutus fueris eos, qui faciei novem modulis universum corpus constituunt, duodeviginti pedes statuae altitudinem invenies.

Visuntur etiamnum huius statuae caput intra septa novae munitionis et frusta duo, ex quibus singuli excavati loculi adstant templi foribus. Huius operis fuere quaecumque inserta turri marmora, gradus plerique interioris scalae, et quae inversis litteris supra septi portam cernuntur.

Cum incidissem, ruinas perscrutatus, in genu ambabus manibus amplexatum, quod querulae fessaeque imaginis solet esse, mecum asportandum in meos hortos curavi; et hoc indicio esse potest, alia signa quam ipsius victoris Augusti fuisse in eo loco, devictas gentes scilicet indicantia.

A ces deux descriptions s'ajoute une troisième source, C. C'est un passage d'une légende provençale du XIII⁰ siècle sur la vie de saint Honorat († 429), que déjà Gioffredus avait utilisé et sur lequel le célèbre romaniste A. Tobler, de Berlin, a attiré de nouveau l'attention[1] :

C. — Légende provençale (XIII⁰ siècle).

Fetz ab encantament
La torre de gran bastiment
Am peyras de gran cayradura
E obras d'antigua figura,
Colonnas de marme pesanz
Y mes maravillosas grantz
Que sufron l'obra tot entor.
E cant ac complida la tor
De tres dobles tot en viron,

---

[1]. A. Tobler, C. I. L., V, p. 1092, ad n. 7817; A. L. Sardou, La vida de Sant Honorat, légende en vers provençaux, par Raymon Féraud, troubadour niçois du XIII⁰ siècle. Nice, 1874, p. 91-93. — [Je dois à l'obligeance de M. Meyer-Lübke la communication suivante : « Die fragliche Legende ist eine recht genaue « und so zu sagen nichts selbständiges bietende Übersetzung eines lateinischen Textes, von dem bisher « zwei Handschriften bekannt geworden sind : die eine in Dublin, Trinity College, beschrieben von « P. Meyer, Romania, VIII, 284 ff.; die andere in Oxford, Bodleian additional Ms. A 100, erwähnt von « E. Stengel, Zeitschrift für romanische Philologie, II, 384 ff. ».]

Bauzabuc e Matafellon
Los demonis fetz acampar;
Pueys fetz un' idola sagrar
Que per forza d'encantament
Rendia rason de mantenent
De tot cant hom li demandava
Segon que li sortz demostrava.
. . . .

L'Anonyme A et le père Bojero B s'accordent en ceci que le monument, abstraction faite de ses ornements en marbre, était construit en pierre du pays et que, de la base au sommet, il comprenait les parties suivantes :

1° Une *area carrée*, en pierres de taille de grandes dimensions, reliées entre elles par des crampons de fer, soudés avec du plomb.

2° Un *soubassement massif*, de forme carrée, *en deux parties superposées*, avec deux portes et deux escaliers intérieurs.

3° Une *tour massive, ronde*, entourée d'une colonnade formée de tambours.

4° Une *coupole*.

5° *Au sommet* de cette coupole, *une statue d'Auguste*.

De plus, on constate que les deux auteurs n'ont vu conservés que l'area, le soubassement et une partie de la tour ronde, mais ces parties conservées étaient déjà surchargées par endroits de constructions modernes. En outre, ils connaissaient un nombre assez grand de fragments détachés, au moyen desquels ils ont rétabli tout le reste. Quelquefois ils diffèrent entre eux dans le détail, vraisemblablement par suite de fautes dans les textes qui nous sont restés.

B fixe la longueur des côtés de l'*area carrée* à 230 pieds, A à 42 *passi andanti*, ce que le lexique de la Crusca explique ainsi : *passi ordinarii, nè troppo lunghi, nè troppo corti*. Le premier chiffre est, d'après la topographie du lieu, aussi bien que d'après les besoins de la construction, beaucoup trop grand et se trouve en contradiction avec d'autres données de B lui-même. Par contre, le dernier chiffre est, comme on le verra, parfaitement admissible.

B ne distingue pas *la double structure du soubassement*. Il a trouvé le soubassement dans un état assez délabré et remarque seulement : 1° qu'il est, de chaque côté en retrait de 10 pieds sur l'*area*; 2° qu'il est aussi haut que large; 3° qu'il était orné d'un profil de base et d'une corniche consistant en kymation, denticules et astragales. Par contre, A nous donne une image fort nette. D'après lui, le premier soubassement avait, sur chacun de ses côtés, un socle haut de 2 pieds ³/₄ avec profil de base, un revêtement à la *rustica*, fait de pierres polies sur leurs bords, et au-dessus une corniche. En arrière de ce mur, à une distance de 6 pieds, et parallèlement à lui, se trouvait un nouveau mur carré, construit en pierres brutes. Ce mur intérieur servait de soutien (*ossatura*) et de base au mur du second soubassement plus finement appareillé. Celui-ci, comme le premier, consistait intérieurement en un massif remplissage; extérieurement il comprenait un socle, un profil de base et une corniche. La terrasse, ainsi formée entre le premier et le second soubassement, avait donc une largeur d'environ 8 pieds et permettait le passage d'un côté à l'autre du monument. Au milieu de la façade nord et de la façade sud du premier soubassement s'ouvrait une porte large de 6 pieds, haute de 12, par laquelle on parvenait, à main gauche, à un corridor (*vano*), large de 3 pieds, donnant accès à la terrasse susdite au moyen d'un escalier droit (*salita*), dont les marches avaient un palme de haut. Il va sans dire que le premier soubassement était plus bas que le second, mais, d'après la grandeur de la porte, il doit avoir eu une hauteur d'au moins 16 pieds. Le second soubassement avait également deux escaliers intérieurs, mais, à cause de la hauteur plus grande, c'étaient des escaliers en colimaçon (*scale a lumaca*). A ne donne pas l'emplacement de ces escaliers en colimaçon, mais on peut l'inférer de B. Ils étaient ménagés dans les angles du second soubassement (*angulum exeserat (!) artifex*), par conséquent dans le voisinage de l'extrémité des escaliers inférieurs (*salita*), là où la tour ronde, qui reposait sur le second soubassement, laissait quatre plates-formes libres. Sur un côté du deuxième soubassement se trouvait l'inscription votive sur marbre que nous connaissons par Pline, et, si je comprends bien l'expression, *nelle facciate dalle bande* (pour laquelle le lexique de la Crusca donne un exemple tiré de Vasari, I, 317), de chaque côté de l'inscription se trouvaient des trophées de marbre en relief, semblables aux soi-disant trophées de Marius sur l'escalier du Capitole. On admettra facilement que cette ornementation en marbre ne pouvait se trouver qu'au sud ou au nord, c'est-à-dire au-dessus des portes qui formaient l'entrée et marquaient l'axe du monument en correspondance avec les sculptures du sommet.

En ce qui concerne *la tour ronde massive*, B est plus détaillé que A et fournit des mesures décisives pour une reconstruction approchée. Le mur extérieur de la tour avait onze antes de 4 pieds $^{1}/_{2}$ environ, séparées par des intervalles de 5 pieds. Cela fait pour la surface cylindrique une circonférence de $(10 \times 5) + (11 \times 4\ ^{1}/_{2}) = 100$ pieds $^{1}/_{2}$.

Il est vrai que ce compte ne s'accorde pas exactement avec la longueur des cercles déterminée par B lui-même, soit par mesure, soit par calcul, de la manière suivante :

Surface cylindrique de la tour : 99 pieds.
Circonférence formée par le ressaut des antes : 100 pieds.

Mais il ne fixait la largeur des antes que d'une manière approximative, et les différences sont si petites qu'elles se confirment réciproquement; d'ailleurs, la longueur du pied employé étant inconnue, on ne saurait songer à une exactitude mathématique. Il est frappant que A ne mentionne pas les antes, mais parle de niches dans les entre-colonnements, ce dont B à son tour ne dit rien. Il est encore plus frappant que A ne rétablit qu'un péristyle, non pas deux, comme B, qui admet un péristyle dorique en bas, un péristyle corinthien ou ionique en haut, et qui, aussi bien d'après les dimensions générales du monument que d'après des architraves qu'il trouva là avec deux et trois *fasciae*, est évidemment dans le vrai. C parle de « *la tor de tres dobles tot en viron.* » Mais, ce qui est faux, c'est la supposition que seuls les bases et les chapiteaux des colonnes fussent de marbre, chose étrange en soi et du reste contredite par l'auteur du XIIIe siècle C qui emploie les mots « *colonnas de marme pesanz* ».

Touchant *la coupole*, qui doit avoir reposé sur la paroi de la tour, nous manquons d'un ferme point d'appui. L'expression *coste* nous conduirait à des côtes qui pourraient être imaginées de différentes façons. Il est possible qu'il y ait eu sur le sol un fragment sphérique qui venait du toit. Mais peut-être ce qui induisait B à admettre une coupole n'était qu'un passage de Dion Cassius (LIII, 26, 5) qu'il cite mal à propos et qui parle d'une ἁψὶς τροπαιοφόρος élevée en l'honneur d'Auguste, en 25 avant J.-C., ἐν ταῖς Ἄλπεσι. Il s'agit, en vérité, dans ce passage de l'arc d'Aoste.

A propos de *la statue d'Auguste* — le sommet du mausolée d'Auguste à Rome en portait une semblable — on constate une erreur incontestable. B en décrit la tête avec un embarras si manifeste et en même temps avec tant de naïveté exacte dans les détails que l'on n'a pas de peine à discerner la vérité. La tête, dit-il, était haute de 3 pieds. On y voyait un casque qui, de la nuque au sommet, recouvrait le tout. Elle avait un front, des jugulaires décorées de bulles et d'ornements végétaux en relief, et, au sommet, un objet rond rapporté, qui lui donnait la forme d'un bonnet phrygien (*vertex turbinatus*). Mais, entre les deux jugulaires, point de visage (*oris species nulla*), rien qu'une surface cylindrique égale (*omnia aequa... frontis rotunditatem imitabantur*) présentant en son milieu, à la place du nez, « un rond muni d'une sorte d'appendice » (*orbis de quo ligula pendebat*), c'est-à-dire le nœud d'une branche coupée au tronc d'arbre qui supportait le casque. Par conséquent, point de statue, mais un grand trophée qui couronnait le monument. B confirme cela lui-même, quand il mentionne plus loin un fragment de statue trouvé par lui, représentant deux mains étreignant un genou, fragment qu'il attribue à une figure assise et affligée. C'était là manifestement l'une des deux statues que l'on trouve si fréquemment au pied d'un trophée. En fait, la légende provençale C atteste trois statues sur le haut du monument : une idole et deux démons assis.

Ainsi s'écroule le calcul auquel B se livre pour évaluer la hauteur de la soi-disant statue d'Auguste. De même, le morceau sculpté qu'il prend pour la partie centrale de la dite statue ne peut pas appartenir à une représentation d'Auguste. A coup sûr, un passage de cette description est altéré, et il n'est guère vraisemblable qu'on réussisse à le corriger. Il n'est fait nulle mention de cuirasse, mais bien d'une tunique avec ceinture, et, par-dessus, d'un manteau avec agrafe ronde (*bullata vestis*), dont un coin (*lacinia*) était pris dans la ceinture. Que portait en bordure (*ad limbum*) le coin de ce manteau? Des franges (*fimbriae*) peut-être. Les ornements en forme de bulle de la ceinture se répétaient-ils sur le baudrier de cuir? La main dont il est question était-elle réellement figurée ou n'existait-elle que dans l'imagination de l'auteur? Autant de points que je ne puis élucider. Cependant, notons d'abord que, d'une part, le *cingulum*, que les images des empereurs portaient seulement en manière d'écharpe sur la cuirasse et non pas sous forme de ceinture de cuir garnie de bulles, et, d'autre part, la tunique, qui tout au plus serait admissible pour une statue équestre comme celle de Marc-Aurèle, excluent tout rapport avec Auguste. De plus, il est surprenant que B donne tant de mesures pour la tête, et que, à propos de la pièce du milieu, il n'en donne aucune qui permette de contrôler si les deux pièces appartenaient vraiment à un même ensemble.

Par contre, il nous vient d'autre part, si je ne m'abuse, une heureuse indication au sujet d'une des pièces centrales du trophée. Des papiers de Scipion Maffei, qui visita la Turbie en 1733, Mommsen extrait la note suivante :

« *Innanzi la chiesa un pezzo di marmo scavato, lungo 6 palmi, largo 4, che rappresenta una parte del torace di un uomo armato*[1]. » Cela doit avoir été l'un des deux fragments que déjà B avait vus devant la porte de l'église, qu'il avait mentionnés, sans les décrire, comme parties de la statue d'Auguste, et qui auraient été creusés pour devenir des sarcophages. Du moins, les indications « *innanzi la chiesa* » et « *adstant templi foribus* », « *marmo scavato* » et « *excavati loculi* » concordent parfaitement. Or, les paroles de Maffei ne peuvent se rapporter qu'à une cuirasse qui, bien qu'incomplète dans l'état où elle se trouvait, avait cependant des dimensions colossales. Et cette grandeur de 6×4 palmes, qui s'accorde avec les mesures que donne B pour le casque (3 pieds), ne permet guère de douter qu'il soit ici fait mention d'une pièce médiane du trophée et que celui-ci fût tout entier de marbre.

Les niches indiquées par A dans l'entre-colonnement de la tour font supposer une décoration statuaire. C'est d'une telle figure de niche que je suppose provenir une tête en marbre, dont le comte Giuseppe A. I. Spitalieri di Cessole[2] attestait en 1842 « *che a' giorni nostri un bel busto di Druso trovato tra le rovine del Monumento è stato acquistato dal principe reale di Danimarca, e deve probabilmente trovarsi nel Museo di Copenhagen.* » Il s'y trouve effectivement[3], et je dois à l'obligeante intervention du savant professeur M. J.-L. Ussing de pouvoir le publier pour la première fois, à ce qu'il paraît, d'après deux photographies tirées pour moi (fig. 1-2). Le cou, travaillé de façon à être posé sur une statue, est si large à la base que la tête pouvait être encore désignée comme « *busto.* » La conservation est complète; seules quelques parties du visage ont subi une retouche légère et innocente. La partie postérieure n'en a pas été dégrossie, le marbre y est resté si brut que l'on ne peut penser à une exposition devant un mur, mais seulement dans une niche. Sa hauteur est de 0^{m}335; la statue à laquelle elle appartenait convenait donc pour une niche, large d'environ 3 pieds : une telle niche était bien possible dans l'intervalle, large de 5 pieds, du péristyle inférieur. Le portrait accuse un certain air de famille avec Tibère, mais ne peut être celui de Tibère, qui avait le menton plus pointu, le front plus haut et plus avancé. En échange, il est identique à la tête intacte d'une statue en marbre de Veji, aujourd'hui au Latran, n° 103, qui passait

---

1. *C. I. L.*, V, p. 906.
2. *Memorie della reale Accademia delle scienze di Torino; scienze morali storiche e filologiche*, serie II, t. V, p. 163.
3. *Catalogue du Musée de Copenhague*, n. 2.

autrefois pour un Germanicus[1]. Mais c'est avec raison, comme on le voit à présent, que cette dénomination a été contestée par Bernoulli; car Germanicus, né en l'année 15 avant J.-C., ne pouvait prendre part à la guerre contre les popu-

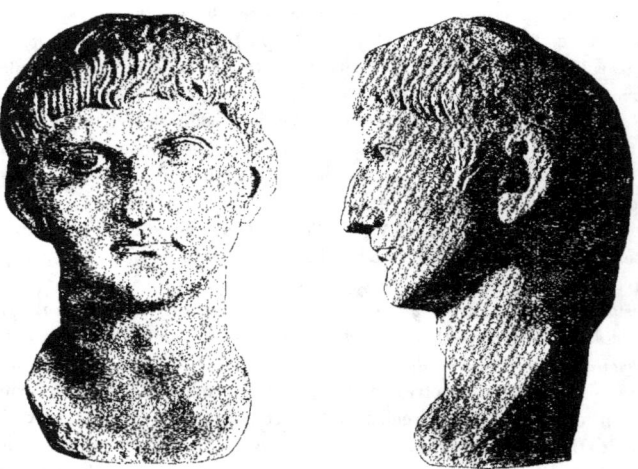

Fig. 1.   Fig. 2.
Nero Claudius Drusus. Tête en marbre provenant de la Turbie.
(Musée de Copenhague.)

lations des Alpes, ni être représenté comme un jeune homme sur le monument commémoratif élevé en 7-6 avant J.-C. D'après la chronologie, seul le frère de Tibère, Drusus l'ancien, né en 38 avant J.-C. (et non le fils de Tibère, Drusus, né entre 15 et 12 avant J.-C., à qui Bernoulli pensait à propos de la statue de Veji), peut entrer en question. Drusus avait soumis avec Tibère les populations des Alpes et il était mort avant d'avoir trente ans : les traits de la tête de Copenhague correspondent à cet âge. Parmi les médailles de Drusus frap-

---

[1]. Bernoulli, *Römische Ikonographie*, II[1], p. 204, 208; taf. IX. Cf. l'étude savante et consciencieuse de M. L. A. Milani sur les portraits de Nero Claudius Drusus, *Mittheilungen des k. deutschen archæologischen Institutes, Römische Abtheil.*, VI, p. 307.

pées sous Claude un demi-siècle plus tard, où le portrait, on le sait, varie d'une manière étrange, il y a pourtant une pièce (fig. 3), reproduite par Cohen[1], qui est en accord parfait avec le marbre de Copenhague. Je crois donc que le

Fig. 3. — Médaille de Nero Claudius Drusus (Cabinet de France).

comte Spitalieri lui a donné son vrai nom et qu'avec la statue du Latran ce sont les premiers portraits tout à fait concordants et sûrs que nous ayons de Drusus l'ancien.

Comme les intervalles entre les antes se resserraient dans le péristyle supérieur et n'admettaient que des niches plus étroites, dont l'effet, vu la hauteur de l'édifice, n'aurait pas été heureux, et comme deux rangs de figures superposées tout autour du monument auraient produit trop grande abondance de biens, j'aimerais à croire que, seul, le péristyle inférieur était orné de statues, et peut-être seule la façade principale. Par façade principale, on doit entendre la face sud du monument tournée vers la mer. C'est là qu'on pouvait lire de loin l'inscription sur le second soubassement, et c'est au-dessus de cette inscription qu'il serait naturel de supposer, dans trois niches du péristyle inférieur, la statue d'Auguste, et de chaque côté celles de Tibère et de Drusus l'ancien. De cette façon, l'édifice, uniforme de tous ses côtés, mais qui conservait, par les deux portes opposées du premier soubassement et par le trophée à double face qui le couronnait, un axe bien déterminé, aurait reçu son orientation, et, pour ainsi dire, un visage. Il sera permis de présenter cette hypothèse comme admissible.

L'inscription votive doit avoir eu des dimensions énormes ; malheureusement la mesure n'en peut être encore fixée avec précision, bien que le contenu en soit connu et parfaitement sûr. La disposition que Desjardins[2] lui donnait est erronée, puisqu'il n'a pas tenu compte de deux fragments subsistant

---

1. Cohen, *Médailles impériales*, I[2], p. 20 ; Bernoulli, *loc. cit.*, p. 210, taf. XXXIII, 5-8 ; Milani, *loc. cit.*, taf. IX.
2. Desjardins, *Géographie de la Gaule romaine*, II, p. 249.

encore, dont l'un, attesté à Nice, appartient à la première ligne ; de plus, Desjardins donne le texte tout entier avec des lettres uniformément égales en hauteur, ce qui va contre l'analogie de pareils titres monumentaux. La première ligne, qui contenait le nom d'Auguste, avait, selon le fragment de Nice, une hauteur de 0ᵐ36 ; les autres fragments ont tous une hauteur de lettres de 0ᵐ18, l'intervalle des lignes dans ces derniers est de plus de 0ᵐ09. Mais, entre les deux chiffres de 36 et 18, on doit admettre au moins une mesure intermédiaire qui permette une gradation entre deux hauteurs si différentes. La liste de quarante-six peuplades vaincues, qui venait au-dessous des lignes du titre principal, était, d'après la supposition de Cerquand[1], adoptée par Mommsen, disposée en colonnes. Avec ces données, la hauteur de la restitution de Mommsen peut être estimée approximativement à 4 mètres, la largeur au triple pour le moins. Déjà le comte Spitalieri, qui s'était occupé le premier de ce problème, avait supposé des dimensions de 4 × 14 mètres pour l'inscription. A cela, il faut ajouter le cadre et, de chaque côté, si j'ai bien interprété les

Fig. 4. — Fragment du monument de la Turbie (Musée de Saint-Germain).

termes de A : « *nelle facciate dalle bande,* » deux grands trophées en relief. Une pièce centrale de l'un de ces deux trophées (fig. 4) se trouve actuellement au

1. Cerquand, *Revue archéologique*, 1869, p. 280, pl. XVIII.

Musée de Saint-Germain; elle a une largeur de 2^m20 [1]. Il est donc croyable que l'inscription, avec les trophées qui la flanquaient, occupait, à la manière d'une frise, toute la largeur du second soubassement; il est certain, en tout cas, que, composée comme les trophées par une réunion de plaques, elle formait un revêtement de marbre à la paroi calcaire de l'édifice.

Une photographie que M. Marcel Paul a eu l'amabilité de faire venir pour moi de Nice, — et c'est à ce même jeune Français, élève distingué de MM. Holleaux et Lechat, présentement à Vienne, que je dois la traduction de ce mémoire, — donne une idée de l'état actuel des ruines (Pl. III). Elle fait voir que le monument est profondément encombré et qu'il a été, à une époque récente, enfermé dans un mur d'enceinte. Ce qui s'élève au-dessus de ce mur est le noyau cylindrique du péristyle inférieur, sur lequel reposent encore quelques blocs en gradins et se dressent, nouvellement replacées, quelques pierres de revêtement du péristyle supérieur. On ne voit plus rien des deux soubassements. Le monument se trouve, suivant les apparences, sur une élévation, qui sera exhaussée de ses décombres et certainement ne laissait place qu'à un *planum* de faible étendue, comme A le déclare en lui donnant 42 pas de longueur de côté.

Sur l'utilisation de la ruine comme forteresse, A et B donnent quelques renseignements que je ne veux pas discuter, car ils ne sont guère importants pour le but de mon exposé; en outre ils ne sont pas toujours clairs. Je me contente de renvoyer à deux vues de la fortification, datant du xvıı^e siècle. L'*une* a été esquissée en l'année 1656 par le capitaine Carlo Morello (fig. 5-6), « *primo ingegniero e logotenente di arteglieria;* » elle est contenue dans ses *Avvertimenti sopra le fortezze di S. R. A.*, qui se trouvent dans le manuscrit n° 178 de la Bibliothèque royale de Turin. Promis envoya à Mommsen une copie tirée de ce manuscrit; la copie est reproduite dans le *C. I. L.*, V, p. 905. De la notice qui accompagne le dessin dans le manuscrit, un passage mérite d'être extrait. Il a peut-être quelque valeur de détail pour la reconstruction de l'ancien édifice : « *Dentro esso castello e in mezzo vi è una grande torre quasi tutta piena di terra, salvo che da un canto vi è una scala che sale sino alla sommità di essa, al piede della quale vi sono allogiamenti per soldati circondati d'una gran muraglia.* » Il est possible que cet escalier en colimaçon soit antique comme celui qu'atteste A dans le soubassement supérieur. La *deuxième* vue, très pittoresque et d'une exécution visiblement libre, est contenue dans l'ou-

---

1. *Revue archéologique*, 1870, p. 59, pl. I; Salomon Reinach, *Catalogue du Musée de Saint-Germain*, p. 37; Desjardins, *loc. cit.*, II, p. 575.

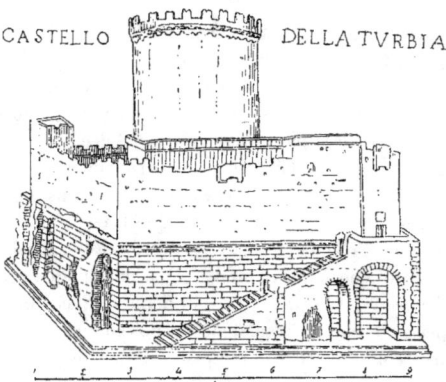

Fig. 5. — Forteresse de la Turbie.
Dessin de Carlo Morello (1656).

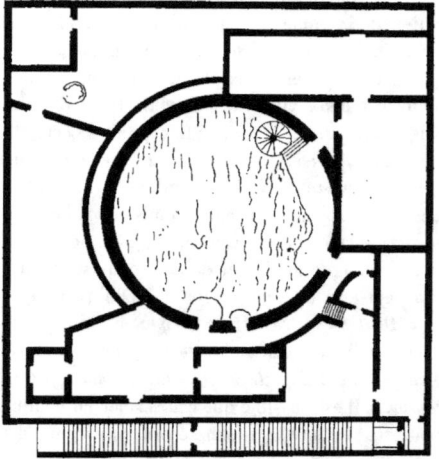

Fig. 6. — Plan de la forteresse de la Turbie.
Dessin de Carlo Morello (1656).

FIG. 7. — RESTITUTION DES TROPAEA AUGUSTI.
D'après le *Theatrum Pedemontii* de Gioffredi (1682).

vrage de Gioffredi : *Theatrum statuum regiae celsitudinis Sabaudiae ducis, Pedemontii principis*, II, 155, magnifique in-folio paru à Amsterdam en 1682.

Fig. 8. — Tropaea Augusti; essai de reconstruction.
Esquisse de l'architecte W. Wilberg.

Elle est reproduite dans le *Novum theatrum Pedemontii et Sabaudiae*, Hagae-Comitum, 1726, II, pl. 63, et accompagnée, les deux fois, d'un texte latin qui reproduit la description de A, non sans fautes ni contresens. M. S.-G. de Vries, directeur de la Bibliothèque nationale à Leide, a eu la complaisance

Fig. 9. — Tropaea Augusti; essai de reconstruction.
Esquisse de George Niemann.

de me faire copier dans l'exemplaire de Leide le texte contenu dans le premier de ces ouvrages, qui ne se trouvait dans aucune bibliothèque de Vienne. Cependant, je l'ai également trouvé ici, de tous points semblable, dans un exemplaire du second ouvrage, appartenant à la bibliothèque de S. A. le prince régnant de Liechtenstein. La planche qui suit le texte dans les deux

Fig. 10. — Restitution des Tropaea Augusti.
D'après une ancienne gravure italienne.

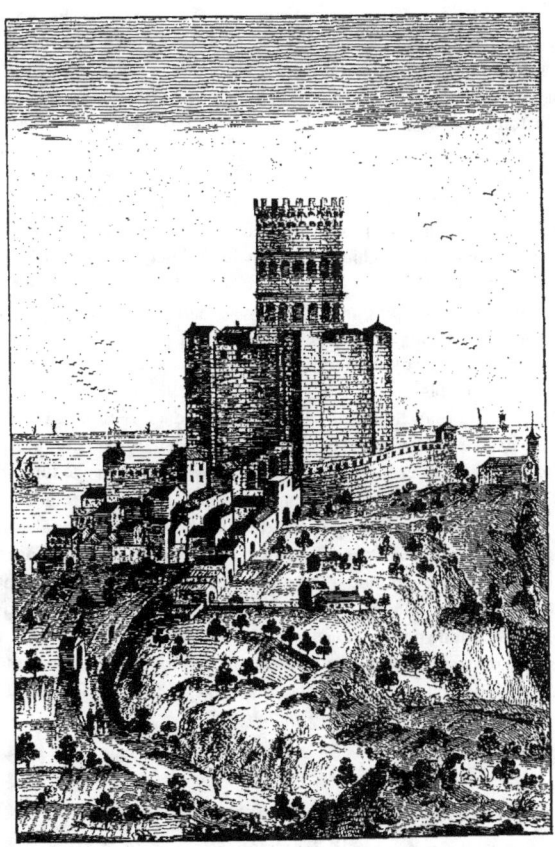

Fig. 11. — Vue de la Turbie.
D'après une ancienne gravure italienne.

ouvrages (fig. 7) donne une reconstruction de l'antique monument, qui est l'œuvre d'une main habile, d'après Promis, peut-être celle de l'ingénieur militaire Francesco Pacciotti. Elle n'est pas exempte de détails fantaisistes. Elle est fautive par exemple dans les proportions du soubassement et dans la disposition étrange du toit surmonté de la soi-disant statue d'Auguste [1]. Mais beaucoup de choses essentielles y sont reconnues et elle m'offre l'agréable confirmation d'une tentative de restauration, non moins approximative de son côté, à laquelle j'étais arrivé en étudiant le texte des deux descriptions, avant d'avoir connu cet essai antérieur. Dans la simple esquisse qui accompagne notre texte, l'architecte de l'Institut archéologique autrichien, M. Wilhelm Wilberg, lui a donné une forme présentable (fig. 8). [M. George Niemann a également exécuté un essai de reconstruction [2] que nous sommes heureux de reproduire ici (fig. 9). Cet essai est absolument indépendant de celui de M. Wilberg. On aura donc, en les confrontant, une idée approximative des choses essentielles, qui paraissent certaines ou vraisemblables.]

Enfin, un jeune archéologue autrichien, résidant à Rome, le Dr Ludwig Pollak, a été assez aimable pour m'envoyer deux vieilles gravures (fig. 10-11), acquises à Rome chez un marchand d'antiquités et qui reproduisent dans le format $0^m10 \times 0^m16$, avec quelques modifications, les deux grandes feuilles du *Theatrum Pedemontanum*. Elles portent des signatures italiennes et sont, selon toutes les apparences, découpées d'un ouvrage italien que je n'ai pas réussi à découvrir. Je ne doute pas non plus que la bibliographie archéologique française ne contienne des documents qui devaient m'échapper au lieu où je suis.

Qu'il me soit donc permis d'espérer que mon étude, incomplète et modeste en elle-même, puisse être suppléée bientôt par ces documents et remplacée par un relevé exact de tous les fragments subsistant encore, et, s'il se peut, par une excavation définitive du célèbre monument.

Vienne, avril 1903.

1. Dans la foule des relevés d'architecture antique datant de la Renaissance, il paraît qu'il n'en existe aucun du monument de la Turbie. Du moins aucun n'est connu aux deux savants spéciaux que j'ai pu consulter, M. le professeur Huelsen à Rome et M. le docteur H. Egger à Vienne. Cf. Eugène Müntz, *Giuliano da San Gallo et les monuments du midi de la France*, dans les *Mémoires de la Société des Antiquaires de France*, t. XLV, 1884, p. 188 et suiv.
2. [*Jahreshefte des österr. archaeol. Institutes*, VI, p. 264.]

NOTES

SUR

LES ÉPITAPHES D'ENFANTS

DANS

L'ÉPIGRAPHIE CHRÉTIENNE PRIMITIVE

Par M. l'abbé E. BEURLIER

Membre résidant.

Quand on étudie l'épigraphie chrétienne des premiers siècles, on est frappé du nombre relativement considérable d'inscriptions funéraires se rapportant à des jeunes gens ou à des enfants. Le groupement de ces textes et leur comparaison jette une vive lumière sur les croyances des premiers chrétiens, en même temps que nous apparaît la profondeur de l'affection qui unissait les parents aux enfants qu'ils avaient eu la douleur de perdre prématurément[1].

Les plus anciennes de ces inscriptions se rapprochent naturellement par leurs formules des inscriptions païennes; à peine y apparaît-il un signe de christianisme. Telles sont par exemple l'épitaphe de *T. Fla(vius) Eutychius* (2855), gravée au début du second siècle, ou celle d'*Aurelia Procopenes* (2890). Peu de ces textes portent des dates consulaires. Ce sont le n° 2862, daté du consulat de Severus et de Quintus, soit de 235 après J.-C.; le n° 2870 daté ainsi : ...*uio Paterno II coss.*, ce qui correspond soit à l'an 268, soit à l'an 279, où se trouvent également un *Paternus* consul pour la seconde fois. Les parents notent avec soin l'âge de leurs enfants non seulement par le nombre des années et des mois, mais encore par celui des jours et des heures (2855, 2870, 2877,

---

1. Les chiffres placés entre parenthèses se rapportent au tome I des *Monumenta Ecclesiae liturgica*, édité par F. Cabrol et H. Leclerq, bénédictins de Farnborough, in-4°, Paris, 1900-1902, où ces textes ont été publiés parmi les inscriptions liturgiques. On y trouvera la bibliographie de chaque inscription.

2890, 2898, 2992, 3152, 3187, 3260, 3262, 4265, etc., etc.) et même par les divisions de l'heure, *scrupuli* (4175[a], cf. 3260). Ils expriment leurs regrets par des épithètes tendres : *dulcissimus*, γλυκύτατος (2862, 2996, 3092, 3160, 3279, 3347, etc.), *carissimus* (3445), *incomparabilis* (3288), *anima dulcis* (3040, 3223, 3228, 4391), *bene merens* (2898, 3153, 3367, 3411, 3429, 3447, etc., etc.), *anima bona* (4371). Mais ils tiennent surtout à louer l'innocence et la pureté des enfants. De là les termes fréquemment répétés : *innocens* (3110, 3133, 3213, 3215, 3306, etc.), *innocentia* (3397), *innocentissima aetas* (3450), *mira innocentia* (2956, 4319), *agnus sine macula* (3185), *agne(g)lus Dei* (3201), *infans per aetatem sine peccatis* (2197), ἄκακος (3300), ἁγνόν παιδίον (3299), θεοφιλέστατος (2863). L'épitaphe du jeune *Pretectus*, âgé de neuf ans, dit qu'il a été consacré à Dieu, au Christ, aux martyrs, *nutricatus Deo, Cristo, marturibus* (3469).

Les parents notent avec soin la virginité non seulement des jeunes filles parvenues à l'âge nubile (2292, 2874, 2877, 3000, 3002, 3093, 3120, 3471, etc.), mais encore de jeunes gens (3253, 3328) et même d'enfants de trois ans ou d'un an (3199, 3305). Un grand nombre de formules expriment la croyance que ces enfants reposent en paix, soit simplement par les mots *in pace*, ἐν εἰρήνῃ (3000, 3002, 3004, 3092, 3305, 4312, etc., etc.), soit avec l'adjonction des verbes *quiescit* ou *quieuit* (2917, 3362, 4242, 4291), *dormit* (2956, 3149, 3186, etc., etc.), *exiuit* (3084), *recessit* (3093), *exiit et manet* (3260), *cessauit* (3052), *deposita* (4243), ἀνεπαύσατο (4314), ζήσασα (4292). Ce n'est pas seulement à la paix du tombeau qu'il est fait allusion par ces mots, c'est à la paix éternelle, avec le Christ et les saints. Cela est dit clairement dans un grand nombre de textes par des expressions telles que les suivantes : *Domini in pace* (3040, 3223, 3467), *in pace Christi* (3013), *in nomine Domini in pace* (3416), ἐν ὀνόματι Ἰησοῦ χριστοῦ (3368), *in Domino Christo in pace* (3133), Λ-Ṕ-ω *in pace* (3109), *requiem in Deo* (4296), εἰρήνή σοι ἐν θεῷ (3347), *requiem adcepit in Deo patre nostro et (c)hristo eius* (4162[d]), *ad sanctorum locum in pace quieuit* (2917), *in pace cum sanctis* (4302, 3447), *uibas inter sanctis* (2870), εἰς ἐῶνα μετὰ τῶν ἁγίων (3368), μετὰ δικέων (3279). *Exiuit de saeculu in beatis* (2996)[1] *in pacem te suscipian(t) omnium ispirita Sanctorum* (2898), *digna inter Sanctos Deus iussit in pace f(ieri)* (3168), *accessitus ab angelis* (3153). Aussi rencontre-t-on rare-

---

1. Le texte porte *Exi(u)it in pace de saeculu* INBNTIS; on a proposé les corrections *iubentis* ou *iunenis;* je lirais plutôt *in beatis* pour *in beatos*.

ment la trace de plaintes amères sur le trépas de ces enfants entrés dans le bonheur. *Non meritus uitam reddit*, dit l'épitaphe d'un jeune homme de dix-sept ans, mais ce regret est suivi de la consolation *in pace Domini* (3223); *nimium cito decidisti*, dit une autre, mais elle se termine encore par les mots *in pace* (3004); *anima bona cito de seculo discesset*, dit une troisième, mais elle ajoute *pie Zeses* (4371). Dans une épitaphe grecque (3296), la plainte est placée sur les lèvres du mort âgé de deux ans :

> Ἐνθάδε κεῖμε βρέφος κοινοῦ βιότοιο ἄμοιρος,
> ἡδίστου πατέρος καὶ μητέρος εὐμορφίης
> πρωτότοκον, διετές, θεῷ μεμελημένον, ἡδύ
> ἡλιόπαις, λυπῶν γλυκεροὺς χρηστούς τε τοκῆας.

Sans doute, ce fils premier-né n'a pas connu la vie, et il laisse dans la douleur ses parents, mais il n'en est pas moins aimé de Dieu.

D'autres marquent plus nettement leur reconnaissance à Dieu. *Deo gratias, in pace*, dit l'épitaphe d'un enfant de quatorze ans (3187).

Particulièrement frappante est l'épitaphe de Magus : *Magus puer innocens; | esse iam inter innocentis coepisti; | quam stauiles tiui haec uita est; | quam te letum excipet mater ecclesiae de (h)oc | mundo reuertentem! Conprematur pectorum | gemitus, struatur fletus oculorum* (3430). L'enfant est descendu du ciel, il y retourne en quittant ce monde, et l'Église céleste le reçoit tout joyeux; sa vie est désormais stable : innocent, il commence à vivre parmi les innocents; aussi les sanglots doivent être réprimés et les pleurs ne pas couler.

Le diacre Severus qui, avec la permission du pape Marcellin, c'est-à-dire entre 296 et 302, a construit un double *cubiculum* avec des *arcosolia* et un luminaire, y a déposé le corps de sa fille Severa, et c'est en ces vers qu'il a composé l'épitaphe de sa chère enfant (2877) :

> Seuera, dulcis parentibus et famulisque,
> Reddidit octauum febrarias uirgo kalendas
> Quam Dom(inu)s nasci mira sapientia et arte
> Iusserat in carnem; quod corpus pace quietum
> Hic est sepultum, donec resurgat ab ipso;
> Castam pudicam et inuiolabile(m) semper
> Quamque iterum Dom(inu)s spiritali gloria reddet :
> Quae uixit annos nouem et undecim menses
> Quindecim quoque dies; sic est translata de saec(u)lo.

La prosodie et la poésie sont médiocres, mais la foi à la résurrection de la vierge de neuf ans est énergiquement exprimée.

Les parents ont tenu à rappeler que leurs enfants ont reçu le baptême avant de mourir; c'est là le sens des mots *neofitus* (3235, 3253, 4252, 4260, 4277), *neofita* (3032), *innofitus* (4268), νεοφώτιστος (3298), *fidelis* (3152, 4273), πιστός (2950), πιστεύσας ἐν θεῷ (2842), *Dei seruus* (3033), Χρειστοῦ δοῦλος (3299).

Une inscription paraît mentionner la date du baptême, c'est celle que nous avons citée plus haut (2870) et qui est de 268 ou 279. Elle est gravée sur la tombe d'un enfant de douze ans et on y lit : *qui gr(atia)m accepit D(omini) N(ostri) die xij ka(l. o)ctobres | ...uio Paterno II coss. et rede(dit) xj kal. uibas inter sanctis iha.* Il aurait été baptisé la veille de sa mort.

C'est l'avant-veille que fut baptisé le jeune Postumius Euthenion, âgé de six ans; c'est ce que nous dit l'épitaphe rédigée par son père, sa mère et son aïeule : *fidelis, qui gratia | sancta consecutus pridie natali suo, serotina | hora, reddit debitum uite sue, qui uixit | annis sex et depositus quinto idus iulias, die | iouis, quo et natus est, cuius anima | cum sanctos in pace* (3447).

Ailleurs, sur une inscription qui, par une curieuse coïncidence, porte en tête les lettres D(iis) M(anibus) S(acrum), on a noté que la grand'mère, qui aimait beaucoup son petit-fils, âgé d'un an, et qui le voyait près de mourir, a demandé pour lui le baptême : *que cum sol(i)du(m) amatus fuisset a maiore sua et uidit | hunc morti consti(tu)tum esse, petiuit de ecclesia ut fidelis | de saeculo recessisset* (3429).

Une mère qui a perdu trois enfants de douze ans écrit sur leur tombe qu'elle les a envoyés au ciel avant elle en les faisant baptiser, πιστοὺς γενετῇ προέμενψα (3287).

A Catane (4224), une longue inscription, gravée en souvenir d'une enfant de dix-huit mois, nous donne des détails sur sa naissance païenne, son baptême, la déposition de son corps inhumé par un prêtre aux portes du sanctuaire des martyrs. Ses parents la pleuraient lorsqu'une voix se fit entendre qui défendait les larmes et proclamait par conséquent que l'enfant était bienheureuse :

> Nilae Florentinae, infan(t)i dulcissimae atq(ue) in
> nocentissimae, fideli factae, parens conlocauit,
> quae pridie nonas martias ante lucem pagana
> nata Soilo corr(ectore) P(rouinciae), mense octauo decimo et vices(i)

ma secunda die completis, fidelis facta, hora no
ctis octaua, ultimum spiritu(m a)gens, superuixit
horis quattuor, ita ut consueta repeteret, ac de
(f)uncta Hybl(a)e, hora die(i) prima, septimum kal.
octobres, cuius occasum cum uterq(ue) parens om
ni momento fleret, per noctem m(ai)estatis
uox exstitit, quae defunctam lamen(t)ari prohi
beret, cuius corpus pro foribus mart(y)rorum, cu(ius)
loculo suo, per pr(e)sbiterum humatu(m) e(st), III. non. oct(o)br.

Que signifie le mot *pagana?* Il est assez difficile de le dire. Son père, fonctionnaire, était-il païen? C'est fort probable. Dans ce cas, ce serait l'opposé de la formule πιστὸς ἐκ πιστῶν (2950). Toujours est-il qu'elle fut baptisée mourante, la nuit, et qu'elle survécut quatre heures à son baptême. Elle mourut le 25 septembre, mais elle ne fut inhumée près des martyrs que dix jours après, probablement à la suite de l'apparition nocturne qui défendait de la pleurer.

Cette mention de la sépulture dans les saints lieux se retrouve sous une autre forme dans l'épitaphe de Gemellus, âgé de trois ans. Ses parents recommandent son innocence à sainte Basilla, dans le cimetière de laquelle il est enterré : *commendo Basilla innocentia Gemelli* (3213).

Parfois, les parents demandent les prières des enfants qui sont près de Dieu : *Mi fili mater rogat ut me ad te recipias* (2812, cf. 3325), Μνήσκεσθε ἡμῶν ἐν ταῖς ἁγίαις ὑμῶν πρ(οσ)ευχαῖς (3300), Ἀνατόλι[ε], ἡμῶν πρωτό | τοκον τέκνον, ὅστις ἡ | μεῖνε δόθης π(ρ)ὸς ὀλίγον | χρόνον, εὔχου ὑπὲρ ἡμῶν (2850). *Petas pro sorore tua,* dit un père à son fils mort à sept ans (3101). *In orationis tuis rogas pro nobis quia scimus te in Christo,* dit l'épitaphe d'un jeune homme (3386). Ailleurs, le graveur et le sculpteur se recommandent aussi aux prières du défunt (3300).

L'épitaphe d'une enfant de huit ans porte une mention assez curieuse et qui semble se rapporter à la cause de la mort : *quae per innocentia sua aut per cibo(m) aut per potu(m) tulita est de saeculo* (3397). Peut-être a-t-elle été empoisonnée.

Quelques textes contiennent des prières ou des menaces protectrices du tombeau. *Peto a bobis, fratres boni, per unum Deum, ne quis VII titelom (molestet) post mo(rtem)* (3446). Ὃς ἂν δὲ π(ρ)οσκόψι ξέ | νος τῷ τύνβῳ τούτῳ | ἄ[ωρα τ]α τέκνα χώσι (2791). Cette menace contraste avec le début : Εἰρήνη τοῖς παράγο | υσιν πᾶσιν ἀπὸ τοῦ | θεοῦ.

Enfin, une inscription contient la formule si fréquente dans les inscriptions funéraires : *h*(oc) *m*(onumentum) *s*(iue) *s*(epulchrum) *e*(xtraneum) *h*(eredem) *n*(on) *s*(equitur) (3199). Mais, en dehors des mots *in pace*, elle ne contient rien qui rappelle les formules chrétiennes[1].

Je signalerai pour terminer les emblèmes qui se rencontrent sur les tombes d'enfants. Ce sont les suivants : ☧ (2996, 3033, 3047, 3163, 3179, 3206, 3368, 3386, 3394, 3411, 3458, 4252, 4263, 4265, 4277, 4293), ☨ (3469), A ☨ ω (3109, 3279);

L'ancre (2950, 3047, 3300);
La colombe (2917, 3386, 3455, 4312);
La colombe portant au bec un rameau (3002, 3047, 4256);
Deux colombes portant un rameau (3215);
La colombe et une palme séparées (3300, 3476, 4293);
La couronne (2842, 4263);
Une œnochoé entre une palme et une colombe (3419);
Une orante (2842, 4263);
Un oiseau, un arbre et une grappe de raisin (4302);
Une palme, une jeune fille et une couronne (4238);
Noé dans l'arche et une colombe portant au bec un rameau (3166);
Un navire, avec ces mots : *ad signum Nabe*, allusion au nom de la défunte *Nabira* (3228);
Un cheval courant vers la borne (3288);
Un poisson (2950) et plus souvent le mot ΙΧΘΥΣ (3053, 3447, 3473);
Deux pains et deux poissons (2855).

La signification de ces divers emblèmes est connue.

---

1. Un autre texte grec contient des malédictions contre ceux qui ont tué ou empoisonné une jeune fille et contre leurs enfants, et un appel à la justice de Dieu et de ses anges (2777). La date de cette inscription est contestée. Kirchoff la place au second siècle, *C. I. G.*, 9292. La forme des lettres est en effet de cette époque.

L'INFLUENCE
DE
LA SICILE SUR MASSALIA

Par M. Adrien Blanchet
Membre résidant.

Bien que la numismatique antique de Marseille ait été déjà l'objet de nombreux travaux, la plus grande incertitude règne encore dans le classement chronologique des monnaies de cette cité.

Je vais essayer d'établir l'origine de deux pièces de Massalia, qui sont, avec la drachme au lion, les plus répandues et, par suite, les plus importantes de la série.

C'est d'abord l'obole, qui porte, d'un côté, la tête d'Apollon[1], et, au revers, la roue à quatre rayons (fig. 1).

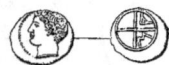

Fig. 1. — Obole de Massalia.

Marseille, ville maritime, devait évidemment être en rapport constant avec d'autres ports de la Méditerranée. Un de ces centres commerciaux les plus importants dans l'antiquité fut certainement Syracuse. Or, le type monétaire

---

1. Les joues de cette tête portent quelquefois une barbe naissante. Bien qu'on ait signalé des représentations d'Apollon avec la barbe naissante (*Dict. des Antiquités grecques et romaines*, s. v. *Barba* (E. Saglio), p. 669), je crois que les graveurs des oboles massaliètes ont mal interprété un détail de la coiffure d'Apollon sur certaines monnaies siciliotes dont ils ont pu s'inspirer. En effet, la tête de ce dieu, sur des pièces de Catane et des Leontini, a des boucles de cheveux frisés retombant sur la joue en avant de l'oreille (*British Museum, Guide*, pl. XVI, fig. 20 et 27; G. F. Hill, *Coins of ancient Sicily*, 1903, pl. IV, 14, et V, 6).

de la roue existe dans cette ville de Sicile[1]. Voici, en effet, une obole d'argent portant une tête de femme et, au revers, la roue à quatre rayons (fig. 2), avec les lettres ΣΥΡΑ entre les rayons ou sans inscription.

Fig. 2. — Obole de Syracuse.

La série monétaire de Syracuse étant beaucoup plus variée que celle de Marseille, les éléments d'un classement chronologique sont aussi plus nombreux. Or, on admet que ces oboles ont été émises à l'époque de Gélon, vers 485-478 avant notre ère[2].

Le type de la roue a persisté à Syracuse, car on le retrouve sur une pièce d'or, appartenant à la période 415-405 avant notre ère[3], et aussi sur une pièce de bronze, considérée généralement comme émise pendant la période comprise entre 405 et 345 avant notre ère[4].

Il y a donc lieu de croire que Massalia a emprunté le type syracusain de la roue vers le milieu du Vᵉ siècle avant J.-C.

On pourrait m'objecter que l'obole de Massalia porte une tête différente de celle de la pièce de Syracuse. Mais de même que cette dernière ville a placé,

---

1. F. de Saulcy a déjà fait le rapprochement, mais a dit bien à tort que le type de Marseille avait été « reproduit » par des villes de la Sicile (Comptes-rendus de la Soc. de num., t. I, 1869, p. 87). L'intérêt de la question paraît lui avoir échappé. Cf. E. Hucher, L'art gaulois, 1874, 2ᵉ partie, p. 113. — Il est utile de dire ici pour quelles raisons je considère l'obole à la roue de Syracuse comme le prototype de celle de Massalia. C'est d'abord parce que la ville de Sicile était déjà puissante alors que celle de Gaule venait seulement de naître. Par suite, c'est celle-ci qui, logiquement, a dû imiter celle-là. Ensuite, les oboles de Syracuse ont un aspect plus ancien que les pièces de Massalia et ne sont pas, entre elles, aussi différentes de style que celles-ci, dont les émissions ont sans doute eu lieu pendant plusieurs siècles. Enfin, nous connaissons des tétradrachmes de Syracuse dont la tête est semblable à celle des oboles et portant le quadrige au revers. Or, la roue est une partie du quadrige ; et le type des monnaies grecques divisionnaires est souvent formé ainsi (voy. Adrien Blanchet, Les monnaies grecques, 1894, p. 32).
2. B.-V. Head, Historia Numorum, p. 151, donne la date 500-478. M. G. F. Hill, Descriptive catalogue of ancient greek coins belonging to John Ward, 1901, p. 37, classe un exemplaire sans légende à la période 485-478 av. J.-C. (cf., du même auteur, Coins of ancient Sicily, p. 46, pl. I, 11). Voy. un exemplaire avec ΣΥΡΑ, reproduit dans Syracuse par le comte A. du Chastel, 1898, pl. X, nᵒ 119. — Gela, autre port de la Sicile, a frappé des oboles au type de la roue, que M. Head classe aussi au Vᵉ siècle (Historia Numorum, p. 122). M. Salinas a décrit une obole d'Ætna, avec ΑΙΤΝ entre les rayons d'une roue (Le Monete delle antiche città di Sicilia, p. 50, nᵒ 475, pl. XVIII, 18). Cette pièce a dû être frappée par la colonie syracusaine établie à Ætna (Catane), de 476 à 461.
3. Cat. du British Museum, Sicily, nᵒ 139; B. Head, Historia Numorum, p. 156. On a proposé aussi la date 440-420 av. J.-C. (Th. Reinach, L'Histoire par les monnaies, 1902, p. 79).
4. G. F. Hill, Coins of ancient Sicily, p. 113, pl. VII, 10.

sur l'obole à la roue, la tête féminine[1], qui est au droit de toutes ses monnaies d'argent archaïques, de même Massalia a placé sur son obole la tête d'Apollon, parce que ce dieu était honoré par les Massaliètes dans un temple élevé à côté de celui d'Artémis d'Éphèse[2]. Rappelons aussi que les Massaliètes possédaient, à Delphes, un trésor où étaient déposées leurs offrandes à Apollon[3].

Nous savons maintenant que l'obole massaliète à la roue doit être reportée à une époque plus ancienne que celle admise ordinairement. Il est évident qu'elle fut frappée pendant une longue période, et il reste à établir un classement chronologique des diverses variétés. Peut-être les pièces sur lesquelles on lit ΛΑΚΥΔΩΝ, nom du port de Massalia, sont-elles parmi les plus anciennes[4]? La forme des rayons de la roue qu'elles portent autorise à le croire (fig. 3).

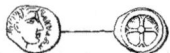

Fig. 3. — Obole de Massalia.

En tout cas, nous connaissons un certain nombre d'oboles massaliètes[5], dont le style excellent (cf. fig. 1) est comparable à celui des monnaies de la Sicile à l'époque des graveurs Kimôn et Evænetos, c'est-à-dire vers 425 avant J.-C.[6]. Remarquons que ces oboles massaliètes portent souvent, sur la joue d'Apollon, des lettres qui sont vraisemblablement des signatures de graveurs, comme les marques analogues des monnaies de Syracuse. Aussi bien, M. Arthur-J. Evans n'a pas craint de dire que la tête d'Aréthuse, le chef-d'œuvre d'Evænetos, avait inspiré la tête d'Artémis sur les drachmes de Massalia[7].

1. C'est probablement la nymphe Aréthuse. On a proposé aussi d'y reconnaître la Victoire ou Perséphoné, ou même Artémis (voy. G. F. Hill, *Coins of ancient Sicily*, p. 44).
2. Strabon, IV, 1, 4 : Ἐν δέ τῇ ἄκρᾳ τὸ Ἐφέσιον ἵδρυται καὶ τὸ τοῦ Δελφινίου Ἀπόλλωνος ἱερόν.
3. Diod. Sic., XIV, 93; Appien, *Hist. rom.*, II, VIII, 1; Tite-Live, V, 25; Justin, XLIII, 5. Cf. Pausanias, X, VIII, 4.
4. *Atlas de monnaies gauloises*, pl. II, n°° 528, 534, 535. — Parmi les pièces les plus anciennes, il faut placer aussi les oboles sur lesquelles la tête porte un bonnet ou casque orné d'une roue (n°° 516-527).
5. *Atlas*, pl. II, n°° 681, 687, 689, 695, 699. Cf. 530, 580 et exemplaire du Musée de Marseille.
6. Je ne connais pas d'oboles syracusaines à la roue dont la tête ait le style de cette époque. Il faut en conclure que ces petites pièces firent place à la pièce de bronze dont j'ai parlé.
7. *Syracusan Medallions and their engravers*, 1892, p. 112, pl. VI, 8. M. A.-J. Evans place l'émission de ces pièces vers 350 av. J.-C. — Cf. *Atlas de monnaies gauloises*, pl. II, n°° 785 et 786.

Je n'insisterai pas sur la question des graveurs monétaires de Massalia[1] et je passerai maintenant à une autre monnaie massaliète dont voici la description :

Tête d'Apollon, laurée à gauche (ou à droite). R/ Taureau « cornupète » à droite (quelquefois à gauche); au-dessus, un symbole variable (grappe de raisin, foudre, astre, croissant, arc, canthare, couronne, etc.). Au-dessous, l'inscription ΜΑΣΣΑΛΙΗΤΩΝ, plus ou moins abrégée. Bronze (fig. 4)[2].

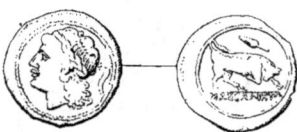

Fig. 4. — Monnaie massaliète.

On connaît de cette pièce des variétés nombreuses dont le style, la fabrique, le poids et le module, très différents les uns des autres, indiquent évidemment des émissions successives pendant une longue période[3].

A Syracuse, nous trouvons aussi des pièces de poids différents portant d'un côté une tête féminine (Proserpine ?) à gauche et au revers, un taureau « cornupète » à gauche. Les plus anciennes pièces à ces types, d'un poids et

Fig. 5. — Monnaie de Syracuse.

d'un module sensiblement pareils à ceux des plus grosses pièces de Massalia

---

1. J'ai l'intention de l'étudier dans l'ouvrage que je prépare sur les monnaies de la Gaule.
2. *Cat. des monnaies gauloises de la Bibl. nat.*, 1889, n°s 1475 à 1882; *Atlas*, pl. IV. — Je dirai seulement ici que L. de la Saussaye a classé ces bronzes au 1er siècle de notre ère et que d'autres auteurs leur ont, sans raison plausible, attribué une date encore plus récente.
3. Beaucoup de ces bronzes sont mal frappés; on en trouve peu dont les types soient nets au droit et au revers. — Il est possible que certaines pièces plus petites soient des divisions contemporaines des plus grandes.

au taureau, sont classées à l'époque d'Agathocle (317-310 av. J.-C.) (fig. 5)[1].
D'autres pièces de Syracuse, aux mêmes types et d'un style plus récent,

Fig. 6. — Revers d'une monnaie de Syracuse.

furent certainement émises sous le règne d'Hiéron II (275-216), car elles portent au revers les lettres IE (IEPΩNOΣ) (fig. 6)[2]. Le type du taureau cornupète paraît encore sur des monnaies de bronze de Tauromenium, en Sicile, qui furent frappées aussi au IIIe siècle avant notre ère[3]. Je citerai plus particulièrement la pièce suivante :

Fig. 7. — Monnaie de Tauromenium.

Tête d'Hercule barbu à droite. R/ TAYPOMENITAN. Taureau cornupète à droite. Bronze, 0m025, 10 gr. 94 (fig. 7)[4].
D'une part, le style de cette pièce est très semblable à celui de bronzes de Massalia de mêmes poids et diamètre, et, d'autre part, le taureau est à droite[5].

1. B. Head, *Historia Numorum*, p. 158; cf. G. F. Hill, *Descr. cat. Ward*, p. 48, nos 318 et 319, et aussi G. F. Hill, *Coins of ancient Sicily*, 1903, p. 155 et 193, pl. XI, 11, et XIII, 10; G. Macdonald, *Catalogue of Greek coins in the Hunterian Collection*, t. I, 1899, p. 218, nos 281-304, pl. XVIII, 5 et 6. — Cf. aussi un bronze d'Adranum de Sicile (A. Salinas, pl. II, n° 11).
2. B. Head, *Historia Numorum*, p. 163. Ces pièces, de différents modules, portent souvent une massue au-dessus du taureau.
3. B. Head, *Historia Numorum*, p. 165.
4. G. F. Hill, *Descr. Cat. Ward*, p. 53, pl. VIII, 355. Cet auteur dit seulement que la pièce est du IIIe siècle.
5. Des bronzes de Tauromenium, de module plus petit, portent même, avec le taureau cornupète à droite, la tête d'Apollon (Cabinet de France, nos 1660 et 1661). Cf. G. F. Hill, *Coins of ancient Sicily*, p. 171, pl. XII, 19.

Du reste, il ne faut pas attacher une grande importance à la direction donnée au type monétaire.

Nous venons de voir la pièce de Tauromenium, où la tête d'Hercule remplace celle de Proserpine[1]. Les monnaies de Massalia, avec la tête d'Apollon, sont conçues dans le même esprit : elles sont inspirées de celles de Syracuse, mais elles ne sont pas copiées[2].

Pour fixer encore quelques points de chronologie, je rappellerai que Massalia a émis des bronzes portant la tête de Minerve et, au revers, un trépied. Il est certain que ces monnaies sont postérieures aux pièces portant le type du taureau, car le Cabinet de France conserve de nombreux exemplaires aux types de la tête de Minerve[3] et du trépied qui sont frappés sur des bronzes émis primitivement avec les types de la tête d'Apollon et du taureau, dont on distingue encore nettement les restes, écrasés seulement à moitié par la seconde frappe[4].

Or, nous retrouvons le type du trépied au revers de la tête d'Apollon sur des bronzes frappés à Syracuse et à Tauromenium, probablement entre la mort d'Hiéron II (216 av. J.-C.) et la prise de Syracuse par les Romains (210)[5].

Je crois donc que nous pouvons considérer les monnaies de bronze de Massalia, au type du taureau « cornupète, » comme frappées pendant la durée du IIIe siècle avant notre ère.

1. Il est évident que la pièce de Tauromenium était émise pour circuler à côté des bronzes de sa voisine, Syracuse.
2. On a dit que Massalia avait emprunté à Thurium de Lucanie le type du taureau (A. Changarnier, dans *Annuaire Soc. num.*, 1885, p. 242). Mais il faut repousser cette idée, car ce type ne paraît que sur les monnaies d'argent de Thurium, dont il n'y eut plus d'émissions après 268 av. J.-C. Il est bien plus logique de chercher l'origine du type massaliète dans des cités florissantes, vers le milieu du IIIe siècle.
3. Il y avait un temple de Minerve à Massalia. Trogue-Pompée-Justin, XLIII, 5, 6, et Strabon, XIII, 1, 41.
4. *Catalogue des monnaies gauloises de la Bibl. nat.*, n°s 1884 à 1886, 1888 et 1889, 1891 à 1893, 1900, 1911, 1915 à 1917. — C'est peut-être à Massalia que le type du trépied des monnaies des Longostalètes a été emprunté (c'est l'opinion de M. A. de Barthélemy, dans *Rev. num.*, 1893, p. 301. En 1891, il avait accepté l'hypothèse de l'importation directe du type d'Agrigente : *Instructions... Numismatique de la France*, p. 5). Je n'ai cependant aucune objection sérieuse à présenter contre la théorie d'après laquelle ce type serait venu directement de Sicile. D'autre part, les rois Riganticus et Cæantolus ont imité, sur leurs monnaies, des types empruntés à Syracuse et Agrigente (*Catalogue des monnaies gauloises de la Bibl. nat.*, n°s 2400 à 2443). Or, les prototypes siciliens appartiennent encore au IIIe siècle avant notre ère, et cela confirme ma thèse.
5. B. Head, *Historia Numorum*, p. 164 et 166. — Remarquons que des bronzes semblables, au type du trépied, portent le nom de Rhegium, port du Bruttium, situé presque en face des ports siciliens de Tauromenium et de Messana. Et le taureau « cornupète » existe aussi sur un bronze des Mamertins de Messana. On voit que les villes maritimes se servaient des mêmes types, et peut-être avec l'intention de rendre plus faciles les achats des matelots. Nous trouverons donc logique que Massalia ait emprunté les types des ports avec lesquels elle faisait le commerce.

Cette date est importante pour l'étude des pièces de bronze, dites « potins, » que les peuplades gauloises ont émises, en imitant la monnaie de bronze de Massalia au type du taureau. Ces pièces portent au droit une tête, souvent informe, et au revers un quadrupède, qui ressemble autant à un cheval qu'à un taureau; mais la caractéristique de cet animal est d'avoir une patte antérieure repliée sous le corps, comme le taureau des bronzes de Massalia. La filiation de ces pièces est, du reste, admise[1]. Mais l'époque où furent fabriquées les imitations gauloises est restée incertaine jusqu'à ce jour; on les a placées à une époque trop basse[2].

En tenant compte des déformations qui se sont produites à Massalia même, il est raisonnable d'admettre que les imitations gauloises ont été faites d'après des bronzes massaliètes du IIe siècle avant notre ère, d'un module beaucoup plus petit que les premières pièces au taureau « cornupète. »

Remarquons que la fixation de la date d'émission des bronzes de Marseille au taureau permet de reporter au commencement du IIe siècle avant notre ère l'émission des bronzes à légende celtibérienne dont le revers porte un taureau au-dessus duquel est une couronne[3].

En résumé, l'étude rationnelle de l'origine des monnaies de Massalia autorise à placer l'émission de certaines séries de cette ville à une époque plus ancienne que celle admise aujourd'hui. Cette étude autorise aussi à croire que le commerce de Massalia avec la Sicile était particulièrement développé.

1. Je démontrerai ailleurs que ces imitations gauloises ont été émises dans plusieurs régions.
2. M. J. Déchelette, constatant la présence de pièces gauloises au quadrupède, dans des sépultures d'Ornavasso (antérieures à 88 av. J.-C.), de Steinhausen et de Wiedikon (dont le mobilier appartenait à l'époque de La Tène II), a fort bien pressenti que ces monnaies devaient être plus anciennes que le premier siècle avant notre ère (*Rev. archéol.*, 1902, 1, p. 276-277).
3. *Catalogue des monnaies gauloises de la Bibl. nat.*, n°s 2448 à 2497; *Atlas*, pl. VI. — N'oublions pas que certains bronzes de Massalia portent une couronne comme différent au-dessus du taureau.

QUELQUES
ESTAMPES PRIMITIVES

DE LA RÉGION DE DOUAI

Par M. Henri BOUCHOT

Membre résidant.

Depuis quelque temps, on revient sur l'opinion ancienne qui reconnaissait à l'Allemagne du Rhin une priorité exclusive dans la question des origines de la gravure en relief. Beaucoup de faits nouveaux sont venus contredire cette légende, et nous soupçonnons aujourd'hui un nombre considérable de centres imagiers fort anciens en Flandre, en Bourgogne, en Picardie, en Ile-de-France et même en Normandie. Certains livres xylographiques — parmi lesquels l'*Apocalypse*, classée par Sotheby sous le n° 3 et donnée à la Flandre ou mieux à la Néerlande — sont, à n'en plus douter, inspirés des artistes opérant à Dijon ou dans la région, lesquels sont très curieusement imprégnés de tendances françaises dans les costumes, les mœurs et les gallicismes des textes latins. J'ai fait ces rapprochements ailleurs[1], je n'y reviens pas. Je voudrais seulement parler avec quelque détail d'un nouveau groupe d'images incunables, par conséquent utiles aux discussions, dont au moins deux, par une bien rare fortune, sont munies d'un certificat d'origine. Jusqu'à ce jour, ces estampes, conservées aux Cabinets de Paris et de Vienne, n'ont fourni aux érudits spéciaux qu'une matière à réflexions singulières ; les uns, comme Passavant dans son *Peintre graveur*[2], toujours préoccupés de la prééminence germanique, n'hésitent pas à y voir un travail de « l'Allemagne inférieure, » à cause d'un filigrane P qu'on sait, dit-il, appartenir à cette région, et qui se retrouve dans le papier sur lequel certaines

---

1. *Un ancêtre de la gravure sur bois*. Paris, Lévy, 1902, in-8°.
2. *Peintre-graveur*, I, 93.

d'entre ces pièces ont été tirées. Passavant va plus loin encore, mais nous devons ici montrer quelle absence absolue de critique l'a fait s'engager dans une voie fausse, où il a entraîné toute la classe des iconographes spéciaux qui, depuis cinquante ans, répètent ses théories en les démarquant.

Une de ces estampes, œuvre capitale dans l'espèce, est au Cabinet de Paris. Elle porte le n° 177 de notre Catalogue des incunables. Elle me paraît dater de 1445-1450 par divers détails de costumes et de décoration. C'est un *Jugement dernier*, gravé en manière éraillée, comme on disait autrefois, en *schrotblätter*, disent les Allemands, ce qui est, en réalité, la gravure *de teinte*, où les traits sont cherchés en blanc sur noir au lieu de l'être en noir sur blanc, ainsi que dans le véritable relief. Cette gravure, usitée chez nous dès le XI° siècle pour les nielles de reliure, ne servit que bien plus tard aux impressions. Dans la plupart des cas, ces planches taillées sur métal étaient destinées à une décoration *directe*, en façon de nielles, et, ce qui le prouve, c'est que les lettres, les légendes sont gravées à l'endroit et apparaissent à l'envers lorsque la planche est imprimée. Cette constatation péremptoire n'a été comprise ni par Passavant ni par ses successeurs. Or, il est arrivé que sur l'estampe de Paris, dont nous parlons, dans la représentation de la scène du *Jugement dernier*, inspirée de quelque mise en scène de mystère, les élus sont conduits par les anges vers un petit monument figurant le paradis. Sur ce monument, il y a un blason, sur le blason un cœur, et sur ce cœur une lettre que Passavant proclame un *B*, mais que je dis un *D* gothique, retourné à l'envers, comme toutes les légendes de la pièce, gravées pour une décoration directe, suivant que je l'expliquais plus haut.

Passavant assurait que ce prétendu *B* visait les *Bienheureux* (*beati*), dont il était l'initiale, et son explication a été sinon admise, au moins lancée sans réflexion dans le livre autrement sérieux de M. Schreiber[1]. Ce dernier auteur, qui, dans son ouvrage, a mentionné tous les incunables d'Europe qu'il lui a été donné de voir, signale une autre estampe de même style et de même fabrique au Cabinet de Vienne. Celle-ci montre une *Résurrection* et le *B* en question s'y voit également. J'ai, pour mon compte, rapproché du *Jugement dernier* six ou sept gravures, également conservées au Cabinet de Paris, et dont le travail, le dessin, les costumes sont indiscutablement du même lieu et de la même main que le *Jugement dernier*. Le graveur de ces œuvres mineures est un orfèvre;

---

1. *Manuel de l'amateur d'estampes*, 3 vol. in-8°, n° 2407.

Le Jugement dernier. Estampe française de la région de Douai. XVe siècle.
(Bibliothèque nationale. Département des Estampes. *Incunables*, n° 177.)

son dessin a de la naïveté, mais une très grande décision. Le type de ses têtes et de ses physionomies est choisi parmi les paysans picards au nez fort, aux anthropométries courtes. Les yeux des personnages sont boursouflés et lourds, toujours semblables. Rien n'est donc plus facile que de grouper ces estampes entre elles. Au Cabinet de Paris, elles portent les n°s 12, 29, 74, 140, 145. Elles ont été cataloguées par Schreiber sous les n°s 2256, 2306, 2308, 2716, 2481 ; elles représentent : 12, *Arrestation de Jésus;* 29, *Portement de croix;* 74, *Madone sur un croissant;* 140, *Sainte Opportune* de Paris ; 145, l'*Hortus Conclusus* ou la Vierge à la Licorne ; cette dernière pièce fut copiée dans les ateliers de Simon Vostre[1] pour gaufrer une reliure. Or, si l'on en croit Maxe-Werly, notre regretté confrère, l'*Hortus Conclusus* est surtout un sujet en faveur dans l'Artois[2].

La fausse direction imprimée par Passavant au sujet de ces estampes a donc égaré Schreiber. Pour lui, le *B* est consacré, il ne le discute pas ; il s'est donné cependant une peine énorme pour lire les légendes renversées ; il ne lui est pas venu de présenter à son miroir le fameux *B*. Il y aurait vu comme moi un *D* gothique indiscutable. Or, ce *D*, sur un cœur en blason, que peut-il être?

Ce sont les armes de Douai après la bataille de Mons-en-Pevelle, où les Douaisiens payèrent très cher leur fantaisie belliqueuse. Les plus vieux monuments, avec les armes de Douai, portent un *D* gothique absolument semblable à celui de notre estampe. Si l'on veut bien se rappeler que l'une des pièces du groupe est tirée sur un papier au filigrane *P*, qui est Philippe duc de Bourgogne, Philippe le Bon, on ne pourra guère douter de l'origine commune à ces œuvres. La place m'étant mesurée, je ne pousserai pas plus loin la discussion ; je ferai simplement remarquer ceci : les orfèvres gravaient volontiers les armoiries de leur ville sur les objets sortis de leurs ateliers ; or, nos gravures, destinées à former des ais de reliure ou des nielles de *Paix*, étaient essentiellement travaux d'orfèvre. Les traces de clous de maintien relevées dans la bordure sont d'ailleurs des témoins irrécusables. On a utilisé ces planches pour l'impression, assez longtemps après leur exécution ; c'est ce qui explique l'usure des tailles dans certains cas.

1. Leber, 1, 154. Consulter aussi la notice de notre confrère Adrien Blanchet sur *Une plaquette représentant le Jugement de Pâris et l'Annonciation* (extrait du *Bulletin des Musées*, 1893. Chartres, Garnier, in-8°).
2. *Iconographie de l'Immaculée conception.* Moutiers, Ducloz, in-8°.

DIANE ET ACTÉON

SUR

UNE MOSAÏQUE AFRICAINE

Par M. R. CAGNAT

Membre résidant.

La mosaïque qui fait l'objet de cette notice a été découverte en 1902 à Timgad, dans les ruines d'une maison particulière; elle mesure environ trois mètres de côté. Elle a été décrite par M. Alb. Ballu dans le *Bulletin archéologique du Comité des Travaux historiques*[1]. Je lui emprunte les termes mêmes de sa description, en les modifiant cependant sur des points importants.

La figure centrale est celle d'une déesse entièrement nue, accroupie, la jambe droite repliée, auprès d'un bassin plein d'eau. La jambe gauche dessine un angle droit. Le haut des bras, les poignets et les chevilles sont ornés de bracelets d'or. La tête, coiffée d'un bandeau à la grecque et surmontée d'une couronne étoilée à cinq branches, est enveloppée par un nimbe. La main droite reçoit l'eau d'un vase que tient une nymphe et qui est appuyé sur un rocher; le bras gauche fait un geste pour masquer la nudité de la déesse.

La nymphe qui occupe la gauche du tableau, celle qui tient le vase dont il vient d'être parlé, est à demi vêtue; ses cuisses et ses jambes sont recouvertes d'une étoffe transparente; elle est debout sur le roc, en dehors de l'eau; le tronc d'un arbre, dont le feuillage a disparu, est disposé, derrière elle, à cette extrémité du cadre.

De l'autre côté de la déesse, on voit une deuxième nymphe, dépouillée de tout vêtement, debout aussi, les pieds sur le sol; deux arbres accompagnent la

---

1. *Comptes-rendus des séances*, juillet 1902, p. v et suiv. Nous l'avons reproduite depuis lors dans le catalogue du *Musée de Timgad*, p. 37.

figure. La tête, légèrement penchée sur l'épaule droite, porte une coiffure ondulée ; le cou est orné de deux colliers, l'un formé d'émaux blancs et rouges alternés, l'autre, situé en dessous et plus riche, composé d'une série de médaillons suspendus, dont sept sont visibles. Les deux mains tiennent une grande vasque dans laquelle tombe l'eau d'une source amenée par un tuyau de forme parallélipipédique, disposé dans une anfractuosité du rocher ; l'eau rejaillit de la conque dans le bassin. Un roseau, aux branches multiples, prend naissance près du pied droit de la nymphe et la surpasse en hauteur ; les bras et les pieds sont, comme ceux de Diane et de la figure drapée, ornés de bracelets d'or.

Fig. 1. — Diane et Actéon. Mosaïque découverte a Timgad.

Au haut de la mosaïque, derrière le rocher, apparaît le torse d'un personnage dont il ne reste plus que le cou, l'oreille gauche et un fragment de la chevelure ; un large pan de sa chlamyde flotte au vent. M. Ballu y a reconnu à bon droit Actéon. Il a fait remarquer que la figure du jeune homme se reflétait dans l'eau du bassin, en avant de la déesse. La mosaïque représente donc Diane au bain surprise par Actéon (fig. 1).

On sait que le mythe d'Actéon a tenté souvent les artistes antiques. Comment ils le concevaient avant l'époque alexandrine, c'est ce qu'il est inutile de répéter ici[1]. Il ne peut être question que de la forme dernière sous laquelle on le rencontre, la seule qu'aient connue la poésie et l'art romains. Nombreuses sont les allusions que les auteurs d'époque romaine ont faites à l'aventure du jeune chasseur[2]; mais un seul d'entre eux, Ovide, nous a laissé une description un peu développée de la scène[3]. Il s'exprime ainsi :

> *Vallis erat piceis et acuta densa cupressu,*
> *Nomine Gargaphie, succinctae cura Dianae,*
> *Cujus in extremo est antrum nemorale recessu*
> *Arte laboratum nulla : simulaverat artem*
> *Ingenio natura suo; nam pumice vivo*
> *Et levibus tophis nativum duxerat arcum.*
> *Fons sonat a dextra, tenui perlucidus unda...*
> *Hic dea silvorum venatu fessa solebat*
> *Virgineos artus liquido perfundere rore.*
> *Quo postquam subiit, nympharum tradidit uni*
> *Armigerae jaculum pharetramque arcusque retentos;*
> *Altera depositae subjecit brachia pallae...*
> *Excipiunt laticem Nepheleque Hyaleque Rhanisque*
> *Et Psecas et Phyle, funduntque capacibus urnis.*
> *Dumque ibi perluitur solita Titania lympha*
> *Ecce nepos Cadmi, dilata parte laborum,...*
> *Pervenit in lucum : sic illum fata ferebant.*
> *Qui simul intravit rorantia fontibus antra*
> *Sicut erant, nudae viso sua pectora nymphae*
> *Percussere viro, subitisque ululatibus omne*
> *Implevere nemus.*

Ces vers indiquent nettement la nature du paysage où se passe la surprise

---

1. E. Vinet, dans le *Dictionnaire des Antiquités* de M. Saglio, s. v. *Actaeon*; Roscher, *Lexicon der Mythologie*, 1, s. v. *Aktaion*.
2. Plut., *Sert.*, 2; Dio. Chrysost., I, 158, 14; II, 302, 18 (éd. Dindorf); Ovid., *Her.*, XX, 103; *Trist.*, II, 105; Plin., *H. N.*, XI, 125; Stat., *Silv.*, I, 5, 56; Hygin, *Fab.*, 180, 181.
3. Ovid., *Metam.*, III, 140 et suiv.

de la déesse et l'état des différents personnages qui y jouent un rôle. Tout cela se retrouve dans les représentations figurées. D'habitude, elles ne nous présentent, pour plus de clarté, que les deux acteurs principaux, Diane et Actéon. C'est le cas de la célèbre peinture de Pompéi qui décorait la *maison de Salluste*[1]. On y aperçoit au premier plan Diane, nue, accroupie dans une source, à l'entrée d'une grotte béante; à côté d'elle sont déposés ses vêtements, sa couronne et ses armes de chasse : épieux, carquois. En haut, derrière les rochers, apparaît Actéon. C'est aussi le cas de la plupart des fresques pompéiennes relatives au même sujet[2]; elles ne font aucune place aux personnages accessoires de la scène. Je ne connais guère qu'un monument où les nymphes, compagnes de Diane, soient figurées : une gravure sur un morceau d'ambre, publiée jadis par Raoul Rochette[3]. On y voit Diane, accostée à droite et à gauche d'une nymphe

Fig. 2. — Diane et Actéon. Scène gravée sur ambre.

nue; Actéon apparaît à gauche sur un rocher élevé. A sa vue, l'une des nymphes, qui était accroupie, se relève; l'autre s'enfuit en levant les bras au ciel, tandis que Diane, irritée, se retourne vers l'indiscret, dont la tête est déjà métamorphosée en tête de cerf (fig. 2). Mais, comme on le voit, l'épisode que le graveur a représenté correspond aux derniers des vers d'Ovide cités plus haut, ceux qui peignent l'effroi et le désarroi des baigneuses. Au contraire, sur un sarcophage du Louvre bien connu[4], le sculpteur a choisi le moment où la surprise va se produire. Il nous montre au centre Diane dans une grotte, accroupie au bord d'un ruisseau; de chaque côté, deux arbres élancés ferment le tableau.

1. Mazois, *Ruines de Pompéi*, II, fig. 32; Helbig, *Wandgemälde der vom Vesuv verschütteten Städte Campaniens*, n° 249 b.
2. Helbig, op. cit., n°ˢ 249 (*Vicolo dei Serpenti*), *Bullett.*, 1867, p. 166; cf. pl. VII; 250 (*Casa della Caccia antica*); 251 (*Vicolo dei Soprastanti*); 252 (*Vicolo dell' anfiteatro*), p. 455; *Bullett.*, 1867, p. 103.
3. *Mém. de l'Acad. des inscr.*, nouv. sér., XIII, pl. IX, 2, et p. 554, note 3.
4. Clarac, *Musée de sculpture*, pl. CXIV; Fröhner, *Notice de la sculpture antique*, p. 128; S. Reinach, *Répertoire de la statuaire*, I, p. 4.

Là encore, elle n'est pas seule; mais, au lieu de nymphes que l'on s'attendrait à trouver, deux jeunes enfants prêtent leur ministère à la déesse. L'un verse sur son dos le contenu d'une grande urne,

Excipiunt laticem ... funduntque capacibus urnis;

l'autre, pendant que sa maîtresse exprime avec les mains l'essence aromatique

Fig. 3. — Diane et Actéon. Scène d'un sarcophage du Louvre.

dont est imprégnée sa longue chevelure, recueille dans une coquille l'huile qui en découle[1] (fig. 3).

En haut : à gauche, le dieu du fleuve Parthenios étendu, le bras appuyé sur un vase, d'où l'eau s'écoule dans le ruisseau ; à droite, Actéon, surgissant derrière le rocher. Il est aisé de comprendre pourquoi, dans tous les cas, les artistes, obligés de placer Diane au premier plan, ont adopté le parti de reléguer le chasseur indiscret dans le fond comme s'il débouchait par quelque chemin creux donnant accès à la grotte.

Il n'était point inutile de rappeler ces différents monuments, car les éléments qui s'y rencontrent se retrouvent dans la mosaïque de Timgad; les diverses parties qui la composent seront maintenant plus aisées à interpréter.

Nous sommes dans un paysage rupestre, à l'entrée sans doute de la grotte devant laquelle les autres représentations connues placent Diane. Des plantes

---

1. Telle est, du moins, l'explication que l'on donne d'habitude de ce détail. Cf. Fröhner, *loc. cit.*

verdoyantes couvrent les rochers, tandis qu'un grand roseau témoigne de la fraîcheur humide du lieu. Les bois qui couvrent les pentes et le fond de la vallée sont sommairement indiqués par trois arbres pointus, dans lesquels il faut reconnaître des cyprès[1]

> ... et acuta densa cupressu.

Le cyprès est, d'ailleurs, l'arbre consacré à Artémis[2]. Au premier plan coule une source, indiquée par le mosaïste au moyen de petits flots blancs en zigzag. Le personnage qui se voit à droite de Diane est la nymphe de cette source ; suivant l'usage, elle s'appuie sur une urne inclinée, d'où s'échappe un large filet d'eau ; nous avons vu le même motif exprimé à peu près de même sur le sarcophage du Louvre.

Tel est le milieu où la scène se passe. Diane occupe tout naturellement la place d'honneur. La position convient fort bien à une baigneuse et le geste de la main gauche à une divinité, et à une divinité chaste comme Diane. La couronne radiée, qui surmonte sa tête, est un des attributs essentiels d'Artémis sur les peintures de Pompéi[3] ; mais, dans les scènes analogues, on trouve généralement ce diadème posé à côté d'elle, à terre ou sur un rocher, parmi ses vêtements et ses armes[4]. Le nimbe qualifie pareillement, entre un certain nombre de divinités, Apollon et sa sœur[5].

Dans la femme nue qui se tient à la gauche de la déesse, il faut reconnaître une des nymphes, ses compagnes. Les parures qui ornent son cou, ses bras et ses jambes marquent sa qualité. Comme le petit enfant du sarcophage du Louvre, elle verse sur sa maîtresse l'eau de la source ; mais, tandis que celui-ci porte une urne appuyée sur l'épaule, suivant un modèle connu et souvent utilisé comme sujet de fontaine[6], la nymphe supporte des deux mains une grande coquille appuyée contre son ventre, à la façon de ces *nymphes à la*

---

1. Sur le sarcophage du Louvre, M. Fröhner reconnaît également des cyprès dans les arbres voisins de la grotte.
2. Bötticher, *Baumkult der Hellen.*, p. 493 ; Roscher, *Lex. der Mythol.*, I, p. 608.
3. Helbig, *Wandgemälde Campaniens*, p. 67 et suiv.
4. Helbig, *op. cit.*, n°ˢ 249 b, 250, 251, 252. Dans le n° 249 et sur la mosaïque citée p. 455, Diane a la couronne sur la tête.
5. Stephani, *Nimbus and Stahlenkranz* (*Mém. de l'Acad. de Saint-Pétersbourg*, VIᵉ série, sciences politiques, t. IX, p. 135).
6. Reinach, *Répertoire de la statuaire*, II, p. 436 et 437 ; Ballu et Cagnat, *Timgad*, p. 264, fig. 123.

coquille, chères aux décorateurs antiques[1], qui servaient pareillement à orner les fontaines. Ce dernier type n'est pas plus original que l'autre ; au moins se rapproche-t-il davantage de la légende telle que nous la conte Ovide. On remarquera que l'eau qui s'échappe de la coquille est traitée différemment de celle qui emplit la source ; sa transparence, qui laisse apercevoir le corps de Diane, indique, dans l'intention du mosaïste, que c'est là seulement un flot passager et sans profondeur.

Quant à Actéon, il est aisément reconnaissable au pan de la chlamyde qui flotte sur son bras gauche. Tel il apparaît sur toutes les scènes semblables, sur le sarcophage du Louvre, sur la peinture de la maison de Salluste, sur celle du *vicolo dell' anfiteatro*[2] et sur d'autres encore.

Ce qui est tout à fait nouveau, c'est l'idée qu'a eue le mosaïste de faire apparaître dans l'eau, en avant de Diane, le reflet dénonciateur du témoin audacieux : invention ingénieuse, piquante et quelque peu recherchée, tout à fait digne d'un poète ou d'un artiste alexandrin. Il est bien probable, du reste, que l'honneur n'en revient pas à l'ouvrier de Timgad, mais au modèle qu'il a reproduit ou dont il s'est inspiré. Sur cette image, on aperçoit déjà les bois de cerf que la colère de la déesse indignée fait pousser au front d'Actéon.

A la partie supérieure du tableau, on lit quelques lettres, tracées en cubes noirs sur le fond blanc du pavement :

SELIV
S ⊹ P G

A elles seules, elles n'offrent pas un sens évident. On pourrait se demander si l'inscription ne commençait pas à gauche dans la partie détruite ; elle aurait, en ce cas, été divisée en deux par la tête d'Actéon et par son bras droit. Mais, suivant toute vraisemblance, il n'en était pas ainsi ; on lira donc *Selius*, nom du propriétaire de la maison ou du mosaïste. Quant aux lettres PG, je ne vois pas nettement ce qu'elles signifient[3].

---

1. Reinach, *op. cit.*, I, p. 438 ; II, p. 405 ; Ballu et Cagnat, *op. cit.*, p. 234 et suiv., fig. 104. — On notera que d'habitude ces nymphes à la coquille sont nues seulement à partir du ventre, le bas du corps étant drapé ; ici, c'est une nymphe particulière, au bain, et par conséquent complètement nue.
2. Helbig, *op. cit.*, n° 252 et pl. VIII.
3. M. Schulten, qui a signalé cette mosaïque dans ses *Archäologische Neuigkeiten aus Nordafrica* (*Jahrbuch des Arch. Instituts ; Anzeiger*, 1903, p. 100), voit dans le signe qui précède PG un T lié à un

La bordure de ce tableau mythologique est formée de rinceaux faits de pampres et de grappes de raisin. Dans le quatrième, à gauche à partir du bas, on aperçoit un animal verdâtre qui ressemble plus à un lézard qu'à un oiseau ; c'en est un pourtant, qui picore les grains.

Le dessin des différents détails de la mosaïque, qui est certainement de basse époque, ne supporte guère l'examen ; mais l'aspect décoratif, brillant et coloré, est flatteur à l'œil.

autre signe connu par quelques monuments africains : ↑. La photographie ne laisse aucun doute à cet égard : c'est une barre séparative terminée par une feuille pointue. Les lettres PG pourraient à la rigueur se traduire par P(in)g(ebat).

TÊTE D'ATHLÈTE

TROUVÉE EN ÉGYPTE

ET CONSERVÉE AU MUSÉE DU LOUVRE

(Planche IV)

Par M. Max. Collignon

Membre résidant.

  Le Musée du Louvre a acquis en 1901 ce remarquable morceau de sculpture grecque[1]. Il a été trouvé en Égypte, mais aucun autre renseignement positif sur le lieu précis de la provenance n'a été fourni, et c'est seulement par hypothèse que l'on peut songer à Alexandrie. Je voudrais montrer l'intérêt qu'il présente à plus d'un titre, d'abord en raison de la réelle beauté du style, ensuite au point de vue des renseignements qu'il apporte pour l'étude du travail du marbre dans les statues grecques.

  Sculptée dans un marbre d'un grain serré et fin, rappelant certaines variétés du Paros, cette tête virile, imberbe, est plus grande que nature, car, en l'état actuel, brisée à la base du cou, elle mesure une hauteur totale de 0ᵐ45. Il s'en faut qu'elle nous soit parvenue en parfait état de conservation. Il manque en effet, par derrière, une bonne partie du crâne et du cou. Une large section entame tout le revers de la tête, obliquant sensiblement vers le côté gauche et ne laissant subsister, pour ainsi dire, qu'une sorte de masque d'épaisseur inégale, avec la partie antérieure du cou. La surface de cette section est comme repiquée au ciseau, pour provoquer l'adhérence avec une partie rapportée, et

---

1. Cette tête est signalée sous le n° 27 dans les *Acquisitions du département des antiquités grecques et romaines de l'année 1901* (extrait du *Bull. de la Soc. des Ant.*). Elle est inscrite à l'inventaire M N D, n° 479.

dans le haut s'ouvre un trou rectangulaire de 0^{m}045 de hauteur sur 0^{m}060 de largeur, où l'on remarque des restes de scellement[1]. Il faut ajouter que, du côté droit, la partie supérieure de la chevelure est à peine dégrossie et que le cou laisse voir les traces d'un travail à la râpe. Enfin, un simple coup d'œil jeté sur notre planche permet de constater que le nez et une partie du menton ont été enlevés par une section nette, dont la surface a été soigneusement polie (Pl. IV).

A n'en pas douter, la tête est celle d'un athlète, car les oreilles présentent la déformation spéciale que les sculpteurs grecs ont si souvent reproduite; le cartilage est tuméfié, tandis que l'ourlet extérieur a conservé sa forme[2]. En dépit de l'étrange mutilation que le visage a subie, on reste frappé de la beauté du type et de la qualité du travail. Le cou, large et puissant, est d'une exécution robuste; le front bas, coupé par une dépression très accusée, qui fait sentir énergiquement la saillie des bosses sourcilières, offre un modelé tourmenté, traité d'une main hardie et décidée. Mêmes qualités dans le travail des yeux, dont la paupière supérieure, indiquée au départ de l'angle interne, s'amortit bientôt pour se perdre dans l'ombre de l'arcade sourcilière. La bouche est entr'ouverte; les contours des lèvres saillantes et sinueuses s'accusent avec une extrême vigueur. On observe un curieux contraste entre l'exécution superficielle, presque lâchée, de la chevelure et le modelé des chairs si moelleux et si caressé. Mais le contraste s'explique sans peine par les traces de couleur rouge qui subsistent sur les cheveux. Il est clair, en effet, que la polychromie jouait ici son rôle et que la coloration de la chevelure faisait oublier ce qu'avait de trop sommaire le travail du ciseau. Des caractères de style aussi tranchés permettent d'écarter l'idée d'une copie de basse époque. A n'en pas douter, la tête du Louvre est une œuvre originale. Nous devons chercher à en déterminer la date.

Une première question se pose, celle de l'école dont elle relève. A pre-

---

[1]. M. Gauckler veut bien attirer mon attention sur des têtes colossales de Cherchel (*Musée de Cherchel*, pl. VI-VII), dont l'une, une tête de jeune homme aux favoris naissants, rappelle par le type la tête du Louvre (pl. VII, 5). Ce sont des masques « sculptés seulement sur la face antérieure et évidés par derrière, à l'exception d'une large barre transversale permettant de les accrocher aux corbeaux d'une corniche. » La tête du Louvre avait-elle la même destination, et faut-il la rapprocher des têtes de Cherchel? On pourrait invoquer à l'appui de cette opinion le travail très grossier de la section du revers. Il y a cependant des objections : 1° les dimensions sont beaucoup moindres que celles des masques de Cherchel, qui mesurent de 0^{m}90 à 1 mètre; 2° la section ne détermine pas sur les deux côtés une épaisseur égale; 3° le travail très poussé du visage, les traces de peinture observées sur la chevelure semblent exclure l'idée d'un masque accroché à une corniche.

[2]. Cf., sur cette question, Lechat, *Mélanges Perrot*, p. 210; S. Reinach, *Têtes antiques*, p. 2, 38, 102.

mière vue, il y a là bien des traits qui rappellent les œuvres où l'on est d'accord pour reconnaître la manière de Scopas. La forte saillie frontale, la forme des yeux enfoncés et baignés d'ombre, la recherche de l'expression pathétique que trahissent l'inclinaison de la tête, le regard dirigé vers le ciel et la bouche entr'ouverte, tout cela se retrouve dans les monuments que M. Botho Graef a pour ainsi dire groupés autour du nom de Scopas : les têtes du fronton de Tégée, le Méléagre, l'Héraclès Lansdowne, la tête d'Héraclès couronnée de rameaux de peuplier[1]. Les découvertes récentes de M. Mendel à Tégée ont apporté de nouveaux éléments de comparaison. Une tête d'Héraclès, provenant d'un des frontons du temple de Tégée, et qu'on peut ainsi attribuer en toute certitude à l'atelier de Scopas, suggère des rapprochements très significatifs avec la tête du Louvre pour la forme du front et des yeux, et pour le parti pris dont témoigne l'amortissement de la paupière supérieure[2]. Enfin, il est encore à noter que le rendu sommaire de la chevelure, contrastant avec le poli des chairs du visage, paraît être un des traits caractéristiques des têtes du style de Scopas[3]. Nous serions donc conduit à prononcer sans hésitation le nom du maître de Paros, si nous ne savions, par des témoignages positifs, que ces conventions de style n'appartiennent pas exclusivement à son école. En étudiant une œuvre de Lysippe trouvée à Delphes et aujourd'hui célèbre, la statue du thessalien Agias, M. Homolle y a relevé certaines particularités typiques, et il l'a fait en des termes qui pourraient s'appliquer exactement à la tête du Louvre ; il remarque « l'air pensif ou lassé, les lèvres entr'ouvertes, l'enfoncement des yeux baignés d'ombre, relevés et comme humides, le front bombé et comme contracté[4]. » Il y a donc à faire, dans le style de Lysippe, la part de l'influence de Scopas. Plus récemment encore, M. Percy Gardner est revenu sur cette question, pour montrer qu'entre Scopas et Lysippe il y a plus de traits communs qu'on ne le pensait[5]. Ces considérations permettent, je crois, d'assigner à la tête du Louvre une date un peu plus récente que ne le ferait pressentir le caractère « scopasique » du style. Au vrai, elle est déjà plus moderne, pour ainsi

---

1. Botho Graef, *Rœm. Mittheil.*, IV, 1889, p. 199 et suiv. Cf. notre *Hist. de la sculpture grecque*, II, p. 238-240; Furtwængler, *Masterpieces*, p. 295-305, et les remarques de M. S. Reinach sur deux têtes de la Glyptothèque Ny-Carlsberg, *Têtes antiques*, pl. 150-151, 156-157.
2. G. Mendel, *Bull. de corresp. hellénique*, XXV, 1903, p. 258-259, pl. VII-VIII.
3. Homolle, *Bull. de corresp. hellénique*, XXIII, 1899, p. 458; cf. S. Reinach, *Têtes antiques*, notice de la pl. 148-149.
4. Homolle, *Ibid.*, XXIII, 1899, p. 455.
5. Percy Gardner, *Journal of hellenic Studies*, XXIII, 1903, p. 130-131.

parler, que le Méléagre et la tête d'Olympie où l'on a proposé de reconnaitre la manière du maitre de Paros[1]. J'y vois, pour ma part, l'œuvre d'un artiste travaillant dans le dernier quart du IVᵉ siècle, familiarisé avec le style de Lysippe et de Scopas, mais suivant de préférence la tradition de ce dernier.

La provenance égyptienne du monument qui nous occupe apporte un nouvel élément d'intérêt. On sait que l'histoire de la formation de l'art alexandrin a, dans ces derniers temps, provoqué beaucoup de recherches[2]. Or, il n'est pas indifférent de rencontrer en Égypte une œuvre relevant aussi directement des écoles grecques du IVᵉ siècle. En publiant un groupe funéraire du Musée d'Alexandrie, j'ai déjà eu l'occasion de montrer que le sujet et le style dénotent des emprunts manifestes à la sculpture funéraire des Attiques[3]. De son côté, M. W. Amelung a fait ressortir la part qui revient, pour la diffusion de certains types statuaires, à l'école attique et particulièrement à l'école de Praxitèle[4]. Il ne s'est d'ailleurs pas refusé à faire aussi la part de l'influence de Scopas, et il l'a retrouvée notamment dans une tête découverte à Alexandrie et interprétée à tort comme un portrait d'Alexandre[5]. La tête du Louvre vient confirmer la justesse de cette théorie. C'est un document de plus, et non des moins importants, pour étudier l'action des écoles grecques en Égypte au début de la période alexandrine.

Je dois revenir sur une particularité matérielle déjà signalée plus haut, à savoir cette curieuse mutilation du nez et d'une partie du menton que notre monument a subie. Le nez a été tranché par une section très nette, sur une hauteur de 0^m079, avec une profondeur de 0^m016 au-dessus de la lèvre supérieure. La section du menton, de forme ovale, mesure 0^m076 dans son plus grand diamètre. Le marbre y est poli avec beaucoup de soin et les bords sont à arêtes vives. Il semble que tout soit préparé pour le rajustage de pièces rapportées.

Nous connaissons assez les habitudes de la statuaire grecque pour savoir que l'emploi de ce procédé n'avait rien de choquant ni d'insolite. Soit que le

---

1. *Olympia, Bildwerke*, III, pl. LIV. Cf. aussi la tête du jeune homme nu dans la stèle de l'Ilissus, *Att. Grabreliefs*, pl. CCXI.
2. Voir la bibliographie citée par W. Amelung, *Bullettino della commissione arch. comunale di Roma*, XXV, 1897, p. 110-111.
3. *Monuments Piot*, IV, 1898, p. 221-233, pl. XIX.
4. W. Amelung, *loc. cit.*
5. Stark, *Zwei Alexanderköpfe*, p. 16, pl. III. L'interprétation a été réfutée par Koepp, *Ueber das Bildniss Alexanders des Grosses*; 52ᵉ *Berl. Winckelmannsprogramm*, p. 19; Amelung, *loc. cit.*, p. 114.

marbre présentât un défaut, soit que le sculpteur eût mal calculé ce qu'il lui fallait de matière, soit enfin qu'il lui fût plus commode de travailler séparément certaines parties, les artistes usaient sans scrupule de la technique du rapiéçage[1]. Elle était déjà pratiquée au vi⁰ siècle, et M. Lechat l'a étudiée en détail à propos des *corés* de l'Acropole d'Athènes. « A l'exception de la statue d'Anténor, écrit-il, il n'y a pas, dans la collection archaïque de l'Acropole, une seule statue, depuis la plus grande jusqu'à la plus petite, qui ait été taillée tout entière dans le même bloc de marbre[2]. » Il serait facile de citer des exemples attestant la persistance de cette habitude jusqu'à l'époque romaine[3]; je me bornerai à rappeler la Victoire de Samothrace, dont la draperie offre des traces évidentes de rapiéçage.

Toutefois, à voir ces amputations du marbre pratiquées à une place aussi apparente, en plein visage, on peut se demander si le travail qu'a subi la tête du Louvre n'a pas été fait après coup, en vue d'une restauration. A l'appui de cette hypothèse, on pourrait invoquer l'absence des trous où s'encastrent d'habitude les chevilles de marbre ou les tiges de métal scellées au plomb qui assurent l'adhérence des morceaux rapportés. D'autre part, les textes épigraphiques nous apprennent que ces restaurations étaient fréquentes et que le marbrier chargé de les exécuter ajoutait parfois son nom à la signature du sculpteur, avec la formule 'επεσκεύασεν. C'est ainsi que la statue délienne de Gaïus Billiénus, faite par Agasias d'Éphèse, a été restaurée par Aristandros de Paros[4].

Je crois cependant qu'il s'agit bien ici de pièces rapportées et d'un travail de rapiéçage contemporain de l'exécution même de la statue. En effet, l'emploi des chevilles ou du scellement au plomb, habituel à l'époque archaïque, n'est pas une règle absolue dans les périodes postérieures. Il arrive souvent que les morceaux rapportés étaient simplement collés. Tel est le cas pour une statue de femme trouvée à Délos par Louis Couve, et où la partie supérieure de la tête, ainsi que le revers, sont faits d'un seul morceau rajusté, sans qu'il y ait trace

---

1. Voir, sur cette question, Lechat, *Au Musée de l'Acropole d'Athènes*, p. 227 et suiv. Cf. Furtwængler, *Meisterwerke*, p. 604, 615, 647; Sittl, *Archæologie der Kunst*, p. 399.
2. Lechat, *ouvr. cit.*, p. 227.
3. Cf. Tarral, dans Goeler von Ravensburg, *Venus von Milo*, p. 37; Homolle, *Bull. de corresp. hellénique*, VII, p. 371.
4. Homolle, *Bull. de corresp. hellénique*, V, 1881, p. 462; Loewy, *Inschr. griech. Bildhauer*, n° 287. Le mot ἐπισκευή est également employé dans les inventaires de temples pour désigner la restauration des objets mobiliers. Cf. *Bull. de corresp. hellénique*, X, p. 467, αἱ δὲ ἄλλαι ἐπισκευῆς δεόμεναι.

de scellements [1]. On peut faire la même observation sur la prétendue Psyché du Musée de Naples [2]. Il est donc permis de conclure que, dans la tête du Louvre, le nez et le menton étaient faits de pièces rajustées. Assurément, il y a là un emploi audacieux d'une technique étrangère à nos habitudes. Mais nous devons faire crédit à l'habileté des sculpteurs grecs qui savaient, sans aucun doute, dissimuler la suture et faire intervenir à propos le patinage et la polychromie. Et, d'ailleurs, faut-il ajouter que, dans certains cas, lorsque le marbre offrait des taches ou des défauts trop désagréables à l'œil, le rapiéçage devenait une nécessité? Je crois que l'auteur de la tête du Louvre s'est trouvé obligé d'y recourir, bon gré mal gré. La section du menton laisse en effet voir une tache qui paraît inhérente au marbre. Le sculpteur, rencontrant ces tares au cours de son travail, a dû les faire disparaître au prix de l'opération quasi-chirurgicale dont notre marbre a conservé les cicatrices.

---

1. Couve, *Bull. de corresp. hellénique*, XIX, 1895, p. 483-484, pl. VII; *Rev. archéol.*, 1897, XXXI, p. 25, pl. XIII.
2. Furtwængler, *Meisterwerke*, p. 647, note 2; S. Reinach, *Recueil de têtes antiques*, pl. 200, p. 160-161.

REMARQUES

SUR

L'ARCHITECTURE DITE GOTHIQUE

Par M. Édouard Corroyer

Membre résidant.

Il est des vérités qui gagneraient à être remises en lumière et redites pour être enfin comprises et adoptées.

C'est dans cet ordre d'idées que nous revenons sur l'origine de l'Architecture nationale qu'on a baptisée d'un nom étranger.

On a dit, entre autres choses, pour justifier cette expression *architecture gothique* que l'adjectif *gothique* était bref; mais le mot français appliqué à l'architecture l'est tout autant; il avait, de plus, l'avantage incomparable d'être l'expression de la vérité.

D'ailleurs, l'expression *architecture gothique* n'était pas usitée au XIIIe siècle. Un éminent élève de Quicherat, M. Robert de Lasteyrie, professeur à l'École des Chartes, nous a appris que les édifices, élevés en Allemagne aux XIIIe et XIVe siècles, étaient désignés sous le nom d'*architecture française*.

On sait également, par les travaux de Philibert de Lorme, que la même expression *gothique* n'était pas usitée du temps de ce célèbre architecte, c'est-à-dire vers le milieu du XVIe siècle. Voici ce qu'il dit à ce sujet : « Les maîtres maçons de ce royaume, et aussi d'autres pays, ont accoutumé de faire les voûtes ou églises esquelles y a grande espace, comme sont grandes sales, avec une croisée qu'ils appellent croisée d'ogives. Aucuns y usent de liernes, formerets et tiercerons, avec leurs doubleaux et plusieurs autres sortes de branches, lesquelles ils mettent dans les voûtes : les unes en forme de soufflet, qui sont formes rondes et rampent pour rencontrer les branches. Telles choses sont difficiles à conduire, principalement quand on y veut faire un pendentif par dessus qui soit de pierre de taille et s'accommode justement sur les branches ou arcs de pierre qui sont tous d'une mesme grosseur et correspondent aux moulures des croisées d'ogives, liernes, formerets et autres. Ces façons de voûtes ont esté trouvées fort belles et s'en voit de bien exécutées et mises en œuvre en divers lieux de ce royaume et signamment en ceste ville de Paris, comme aussi en plusieurs autres. Aujourd'hui, ceux qui ont quelque cognoissance de la vraye architecture ne suivent plus cette façon de voûte, appelée entre les ouvriers *la mode française*, laquel veritablement je ne veux despriser, ains plutôt confesser qu'on y a faict et pratiqué de fort bons traicts et difficiles... »

Il est à remarquer que la description faite de la croisée d'ogives détermine la fonction des arcs, mais nullement la forme de ces arcs, presque plein cintre au XIIe siècle et très aiguë au XIVe, parce qu'ils n'étaient pas soumis à des formes déterminées. Après cette époque, l'adjectif « gothique » ne fut employé par les grands orateurs que sous une forme ironique; il devint synonyme de *barbare*.

Cependant, le commencement du XIXe siècle fut caractérisé par un mouvement rétrograde vers le romain et même le grec, dû aux architectes Fontaine et Percier. L'œuvre collective des deux amis, qui prit naissance sous Napoléon Ier, se poursuivit pendant un demi-siècle jusque sous la République de 1848; elle montra son caractère, dit classique, dans les divers travaux du Palais du Louvre, des Bâtiments royaux, particulièrement dans l'Arc de triomphe romain de la place du Carrousel ainsi que dans les précieux dessins de Percier.

Cette période de cinquante ans ne fut pas favorable aux idées libérales et qui touchent l'architecture; les progrès, réalisés sous Louis XVI, se trouvèrent arrêtés dans leur essor par un événement qui se préparait autour de nous. Il se manifesta par les œuvres des écrivains contemporains, surtout par celles de J.-J. Rousseau et de Chateaubriand. En France, on a donné le nom de *Romantisme* à ce grand mouvement littéraire qui prit naissance avant 1830. Son caractère principal était le renversement des formules classiques, ce qui paraissait légitime, puisque la Révolution française avait changé les lois, les mœurs et donné une autre direction aux idées et aux aspirations nouvelles.

Les Romantiques de 1830 et Victor Hugo, leur chef, réclamèrent pour le poète et le dramaturge le droit de s'inspirer des sentiments et des aspirations modernes, de n'être pas obligés de suivre servilement les traces des Grecs et des Romains; ils proclamèrent l'affranchissement de l'art et de la littérature.

Le *Romantisme* fut donc une révolution, et comme la plupart des révolutions il a détruit plus qu'il n'a édifié : l'architecture en subit les effets. Au moment de son éclosion, l'art de bâtir était contenu dans des principes ou plutôt dans des formulaires gréco-romains, et la construction de ruines, toutes neuves, symbolisant les idées du temps, n'a pas fait avancer l'art de l'architecture.

Pourtant, un vif mouvement se produisit, et les évocations magiques de Victor Hugo contribuèrent puissamment à remettre en honneur l'art national couvert par l'oubli.

C'est à cette époque que remonte, à notre avis, le qualificatif *gothique* appliqué à l'architecture de l'époque dite du *moyen âge*.

Le *Romantisme*, même dans ses exagérations les plus flagrantes, masqué par les séduisantes fleurs de rhétorique du grand écrivain et de ses disciples, a rendu un immense service en faisant naître le goût des recherches et des études sur les origines de l'art français.

Dès les premières années du règne de Louis-Philippe, des érudits s'étaient réunis et, à l'exemple de la Société royale des Antiquaires de France à Paris, avaient fondé de nombreuses sociétés savantes qui s'étendirent dans les provinces et se signalèrent par des travaux utiles et féconds.

C'est un des fondateurs de la Société des Antiquaires de Normandie qui, en 1825, proposa de désigner sous le nom de *roman* l'architecture postérieure à la domination romaine et antérieure au XIIe siècle. Cette architecture, que chacun baptisait à son gré de lombarde, de saxonne, de byzantine, nous apprend Quicherat, parut à M. de Gerville devoir être appelée d'un nom qui ne fût pas celui d'un peuple, attendu qu'elle avait été pratiquée dans toute l'Europe occidentale et sans intervention prouvée des Lombards, ni des Saxons, ni des Grecs-Byzantins. Comme le mot *roman* était dès lors appliqué à nos anciens idiomes, comme l'emploi des éléments romains était, de l'aveu général, aussi sensible dans l'architecture qu'il s'agissait de qualifier que la présence des radicaux latins dans les langues dites romanes, l'auteur de la proposition conclut à ce qu'il y eût une architecture romane aux mêmes titres qu'il y avait des langues romanes. Si l'on se sert encore du mot *roman*, comme si l'architecture qu'il désigne avait réellement existé sous ce nom, il faut savoir que ce nom n'a été inventé qu'en 1825.

Il est utile de dire aussi que les mots *gothique* et *ogival*, appliqués à l'architecture, ne doivent leur existence qu'à des usages conventionnels modernes.

Il nous faut garder la mémoire des savants qui ont illustré l'archéologie française, née avec le XIX⁰ siècle, et qui l'ont mise en honneur par leur grande science : de Caumont, qui publia en 1825 un *Essai sur l'architecture religieuse du moyen âge* et ensuite un grand nombre d'ouvrages, parmi lesquels l'*Abécédaire d'archéologie*, se distingue par un rare esprit de méthode de classification chronologique; Mérimée et Vitet, deux des membres les plus distingués du Comité historique des arts et monuments, institué en 1837 par Salvandy; Didron, le fondateur des *Annales archéologiques;* Lassus, architecte archéologue, un des plus savants restaurateurs de nos édifices du moyen âge; Viollet-le-Duc, qui fut un admirable éducateur par la séduction de son inimitable crayon; il eut le talent de révéler l'architecture du moyen âge en faisant, avec une clarté incomparable, l'étude physiologique, pour ainsi dire, des divers systèmes de construction, par lesquels ce grand art s'est si glorieusement manifesté, principalement en France; Quicherat, archéologue, qui eut le suprême honneur de porter la lumière sur les origines de cet art, en mettant sa grande science, sa profonde érudition et son admirable bon sens au service de la vérité, but immuable vers lequel tendaient ses généreux efforts.

Ces grands travaux, véritables monuments d'art, de science et d'érudition, venant à la suite de la révolution romantique, eurent un retentissement considérable; divers ateliers d'architectes se fondèrent et propagèrent les idées nouvelles. Mais ces idées parurent subversives à ceux qui ne voulaient voir que les œuvres grecques ou romaines, sans tenir compte des efforts du génie humain durant une longue suite de siècles, pendant lesquels l'esprit national avait montré sa vitalité et sa puissance créatrice. Ces diverses idées engendrèrent des luttes d'influences qui se manifestèrent lorsque s'imposa la nécessité d'assurer la conservation des édifices publics, civils ou religieux, ceux-ci faisant retour à l'État en vertu des lois concordataires. On assura le service des bâtiments civils et des palais, à l'aide des architectes formés à l'École des beaux-arts, qui donnait une instruction exclusivement grecque ou romaine. Mais il était nécessaire également de conserver les grandes cathédrales dites *gothiques*, relevant désormais de l'État : et il fallut alors recourir à Viollet-le-Duc et aux architectes, ses amis et ses disciples, qui s'étaient groupés autour de lui, séduits par la beauté de l'architecture, dite du moyen âge, cet art merveilleux, suivant Victor Hugo, « inconnu des uns, et, ce qui est pis encore, inconnu des autres. »

Cet art, dit improprement *gothique*, qu'il faut appeler national, *français*, puisqu'il a pris rang dans l'Histoire de la France, n'a pas encore sa place dans l'enseignement d'art donné par l'État. Selon l'expression fort juste d'un grand artiste, professeur au Collège de France, « fait illogique dans un pays qui assure la conservation de ses monuments historiques par un important service administratif, sorte d'ingratitude chez une nation qui, au moyen âge, a tenu le flambeau des arts. »

Cependant, une tentative fut faite, en 1863, pour établir à l'École des beaux-arts l'enseignement de l'architecture depuis la chute de l'empire romain jusqu'aux temps modernes; cette tentative échoua par l'effet de la pusillanimité de ceux qui l'avaient approuvée et qui ne surent pas l'affirmer. Et, aujourd'hui encore, l'administration des Cultes recrute ses savants architectes par sa propre initiative.

Ce grand service administratif comprend nos monuments historiques de l'État, c'est-à-dire les grandes cathédrales d'Amiens, d'Albi, de Bayeux, de Beauvais, de Bourges, de Bordeaux, de Chartres, de Coutances, de Reims, de Rouen, de Tours et de Paris, pour ne citer que les principales.

Ces magnifiques édifices, glorieux monuments de la haute science et du grand art de nos ancêtres, sont autant d'exemples qui attestent la nécessité absolue de les étudier; il faut les connaître dans tous leurs détails architectoniques avant d'être admis à l'honneur de les conserver à l'aide des travaux entrepris après examen et approbation d'hommes expérimentés et prudents, nommés par l'État. Les architectes du service diocésain sont choisis après un concours sévère, qui a pour but de s'assurer de leurs connaissances techniques et artistiques spéciales. Or, ces études, longues et difficiles, ne sont pas faites à l'École nationale des beaux-arts.

L'Académie des beaux-arts de l'Institut de France a prouvé, récemment, que le mot *gothique*, expression plutôt ironique et toute moderne, n'était pas usitée à l'époque dite du moyen âge. En Allemagne, on disait *ouvrage français* pour désigner un édifice voûté, semblable à ceux qui s'élevaient ou se reconstruisaient en si grand nombre en France à la même époque. Philibert de Lorme nous apprend que, de son temps, on qualifiait ces constructions sous le nom d'ouvrages à la *mode française*.

Il est juste, à notre avis, de dire *architecture française* pour désigner les monuments construits en France depuis les xie et xiie siècles jusqu'à nos jours;

il est, du reste, très facile de serrer les dates en indiquant le temps où ces édifices ont été érigés, et l'on peut dire architecture française de Louis VI, de Philippe-Auguste, de saint Louis aussi bien que architecture française de Louis XIII, de Louis XIV, de Louis XV ou de Louis XVI.

C'est donc à bon droit que cette architecture doit être désignée par l'expression *architecture française*. C'est dans l'Aquitaine, dans l'Anjou et dans le Maine qu'elle a ses origines certaines; c'est dans le Domaine royal et principalement dans l'Ile-de-France qu'elle a accompli ses transformations les plus étonnantes, et c'est du cœur même de la France qu'elle a brillamment rayonné sur l'Europe.

UNE

CHARTE HISTORIÉE

DES ARCHIVES NATIONALES

(Planche V)

Par le Comte Delaborde

Membre résidant.

Prétendre révéler au public l'épanouissement extraordinaire atteint par l'art de la décoration des manuscrits sous l'impulsion du plus bibliophile de nos rois serait assurément bien superflu ; mais l'application aux chartes des procédés décoratifs presque exclusivement réservés, jusqu'alors, aux livres et parfois aux registres, est un fait moins connu, sinon moins caractéristique des goûts de Charles V. Tandis que, depuis des siècles, les livres étaient illustrés, non seulement de motifs ornementaux ou calligraphiques, mais encore de peintures qui peuvent passer, à juste titre, pour de véritables tableaux ; tandis que ce genre de décoration avait gagné jusqu'aux recueils de documents, tels que le registre V du Trésor des chartes ou celui des Ordonnances de l'Hôtel[1], l'embellissement des chartes, réduit à quelques lettres plus ou moins ornées[2], ne comportait, pour ainsi dire, jamais de compositions inspirées par le sujet.

A peine Charles V fut-il monté sur le trône qu'on vit apparaître de semblables compositions dans des documents sortis de la chancellerie royale, tels que la défense d'aliéner l'hôtel Saint-Paul, publiée trois mois après son avènement[3], le don d'un fragment de la vraie croix au duc de Berry[4], la fondation de

1. Voir les reproductions des peintures de ces registres dans le *Musée des Archives nationales*, n⁰ˢ 319 et 327.
2. Voir, dans la même publication, les n⁰ˢ 280, 293, 326.
3. *Musée des Archives nationales*, n° 383.
4. *Musée des Archives nationales*, n° 393. M. de Bastard en a donné un fac-similé intégral.

la Sainte-Chapelle de Vincennes[1]. La lettre initiale de chacune de ces chartes renferme ou forme un tableau dans lequel le roi est représenté accomplissant l'acte dont le document ainsi décoré doit conserver le souvenir. On ne renonça pas, cependant, à la décoration calligraphique, à laquelle on eut uniquement recours, en 1374, pour la somptueuse ornementation de l'ordonnance sur la majorité des rois de France[2]. Bientôt, la nouvelle mode se répandit parmi les parents ou les familiers de Charles V : le B initial de la charte par laquelle Blanche de Navarre, veuve de Philippe VI, fonda divers anniversaires à Saint-Denis, sert de cadre à une composition qui ne comprend pas moins de huit figures[3]. Enfin, un établissement religieux avait-il été l'objet de la munificence royale, les chanoines ou les moines ainsi gratifiés ne se contentaient plus de manifester leur reconnaissance par la création de messes ou d'anniversaires; ils voulaient que les actes constatant cette création, actes dont les exemplaires devaient être remis au souverain et déposés dans ses archives, pussent satisfaire son goût pour l'ornementation de l'écriture. Une fondation de messes par le chapitre de Rouen en retour des grands dons faits par le roi est un curieux exemple de cette préoccupation[4].

Un caractère commun à la décoration de toutes les chartes que je viens d'énumérer ne peut manquer de frapper l'observateur le plus superficiel ; tous les motifs, depuis les ornements jusqu'aux figures, sont, soit exécutés en grisaille ou en camaïeu, soit même simplement dessinés à la plume. Cette discrétion, qui forme un tel contraste avec la vigueur du coloris des peintures illustrant les livres de la même époque, est d'ailleurs très judicieuse. Déjà, pour éviter sans doute que leurs riches enluminures ne prissent l'apparence d'une tache de couleur au milieu d'une page dont les lignes d'écriture n'atténuaient pas suffisamment la blancheur, les peintres des manuscrits avaient généralement soin de prolonger, dans les marges ou même dans les interlignes, les ornements dont ils entouraient leurs œuvres, et cela jusqu'à former au texte un encadrement parfois presque complet. Pour une charte dont les dimensions étaient ordinairement beaucoup plus grandes, ce parti aurait entraîné un travail trop considérable et n'eût peut-être pas réussi à faire éviter le fâcheux effet auquel la faiblesse voulue de la coloration permettait d'échapper.

1. *Musée des Archives nationales*, n° 401.
2. *Musée des Archives nationales*, n° 395.
3. *Musée des Archives nationales*, n° 394.
4. *Musée des Archives nationales*, n° 385.

Je ne serais pas éloigné de voir dans cette modération la marque des préférences personnelles de Charles V. La sobriété des premiers décorateurs de chartes cessa bientôt d'être imitée; elle ne pouvait assurément pas convenir aux goûts fastueux de Jean, duc de Berry. La richesse de la miniature qui orne la fondation de la Sainte-Chapelle de Bourges, dont M. de Bastard nous a conservé le fac-similé, est égale à celle des plus beaux livres de ce prince. Aussi, tandis que les religieux qui voulaient plaire au duc de Berry, ceux de Saint-Barthélemy de Bruges, par exemple[1], lui offraient des chartes aussi somptueusement décorées que les siennes, ceux qui s'adressaient à Charles V s'en tenaient, pour la décoration des actes qu'ils lui présentaient, au système d'ornementation délicate adopté par la chancellerie royale. C'est ainsi que se trouve décoré un acte de l'abbé de Royaumont portant une très intéressante peinture à peu près inconnue jusqu'ici[2].

Le texte qu'elle accompagne n'a pas grande importance. C'est un acte du 14 septembre 1374, par lequel l'abbé Pierre et les moines de Royaumont déclarent que, Charles V leur ayant donné deux châsses d'argent doré et 500 florins de France pour la réparation de leur église, ils fondent, à l'intention du roi, de la reine et des enfants royaux, une messe annuelle du Saint Esprit, tant qu'ils vivront, et une messe de *Requiem*, après leur mort. Malheureusement, pour mieux manifester sa reconnaissance, l'abbé a eu recours aux formes les plus verbeuses et les plus contournées de ce qu'on appelait, dans les *Dictamina*, le *stilus artificialis*. Le lecteur courageux qui poussera la persévérance jusqu'à lire en entier l'acte publié ci-dessous conviendra certainement que les pauvres moines sont parfois arrivés à rendre presque inintelligible l'expression de leur gratitude.

Universis presentes litteras inspecturis frater Petrus, humilis abbas monasterii Beate Marie Regalismontis, Cisterciensis ordinis, Belvacensis diocesis, ejusque loci conventus, salutis gloriam sempiterne. Attendentes quod monasterium nostrum prefatum cum pertinenciis suis omnibus prerogativa speciali de regali patrimonio dudum sapienter fundavit, sine quovis medio, magnanimorum magnificorumque principum, videlicet regum Francie, preclara benignitas, necnon ipsum temporalibus bonis cumulavit immensis eorumdem regum victoriosorum transcendens munificentia generosa, presertim felicis recordacionis sacratissimi principis Ludovici prefulgens

---

1. *Musée des Archives nationales*, n° 422.
2. Elle est brièvement indiquée par Hennin, *Les monuments de l'histoire de France*, t. V, p. 38.

devotio que disertissime (*sic*) sumptibus regalibus sublimes dicti monasterii stabilivit columpnas, ibique ingentis speciositatis spaciositatisque structuras noscitur erexisse; cujus laudes si tacuerimus, eas proculdubio spectabilis ecclesie nostre lapides predicabunt. Ejusdem quoque regis benivolencie coruscantis immensitas religiosos dicte domus olim miranter specialis fovit amandis caritatis amplexibus, ob quod eciam sanctitatis ejus fama multipliciter in diversis populis et linguis incrementa salubria recipiens gloriosius propalata refulsit. A cujus honorandis tramitibus non devians illustrissimi principis Karoli, Dei gracia Francorum regis, ingenua clemencia dictum monasterium velut domum regiam multiplicibus assidue cumulare temporalibus stipendiis non desistit, in tantum quod nos refovere pietatis speculatur dulcedine ut, nedum gerere benignissimi principis erga nos videatur morem, verum eciam paterno maternoque nos omnes fovere conspiciatur affectu in tantum ut conclamando racionabiliter dici queat : O quam necessaria multis indigentiis nostri tanti mira benignitas est patroni ! O quam longe fit ab eo tiranice pestis in subjectos fulminans immanitas rabiei ! Quantum hec distat suavitatis amplitudo ferocibus a vesaniis barbarorum ! Novit enim dicti regis perspicacitas quod illi tiranni qui temerariis ausibus ecclesiis insultarunt per successus horrendos miserabilem devenerunt finaliter ad ruinam, et licet a sue regie bonitatis excellentia quaslibet summi regis per hujus orbis circuitum longe lateque diffusas, illas presertim regni sui continue brachiis amplectatur honorabilibus caritatis utpote cujus regia majestas Dei cuncta cernentis intuitu quarumlibet opum jura temere violari non sinens, quorumlibet incursantium, quantum fas est, temerariis usibus ausu compescit, nichil scienter agens quod in dampnosum vergat ecclesiastice prejudicium libertatis, quin pocius omnino satagens quantum sua interest quod totus sui latissimi regni clerus regia sub tutela speciosis maneat in tabernaculis fiducie sedeatque pacis in pulcritudine et opulente gaudeat dulcedine requiei, ac si cum euvangelista Johanne qui gemmas vendi fecit et precium pauperibus elargiri ab ipsius dominici pectoris veneranda sapienter hauserit pietatis fluenta. Rex ipse munificus per rivos ubilibet non cessat pietatis effluere dum sue miseracionis beneficio quasi dulcifluis laticibus ecclesiarum paupertatem irrorat, ut fons largifluus merito benedictus a quo tanta solent dulcedinis fluenta gracie saturare, cujus liberalitas venire gloriosum poterit subditis in exemplum, ac si illud Claudiani sensum magni Theodosii exprimerent, advertat : *Regis ad exemplum totus componitur orbis, Mobile mutatur semper cum principe vulgus.* Et hoc quantum ad generalia pietatis viscera que sibi contulit misericordia Dei nostri in specialibus tamen honoratissimi principis liberalissimus animus ecclesiam nostram de Regalimonte specialioribus fulsit donariis in tantum ut locus noster dici regalis regio mereatur affectu regalibusque sublimatus beneficiis rationabiliter montis nomine trabeatur, ad regalemque mentem rex ipse potentissimus affici videtur, velut Moyses, aut pocius Altissimus, affici putabatur ad Synay montem, vel eciam ut Deus ad montem sanctificationis sue montem Syon videlicet quem dilexerit. Et enim per dicti regis benivolenciam fit quantum in eo est quod Regalismons efficiatur Mons Dei, Mons pinguis. Mons in quo beneplacitum sit Deo habitare, etenim Dominus habitabit in finem. Unde et nuper ejusdem preclarissimi regis circumspectio non exorbitans a regie prosapie gloriosis actibus quin pocius beacioris Ludovici sanctissimis inherendo vestigiis, nobis in elemosinam contulit quingentos florenos Francie dictos francos, ut inde prefati sanctissimi regis Ludovici, sui quondam predecessoris gloriosissimi, reparetur ecclesia, reparata sustentetur, quinymo ut fervens zelator ipsius, tanquam sponsus ad ornatum dilecte sue, duo dedit jocalia, vasa videlicet argentea deaurata insignis (sic) artificio mirabilis et sculpture, in quibus secundum sue devotissime ordinacionis imperium plurimorum sanctorum reliquie aptissime collocantur. Cujus regis preconia si velut hebetes aut inhertes siluerimus vociferabu[n]tur saxa ingensque strues arborum frondosique virentes silvarum predicabunt et rami, quineciam aurum et argentum variique lapides preciosi. Nos igitur tetram solerter ingratitudinis aspernendo fuliginem negligencieque noxas abigendo, diligencius hec omnia beneficia nunc numerantes, advertendo quod ejusdem principis illustrissimi regia sinceritas quasi unus ex Paradisi fluminibus, ariditatem nostram sue gracie jugibus limphis irrorare non cessat, habita inter nos specialiter in nostro capitulo congregatos matura deliberatione et tractatu, assensu concurrentes unanimi, unam missam solempnem de Spiritu Sancto pro dicto domino nostro rege, domina regina, domino delphino primogenito, ceterisque eorum liberis, quamdiu dumtaxat vitam duxerint in humanis, et post ipsorum decessum de Requiem, semel in anno videlicet in crastino Circumcisionis Domini pro ipsis et eorum predecessoribus, in nostro monasterio perpetuis temporibus ordinavimus celebrandam solempniter in conventu, nosque et successores nostros ad hec per presentes penitus obligamus. Pro cujus insuper regis sensati nobili principatu humilium precum devota suffragia nostris attentis ex mentibus nunnunquam (sic) fundimus omnium Creatori quatinus ipse per quem reges regnare debent imperareque principes, justum decernere presidentiaque potentum velit dictum regem contra rebelles et truculentos solempnibus magnificare triumphis, suamque dignetur invincibili firmare dextera gloriam potentatus, deprecantes insuper altissime dispensationis ineffabile consilium quatinus nedum temporalis inclite sue corone regie prosperitatem sublimet, verum eciam quod a nobili corona Francie rex ipse Christianissimus immarcessibilem sempiterne felicitatis perveniat ad coronam, optantes nichilominus quod ipsius nobilissimi regis generosam propaginem semotis hujus vite fluctibus et procellis quibuslibet necnon adversitatis proscriptis incursibus, preservet altissimum beneplacitum velut columpnam marmoream sempiternis inconcussam temporibus, sicque nullum despicabilem veniat ad collapsum. Amen. In supratacte vero collationis misse testimonium utque predicta nullius oblivionis queant obduci nubibus, sigilla nostra quibus insimul utimur presentibus litteris duximus apponenda. Datum in monasterio nostro predicto quartadecima die septembris, anno Domini millesimo trecentesimo septuagesimo quarto, die Exaltacionis sancte Crucis.

(L'original, scellé, sur doubles queues, de deux fragments de sceaux en cire verte, est conservé aux Archives nationales, sous la cote J 465, n° 48.)

On le voit, le texte du document n'est guère digne de retenir l'attention ; il n'en est pas de même de l'initiale qui le décore. C'est un U, tracé à la plume, inscrit dans un carré orné aux angles extérieurs d'épis barbelés, tandis que trois des coins sont occupés par des animaux fantastiques. Le corps de la lettre est quelque peu rehaussé de bleu ardoisé. A l'intérieur, sur un fond de rinceaux également tracés à la plume, se voit une importante composition peinte en grisaille, sauf les chairs dessinées d'un trait de carmin et très empâtées de gouache, les cheveux, uniformément blonds ou gris, et les fourrures, qui sont légèrement teintées de bleu clair. A gauche, Charles V, debout en face de la reine Jeanne de Bourbon, tient de la main droite un sceptre fleurdelisé que soutient son second fils, Louis d'Orléans. A droite, la reine abrite sous un pan de son manteau ses deux filles, Marie et Isabelle. Entre son père et sa mère, le jeune dauphin Charles présente au roi l'abbé et quatre moines de Royaumont agenouillés. L'abbé, muni de sa crosse, offre au souverain une banderolle sur laquelle on lit : *Vivat K. V.* Aux pieds de Charles V est accroupi un lion, animal qui paraît avoir été pour lui quelque chose comme l'ours et le cygne de son frère de Berry (Pl. V)[1].

Il est évident que les artistes qui exécutaient les peintures des chartes devaient être les mêmes que ceux qui enluminaient les livres. Or, en examinant cette jolie composition, j'ai été frappé de la ressemblance qu'elle présentait avec une peinture de la même époque et, pour mieux dire, de la même année : celle qui forme le frontispice du *Rational des divins offices*, traduit par Jean Golein, volume copié et enluminé, par ordre du roi, en 1374. On y voit aussi Charles V, Jeanne de Bourbon et leurs quatre enfants. Il sera d'ailleurs facile au lecteur de faire la comparaison, M. Léopold Delisle ayant donné récemment une belle reproduction de ce frontispice[2]. Je ne m'appesantirai pas sur les analogies générales qui se rencontrent dans le style, dans l'ornementation[3], dans les deux têtes de la reine, dans la gentillesse assez particulière de certains mouvements, tel que celui par lequel le petit duc d'Orléans soutient le sceptre

---

1. M. Léopold Delisle a fait remarquer que l'on trouve des lions comme supports de l'écusson royal sur le frontispice de plusieurs livres de Charles V (*Fac-similé de livres copiés et enluminés pour le roi Charles V*, p. 17). Ce sont encore des lions qui soutiennent les armoiries de France et de Dauphiné dans la fondation de messes faite par le chapitre de Rouen dont il a été question plus haut (*Musée des Archives nationales*, n° 385).

2. *Fac-similé de livres copiés et enluminés pour le roi Charles V*, pl. VIII.

3. On devra comparer le perlé qui couronne le motif d'architecture du frontispice et le perlé qui encadre l'initiale de la charte, ainsi que les rosaces qui se voient aux quatre coins du frontispice et dans le jambage droit de l'initiale.

de son père, dans l'initiale, et celui par lequel les deux petits princes se donnent le bras, dans le frontispice; mais j'insisterai sur deux détails tout à fait significatifs. D'abord, le dessin des yeux et des bouches est identique dans les deux compositions; puis, dans le frontispice du *Rational*, Charles V a le petit doigt de la main droite replié à angle droit, après la première phalange, de la façon la moins naturelle. Cette étrange attitude, qui fait ressembler le petit doigt à un clou à crochet, se retrouve, dans l'initiale, à la main de l'aînée des princesses. On ne trouvera peut-être pas téméraire que j'ose attribuer les deux peintures au même artiste. Si cette attribution est justifiée, il est curieux de voir les religieux pousser le souci de satisfaire le roi, non seulement jusqu'à faire orner, dans le style qu'ils savaient lui plaire, la charte qu'ils devaient lui remettre, mais même jusqu'à recourir, pour plus de sûreté, à l'un des peintres habitués à recevoir les commandes royales.

UNE LETTRE

EN PARTIE AUTOGRAPHE

DU ROI CHARLES V

(Planche VI)

Par M. Léopold Delisle

Membre honoraire.

La pièce qui fait le sujet de cet article est une lettre du roi Charles V terminée par un long post-scriptum autographe : on sait combien sont rares les documents de ce genre. Celui dont on va lire le texte est relié dans un registre des Archives du Musée Condé intitulé : *Papiers de Condé*, série I, tome II, *Maison de France*. Le duc d'Aumale a dû l'acquérir en Angleterre; il provient des archives de la maison d'Armagnac (Pl. VI).

De par le Roy.

Très chier et très amé cousin, Nous avons veu ce que escript nous avez par Faudetes, vostre message, porteur de ces lettres, et vous mercions tant comme plus povons de la bonne cure et diligence que vous avez mise en noz besoingnes par delà, et mettés de jour en jour, desquelles avez esté tout le commencement, et savons bien et apparcevons (*sic*) clerement que, par vostre bon sens et par la diligence que vous y avez mise et la poine que vous en avez eue, elles sont venues à l'effect où elles sont à present, à nostre honneur et prouffit, la merci Nostre Seigneur. Et vous prions, tant acertes comme plus povons, que en ce vueilliez perseverer diligemment, si comme nous en avons en vous la fiance, laquelle nous y avons plus grant et plus parfaite que en autre de par delà.

Très chier cousin, quant est du mariage de nostre cousin d'Alençon et de vostre fille, à la perfeccion duquel avons grant et bonne volenté, et premièrement quant à ce qui touche la dispensacion qui y est neccessaire, maistre Garnier de Neudon, qui scet la diligence que nous y avons mise, vous dira ce que fait en avons et l'estat de la besoingne. Et au demourant mettrons toute poine, et en pensons venir à bonne fin, mesmement que le mariage d'Arragon est perfait (sic), qui y a donné et povoit donner grant delay et empeschement. Et aussi voulons nous travaillier es choses qui sont à vostre plaisir par deçà, car nous savons que ainsi faittes vous en ce que vous savez qui est à nostre honneur et prouffit par delà, et, se Dieu plaist, encores le recongnoistrons nous bien envers vous.

Très chier cousin, nous avons retenu votre message par deçà longuement, et ne l'avons pas voulu si tost delivrer, pour ce que par lui vous peussions mander des nouvelles de par deçà, lesquelles sont telles que noz annemis sont pieçà yssus d'Angleterre et descenduz es parties de Picardie, soubz le gouvernement de Robert Canolles, et ont toujours dit et maintenu que il vendroient devant Paris, que il n'ont pas encores fait. Et combien que nous eussions volenté et entencion de les faire combatre, et que pour la bataille eussions mandé aucuns des gens de noz frères d'Anjou et de Berry à venir par deçà, toutes voies, considéré que noz frères ont jà bien commencié à besoingnier par delà, et y pevent encores bien besoingnier, et sont bien seans sur le païs, avons avisié et ordonné pour le meilleur que encores y demeurent entiers, et souffrir les domages que noz diz annemis font sur le plat païs par deçà, avant que noz dittes gens se departent de par delà, et pour ce les avons contremandez.

Escrivez nous souvant toutes nouvelles et l'estat de par delà.

Donné à Paris, le VI jour de septembre.

Sachez[1], *biau cousin, qu'en toutez chosez que nouz povonz volantiers vouz couplerienz, et tenonz vos besoingniez à notrez; quar nouz conisonz et veonz bien le bon cervise que vouz nouz faitez, que nouz vouz geredoneronz tanz vociez, ce Dieu plet. Escrit de notre main.*

CHARLES.

L'adresse était sur une bandelette de parchemin qui fermait la lettre et qui a disparu.

Au dos, un ancien archiviste a tracé ces mots : « Lectres missives du roy ‖ Charles à mons. d'Ar^{ac}. — Invent. IIIe LIX. »

1. Ce post-scriptum est écrit de la main du roi.

La lettre est datée de Paris le 6 septembre, sans indication d'année; mais le millésime n'est guère difficile à déterminer.

Charles V fait allusion à la dispense qu'il venait d'obtenir du Saint-Siège pour la conclusion du mariage d'Aragon. Il s'agit évidemment là du mariage de Jeanne de France, tante du roi, qui fut fiancée le 16 juin 1370 à Jean d'Aragon, duc de Girone[1], et qui devait mourir à Béziers le 16 septembre 1371, avant d'arriver en Espagne[2].

Un peu plus loin, le roi parle de la marche d'une armée anglaise qui était récemment descendue ès parties de Picardie et qui, sous le gouvernement de Robert de Knolles, menaçait de s'avancer jusque sous les murs de Paris. Ces détails se rapportent très exactement à la chevauchée de Robert de Knolles, sur laquelle les chroniques donnent des détails très précis[3], et dont le début date de la fin du mois de juillet 1370. La lettre est donc du 6 septembre 1370.

La note mise au dos nous apprend que le destinataire était « Mons. d'Armagnac, » c'est-à-dire Jean Ier, comte d'Armagnac, que nous savons avoir été traité de cousin par Charles V[4], et qui, au cours de l'année 1370, était au service du roi dans le Languedoc. On connaît de lui une quittance datée de Toulouse le 18 juillet 1370[5], et, le 20 novembre suivant, le duc d'Anjou ordonnait de lui payer 2,000 francs d'or en déduction de la pension de 10,000 qu'il avait à prendre sur les aides levés en Languedoc pour la délivrance du roi Jean[6].

Dans la lettre que nous analysons, Charles V promet de s'employer à faire réussir un projet de mariage, auquel s'intéressait le comte d'Armagnac : *Trés chier cousin, quant est du mariage de nostre cousin d'Alençon et de vostre fille, à la perfeccion duquel avons grant et bonne volenté...* Il s'agissait évidemment de faire épouser à Pierre II, comte d'Alençon, Mathe d'Armagnac, seconde fille de Jean Ier, comte d'Armagnac. Ce mariage n'eut pas lieu. Le comte d'Alençon épousa, le 20 octobre 1371, Marie Chamaillart[7], fille de Guillaume Chamaillart, vicomte de Beaumont. Quant à Mathe d'Armagnac, elle épousa en 1373 Jean d'Aragon, duc de Girone, celui-là même qui avait été fiancé en 1370 à Jeanne de France, tante de Charles V.

---

1. *Grandes Chroniques*, éd. P. Paris, t. VI, p. 323.
2. *Ibid.*, p. 333. — Au mois de juin 1371, on s'occupait à Paris des préparatifs du voyage de la princesse. Le 18 de ce mois, le roi alloua 200 francs d'or pour les dépenses que sa tante Jeanne de France devait faire au cours de divers pèlerinages, avant son partement pour aller en Aragon. *Mandements de Charles V*, p. 403, n° 785. — Le 25 juin, il régla l'indemnité due à l'évêque d'Auxerre, qui devait accompagner Jeanne de France en Aragon. *Ibid.*, p. 404, n° 787.
3. *Grandes Chroniques*, éd. P. Paris, t. VI, p. 323-325; il y est dit que l'ennemi fut en bataille le 24 septembre entre Villejuif et Paris. — Cf. Froissart, éd. Luce, t. VII, p. 245 et 424, et p. cvi et cxii. — *Chronographia regum Francorum*, éd. Moranvillé, t. II, p. 342.
4. *Mandements de Charles V*, p. 234, n° 463.
5 et 6. P. Anselme, t. III, p. 417.
7. Odolant Desnos, *Mémoires historiques sur la ville d'Alençon*, t. I, p. 453.

SAINT MELAINE

ÉVÊQUE DE RENNES

Par Mgr L. Duchesne
Membre résidant.

Au concile d'Orléans de l'année 511 assista, entre autres évêques, Melanius de Rennes[1]. Vers le même temps, nous trouvons son nom avec ceux de ses collègues de Tours et d'Angers, Licinius et Eustochius, en tête d'une lettre adressée par eux à deux prêtres bretons, Lovocat et Catihern[2], pour les rappeler à l'observation des règles canoniques sur le célibat ecclésiastique et sur la liturgie. Il y a lieu de croire que cette affaire l'intéressait plus directement que ses deux cosignataires et que les abus réprouvés par eux se produisaient soit dans le ressort spécial de l'évêque de Rennes soit à portée de sa sollicitude[3].

Melanius mourut avant le milieu du vi^e siècle. En 549, un autre évêque de Rennes, Febediolus, signa au concile national d'Orléans, et rien ne prouve qu'il n'y en ait pas eu d'autres entre Melanius et lui.

L'évêque Melanius laissa un souvenir profond. Nous ne savons de lui, directement et sûrement, que bien peu de chose; mais il est aisé de constater la vénération qui s'attacha bientôt à sa mémoire. Saint Pair[4], abbé de Sciscy, au moment où on allait l'élire évêque d'Avranches, le vit apparaître en songe avec les saints Leontianus et Niger, jadis évêques de Coutances et de Bayeux, pour lui conférer l'ordination épiscopale. Grégoire de Tours[5] nous apprend qu'une

---

1. *De Redonis, ecclesiae Rodonicae, ex civitate Rethonas*, suivant les manuscrits, qui fournissent aussi la variante *Melianus* pour le nom de l'évêque.
2. Voy. mon article *Lovocat et Catihern* dans la *Revue de Bretagne et de Vendée*, 1885, p. 5. Mon édition a été reproduite par M. de la Borderie dans son *Histoire de Bretagne*, t. II, p. 527.
3. *Fastes épiscopaux de l'ancienne Gaule*, t. II, p. 253.
4. *Vita Paterni* (*M. G. Antiq.*, t. IV, B, p. 37).
5. *Gl. conf.*, 54.

basilique s'élevait à Rennes sur son tombeau. Elle s'écroula dans un incendie, sans que le sarcophage de saint Melaine eût à souffrir le moindre dommage. Il fut, ajoute l'historien, en grand renom de miracles pendant sa vie; son esprit était toujours occupé du ciel.

Vers la fin du vi[e] siècle, le compilateur franc du martyrologe hiéronymien lui assigne, par extraordinaire, deux fêtes distinctes : l'une, au 6 janvier, est la commémoration de son ordination; l'autre, au 6 novembre, est l'anniversaire de sa déposition ou sépulture. Le renom de son culte avait donc pénétré jusqu'en Bourgogne. Dans la seconde recension du martyrologe, laquelle est du viie siècle, la fête du 6 janvier est annoncée ainsi : *In civitate Redonis, nativitas et ordinatio episcopatus et transitus s. Meliani episcopi ibidem celebratur*. C'est un développement du texte primitif : *In civitate Redonis natale s. Melani episcopi*. Si l'on accepte toutes les données de la seconde recension, il faudra admettre que la naissance, la consécration épiscopale et la mort de saint Melaine étaient arrivées le même jour. Toutefois, il n'est guère d'usage que la naissance des saints soit l'objet d'une commémoration religieuse. Je soupçonne donc que *nativitas et ordinatio* représentent une interprétation erronée de *nat. ordin.* (*natale ordinationis*). Ainsi, il ne restera au 6 janvier que l'ordination et la mort; la coïncidence de ces deux dates est moins invraisemblable que celle des trois. Le *natale ordinationis* était régulièrement célébré, pour chaque évêque, de son vivant; après sa mort, la célébration cessait d'ordinaire. Toutefois, il n'est pas sans exemple qu'elle se soit maintenue pour certains évêques particulièrement vénérés. Quant à la mort, il n'est pas commun qu'elle soit commémorée spécialement; son anniversaire se confond presque toujours avec celui de la sépulture. Ici, l'anniversaire de la sépulture se présente dix mois après celui de la mort. On verra plus loin que la tradition locale permet d'expliquer cette particularité.

Je n'en ai pas fini avec le martyrologe. Un de ses meilleurs manuscrits, conservé actuellement à Berne, mais exécuté au viiie siècle dans le diocèse de Metz, ajoute à la fête du 6 novembre une vigile spéciale. Au 5 novembre, on y lit : *Et vigilia s. Melani*.

Les manuscrits de la seconde recension semblent bien avoir été complétés dans le nord de l'Aquitaine, du côté de Bourges et de Poitiers. Leurs spécialités sur saint Melaine renforcent singulièrement le témoignage donné déjà par le texte primitif à la célébrité de son culte.

En voici une autre preuve.

M. W. Lippert a publié en 1889[1] une liste des conciles tenus en Gaule. L'auteur de cette liste, un clerc de la région de l'ouest et du VIIIe siècle, a marqué pour chaque concile le nombre des évêques présents et le nom de celui d'entre eux qu'il s'imagine avoir été le rédacteur des canons. En général, il attribue ce rôle à l'évêque qui figure le premier sur la liste des signataires : *Canones quorum auctor maxime Priscus Lugdunensis extitit.* Telle est la formule qui revient pour chaque concile, sans autre changement que celui des noms propres. En deux cas seulement, au lieu du premier signataire, un évêque de rang inférieur est indiqué comme rédacteur des canons. Pour le concile d'Orléans de 511, c'est saint Melaine de Rennes qui est censé avoir tenu la plume; pour celui d'Orléans en 538, c'est saint Aubin d'Angers. L'auteur de cet arrangement, factice, ne l'oublions pas, portait évidemment un grand intérêt à ces deux saints.

Jusqu'ici, nous n'avons pas interrogé la tradition locale. C'est le moment de parler de la vie de saint Melaine. Il nous en reste plusieurs rédactions[2], dont M. Krusch a fait dernièrement (1896) un classement auquel je ne vois rien à reprendre[3]. M. de la Borderie croyait pouvoir attribuer à cette pièce une très haute antiquité; il la faisait remonter au delà de Grégoire de Tours[4]. Mais cette opinion n'est pas soutenable. La vie de saint Melaine, dans toutes ses rédactions, dépend de la liste des conciles dont j'ai parlé plus haut, ce qui suppose qu'elle est tout au plus de la fin du VIIIe siècle; M. Krusch y a signalé des emprunts à la vie de saint Waast par Alcuin, ce qui nous conduit au moins à la même date, je veux dire à la même limite supérieure. D'autre part, les manuscrits les plus anciens sont du XIe siècle. C'est donc seulement au IXe, au Xe, peut-être même au XIe siècle que remonte cette expression de la tradition locale.

Inutile de dire qu'elle est défectueuse. Mais on peut s'étonner qu'elle soit si pauvre en événements rennais. Le biographe ne dispose, cela est clair, que d'un bien petit nombre de traditions précises. Il se bat les flancs, comme on

---

1. *Neues Archiv*, t. XIV, p. 25.
2. *Acta SS.*, 6 janvier (jan., t. I, p. 328); *Catalogus codd. hagiogr. Paris.*, t. I, p. 71; t. II, p. 531; *Mon. Germ. Script. merov.*, t. III, p. 372 (Krusch).
3. Son édition ne comprend malheureusement pas la vie tout entière, mais seulement les premières pages et les dernières.
4. *Histoire de Bretagne*, t. I, p. 330, note 1.

dit, pour trouver quelques développements, de vraies banalités hagiographiques, sur les vertus du saint évêque et sur ses pouvoirs surnaturels. Quelques guérisons sont indiquées en traits moins vagues. Presque toujours le saint opère par onctions d'huile bénite. Mais qu'il guérisse, qu'il exorcise, qu'il officie, c'est toujours loin de Rennes, hors de son diocèse, dans le Maine, à Angers, au pays vannetais. Sa mort même a lieu dans le diocèse de Vannes, à Plaz, près Redon[1].

C'est du reste là qu'il était né. Ses parents y avaient une terre, nous dit-on, sur laquelle il construisit un oratoire, près duquel il aurait vécu, même après sa consécration épiscopale, beaucoup plus qu'à Rennes ou dans son diocèse.

Je ne vois pas pourquoi on n'accepterait pas cette donnée. M. Krusch y découvre une revendication de propriété. Si le biographe a parlé de Plaz comme appartenant au saint, c'est, dit-il, parce que les moines de Saint-Melaine de Rennes réclamaient ce lieu pour leur monastère. Or, c'était sûrement, depuis le IXe siècle, une propriété de l'abbaye de Redon. La vie de saint Melaine a été écrite pour soutenir cette querelle.

Mais de ladite querelle, nul n'a jamais entendu parler. Et de ce que Louis le Pieux a pu donner, en 836, à l'abbaye de Redon le domaine de Plaz, il ne suit nullement que ce domaine n'ait pu appartenir, deux ou trois siècles plus tôt, à saint Melaine et à sa famille.

Ce n'est pas sur Plaz que le biographe donne des titres à son monastère, c'est sur Comblessac. Il raconte que cette paroisse fut donnée à saint Melaine par un certain Eusèbe, qualifié de *rex* ou de *dux*, à la demande de sa fille Aspasia. Comblessac appartenait, en effet, à l'abbaye de Saint-Melaine. Il n'y aurait rien d'étonnant à ce que le biographe dépendit ici d'une charte de donation où figuraient les noms d'Aspasia et d'Eusèbe, celui-ci avec une qualification qui aura été traduite par *rex* ou *dux*. Quant à la légende dans laquelle notre auteur développe cette donnée, il l'a peut-être trouvée, avec divers autres traits, dans la tradition populaire.

Il ne paraît pas très au courant des localités. C'est ainsi que, voulant con-

---

1. Un groupe de maisons, au hameau de La Blandinaie, commune de Brain, porte encore le nom de *Placet*. Ce lieu est sur la rive droite de la Vilaine, qui forme là et jusqu'à Redon de vastes marécages. On y a trouvé des briques gallo-romaines que l'on dit indiquer l'emplacement du monastère de Plaz. Cf. Guillotin de Corson, *Pouillé du diocèse de Rennes,* t. III, p. 495; t. IV, p. 216. Depuis l'année 836, ce lieu appartenait à l'abbaye de Redon. Cf. de Courson, *Cartulaire de Redon,* p. 47, 127, 160, 193, 357, 370, 371. *Placitum* paraît avoir été la forme primitive; on le trouve dans un document de 838; *Plaz, insula Plaz, locellus Plaz, plebicula Plaz*. C'était un endroit fort aquatique, probablement insulaire, entouré d'îlots; on l'appelait aussi *Venezia*, peut-être à cause de cette particularité (*loc. cit.*, p. 193).

duire saint Melaine de Rennes à Plaz, au lieu de l'embarquer sur la Vilaine ou de le faire cheminer le long de cette rivière, il le fait passer par Marzac, sur l'**Aff**, entre Comblessac et Carentoir, ce qui est un détour énorme et inexplicable.

En chronologie, il n'est pas moins faible. Saint Melaine se rencontre à Angers avec les évêques Albinus, Victor, Launus et Marsus, qui reparaissent au moment de sa mort et président à ses obsèques. Pour saint Aubin d'Angers et saint Lô de Coutances, la chose est possible. Il n'en est pas de même pour saint Victor du Mans, qui mourut en 490 et dont un successeur, Principius, siégea avec saint Melaine au concile de 511. Quant à Marsus, je ne vois pas qui il serait, si ce n'est l'évêque de Nantes que les catalogues appellent *Marcius* ou *Martius;* c'est aussi un évêque du ve siècle, première moitié.

Mais il n'est pas téméraire d'admettre, sur la foi du biographe, que le saint mourut à Plaz. Ceci s'accorde assez bien avec le martyrologe hiéronymien (2e recension), où la sépulture est marquée dix mois après la mort. Il est bien possible qu'on ait pris le temps de préparer à Rennes le tombeau de l'évêque et qu'il n'y ait été transporté que longtemps après, un 6 novembre.

De ce que saint Melaine assista au grand concile d'Orléans, convoqué par Clovis, et surtout de ce que, suivant l'auteur de la liste des conciles, il y aurait tenu une place prééminente, le biographe a déduit qu'il avait été le familier et le grand conseiller de notre premier roi chrétien. Par une remarquable surenchère, M. de la Borderie en a fait le conciliateur de l'entente entre Clovis et les cités armoricaines, c'est-à-dire, à son estimation, l'un des fondateurs de l'état français. C'est assurément excessif. Toutefois, M. de la Borderie a eu bien raison de s'étonner, même de s'indigner, que l'on ait, à Rennes, changé le vocable de l'église qui, plusieurs fois renouvelée depuis le vi[e] siècle, gardait son tombeau et consacrait son souvenir. Il n'est pas interdit de souhaiter que cette erreur soit réparée.

LA QUESTION

DES

OEUVRES DE JEUNESSE DE JEAN FOUQUET

(Planche VII)

Par le Comte Paul Durrieu

Membre résidant.

J'ai exposé naguère, au début d'un travail sur *Deux miniatures inédites de Jean Fouquet*, qui a paru dans le tome LXI de nos *Mémoires de la Société nationale des Antiquaires de France*[1], comment j'estimais que la Société des Antiquaires avait conquis une sorte de droit virtuel à la primeur de toute observation nouvelle concernant notre grand artiste du xve siècle, le Tourangeau Jean Fouquet. Privilège enviable, en vérité! car plus les critiques se portent vers l'étude de notre vieil art français, plus s'accroît le tribut de légitime admiration accordé au « bon peintre et enlumineur du roi Louis XI ».

En ce qui touche la personne de Jean Fouquet, et spécialement les épisodes de sa vie, presque tout reste encore mystère. C'est à peine si de patientes recherches ont abouti à fixer quelques rares points de sa biographie. Nous connaissons cependant, grâce à des écrivains italiens du xve et du xvie siècle, un fait capital : c'est que Fouquet a été en Italie du temps du pape Eugène IV. Notre regretté confrère M. de Montaiglon s'est efforcé de préciser l'époque de ce voyage, lequel doit se placer entre 1443 et 1447[2].

---

1. Tirage à part, Paris, 1902. Je me permets de renvoyer à ce mémoire pour l'indication bibliographique des études consacrées à Jean Fouquet par MM. A.-F. Gruyer, Lafenestre, Henri Bouchot, Paul Le Prieur et par moi-même.
2. A. de Montaiglon, *Portrait du pape Eugène IV*, dans les *Archives de l'art français*, 2e série, t. I, 1861, p. 454-468. Cf. Paul Vitry, *De quelques travaux récents relatifs à la peinture française du XVe siècle*. (Extrait du *Bulletin de la Société archéologique de Touraine*, 1903, n° 1.)

Que le voyage d'Italie ait eu une grande influence sur l'épanouissement définitif du talent de Jean Fouquet, c'est ce qui apparaît indéniable quand on étudie les miniatures acceptées aujourd'hui pour œuvres authentiques du maître tourangeau et qui, toutes, sont postérieures à l'époque approximative de son séjour au sud des Alpes. Mais, ce talent, qu'était-il déjà avant que Fouquet ne partit pour l'Italie? Le maître a-t-il eu une « première manière », correspondant à la période de ses débuts, alors qu'il ne s'était pas encore perfectionné par le contact avec les artistes italiens? S'il subsiste des œuvres de cette catégorie, celles-ci, à priori, doivent montrer, comme dans tous les cas analogues, des qualités supérieures se laissant déjà pressentir, mélangées avec les gaucheries et les maladresses d'inexpérience du jeune homme qui commence à peine sa carrière. Est-il, en réalité, parvenu jusqu'à nous de ces « juvenilia » et dans quels manuscrits les rencontre-t-on?

A notre cher et savant confrère M. Henri Bouchot revient l'honneur d'avoir le premier tenté d'apporter un élément pour la réponse à la question. Dans ses articles sur Fouquet, publiés en 1890 dans la *Gazette des beaux-arts*[1], il a attribué au maître de Tours, antérieurement à son contact avec les Italiens, quelques pages, ornées chacune de huit petites miniatures, d'une *Bible moralisée*, ou Bible en images, ms. français 166 de la Bibliothèque nationale (folios 33 et 40 à 47 du volume).

Il faut dire que les hypothèses de notre confrère à cet égard ont trouvé des opposants, tels par exemple que MM. Paul Le Prieur et G. Lafenestre. Il y a là un cercle vicieux, dans lequel on risque de tourner indéfiniment. Les petites miniatures du ms. français 166 signalées par M. Bouchot peuvent, en effet, par certains côtés, faire penser à Jean Fouquet; mais en même temps elles présentent des parties bien faibles; les types des têtes n'y sont pas fixés tels qu'on les retrouvera plus tard sous le pinceau du maître. Pareil disparate peut s'expliquer de deux manières. Les uns voudront, comme notre confrère, reconnaître des œuvres de Fouquet « tâtonnant encore, non point débarrassé franchement du gothique enseigné à l'atelier des anciens ». D'autres, au contraire, penseront que le maître mystérieux, qui a peint les images discutées, doit être considéré comme un artiste appartenant évidemment au même milieu que Fouquet et se

---

1. 3ᵉ série, t. IV, p. 275-278. — L'article de M. Henri Bouchot est accompagné d'une planche, reproduisant quatre des petites miniatures du ms. français 166 que notre confrère attribue à la jeunesse de Jean Fouquet.

rapprochant de lui, mais cependant bien distinct du futur auteur des *Heures de maître Étienne Chevalier*. Comme les deux théories sont également soutenables, en ce qui concerne les petites peintures du ms. français 166, et qu'il n'y a pas de raisons formelles pour faire pencher la balance dans un sens plutôt que dans l'autre, les deux partis adverses peuvent se croire également en droit de rester sur leurs positions.

. .

Pour faire avancer le débat, il n'est qu'un seul moyen, c'est d'étendre le champ d'action, en tâchant de grouper, autour des images signalées par M. Bouchot, d'autres miniatures présentant à tous égards les mêmes caractères, et par conséquent susceptibles d'être considérées, après étude critique approfondie, comme étant également de la main du même maître mystérieux. Il est évident, en effet, que plus on aura de monuments à interroger, plus on aura de chance de leur arracher peut-être leur secret.

Il serait trop long d'exposer ici, avec tous les détails, les investigations que j'ai consacrées à cette recherche à travers presque toute l'Europe, et encore plus de donner la description minutieuse des pages de manuscrits que j'ai fini par retenir comme répondant aux données voulues. Je me borne à dire que, après des années d'exploration, j'ai pu déterminer qu'il existe au moins quatre manuscrits contenant des miniatures dues indubitablement au même auteur que ces illustrations du ms. français 166, sur lesquelles porte le désaccord entre M. Bouchot, voulant y reconnaître des productions de la jeunesse de Jean Fouquet, et les adversaires de cette opinion.

L'un de ces manuscrits se trouve à Paris à la Bibliothèque nationale, ms. latin 4915. C'est un superbe exemplaire de la *Mer des Histoires* en latin, que notre illustre confrère, M. Léopold Delisle, a mentionné dans le *Cabinet des manuscrits de la Bibliothèque nationale* (t. II, p. 421), comme ayant été exécuté pour un membre de la famille Jouvenel des Ursins, vraisemblablement Guillaume, chancelier de France en 1445. Dans ce beau livre, qui mériterait une monographie particulière, les miniatures sont de diverses mains et d'une valeur très inégale. Celles qui rentrent dans la catégorie des œuvres troublantes qui nous préoccupent, et qui se reconnaissent à première vue par leurs affinités avec les peintures des folios 33 et 40 à 47 du ms. français 166, tranchent sur les autres par une très grande supériorité relative.

Un second manuscrit est la *Théséide*, mise en prose française d'après Boccace, dite aussi : *Les amours d'Arcite et de Palémon*, de la Bibliothèque impériale de Vienne (n° 2617), dont j'ai eu occasion de m'occuper dans un travail paru en 1892[1]. Le manuscrit de Vienne provient très probablement de René d'Anjou, le bon roi René, si fameux par son goût pour les arts, ou tout au moins de son entourage immédiat. Parmi les grandes miniatures qui l'illustrent, j'indiquais déjà en 1892 qu'il s'en trouvait quelques-unes[2] dans lesquelles il me paraissait permis de voir des œuvres de Jean Fouquet encore débutant. Cette assertion était, je l'avoue, trop précise dans sa forme; mais entendez par là que les miniatures en question se prêtent aux mêmes hypothèses que les pages de la Bible, ms. français 166, qui ont éveillé l'attention de M. Bouchot.

Les deux derniers des quatre manuscrits ne me semblent pas avoir été jusqu'ici l'objet d'aucune étude particulière. Ce sont des exemplaires de deux traductions françaises, l'une des *Stratagèmes* de Frontin, volume de format grand in-quarto à la Bibliothèque royale de Bruxelles (ms. 10474), l'autre de l'ouvrage de Boccace, *Des cas des nobles hommes et femmes malheureux*, livre de très grand format qui, après avoir appartenu jadis aux Petau, a passé aujourd'hui à la Bibliothèque publique de Genève (ms. français 191).

Comme la *Théséide* de Vienne, c'est encore le souvenir du roi René qu'évoque le *Frontin* de Bruxelles, et cette fois même d'une manière plus accentuée. L'auteur anonyme de cette traduction française des *Stratagèmes* l'a dédiée au roi de France Charles VII, ayant été chargé du travail, dit-il au souverain, dans le prologue, par « aucuns de messeigneurs voz familiers ». En conséquence, une petite miniature, placée en tête du manuscrit, et que nous reproduisons sur notre planche (Pl. VII, n° 1), montre la présentation du livre à Charles VII. Celui-ci, dont les traits sont très reconnaissables malgré l'exiguïté des proportions, est assis sur un fauteuil. Mais à côté de lui se tient debout un autre roi, couronne en tête, et le corps enveloppé d'un grand manteau blasonné. Les couleurs et les pièces héraldiques, très distinctes sur l'original, attestent que ce second souverain est le bon roi René. Comme,

---

1. *Notes sur quelques manuscrits français ou d'origine française conservés dans des bibliothèques d'Allemayne*, p. 30. (Extrait de la *Bibl. de l'École des Chartes*, année 1892, p. 115 à 143.)
2. Depuis la publication de mon travail de 1892, M. Chmelarz a donné des reproductions des images de la *Théséide* de Vienne dans le *Jahrbuch der Kunsthistorischen Sammlungen des allerhöchsten Kaiserhauses*, t. XIV [Vienne, 1893]. Les miniatures dont je parle ici sont celles qui occupent, dans le t. XIV du *Jahrbuch*, les pl. XXXII, XXXIII et XXXV à XL.

dans le texte transcrit, il n'est pas parlé de celui-ci, sa présence, en qualité d'acteur, dans la miniature de présentation, indique que le bon roi a dû, d'une façon quelconque, être mêlé en personne aux circonstances qui ont entouré l'exécution du manuscrit même de Bruxelles[1].

En dehors de la miniature en question et d'une autre petite image ayant la prétention de représenter Frontin, l'auteur des *Stratagèmes*, l'illustration du volume comporte un assez grand nombre de tableaux s'étendant sur toute la largeur de la justification et consacrés généralement à des scènes de guerre. Certains de ces tableaux ne sont que des espèces d'aquarelles, d'une exécution lâchée. Les autres, plus étudiés, et même parfois très soignés, rentrent essentiellement dans la catégorie qui nous occupe. Enfin, la décoration est complétée par six lettres historiées, ouvrant autant de chapitres, dont l'intérieur est occupé par des têtes viriles, peintes sur une échelle de proportion beaucoup plus grande que dans les miniatures et qui offrent au plus haut degré le caractère de véritables portraits, pris sur nature. Nous reviendrons plus loin sur ces portraits.

Quant au quatrième de nos manuscrits, l'exemplaire des *Cas des nobles hommes et femmes* de la Bibliothèque de Genève, dont la provenance ancienne, avant qu'il ne soit arrivé entre les mains des Petau[2], est malheureusement inconnue, ce volume renferme neuf grandes miniatures formant frontispice en tête de chacun des livres de l'ouvrage. Ces miniatures frontispices, par l'ampleur des cadres et l'importance des sujets, sont à peu près l'équivalent des peintures de la *Théséide* de Vienne, mentionnées plus haut, auxquelles elles ressemblent absolument par les particularités de style et de facture.

Un fait très frappant, c'est que, parmi les manuscrits qui viennent d'être, en quelque sorte, versés au procès comme pièces à consulter, deux présentent des particularités se rapportant au roi René. Il semble donc qu'on puisse en conclure que notre mystérieux maître a travaillé pour ce monarque, qu'il a fait partie, à un certain moment, de ce groupe des « peintres du roi de Sicile »,

---

1. On ne sait, malheureusement, rien des destinées du *Frontin* de Bruxelles pendant le cours du xve siècle. Sur le manuscrit, une main italienne de cette époque a tracé après coup par deux fois, en capitales, un nom : MARCO, suivi, la seconde fois, de la date 1471.
2. Tout ce que nous révèle le manuscrit lui-même, c'est que, d'après une note finale, le texte a été calligraphié par un copiste nommé Philippe :

« Si *Phy* ponatur, et *Ly* simul addiciatur,
Et *Pus* addatur, qui scripsit ita vocatur. »

dont Robertet célébrait encore la renommée à la fin du xv⁰ siècle. Cette constatation se trouverait d'un très grand intérêt pour l'histoire de l'art français, s'il devenait certain que le maître en question n'est autre que Jean Fouquet à ses débuts[1]. Elle soulèverait ainsi un des coins du voile qui couvre presque tous les épisodes de la vie de l'artiste.

On voit donc combien, sous tous les rapports, il serait désirable de découvrir quelque indice permettant de proposer des conclusions plus précises que celles auxquelles a pu aboutir jusqu'ici, pour avoir été trop exclusivement concentrée sur la Bible, ms. français 166, la discussion soulevée par les théories de notre confrère M. Bouchot.

. .

En nous plaçant à ce point de vue, des différents volumes que nous avons énumérés, c'est le *Frontin* de Bruxelles qui se trouve être le plus précieux à étudier.

J'ai dit que ce volume, indépendamment des miniatures proprement dites, renferme encore six lettres historiées dont le centre est rempli chaque fois par une tête de personnage ayant un caractère de portrait. D'un examen très minutieux des originaux, il parait bien résulter que ces têtes, employées comme éléments décoratifs, doivent être considérées comme étant de la même main que les meilleures des illustrations du texte et notamment que la miniature de présentation. C'est la même manière de poser la touche et de jeter le coup de pinceau; ce sont les mêmes accords de tons dans le coloris. Mais tandis que les miniatures prêtent, toutes, plus ou moins à la critique, les six portraits des lettres historiées sont, au contraire, de vrais chefs-d'œuvre, comptant parmi ce que nous avons à citer de plus parfait comme productions de la peinture française du xv⁰ siècle. Nous y pouvons admirer un sentiment de la nature, et une manière de la rendre, à la fois scrupuleusement précise en même temps que très large et très puissante, dignes d'un parallèle avec les plus belles des pages authentiques de Jean Fouquet, par exemple avec le frontispice des *Statuts de*

---

1. Il n'est pas sans intérêt, à ce sujet, de révéler ce fait que, parmi les manuscrits que le roi René possédait à la fin de sa vie, il s'en trouvait un, *Le livre des Anges* (aujourd'hui ms. français 5 de la Bibliothèque publique de Genève), dans lequel notre confrère M. Paul Le Prieur, le premier, puis moi-même, nous avons reconnu, chacun de notre côté, qu'il y avait quelques miniatures certainement de la main de Jean Fouquet.

l'Ordre de Saint-Michel peint pour le roi Louis XI, auquel j'ai consacré un travail communiqué en 1888 à la Société des Antiquaires.

D'autre part, ces portraits prêtent à des observations de détail très suggestives. Dans trois d'entre eux[1], une sorte de paysan madré, d'une expression de vie surprenante, et deux jeunes gens, nous reconnaissons, au plus haut degré, les traits caractéristiques du pur type ethnique tourangeau. Un autre portrait, le plus beau peut-être de la série, d'une exquise harmonie de couleur, est celui d'un ecclésiastique[2], dont la figure très fine est vue de profil, avec le crâne entièrement emboîté d'un bonnet rose se détachant sur un fond bleu. De semblables physionomies se retrouvent, avec une moindre échelle de proportions, mais exprimées de la même manière, dans un des plus merveilleux morceaux des *Heures d'Étienne Chevalier* de la suite de Chantilly, l'« Intronisation de saint Nicolas, évêque de Myre[3] ».

Mais deux portraits méritent surtout l'attention. L'un, tourné de trois-quarts, est celui d'un jeune clerc, aux cheveux coupés en rond, à l'expression douloureuse et résignée. Supposez les traits un peu plus accentués par la maturité, et vous avez le type que Fouquet a donné à saint Étienne dans le tableau représentant Étienne Chevalier sous la protection de son saint patron, que possède le Musée de Berlin. Il semble vraiment que ce soit le même personnage qui, après avoir été peint dans le *Frontin* de Bruxelles, ait posé aussi plus tard devant Fouquet, quand celui-ci a exécuté le tableau de Berlin.

Quant à l'autre portrait, que nous reproduisons sur notre planche, un peu agrandi (Pl. VII, n° 2), il prête à un rapprochement avec l'émail du Musée du Louvre, dans lequel une inscription nous permet de reconnaître le portrait de Jean Fouquet lui-même[4]. Entre les deux effigies, une différence apparaît cependant sensible au premier aspect. Mais cette différence tient à une question d'âge du modèle. Dans la lettre historiée de Bruxelles, nous avons un homme à l'aspect jeune, dont les joues sont fraîches et pleines, le cou grassouillet, la chevelure abondante et les yeux animés, avec une expression d'énergie, mélangée peut-

---

1. Lettres initiales des chapitres : liv. I, ch. x; liv. III, ch. ii; liv. IV, ch. i. Les feuillets du *Frontin* de Bruxelles ne sont pas numérotés.
2. Liv. II, ch. ix, du *Frontin*.
3. Pl. XXXV de la publication de M. Gruyer, *Chantilly. Les Quarante Fouquet*.
4. L'émail du Louvre a été plusieurs fois reproduit dans son entier, par exemple, en couleurs, dans la grande publication de Curmer, *L'œuvre de Jehan Fouquet*. Sur notre planche, pour faciliter la confrontation, nous nous bornons à en donner (Pl. VII, n° 3) ce qui peut nous intéresser ici plus particulièrement, c'est-à-dire le morceau occupé par le visage, du cou au front, cette partie de la tête étant la seule qui soit également visible dans la lettre historiée du *Frontin* de Bruxelles.

être d'un peu d'inquiétude. Dans l'émail du Louvre, l'âge est venu, l'embonpoint juvénile a disparu, les joues se sont vidées et creusées, les cheveux ne se voient plus, cachés sous un bonnet, en même temps que la physionomie s'est détendue et a pris un caractère de résignation souriante. Mais considérez ce qui se laisse deviner de la charpente osseuse, ces dessous qui ne changent pas, et qui, dans la lettre historiée comme dans l'émail, ont été rendus avec une rigoureuse précision; vous retrouvez le même signalement individuel, les mêmes sourcils avec les mêmes bosses accentuées au-dessus de l'angle interne des yeux, la même ligne du nez, longue et très caractérisée, le même dessin des narines, les mêmes lèvres épaisses et comme ourlées, enfin le même méplat entre la bouche et le menton. Sans témérité aucune, il est permis de croire que c'est bien le même personnage, ici plus jeune et plus gras, là plus vieux et amaigri. En tout cas, il y a tout au moins un très grand air de parenté.

Notons aussi, dans le *Frontin* de Bruxelles, ce fait, que nous avons déjà signalé, que les meilleures des miniatures proprement dites, illustrant le texte, et les portraits insérés dans les initiales, tout en paraissant évidemment être de la même main, sont cependant d'une valeur d'art extrêmement inégale. Dans les miniatures, même dans les plus soignées, nous relevons des faiblesses, des timidités, qui semblent être d'un exécutant auquel manque encore l'expérience, et par conséquent qui n'est pas bien loin de ses débuts. Les portraits des initiales, au contraire, seraient dignes d'un maître consommé. C'est là un trait qui concorderait avec ce que nous savons de Fouquet. En effet, un contemporain, l'italien Francesco Florio, mentionnant des portraits de Jean Fouquet, observe que ces portraits méritent la plus grande admiration, « quoique ce soient des œuvres de la jeunesse du peintre ». Cette remarque atteste que chez Fouquet les qualités spéciales du portraitiste s'étaient révélées d'une manière exceptionnelle dès le début de sa carrière.

Ajoutons enfin que, dans le *Frontin*, certaines des illustrations elles-mêmes présentent une particularité très digne d'attention. On peut y constater que des personnages placés aux arrière-plans, au lieu d'être peints en couleur, y sont modelés entièrement en or, comme s'il s'agissait de statues de métal[1]. Or, ce procédé, rappelant jusqu'à un certain point le parti-pris adopté dans le portrait en émail du Louvre, est tout à fait une caractéristique des miniatures acceptées pour œuvres authentiques de Jean Fouquet. Les fragments du livre d'heures

---

1. *Frontin* de Bruxelles : liv. III, ch. XIII et ch. XIV; liv. IV, ch. XXXIII.

d'Étienne Chevalier, à Chantilly, en offrent de fréquentes applications. De même, la miniature représentant sainte Marguerite, entrée au Musée du Louvre avec la collection Sauvageot, que j'ai démontré naguère, devant la Société des Antiquaires, être un quarante-quatrième fragment du même livre d'heures[1].

Il semble donc que, de cette étude, se dégagent des arguments nouveaux et véritablement forts en faveur de l'identification avec Jean Fouquet, encore dans sa période de jeunesse, de ce mystérieux maître dont nous venons d'énumérer rapidement plusieurs œuvres, à commencer par les petites images de la *Bible moralisée*, jadis indiquées par M. Bouchot.

Est-ce à dire que la question soit tranchée? A scruter les choses de près, il serait facile de constater que, dans le domaine de l'histoire de l'art, il y a nombre d'assertions, répétées partout comme vérités démontrées, qui reposent sur des bases moins solides. Mais, pour être convaincu, le critique prudent a droit de souhaiter un argument plus décisif, tel que le serait, par exemple, la découverte d'un texte d'archives établissant que Jean Fouquet, à une époque ancienne de sa vie, a été effectivement en rapport avec le roi René, comme paraît l'avoir été le mystérieux maître du *Frontin* de Bruxelles.

J'admets donc que la discussion continue à propos de ces différents manuscrits, discussion que rendra malheureusement toujours assez difficile la dispersion des volumes depuis Bruxelles et Paris jusqu'à Genève et Vienne, car, pour raisonner sur des miniatures du XVe siècle, les photographies sont insuffisantes et il est absolument indispensable de voir les originaux eux-mêmes. Mais une chose est hors de doute dès maintenant; c'est que les petits portraits enchâssés dans six des lettres initiales du *Frontin* de Bruxelles constituent une série de vrais joyaux du plus pur art français, qui donnent une haute idée de l'état de l'art de la peinture dans le centre de notre patrie, vers la fin de la première moitié du XVe siècle.

A ce titre, en révélant leur existence aux érudits, comme aux gens de goût, je me sentirai heureux d'avoir ajouté quelque chose, pour employer les termes de la devise de notre chère Société, « à la gloire de nos ayeux, — Gloriæ Majorum. »

---

1. Disons, d'ailleurs, que la même particularité se retrouve dans deux des manuscrits que nous mentionnons plus haut et qui forment groupe avec le *Frontin* de Bruxelles, l'exemplaire des *Cas des nobles hommes et femmes malheureux* de Genève (miniature en tête du liv. IX) et la *Mer des Histoires* aux armes des Jouvenel des Ursins (ms. lat. 4915 de la Bibl. nat., fol. 82, 84, 98, 111, etc.).

LA CATHÉDRALE
SAINT-JEAN DE BEYROUTH

(Planches VIII et IX)

Par M. Camille ENLART

Membre résidant.

La cathédrale Saint-Jean de Beyrouth a été souvent signalée, et à bon droit, comme un des édifices les plus intéressants de l'architecture des croisés. M. de Vogüé en a donné, dans ses *Églises de la Terre Sainte*, une description sommaire, et il y voit l'un des plus anciens monuments de l'occupation occidentale en Syrie[1]. Quoique cette église soit située dans un port où de nombreux passagers font escale, elle est peu connue et n'a pas été dessinée ni photographiée; c'est que les défiances de la population arabe, à qui elle sert de mosquée, s'y sont longtemps opposées; située en plein bazar, au centre d'un dédale de petites rues anciennes très populeuses, elle n'attire pas la curiosité du voyageur sans qu'aussitôt celui-ci provoque lui-même celle des nombreux voisins et passants, généralement peu bienveillants pour l'infidèle qui s'attarde à regarder le lieu de prière des croyants et, à plus forte raison, pour celui qui tente d'y pénétrer. M. de Vogüé n'avait pu y entrer; il a utilisé les renseignements d'un missionnaire plus heureux, et j'avais deux fois tenté d'y pénétrer en 1896 sans plus de succès que mes prédécesseurs, lorsqu'en 1901, au cours d'une escale à Beyrouth, j'y suis arrivé sans difficulté, grâce à l'obligeance et à l'habileté de M. Péan, notre vice-consul. Je tiens à le remercier ici, car je lui dois la bonne fortune de pouvoir donner cette notice avec le relevé et les photographies qui l'accompagnent.

L'occupation franque, ou plus exactement les deux occupations successives, de 1110 à 1187 et de 1197 à 1291, avaient laissé de nombreux monuments dans

---

1. *Les Églises de la Terre Sainte*, p. 373.

une ville que sa situation de port de Damas et le gouvernement éclairé de la famille d'Ibelin rendit extrêmement prospère au xiie et au xiiie siècle; elle fut, du reste, une des premières conquises et une des dernières perdues par les Occidentaux.

Beyrouth possédait, outre sa cathédrale, une église de la nation génoise qui avait là ses principaux établissements avant la chute du royaume de Jérusalem, une église vénitienne dédiée à saint Marc, une église Saint-Sauveur, célèbre depuis le viiie siècle par son crucifix miraculeux et que les Franciscains avaient rebâtie au xiiie siècle, divers autres monastères, des remparts et un château dont Willibrand d'Oldembourg admirait en 1211 la grande salle avec ses fenêtres ouvertes sur la mer, son plafond peint et son pavement de mosaïque simulant les flots.

L'église Saint-Sauveur, transformée, comme Saint-Jean, en mosquée, a perdu tout intérêt archéologique; les autres églises ont péri; les remparts, avec leurs tours carrées, et le haut donjon rectangulaire des Ibelin, dominaient encore le port de Beyrouth il y a peu d'années; toutes ces constructions pittoresques, et précieuses par les souvenirs héroïques qui s'y attachaient, ont été rasées jusqu'à la dernière pierre pour les travaux du nouveau port; seule, de tant de richesses archéologiques, la vieille cathédrale Saint-Jean subsiste encore.

On y monte du port par deux voies parallèles étroites. L'une, directe, aboutit à la petite place où s'ouvre le porche; l'autre, tortueuse, arrive à l'abside. Vue de la ruelle étroite qui la contourne, cette abside (Pl. VIII) donne l'impression de quelque très vieille église romane du nord ou du centre de la France; le caractère occidental de la façade est moins frappant; elle est, du reste, bien plus dénaturée; quant aux murs latéraux, on ne les voit plus; une partie seulement de celui du sud est tangible dans une ruelle extrêmement étroite, qui, vers l'est, se transforme en passage voûté; à l'ouest, les constructions musulmanes ont peu à peu rétréci la place et ont bouché les deux arcades latérales du porche; au nord, le palais de l'évêque a fait place à des maisons arabes, et la cour, avec fontaine d'ablutions, ainsi que le porche qui remplacent une partie du cloître sont des constructions musulmanes sans caractère. Ce porche et la partie supérieure de la tourelle d'escalier, que l'on a prolongée pour faire un minaret, portent des inscriptions arabes.

J'ai dû renoncer à préciser dans mon plan le tracé extérieur du côté nord de l'église, qui est presque partout inabordable et se rattache à des construc-

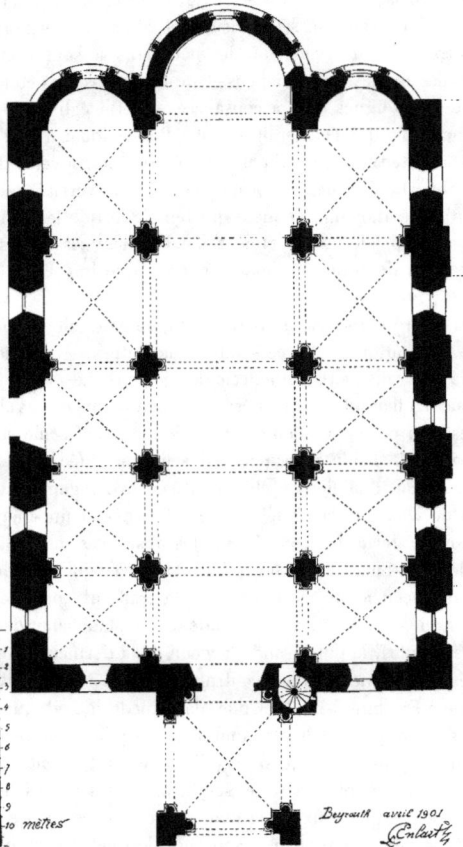

Fig. 1. — Plan de l'église Saint-Jean de Beyrouth.

tions compliquées, mais sans nul intérêt ; j'y ai tiré une ligne droite qui règne, du reste, dans la partie centrale seule visible et qui a pu dès l'origine régner d'un bout à l'autre de cette façade, où des bâtiments se sont appuyés de tout temps et où l'épaisseur des murs dispensait de construire des contreforts.

Dans les quelques lignes qu'il a consacrées à cette église, M. de Vogüé a parlé d'un clocher isolé qui s'élèverait à l'est; d'un reliquaire et d'un tombeau qui existeraient à l'intérieur. Je n'ai pas trouvé trace ou souvenir de ces monuments, et M. l'abbé Louis Jalabert, professeur à l'Université de Beyrouth, a bien voulu faire pour moi une enquête qui témoigne que les renseignements fournis à mon savant prédécesseur étaient inexacts sur ces points. Le dallage n'offre aucun vestige de tombeau, mais on croit que le chef de saint Jean y est enterré.

Saint-Jean est un joli modèle de petite cathédrale de colonie, peu coûteuse, élégante, solide et pratique. Elle ressemble aux autres églises des croisés et spécialement à la plus voisine, la cathédrale de Djeibeil[1]. Le plan (fig. 1) est des plus simples : une nef flanquée de collatéraux un peu moins élevés aboutit à trois absides; à l'ouest, un porche rectangulaire prolonge la nef seule et s'ouvre par trois larges arcades. L'abside principale est seule précédée d'une très courte travée qu'on ne saurait qualifier de chœur. Pareil prolongement se rencontre devant l'abside de Djeibeil, la Madeleine, Sainte-Anne, Saint-Pierre et Saint-Jacques-le-Mineur de Jérusalem, et devant les absidioles de Lydda, Sébaste, la Madeleine et le Saint-Sépulcre de Jérusalem. La travée qui précède les absides est plus large, de façon à former une sorte de transept; pareille disposition existe à Sainte-Anne, Sainte-Marie-la-Grande et la Madeleine de Jérusalem; mais, dans ces exemples, la plus grande largeur de la dernière travée est motivée par la présence d'une coupole centrale; à Saint-Jean de Beyrouth, au contraire, comme à Kariath-el-Enab et dans la cathédrale gothique de Sébaste, on ne trouve pas de coupole, et le plan uniforme des piliers semblerait indiquer qu'une coupole ne fut jamais prévue si les piliers de Sainte-Anne de Jérusalem, qui en possède une, n'étaient aussi tous semblables. Les piliers de l'église de Beyrouth, plus simples que ceux de la plupart des autres églises des croisés, se composent d'une pile rectangulaire cantonnée de quatre colonnes[2]. Au sud, on remarque des contreforts très larges et d'une saillie extrêmement faible, correspondant mal à l'axe des piliers; leur espacement est bien moins régulier.

1. Publiée par le marquis de Vogüé, ouvr. cit., p. 374 et pl. XXVIII.
2. Ceux de Djeibeil, encore plus simples, n'ont que deux colonnes.

A part des détails secondaires, le plan de Saint-Jean de Beyrouth est le plan le plus habituel des églises bâties par les croisés, celui que l'on retrouve à Jérusalem dans l'ancienne église Sainte-Croix, Sainte-Marie-la-Grande, Sainte-Anne, la Madeleine, Saint-Pierre; à Kariath-el-Enab, à Lydda, à Djeibeil, à Tortose, et en Chypre, dans les églises romanes bâties avant la conquête, sous l'influence des croisés, à Afendrika, Sykha, Kanakaria de Léonarisso. Ce plan a persisté dans l'île de Chypre à l'époque gothique, comme en font foi les trois principales églises de Famagouste (1300 à 1360).

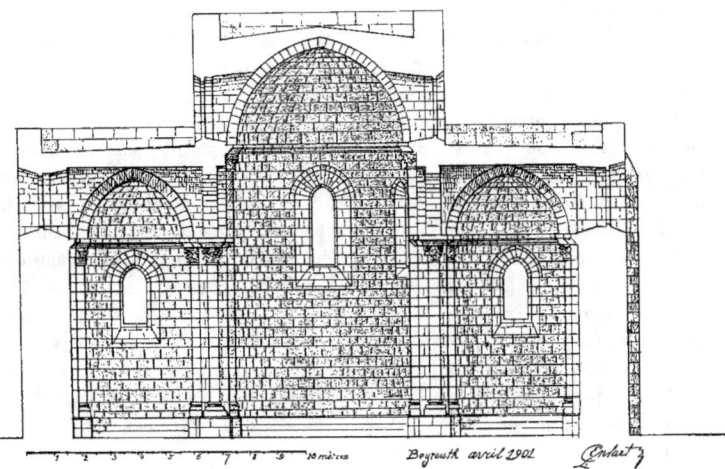

Fig. 2. — Coupe transversale de l'église Saint-Jean de Beyrouth.

L'élévation (fig. 2 et pl. IX) offre plus d'originalité que le plan. La voûte centrale est un berceau légèrement brisé comme à Djeibeil, tandis que la nef de la plupart des autres églises du royaume de Jérusalem porte une voûte d'arêtes. M. de Vogüé voit là un des signes d'antériorité de l'église de Beyrouth. Les collatéraux sont couverts de voûtes d'arêtes dont la douelle se confond avec l'intrados des grandes arcades, franchement brisées, que double une seconde voussure. Cette seconde voussure, les doubleaux de la nef et ceux des collatéraux motivent les quatre colonnes engagées des piliers; quoique les reins des voûtes latérales atteignent l'imposte de la maîtresse voûte, la substitution des terrasses aux toitures du style roman d'Occident a permis d'ouvrir des fenêtres dans la nef; elles motivent des pénétrations dans la voûte. Ce système, du reste, est également adopté, quoique plus timidement, dans l'École provençale, où l'usage d'une couverture très plate et sans charpente sur les collatéraux a permis d'adopter à peu près le même parti, tandis que le sud-ouest de la France y renonçait, ainsi que l'Auvergne, qui avait d'abord essayé de concilier l'emploi de la voûte avec celui des fenêtres sur le vaisseau central, et tandis que la Bourgogne persistait dans ce parti, au grand préjudice de la solidité de ses édifices. Les pays où l'emploi des charpentes et l'inclinaison des toits n'étaient pas une nécessité eurent seuls le grand avantage de pouvoir, sans inconvénient, faire comme ici des églises à la fois claires et solides.

Les grandes arcades sont tracées en tiers-point. L'ornementation de Saint-Jean est très simple et très uniforme. Les colonnes engagées sont de proportions grêles; elles ont une base attique élevée sur un socle et une plinthe sans moulures, et les chapiteaux sont tous des reproductions assez exactes du style corinthien. M. de Vogüé a noté cette particularité comme un signe d'ancienneté, mais il faut observer que la plupart des chapiteaux sont de travail byzantin et ont appartenu à quelque autre monument : on les a remployés habilement, à la fois par économie et parce qu'ils sont beaux; ils sont, toutefois, de deux qualités différentes, les uns très correctement dessinés et très vigoureusement taillés, avec des creux profonds qui donnent des ombres puissantes; les autres de formes plus lourdes et plus molles. Ces derniers sont évidemment d'une autre main et d'un autre temps; ils pourraient être l'œuvre des Occidentaux; il en existe, enfin, à l'extérieur du chœur, qui sont certainement de travail franc.

Au dernier pilier nord avant le chœur, la colonne qui regarde le vaisseau central est coupée à 2^{m}50 environ du sol par un encorbellement en forme de console à large cavet; sur ce cavet était un motif de sculpture que les musulmans ont fait disparaître. Cette disposition marque évidemment la place où le trône épiscopal s'adossait au pilier. Tous les chapiteaux intérieurs ont pour tailloir une simple tablette chanfrenée; le prolongement de ces tailloirs reliés entre eux forme un cordon qui sert d'imposte aux trois culs-de-four des absides et à la voûte en berceau de la nef; dans les collatéraux, il forme une corde à l'arc des lunettes des voûtes d'arêtes, et, comme dans la nef, il forme l'appui des fenêtres; les fenêtres latérales sont donc aussi courtes que les fenêtres hautes et percées très haut, ce qui avait sa raison d'être au nord à cause du cloître, au sud pour la symétrie et peut-être pour permettre d'appuyer des boutiques, à condition que la rue latérale fût au moyen âge beaucoup plus large qu'elle ne l'est aujourd'hui. Chaque abside était percée d'une seule fenêtre; dans l'abside principale, une seconde fenêtre a été ouverte après coup au sud de la première. Toutes les fenêtres de l'église sont tracées en arc légèrement brisé; l'ébrasement intérieur, profond et très peu évasé, décrit une brisure pour éviter sans doute un aspect trop lourd. Seules les fenêtres des absides sont ornées.

Le portail qui s'ouvrait au nord, sur le cloître, a été complètement dénaturé; celui de l'ouest, bien conservé, est précédé d'un porche à peu près carré formé de trois arcades en tiers-point et d'une terrasse sur voûte d'arêtes. Les quatre piles (fig. 3) ont de grosses colonnes engagées à chapiteaux corinthiens qui reçoivent la seconde voussure des arcades, et celle du portail retombe sur des colonnes dont les fûts sont antiques. Les tailloirs du porche présentent un corps de moulures et non un simple chanfrein comme ceux de l'intérieur : il consiste en boudin, onglet, cavet, onglet et filet; c'est un profil usuel en France au XIIe siècle.

Au-dessus du porche, la façade de la nef s'éclaire d'une fenêtre très simple encadrée sous une voussure profonde, en plein cintre, qui relie des contreforts

Fig. 3. — Pilier du porche occidental.

établis sur les piles du porche. C'est une sorte d'abri qui pouvait servir à l'évêque lors de la cérémonie extérieure du jeudi saint ou lorsqu'il bénissait du haut de la terrasse du porche; cette disposition rappelle celle de divers porches lombards[1], et l'on avait, au XIV⁰ siècle, prévu une sorte de loge du même genre au-dessus du porche de l'église métropolitaine de Chypre, Sainte-Sophie de Nicosie.

Un escalier en vis, logé dans une tourelle extérieurement carrée, fait saillie sur la façade de l'église au côté sud du porche; il desservait les terrasses de la nef, des collatéraux et du porche; sa partie basse seule est ancienne; le haut a été prolongé de façon à former un minaret.

L'extérieur des trois absides (Pl. VIII; fig. 4 et 5) est la partie la plus riche de l'édifice et celle qui rappelle d'une façon plus frappante l'architecture d'Occident; c'est sans doute aussi le morceau le plus ancien ; on y remarque des corniches avec leurs tablettes chanfreinées soutenues sur de gros modillons à sculptures variées et sur des colonnes engagées. Quatre de ces colonnes garnissent le pourtour de l'abside principale; les absidioles n'en ont que deux; entre les trois absides, les deux angles saillants déterminés par l'extrémité du vaisseau central sont coupés en un court arc de cercle auquel s'applique une autre colonne, il y a donc en tout dix colonnes engagées; les deux colonnes intermédiaires des absides ont perdu leurs chapiteaux; celles de l'abside principale ont des chapiteaux de marbre blanc, d'un bon type corinthien byzantin, provenant d'un édifice antérieur; enfin, les colonnes des absidioles ont des chapiteaux faits exprès pour elles dans le style occidental; ils sont fort grossiers et présentent la particularité rare d'avoir une corbeille entièrement ronde du haut en bas. Les modillons sont également romans et d'un travail rude. L'abside principale en a dix-neuf et chaque absidiole en comptait huit; on y remarque trois petits personnages, deux têtes humaines, deux têtes de lions, un chien tenant un gant (?) dans la gueule, des palmettes, des feuilles et des combinaisons de moulures. Vers le haut de l'abside du nord, la corniche a été mutilée, mais entre les places d'anciens modillons subsistent deux pierres carrées, sculptées d'un médaillon circulaire représentant une rosace assez belle, telles qu'on en voit en Bourgogne et en Languedoc. Il semble que ces pierres étaient des métopes qui séparaient deux modillons disparus (fig. 5); on sait que cette alternance, fréquente dans le centre de la France, a été adoptée à Sainte-Marie-la-Grande de Jérusalem dans la corniche qui surmonte le grand portail.

L'arc des fenêtres des absides est orné de moulures retombant sur les

---

1. Cathédrales de Bergame, Gênes, Modène, Vérone.

tailloirs, également moulurés, des colonnettes qui garnissaient les pieds-droits ; ces colonnettes ont disparu. A l'abside principale, l'archivolte comprend une

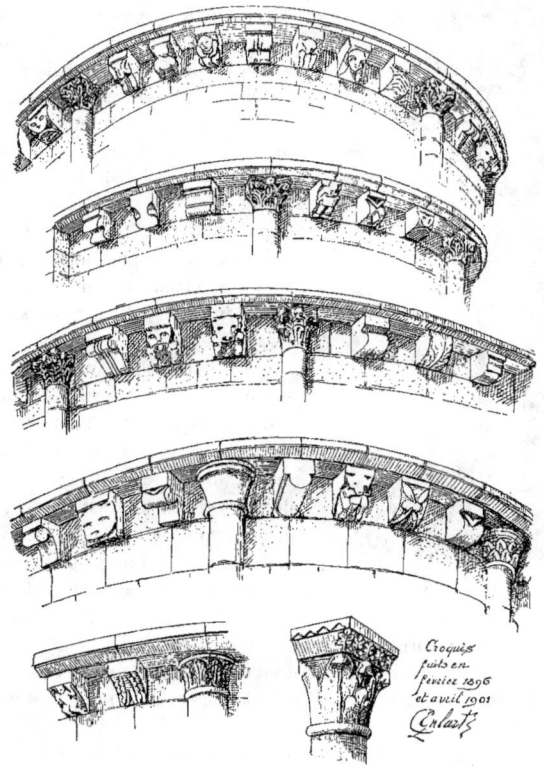

Fig. 4. — Corniches des absides.

moulure en saillie avec chanfrein chargé de palmettes d'un faible relief et d'une exécution sèche, et, au-dessous, voussure ornée d'un beau profil de moulures ;

Fig. 5. — Détail de l'abside latérale du nord.

à l'abside du nord (fig. 5), la moulure saillante est décorée de trois rangs de billettes et la voussure est moulurée; le tailloir des petits chapiteaux est aussi chargé de billettes. La décoration est identique à celle d'une fenêtre de Sainte-Marie-la-Grande de Jérusalem. A l'absidiole sud, la fenêtre n'a pas de moulure saillante, mais deux voussures ornées chacune d'un boudin, celui de la voussure intérieure décrivant un zigzag tracé sans régularité (Pl. VIII). A cette fenêtre, qui peut être la plus ancienne, les tailloirs des colonnettes ont un biseau orné d'une suite de petites rosaces dans des cercles.

La fenêtre percée après coup au sud-est de l'abside principale n'est pas ornée, mais présente à l'extérieur comme à l'intérieur un large ébrasement. On ne saurait dire si cette fenêtre date de la fin de la domination chrétienne, c'est-à-dire du XIIIe siècle, ou si c'est un travail musulman. Une restauration a certainement eu lieu au XIIIe siècle. C'est de cette époque que date le chapiteau d'une colonne engagée extérieure de l'abside du nord (fig. 5).

La détermination précise de la date d'érection de Saint-Jean de Beyrouth et celle de l'École occidentale à laquelle ce monument se rattache sont deux problèmes assez délicats.

On sait que la prise de Beyrouth par les croisés eut lieu en 1110; que la ville fut réoccupée par les Sarrazins de 1187 à 1197, regagnée alors et perdue définitivement en 1291; on a vu qu'une restauration date de cette seconde période, 1197 à 1291; elle s'affirme dans quelques détails de l'absidiole du nord, mais la première occupation fut l'époque de la plus grande prospérité et de la plus grande activité des conquérants, et l'évêché latin fut établi aussitôt la conquête; cependant, le premier titulaire connu est seulement, en 1136, l'évêque Beaudoin[1]. D'autre part, il n'est pas nécessaire que la construction de la cathédrale ait été commencée dès l'abord, puisqu'elle contient une inscription grecque indiquant la place du baptistère et qu'a publiée M. de Vogüé, et puisque la plupart des chapiteaux sont empruntés à un édifice byzantin qui a dû être une église antérieure. Il est possible que les conquérants se soient quelque temps accommodés de cette vieille église avant de la rebâtir. Les enduits et les peintures qui couvrent l'intérieur et une partie de l'extérieur de l'église; les nombreuses constructions parasites qui cachent la plus grande partie du dehors empêchent de discerner les reprises que la construction a pu subir. Toutefois, un indice tendrait à prouver qu'elle n'est pas complètement homogène; les contreforts ne correspondent pas rigoureusement aux travées, et la nef est bâtie avec beaucoup de régularité, tandis que les absides en ont moins et que l'espacement des contreforts sur le mur sud est irrégulier; il se peut que ce mur et les absides représentent une première étape de la construction.

Il est vrai que le profil en simple tablette chanfrenée des tailloirs est considéré par M. de Vogüé comme un caractère d'ancienneté et que les tailloirs des colonnettes des fenêtres des absides, comme ceux du porche, sont, au contraire, moulurés, mais il y a là plutôt une différence de parti qu'une différence de date : l'intérieur est plus simple que le dehors; quant au profil chanfrené des tailloirs, il est certain qu'il se rencontre au xie et au commencement du xiie siècle dans de nombreux monuments, mais il peut persister beaucoup plus tard; on le rencontre, notamment, sur tous les piliers et colonnes de Saint-Victor de Marseille, qui date seulement du xiiie siècle et qui présente une grande ressemblance avec la cathédrale de Beyrouth. Ce profil, du reste, n'est qu'un épannelage[2]. D'autre part, l'emploi d'arcs plus ou moins brisés dans toutes les fenêtres est une présomption de date plus ou moins récente; on sait que ce tracé ne s'introduit dans les fenêtres qu'après avoir été adopté depuis longtemps dans les grandes arcades et les voûtes.

1. Évêques latins de Beyrouth, d'après Lequien et Gams : 1136, Balduinus; 1146, Joannes; 1147, Willelmus; Maynardus, † 1174; 1175, Raynaldus, † 1181; 1181, Odo, † 1190; 1245, Waleranuus; circa 1272, Bartolomeus, † 1278 (?).
2. Ainsi, dans l'église gothique de Montaigut-en-Combraille (Puy-de-Dôme), au xiiie siècle, et au xive, à l'abbaye de Lapaïs (Chypre), quelques tailloirs ont un simple chanfrein à côté d'autres qui ont reçu un profil compliqué et dont le chanfrein n'est que l'épannelage.

L'emploi de la voûte en berceau, plus facile à bâtir, peut être, comme le croit M. de Vogüé, une présomption d'antériorité par rapport à des églises entièrement voûtées d'arêtes comme Sainte-Anne de Jérusalem et Notre-Dame de Tortose; cependant, prise en elle-même, cette voûte ne prouve rien; on l'employa au XIIIe siècle à Saint-Victor de Marseille et l'on n'a jamais cessé de l'employer en Chypre. Quant à l'absence de coupole centrale, elle n'indiquerait pas une date en France, et, du reste, le plan permet de supposer que la coupole était prévue. La grossièreté et surtout la grosse dimension et la forme lourde des modillons des corniches des absides rappellent les œuvres des environs de 1100, mais la métope à rosace est d'un dessin plus pur et plus avancé, et les tracés élégants et corrects des moulures des fenêtres de ces mêmes absides et des tailloirs du porche ne semblent pas pouvoir être antérieurs au second quart du XIIe siècle au plus tôt; le tracé correct des bases attiques vient à l'appui de cette remarque; enfin, la fenêtre et la corniche de l'absidiole nord rappellent tout à fait Sainte-Marie-la-Grande de Jérusalem que M. de Vogüé date de 1130 à 1140. Église de colonie, la cathédrale de Beyrouth ne doit pas être en avance sur les édifices de France, et il est probable, en résumé, qu'elle ne contient rien d'antérieur à cette date de 1130 ou 1140; d'autre part, il est bien certain qu'elle ne fut pas achevée après l'invasion musulmane de 1187. On aura beaucoup de chance d'être dans le vrai en datant de 1140 environ les absides et le mur nord; le reste peut remonter au troisième quart du XIIe siècle.

Si on la compare aux autres monuments d'Orient, l'architecture de la cathédrale de Beyrouth rappelle surtout celle de Sainte-Marie-la-Grande de Jérusalem et celle de Saint-Jean de Djeibeil; elle se distingue de même de la plupart des églises des croisés par l'absence de coupole centrale, par la voûte centrale en berceau et par le plan plus simple des piliers, qui est un carré et non un pilier cruciforme cantonné de quatre colonnes; enfin, par les absides ornées à l'extérieur et n'affectant pas au dehors le tracé polygonal.

En France, les analogues de la cathédrale de Beyrouth sont dans le Centre et le Midi. L'emploi simultané de la voûte centrale en berceau et des voûtes d'arêtes latérales est commun à l'Auvergne, au Languedoc, au Poitou et à la Bourgogne, mais l'église n'a pas le caractère bourguignon; si elle en avait subi l'influence, il est probable, notamment, que le prolongement des tailloirs des supports des arcades ne serait pas coupé par les colonnes des doubleaux de la nef, mais les contournerait en formant une bague, et que les fenêtres hautes ne formeraient pas de pénétration dans la voûte, qui serait plus élevée. Si l'influence poitevine avait présidé à l'œuvre, la façade serait ornée comme celle du Saint-Sépulcre, au lieu d'être très nue. Si l'église était auvergnate ou poitevine, les fenêtres hautes n'existeraient pas, il y aurait une coupole centrale, des arcatures, des modillons à copeaux ou quelque autre caractère d'une de ces écoles. La disposition de la voûte haute et des fenêtres rappelle la Provence, mais les absides circulaires au dehors et le caractère de la décoration ne la rappellent en aucune façon. Si cette influence avait prévalu, les piliers seraient des faisceaux de pilastres à nombreux ressauts rectangulaires comme à Sainte-Anne de Jérusalem; les collatéraux larges et à voûtes d'arêtes sont également rares en Provence; toutefois, on les trouve à Saint-Gilles, qui marque la fusion des arts de Provence, de la Bourgogne et du Languedoc, et dont les piliers rappellent beaucoup ceux de Beyrouth. Ils sont de proportions plus trapues, mais les proportions et le plan se retrouvent à la fois à la cathédrale de Sisteron, les proportions et l'aspect général des piliers à Saint-Victor de Marseille; dans le Limousin, les nefs de Beaulieu et d'Obazine (Corrèze) et de Saint-Junien (Haute-Vienne) ont les mêmes proportions, la même combinaison de voûtes, les mêmes tracés d'arcs et de piliers; celle du Dorat (Haute-Vienne) a, en outre, les mêmes fenêtres en pénétration et elles se voient aussi à Bénévent (Creuse); la corniche à modillons rappelle assez celle de Soudeilles (Corrèze); les colonnes extérieures des absides, celles de Beaulieu; enfin, leurs chapiteaux ronds ont des analogues à Bonnevielle (Lot). La largeur des collatéraux n'est pas conforme aux habitudes du Centre et du Midi de la France, mais ces proportions existent à Saint-Gilles. Les rapports de Saint-Gilles avec l'Orient ont été multiples. L'air de famille avec Saint-Victor de Marseille, plus jeune cependant, peut avoir quelque rapport avec l'existence d'une colonie marseillaise à Beyrouth, mais, quoiqu'il en soit de ces ressemblances, on peut dire que la cathédrale Saint-Jean, à part son absence de toiture et ses chapiteaux byzantins, est une église en tous points analogue à celles du Limousin et du Languedoc.

DE L'INFLUENCE
DE L'ACADÉMIE CELTIQUE
SUR LES ÉTUDES DE FOLK-LORE

Par M. Henri GAIDOZ

Membre résidant.

L'Académie Celtique est sortie de cet enthousiasme pour les origines celtiques de la France que l'on a appelé, avec une ironie un peu sévère, la Celtomanie. La critique historique n'était pas née; la critique philologique était plus ignorée encore; des esprits aventureux pouvaient seuls se lancer dans des études alors mal explorées, et la prudence n'est pas d'ordinaire la qualité des chercheurs d'aventures. La fondation et l'histoire, assez courte en somme, de l'Académie Celtique ont été racontées en termes précis, dans l'introduction à la *Table alphabétique* de nos publications, par M. Prou (Paris, 1894).

Mais il convient de remarquer que l'Académie Celtique ne s'occupait pas seulement des monuments, de la langue celtique et des étymologies des langues de l'Europe[1]. Elle s'occupait aussi des patois, des usages et des traditions popu-

---

1. Aujourd'hui que la langue bretonne, déjà depuis longtemps ignorée et honnie par notre système de centralisation, est proscrite par le pouvoir pour des raisons d'ordre politique et religieux, il est curieux de noter qu'en 1809, Éloi Johanneau voulait introduire l'enseignement de cette langue dans une école normale de la province; il proposait en même temps la création d'une chaire de philologie celtique. C'est à propos d'une analyse du *Mithridates* d'Adelung et d'un article intitulé *Exemples des mots gallois tirés du latin* qu'Éloi Johanneau écrivait, dans les *Mém. de l'Académie Celtique*, t. V (1810), p. 291 :

« Je profite de cette occasion pour émettre le vœu que je forme depuis longtemps, celui de voir le gou-
« vernement français établir une chaire de langue celtique à Paris et une école normale de la même langue,
« au centre de la partie de la péninsule armoricaine habitée par les Bretons dits *bretonnans*.

« Le professeur de Paris enseignerait le breton, le gallois, le gallic et l'erse, comparés entre eux et
« avec les anciennes langues de l'Europe; il en rédigerait les grammaires et les dictionnaires. Il explique-
« rait, par le moyen de ces dialectes celtiques, les mots qui nous restent de l'ancien celtique dans le fran-
« çais et les patois, ainsi que les origines étymologiques et géographiques des Gaules. Les professeurs et
« les élèves de l'école normale recueilleraient tous les mots celtiques des différens dialectes bretons, rédi-
« geraient des grammaires de ces dialectes et formeraient des professeurs des deux langues pour la partie
« de la Bretagne où l'on ne parle que breton. »

laires. C'était, en un sens, une réaction contre l'esprit de la Révolution française, ennemie des patois, ces « derniers vestiges de la féodalité détruite[1], » ennemie des traditions déclarées superstitions. Ces traditions elles-mêmes passaient pour l'héritage des druides; c'étaient les traditions druidiques que l'on recueillait dans les campagnes : cette idée n'a pas entièrement disparu[2]. Du reste, *a priori*, on ne peut déclarer fausse cette notion ; car, au-dessous des apports latins, chrétiens et germaniques, il y a certainement, ou au moins il y avait dans nos campagnes des usages et des croyances provenant de l'époque gauloise ou celtique ; le terme de druidique, quoique prétentieux et théâtral, n'est pas absolument inexact en tant qu'il désigne une époque.

Cet ensemble de tradition et de littérature populaire, qu'on appelle aujourd'hui du mot anglais *folk-lore*, tient une large place dans les *Mémoires de l'Académie Celtique*. C'est la méthode du *folk-lore* que, dans la première séance de l'Académie, le 9 germinal an XIII (31 mars 1804), son secrétaire perpétuel, Éloi Johanneau, définissait ainsi : « Apprenons donc à consulter le peuple, dont toute la science n'est que traditionnelle, dont les expressions mêmes ne sont que des formules consacrées[3]... » L'inventaire des traditions populaires était le souci de certains esprits curieux de ce temps ; on sentait qu'une société nouvelle se formait, abandonnant ses croyances et ses usages de la veille comme l'homme adulte abandonne les jeux et les pratiques de sa jeunesse ; on sentait que la société ancienne allait disparaître et qu'il était bon de la décrire pour l'histoire pendant qu'on en avait les débris sous les yeux.

L'esprit de l'Académie Celtique, en ce qui concerne la recherche des traditions de langue, d'usages, de croyances, se retrouve dans la grande entreprise des statistiques départementales mise en train quelques années auparavant, dès le début même du Consulat, qui fut continuée sous l'Empire et même un peu plus tard. L'idée en fut conçue sous Lucien Bonaparte, fait ministre de l'Intérieur aussitôt après le 18 Brumaire; son successeur au bout d'un an, Chaptal, développa et systématisa ces recherches en demandant à chaque préfet un

---

1. L'expression est de l'abbé (et conventionnel) Grégoire, l'implacable adversaire des patois au début de la Révolution Française.
2. Dans son numéro de janvier-février 1903, la revue bretonne *Feiz ha Breiz* reproduisait un « plan de monographie paroissiale » dressé par M. le chanoine Poré, archiviste du diocèse d'Évreux. Sous la rubrique « époque préhistorique, » j'y trouve cette question : « Les superstitions druidiques et païennes ont-elles laissé des traces ? »
3. *Mém. de l'Académie Celtique*, t. I (1807), p. 55.

mémoire statistique sur son département. On a publié le plan de recherches qu'il envoya aux préfets[1], plan où figurait le sujet des mœurs et coutumes ; et il était dit en termes exprès :

« Il est important de rechercher ici les variations survenues dans la vie des « citoyens : le sort de la nation en général est amélioré et les usages sont « changés ; il serait donc important d'avoir un tableau bien exact de la manière « de vivre en 1789, en distinguant ce qui se pratique dans les différentes classes « de la société, dans les villes et dans les villages, etc., etc.

« On ne peut entrer dans trop de détails à cet égard sur les coutumes « civiles et religieuses, sur les mœurs privées, etc., etc.

« Ce tableau commande beaucoup de soin, et le ministre le recommande[2]. »

Malgré ces recommandations, les mœurs et usages ne tiennent qu'une part assez restreinte dans ces statistiques, suivant l'intérêt que ce sujet inspirait aux préfets et à leurs rédacteurs. Une des meilleures à cet égard est celle du département des Deux-Sèvres par son préfet, Cl.-Fr.-Ét. (plus tard baron) Dupin[3]. Le mouvement se continua sous l'Empire, et, à voir les titres sous lesquels ces statistiques parurent en public, on eût pu croire qu'elles étaient nées d'une pensée de l'empereur : ainsi celle du préfet Bossi, sur le département de l'Ain, publiée en 1808, porte au faux titre : *Statistique générale de la France publiée par ordre de Sa Majesté l'Empereur et Roi*[4]. Naturellement, ce mouvement s'étendit sur les territoires que la France s'était annexés sous la République et sous l'Empire[5], et lorsque l'Empire français s'étendit sur l'Italie, le système des statistiques fut appliqué aux départements transalpins. Nous ignorons le nombre exact de celles qui virent le jour ; nous n'en connaissons que deux, publiées,

---

1. *Annales de statistique* (Bibl. nat., Lc¹⁷), t. I, an X (1802), p. 132 et suiv. — « Vous avez vu, par « la suite de ma correspondance, depuis le 1ᵉʳ prairial an VIII, citoyen préfet, combien je désire recueillir « tous les faits qui peuvent donner au gouvernement des connaissances exactes et positives sur l'état de la « France » (p. 134).
2. *Ibid.*, p. 163-164.
3. Paris, an IX, in-4°; réimprimé in-folio en l'an XII.
4. Je note au passage que dans l'exemplaire de la Bibl. Nat. (L.³¹, 14, in-4°) on a relié deux éditions différentes du prospectus général de la publication avec son plan. On trouvera une liste assez complète de nos statistiques départementales du premier tiers du XIXᵉ siècle dans le *Catalogue général des livres composant la bibliothèque du département de la Marine et des Colonies*, t. III, 1840, p. 69-88.
5. Voici une liste des départements qui cessèrent de faire partie de la France à la chute de l'Empire et dont il en existe des statistiques faites à la même époque par les soins de nos préfets : Fraipoult, *Escaut*. Paris, an XIII, in-fol.; — d'Herbouville, *Deux-Nèthes*. Paris, an X, in-8°; — Virt, *Lys*. Paris, an XII, in-fol.; — Cavenne, *Meuse-Inférieure*. Paris, an X, in-8°; — Saussay, *Mont-Blanc*. Paris, an IX, in-8°; — Verneilh, *Id.* Paris, 1807, in-4°; — Desmousseaux, *Ourthe*. Paris, an IX, in-8°; — Boucqueau, *Rhin-et-Moselle*. Paris, an XII, in-fol.; — Dorsch, *Roër*. Cologne, 1804, in-8°; — Jardichet, *Sambre-et-Meuse*. Paris, an X, in-8°.

comme plusieurs des nôtres, longtemps après la chute de l'Empire, celle du département de Montenotte, publiée en France par son auteur[1], et celle de la province de Saluces, plus tardive encore[2].

On fit même davantage pour les études traditionnelles dans l'éphémère royaume d'Italie d'Eugène de Beauharnais. Le directeur général de l'instruction publique, Scopoli, envoya de Milan, le 15 mai 1811, une circulaire aux professeurs de littérature dans les lycées pour les inviter à recueillir *le notizie necessarie onde formare un' idea esatta intorno ai costumi, ai caratteri ad alle opinioni dominanti nelle varie popolazioni...* Il y a dix ans, M. Casini a retrouvé cette circulaire, avec les réponses qui vinrent de Reggio, et il exprimait le vœu qu'on recherchât, dans les archives milanaises, les traces et les résultats de cette enquête officielle[3]. Ce que nous retirons de ce fait, c'est l'influence française dans les études de *folk-lore* au temps de notre premier Empire.

Quelques statistiques hâtives du Consulat et de l'Empire furent, plus tard, remplacées par des œuvres étendues et approfondies, souvent considérables, comme la *Statistique du département des Bouches-du-Rhône*, par le comte de Villeneuve ; je cite celle-ci parce que la section des « Mœurs, usages et coutumes » est rédigée avec soin et assez développée[4].

A cette enquête se rattache l'idée qu'on eut, quelques années plus tard, de faire traduire la parabole de l'enfant prodigue dans tous les idiomes de la France. L'Académie Celtique, en publiant la traduction en breton du Léonais par Legonidec, a donné, en même temps, la lettre que le Ministre de l'Intérieur, Cretet, avait écrite à Legonidec, le 26 janvier 1808, pour lui demander une traduction bretonne, et la lettre se terminait par une autre recommandation :
« Dans le cas où il existerait en bas-breton des chansons populaires ou d'autres
« morceaux propres à faire connaître les mœurs et les usages des habitants des
« campagnes, je ne pourrais que vous être extrêmement obligé de vouloir bien
« m'en donner connaissance[5]. »

---

1. Chabrol de Volvic, *Statistique des provinces de Savone, d'Oneille, d'Acqui et de partie de la province de Mondovi formant l'ancien département de Montenotte*. Paris, 1824, 2 vol. in-4°. Une note dit, t. I, p. IV : « Les matériaux de cette statistique ont été recueillis en 1810. » — Il n'y a que quelques pages sur les mœurs et coutumes.
2. G. Eandi, *Statistica della provinzia di Saluzzo*. Saluces, 1833, 2 vol. in-4° (Bibl. Nat., Inv. K 4047-4048). Contient des usages et superstitions.
3. Article de T. Casini, *Richerche ufficiali sulle tradizioni e costumanze popolari nel regno d'Italia*, dans la *Rivista delle tradizioni popolari d'Italia*, t. I, n° 4 (mars 1894), p. 251-260.
4. T. III, p. 199-281. — Cette *Statistique*, « publiée d'après les vœux du Conseil général du département, » forme 4 vol. in-4°, avec un atlas.
5. *Mém. de l'Académie Celtique*, t. II (1808), p. 125. — Un certain nombre de ces traductions furent

Le meilleur de ce qu'a publié l'Académie Celtique est dans ses mémoires et notes de *folk-lore*. Sa linguistique fait sourire ; son archéologie est plus qu'archaïque : mais les faits de *folk-lore* qu'on y trouve ont d'autant plus de valeur pour nous que bien des croyances étaient vivantes et bien des pratiques en usage dont aujourd'hui le souvenir même est effacé. On y a, en même temps, une vue plus nette de la vie sociale du passé. Le questionnaire, développé, large et explicatif, rédigé surtout par Dulaure, que l'Académie Celtique avait publié pour susciter les recherches de cet ordre, est presque un traité de *folklore*, et, après un siècle, il a encore toute sa valeur comme guide et comme plan[1]. L'ardent et actif secrétaire perpétuel de l'Académie, Éloi Johanneau, avait entrepris, dans certains départements du centre, un voyage d'enquête dans lequel il avait la recommandation des préfets[2].

Mais l'enthousiasme qui animait l'Académie Celtique n'était le fait que d'un petit nombre. Le public goûtait peu ses recherches étymologiques, et le *Journal de l'Empire*, dans son numéro du 26 avril 1810, disait : « Cette Académie n'a « pas fait fortune dans le monde ni parmi les savans. Les journaux se sont « égayés très souvent à ses dépens. D'abord, les fondateurs enthousiastes ont « décidé, sans preuves, que tout langage venoit du celtique et que tout sys- « tème religieux venoit du druidisme[3]... » Les traditions populaires n'intéressaient sans doute pas davantage le public, qui n'y voyait que de la superstition ou de la futilité ; et elles n'avaient pas assez de recul pour intéresser les érudits. L'Académie Celtique elle-même subit cette influence : elle se transforma en 1813 en « Société des Antiquaires de France. » L'archéologie devait dominer dans les travaux de la Société réformée : sans doute, l'archéologie nationale y devait tenir la première place, mais les autres branches de l'archéologie,

---

publiées dans le t. VI (1824) des *Mémoires de la Société des Antiquaires de France* et même réimprimées depuis ; voir Behrens et Rabiet, *Bibliographie des patois gallo-romans*. Berlin, 1893, p. 21 et suiv. — La *Statistique de Montenotte*, que nous venons de citer (p. 138, n. 1) donne (t. I, p. 339 et suiv.) la traduction de la dite parabole en quatre dialectes italiens.

1. Ce questionnaire avait été lu dans la séance du 30 floréal an XIII (20 mai 1805), et il a été imprimé au tome I des *Mém. de l'Académie Celtique*, p. 72-86.
2. Voir *Mém. de l'Académie Celtique*, t. I, p. 380 et suiv.
3. J'emprunte cette citation à une copie manuscrite dans l'exemplaire des *Mém. de l'Acad. Celt.* qui a appartenu à « M. de Gressent, ancien conseiller au Parlement. » et qui se trouve à la bibliothèque de l'Université, à la Sorbonne (H. J., a. 16, in-8°). M. de Gressent écrivait sur ses livres et faisait relier des pages de notes dans les volumes. C'est par une note ajoutée sur son exemplaire, t. I, p. 193, que l'on apprend de Cambry : « Il avoit promis de donner les élemens d'une langue universelle de son invention, « d'après lesquels il étoit impossible que tous les peuples ne s'entendissent pas. Mais cela a paru un rêve, « et on n'a rien vu. »

la branche classique surtout, y étaient introduites. En même temps que disparaissait le nom d'*Académie Celtique*, le centre de gravité de la nouvelle Société n'était plus le même. Pendant quelques années, les Mémoires de la nouvelle Société contiennent quelques communications et notes sur les usages et croyances populaires; puis on cesse d'y rien voir de cet ordre. L'Académie Celtique était bien morte et son principal fondateur, son secrétaire perpétuel, Éloi Johanneau, donnait sa démission le 29 décembre 1827. Ainsi disparaissait et s'éteignait, sans laisser ni héritiers ni traces, le centre des études de *folk-lore* fondé en 1804 dans notre pays.

Si l'Académie Celtique n'a pas laissé de traces chez nous, au moins a-t-elle exercé quelque influence sur le puissant esprit de Jacques Grimm, qui allait créer la philologie germanique et organiser en Allemagne par ses écrits et par son exemple, l'étude des traditions populaires. Dans sa courte autobiographie, parmi les témoignages d'honneur (*Ehrenbezeugungen*) qui l'ont encouragé dans la marche de ses études, il mentionne ce fait que, le 9 juin 1811, il avait été élu membre correspondant de l'Académie Celtique[1]. J. Grimm avait résidé à Paris de février à octobre 1805; après avoir été, en 1809, fait bibliothécaire du roi Jérôme de Westphalie, dans ce château de Wilhelmshöhe (qu'on appela alors un instant, ironie prophétique, Napoleonshöhe[2]), il revint à Paris en 1814, après la prise de notre capitale par les troupes alliées; et encore, une dernière fois, à l'automne 1815, cette fois comme commissaire prussien, pour chercher et réclamer, dans notre grande Bibliothèque, les manuscrits qui avaient été enlevés aux bibliothèques de Prusse quelques années auparavant.

Il n'est pas invisible le trait d'union entre notre Académie Celtique et l'œuvre de J. Grimm, quand on pense que, quelques années après, J. Grimm voulut fonder une société analogue, par plusieurs traits, à l'Académie Celtique. En effet, au printemps de 1815, Jacques Grimm, résidant alors à Vienne, lançait une circulaire invitant ses correspondants à fonder dans les pays de langue allemande une société destinée à recueillir les chants, contes, proverbes,

---

1. J. Grimm, *Kleinere Schriften*, t. I (Berlin, 1879), p. 17. — Une date un peu différente (20 mai 1811) se trouve dans la liste des membres et associés de l'Académie Celtique publiée dans l'*Annuaire* de 1830 de la Société des Antiquaires de France, p. 172. — J'y vois aussi que Guillaume Grimm, le frère de Jacques, avait été élu en 1817 associé correspondant de la Société des Antiquaires.

2. Après trente ans d'oubli, il convient peut-être, pour expliquer notre parenthèse, de rappeler que Napoléon III, fait prisonnier à Sedan, fut envoyé passer son temps de captivité dans ce même château près de Cassel, où son oncle Jérôme avait, soixante ans auparavant, mené une vie de « fêtard ».

usages et superstitions et, en général, *alles was unter dem gemeinen deutschen Landvolke von Lied und Sage vorhanden ist*. Son questionnaire était plus large que celui de l'Académie Celtique, puisqu'il comprenait la littérature traditionnelle, plus étroit parce qu'il ne comprenait pas les monuments antiques; mais il se rencontrait avec celui de l'Académie Celtique en ce qui touchait les usages et les croyances. Le Questionnaire de Grimm n'est, du reste, qu'un sommaire, tandis que celui de l'Académie Celtique, largement développé, était déjà presque comme un traité[1]. Les événements militaires et politiques de cette historique année de 1813 mirent fin au projet de J. Grimm. Quelques années plus tard, en 1822, J. Grimm voulut même reprendre ce plan en y faisant entrer les antiquités matérielles et les anciennes chartes : cela n'eut pas davantage de suite[2]. Mais ce qui nous semble bien montrer que Grimm subissait une impulsion ou une suggestion étrangère, c'est que l'idée de la circulaire de 1815 — comme on le sait par des correspondances récemment publiées — était née chez lui en 1811, juste après son contact avec l'Académie Celtique. *Plötzlich 1811* « tout à coup en 1811 », dit, étonné, l'écrivain qui a publié ces lettres; et, en effet, rien de semblable ne pouvait venir ni d'Achim d'Arnim, ni de Cl. Brentano, dont J. Grimm subissait alors l'influence[3]. — Les idées, une fois nées, flottent par le monde comme un pollen, et souvent ce que l'on croit une idée originale, et l'est en un sens, est inspiré par un souvenir ou une suggestion. C'est ainsi qu'aujourd'hui à Berlin l'Allée de la Victoire, qui traverse le Thiergarten du nord au sud, et qui achève de se décorer de trente-deux statues de souverains prussiens, a été inspirée à Guillaume II par les deux séries de statues des femmes illustres de la France qui se font face sur les terrasses de notre jardin du Luxembourg. Cette disposition originale de notre beau jardin est une

---

1. La circulaire de J. Grimm, qui comprend ledit questionnaire, a été réimprimée dans ses *Kleinere Schriften*, t. VII (1884), p. 593. — La vue perçante de J. Grimm s'étendait au delà des limites de la langue allemande. M. V. Bogisic, qui a publié récemment la correspondance scientifique du grand folk-loriste serbe Vouk Stephanovitch Karadschitch, y a trouvé un exemplaire de la circulaire de Grimm, daté de Cassel, 2 avril 1815, et aussi un questionnaire pour la recherche des contes populaires : voir, aux pages 5 et 16, la brochure de M. Bogisic, extraite du *Srdj* et publiée sous ce titre : *Jedna rukovet iz Vukove prepiske « Un dossier de la correspondance de Vouk »*, Dubrovnik (Raguse), 1903.
2. Dans une lettre à Werner von Haxthausen publiée dans la *Zeitschrift des Vereins für Volkskunde*, t. XII (Berlin, 1902), p. 96-98.
3. Voir dans la même *Zeits. d. Ver. f. Volksk.*, *ibid.*, p. 129-138, l'article de M. Steig, *J. Grimm's Plan zu einem altdeutschen Sammler*. Et p. 130, à l'occasion d'une lettre de Grimm du 30 nov. 1811 : « Plötzlich 1811, ohne dass in Arnim oder Brentano's Briefwechsel mit Grimm vorher die Rede davongewesen wäre, der Plan wie eine selbständige angemachte Sache zur Verhandlung kommt... » — Le « plan » venait de l'Académie Celtique et du questionnaire de Dulaure.

des choses qui avaient frappé le plus le jeune prince Guillaume dans la visite qu'il fit incognito à Paris vers l'âge de dix-huit ans[1]. Il y a là, comme dans la vocation de Jacques Grimm, un lien presque invisible, mais réel.

Ce que nous venons de raconter de J. Grimm n'est pas le seul exemple de l'influence exercée alors par la France sur le développement du romantisme et du *folk-lore* de l'Allemagne : Uhland étudiait dans notre Bibliothèque (aujourd'hui Nationale) nos anciens poèmes, alors dédaignés en France, et encore manuscrits, pour en tirer des ballades; et c'est à Paris même, en 1810, que Chamisso recueillait une chanson française dont Uhland faisait aussitôt sa ballade, « la Fille du Roi[2]. » En Allemagne, le terrain était favorable à ces études; le romantisme n'y était pas une fantaisie littéraire, comme il le fut plus tard chez nous quand on l'y importa. C'était une forme du patriotisme dans le souvenir du passé. En rejetant le pédantisme littéraire de la *Gallomanie* du XVIIIe siècle et cette littérature artificielle, l'Allemagne littéraire revendiquait son originalité intellectuelle comme elle avait, sur les champs de bataille, revendiqué son indépendance nationale contre Napoléon Ier. Elle reprenait et glorifiait sa tradition nationale, et la philologie germanique continuait l'étude du passé jusque dans le présent, jusque dans les contes, légendes, chansons, usages et croyances du peuple allemand. Le *folk-lore* était trésor national et les philologues le comprenaient dans leurs études. De là son succès en Allemagne et la valeur des travaux dont il a été l'objet. Et l'homme qui a été au XIXe siècle son principal maître et son propagateur le plus autorisé était fier d'avoir été fait membre correspondant de notre Académie Celtique. Personne que lui n'a mieux mis en pratique, dans son pays d'Allemagne, ce vers de Virgile qu'on avait proposé comme légende à la médaille de l'Académie Celtique : « *Sermonem patrium moresque requirit.* » Aujourd'hui, le nom de Jacques Grimm est un honneur pour la mémoire de l'Académie Celtique.

En France, le mouvement de curiosité studieuse qui, sous le premier Empire, se portait vers les études de *folk-lore*, s'était éteint avec l'Académie Celtique, et ce fut comme un foyer qui meurt sur place, faute d'aliments. Il

---

1. Je n'invente pas cela; je l'ai lu autrefois dans un journal allemand.
2. Voir l'article d'Eichholtz, *Uhland's französische Balladen auf die Quellen zurückgeführt*, formant les pages 249-290 du recueil intitulé : *Festschrift zur dritten Säcularfeier des Gymnasiums zum grauen Kloster*. Berlin, 1874. — C'est la version française la plus anciennement recueillie de la chanson dite plus souvent du « Plongeur »; elle a été reproduite dans *Mélusine*, t. II (1884-85), col. 178-179, avec l'imitation de Uhland.

fallut plus d'un demi-siècle pour que, dans nos provinces (et encore pas dans toutes!), il se développât un ferment analogue; mais, d'une façon générale, ce fut alors un mouvement de curiosité et d'amusement littéraire plus qu'une discipline scientifique comme en Allemagne. La cause de cette différence est dans une série de nécessités historiques. Dès la Renaissance, notre littérature devient une littérature savante et artificielle qui ne continue pas notre littérature nationale du moyen âge, et elle ne s'inspire pas du peuple; la Révolution française, amenant un complet divorce, créa un préjugé de dédain à l'égard de tout ce qui survit de l'ancienne France; une centralisation exagérée combat et honnit la personnalité de nos anciennes provinces; le romantisme est une fantaisie d'importation et n'est pas une forme de patriotisme; et, pour le monde érudit, nos traditions populaires et notre ethnographie nationale ne sont pas un objet digne d'étude. C'est pour ces raisons que le *folk-lore* français n'est pas devenu une science historique et qu'il se traine trop souvent dans les banalités d'inventaires et les redites. Aussi ne convient-il que davantage d'honorer le souvenir de l'Académie Celtique et de ses initiateurs. *Gloriæ majorum!*

LA
RESPONSABILITÉ LITTÉRAIRE DE L'ARCHONTE

CHEZ LES ATHÉNIENS

Par M. Paul GIRARD

Membre résidant.

L'archonte éponyme, celui que les Athéniens appelaient simplement l'*archonte*, pour le distinguer du *roi* et du *polémarque*, avait, entre autres fonctions, à remplir celles d'organisateur des concours dramatiques aux Dionysies de la ville. En cette qualité, il était le maître d'accorder ou de refuser aux poètes *un chœur*, c'est-à-dire de leur ouvrir ou de leur fermer l'accès du concours. Sur quoi se fondait-il pour prendre une détermination aussi délicate? On aimerait à le savoir. Ce qui est certain, c'est que ses choix n'étaient pas toujours unanimement approuvés. Nous en avons la preuve dans un fragment des *Bouviers* de Cratinos, où ce comique fait allusion, sans le nommer, à un archonte qui a refusé à Sophocle un chœur, pour l'accorder à un mauvais poète « dont je ne voudrais pas pour *didascale*, dit le personnage que Cratinos met en scène, même aux fêtes d'Adonis » :

ὃν οὐκ ἂν ἠξίουν ἐγὼ
ἐμοὶ διδάσκειν οὐδ' ἂν εἰς Ἀδώνια[1].

Cet affront fait à un auteur qui semble avoir été plus goûté du public que tous ses concurrents, a de quoi surprendre. Des trois grands tragiques, Sophocle est, en effet, celui dont la carrière fut le plus constamment heureuse; d'après les témoignages les moins optimistes, il aurait obtenu dix-huit fois le premier rang et ne serait jamais descendu au-dessous du second[2]. Si l'on tient compte

---
1. Kock, *Comicor. attic. fragm.*, I, p. 16, n. 15.
2. *Inscr. att.*, II, II, n. 977 a; Diodore, XIII, 103. Cf. la *Vie de Sophocle* : Νίκας δ' ἔλαβεν εἴκοσιν,

de ce fait, qu'il présentait à chaque concours, suivant la coutume invariable du
V⁰ siècle pour les Dionysies urbaines, un groupe de quatre drames, soixante-
douze de ses pièces, sur les cent vingt-trois environ qu'il écrivit[1], auraient été
jugées dignes du premier prix. Il s'en faut qu'Eschyle ait connu un pareil
succès. Il est vrai qu'il avait moins produit; mais l'auteur de sa Vie ne lui
attribue que treize victoires[2]. Moins nombreuses encore sont celles que compta
Euripide; s'il faut en croire Varron, cité par Aulu-Gelle, il n'aurait été vainqueur
que cinq fois[3]. D'où vient qu'un jour Sophocle se vit interdire l'espoir même de
vaincre? Quel était ce compétiteur qui lui fut préféré, et pourquoi cette préférence de l'archonte?

L'heureux rival de Sophocle n'est désigné, dans le fragment des *Bouviers*,
que par le nom de son père, Cléomachos :

ὃς οὐκ ἔδωκ' αἰτοῦντι Σοφοκλέει χορόν,
τῷ Κλεομάχου δ(έ),

dit Cratinos en parlant de l'archonte dont il blâme le choix[4]. Mais d'autres
fragments comiques nomment ce personnage en toutes lettres : il s'appelait
Gnésippos. Il composait des dithyrambes; c'est, du moins, ce qu'on peut conclure de deux vers de la comédie des *Pauvres* qui le rapprochent de Cléomènes,
poète dithyrambique de Rhégion[5]. Quelles sont celles de ses œuvres auxquelles
pense Athénée, quand il l'appelle παιγνιογράφος τῆς ἱλαρᾶς μούσης? Nous ne saurions le dire[6]. Il semble, dans tous les cas, avoir écrit des vers amoureux, ou,
tout au moins, empreints d'une certaine langueur. L'auteur des *Hilotes*[7] quali-

ὥς φησι Καρύστιος · πολλάκις δὲ καὶ δευτερεῖα ἔλαβε, τρίτα δ'οὐδεπώποτε. Peut-être, comme on l'a supposé,
les deux victoires de plus que signale la *Vie* anonyme, furent-elles remportées aux Lénéennes. Le chiffre 24
donné par Suidas (s. v. Σοφοκλῆς) parait, dans tous les cas, fort exagéré.

1. Suidas, s. v. Σοφοκλῆς. Cf. Bergk, *Griech. Literaturgeschichte*, III, p. 371, note 56.
2. *Vie d'Eschyle* : Νίκας δὲ τὰς πάσας εἴληφε τρισκαίδεκα. Le chiffre 28, qui se trouve dans Suidas
(s. v. Αἰσχύλος), comprend, suivant une conjecture assez vraisemblable (Christ, *Gesch. der griech. Litt.*,
3ᵉ éd., p. 213), les pièces reprises et couronnées après la mort du poète. 28 victoires supposent, en effet,
112 drames, et Eschyle en avait, au plus, composé 90 (Suidas, s. v.).
3. Aulu-Gelle, XVII, 4.
4. Κλεομάχου, pour Κλεομάχῳ, est une correction de Dobrée qui me paraît certaine. Cf. Bergk, *Comment. de reliquiis comoed. attic. antiquae*, p. 33.
5. Kock, *op. cit.*, I, p. 5, n. 4. Cf., sur Cléomènes, Athénée, IX, p. 402 A. L'attribution des *Pauvres*
au vieux poète Chionidès, dont les débuts, d'après Suidas (s. v.), seraient antérieurs aux guerres médiques,
est plus que douteuse. V. Athénée, IV, p. 137 E; XIV, p. 638 D.
6. Athénée, XIV, p. 638 D.
7. Encore une comédie dont l'auteur est incertain, bien que quelques témoignages l'attribuent à Eupo-
lis. V. Athénée, IX, p. 400 C; XIV, p. 638 E; Hérodien, II, p. 917, 3 et 933, 1, éd. Lentz.

fiait sa poésie de sérénades faites pour être chantées par les galants sous les fenêtres des belles, avec accompagnement de *ïambyque* et de *trigone* :

> ... ὁ δὲ Γνήσιππος ἔστιν ἀκούειν.
> κεῖνος νυκτερίν' εὗρε μοιχοῖς ἀείσματ' ἐκκαλεῖσθαι
> γυναῖκας ἔχοντας ἰαμβύκην τε καὶ τρίγωνον[1].

Téléclide, dans ses Στερροί, faisait à son talent une allusion analogue[2]. Enfin, il écrivait des tragédies ; les *Saisons* de Cratinos le citaient comme un τραγῳδίας διδάσκαλος et le représentaient « menant un chœur d'épileuses, occupées à épiler sur le mode lydien de méchantes mélodies » :

> ἴτω δὲ καὶ τραγῳδίας
> ὁ Κλεομάχου διδάσκαλος,
> παρατιλτριῶν ἔχων χορὸν
> λυδιστὶ τιλλουσῶν μέλη
> πονηρά[3].

Ce sont là d'assez pauvres renseignements ; ils suffisent, cependant, pour nous laisser entrevoir un poète musicien, probablement épris d'art nouveau, et qui faisait partie de ce groupe de chercheurs pour lesquels la Comédie ancienne n'a pas assez de sarcasmes. Est-il téméraire de croire que ce fut là ce qui valut à Gnésippos la faveur de l'archonte? Nous pourrions le supposer avec plus de vraisemblance s'il nous était possible de fixer approximativement l'époque à laquelle il convient de rapporter ce petit événement littéraire. Voyons si, sur ce point, il n'y a rien à tenter.

Nous ignorons la date et jusqu'au sujet des *Bouviers*, qui nous révèlent l'injure faite à Sophocle. Mais nous savons que Cratinos vivait encore en 423, puisque sa Πυτίνη remporta cette année-là le prix sur les *Nuées* d'Aristophane[4]. Nous savons, d'autre part, qu'au printemps de 421 il était mort[5]. Il disparaît

---

1. Kock, *op. cit.*, I, p. 294, n. 139.
2. Id., *ibid.*, I, p. 217, n. 34.
3. Id., *ibid.*, I, p. 90, n. 256. Kaibel écrit (Athénée, XIV, p. 638 F) : ... διδάσκαλος | μετ' αὐτόν, < ὁ > παρχτιλτριῶν | ἔχων χορὸν λυδιστὶ τιλλουσῶν μέλη πονηρά. Le passage de ses *Efféminés* où Cratinos nommait encore Gnésippos (Kock, I, p. 43, n. 97), est trop obscur pour qu'on en puisse rien tirer relativement à l'œuvre et à la manière de ce poète.
4. Aristophane n'eut même pas le second rang ; ce fut Ameipsias qui l'obtint avec son *Konnos* (V° Argument des *Nuées*).
5. Aristophane, *Paix*, 700 et suiv. La *Paix* fut représentée aux Dionysies urbaines de 421.

donc de la scène comique dans la seconde moitié de l'année 423, au plus tard en 422, âgé, nous dit-on, de quatre-vingt-dix-sept ans[1].

Or, il avait été, dans sa longue carrière, victime, comme Sophocle, des caprices de l'archonte, et il s'en plaignait dans cette même comédie des Βουκόλοι où il rappelait le refus essuyé par le grand tragique[2]. Était-ce le même archonte qui s'était montré sévère à la fois pour Sophocle et pour Cratinos, et tous deux avaient-ils été écartés du concours la même année? On l'a conjecturé[3]. Dans tous les cas, cette aventure n'était point arrivée à Cratinos lors de ses débuts; le ton véhément sur lequel il la contait[4] marquait des prétentions et une rancune qui n'étaient pas d'un commençant[5]. Il avait donc, au moment de cet échec, déjà conquis plusieurs couronnes, et c'est ce qui justifiait cette indignation où paraissait toute la fougue de son caractère[6]. Le problème, dès lors, se précise, car ses premières victoires semblent ne dater que de la 85ᵉ Olympiade (440-436)[7]. C'est à peu près le temps de l'apogée de Gnésippos. Quelques-uns des fragments comiques qui le mentionnent appartiennent à des œuvres dont la date nous est connue, ou peut être déterminée avec vraisemblance. Les *Efféminés* de Cratinos, qui le nommaient, étaient, selon toute apparence, du commencement de la guerre du Péloponèse[8]; les *Destinées* d'Hermippos, qui l'affublaient du transparent surnom de Nothippos, étaient de 430[9]; les *Hésiodes* de Téléclide, qui le désignaient de la même façon, étaient de 430 ou de 429[10]. C'est

---

1. Ps.-Lucien, *Macrob.*, 25.
2. Kock, *op. cit.*, I, p. 18, n. 18.
3. Id., *ibid.*, I, p. 166, ΒΟΥΚΟΛΟΙ : ... *in archontem qui petenti (anno superiore ut videtur) chorum non dederat gravissime Cratinum invectum esse fr. 18 docet. Consentaneum est eundem significari archontem qui etiam Sophocli chorum negaverat (fr. 15)*.
4. Cf. Hésychios, par qui nous connaissons cette anecdote, s. v. πυρπερέγχει (= Kock, I, p. 18, n. 18). Le texte d'Hésychios, visiblement altéré, est d'ailleurs très obscur. L'explication la plus acceptable qui en ait été donnée est encore celle de Fritzsche (Commentaire des *Grenouilles* d'Aristophane, p. 57 et suiv.). D'après ce critique, c'est à propos des Βουκόλοι qu'un chœur aurait été refusé à Cratinos, mais cette comédie n'en aurait pas moins été représentée, sans choreutes; seulement, le poète, pour se venger de l'archonte, l'aurait fait commencer par un morceau lyrique, — ou semi-lyrique, — sorte de dithyrambe exécuté par les acteurs, où il s'exprimait en termes violents sur le compte du magistrat qui l'avait exclu du concours.
5. Je ne puis, en effet, partager l'opinion de Susemihl, qui fait des Βουκόλοι une des premières comédies de Cratinos, sous prétexte que cette pièce n'avait pas de *prologue*, mais qu'elle débutait par la *parodos* (Rev. de philologie, 1895, p. 206).
6. Cf. le portrait que trace de lui Aristophane dans la parabase de ses *Cavaliers*, v. 526 et suiv.
7. Meineke, *Hist. crit. comic. graecor.*, p. 45. L'Anonyme περὶ κωμῳδίας dit même : Νικᾷ μετὰ τὴν πε´ Ὀλυμπιάδα. Meineke propose de lire κατά. Cf. Kaibel, *Comic. graecor. fragm.*, p. 7, § 6, note : π´ vel πα´ conjiciunt.
8. Kock, *op. cit.*, I, p. 43, n. 97.
9. Id., *ibid.*, I, p. 236, n. 45.
10. Id., *ibid.*, I, p. 214, n. 16.

donc, environ, et pour être large, entre 434 et 424 qu'il attire surtout l'attention de la comédie. Cela prouve son importance, et l'on ne s'éloignerait pas beaucoup, sans doute, de la vérité en plaçant dans cette période la préférence dont il fut l'objet de la part de l'archonte. Sophocle était alors dans tout l'éclat de son talent; il avait donné l'*Antigone* (442) et déjà peut-être l'*OEdipe roi*. On comprend que son exclusion du concours, au profit d'un Gnésippos, ait causé quelque scandale. L'archonte qui en prit la responsabilité était-il donc un homme de si peu de goût?

Je n'ai pas l'intention d'essayer ici une apologie de sa conduite; trop d'éléments nous font défaut pour la juger. Ce que je remarque simplement, c'est que Gnésippos était un musicien, et qu'à l'époque où il aurait été admis au concours de tragédie, la musique jouissait, à Athènes, d'une singulière faveur. Des réformes techniques, auxquelles le public s'intéressait vivement, tendaient sans cesse à en modifier le caractère. Après Mélanippide le jeune, auteur d'une véritable révolution dans le dithyrambe, était venu Cinésias l'ancien, autre dithyrambique célèbre par ses innovations, puis Phrynis, le maître du nome citharodique, vainqueur, en 446, aux grandes Panathénées[1]. Il était naturel que le lyrisme tragique ne demeurât pas en dehors de ce mouvement. Gnésippos fut peut-être un des premiers à le faire entrer dans les voies nouvelles. De là la mauvaise humeur de la comédie, conservatrice en musique comme dans tout le reste, et dont ces nouveautés excitaient la verve satirique. Aussi voyons-nous l'irascible Cratinos placer les chants de Gnésippos au-dessous même de ceux par lesquels on célébrait Adonis[2]. Mais, à côté de ce dénigrement systématique,

---

1. Voir, pour tous ces détails, Plutarque, *De la musique*, éd. H. Weil et Th. Reinach, commentaire des §§ 305 et 307 par Th. Reinach, p. 120 et suiv.

2. Ce trait appelle quelques explications. Pour Fritzsche (*op. cit.*, p. 57), le personnage que fait parler Cratinos veut dire que, s'il était *archonte*, c'est-à-dire organisateur d'une fête comportant des concours littéraires, il n'admettrait pas Gnésippos parmi les concurrents, s'agit-il des Ἀδώνια. Kock n'est pas de cet avis (I, p. 17) : *Indignatur... poeta*, dit-il, *archontem qui Sophocli poscenti chorum non dederit, Gnesippo concessisse*, « quem » inquit « ego si choragus essem nollem mihi », *i. e. me chorago* « docere ne Adoniis quidem ». *Ita enim, non ut Fritzschius voluit.... haec interpretanda sunt. Nam archon chorum dat, choragus adparatum choricum praebet, poeta fabulam docet vel docendam curat et cum chorago aut vincit aut vincitur*. C'est donner beaucoup de mal pour rendre compte d'une chose très simple. La fête d'Adonis, probablement fort ancienne en Attique (Aristophane, *Paix*, 418 et suiv.; Pauly-Wissowa, *s. v. Adonia*), et d'un caractère tout privé (P. Foucart, *Associations religieuses*, p. 61), n'avait rien à voir avec l'archonte ni avec l'institution de la chorégie. C'était, au vᵉ siècle, une fête célébrée par les femmes, qui, entre autres rites, s'y livraient, sur les toits en terrasse de leurs maisons, à des lamentations aiguës, qu'on entendait dans toute la ville (Aristophane, *Lysistrata*, 389 et suiv., et les scholies, aux vers 388 et 389; Plutarque, *Nicias*, 13, et *Alcibiade*, 18). Plus tard, sous l'archonte Nicoclès (302-1), il est question d'une πομπή τῶν Ἀδωνίων, menée par un thiase d'Aphrodite Syrienne qui a sa rési-

il y avait l'engouement de ceux qui, las de la tradition, aspiraient à autre chose et suivaient avec une attention passionnée les tentatives des novateurs pour rendre la musique plus expressive. L'archonte n'échappait pas à ce courant d'opinion, soit qu'il subît certaines pressions, — les sollicitations auxquelles étaient en butte les héliastes nous sont une garantie que l'intrigue était partout à Athènes, — soit qu'il obéît à ses goûts personnels, qui pouvaient ne pas le porter toujours du côté du *classique*. Lisait-il ou se faisait-il lire les pièces présentées? Se décidait-il sur la renommée des auteurs? Deux passages de Platon feraient pencher vers la première hypothèse[1]; mais d'autres témoignages sont plutôt en faveur de la seconde[2]. Ce qui n'est pas douteux, c'est qu'il lui arrivait d'accorder un chœur à des poètes médiocres. Dans la *Paix* d'Aristophane, le chœur met au nombre des biens qui rendent la vie supportable le chant printanier de l'hirondelle, et le fait que les deux frères Morsimos et Mélanthios n'ont point obtenu un chœur[3]. Une certaine obscurité plane sur ces personnages. Étaient-ce, comme semble l'indiquer Aristophane, deux frères qui sollicitaient et obtenaient *ensemble* un chœur aux concours de tragédie, ce qui conduirait à penser qu'ils travaillaient en collaboration? Morsimos seul était-il auteur, comme le croit Fritzsche, et Mélanthios seulement acteur dans les drames de son frère[4]? Toujours est-il que l'un et l'autre étaient fils de Philoclès, neveu d'Eschyle et poète tragique lui-même[5]. Ils faisaient, comme nous dirions, *du théâtre*, et ils en faisaient dans le goût du jour. Aristophane se moque d'une *Médée* de Morsi-

---

dence au Pirée (*Inscr. att.*, II, v, n. 611 *b*, 1). A cette πομπή nous ignorons si les femmes seules prenaient part. Quel que soit le personnage qui disait, dans la pièce de Cratinos, les trimètres que nous avons conservés, ces paroles, « dont je ne voudrais pas pour *didascale* même aux fêtes d'Adonis », ne sauraient donc être prises à la lettre, car il n'y avait, aux Ἀδώνια, ni *didascale* ni chœur; il n'y avait que l'ἀδωνιασμός, c'est-à-dire les thrènes improvisés par les *vociératrices* qui se lamentaient sur leurs toits en se frappant la poitrine, et la plaisanterie consiste dans l'hypothèse invraisemblable de pareils chants composés par un poète de métier, qui les ferait plus mauvais qu'ils ne le sont réellement. « La poésie de Gnésippos, veut dire en résumé Cratinos, est encore au-dessous de l'ἀδωνιασμός, qui, pourtant, ne vaut pas cher comme paroles et comme musique. » Voilà, semble-t-il, tout le mystère de cette allusion.

1. Platon, *République*, II, p. 383 C. Il vient de citer des vers d'Eschyle dont il condamne la morale, et il ajoute : Ὅταν τις τοιαῦτα λέγῃ περὶ θεῶν, χαλεπανοῦμέν τε καὶ χορὸν οὐ δώσομεν. Cf. *Lois*, VII, p. 817 D, où il s'agit de la tragédie, toujours considérée au point de vue des grands enseignements qu'elle doit contenir : Νῦν οὖν, ὦ παῖδες μαλακῶν Μουσῶν ἔκγονοι, ἐπιδείξαντες τοῖς ἄρχουσι πρῶτον τὰς ὑμετέρας παρὰ τὰς ἡμετέρας ᾠδάς, ἐὰν μὲν τὰ αὐτά γε ἢ καὶ βελτίω τὰ παρ' ὑμῶν φαίνηται λεγόμενα, δώσομεν ὑμῖν χορόν, εἰ δὲ μή, ὦ φίλοι, οὐκ ἄν ποτε δυναίμεθα.
2. Suidas, *s. vv.* χορὸν δίδωμι · Ἐν ἴσῳ τῷ εὐδοκιμεῖν καὶ νικᾶν · παρὰ γὰρ τοῖς Ἀθηναίοις χοροῦ ἐτύγχανον κωμῳδίας καὶ τραγῳδίας ποιηταὶ οὐ πάντες ἀλλ' οἱ εὐδοκιμοῦντες καὶ δοκιμασθέντες ἔξιοι.
3. Aristophane, *Paix*, 800 et suiv.
4. Fritzsche, *op. cit.*, p. 105.
5. Pourtant, Suidas ne nomme que l'un d'eux, Morsimos, comme fils de Philoclès (s. vv. Φιλοκλῆς, Μόρσιμος καὶ Μελάνθιος).

mos, dans laquelle Mélanthios exécutait une de ces monodies si appréciées des admirateurs d'Euripide[1]. Il est piquant de voir ces poètes de la famille d'Eschyle renoncer au genre sévère qui avait fait la gloire du vieux tragique, pour donner dans de pareilles curiosités. C'est qu'elles plaisaient, ces curiosités, et, à tout prendre, elles font honneur au génie inquiet et inventif des Athéniens. L'archonte qui, un jour, leur témoigna sa sympathie en admettant Gnésippos à concourir, n'était probablement ni un ignorant ni un sot ; il faut considérer son choix comme un épisode de cette éternelle querelle des *anciens* et des *modernes* qu'ont connue toutes les grandes littératures, et qui est justement une preuve de leur grandeur et de leur vitalité.

1. Aristophane, *Paix*, 1009 et suiv. Nauck, adoptant l'opinion qui fait de Mélanthios un acteur, pense que la *Médée* dont il est question ici était de Morsimos plutôt que de son frère (*Tragic. graecor. fragm.*, 2ᵉ éd., *Adespota*, n. 6, p. 839). Le scholiaste, au contraire (*Paix*, 1012), l'attribue à Mélanthios lui-même.

LA
MAISON DE LA REINE BLANCHE

DU FAUBOURG SAINT-MARCEL A PARIS

Par M. Jules GUIFFREY

Membre résidant.

Au centre de l'ancien faubourg Saint-Marcel, sur les bords de la Bièvre, dans le voisinage immédiat de la manufacture des Gobelins, s'élève une construction, vieille de plusieurs siècles, désignée dans le quartier sous le nom de maison de la Reine Blanche. Elle passe pour remonter, sinon au règne de saint Louis, du moins au XIVe siècle.

L'édifice connu sous le nom de maison de la Reine Blanche a-t-il quelque droit à ce titre? Nous nous proposons dans la présente note de répondre à cette question.

I.

Les reines de France, on le sait, portaient en blanc le deuil de leur époux; de là, le nom de reines blanches souvent attribué aux veuves royales. Or, lorsqu'au cours de leurs déplacements, elles séjournaient chez quelque habitant notable des villes qu'elles traversaient, le nom de « maison de la Reine Blanche » demeurait souvent attaché au logis qui les avait reçues.

On a pu croire que la maison du faubourg Saint-Marcel devait à une circonstance de cette nature la désignation sous laquelle elle était depuis fort longtemps connue; la découverte d'un document authentique, concernant l'origine et la destruction du manoir auquel cette dénomination appartenait légitimement, a établi que la princesse qui l'avait habité portait bien réellement le nom de Blanche et que la vieille demeure historique avait disparu depuis plusieurs siècles.

Par lettres-patentes en date du 20 mai 1404, le roi Charles VI, considérant que le quartier Saint-Marcel-lez-Paris, « pour le fait et occasion de noz guerres, « est moult desolez et ruineulx, » accorde aux manans et habitants de ce faubourg deux foires par an et un marché devant se tenir le lundi de chaque semaine. Comme les habitants ne possèdent pas d'emplacement propre à recevoir ces foires et marchés, le roi leur donne et octroye en pleine propriété « certain « hostel, à présent tout décheu en ruyne, en tant qu'il est inhabitable et ne « pourroit servir d'aucune chose, lequel fu jadis à feu nostre très chière aieule « la royne Blanche, que Dieux absoille[1]. » Cet hôtel est situé, dit l'acte de concession, « assez près » de la grande église de Saint-Marcel.

Une sentence du Châtelet de Paris, rendue quelques jours après les lettres de Charles VI, à la fin du même mois de mai 1404, ajoute un renseignement des plus catégoriques sur les premiers habitants de cette demeure. Les doyens et chapitre de Saint-Marcel avaient droit à certaines redevances en nature sur l'immeuble en question, ainsi désigné : « Une maison, masures et jardin, assis « à Saint-Marcel, qui jadiz fu à la contesse de Savoye, et depuis y demoura la « royne Blanche, tenant d'une part à Jehan Bardin et à l'hostel-Dieu de Saint-« Marcel et à la rue des Quilles, et d'autre part à Jehan le Curel[2]. » Voici la situation de l'ancienne habitation princière parfaitement déterminée et, par suite, sa proximité de l'église confirmée. La sentence du prévôt de Paris fait savoir que, depuis plusieurs années, le chapitre n'arrivait pas à obtenir les redevances auxquelles il prétendait, ce qui indiquerait que la libéralité royale n'avait d'autre but que de débarrasser le trésor d'une charge inutile.

Mais le principal intérêt de cette sentence consiste dans cette révélation, qu'avant la reine Blanche, la maison du bourg Saint-Marcel avait été la demeure d'une comtesse de Savoie, pour laquelle elle avait probablement été construite.

D'autres textes contemporains viennent corroborer ces indications. Un registre des archives de Saint-Marcel désigne ainsi l'immeuble en question : « Une maison qui fut à la comtesse de Savoye, en laquelle a demeuré une royne « Blanche, dont aujourd'huy elle en porte le nom[3]. »

Le fait était ainsi de notoriété publique, et il était venu à la connaissance de

---
1. Archives nationales, S 1922 B. On trouvera ce document aux Pièces justificatives, n° I.
2. Arch. nat., S 1922 B et 1937, fol. 39 v°. — Voy. Pièces justificatives, n° II.
3. Arch. nat., S 1947 4, fol. 52.

Jaillot, qui le rappelle et le commente dans ses *Recherches historiques*, comme on le verra plus loin.

Des textes qui précèdent, il résulte qu'il existait au xiv⁰ siècle, dans le faubourg de Saint-Marcel-lez-Paris, tout près de l'abbaye de ce nom, un manoir ou hôtel d'une certaine importance, entouré d'un jardin, successivement habité, d'abord par une comtesse de Savoie, puis par une reine Blanche, aïeule du roi Charles VI. Quelle était cette comtesse de Savoie? A laquelle des nombreuses princesses ayant porté le nom de Blanche doivent s'appliquer nos textes?

II.

Sur la comtesse de Savoie installée au faubourg Saint-Marcel, pas de doute. Il s'agit certainement d'Alix de Méranie, femme en premières noces de Hugues, comte palatin de Bourgogne, puis remariée, le 3 juin 1267, à Philippe, comte de Savoie. Cette princesse mourut le 8 février 1279[1]. Elle fut l'aïeule de Blanche de Bourgogne, seconde fille d'Othon, comte palatin de Bourgogne, et de Mahaut, comtesse d'Artois. Blanche de Bourgogne épousa le roi Charles IV le Bel, fut répudiée et mourut religieuse en l'abbaye de Maubuisson-lès-Pontoise. Toutes ces circonstances conviennent fort bien à notre maison de la reine Blanche, déjà « déchue en ruine » au commencement du xv⁰ siècle.

L'existence de cette demeure historique se trouve donc, en quelque sorte, authentiquement confirmée, ainsi que la date approximative de sa destruction; il reste à en fixer l'emplacement. On aurait quelque difficulté à retrouver aujourd'hui la situation précise des héritages de Jean Bardin et de Jean Le Curel, cités dans l'acte de 1404. La rue des Quilles a disparu depuis longtemps, et on n'en connaît pas l'emplacement. Le voisinage immédiat de l'église et de l'Hôtel-Dieu de Saint-Marcel indique que notre maison touchait aux dépendances de l'abbaye. Cette église, dont les débris disparurent lors du percement du boulevard auquel est resté son nom, s'étendait jadis entre ce boulevard et la rue actuelle dite de la Reine Blanche, sur la gauche de l'avenue des Gobelins, avenue percée en 1867. L'ancienne demeure de la comtesse de Savoie se

---

1. Ces détails nous ont été obligeamment fournis par notre savant confrère et ami, M. Alexandre Tuetey, à qui nous devons également le texte des Pièces justificatives imprimées ci-après. Nous ne saurions assez le remercier de son précieux concours. Nous avons vainement demandé à Turin s'il existait, dans l'inventaire après décès de notre comtesse de Savoie, une mention des immeubles qu'elle avait possédés à Paris. Les recherches faites sur notre demande n'ont pas donné de résultat.

trouvait donc située dans le voisinage immédiat ou sur l'emplacement même occupé aujourd'hui par la rue de la reine Blanche. C'est ce dont nous trouvons la confirmation formelle dans certains actes d'une date très postérieure à 1404. Le souvenir de la reine de France s'était perpétué jusqu'au milieu du XVIe siècle, et, fréquemment, à l'occasion des bornages des propriétés limitrophes, reparaît cette tradition conservée jusqu'à nos jours par le nom d'une des rues du quartier.

En 1514, un immeuble appartenant à un certain François Gobelin, sis dans la grande rue de Saint-Marcel, est dit tenant aux terres de la reine Blanche[1]. Il n'est plus question, on le voit, de maison ni d'hôtel.

Autre mention en 1515[2] d'une maison acquise par Philibert Gobelin, « aboutissant par darière aux prez de la royne Blanche et par devant à ladite grande « rue Saint-Marcel. »

Nouvelle citation des « terres de la royne Blanche » en 1527[3]. Il s'agit encore cette fois d'un immeuble, tenant, d'une part, aux murs de la clôture de Saint-Marcel, « aboutissant par devant à la grande rue et par derrière aux terres « de la royne Blanche. »

En 1551, le terrain désigné dans les actes cités ci-dessus reparaît dans une sentence du Châtelet de Paris relative à un immeuble appartenant à Jean Gobelin et à plusieurs autres, « sis grande rue Saint Marcel et tenant par derrière « à la royne Blanche[4]. »

Ainsi, les terres ou prés dits de la reine Blanche auraient borné par derrière les héritages ayant leur façade sur la grande rue Saint-Marcel, devenue par la suite la rue Mouffetard. Un passage de Jaillot confirme les données recueillies dans les archives de l'abbaye[5].

Jaillot commence par rappeler, sans trop y ajouter créance, la tradition transmise par les historiens de Paris, particulièrement par Sauval, suivant laquelle le vieil hôtel de la reine Blanche aurait été le théâtre du tragique événement qui faillit coûter la vie au roi Charles VI en 1392. Ce serait, d'après Sauval, et aussi d'après Juvenal des Ursins et Corrozet, l'incident terrible de ce bal historique qui aurait entraîné la destruction de l'ancienne demeure

---

1. Arch. nat., S 1947¹, fol. 15.
2. Ibid., S* 1940¹, fol. 6 v°.
3. Ibid., S* 1940¹, fol. 115 v°.
4. Ibid., S 1921 A.
5. *Recherches historiques sur la ville de Paris*, 1774, in-12, 16e quartier, p. 119.

de la comtesse de Savoie. Cette tradition s'accorde mal avec les termes de la donation du 20 mai 1404 rapportés plus haut. Et Jaillot, révoquant en doute l'opinion de ses prédécesseurs, vient corroborer par un texte très explicite les hypothèses déduites des archives de Saint-Marcel : « Il est certain, dit-il, qu'il
« y a eu un séjour ou des jardins appellés de la reine Blanche qui ont fait don-
« ner ce nom à la rue. La déclaration des biens du chapitre Saint-Marcel,
« donnée le 9 avril 1540, par M. Maurice de Bullion, doyen de ce chapitre,
« énonce en plusieurs endroits le lieu dit *la reine Blanche*, et l'un des articles
« en fixe la situation et l'étendue en ces termes : *deux arpents de terre*
« *appelés* la Roine Blanche, *tenant au cimetière Saint-Martin, aux jardins de*
« *l'église Saint-Marcel et aux fossés.* » Et l'historien des vieux quartiers de Paris ajoute cette explication, qui concorde bien avec les citations qu'on a lues ci-dessus : « Je ne sais si ce nom venoit de Blanche de Bourgogne, femme
« de Charles le Bel [on a vu que c'était l'hypothèse la plus vraisemblable], ou
« de Blanche d'Évreux, épouse de Philippe de Valois, ou si, comme d'autres
« pensent, ce séjour avoit été bâti par la reine Blanche de Castille, mère de
« saint Louis. Un mémoire manuscrit, fait en 1719 par M. Colonne du Lac,
« doyen de Saint-Marcel, adopte cette dernière opinion et ajoute qu'il a été
« ensuite possédé par une comtesse de Piedmont. »

Le souvenir de la reine Blanche et de son habitation fut donc conservé par la rue qui portait déjà son nom du temps de Jaillot et qui l'a gardé jusqu'à nos jours. Cette rue occuperait à peu près l'emplacement où était construit l'hôtel habité successivement par la comtesse de Savoie et par la femme de Charles le Bel.

Comment se fait-il donc qu'on ait transporté le nom de maison de la reine Blanche au bâtiment encore existant aux n⁰ˢ 17 et 19 de la rue des Gobelins ?

III.

Sur la date de la maison de la rue des Gobelins, aucune incertitude ne saurait être possible. Certains détails d'architecture précisent de façon certaine le moment de sa construction; elle doit être fixée aux dernières années du XV⁰ siècle ou au premier tiers du XVI⁰.

Les deux immeubles, divisés actuellement sous les n⁰ˢ 17 et 19, ne formaient jadis qu'une seule propriété.

D'un côté (n⁰ 19), une maison d'habitation, un manoir ou hôtel gardant certaines parties de construction, certains détails d'architecture des plus caractéristiques. Les dessins dus à l'habile crayon de M. Nodet vont singulièrement faciliter nos descriptions en mettant sous les yeux du lecteur les parties les mieux conservées de la construction primitive. On ne doit pas s'attendre à retrouver ici des ensembles complets. Le temps a fait son œuvre de destruction, et les restaurations, plus funestes souvent que les années, ont exercé leur déplorable influence. Certaines personnes assurent qu'on voyait encore naguère des traces de peinture sous la voûte qui donne accès à la cour du n° 19. Plus rien maintenant : les pierres grattées, les plâtres blanchis n'ont gardé aucun vestige de décoration. En vain, la porte extérieure s'efforce-t-elle de rappeler de vieux souvenirs depuis longtemps abolis, l'affectation de ses formes hybrides trahit bien vite son âge, et personne n'y est trompé.

A l'extérieur, déjà l'encadrement des fenêtres étroites et allongées, entourées de minces moulures prismatiques à bases saillantes, annonce un édifice

Fig. 1. — Décoration surmontant la porte de l'escalier
dans la cour du n° 19.

contemporain de la dernière période de l'architecture gothique. Ce mode de décoration était abandonné après 1520. Mais c'est à l'intérieur que se rencontrent les fragments les plus intacts de l'édifice d'autrefois. Ne suffirait-elle pas à fixer la date de l'escalier de pierre, enfermé dans une tourelle en saillie

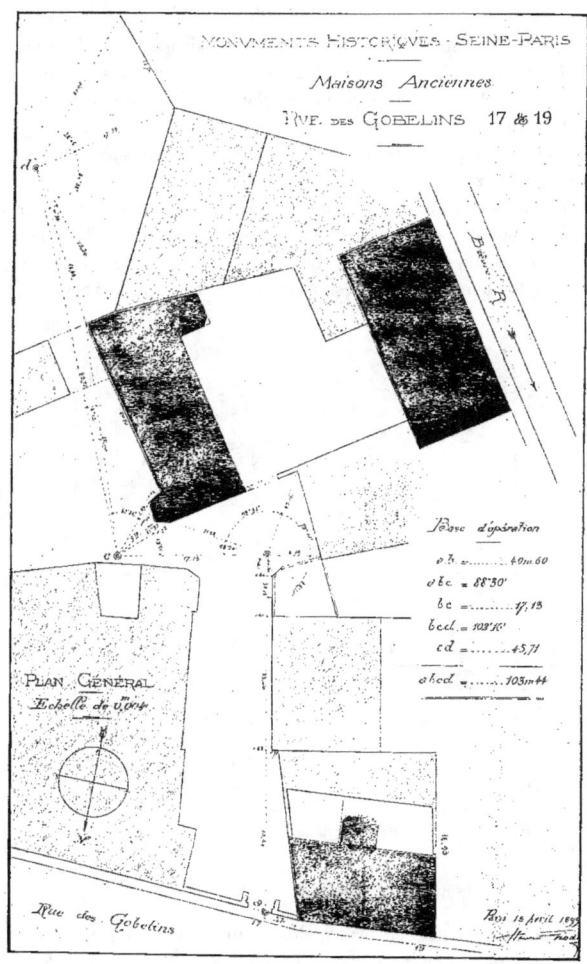

Fig. 2. — Plan d'ensemble des maisons situées rue des Gobelins, n°s 17 et 19.

sur la cour, cette arcade en accolade, à moulures prismatiques, d'un vigoureux relief, décorée de feuilles de chou frisé (fig. 1)? Ces motifs appartiennent encore au XVe siècle et circonscrivent la date de l'exécution de la tourelle entre 1480 et 1520.

Mais commençons par étudier la distribution des lieux sur les plans dressés par M. Nodet (fig. 2).

C'est d'abord un dessin d'ensemble donnant la situation des constructions et leurs dimensions respectives. Les parties foncées sont les seules qu'on puisse faire remonter à la fin du XVe siècle. Les autres sont de dates différentes, mais plus récentes; les teintes claires désignent les bâtiments modernes.

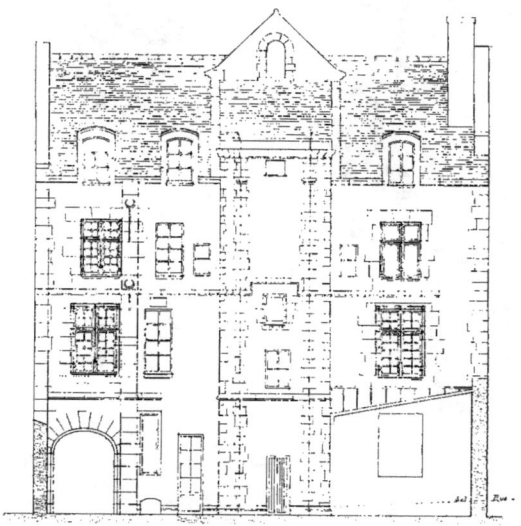

Fig. 3. — Maison n° 19 de la rue des Gobelins vue sur la cour.

Sur ce plan, trois masses principales se distinguent à première vue. Le n° 19 de la rue des Gobelins consiste en un bâtiment en forme de trapèze, flanqué d'une tourelle contenant l'escalier. C'est la maison d'habitation, le vieil hôtel habité par les propriétaires; ici, est bien apparente une certaine recherche dans la décoration des portes et des fenêtres.

A côté, au n° 17, au fond d'une large cour, encadrée de constructions modernes sans caractère, deux vastes rectangles, presque parallèles, séparés par un espace vide, atteignent une longueur de vingt mètres environ, sur sept à huit de large. L'un d'eux est flanqué de deux appentis en saillie à ses deux extrémités opposées; dans ces appentis sont ménagés deux escaliers. Nous y reviendrons tout à l'heure.

Cette disposition générale constatée, examinons en détail chacun de ces immeubles.

Pour la partie des bâtiments que nous considérons comme la demeure des maîtres du logis (fig. 3), plusieurs remarques caractéristiques s'imposent au premier aspect. Si des additions de date indéterminée, des restaurations maladroites ont dénaturé quelque peu le caractère de l'édifice, les croisillons de pierre divisant les larges croisées ouvertes sur la cour intérieure, les moulures prismatiques encadrant les fenêtres, la décoration de la porte extérieure donnant accès à l'escalier à vis qui dessert, en même temps que les divers étages de logements, trois étages de caves superposées (l'un est comblé, mais il en existe encore deux qui s'enfoncent plus bas que le lit voisin de la Bièvre), tout cela n'appartient-il pas à l'époque que nous avons indiquée, c'est-à-dire à l'extrême fin du moyen âge? La Renaissance n'apparaît encore dans aucun détail de la décoration. Impossible d'attribuer ces motifs d'ornement à une date plus récente que 1515 ou 1520.

Arrivons au bâtiment situé au fond de la cour du n° 17 de la rue des Gobelins (fig. 4). Nous avons signalé les deux saillies représentant les deux tourelles occupées par les escaliers. Ces deux escaliers, détail bien particulier, ont été pratiqués aux deux extrémités du bâtiment. Cette disposition n'indique-t-elle pas que l'un des escaliers servait à la montée, l'autre à la descente de personnes assez nombreuses fréquentant les étages supérieurs. Or, une pareille précaution ne saurait guère convenir qu'à un atelier occupé par un nombreux personnel.

Comme nous sommes ici au centre du quartier général des teinturiers, comme nous voyons sur d'anciens plans du XVIe siècle la famille des Canaye installée à cet endroit, dans le voisinage immédiat des Gobelins, comme cette famille des Canaye, apparentée aux Gobelins, occupait, aussi bien que ses voisins, une haute situation dans l'industrie spéciale aux bords de la Bièvre, nous sommes très probablement en présence de l'atelier de teinture des Canaye qui continuèrent leur métier jusqu'aux dernières années du XVIᵉ siècle et dont l'ancien logis fut respecté, alors que la teinturerie des Gobelins se trouvait transformée en manufacture de tapisseries. Une particularité bien caractéristique

Fig. 4. — Vue générale du batiment situé au fond de la cour au nᵒ 17 de la rue des Gobelins avec sa tourelle d'angle.

vient à l'appui de cette hypothèse. Parallèlement au long bâtiment que nous supposons occupé par l'atelier de teinture s'étend, tout à fait au bord de la Bièvre, une vaste citerne ancienne, ne mesurant pas moins de vingt mètres de long, sur huit de large et cinq de profondeur, d'une contenance de huit cents mètres cubes environ. Un pareil réservoir qu'on alimentait sans doute à l'origine avec les eaux de la rivière voisine n'a pu être pratiqué à grands frais que pour des besoins d'une nature spéciale. A quel usage un semblable volume d'eau conviendrait-il mieux qu'à la teinture? Tout concorde donc pour prouver que nous nous trouvons ici en présence de la maison et de l'établissement des Canaye. Cette proximité d'un grand atelier à trois étages et d'une citerne beaucoup trop vaste pour les usages domestiques ne saurait guère s'expliquer autrement. Quant à l'établissement de la famille des Canaye dans le voisinage immédiat des Gobelins, elle résulte de plans et d'actes de propriété trop nombreux et trop authentiques pour que la moindre incertitude reste possible.

Un dessin de M. Nodet que nous reproduisons ici donne l'aspect et le plan du poteau de bois de l'escalier du n° 17 (fig. 5). C'est à peu près le seul détail de ce bâtiment ayant conservé quelque caractère. La forme des fenêtres, les moulures, la distribution intérieure, tout a été repris à différentes époques et complètement modifié. De la construction, il ne subsiste guère que les quatre murs extérieurs, les deux tourelles d'angle et les escaliers à vis.

Fig. 5. — Départ de l'escalier logé dans la tourelle du bâtiment situé n° 17 de la rue des Gobelins.

Pour conclure, il résulterait de ce qui vient d'être exposé, qu'il a existé jadis, dans le faubourg Saint-Marcel, un manoir, un hôtel, connu sous le nom de maison de la reine Blanche. Cette maison, habitée successivement par la comtesse de Savoie, Alix de Méranie, morte en 1279, puis par sa petite-fille, Blanche de Bourgogne, femme de

Charles le Bel, était tombée en ruines dès le commencement du xve siècle. Ses derniers débris disparurent en 1404. Enfin, l'immeuble du commencement du xvie siècle, connu aujourd'hui dans le quartier des Gobelins sous la dénomination de maison de la Reine Blanche, n'est très probablement autre chose que la demeure et l'établissement industriel de la riche famille de teinturiers ayant porté le nom de Canaye, voisins, amis et alliés[1] des Gobelins.

---

[1]. Sur l'état civil des Gobelins et des Canaye, leurs alliances et la conversion de certains membres de ces deux familles à la religion réformée, il faut consulter les documents et actes d'état civil publiés par M. A.-L. Lacordaire, alors directeur de la manufacture des Gobelins, dans le *Bulletin de la Société de l'histoire du protestantisme français*, 1856, p. 489-490. — Voyez aussi sur les Canaye les deux articles de M. Ch. Pradel parus dans les *Mémoires de l'Académie des sciences, inscriptions et belles-lettres de Toulouse* de 1889 et 1890, sous ce titre : *Un marchand de Paris au XVIe siècle* (1564-1588). L'auteur termine son étude par une notice spécialement consacrée aux Canaye, à leur généalogie et à leurs alliances avec la famille Gobelin.

PIÈCES JUSTIFICATIVES

1.

Lettres patentes du roi Charles VI.

20 mai 1404.

Charles, par la grace de Dieu roy de France, au prevost de Paris et à tous les autres justiciers de nous et de nostre royaume, ou à leurs lieuxtenans, salut. De la partie de noz bien amez les manans, commun et habitans de Saint-Marcel-lez-Paris nous a esté humblement suplié que, comme pour le prouffit et evident utilité de nous et du commun d'entr'eulx et aussi de la chose publique, et mesmement pour relever et mettre en estat convenable ledit lieu de Saint-Marcel, qui, pour le fait et occasion de noz guerres, est moult desolez et ruyneux, et iceulx supliants vrays povres, nous, par noz autres lettres, pour les causes et consideracions en icelles declairées, leur aions nagaires octroyé et voulu que audit lieu de Sainct-Marcel ilz puissent et leur loise ordonner, faire et tenir à tousjours deux foires chacun an, et chacune sepmaine, au jour de lundi, marchié, si comme par noz dictes autres lettres vous pourra plus à plain apparoir; pour lequel marchié et foires tenir lesdiz supliants n'aient à cause d'eulx aucune place convenable, si comme ilz dient, requérans humblement que comme audit lieu de Saint-Marcel, assez près de la grant eglise de Sainct-Marcel, nous ayons et nous appartiengne certain hostel, à present tout décheu en ruyne, en tant qu'il est inhabitable et ne pourroit servir d'aucune chose, lequel fu jadiz à feu nostre trez chière aieule la royne Blanche, que Dieux absoille ; nous, pour iceulx marchié et foires leur vueillons octroyer et donner icelui, pour consideration desquelles choses dessusdictes, et que, à la relacion de plusieurs de nostre Conseil, ceste chose nous a esté relatée estre très expedient et utile à nous et au bien publique, et par ce voulant nostredit octroy d'icelles foires et marchié sortir et avoir leur plain effect, ausdiz supliants avons donné, baillié et ordonné, donnons, baillons et ordonnons, de grace especial, par ces presentes, nostre dit hostel de Sainct-Marcel, ensemble toutes ses appartenances et appendences, tout ainsi qu'il se comporte en long et en lez, pour illec lever, tenir et assembler leurs dictz foire et marchiez, et non pour autre cause. Si vous mandons et expressement enjoingnons et à chacun de vous, si comme à lui appartendra, que, à ce appellez ceulx qui seront à appeller, vous ausdiz supliants baillez et delivrez, ou faictes bailler et delivrer, tantost et sans delay, nostredit hostel, ainsi qu'il se comporte et append, sans contredit aucun, et de nostre presente grâce et octroy les faictes, souffrez et laissiez joir, user et exploicter plainement et paisiblement, sans leur faire ou donner aucun destourbier ou molestation pour cause d'aucuns devoirs, se chargez en estoit, ne autrement en aucune manière au contraire ; car ainsi le voulons et nous plaist estre fait de nostredicte grâce et auctorité royal par ces presentes, nonobstans quelxconques lettres subreptices au contraire. Donné à Paris, le xxe jour de may, l'an de grace mil CCCC et IIII et le xxiiiie de nostre regne.

(Original, Archives nationales, S 1922 b.)

II.

Sentence du garde de la prévôté de Paris.

1404, le mercredi après la Trinité.

A tous ceulz qui ces presentes lettres verront, Guillaume, seigneur de Tignonville, chevalier, conseillier, chambellan du Roy nostre sire et garde de la prevosté de Paris, salut. Comme par vertu de l'ordonnance et previlleige que le roy Phelippe le Bel fist et donna, si comme il est contenu en ses lettres scellées de sont grant seel à cire vert et soye, dont la teneur est tele :

. . . .

(Texte de l'ordonnance de novembre 1303, concernant le payement des cens assignés sur les maisons de Paris.)

(*Ordonnances*, tome II, p. 387.)

et à la requeste des doyen et chappitre de Saint-Marcel qui disoient que, tant par eulx comme par leurs predecesseurs et ceulx dont ilz avoient la cause, ilz avoient esté et encores estoient en bonne et souffisant saisine et possession et avoient droit d'avoir et prendre chacun an à tousjours, au jour et terme de la feste saint Clément, un sextier d'avoine en et sur une maison, masures et jardin, ainsi que tout se comporte, assise à Saint Marcel, qui jadiz fu à la contesse de Savoye, et depuis y demoura la royne Blanche, tenant d'une part à Jehan Bardin et à l'ostel Dieu de Saint-Marcel et à la rue des Quilles, et d'autre part à Jehan le Curel, en la censive dudit Saint-Marcel, et de gaigier et prendre gaiges en ladicte maison, masures et jardin pour leurdicte rente ou croiz de cens, toutesfois que aucuns arrérages leur en avoient esté et estoient deubz, et pour ce, si comme ilz disoient que icelle maison, masures et jardin estoient devenuz vuis, vagues, ruineux et inhabitez, et en tel point et estat que lesdiz doyen et chappitre, ne autre pour eulx, n'y povoient ne avoient peu trouver par long temps que prendre ne que gaiger pour leurdicte rente ou croiz de cens; parquoy vint huit années d'arrerages leur estoient deues pour pluseurs termes escheuz et passez, si comme ilz disoient, Estienne Ysambart et Martin Germain, sergens à verge du

Roy nostre sire ou Chastellet de Paris, feussent alez première fois en et sur la maison, masures et jardin dessus declarez, le mardi xxe jour de mars, l'an mil IIII^c et deux, presens Jehan Badin, Guillaume Badin, Jehan Despias et autres; lesdiz sergens, seconde fois, le mardi x^e jour de juilliet, l'an mil CCCC et trois, presens Guillaume Gaillart, Pierre le Moine, Perrin le Moine et autres; les dessus nommez sergens, tierce fois, le mardi xiiie jour de novembre, l'an que dessus, presens Jehan Descouvay, Guillemin Gaillart, Guillaume le Pele et autres; Estienne Ysembart, Robin Violette, aussi sergens à verge dudit Chastellet, quarte fois d'abondant, le lundi xxve jour de fevrier, l'an mil IIII^c et trois (1404), présens Guillaume Gaillart, Jehan le Mire, Robin du Val et autres; et pour ce que à chacune d'icelles fois ilz trouvèrent ycelles maison, masures et jardin vuis, vagues, ruineux et inhabitez, et en la manière que lesdiz doyen et chappitre avoient donné à entendre et que dessus est declaré, eussent ylec appellé en la presence et audience de dessus nommez tous propriétaires, censiers et rentiers, et généralement tous ceulx et toutes celles qui aucun cens, rente ou autre droit avoient, povoient, devoient ou entendoient avoir, pretendre, demander ou réclamer en et sur ladicte maison, masures et jardin ruineux, comme et pour quelconque cause, droit ou raison que ce feust, et les eussent amonnestez que ausdiz doyen et chappitre ilz paiassent lesdiz arrerages, ou meissent ycelles maison, masures et jardin en tel estat que lesdis doyen et chappitre et ceulx qui d'eulx auroient cause, y puissent trouver à prendre et à gaigier pour ledit croix de cens ou rente et pour tout ce qui leur en estoit et seroit deu, en leur signifiant que, se ainsi ne le faisoient, on le venissent deffendre et eulx y opposer souffisaument dedens un an ensuivant ledit premier jour que lesdiz sergens y estoient alez ladicte première fois, l'en procederoit contre eulx et pour lesdiz doyen et chappitre selon la forme et teneur des lettres royaulx cy dessus transcriptes, comme de raison seroit, et pour ce faire et pour oir tout ce que lesdiz doyen et chappitre, ou leur procureur pour eulx, vouldroient dire et faire dire et proposer contre eulx pour les causes dessusdictes, les eussent adjournez oudit Chastellet contre lesdiz doyen et chappitre, c'est assavoir, lad. première fois au jour de la Trinité mil IIII^c et trois et au landemain ensuivant pour la première quarantaine; ladicte seconde fois au jour des Mors et au landemain ensuivant pour la seconde quarantaine, l'an dessusdit; ladicte tierce fois au jour de la Circoncision Nostre Seigneur et au landemain ensuivant pour la tierce quarantaine, l'an que dessus; lad. quarte fois d'abondant au jour de la Trinité et au landemain ensuivant pour la quarte quarantaine d'abondant, l'an mil IIII^c et quatre; ausquelz jours à chascun par soy, lesdiz doyen et chappitre, ou leur procureur pour eulx feust venu, vint et comparut souffisaument à l'audience oudit Chastellet contre lesdiz appellez, amonnestez et adjournez, qui aussi furent souffisaument appellez, amonnestez et adjournez à chacune desd. journées à ladicte audience par le sergent à verge estably à telz cris et appeaulx faire, et aussi se feust apparu et opposé à yceulx cris, monicions et appeaulx, et en yceulx faisans, maistre Jehan Marot, procureur et chamberier de l'eglise Sainct-Marcel, qui eust dit et declaré les causes de son opposition, afin de conserver à lad. eglise 2 sols et demi de fons de terre et aussi afin d'estre payé de plusieurs arrerages qui en sont deubz, et eslut domicile ou chappitre de ladicte eglise, fait le dimenche xxv⁰ jour de may mil CCCC et quatre; et, après ce, lesdis doyen et chappitre, perseverans ou procès des cryées, monicions es appeaulx devant diz, nous eussent requis que, par vertu des choses dessus dictes, nous leur adjugissions tout le droit, quelque il feust, que lesd. appellez, amonestez, adjournez, deffaillans et contumaux, et qui n'estoient venuz et comparus à ycelles cryées, monicions et appeaulx avoient, povoient, devoient ou entendoient avoir, prétendre, demander ou réclamer en et sur lad. maison, masures et jardin vuis, ruineux desous declairez, feust en rente, en propriété, en censive, en saisine, en arrérages, en obligacions, ou autrement, et pour quelconque cause, droit ou raison que ce feust, disans que veues les lettres dessus transcriptes et toutes les autres choses dont cy dessus est faicte mencion, et ycelles considérées, ainsi le devions faire, requerans oultre droit à eulx estre fait sur ce... Savoir faisons que nous, oye ladicte requeste, veuz et diligemment visitées les lettres et previlleiges royaulx dessus transcriptes, veu aussi les actes des appeaulx, monicions, adjournemens et des contumaces, dont dessus est faicte mention, ensemble tout le procès fait sur ce et tout ce qui faisoit à veoir et considerer, ausdis doyen et chappitre adjugasmes et adjugons par sentence et par droit tous les drois et actions quelzconques que lesdiz appellez, amonnestez et adjournez deffaillans et contumaux, comme dessus est dit, peussent ou deussent avoir eu, et qu'ilz avoient, ont, pevent ou povoient et devoient avoir, pretendre, demander ou reclamer en et sur lad. maison, masures, jardin, comment et pour quelconque cause, droit ou raison que ce feust ou soit, ensemble tout le droit qui ausdiz doyen et chappitre povoit et devoit, puet et doit estre adjugié par vertu desdictes lettres royaulx dessus inserées, en tant comme nous leur povions et devions adjugier par vertu desdictes lettres et de criées, appeaulx, monicions et deffaulx dessus esclarciz, sauf à l'opposant dessus nommé, ou nom que dessus, et aux autres qui souffisaument et ou temps deu se y seroient opposez, tout le droit qui leur y puet et doit s'estre sauvé et reservé par leurs oppositions. Et, par ces présentes, nous donnons en mandement aux justiciers soubz qui lesd. maison, masures et jardin sont assiz, que lesdis doyen et chappitre, ou leur procureur pour eulx, ilz en mettent en saisine corporelle souffisant, sauf auxdis opposans leur droit, comme dessus est dit. En tesmoing de ce, nous avons fait mettre à ces lettres le scel de la prevosté de Paris. Ce fu fait le mercredi après la Trinité, l'an mil quatre cens et quatre dessus diz.

(Expédition sur parchemin, Arch. nat., S 1922 B.)

PROVERBES GRECS

Par M. Amédée HAUVETTE

Membre résidant.

Les savantes études de M. Otto Crusius sur les parémiographes grecs[1] ont mis en lumière, avec beaucoup d'autres faits relatifs à la tradition et à l'interprétation des proverbes, une vérité intéressante : c'est que le grammairien Didyme, au 1er siècle avant notre ère[2], avait soumis à une sorte d'examen critique le travail des parémiographes ses prédécesseurs, et qu'il s'était appliqué notamment à contester les prétendues origines historiques des proverbes grecs. En s'attachant à réfuter ainsi des explications presque toujours fantaisistes, Didyme a pu sans doute se tromper ; mais il était, en principe, dans le vrai, et la science moderne des traditions populaires peut le revendiquer pour un des siens.

Deux ou trois exemples, que nous empruntons à M. Crusius[3], suffiront à donner une idée de cette critique de Didyme.

« Remue toutes les pierres, » disait un proverbe grec, πάντα λίθον κίνει[4], c'est-à-dire « mets tout en œuvre pour aboutir à tes fins, pour atteindre le but que tu poursuis. » Ce précepte, évidemment vieux comme le monde, fut attri-

---

1. Voici la liste des principales publications de M. Otto Crusius sur les parémiographes et les proverbes grecs : *Analecta critica ad paroemiographos graecos*, Leipzig, 1883 ; *Ueber die griechischen Parœmiographen* (*Verhandl. der 37 Philologenversammlung zu Dessau*, s. 217 ff.) ; *Ueber die Sprichwörtersammlung des Maximus Planudes* (*Rhein. Mus.*, t. XLII (1887). S. 386 ff.) ; *Plutarchi de proverbiis Alexandrinorum libellus ineditus*, rec. et praefatus est O. Crusius, Leipzig, 1886 ; *Ad Plutarchi de proverbiis Alexandrinorum libellum commentarius* (de proverbiis Alexandrinorum libelli inediti fasciculus II), Leipzig, 1895 ; O. Crusius u. L. Cohn, *Zur handschriftlichen Ueberlieferung, Kritik und Quellenkunde der Parœmiographen* (*Philol.*, Supplément VI, 1891-1893, S. 201-324).
2. Parmi les nombreux écrits de ce grammairien célèbre, surnommé Χαλκέντερος, figurait un ouvrage περὶ παροιμιῶν. Cf. Christ., *Geschichte der griech. Litteratur*, 3e édit. (1898), p. 611 et suiv.
3. O. Crusius, *Analecta critica*, p. 48-50, 141-142.
4. C'est le proverbe qui, dans le *Corpus* de Leutsch et Schneidewin (*Paroemiographi graeci*, 2 vol., 1839-1851), figure, d'après le manuscrit de Paris (P), sous la rubrique suivante : Zenob., V, 63. Le manuscrit du Mont Athos, publié par Miller (*Mélanges de littérature grecque*, 1868, p. 341 et suiv., et désigné aujourd'hui par la lettre M, donne ce proverbe sous le n° II, 24.

bué de bonne heure, sous la forme que nous lui connaissons, au dieu de Delphes ; une fois transformé en oracle, il ne tarda pas à recevoir, en quelque sorte, son extrait de naissance ; on raconta l'histoire que voici : « Après la bataille de Platées, le bruit se répandit en Grèce que Mardonius avait laissé un trésor enfoui dans la terre ; un homme de Thèbes, d'autres disent d'Athènes, s'empressa d'acheter le champ où avait campé le général perse ; mais, comme il n'arrivait pas à découvrir le trésor, il interrogea l'oracle d'Apollon, et le dieu lui répondit : « Remue toutes les pierres. » Didyme ne s'embarrassa pas de ces traditions ou inventions légendaires, et il fit observer, plus prosaïquement, que le proverbe rappelait les usages populaires de la pêche aux écrevisses[1].

Pour expliquer ce dicton bien connu : « Le dernier des Mysiens, ἔσχατος Μυσῶν[2] », l'historien Démon racontait qu'une peste avait désolé la Grèce après la guerre de Troie et qu'un oracle, plusieurs fois répété par la Pythie, avait ordonné à un fils d'Agamemnon de se rendre aux extrémités de la Mysie, ἐπὶ τὸν ἔσχατον Μυσῶν. D'autres interprètes, non moins érudits, savaient que ces mots avaient été adressés à Télèphe, venu pour demander à l'oracle le lieu où résidait sa famille. Didyme écarta ces récits plus ou moins mythologiques, et, relevant dans un poète comique ces vers : « Il m'a traité comme le dernier des Mysiens, ὡς ἐσχάτῳ Μυσῶν κέχρηταί μοι, » il remarqua que cette locution méprisante s'appliquait à des personnes sans valeur, ἐπὶ τῶν εὐτελεστάτων, comme étaient aux yeux des Grecs les Mysiens, les Cariens et bien d'autres peuplades de l'Asie Mineure[3].

Dans d'autres cas, Didyme, toujours guidé par le même principe, rejetait les commentaires historiques de ses devanciers, non pas au nom du simple bon sens, comme dans les deux exemples qui précèdent, mais à l'aide d'arguments positifs. « Hors d'ici les Cariens, disait-on, le temps des Anthestéries est passé, θύραζε Κᾶρες, οὐκ ἔτ' Ἀνθεστήρια[4]. » Sur l'origine de ce proverbe, les hypothèses abondaient, et le même historien attique, Démon, expliquait que le mot datait de l'époque où les Cariens occupaient une partie du territoire de l'Attique. Didyme, donnant au proverbe une forme sensiblement différente (Κῆρες au lieu de Κᾶρες), lui attribuait aussi une tout autre provenance : il le rattachait

---

1. M. O. Crusius reconnaît l'opinion de Didyme dans ces mots de Photius, s. v. : οἱ δὲ εἰρῆσθαί φασιν ἀπὸ τῶν τοὺς καρκίνους θηρευόντων.
2. B (*Bodleianus*), 363 = App. II, 85, dans l'édit. de Leutsch-Schneidewin = M, I, 34.
3. O. Crusius, *Analecta critica*, p. 49.
4. P, IV, 33 = M, I, 30.

à cette croyance populaire que les âmes des morts parcouraient la ville pendant les Anthestéries, ὡς κατὰ τὴν πόλιν τοῖς Ἀνθεστηρίοις τῶν ψυχῶν περιερχομένων[1].

Nous en avons dit assez pour faire comprendre l'intérêt toujours actuel de la critique exercée, sinon inaugurée, par le grammairien Didyme. Beaucoup moins bien placés que lui pour tenter de poursuivre la même démonstration, nous pouvons du moins, aujourd'hui encore, appliquer aux données suspectes des parémiographes un examen rigoureux; nous devons surtout réfuter, à l'occasion, les hypothèses qui auraient pour effet de paraître réhabiliter les explications que Didyme a toujours combattues.

Telle est la pensée qui nous a inspiré dans l'étude que nous avons entreprise des proverbes grecs. Nous donnons ici un spécimen de nos recherches et nous commençons la publication de ces notes par un proverbe qui nous fournira précisément l'occasion de répondre à une opinion récemment émise.

Πάλαι ποτ' ἦσαν ἄλκιμοι Μιλήσιοι

(P, v, 80 = M, 1, 45).

Ce proverbe, dans la bouche d'un des personnages d'Aristophane[2], offre un sens parfaitement clair; mais, sur l'origine historique du mot, les Grecs du IVᵉ siècle avant notre ère discutaient déjà comme discutent encore les modernes. C'est parce que nous ne partageons point à ce sujet l'avis de M. von Wilamowitz-Mœllendorff[3] que nous allons reprendre ici toute la question.

Mais il convient de nous expliquer d'abord sur un point que les anciens n'ont pas touché, et que les modernes même ont négligé de mettre en lumière : nous voulons dire le caractère essentiellement proverbial du vers d'Aristophane. En deux mots, nous estimons que ce vers présente, il est vrai, sous la forme où il nous est donné, une couleur historique, et qu'il se rapporte par conséquent à une certaine période que l'on peut chercher à définir, mais que

---

1. Photius, p. 286 de l'édit. Naber. — O. Crusius, *Analecta critica*, p. 48-49.
2. Aristoph., *Plut.*, 1002.
3. U. von Wilamowitz-Mœllendorff, *Die Textgeschichte der griechischen Lyriker*, p. 32, note.

c'est, au fond, une variante accidentelle d'un mot populaire qui appartient pour ainsi dire à tous les temps et qui, en Grèce même, remonte au plus lointain passé de la race.

Dans le *Plutus* d'Aristophane, un jeune homme, devenu riche, veut se débarrasser d'une vieille femme, à qui, pauvre, il soutirait de l'argent. Que faire? Il s'éloigne d'elle, il lui renvoie ses cadeaux, et, comme elle ne veut rien comprendre, il lui fait dire à la fin : « Πάλαι ποτ' ἦσαν ἄλκιμοι Μιλήσιοι, ils ont eu de la valeur autrefois, les Milésiens[1], » c'est-à-dire : « Tout change : la puissance, la grandeur, la jeunesse, la beauté passe; tu as été jeune et belle, tu ne l'es plus. » Nous disons de même : « On ne peut pas être et avoir été. » Les Grecs furent aussi sensibles qu'aucun peuple à ces rapides et fatales vicissitudes, et l'une des plus vieilles chansons de l'antique cité de Lycurgue nous offre l'expression de cette même pensée sous une forme presque identique au vers d'Aristophane. Trois chœurs, nous dit Plutarque[2], figuraient, dans les fêtes de Sparte, les trois âges de la vie, et, tandis que les hommes faits chantaient leur valeur présente, les jeunes gens leur vaillance à venir, le chœur des vieillards disait : « Nous avons été jadis de braves jeunes gens, ἀμές ποκ' ἦμες ἄλκιμοι νεανίαι[3]. » Comment douter que ces iambes ne reproduisent une naïve chanson du vieux temps? Sous cette forme ou sous une autre, le proverbe eut cours dans toute la Grèce; il se transforma selon les dialectes[4], et reparut enfin dans Aristophane, à peine modifié; car le mot de la fin, Μιλήσιοι, pouvait, suivant les circonstances, céder la place à tout autre nom de même mesure, et la valeur du proverbe résidait tout entière dans le début du trimètre : πάλαι ποτ' ἦσαν... L'accent portait sur les mots qui exprimaient l'idée essentielle, l'idée du passé,

---

1. Aristoph., *Plut.*, 1002.
2. Plutarch., *Lycurg.*, 21 : τριῶν γὰρ χορῶν κατὰ τὰς τρεῖς ἡλικίας συνισταμένων ἐν ταῖς ἑορταῖς, ὁ μὲν τῶν γερόντων ἀρχόμενος ᾖδεν ·

Ἄμμες ποκ' ἦμες ἄλκιμοι νεανίαι.

ὁ δὲ τῶν ἀκμαζόντων ἀμειβόμενος ἔλεγεν ·

Ἄμμες δέ γ' εἰμέν · αἰ δὲ λῇς, πεῖραν λαβέ.

ὁ δὲ τρίτος ὁ τῶν παίδων ·

Ἄμμες δέ γ' ἐσσόμεθα πολλῷ κάρρονες.

Cf. Plutarch., *Instit. lacon.*, 15, et *De se ipsum citra invid. laud.*, 15.

3. Nous donnons le texte adopté par Bergk, *Poetae Lyrici Graeci*, t. III, 4ᵉ édit., p. 661. — Bergk cite à ce propos le texte suivant de Pollux, IV, 107 : τριχορίαν δὲ Τυρταῖος ἔστησε, τρεῖς Λακώνων χορούς, καθ' ἡλικίαν ἑκάστην, παῖδας ἄνδρας γέροντας. Mais l'attribution de ces vers à Tyrtée nous semble peu probable.

4. On verra plus loin qu'il se trouvait dans les œuvres d'Anacréon.

et c'est au même effet que contribuait aussi l'assonance (ἀμές ποκ' ἦμες...), que d'autres remplaçaient par la répétition du verbe à l'imparfait : ἦσάν ποτ' ἦσαν ἄλκιμοι Μιλήσιοι[1]. Bien plus, les premiers mots seuls suffisaient à constituer le proverbe[2], et Euripide songeait peut-être à la vieille exclamation populaire quand il faisait dire à ses Troyennes : « Πρίν ποτ' ἦμεν, c'en est fait de notre grandeur passée[3] ! » Sans descendre plus bas dans la liste des auteurs qui ont repris ce mot[4], rappelons enfin qu'Aristophane lui-même, dans les *Guêpes*, pièce jouée en 422, plus de trente ans avant le *Plutus*, faisait une allusion évidente au même proverbe : « O vous, jadis si vaillants à la danse, si vaillants au combat, ὦ πάλαι ποτ' ὄντες ὑμεῖς ἄλκιμοι μὲν ἐν χοροῖς, ἄλκιμοι δ'ἐν μάχαις[5]. »

S'il en est ainsi, la seule question qui se pose à nous désormais est de savoir à quelle époque de l'histoire grecque ce proverbe, dont l'origine réelle se perd dans la nuit des temps, a pu être appliqué au cas particulier des Milésiens. C'est ici que le témoignage des anciens doit être entendu et discuté.

Aristote, qui cite et explique le proverbe, se contente, malheureusement, d'une indication fort vague ; il n'insiste, du moins dans Athénée[6], que sur les causes morales de la grandeur et de la décadence de Milet. « Aussi longtemps qu'ils ne furent pas adonnés au luxe, les Milésiens triomphèrent des Scythes, suivant le récit d'Éphore, fondèrent leurs colonies de l'Hellespont, peuplèrent de cités florissantes les rives du Pont-Euxin ; tous les peuples venaient à eux. Mais, quand ils se laissèrent entraîner au plaisir et au luxe, alors s'effondra la valeur de leur cité, comme dit Aristote, et le proverbe prit naissance[7] : πάλαι ποτ' ἦσαν ἄλκιμοι Μιλήσιοι. » En s'exprimant ainsi, Aristote laissait la porte ouverte à toutes les hypothèses : à quelle date fallait-il placer la décadence de

---

1. Cette forme du proverbe est celle que présentent, dans le *Corpus* de Leutsch-Schneidewin, les parémiographes suivants : Diogenien, V, 3 ; Grégoire de Cypre, II, 62 ; Macarios, IV, 58 ; Apostolios, VIII, 69.
2. Zenob., I, 82 : Ἄμμες ποτ' ἦμες. — Le manuscrit du Mont Athos (M, II, 92) donne de ce proverbe à peu près le même commentaire que le *Parisinus*, avec cette addition intéressante : μέμνηται δὲ αὐτῆς Σωσίβιος ἐν τῷ περὶ ἐθῶν. Miller n'a pas fait remarquer que ce titre était nouveau parmi les ouvrages attribués à Sosibios (cf. *Fragm. histor. graec.*, éd. Müller, t. II, p. 625 et suiv.). Je ne sache pas que ce détail ait été relevé depuis lors dans les histoires de la littérature grecque. Cf. Christ., *op. laud.*, p. 555.
3. Eurip., *Troad.*, 581.
4. On en trouvera l'énumération dans le riche commentaire de Leutsch-Schneidewin, et aussi dans la dissertation spéciale de M. R. Pomtow, *Quaestionum de oraculis caput selectum*, Berlin, 1881, p. 12, note 16.
5. Aristoph., *Vesp.*, 1060.
6. Athenae., XII, p. 523 F. — Aristot., fr. 516 de l'éd. Rose.
7. Dans cette phrase d'Aristote, Wilamowitz conjecture ἐπενοήθη, au lieu de ἐγεννήθη. La correction est sans importance pour la question qui nous occupe.

Milet? A l'époque des premières entreprises de Cyrus contre les villes grecques d'Ionie, ou bien cent ans plus tard, au milieu du ve siècle, lorsque, tout à fait déchue de son antique puissance, la métropole de tant de riches colonies figurait à peine au dixième rang parmi les villes tributaires d'Athènes[1]?

Il ne faut pas nous étonner que les historiens grecs aient voulu donner de ce problème une solution plus précise. Leurs opinions sur ce point nous sont connues, imparfaitement d'ailleurs, par deux sources : les scolies d'Aristophane et les recueils parémiographiques.

Les scolies d'Aristophane, au vers 1002 du *Plutus*, comprennent quatre morceaux différents, nous ne disons pas quatre explications distinctes du proverbe en question, car le quatrième de ces morceaux n'est que le résumé incomplet des trois premiers[2]. Entre ces trois explications, donc, un trait commun saute aux yeux : c'est que le proverbe cité par Aristophane est attribué à une source divine; il reproduit, nous dit-on, les termes d'un oracle prononcé jadis en réponse à cette consultation : fallait-il prendre les Milésiens pour alliés? Mais de qui venait cette demande? C'est ici que les versions diffèrent. La plus longue, la plus détaillée, due à l'historien Démon, ne nous est parvenue que dans un texte mutilé, où certains détails demeurent incompréhensibles[3]; nous y voyons assez clair, cependant, pour reconnaître la situation historique visée par l'auteur. C'était dans le temps de la révolte ionienne, entre l'incendie de Sardes et la destruction de Milet. A cette époque, les Cariens, en lutte avec des

---

1. Voir le tableau dressé par Beloch, *Griechische Geschichte*, t. 1, p. 402.
2. Nous suivons ici l'édition Dübner, *Scholia graeca in Aristophanem*, Paris, Didot, 1842.
3. Voici, d'après Dübner, le texte de cette scolie, qui manque d'ailleurs dans le ms. de Ravenne : Ἄλλως. Περὶ τῆς παροιμίας ταύτης Δήμων οὕτω φησί · « τῶν Καρῶν περὶ τοῦ πολέμου πρὸς τοὺς Ἀμπρακιώτας βουλευσαμένων, ἀλκιμωτάτους ὄντας τῶν ἐν πολέμῳ γειτόνων, τίνας χρὴ ποιεῖσθαι συμμάχους, οἱ μὲν τοὺς Μιλησίους ἡγοῦντο δεῖν παρακαλεῖν · καὶ γὰρ εὐημέρων [τότε] μάλιστα τῶν περιοίκων καὶ [διὰ τὸ] γειτνιᾶν τῇ Καρίᾳ τὴν τούτων χώραν · οἱ δὲ διαλύσασθαι πρὸς τοὺς Πέρσας συνεβούλευον, τὴν τούτων ἀρχὴν μεγίστην γεγονέναι φάσκοντες καὶ πάντων ἀλκιμωτάτους εἶναι κρατοῦντας τῆς Ἀσίας · ἔδοξεν [οὖν] τοῖς Καρσὶν ἐρωτῆσαι τὸν Ἀπόλλωνα πότερον τὸν χρησμὸν ὀρθῶς ἐκλαμβάνουσι · τὸν δὲ θεὸν ἀποκρίνασθαι

πάλαι ποτ' ἦσαν ἄλκιμοι Μιλήσιοι.

τοῦ δὲ χρησμοῦ διαδοθέντος εἰς τὰς Ἀσιάτιδας πόλεις, οἱ μὲν Μιλήσιοι τὴν προφῆτιν αἰτιασάμενοι διεφθάρθαι χρήμασιν ὑπὸ τῶν μηδιζόντων πανδημεὶ τοῖς Καρσὶ βοηθήσαντες, σχεδὸν ἅπαντες ἀπέθανον. τὸν δὲ χρησμὸν διὰ τὴν ἀλήθειαν εἰς παροιμίαν ἐλθεῖν φασί ». Il n'est pas douteux que le début du récit ne soit incomplet : les mots ἀλκιμωτάτους ὄντας τῶν ἐν πολέμῳ γειτόνων se rapportent certainement à un premier oracle, qui conseillait aux Cariens de prendre les alliés les plus braves. M. Pomtow (*op. laud.*, p. 15, n. 20) indique certaines corrections, mais bien aventureuses ; il ne nous convient pas de corriger le texte de Démon pour tâcher de mettre cet historien d'accord avec Hérodote ou avec Diodore, et c'est ce que fait M. Pomtow quand il remplace les mots πρὸς τοὺς Ἀμπρακιώτας par πρὸς τοὺς Πέρσας, ou qu'il supprime tel autre membre de phrase à son gré.

voisins dont le nom nous échappe, se demandèrent quels alliés ils devaient appeler à leur secours : devaient-ils s'unir à Milet, leur voisine, ou bien s'entendre avec les Perses, déjà maîtres des contrées environnantes? L'oracle leur répondit par le vers devenu fameux, dont le sens n'avait rien d'équivoque. A cette nouvelle, les Milésiens, piqués au jeu, n'en firent pas moins sortir leur armée pour secourir les Cariens ; mais leur intervention ne fut pas heureuse, et un désastre justifia la parole du dieu.

Une autre version, anonyme dans les scolies d'Aristophane, mais imputable sans doute à Éphore[1], n'est que l'écho simplifié du même récit. La scène se passe dans le même temps et dans le même pays : les Cariens, directement attaqués par les Perses, se demandent s'ils doivent solliciter le secours de Milet, et le dieu les en détourne, par le vers qui nous occupe.

Enfin, une troisième explication (la première dans les scolies d'Aristophane) fait remonter la réponse de l'oracle à une époque antérieure et attribue à Polycrate de Samos, non aux Cariens, l'intention de prendre les Milésiens pour alliés[2]. Ces récits divers portent en maint endroit la marque d'une incohérence ou d'une invraisemblance qui les condamne. Ne parlons même pas de l'invention banale qui fait intervenir un dieu dans la promulgation d'un proverbe[3]. N'insistons pas davantage sur la rareté, pour ne pas dire plus, d'un oracle rédigé en vers iambiques[4]. Mais chaque récit, pris en lui-même, trahit l'ignorance ou la fantaisie du narrateur. Qu'est-ce que c'est, par exemple, dans la version de Démon, que cet ennemi des Cariens, d'abord redouté, à ce qu'il semble, puis oublié, au point de disparaître totalement de la lice? Que signifie cette démarche spontanée et inutile des Milésiens après l'outrage qu'ils ont reçu? Tout cela rappelle sans aucun doute une série d'opérations militaires qu'Hérodote nous fait bien connaître : les Cariens vaincus par les Perses au confluent du Marsyas et du Méandre, puis réfugiés dans la citadelle de Labranda ; les Milésiens accourant au secours de la place et battus à leur tour plus complète-

---

1. Diodor., X, 25.
2. Il est possible, suivant la conjecture de M. Pomtow (*op. laud.*, p. 13, n. 17), que cette hypothèse repose seulement sur le fait que le même vers était attribué à Anacréon. Nous discutons plus loin cette attribution.
3. On a vu plus haut que le commentaire parémiographique des deux proverbes πάντα λίθον κίνει et ἔσχατος Μυσῶν présentait une invention du même genre.
4. M. Pomtow (*op. laud.*, p. 27) estime que jamais la Pythie de Delphes n'a rendu d'oracles en vers iambiques; mais la question est un peu différente pour l'oracle des Branchides, dont il s'agit ici.

ment encore que leurs alliés[1]. Mais c'est une conjecture gratuite qui prête aux Cariens l'idée et le loisir de consulter l'oracle dans le temps même où ils étaient pressés par les Perses.

La même invraisemblance éclate dans la version d'Éphore : les Cariens avaient suivi Milet dans la révolte de l'Ionie ; comment auraient-ils songé à prendre d'autres alliés que les auteurs mêmes de leur défection?

Enfin, la tradition qui nous parle de Polycrate ne se rapporte même pas à un fait historique, à une circonstance connue, où le tyran de Samos ait pu réellement chercher une alliance en Ionie[2].

Au milieu de ces légendes, les scolies mentionnent, en une seule ligne et sans commentaire, un fait d'un autre ordre : c'est que le proverbe cité par Aristophane était déjà dans Anacréon, ὡς καὶ Ἀνακρέων φησί. Cette donnée inattendue va reparaître chez les parémiographes avec une force singulière et une valeur, ce semble, décisive.

Sauf chez le Byzantin Apostolios, qui fournit à cet égard un témoignage isolé[3], la tradition qui remonte à Zénobios, et que représente aujourd'hui avec le plus d'autorité le manuscrit du Mont Athos, nous offre, avec un exposé succinct de la question, les éléments d'une discussion ancienne. En effet, Zénobios reproduit d'abord, comme un *on dit* (φασί), le récit de l'oracle rendu aux Cariens; il place cet événement, d'après la même source, dans le temps où Darius faisait la conquête de l'Ionie, et, après avoir rétabli un fait à peine indiqué dans les scoliastes, à savoir l'existence d'un premier oracle invitant les Cariens à choisir les alliés les plus vaillants (τοὺς ἀλκιμωτάτους προσθέσθαι συμμάχους), il cite le second oracle : πάλαι ποτ' ἦσαν ἄλκιμοι Μιλήσιοι. Mais aussitôt, et sans achever l'histoire, il ajoute : « Ce vers avait été dit auparavant par Anacréon, dont l'ἀκμή se place au temps du roi de Perse Cyrus. Or, Darius est le second successeur de Cyrus. Οὗτος δὲ ὁ στίχος εἴρητο τὸ πρότερον παρὰ Ἀνακρέοντι, ὃς ἤκμαζε μάλιστα κατὰ Κῦρον τὸν Πέρσην. Τρίτος δὲ ἀπὸ Κύρου Δαρεῖος[4]. » Comment ne pas reconnaître dans ces lignes une réponse positive aux préten-

---

1. Hérod., V, 118-120.
2. Nous verrons plus loin que Polycrate fit, au contraire, une campagne contre Milet.
3. Apostol., XIII, 85 (*Paroemiogr. gr.*, t. II, p. 598-599). — De tous les parémiographes, Apostolios est le seul qui raconte, à propos de notre proverbe, la ruine de Milet. Mais il ne cite aucun témoignage à l'appui de ce rapprochement et se contente de résumer Hérodote, lequel ne dit rien du proverbe.
4. Nous citons ce texte d'après le ms. M, 1, 45. Le *Parisinus* (Zenob., V, 80) donne εἴρηται, leçon moins bonne que εἴρητο.

dues explications des historiens? L'auteur suivi par Zénobios avait certainement voulu réfuter les légendes en cours et appuyer sa démonstration sur des documents littéraires, c'est-à-dire, en l'espèce, sur l'édition alexandrine des poésies d'Anacréon. Une critique exactement analogue s'offre à nous, dans le manuscrit du Mont Athos, à la suite de cette notice même[1]. C'est à propos du proverbe τὸ Θεσσαλῶν σόφισμα : tandis que la tradition voyait dans ce dicton un souvenir du Thessalien Ménon (le traître, comme on sait, de l'*Anabase*), un savant mieux informé observait qu'Euripide, antérieur à Ménon et au jeune Cyrus, avait écrit déjà ces vers dans les *Phéniciennes*. Ce savant, dont les recherches étaient ainsi rapprochées l'une de l'autre dans le texte primitif de Zénobios, nul doute que ce ne soit celui-là même dont le parémiographe avait mis le nom en tête de son ἐπιτομή, le grammairien Didyme[2].

C'est ce témoignage de Didyme que M. U. von Wilamowitz-Mœllendorff vient de contester dans ses récentes études sur le texte des lyriques grecs[3]. Et certes la possibilité d'une erreur dans les éditions alexandrines n'est pas en cause; mais, s'il est vrai, comme nous croyons l'avoir montré plus haut, que le proverbe πάλαι ποτ' ἦσαν ἄλκιμοι... appartienne au fonds des dictons populaires de la Grèce, et si les prétendues origines historiques de ce proverbe ne reposent sur rien de solide, il y a lieu de nous demander, en raison des doutes exprimés par M. von Wilamowitz, à quelle époque il est le plus probable qu'ait pu être faite l'application aux Milésiens du dicton qui nous occupe.

Dans la note succincte qu'il écrit à ce sujet, M. von Wilamowitz raisonne ainsi : « L'ironie dédaigneuse qui se marque dans ce proverbe ne peut s'expliquer qu'après la défaite et la ruine des Milésiens, en 494; elle convenait moins qu'à tout autre au poète Anacréon, forcé lui-même d'abandonner sa patrie, Téos, devant l'invasion médique. »

Notre sentiment n'est conforme ni à l'une ni à l'autre de ces deux propositions : la décadence de Milet, le luxe et la mollesse de ses habitants, la ruine de cette antique valeur qui avait peuplé jadis de colonies innombrables les côtes lointaines du Pont-Euxin, tout cela s'est produit bien avant la dernière

---

1. M, I, 46. Τὸ Θεσσαλῶν σόφισμα. Μέμνηται ταύτης Εὐριπίδης ἐν Φοινίσσαις · ἀπὸ Μέμνονος (l. Μένωνος) τοῦ (add. τῷ) Κύρῳ τῷ νεωτέρῳ συνκαβάντος, ὃς προύδωκεν Ἀρταξέρξῃ τοὺς Ἕλληνας. Φασὶ δ'εἰρῆσθαι τὴν παροιμίαν ἐπὶ τῶν σοφιζομένων καὶ κακουργούντων. Εὐριπίδης δέ ἐστι τοῖς χρόνοις Μέμνονος (l. Μένωνος) καὶ Κύρου πρεσβύτερος.
2. O. Crusius, *Analecta critica*, p. 50.
3. U. von Wilamowitz-Mœllendorff, *Die Textgeschichte der Griechischen Lyriker*, p. 32, n. 1.

crise de la révolte ionienne ; c'est dès le milieu du vi⁰ siècle, lors des premières menaces de la Perse, que Milet a pu paraître, aux yeux des autres villes ioniennes ses voisines et ses rivales, abandonner le rôle qui lui convenait à la tête de la confédération. Si elle échappa d'abord, par des traités particuliers avec Alyatte et avec Cyrus, à la nécessité de subir la domination de la Lydie et de la Perse[1], cette indépendance relative peut nous sembler aujourd'hui une preuve de sa puissance ; mais les Ioniens, soulevés contre Harpage et menacés dans leur existence même, avaient bien le droit d'en juger autrement. L'événement, d'ailleurs, leur donna raison ; et, pour avoir échappé aux périls d'une lutte honorable, Milet n'en supporta pas moins, pendant tout le règne de Cambyze, les mêmes conditions que le reste des villes grecques d'Asie Mineure, sujettes du grand roi[2]. Elle se releva plus tard et finit par succomber. Mais cette chute n'excita plus alors dans le monde grec d'autre sentiment que celui de la pitié ; on sait combien Athènes se sentit atteinte par la ruine de sa puissante alliée : ce fut comme un deuil national, dont le souvenir ne s'effaça pas de longtemps[3].

Le trait de malice que contient le proverbe peut donc être venu à l'esprit d'un Ionien dès le temps d'Anacréon ; plusieurs circonstances même nous donnent à penser que ce poète, plutôt que tout autre, fut dans le cas de faire sentir aux Milésiens la finesse mordante de son esprit. Chassé de Téos par les Perses, il n'avait point à ménager une ville qui, comme le personnage d'Aristophane, avait su faire sa paix particulière avec le vainqueur ; et, lorsqu'il vint à la cour du tyran de Samos Polycrate, il retrouva les mêmes sentiments chez ce dynaste ambitieux qui parut un moment capable de tenir tête à la puissance des Mèdes. Parmi les expéditions militaires de Polycrate, il y en eut une, d'après Hérodote, dirigée contre les Lesbiens, coupables d'être venus au secours de Milet[4]. Cette campagne contre Milet n'aurait-elle pas été l'occasion, pour le poète courtisan, d'une allusion dédaigneuse à l'antique valeur de cette cité, devenue alors la fidèle alliée des Perses ? Ni l'esprit satirique ne manquait au

---

1. Hérod., I, 141 : Ἴωνες δέ .... τείχεά τε περιεβάλοντο ἕκαστοι καὶ συνελέγοντο ἐς Πανιώνιον οἱ ἄλλοι πλὴν Μιλησίων · πρὸς μούνους γὰρ τούτους ὅρκιον Κῦρος ἐποιήσατο ἐπ' οἷσί περ ὁ Λυδός. — I, 169 : Οἱ δ'ἄλλοι Ἴωνες, πλὴν Μιλησίων, διὰ μάχης μὲν ἀπίκοντο Ἁρπάγῳ .... Μιλήσιοι δέ, ὡς καὶ πρότερόν μοι εἴρηται, αὐτῷ Κύρῳ ὅρκιον ποιησάμενοι, ἡσυχίην ἦγον.
2. Hérod., II, 1 : Καμβύσης Ἴωνας μὲν καὶ Αἰολέας ὡς δούλους πατρωίους ἐόντας ἐνόμιζε.
3. Hérod., VI, 21.
4. Hérod., III, 39 : συχνὰς μὲν δὴ τῶν νήσων ἀραιρήκεε (Polycrate), πολλὰ δὲ καὶ τῆς ἠπείρου ἄστεα · ἐν δὲ δὴ καὶ Λεσβίους πανστρατιῇ βοηθέοντας Μιλησίοισι ναυμαχίῃ κρατήσας εἷλε.

poète qui ridiculisa le fameux Artémon (ὁ περιφόρητος Ἀρτέμων)[1], ni la pratique de l'iambe[2], depuis longtemps cultivé en Ionie.

Ajoutons que le silence d'Aristote ne prouve rien contre l'attribution du vers à Anacréon : Aristote ne considérait dans ce vers que le proverbe.

L'autorité de Didyme demeure donc intacte, et la valeur de ses critiques à l'adresse des parémiographes ne reçoit, de ce côté du moins, aucune atteinte.

1. Anacreont., fr. 21 de Bergk, *Poetae lyrici graeci*, t. III, 4ᵉ éd., p. 261.
2. Sans être nombreux, les fragments iambiques d'Anacréon ne manquent pas dans le recueil de Bergk.

AD JUVENAL. SAT. X, 41, 42

Par M. W. Helbig

Correspondant étranger honoraire.

La description la plus détaillée que nous possédions du costume et des attributs d'un magistrat romain conduisant la *pompa circensis* nous a été donnée par Juvénal dans sa dixième satire, v. 36 et suiv. :

36 Quid, si vidisset (Democritus) praetorem curribus altis
   Exstantem et medii sublimem pulvere circi
   In tunica Jovis et pictae Sarrana ferentem
   Ex humeris aulaea togae magnaeque coronae
40 Tantum orbem, quanto cervix non sufficit ulla?
   Quippe tenet sudans hanc publicus et, sibi consul
   Ne placeat, curru servus portatur eodem.
   Da nunc et volucrem, sceptro quae surgit eburno,
   Illinc cornicines, hinc praecedentia longi
45 Agminis officia et niveos ad frena Quirites,
   Defossa in loculis quos sportula fecit amicos.

Aucun des savants qui se sont occupés de cette description n'a été frappé par les vers 41 et 42, qui sont très mal tournés et offrent des contradictions étranges avec ce qui précède. Leur sens ne peut être que celui-ci : « Le *servus publicus* tient, en transpirant, cette couronne et se trouve debout sur le même char, pour que le consul ne soit pas [trop] content de lui-même[1]. » Il s'agit donc de l'idée très répandue dans l'antiquité qu'un honneur ou un bonheur extraordinaire, — ce qui serait, dans notre cas, le droit de diriger les jeux, — est dangereux pour l'homme, mais que l'homme peut conjurer ce danger, en s'imposant des privations ou des humiliations. Les vers 41 et 42 expriment

---

1. Sur *placere sibi*, cf. Friedlænder, ad Juvenal. *Sat.*, VI, 276.

cette idée d'une façon bien obscure; pour les rendre intelligibles, j'ai dû ajouter dans ma traduction à *sibi placeat* l'adverbe « trop ». Ils contiennent en outre deux contradictions avec les vers précédents. Juvénal vient de dire (v. 38-40) que le préteur « porte » (*ferentem*) la *toga picta* et la *corona etrusca*. Au lieu de cela, le vers 41 indique que cette couronne est « tenue » par le *servus publicus*, debout sur le char, derrière le magistrat. Ce dernier, d'après le vers 36, est un préteur, comme il ne pouvait en être autrement, depuis qu'Auguste avait confié la direction des *ludi stati* au *collegium praetorum*[1]. Le vers 41, au contraire, le qualifie de *consul*.

Il se peut qu'il y ait eu de l'oscillation entre ces deux titres vers le milieu du IVe siècle av. J.-C. Les deux magistrats annuels qui, depuis la chute de la monarchie, gouvernaient l'État étaient appelés, au commencement, *praetores*. Lorsqu'en 366 av. J.-C. leur charge devint accessible aux plébéiens par les *leges Liciniae Sextiae*, on en détacha la juridiction et on créa un nouveau magistrat pour l'administration de celle-ci[2]. On lui conféra l'ancien titre de *praetor* et, depuis, les deux chefs de l'État étaient nommés *consules*. Comme jusqu'à l'année 337, la *praetura*, limitée à la juridiction, restait réservée aux patriciens, nous devons reconnaître dans son institution un dédommagement accordé à ces dernières pour avoir perdu le privilège de la plus haute magistrature. Les patriciens soutenaient qu'ils connaissaient le droit mieux que les plébéiens, parce que, depuis le début de la république, eux seuls en avaient exercé l'application. Ils auront aussi déclaré comme contraire à la *religio* de faire administrer la justice et de faire porter l'ancien titre de *praetor* par des personnes qui n'avaient pas les qualifications consacrées par une longue tradition. Il se peut donc qu'après l'innovation introduite en 366 dans les titres des magistrats, les Romains aient, pendant quelque temps, conservé dans la langue populaire l'habitude d'appeler les deux chefs de l'État *praetores* au lieu de *consules*. Mais il est impossible d'admettre que cette habitude se soit conservée jusqu'à l'époque de l'empire, où la distinction entre le *consul* et le *praetor* était devenue familière à tout le monde par une pratique séculaire, et que Juvénal ait pu qualifier le même magistrat tantôt de *praetor*, tantôt de *consul*. Dans ces conditions, il me semble certain que les vers 41 et 42 du passage qui nous occupe ont été interpolés par un individu qui n'avait aucune idée claire des principes sur lesquels

1. Mommsen, *Staatsrecht*, II, 1³, p. 237.
2. Comp. Mommsen, *Römische Geschichte*, I⁷, p. 296.

était fondée la magistrature romaine, et qui voulait enjoliver la description de la *pompa circensis* par un motif bien connu du triomphe, c'est-à-dire par le *servus publicus*, qui tenait la *corona etrusca* au-dessus de la tête du général victorieux[1]. Il faudrait maintenant examiner encore si ce motif a jamais fait partie de la *pompa circensis*. Mais une semblable recherche dépasserait de beaucoup les limites fixées à cette note. Je dois donc la publier ailleurs.

M. Ribbeck[2] avait déjà deviné avec sa juste intuition que le texte de Juvénal est criblé d'interpolations. Tout dernièrement, M. Winstedt[3] a découvert dans la Bibliothèque d'Oxford un manuscrit du XIe siècle, où la VIe satire est augmentée de trois vers dans un endroit, de trente-quatre dans un autre. M. Buecheler[4] vient de rendre probable que ces vers ont été ajoutés au texte primitif par un poète du IVe siècle ap. J.-C.

1. Pline, *nat. hist.*, XXVIII, 39; XXXIII, 11; Zonaras, VII, 21. Cf. Tertullian. *de corona*, 13.
2. Juvenalis *saturae*, ed. Ribbeck. Leipzig, 1859.
3. *Classical Review*, 1899, p. 201, 206.
4. *Rheinisches Museum*, n. s., LIV (1899), p. 484-488.

LA STATUETTE D'ARGENT

DE

SAINT-HONORÉ-LES-BAINS (NIÈVRE)

(Planche X)

Par M. Antoine Héron de Villefosse

Membre honoraire.

L'ancien territoire des Éduens a fourni de nombreux documents, épigraphiques ou figurés, relatifs aux divinités topiques[1]. Au nord-est de ce territoire, entre Autun et Decize, est située la petite ville de Saint-Honoré-les-Bains qui, d'après la Commission de la carte des Gaules, correspondrait aux *Aquae Alisinci* de la Table de Peutinger[2] et au point nommé *Alisincum* dans l'Itinéraire d'Antonin, entre *Augustodunum* et *Decetia*[3].

Au cours des travaux exécutés depuis vingt-cinq ans à l'église de cette localité, on a découvert deux fragments d'inscription qui ont permis sinon de compléter, au moins d'améliorer grandement, un troisième fragment du même texte, encastré depuis longtemps dans la tour de cette église[4]. La juxtaposition des trois fragments a fait reconnaître qu'ils appartenaient à un texte votif, gravé en l'honneur d'une déesse dont le nom reste encore incomplet[5]. Cette déesse était vraisemblablement la déesse locale d'*Alisincum*, la divinité protectrice de la ville antique et de ses eaux. On peut supposer qu'elle avait un caractère médical et qu'elle était invoquée par les malades accourus dans cet endroit

---

1. Cf. Bulliot, *La mission et le culte de Saint-Martin d'après les légendes et les monuments populaires dans le pays Éduen*, 1892, in-8°; *Corp. inscr. lat.*, XIII, 2603 et suiv.
2. E. Desjardins, *La Gaule d'après la Table de Peutinger*, p. 225; *Géographie de la Gaule*, IV, p. 142.
3. *Itiner. Antonini*, n. 366 et 460.
4. Mowat, *Bull. des Antiq. de France*, 1895, p. 140.
5. *Corp. inscr. lat.*, XIII, 2813.

pour demander aux eaux bienfaisantes une guérison rapide. L'inscription ainsi améliorée mentionne la construction d'un temple en l'honneur de la déesse : c'est le seul texte romain qui ait été trouvé sur ce point[1].

L'église est située sur une colline au nord-est et à cinq cents mètres environ des bains. Dans les terrains voisins, et notamment dans le jardin du presbytère, on a constaté la présence de murs et de fondations dont jusqu'à présent aucun relevé méthodique n'a été publié. Il serait intéressant pourtant de déterminer la nature des édifices auxquels ces murs peuvent appartenir.

Au printemps de l'année 1902, dans les fouilles opérées pour l'agrandissement du chœur de l'église, à la profondeur de $0^m 50$ à $0^m 60$, dans une terre mêlée de pierres et de débris de tuiles, on a découvert, près de l'abside, une statuette d'argent dont je dois la photographie à l'obligeance de M. le chanoine Sery (Pl. X).

Posée sur sa base circulaire antique, elle mesure $0^m 26$ de hauteur[2]. Elle représente une femme drapée, debout : la main droite, ouverte, est levée à la hauteur de l'épaule; la draperie retombe sur l'avant-bras gauche à demi plié et légèrement avancé. De ce côté, la main supportait un attribut qui a disparu avec elle, peut-être une corne d'abondance[3]? La chevelure, ornée d'un diadème, est séparée en deux au milieu du front et rejetée en arrière. La tunique, attachée sur l'épaule droite, est serrée à la taille; du côté gauche, elle s'écarte et s'abaisse légèrement, laissant à découvert l'épaule avec le haut de la poitrine. Les yeux sont pleins et les pupilles soigneusement indiquées au trait. Le poids du corps porte sur la jambe gauche; la jambe droite est légèrement pliée sous la draperie. L'ensemble de la figure est lourd ; les contours sont ronds; les formes courtes et assez communes ; l'aspect général dénote un travail provincial romain, correct mais sans élégance, remontant à la fin du IIe siècle ou au commencement du IIIe siècle de notre ère.

La déchirure, visible au milieu du corps, a été faite par la pioche du terrassier au moment de la découverte. Le bras droit est détaché; la main gauche n'a pas été retrouvée.

---

1. En 1891, on a fait à Saint-Honoré-les-Bains une importante découverte d'objets antiques; voir A. Blanchet, *Bull. des Antiq. de France*, 1892, p. 115; *Rev. archéol.*, 3e série, XXI, 1893, p. 1, pl. I-II.
2. Presque un pied romain. La base seule mesure $0^m 027$; la statuette seule mesure $0^m 233$.
3. Les divinités qui portent la corne d'abondance sont nombreuses. On n'a que l'embarras du choix ; chez les génies et les divinités locales qui président à la prospérité des villes, cet attribut est très fréquent. Cf. Joh. Sieveking, *Das Füllhorn bei den Römern*. Munich, 1895.

La statuette entière se composait primitivement de quatre pièces différentes :

1° La base circulaire creuse, formée d'une feuille d'argent façonnée au tour.

2° Les parties drapées du corps, avec la tête de la statuette, formées d'une feuille d'argent battu dans un moule. Les bords de la feuille ont été rapprochés par derrière et soudés ; la soudure est peu visible mais cependant elle est apparente sous un certain jour.

3° Le bras droit fondu en bronze plein, originairement argenté et dont l'argenture a disparu.

4° La main gauche, sans doute aussi en bronze plein argenté, qui n'a pas été retrouvée.

Évidemment, cette statuette est celle d'une divinité ; quoiqu'elle ne porte aucune inscription, son caractère votif ne semble pas douteux. La première pensée qui vient à l'esprit, c'est qu'on doit la rapprocher de l'inscription recueillie au même endroit sur laquelle était gravé le nom, resté malheureusement incertain, d'une déesse locale. On est frappé aussi de l'analogie qu'elle présente, pour l'attitude et pour l'aspect général, avec une statuette de bronze trouvée à Brèves, c'est-à-dire dans la même région. La statuette de Brèves est celle d'une divinité féminine, drapée et diadémée, debout, portant dans la main droite avancée une patère à ombilic ; l'attribut de la main gauche abaissée manque ; les bras sont nus ; la chevelure est séparée en bandeaux. La base, exactement de même forme que celle de la statuette de Saint-Honoré, a été fondue à part ; elle est creuse, en bronze assez mince[1]. Les deux figures offrent, à mon avis, des images de divinités topiques.

Il est assez naturel de supposer que la statuette de Saint-Honoré-les-Bains provient d'un temple où elle avait été consacrée par un dévot du pays ou par un malade venu aux bains d'*Alisincum* afin d'obtenir la guérison de ses maux. La seule existence des bains entraînait celle d'un temple, qui en était l'accessoire obligé[2] ; l'inscription rappelée plus haut ne peut d'ailleurs laisser aucun doute sur la construction d'un sanctuaire en cet endroit.

Après avoir décrit cette statuette, il resterait peu de chose à en dire si on ne la rattachait pas à une série de figures d'argent de la même catégorie et

---

1. Musée de l'hôtel Rolin, à Autun, n. 310.
2. Bulliot, *La mission et le culte de Saint-Martin*, p. 406-407.

d'une fabrication identique. Il existe en France de très rares spécimens de ces statuettes d'argent votives; il ne sera peut-être pas inutile d'appeler l'attention sur eux.

A l'époque romaine, les temples contenaient de nombreux témoignages de la piété ou de la reconnaissance des fidèles. Parmi les *donaria* ou offrandes faites aux dieux, les objets d'argent occupaient une place importante. Il y en avait de toutes les sortes, de toutes les dimensions, de grands et de petits, des objets d'art et des instruments usuels, des bijoux, des cuillers, des représentations de membres brisés, des vases précieux ornés de reliefs délicats, des coupes finement ciselées, de la vaisselle et des phiales sans ornements : chacun des fidèles donnait suivant son idée, suivant sa fortune, sa position sociale ou selon l'ardeur de sa foi[1].

Les trésors d'argenterie religieuse découverts sur le sol de la Gaule fournissent des preuves frappantes de la variété de ces offrandes et aussi de leur richesse. Celui de Wettingen, près de Zurich, trouvé en 1633 et qui, après avoir été partagé entre plusieurs cantons suisses, fut entièrement fondu, appartenait à un sanctuaire de Mars ou de Mercure[2]. Le trésor découvert près de Limoges en 1829 passa tout de suite dans le creuset d'un orfèvre; il ne contenait que des objets dédiés au culte de Mercure[3]. Celui de Beaumesnil, en Normandie, trouvé vers 1831, eut le même sort; il venait aussi d'une chapelle de Mercure[4]. Celui de Notre-Dame d'Alençon, près de Brissac (Maine-et-Loire), exhumé en 1836 et acquis par le Louvre en 1852, renferme plus de soixante objets votifs, en argent, de diverses natures (vases, masques, ustensiles, etc.), consacrés à Minerve[5] : tous ces objets sont simples; ils dénotent la modestie des petites gens qui fréquentaient le sanctuaire de Minerve. Le trésor de Bernay, au contraire,

---

1. Indépendamment des trouvailles d'argenterie, quelques inscriptions fournissent des données sur la composition des trésors de temples à l'époque romaine; voir notamment, dans le *Corp. inscr. lat.*, l'inventaire du temple de Diane à Nemi, XIV, 2215; la description des bijoux d'une statue d'Isis à Cadix, II, 3386; des inscriptions de Pouzzoles, X, 1598; de Rimini, XI, 364; de Nimes, XII, 3058..., etc.
2. Merian, *Topographia Helvetiae, Rhaetiae et Valesiae*, 1642, in-fol., p. 51 et pl.; Keller, *Mittheilungen der antiquarischen Gesellschaft (der Gesellschaft für vaterländische Alterthümer) in Zurich*, XV, p. 133-135, pl. XIII-XIV; Mommsen, *Inscript. Helvetiae*, p. 48-49, n. 242.
3. Raoul-Rochette, *Notice sur quelques vases antiques d'argent faisant partie d'une collection d'objets de ce métal récemment trouvés près de Bernay en Normandie*, p. 4; extr. du *Journal des Savants*, juillet-août 1830.
4. Cochet, *La Seine-Inférieure historique et archéologique*, 2ᵉ éd., p. 350-351; *Corp. inscr. lat.*, XIII, 3250.
5. *Catalogue des collections de feu M. Toussaint Grille, d'Angers*, 1851, p. 39, n. 561 à 594; tous les objets sont dessinés sur la pl. I intitulée *Sacellum romain*; Longpérier, *Notice des bronzes antiques du Louvre*, n. 539 à 590; *Corp. inscr. lat.*, XIII, p. 481, n. 3100, 1 à 21.

trouvé le 21 mars 1830 et conservé à la Bibliothèque nationale, se compose de soixante-dix pièces d'argenterie, pour la plupart d'une beauté peu commune et d'une conservation remarquable, ornées de ciselures délicates et appartenant à une intéressante époque de l'art antique; il provient du temple de Mercure *Canetonnensis*[1]. C'est le plus riche et le plus connu.

On remarque dans le trésor de Bernay deux statuettes d'argent qui doivent être classées dans la même série que la statuette de Saint-Honoré-les-Bains. Toutes deux représentent Mercure; personne ne peut songer à élever le moindre doute sur leur caractère votif; elles ont été offertes au dieu de *Canetonnum* dans une intention pieuse ou reconnaissante. Aug. Le Prévost[2], qui avait examiné avec soin toute la trouvaille de Bernay peu de temps après la découverte et avant son transport à Paris, nous a laissé d'intéressantes observations sur la technique de ces statuettes, observations confirmées par Chabouillet[3]. La plus grande se compose de feuilles minces d'argent battu, réunies par des sutures à queues d'aronde : l'intérieur est creux; rien ne vient soutenir ou doubler l'enveloppe d'argent; la tête et les bras n'ont pas été fondus; ces parties, comme le reste du corps, sont exécutées au repoussé. Grâce à l'obligeance de mon ami H. de la Tour, j'ai pu les tenir en mains et les examiner; j'en donne ici une description aussi exacte que possible.

La première, qui est aussi la plus grande[4], mesure en hauteur exactement $0^m 577$. Son poids actuel est de 2 kilog. 794; le caducée représente à lui seul dans cette pesée 159 gr. Avec le pétase, la hauteur devait atteindre $0^m 60$; le poids, en tenant compte du pétase et de la bourse qui manquent, devait dépasser 3 kilog.; il variait probablement entre IX et X livres romaines, c'est-à-dire entre 2 kilog. 947 et 3 kilog. 274. Le dieu est imberbe; il est debout, entièrement nu, avec le caducée au bras gauche. Le poids du corps porte sur la jambe droite; la jambe gauche est légèrement pliée et reportée en arrière; la main droite est tendue en avant; l'attribut qu'elle soutenait, une bourse sans doute, n'a pas été retrouvé. Les yeux sont un peu creusés et les pupilles indiquées au trait; la chevelure est bouclée. La figure, dans son ensemble, est d'un

---

1. On trouvera une bibliographie à peu près complète du trésor de Bernay dans mon ouvrage sur le *Trésor de Boscoreale*, p. 170, note 3.
2. *Mémoire sur la collection de vases antiques trouvés, en mars 1830, à Berthouville, arrondissement de Bernay* (extrait du t. VI des *Mém. de la Soc. des Antiq. de Normandie*), p. 15.
3. *Catalogue général et raisonné des camées et pierres gravées de la Bibliothèque impériale*, p. 423.
4. A. Le Prévost, *op. cit.*, p. 15, n. 1, avec un dessin au trait très médiocre sur la pl. I; Chabouillet, *op. cit.*, n. 2801.

style très ordinaire; une rondelle d'argent assez épaisse lui sert de base. La partie supérieure de la tête manque : elle était formée par une coiffure, à coup sûr un pétase, travaillée à part, appliquée et soudée au dernier moment par l'ouvrier lorsqu'il avait terminé son travail. Il n'est pas étonnant qu'on ait observé la même particularité de technique sur d'autres têtes en métal[1]. Cette ouverture, laissée au sommet de la tête jusqu'à l'achèvement complet de la statue, permettait, en effet, d'introduire un outil à l'intérieur, de redresser ou de perfectionner le repoussé, de pratiquer des soudures, etc., travail indispensable et nécessaire pour donner à l'œuvre sa forme définitive.

La seconde des statuettes d'argent de Bernay est plus petite; elle ne mesure que 0^{m}35 de haut, mais elle est supérieure à la première au point de vue de l'art[2]. Mercure est représenté debout, vêtu d'une chlamyde attachée sur l'épaule droite; il est chaussé de brodequins en cuir souple, serrés sur le cou-de-pied par des lanières; coiffé d'un pétase ailé, qui conserve encore des traces de dorure, il tient la bourse dans la main droite avancée; le poids de son corps porte sur la jambe droite; la jambe gauche est un peu rejetée en arrière; les pupilles des yeux sont creuses.

Cette seconde statuette a été trouvée en morceaux; elle était tellement abîmée et brisée qu'on ne reconnut pas tout d'abord les débris qui lui appartenaient. Habilement restaurée en 1834 par le graveur en médailles Depaulis, elle est aujourd'hui parée de tous ses fragments. Le restaurateur a pris soin d'exécuter d'abord une forme en cire ou en mastic d'après les données que fournissaient les morceaux recueillis. Sur cette forme, il a recherché patiemment et retrouvé la place exacte de chaque débris; après les avoir mis en place, il a laissé en mastic les portions disparues, de sorte que la statuette apparaît maintenant avec deux teintes indiquant l'une (la plus foncée) les parties antiques en argent, l'autre (la plus claire) les parties modernes en mastic. On peut se rendre compte de cette délicate opération sur notre fig. 1. Les parties antiques conservées sont : le bas des deux jambes avec le talon, sans les pieds; le genou droit avec une portion du mollet et la cuisse; la main gauche, qui devait tenir un caducée; le bras droit en entier avec la main, moins les doigts; un mor-

1. Voir les judicieuses observations de Joseph Buche, *Le Mars de Coligny*, dans les *Monuments Piot*, X, p. 70 et note 2.
2. A. Le Prévost, *op. cit.*, en décrit les fragments, p. 15, n. 2, 3, et p. 16, n. 5, sans reconnaître leur parenté; la tête seule a été sommairement reproduite au trait sur la pl. II, n. 1; Chabouillet, *op. cit.*, n. 2802.

ceau de la bourse et le pouce; par devant, surtout sur le bras gauche, à peu près la moitié de la chlamyde; par derrière, les deux tiers environ de la chlamyde. La tête est intacte; elle est fondue avec le pétase et le cou, en argent massif comme le bras droit et la main gauche; mais tout le reste de la statuette, exécuté au repoussé dans une feuille d'argent très mince, fut retrouvé en miettes. L'intérieur était donc creux comme celui de la grande statuette. La tête, appliquée et soudée au dernier moment, bouchait le vide limité par le bord supérieur de la chlamyde, c'est-à-dire l'ouverture réservée pour permettre à l'ouvrier de terminer plus aisément sa tâche.

On conserve au Musée du Louvre une autre statuette d'argent de même nature. Le Musée la doit à la générosité de notre confrère M. Emmanuel Guillaume-Rey, qui l'a rapportée de Syrie, où elle a été trouvée entre Amrit et Tortose. Sa hauteur est de 0^m24 [1]. Par ses dimensions, par sa fabrication, par son attitude, par sa représentation (celle d'une divinité féminine), elle est, pour ainsi dire, la sœur de celle de Saint-Honoré-les-Bains (fig. 2). Posée comme elle sur une base circulaire et creuse faite au tour, elle se compose aussi de quatre pièces exécutées à part : la base repoussée dans une feuille d'argent, le corps avec la tête, repoussé dans une feuille d'argent, les deux bras fondus à part et à demi pleins. C'est une déesse (Cérès?), vêtue d'une tunique talaire à manches courtes et d'un peplum; elle est debout, les deux avant-bras nus et légèrement abaissés. Les deux mains portaient des attributs qui manquent; à gauche, l'aplatissement de la poitrine semble indiquer qu'il y avait vraisemblablement de ce côté une corne d'abondance. Les cheveux, ondulés, sont ramenés en arrière [2]; les yeux sont levés et les pupilles indiquées au trait. Le poids du corps porte sur la jambe droite; la jambe gauche demeure légèrement pliée. La tunique descend jusqu'au socle, cachant le pied gauche; mais l'extrémité du pied droit, qui manque, n'était pas recouverte par la draperie [3].

Comme les statuettes de Bernay, la statuette de Syrie est creuse. Les premières présentent cependant un détail de fabrication sur lequel j'ai insisté et qui

---

1. Longpérier, *Notice des bronzes antiques du Louvre*, n. 261. Dans son état actuel, cette statuette pèse 305 grammes : on a été obligé de faire souder légèrement les bras et le socle qui, détail intéressant, avaient été découverts dessoudés et séparés les uns des autres comme ils avaient dû être, dans l'atelier de l'orfèvre, avant tout ajustement. La statuette de Saint-Honoré a été trouvée dans les mêmes conditions.
2. Le chignon a disparu.
3. Derrière le bras gauche on remarque une grande déchirure : c'est une partie de la draperie qui a disparu; sous le coude droit il y a un petit trou. La statuette est entièrement recouverte d'une couche d'oxyde qui lui donne un aspect un peu ferrugineux. L'index de la main droite est brisé.

Fig. 1. — Mercure. Statuette votive, en argent repoussé, du Trésor de Bernay.
(Bibliothèque nationale; Cabinet des Médailles.)

Fig. 2. — Statuette votive, en argent repoussé, trouvée en Syrie.
(Musée du Louvre; Salle des bijoux antiques.)

ne se retrouve pas sur la seconde. A la partie supérieure, ni sur la tête, ni au cou, il n'y a aucune trace de soudure; on n'avait donc pas réservé l'ouverture signalée plus haut pour exécuter le travail intérieur.

La statuette de Saint-Honoré est dans le même cas.

Remarquons qu'il s'agit de deux figures féminines *drapées*, c'est-à-dire de deux figures dont les jambes ne sont pas apparentes et sont remplacées par un vêtement long et tombant, assez ample pour dissimuler le vide du bas de la statuette : il était par conséquent beaucoup plus simple de réserver l'ouverture utile à la partie inférieure, à l'endroit même où la partie vide s'appliquait sur la base. Dans ces conditions, une fois la feuille d'argent repoussée et mise en forme, l'orfèvre retournait la figure, la disposait devant lui, la tête en bas, et, par l'ouverture inférieure, il atteignait aisément les parties à souder ou à retoucher. Ce travail achevé, il remettait la figure droite, fixait les deux bras, puis ajustait le tout sur une base circulaire pour dissimuler l'ouverture béante. La statuette était terminée.

De ces statuettes d'argent consacrées aux divinités, je ne crois pas qu'il existe en France d'autres exemplaires à peu près complets.

On rencontre naturellement quelquefois des débris provenant de statuettes semblables; deux, trouvés en pays étrangers, me reviennent à la mémoire.

1° En 1793, dans le Lancashire, à peu de distance de Manchester, on trouva le bras droit d'une statuette d'argent tenant une palme, à la partie inférieure de laquelle pendait une lamelle d'argent avec une inscription votive à la Victoire [1].

2° Chez M. Canessa, antiquaire, j'ai vu cette année une jolie tête de Vénus en argent repoussé, du type de la Vénus de Cnide, provenant d'Alexandrie d'Égypte [2], de la même dimension, à peu près, que la tête du grand Mercure de Bernay.

Ces deux fragments appartiennent évidemment à des statuettes rentrant dans la même série et fabriquées par les mêmes procédés que celles qui viennent d'être signalées.

Lorsque ces statuettes votives en argent sont citées dans les inscriptions

---

1. *Corp. inscr. lat.*, VII, 217. A Sommières (Gard), on a trouvé une main en pierre tenant une bourse garnie; une inscription votive à Mercure est gravée sur la bourse elle-même, *Corp. inscr. lat.*, XII, 5951.
2. Elle appartient maintenant à M. Morgan.

latines, elles sont désignées par les mots *signum argenteum, simulacrum argenteum, statua argentea*; il ne faut pas les confondre avec les *imagines argenteae*, qui semblent être des bustes et non des statuettes[1]. En voici quelques mentions empruntées au *Corpus latin* :

C. I. L., II, 128 (en Lusitanie, à Villaviçosa) : *signum argenteum [Endovellici dei]*.

Ibid., 3228 (en Tarraconnaise, à Fuenllana) : *signum argenteum [Genii municipii Laminitani] cum domo sua*.

C. I. L., III, 14195, 4 à 7 (en Asie, à Éphèse) : *Diana argentea et basis ejus*.

Ibid., 5876 (en Rétie, à Lavingen, dans le sanctuaire d'Apollon Grannus) : *[ara] cum signo argenteo*.

C. I. L., VI, 30997 (à Rome) : *protomen Serapis ex arg(enti) p(ondo) X*. Il peut s'agir ici d'une statuette aussi bien que d'un buste en argent.

C. I. L., VIII, 6981 (en Numidie, à Cirta) : *Jovis Victor argenteus in Kapitolio, habens in capite coronam argenteam querqueam folior(um) XXX, in qua glandes n(umero) XV, ferens in manu dextra orbem argenteum et Victoria(m) palmam ferentem [spinar(um)?] XX et coronam folior(um) XXXX, [in manu] sinistra hastam arg(enteam) tenens...*

Ibid., 8457 (en Maurétanie, à Sétif) : *simulacrum deae arge[nteum]*.

C. I. L., IX, 1154 (en Italie, sur la voie Appienne, à Grotte di Mirabella, entre Bénévent et Lacedogna) : *argentea statua Felicitatis*.

C. I. L., X, 6 (à Reggio de Calabre) : *lares argentci septem p(ondo) II semissem (scriptula) VI*.

C. I. L., XI, 364 (à Rimini) : *signa argentea VI*.

Ibid., 1586 et 1593 (à Florence) : deux petites inscriptions mutilées, provenant d'un sanctuaire d'Isis, mentionnent des offrandes d'un poids d'argent déterminé; la seconde pourrait se rapporter à une statuette pesant x livres. Il semble cependant qu'on offrait quelquefois aux dieux de l'or et de l'argent non ouvrés[2].

C. I. L., XII, 697 (en Narbonnaise, à Arles) : *signum Neptuni argenteum*[3].

Ibid., 3058 (à Nimes) : *[si]gna deorum argentea castrensia*.

---

1. Cf. Henzen, *Bullettino dell' Instituto*, 1871, p. 56. Dans les énumérations les *signa* et les *statuae* sont toujours distingués des *imagines*, Corp. inscr. lat., III, 510; XI, 364; XIV, 2215; dans le testament de Dasumius, ibid., VI, 10229, l. 74, la distinction est frappante : *item signa mea aure]a et argentea omnia et ima[gines argenteas meas omnes*. D'après ces textes *imago* ne peut pas désigner une statue.
2. Corp. inscr. lat., VI, 91 à 94, 194.
3. Cf. *Revue épigraphique*, V, p. 12.

C. I. L., 5864 (à Nîmes) : *simulacrum Viennae argenteum sestertium n(ummum) (ducentorum milium)*.

Ibid., 4316 (à Narbonne) : *dei Herculis invicti signum argenteum p(endens) p(ondo) XII*.

La statuette d'argent de Saint-Honoré-les-Bains appartient donc à la classe des *signa argentea*, *simulacra argentea*, consacrés aux dieux. Ces *signa* pouvaient être en argent massif; ils pouvaient être composés de parties repoussées et de parties pleines ou demi-pleines, comme la tête et les bras; mais le plus souvent ils étaient creux, exécutés au repoussé dans une feuille d'argent assez mince; on allait même jusqu'à leur ajuster des bras en bronze argenté. Il y avait là une sorte de supercherie religieuse dont les anciens avaient pris l'habitude envers les dieux. On faisait un vœu pour obtenir la protection divine; on indiquait la nature de l'objet qu'on se proposait d'offrir si la grâce était accordée; c'était une statue d'argent, un *signum argenteum*. Mais, lorsque l'heure de tenir la promesse arrivait, on n'était pas fâché de faire les choses avec économie; la plupart du temps on n'avait indiqué ni le poids, ni les dimensions, ni le prix de l'ex-voto.

Un homme de Narbonne, qui n'avait pas l'intention de lésiner avec l'invincible Hercule, prend soin cependant de nous apprendre que la statue d'argent qu'il avait offerte à ce dieu pesait XII livres romaines[1], c'est-à-dire près de 4 kilog. Cette mention offre un certain intérêt. On a vu plus haut que le grand Mercure de Bernay pesait un peu plus de IX livres romaines; si l'Hercule de Narbonne était fabriqué de la même manière, il était probablement plus grand que la statuette de Bernay, dans la proportion d'un quart environ; il pouvait atteindre 0^{m}75 de hauteur.

L'inscription de Cirta fournit une description curieuse et particulièrement précise d'une statuette d'argent représentant Jupiter vainqueur, conservée dans le Capitole de cette ville. Quel dommage que nous ne connaissions qu'un court fragment de ce texte[2]! L'inventaire complet des objets précieux réunis au Capitole de Cirta, rédigé d'une façon aussi détaillée, serait pour nous d'un intérêt exceptionnel.

La grande figure de la Fortune, découverte à Sain-puits (Yonne), sur les

---

1. Voir le texte cité plus haut.
2. Il est conservé au Musée du Louvre, salle des antiquités africaines.

confins du département de la Nièvre, et acquise par le Louvre en 1852, est recouverte d'une enveloppe d'argent assez résistante, fixée au marteau de bois : c'est un bronze plaqué d'argent[1]. La feuille d'argent est à peu près de la même épaisseur que les feuilles employées pour la fabrication des statuettes précédemment décrites. Longpérier a prétendu que ce placage avait été ajouté après coup[2] ; je ne le crois pas. La statuette de Sain-puits a été fabriquée avec son enveloppe d'argent. On comprend facilement que l'âme de bronze assurait au métal précieux une solidité et une résistance auxquelles ne pouvaient prétendre des statuettes d'argent creuses et vides : c'était un agencement très naturel pour éviter une déformation possible. En adoptant ce moyen, on faisait en somme aux dieux un cadeau tout aussi coûteux, mais qui présentait l'avantage d'être moins exposé aux chances de destruction, ou même aux chances de vol à cause du poids de la statuette quand elle atteignait certaines dimensions. Cela est si évident qu'on peut se demander si parfois l'enveloppe fragile de ces statuettes votives en argent n'était pas maintenue et consolidée à l'intérieur à l'aide d'un élément léger, dont on ne retrouve plus aucune trace aujourd'hui.

P.-S. — Au moment de donner le bon à tirer de cet article (15 janvier 1904), j'apprends que la statuette en argent repoussé, découverte à Saint-Honoré-les-Bains, est passée en Belgique, où elle fait maintenant partie de la collection d'un amateur distingué, M. Raoul Warocqué. Le catalogue de cette collection [publié par M. Franz Cumont], *Collection Warocqué : Antiquités égyptiennes, grecques et romaines*, Mariemont, 1903, p. 45, n. 79, en contient une petite phototypie, accompagnée d'une courte description. Achetée à Paris, elle est donnée comme provenant d'Auvergne : le vendeur, ainsi qu'il arrive très souvent, a indiqué une provenance fausse. Il est très regrettable que cette pièce, intéressante pour notre archéologie nationale, soit partie à l'étranger.

---

1. Longpérier, *Notice des bronzes antiques du Louvre*, n. 478.
2. *Bull. des Antiq. de France*, 1859, p. 98 : *Statues de divinités avec ornements ajoutés après coup*.

BUSTE D'UN FLAMINE

PROVENANT DE VILLEVIEILLE (GARD)

(Planche XI)

Par M. Léon Heuzey
Membre honoraire.

La petite ville de Sommières, située à vingt-huit kilomètres au sud-ouest de Nîmes, dans le département du Gard, porte un nom qui inviterait les étymologistes complaisants à la chercher sur une haute colline. Cependant, les formes de ce nom à l'époque de la basse latinité, relevées dans les chartes et autres documents de la contrée (*Sumerium, Somerium, Saumerium* aux XIe et XIIe siècles; *Summidrium, Sumidrium, Somidrium* à partir du XIIIe[1]), ne se prêtent pas à une pareille signification.

Sommières occupe, en réalité, avec son château du moyen âge, un bas promontoire dominé par des coteaux plus élevés et borde de près la rive gauche du Vidourle, cours d'eau qui se jette dans la mer au Grau-du-Roi, près d'Aigues-Mortes. Elle commande un grand pont de pierre, dont plusieurs piles reposent encore sur des assises romaines. Ce pont était même autrefois d'une longueur double; mais, le lit de la rivière ayant été rétréci de moitié, l'autre moitié du pont forme aujourd'hui une chaussée qui se prolonge au milieu de la ville, où les anciennes arches, celles-là toutes romaines, servent de caves aux maisons construites sur les deux côtés de la rue. En amont, les piles devaient opposer au courant des saillies en forme de proues de trirèmes, avec leurs éperons découpés dans la pierre, comme on peut en juger par les ruines importantes d'un autre pont romain, situé six kilomètres plus bas et connu sous le nom de pont d'*Ambrusium*.

---

1. Je dois ces renseignements et beaucoup de ceux qui suivent sur les antiquités de Villevieille à l'obligeance de M. A. Lombard-Dumas, qui connaît mieux que personne l'archéologie de toute cette région et qui a publié particulièrement un travail intitulé *Mémoire sur la Céramique antique de la vallée du Rhône*. Je le prie d'agréer ici mes vifs remerciements.

Pour revenir au pont de Sommières, la place forte qui, dans l'antiquité, en défendait le passage, ne devait pas être dans une position ainsi commandée par les hauteurs voisines. Tout au plus pouvait-il exister sur le bord même de la rivière un poste avancé. Mais l'*oppidum* des temps gallo-romains occupait certainement le plateau supérieur. Là se trouve, en effet, tout près de Sommières, une bourgade avec un autre château fort, et le nom de *Villevieille* montre assez clairement que c'est dans le voisinage qu'il faut chercher l'emplacement de la ville antique. On a même avancé que cette ville s'appelait *Midrium*, le nom de *Summidrium* donné à la position basse de Sommières devant être pour *Sub-Midrium*. Ce sont là de pures hypothèses, et il est plus naturel de croire que Villevieille était simplement la vieille Sommières, quelle que fût d'ailleurs la véritable forme de ce nom dans la haute antiquité. De toute façon, il reste infiniment probable que cette place, qui commandait un pont important sur l'une des routes conduisant de Nîmes à la mer, comptait au nombre des vingt-quatre *oppida* groupés, comme on sait, autour de la colonie romaine de *Nemausus*.

A côté des preuves topographiques, l'antiquité de l'emplacement occupé aujourd'hui par Villevieille est rappelé sans cesse à l'attention des habitants par les nombreux débris de l'époque romaine que l'on y recueille. Il est vrai que, tout ce plateau n'étant recouvert que d'une mince couche de terre végétale et que la roche coquillière venant en maints endroits y affleurer le sol, les traces des constructions antiques se sont trouvées presque partout effacées; mais, en revanche, les cultivateurs, pour débarrasser leurs champs des démolitions qui les encombraient, n'ont pas cessé pendant plusieurs siècles de former d'énormes entassements de pierres qu'ils nomment *clapiers*; et, lorsque par hasard on déplace un de ces monceaux, on rencontre au-dessous des terrains qui n'ont pas été remués depuis l'antiquité et dans lesquels on manque rarement de faire des découvertes intéressantes.

Villevieille conserve les restes d'une enceinte du moyen âge dont la disposition rectangulaire rappelle encore la forme des *castella* romains. Si l'on en sort par la porte sud-est, on arrive très vite au bord du plateau et l'on commence à descendre par un vallon, où il y a des sources et des jardins, à travers lesquels s'engage la route qui conduit à Sommières et à son vieux pont. C'est sur la hauteur, à la naissance de ce vallon, que les trouvailles d'antiquités sont les plus fréquentes : fragments de statues, cippes à inscriptions latines, pavages en mosaïque, monnaies de Nemausus avec le palmier et le crocodile, innombrables débris de céramique rouge, dite samienne, portant souvent des marques de potiers.

Au nombre des principaux objets, citons particulièrement :

1° Une statue, transportée depuis longtemps à Nîmes et considérée, sans raison suffisante, comme représentant une *vestale*. Le vêtement offre une imitation intéressante du costume archaïque, tel que le portent les célèbres κόραι de l'Acropole d'Athènes[1]. C'est le péplos replié obliquement en travers de la poitrine et fixé par plusieurs petites agrafes sur le bras droit, dont la partie antérieure manque. Le même vêtement tombe jusque sur les pieds et son extrémité est relevée par la main gauche. La tunique ionienne ne montre que sur le bras gauche ses plis fins et la série correspondante de ses fibules. Quant à la tête, couronnée de la stéphané, elle ressemble à un portrait d'impératrice romaine; mais le cou paraît avoir été allongé et aminci à l'excès, comme pour faciliter le raccordement de deux parties qui n'appartenaient pas originairement à la même figure. Je n'en puis juger d'ailleurs que d'après une petite carte photographique; mais je n'en crois pas moins devoir signaler aux archéologues l'existence en Gaule de ce curieux type de sculpture archaïsante. Le style a beaucoup de rapports avec celui de la Minerve récemment découverte à Poitiers[2].

2° Une tête de Mercure, coiffée du pétase ailé; le profil est intact. A la même statue peut appartenir une main tenant une bourse, conformément au type bien connu des nombreux petits bronzes représentant le Mercure gaulois. Ce qu'il y a ici de très curieux, c'est que sur la bourse même est gravée l'inscription votive suivante :

   Q   *Q(uintus)*
  SERVA   *Serva(eus)*
 REBVRRVS   *Reburrus*
  MER·V·   *Mer(curio) v(otum)*
  S·L·M   *s(olvit) l(ibens) m(erito)*[3]

Les deux pièces appartiennent au Cabinet de M. Lombard-Dumas.

---

1. Lechat, *Au Musée de l'Acropole d'Athènes*, pl. 1 et fig. 22, 24, 26, 29, 30, 34; Perrot et Chipiez, *Histoire de l'Art dans l'antiquité*, vol. VIII, pl. V et XII et fig. 289.
2. Voir E. Audouin, *La Minerve de Poitiers*, dans les *Monuments et Mémoires de la Fondation Piot*, vol. IX, fasc. 1, p. 43, et pl. IV, V.
3. *C. I. L.*, XII, 5951.

3° Une statue virile, dont la tête a été brisée. Le manteau, bien que drapé sur l'épaule gauche, descend très bas et laisse à nu tout le devant du corps, jusqu'au dessous des hanches. Aux pieds on remarque de hauts brodequins fermés, décorés en avant d'un mufle de lion, avec les deux griffes qui pendent sur les côtés ; c'est une forme du *cothurne*, convenant aux divinités du cycle de Bacchus. La main gauche, qui est seule en place, porte une corne d'abondance chargée de fruits, et l'on a retrouvé dans le même terrain une main droite tenant une patère. Il s'agit vraisemblablement d'une statue du dieu Vertumne, bien placée au milieu de ces jardins (Cabinet de M. Révil).

4° Une belle tête, se rapportant à la classe des statues héroïques. On a cru y reconnaitre le portrait d'Agrippa ; mais le type me parait trop idéalisé pour convenir au profil, dur et sévère, du célèbre gendre d'Auguste[1] (Cabinet de M. Lombard-Dumas).

5° Un pouce en marbre, de proportions surhumaines et d'un excellent travail ; il suffit pour montrer l'importance des sculptures qui décoraient la station romaine de Villevieille, où l'on trouvait même des statues colossales (Cabinet de M. Révil).

6° Quant aux inscriptions, en négligeant quelques épitaphes donnant des noms d'affranchies ou de femmes esclaves, il faut mentionner surtout la stèle funéraire d'un sévir augustal, nommé *T. Oppius Isochrysus*. C'était, jusqu'à ces dernières années, le personnage le plus marquant qui nous fût connu parmi les anciens habitants de cette localité romaine. Ce texte, d'ailleurs, ne permet, pas plus que la tête dite d'Agrippa, d'affirmer qu'il y eût à Villevieille un temple d'Auguste ; il suffit du culte impérial, tel qu'il existait dans la ville même de Nimes, pour expliquer la diffusion de ses dignitaires dans toute l'étendue de la colonie.

A côté de ces antiquités vient se placer le monument que je publie aujourd'hui en l'honneur du Centenaire de la Société des Antiquaires de France (Pl. XI). J'en dois la connaissance à mon cousin M. Fernand Révil, qui, passant presque tous les ans plusieurs mois à Villevieille dans une propriété de famille, suit avec un vif intérêt les trouvailles d'antiquités qui se font dans la région ; lui-même y participe, soit en exécutant des fouilles, soit en se rendant acqué-

---

1. Cette tête, la tête et la main de Mercure, le Vertumne, une Cérès (?) et un Bacchus enfant appartenant à M. Lombard-Dumas, sont en pierre dite *pierre des Lens*, sorte de calcaire dur et fin qui a servi aussi pour les édifices romains de Nimes. Nous avons donc là des sculptures exécutées dans le pays.

reur des objets découverts. C'était grâce à lui que j'avais pu déjà, il y a quelques années, communiquer à l'Académie des Inscriptions la curieuse mosaïque de Saint-Côme, représentant un labyrinthe et signée en grec du nom de l'artiste[1].

Dans le vallon dont nous avons parlé, sur les premières pentes qui descendent du plateau de Villevieille, se trouve un petit enclos appelé le *Jardin Moutin*, du nom de son propriétaire. Celui-ci, déplaçant à plusieurs reprises certaines parties des clapiers ou amas de pierres formés sur son terrain, a mis au jour successivement quelques-unes des sculptures les plus importantes parmi celles qui viennent d'être décrites, particulièrement la statue de Vertumne et le pouce colossal. En 1889, un nouveau déblaiement a fait apparaître trois fragments d'un socle en marbre gris, dont les quatre faces se rapprochent vers le bas, en forme de gaine ou d'hermès. C'est bien, en effet, un véritable hermès : car la partie supérieure est recreusée d'une large cavité elliptique, certainement destinée à recevoir une tête sculptée à part, avec le cou et les attaches des épaules. Les deux faces latérales offrent de plus des mortaises rectangulaires qui ont dû servir à porter des tenons pour des couronnes. Enfin, dans un cartouche encadré de moulures, on lit l'inscription ci-dessous, qui ne laisse aucun doute sur la destination du monument[2] :

$$\overline{G} \, ß \, P \, \overline{N}$$
$$PRIMIGENIVS$$
$$LIB$$

G(enio) P(ublii) n(ostri)	Au Génie de notre Publius,
Primigenius	Primigénius
lib(ertus)	son affranchi.

Il s'agit d'une consécration faite par un affranchi en l'honneur de son ancien maître, familièrement appelé par son seul prénom. La forme de l'hommage est celle d'un culte religieux rendu au *Génie* de ce Publius, c'est-à-dire au dieu individuel, au démon intime que la religion romaine croyait résider au fond de chaque personnalité. Les empereurs, dès le temps d'Auguste, n'osant pas encore se laisser déifier de leur vivant, avaient accepté, comme un moyen

---

1. Voir *Comptes-rendus de l'Académie des Inscriptions*, 1894, p. 97.
2. Publiée par M. Lombard-Dumas dans la *Revue épigraphique du Midi*, 1889, n. 791. La pierre grise serait plutôt une sorte de *mollasse* de la région.

terme, le culte rendu à leur Génie personnel, associé souvent à la déesse Rome, *Romae et Genio Augusti*.

Cette adoration déguisée du chef de l'Empire par ses sujets fut bientôt imitée dans toutes les familles de quelque importance, et l'on vit les affranchis, les clients, les esclaves, tous ceux qui vivaient sous la protection du maître de la maison, organiser en l'honneur de son Génie un culte qui se confondait plus ou moins avec celui des Lares et des Pénates, de même que le *Génie* impérial se trouvait associé aux Pénates du peuple romain. C'était une occasion de fêtes, de sacrifices et d'offrandes, qui avaient lieu particulièrement à l'anniversaire de la naissance du chef de famille.

La formule ici employée est courante, en particulier dans l'épigraphie de l'antique colonie romaine de Nemausus. Nous y relevons jusqu'à huit inscriptions ainsi dédiées aux *Génies* de divers personnages[1], sans compter plusieurs autres dédicaces consacrées aux *Junones*[2], qui remplissaient pour les femmes la même fonction que les Génies pour les hommes. Presque toutes ces invocations sont dues, comme ici, à des affranchis; l'une d'elles cependant émane d'un esclave, une autre d'un client, une troisième d'un *amicus*, condition qui, dans la réalité, touchait de près à la clientèle. Le plus souvent, les protecteurs ne sont désignés que par la première lettre de leur *praenomen* et par l'abréviation du mot *nostri*, ce qui indique bien un hommage privé et tout domestique, ne sortant pas des limites de la *familia* au sens le plus étendu. Cette concision rend bien difficile toute recherche d'identité au sujet du *Publius* de Villevieille. Signalons toutefois un P(*ublius*) *Cornelius*[3] honoré de la même façon par son affranchi *Chelido* : c'est d'ailleurs le seul *gentilitium* que nous rencontrions dans ces petits textes nimois pour les noms d'hommes; quelques autres, au lieu du prénom, produisent seulement le *cognomen*.

Dans les descriptions qui nous sont données, la forme même des monuments portant les dédicaces n'est pas toujours indiquée ou parfois elle l'est avec le mot assez vague de *stèle*. Cependant, nous avons quatre exemples certains où il est question d'une disposition tout à fait semblable à celle que nous présente l'hermès du *Jardin Moutin*. Ainsi, l'inscription consacrée au Génie de *Severus* par son client *Cerialis* est décrite formellement comme gravée sur

---

1. *C. I. L.*, XII, 3050 à 3056.
2. *Ibid.*, 3063 à 3066.
3. *Ibid.*, 3051.

« un pied en forme d'hermès[1] »; celle que consacre au Génie d'un certain *Quintus* son esclave *Trophimus* se lit sur « une stèle en forme de terme[2] », et l'on entrevoit la même forme pour la « pyramide renversée » qui témoigne du culte rendu au Génie d'un *Decimus* par son ami *T. Pompeius Peregrinus*[3]. Mais voici qui est tout à fait décisif : la pierre consacrée à la Junon de *Quieta*, *Jun(oni) Quietae n(ostrae)*, est « une stèle en forme d'hermès, qui devait porter un buste[4] ». Donc, l'usage dominant, au moins dans la région de Nîmes, était de tailler en forme d'hermès les monuments votifs consacrés aux Génies de certains personnages de marque, et ces hermès devaient être terminés par des têtes sculptées en ronde bosse, par des bustes, dont il serait intéressant de connaître le caractère.

Prenons patience, et le même petit enclos, déjà si riche en débris de sculpture, donnera satisfaction à notre curiosité. Neuf ans après la découverte de l'hermès que nous venons de décrire, en 1898, M. Moutin, remuant encore quelques piles de pierres dans son jardin de Villevieille, déterra, à quatre mètres seulement des fragments antérieurement découverts, une tête d'homme en marbre blanc, presque intacte, sauf les oreilles et l'extrémité du nez; elle était coiffée d'un curieux bonnet, auquel manquait aussi sa pointe terminale. La base du cou, se développant jusque vers la région des clavicules, formait un véritable buste, sommairement arrondi en dessous, pour être rajusté à une partie creuse. M. Révil, qui avait acquis les trois tronçons de l'hermès et qui les avait fait réunir, se rendit acquéreur du buste et constata que, malgré la couleur différente des marbres, il s'emboîtait exactement dans la cavité supérieure de la gaine. Le monument, ainsi complété par le libre encastrement d'une pièce dans l'autre, décore aujourd'hui le vestibule de son hôtel à Paris, où j'ai pu l'étudier tout à loisir[5].

La tête est un bon portrait romain, de travail courant, où le modelé du visage est accentué dans tous ses détails, sans aucune recherche de l'idéal. L'expression dominante a quelque chose de dur et d'obstiné, dans une physionomie bourgeoise et même rustique. Les cheveux tombent en petites mèches

---

1. *C. I. L.*, XII, 3051 *a*.
2. *Ibid.*, 3055.
3. *Ibid.*, 3053.
4. *Ibid.*, 3065.
5. La hauteur totale du monument est de 2ᵐ09, sa largeur aux épaules de 0ᵐ34; à la partie la plus étroite du pied, de 0ᵐ23. Le buste seul est haut de 0ᵐ38.

droites qui s'alignent sur le front[1]. Les oreilles avaient dû être complétées en grande partie par des pièces de rapport, à cause du manque de matière ; on voit encore quelques restes de l'une des fiches en fer qui servaient à les fixer. Le bonnet mérite une attention particulière et fait à lui seul la rareté de la représentation. Il consiste en une calotte qui enveloppe étroitement l'occiput et tout le dessus du crâne, un peu comme un béguin d'enfant. Sur les côtés, les bords en sont découpés de façon à projeter sur les tempes deux courtes jugulaires, dont les pointes, taillées à angle aigu, descendent à peine jusqu'au dessous des oreilles, celles-ci étant dégagées en arrière par des découpures spéciales. Au sommet, une rondelle porte au centre un trou circulaire de quatre centimètres de profondeur, destiné sans nul doute à recevoir une tige métallique[2] pour fixer l'ornement en forme de cône qui terminait, chez les Romains, certaines coiffures sacerdotales. Ce bonnet, *galerus*, taillé dans la peau des victimes immolées, surmonté de la pointe en bois d'olivier[3], *apex*, qui en était l'insigne caractéristique, est bien connu déjà par les médailles et par quelques beaux bas-reliefs romains représentant des scènes religieuses. Il serait oiseux d'énumérer à nouveau ces exemples souvent cités, comme aussi ceux où la même coiffure est sculptée comme emblème sur les frises des temples ou sur les cippes funéraires. Ce qui est particulièrement intéressant, c'est de la trouver ici figurée en ronde bosse et sur une tête de grandeur naturelle. Il faut regretter doublement la disparition du cône terminal[4] qui, dans ces proportions, nous aurait peut-être renseigné sur un détail resté douteux : la nature et la position exacte du petit ornement de laine, *lanae aliquid*, houppe, pompon ou simple garniture, qui, sous le nom d'*apiculum*, accompagnait et complétait la pointe de l'*apex*[5]. On regrettera aussi que le sculpteur ait omis d'indiquer à l'extrémité des jugulaires les courroies ou cordons, *offendices*, qui servaient à nouer le bonnet sous le menton[6].

1. Cette coiffure « à la Titus » paraît indiquer une époque antérieure aux Antonins.
2. C'est ce que prouve le faible diamètre de ce trou qui décroit de huit à six millimètres.
3. Cette sorte de bois n'est mentionnée que pour le *flamine* de Jupiter à Rome.
4. De la pointe de l'*apex*, il ne reste, comme nous l'indiquons plus haut, que la rondelle qui lui servait de base et qui est très visible sur toutes les représentations de cette coiffure. Une leçon de Servius (*ad Æneid.*, X, 270), décrivant la *virga* de l'*apex*, porte qu'elle était *luna circumdata et filo colligata* : on a corrigé *lana circumdata*, correction qui est très vraisemblable, mais qui cependant fait double emploi avec *filo colligata*. Peut-être fallait-il maintenir ici le mot *luna*, qui s'appliquerait très exactement à la rondelle dont nous parlons.
5. *Apiculum, filum quo flamines velatum apicem gerunt* (Paul., p. 23). Cf. *Virga lanata, id est in cujus extremitate modica lana est.*
6. La définition la plus précise est celle de Festus (p. 205) : *Coriola quae sunt in loris apicis*, c'est-

Telle était la coiffure liturgique qui faisait partie du costume de quelques catégories de prêtres, comme les Saliens, le *Pontifex maximus*. Mais elle était plus spécialement réservée aux *flamines* ou prêtres attachés au culte particulier de certaines divinités. C'était à eux que l'obligation stricte de la porter en toute circonstance était imposée par la loi religieuse. Outre les flamines des grands dieux, dont l'institution remontait aux origines de Rome, l'époque impériale vit se multiplier dans tout l'Empire les flamines d'Auguste ou des Augustes pour le culte provincial ou municipal des Empereurs. Leur nombre s'accrut d'autant plus vite que leur charge d'ordinaire était annuelle; mais après que leurs fonctions étaient expirées, ils conservaient de grands honneurs, parmi lesquels le droit d'avoir leurs statues érigées dans l'enceinte du sanctuaire impérial, ainsi qu'il résulte d'une loi particulière, dont plusieurs articles importants ont été retrouvés dans la Gaule même, à Narbonne[1].

Il y a toute chance pour que le buste trouvé à Villevieille représente un de ces flamines municipaux, ayant présidé au culte des Empereurs dans la colonie de Nemausus. Toutefois, comme ce buste ne fait qu'un seul et même monument avec l'hermès trouvé tout auprès, il ne saurait être pris pour l'une de ces statues élevées avec la permission des décurions, pour l'une de ces images publiques dont parle l'inscription de Narbonne. De pareilles gaines, faites pour être appuyées contre quelque paroi, décoraient plutôt les jardins ou les promenoirs des villas; c'étaient des monuments d'ordre privé. Seulement, les familiers qui honoraient ainsi leur protecteur dans sa propre maison ne devaient pas manquer pour cela de le faire représenter avec les insignes des plus hautes dignités qu'il eût remplies.

Peut-être même cherchera-t-on dans l'élévation de notre personnage à la charge de flamine, au *flamonium*, comme disaient les Latins, la cause de la curieuse disposition d'après laquelle le buste de marbre blanc se trouve encastré comme une pièce rapportée après coup dans une gaine en marbre gris. Il est inadmissible, en effet, que les consécrateurs aient utilisé un ancien piédestal, au nom de Publius, pour supporter le buste de leur patron : ils auraient ainsi détruit eux-mêmes et comme démarqué leur hommage. Il est possible, au contraire, de supposer que Publius ayant été fait flamine à un moment donné de sa

---

à-dire les cordons de cuir qui sont aux lanières (jugulaires) de l'*apex* : en effet, les jugulaires, découpées dans la même peau que le bonnet, étaient de véritables lanières, *lora*.

1. *C. I. L.*, XII, 6038.

carrière, on ait enlevé la première tête de l'hermès en marbre gris pour la remplacer par un nouveau portrait, celui-ci en marbre blanc et coiffé du bonnet sacerdotal. Du reste, il est plus simple encore de croire qu'il n'y a là qu'un procédé de fabrication, comme l'indique la comparaison avec l'hermès de *Quieta*, qui paraît aussi avoir été préparé pour recevoir un buste travaillé à part. On taillait le support dans une roche grisâtre, plus commune et provenant sans doute de la contrée, tandis que le portrait proprement dit, confié à un véritable artiste, était sculpté dans un marbre statuaire. En réalité, la différence des deux matières n'a rien de choquant pour les yeux et présente même une certaine analogie avec l'effet d'une tête se dégageant d'un vêtement d'autre couleur.

De tout cela, je crois pouvoir conclure que les deux pièces réunies nous représentent dans son entier le monument consacré par l'affranchi Primigenius au Génie de son patron Publius, flamine municipal du culte d'Auguste à Nîmes. C'est un spécimen complet, à quelques détails près, de cette classe de simulacres du culte domestique, en même temps qu'un exemple très rare du portrait d'un flamine en ronde bosse et dans les proportions de la nature[1].

Mon intention n'est pas de refaire à propos d'un seul monument les notices déjà faites sur les fonctions des flamines ou sur les curieuses observances qui réglaient jusqu'à leur costume. Il suffira de renvoyer principalement à l'article très complet consacré par M. Camille Jullian au mot *flamen*, dans le *Dictionnaire des Antiquités* de Saglio et, pour la coiffure en particulier, à l'étude spéciale publiée par W. Helbig dans les Comptes-rendus des séances de l'Académie de Munich. Mes préoccupations orientales m'invitent seulement à rappeler, en manière de conclusion, que la tradition des bonnets sacerdotaux tenait, chez les Romains, à la règle plus générale qui commandait aux prêtres de se voiler dans toute action religieuse, contrairement à l'usage grec, qui était de paraître à découvert devant les dieux. On sait que, lorsque le flamine ne pouvait pas porter sa coiffure rituelle, il était obligé tout au moins de se couronner d'un

---

1. Helbig, dans sa Description de Rome (*Beschreibung Roms*, II, 2, p. 194 et 107), mentionne un buste de *flamine* au Vatican. Mon ami Pierre Paris me signale dans le Catalogue du Musée de Tarragone deux numéros dont je traduis la description, faite en espagnol :

N° 461. — Tête un peu plus grande que nature, en marbre blanc, avec son *filamentum* (?).

N° 463. — Moitié latérale d'une tête de statue en marbre blanc, qui est celle d'un prêtre avec son *filamentum* (?).

Le mot *filamentum*, employé par l'auteur espagnol, est d'une latinité fantaisiste, provenant d'une ancienne erreur (*filamen* p. *flamen* dans la lecture d'une inscription trouvée en Espagne); il n'en désigne pas moins avec certitude la coiffure de l'*apex*. Ces représentations répondent d'ailleurs aux nombreuses inscriptions de flamines que contient le même musée de Tarragone (*C. I. L.*, II, p. 541).

fil de laine, *filo lanae velamen*. Le rite de la tête voilée avait pour raison, nous disent les commentateurs, de se garantir contre la perception des mauvais présages. La pointe de l'*apex* devait servir à une protection du même genre. Les flamines de la très antique cité latine de Lanuvium la portaient d'une longueur démesurée; c'était une véritable *virga*[1] destinée à éloigner les oiseaux qui auraient pu troubler le sacrifice. Il y a là un ensemble de coutumes, venues sans doute à Rome, comme beaucoup d'autres, de l'Orient par l'Étrurie. L'action protectrice de la pointe est une superstition d'origine orientale, et il est difficile de ne pas rapprocher de l'*apex* des prêtres romains le cône qui surmonte toujours la coiffure royale des monarques assyriens, sur les bas-reliefs de Nimroud, comme sur ceux de Khorsabad ou de Kouioundjik.

1. *Ingentes virgae*, dit à ce propos Servius (*ad Æn.*, VII, 664).

LE
CONSEIL DES GAULES

Par M. Otto Hirschfeld

Correspondant étranger honoraire.

Il y a peu de sujets dans l'histoire de la Gaule qui aient été traités aussi souvent que le Conseil des Gaules institué en l'an 12 av. J.-C. par Drusus près de Lyon. Je n'ai pas du tout l'intention de reprendre ici toutes les questions qui se rattachent à cette institution curieuse, d'autant plus que j'ai essayé d'en donner un résumé sommaire dans le XIII° volume du *Corpus inscriptionum latinarum*. Mais je voudrais revenir sur un point, qui ne me semble pas avoir été éclairci comme il le mérite, c'est-à-dire sur l'origine gauloise et sur le caractère national de ce Conseil.

Il y avait, en dehors des prêtres de l'autel de Rome et d'Auguste, trois fonctionnaires du Conseil des Gaules : le *iudex arcae Galliarum*, l'*inquisitor Galliarum* et l'*allectus*[1] *arcae Galliarum*.

Le dernier titre a des analogies dans l'*adlectus aquae* d'une inscription trouvée sur le territoire des Segusiaves (*C. I. L.*, XIII, n. 1646), dans les *adlecti aerario* de quelques inscriptions de la Haute-Italie (*C. I. L.*, V, n. 1978, 2069, 2070, 3137) et dans l'*adlectus annonae legionis III Italicae* d'une inscription de Trente (*C. I. L.*, V, n. 5036). L'*allectus arcae Galliarum* semble avoir été non seulement le caissier[2], mais aussi le percepteur des contributions et l'administrateur financier du Conseil[3]. Sa charge, remplie par un homme de l'ordre

---

1. J'ai démontré dans le *C. I. L.*, XIII, 1, p. 230, que ce fonctionnaire s'appelait *allectus*, non *allector*, comme on avait cru jusqu'à présent d'après la lecture fautive d'une inscription (*C. I. L.*, XIII, n. 1709).
2. Voir Kornemann, dans Pauly-Wissowa, IV, p. 818 : *offenbar ist er der Cassirer des Concilium*.
3. Aussi les *allecti* mentionnés dans le Code Théodosien : *fuerunt nihil aliud quam susceptores tributorum fiscalium*, voir Gothofred. parat. ad Cod. Theod. XII, 6.

équestre, patron de plusieurs corporations importantes de bateliers, auquel les Trois Gaules ont érigé une statue *ob allecturam fideliter administratam*, n'était pas du tout subalterne[1].

Quant à l'*inquisitor Galliarum*, on n'a pas encore réussi à trouver une explication satisfaisante de ses fonctions; mais, en tout cas, elles ne semblent pas se rapporter à l'*arca Galliarum*, comme celles des deux autres fonctionnaires, car ces mots ne se trouvent jamais adjoints à son titre. Si je ne me trompe pas, on ne sera pas trop éloigné de la vérité en attribuant à ce magistrat l'inquisition judiciaire de toutes les causes qui étaient sujettes à la décision du Conseil des Gaules[2].

Les titres de ces fonctionnaires sont, comme cela se voit déjà par la difficulté de préciser leurs fonctions, tout à fait singuliers dans la hiérarchie de l'empire romain, et on n'en trouvera pas d'analogues dans les nombreux Conseils provinciaux de l'Orient et de l'Occident[3]. Cela veut dire que ces titres, quoique formés en latin, ne sont pas du tout des titres romains. Il est vrai qu'il y a chez les Romains des *iudices quaestionum* ou *iudices quaesitores*, mais il n'y a nulle part dans l'empire romain des *iudices* préposés à une caisse ou à une autre branche de l'administration. Je n'en connais qu'un seul exemple, mais c'est une exception, qui confirme la règle : je veux parler du *iudex arcae ferrar(iae)* mentionné dans l'inscription de Thorigny, I, 25, dont la fonction était exercée dans la province lyonnaise[4]. La même observation s'applique aux titres d'*inquisitor* et d'*allectus*, car les exemples peu nombreux de ce dernier ne se rencontrent que dans la Gaule cisalpine et transalpine. Ce sont donc évidem-

---

1. Ce n'est donc pas avec raison que je l'ai tenu pour un assesseur du *iudex arcae* (*C. I. L.*, XIII, p. 230), à cause d'un *adlectus* [... *magis*]*tro epistular*(*um*) dans une inscription africaine du iiie siècle (*C. I. L.*, VIII, n. 15270). On connait un *adlectus a memoria* (*C. I. L.*, XIV, n. 4062). Ces *adlecti* sont d'ailleurs tout à fait différents des employés cités dans le texte.

2. M. Guiraud, dans son beau livre sur les *Assemblées provinciales dans l'empire romain*, pense (p. 142) que l'*inquisitor* « était un agent provincial de l'ordre judiciaire et que son rôle nous est nettement retracé dans une lettre de Pline (III, 9, § 29 et suiv.) ». Mais là il s'agit d'une accusation projetée contre le gouverneur ou ses complices, c'est-à-dire d'une chose tout à fait extraordinaire, et on ne peut pas restreindre les fonctions de ce magistrat élu chaque année par le Conseil des Gaules à une action tellement exceptionnelle.

3. C'est ce que remarque aussi Mommsen dans son *Histoire romaine*, t. V, p. 86, note 1 : *für den adlector arcae Galliarum, inquisitor Galliarum, iudex arcae Galliarum giebt meines Wissens keine andere Provinz Analogieen; und von diesen Einrichtungen hätten, wenn sie allgemein gewesen wären, die Inschriften sicher auch sonst Spuren bewahrt*. Il n'y a que l'ἀργυροταμίας τῆς Ἀσίας (*C. I. G.*, n. 2782; *Bull. de corresp. hellén.*, XI, p. 349) qui a une vague ressemblance avec les fonctionnaires du Conseil des Gaules. Sur les magistrats du Conseil Lycien, voir Marquardt, *Staatsverwaltung*, I², p. 378.

4. Il faut rapporter ces mots, placés sur une ligne séparée, à Sennius Sollemnis, non pas, comme je l'ai fait dans le *Corpus*, à Valerius Florus.

ment des titres que les Romains n'ont pas inventés eux-mêmes, mais qu'ils ont empruntés aux Gaulois[1], comme ils l'ont fait pour le titre de *fratres et consanguinei* donné aux Éduens[2]. Nous ne savons pas quels ont été les noms gaulois correspondant aux titres d'*inquisitor* et d'*allectus*, tandis que le *iudex* n'est probablement qu'une transformation du *vergobretus*, élu chaque année par les Éduens, d'après César, et, d'après une inscription (*C. I. L.*, XIII, n. 1048) et des monnaies (Muret-Chabouillet, *Catalogue des monnaies gauloises*, n. 7159 et suiv.), élu aussi par les Santoni et les Lexovii, de sorte qu'on peut présumer qu'il a été le premier magistrat dans toutes les grandes cités celtiques[3].

Il me semble donc hors de doute que les trois magistrats du Conseil des Gaules ont été calqués sur des magistrats indigènes des Gaulois. J'y vois une preuve de l'hypothèse, déjà émise par quelques savants, que le Conseil convoqué par Drusus n'a été qu'un renouvellement des conciles de la Gaule autonome.

Il est, comme on sait, une hypothèse ingénieuse de M. d'Arbois de Jubainville : le 1er août aurait été en Gaule déjà dans les temps les plus reculés, comme il l'a été certainement au moyen âge en Irlande, le jour de la fête du dieu Lug. Ce dieu n'est pas, selon le même auteur, différent de Mercure, et c'est pour ce motif qu'on a célébré ce jour-là la fête de Rome et d'Auguste à Lugdunum. « Le 1er août », dit ce savant[4], « portait le nom de fête de Lug dans tout le domaine de la race irlandaise... Lug a donné son nom au Lugdunum de la Gaule, dont le nom veut dire forteresse de Lugus. Lyon a fourni sous l'empire romain l'emplacement d'une assemblée annuelle célèbre, tenue le 1er août en l'honneur d'Auguste, mais qui n'était probablement que la forme nouvelle d'un usage plus ancien... Les Gaulois s'y étaient longtemps sans doute réunis tous les ans à la même date en l'honneur de Lugus ou Lug, comme le faisaient les Irlandais à Tàltiu[5] ».

---

1. Il est vrai que Feltria, où deux de ces inscriptions (*C. I. L.*, V, n. 2069-70) ont été trouvées, a été, d'après Pline, d'origine rétique; sur l'origine de Tridentum (*C. I. L.*, V, n. 5036) les auteurs ne sont pas d'accord.
2. Voir mon article sur les Éduens et les Arvernes dans les *Sitzungsberichte* de l'Académie de Berlin, 1897, p. 1110 et suiv.
3. Aussi chez les Galates, il y avait auprès du tétrarque un juge dans chaque tétrarchie : Strabon, XVII, 5, 1.
4. D'Arbois de Jubainville : Le cycle mythologique irlandais (*Cours de littérature celtique*, t. II), p. 138 et suiv.; voir aussi le même auteur dans la *Nouv. Revue histor. du droit*, V, 1881, p. 197 et suiv.
5. Je crois que M. d'Arbois de Jubainville (*Nouv. Revue du droit*, 1881, p. 210) a raison, s'il pense que les jeux *miscelli*, les tournois d'éloquence, que Caligula y fit faire en sa présence (Suét., *Calig.*, c. 20), furent la continuation gallo-romaine d'usages celtiques bien antérieurs à cet empereur romain. Moins exac-

La théorie de M. d'Arbois de Jubainville a été approuvée par Guiraud (*loc. cit.*, p. 45) et par d'autres savants, mais repoussée par Camille Jullian dans la *Revue historique*, t. VI (1889), p. 402. Ce dernier croit « que le dieu Lug en Gaule et les foires de Lyon sont une pure fantaisie[1] et que la véritable origine historique de cette assemblée paraît être ce *concilium* d'alliés Gaulois que Jules César convoquait si souvent pendant la guerre de l'indépendance ». D'autres[2] ont comparé les assemblées annuelles des Druides, qui, selon César (*Bell. Gall.*, VI, 13) : *certo anni tempore in finibus Carnutum... considunt in loco consecrato; huc omnes undique, qui controversias habent, conveniunt eorumque decretis iudiciisque parent.*

Il est vrai que nous n'avons pas la preuve certaine que le 1er août ait été, comme M. d'Arbois de Jubainville le veut, le jour de la grande fête de Mercure en Gaule, comme ce jour a été au moyen âge en Irlande celui de la fête du dieu Lug. Mais il serait bien étrange qu'on ait choisi, pour célébrer Rome et Auguste, cette date qui n'a aucune relation avec l'une ni avec l'autre, si elle n'avait pas été déjà auparavant une date sacrée pour les Gaulois. Or, si le 1er août a été en effet le jour férié de Mercure en Gaule, on ne pouvait pas trouver un jour plus convenable pour la fête impériale. Il faut se rappeler, en effet, qu'Auguste n'est pas différent de Mercure et qu'il a été adoré sous cette figure non seulement en Égypte[3], mais aussi en Italie. Les vers d'Horace, écrits vers le temps de la naissance de l'empire, en donnent la preuve irrécusable[4] :

> *Sive mutata iuvenem figura*
> *Ales in terris imitaris, almae*
> *Filius Maiae patiens vocari*
> *Caesaris ultor.*

tement le même auteur appelle dans son *Cours de littérature celtique*, I, p. 2, ces jeux « la fondation de Caligula, qui remonte à l'an 39 de notre ère, » ce qui a été du reste aussi l'opinion de Marquardt, *Eph. epigr.*, I, p. 206, et *Staatsverwaltung*, I², p. 270. — Aussi les *sacra quaedam in Gallia, quae* (qua se cod.) *castissimis decernunt*, et que Pescennius Niger *consensu publico celebranda suscepit*, se rapportent probablement à la fête du Conseil des Gaules, comme *consensu provinciae* est le terme technique pour les élections des prêtres faites par les conseils provinciaux (voir *C. I. L.*, XIII, p. 229, note 4).

1. Voir aussi le récent article du même auteur sur Mercure dans la *Revue des études anciennes*, IV, 1902, p. 112, note : « M. d'Arbois de Jubainville a présenté l'hypothèse d'un grand dieu national Lug-Mercure, qui a eu une incroyable fortune ».
2. Jung, *Die Romanischen Landschaften des röm. Reichs*, p. 224; Kornemann, dans les *Beiträge zur alten Geschichte*, I, p. 347, note 6.
3. Voir Krall, dans les *Wiener Studien*, V (1883), p. 315, note 1.
4. Voir l'excellent commentaire donné par Kiessling, *Philologische Untersuchungen*, II (1881), p. 92, note 37.

Et, dans une inscription de l'an 1 ap. J.-C. (*C. I. L.*, VI, n. 30975 = Dessau, n. 3090), sous *Mercurius*, placé avant la triade capitoline et ajouté après coup, se cache évidemment l'empereur Auguste[1]. A Pompéi, les *ministri Mercurii Maiae* se transforment, vers le temps de la fondation de l'autel de Lyon, en *ministri Augusti Mercurii Maiae*, pour devenir un peu plus tard des *ministri Augusti* simplement dits[2].

Je crois donc que c'est aussi en Mercure qu'Auguste a fait son entrée dans le panthéon celtique, où ce dieu occupait la première place. A la fête célébrée, si nous suivons l'hypothèse de M. d'Arbois de Jubainville, le 1ᵉʳ août pour Lug-Mercure, on a substitué la fête pour Rome et Auguste, le nouveau Mercure. Ce n'était pas le culte d'un homme mortel qu'on octroyait aux Gaulois, mais une transformation du culte de leur dieu suprême, qui reçoit désormais, comme tant d'autres dieux en Gaule, le surnom d'Auguste[3]. Cela n'est pas, à ce qui me semble, sans importance pour bien apprécier la nature du culte impérial et la manière de son introduction dans l'empire romain; on reconnait là une fois de plus la fine politique suivie par Auguste dans la romanisation de l'Occident et spécialement de la Gaule.

Si j'ai réussi à démontrer le caractère gaulois du Conseil des Gaules, on sera peut-être plus disposé à admettre qu'il n'y avait pas de place, du moins au commencement de l'empire, pour la race ibérique dans cette assemblée nationale.

Encore un mot pour finir. On a parlé souvent du rôle politique, d'ailleurs bien modeste, que le Conseil des Gaules a joué, d'après l'inscription de Thorigny, en accusant — à peu près — un légat de la province lyonnaise. Mais personne, que je sache, n'a songé à une autre affaire beaucoup plus importante, où ce Conseil, si je ne me trompe pas, a pris l'initiative comme représentant de la nation gauloise; je veux parler de la requête adressée à l'empereur Claude pour obtenir le *ius honorum*. Il est vrai que Tacite (*Ann.* XI, 23) fait faire cette pétition par les *primores Galliae, quae comata appellatur;* mais on connait l'habitude de cet historien pathétique d'éviter les termes techniques, parce

---

1. Hülsen, *Röm. Mittheil.*, VI, p. 129, note 2.
2. Mommsen, dans le *C. I. L.*, X, p. 109; Wissowa, *Religion der Römer*, p. 83.
3. Un affranchi dédie à Lyon *Mercurio Augusto et Maiae Augustae ..aedem et signa duo cum imagine Ti. Augusti* (*C. I. L.*, XIII, n. 1769). C'est un témoignage intéressant de la réunion du culte de Mercure avec celui de l'empereur.

qu'ils ne conviennent pas à son style élevé. En outre, on ne voit pas de quelle manière ces *primores* auraient pu se réunir pour formuler une telle pétition et pour décréter une députation à l'empereur, tandis que le Conseil des Gaules était la vraie ou plutôt la seule assemblée autorisée à faire une telle démarche. De plus, l'expression de Tacite, bien qu'elle ne soit pas technique, n'est pas du tout inexacte, car les membres du Conseil étaient en effet les premiers de leurs cités, où ils avaient exercé les charges les plus hautes avant d'être députés à Lyon ; ce sont ceux que Dion (54, 32) appelle τοὺς πρώτους, convoqués par Drusus comme représentants de la nation gauloise[1]. Le discours de Claude était la réponse donnée par l'empereur à la requête du Conseil des Gaules ; il n'est donc pas du tout étonnant qu'on ait placé la table de bronze, sur laquelle il était gravé, près de l'autel de Rome et d'Auguste, où cette assemblée avait son lieu de réunion.

1. Aussi les prêtres de l'autel de Rome et d'Auguste sont appelés *principales viri* dans le sc. *Italicense*. Voir *C. I. L.*, XIII, p. 228, note 5.

BAS-RELIEF FUNÉRAIRE

DE DELPHES

(Planche XII)

Par M. Théophile HOMOLLE

Membre résidant.

Le beau monument dont je prie la Société des Antiquaires de vouloir bien, à l'occasion de son Centenaire, accepter l'image, comme prémices des fouilles de Delphes, n'est pas inédit au sens strict ; mais on peut le dire nouveau, tant les publications antérieures en sont insuffisantes ou inexactes[1] et tant il a été, par nos découvertes, complété et transformé. Des trois fragments[2], dont se compose aujourd'hui le bas-relief, deux faisaient partie du musée de Castri longtemps avant nos fouilles[3] : le torse du jeune homme, qui en occupe la gauche, et le torse d'enfant placé à droite[4], mais ils étaient considérés comme indépendants l'un de l'autre ; le troisième, qui continue jusqu'au mollet les jambes du personnage principal, n'a été découvert qu'en 1901[5] ; il était

---

1. Chenavard, *Voyage pittoresque en Grèce et dans le Levant*, pl. XXXIV, fig. 4. Lyon, 1858. — Le voyage fut exécuté en l'année 1843. — Pomtow, *Beiträge zur Topogr. von Delphi*, taf. XII, n° 34, p. 110. Berlin, 1887.

2. Le premier fragment comprenait, outre la figure, une pièce assez large du fond, fendue elle-même en deux (voir les reproductions ci-dessus indiquées). Elle était toute unie, mais ne serait pas sans importance pour contrôler l'ajustement de la pièce n° 2. Nous ne doutons pas qu'elle ne se retrouve dans les débris de marbre du Musée. L'assemblage, d'ailleurs, est certain : pour les jambes (n° 3), grâce à un raccord net ; pour le fragment n° 2, en raison de la nature du marbre, du petit rebord en saillie qui sert de cadre à la stèle, à cause enfin d'un contact très limité, mais juste, entre les cassures des fragments 2 et 3. — Le bas-relief reconstitué est exposé au Musée de Delphes, dans la salle du temple d'Apollon.

3. La découverte du n° 1 a dû être faite après 1840, date du voyage d'Ulrichs, dont la relation (*Reisen und Forschungen*) fort exacte ne mentionne pas le bas-relief, et avant 1843, époque où il fut dessiné par Chenavard. Il était alors placé dans le couvent de la Panaghia, musée provisoire de Delphes ; mais ce fait ne peut être tenu à lui seul pour une indication de provenance.

4. Invent., n°s 2161 et 2200.

5. Invent., n° 4365, 15 juillet 1901. On a retrouvé en même temps une grande pièce de marbre, entail-

employé, comme pierre à bâtir, dans un tombeau de la nécropole orientale de Delphes, à gauche et au-dessus de la route nationale d'Arachova.

Un seul fragment, le premier, a été publié, — et par deux fois, — mais de telle façon que, à moins d'avoir vu l'original, on ne s'en pouvait faire une idée même approximative : le dessin de Chenavard est sans style et sans accent; la photographie de M. Pomtow est à peu près effacée. C'est la raison qui explique sans doute la longue obscurité d'un monument qui mérite dans la sculpture grecque une place des plus honorables, et qui n'en a obtenu aucune[1]. Je doute qu'il existe un bas-relief funéraire qui lui soit supérieur, je lui en vois très peu d'égaux; si l'on tient compte de la date, il est presque une rareté; si l'on s'attache à l'exécution, à ce que les artistes appellent le *morceau*, j'espère qu'on ne fera pas difficulté de le tenir pour merveille.

La description est vite faite, car la composition est des plus simples, des plus claires, et j'ajouterai des plus connues. A droite, un jeune homme debout, solidement campé de face sur les deux pieds, le torse tourné de trois quarts et la tête de profil vers la droite; les deux bras sont tendus de ce côté, occupés à une action, qui a été diversement interprétée, mais que le personnage suivait du regard. En face de lui, un enfant debout, presque de face, lève vers lui la tête d'un air attentif; il a le bras gauche plié en travers du corps et la main posée sur l'épaule droite, dans une attitude de repos et de déférence; il abaisse le bras droit le long du corps et tient entre les doigts le goulot d'un vase, un aryballe, pareil à ceux qu'on employait pour l'huile dans les gymnases. Entre les deux, un chien au museau pointu, le lévrier bien connu par les peintures de vases et les bas-reliefs funéraires, dresse le nez vers ses maîtres dans l'attente d'une caresse. C'est une de ces scènes de palestre dans lesquelles on se plaisait à symboliser la jeunesse, à la fois par la beauté de ses formes et par une de ses occupations favorites[2]. Inutile de faire remarquer combien la concep-

---

lée en mortaise pour recevoir le pied d'une stèle et qui paraît avoir servi de socle à la nôtre. Cette coïncidence indique que les « matériaux » n'ont pas été amenés de loin, mais ramassés sur place, et que, par conséquent, le bas-relief appartenait dès l'origine à la nécropole de l'est, qu'il a un caractère funéraire.

1. Chenavard l'attribue, un peu vaguement, « à la plus belle époque de l'art »; Bursian (*Arch. Anzeiger*, XII, p. 480) y reconnaît le pur style grec, « in ächt griechischem Styl », un fin travail supérieur à celui du fragment alors connu de la frise de Cnide (dit l'*Hamaxa*), « von noch feinerer Arbeit »; Conze et Michaelis (*Annali*, 1861, p. 65) le mettent au contraire au-dessous de l' « Hamaxa » et ne lui accordent qu'une froide estime pour son « disegno ben inteso e fino »; Pomtow aussi est réservé dans son jugement. Somme toute, le bas-relief est, pour autant dire, inconnu et inclassé.

2. Pour ces représentations, voir la nombreuse série des bas-reliefs attiques, où sont réunis le maître, l'esclave et le chien (Cavvadias, Γλυπτά, 745, 747, 769, 829, 869, 871, 873; Conze, *Att. Grabrel.*, n°[s] 1017,

tion est heureuse et comme la composition est ici tout ensemble enchaînée et intéressante, balancée, pleine, et appropriée à son cadre.

La pose des bras a paru à Chenavard et à Bursian celle d'un tireur d'arc, et ils ont supposé que le bas-relief représentait le dieu de Delphes, Apollon[1]; Conze et Michaelis, et Pomtow après eux, y voient plus justement un athlète en train de se gratter le bras avec le strigile[2], ἀποξυόμενος, comme disaient les Grecs, *destringens sese*, suivant la traduction de Pline. On pouvait hésiter sur

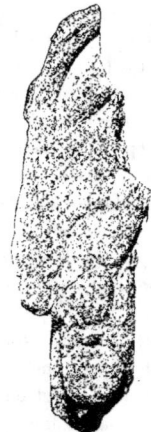

Fig. 1. — Esclave portant l'aryballe et les vêtements d'un athlète.
Fragment trouvé à Delphes.

la qualité du personnage, quand il était seul, sur le caractère du monument, quand on en ignorait la provenance : la présence du jeune esclave et l'objet qu'il porte ne permettent plus de douter qu'il s'agisse d'une scène de gymnase;

1041, 1060, 1054, 1055, 1046, etc.); souvent le maître n'a que l'un de ces deux compagnons. Le chien se trouve déjà sur les stèles archaïques, celle d'Orchomène et celle de Naples (Collignon, *Sculpt. gr.*, 1, fig. 124, 125). La pose de l'esclave varie; pour celle qui est adoptée ici, cf. *Att. Grabrel.*, 1041, 1044, etc.; il porte l'aryballe, le strigile et souvent aussi les vêtements de l'athlète; tel il se retrouve, par exemple, à Delphes même dans le fragment reproduit ci-dessus (fig. 1).

1. Chenavard : « *torse d'Apollon Pythien dans l'attitude de lancer un trait* ». Bursian : « *offenbar ein Apollon in Begriff seinen Bogen zu spannen* ».
2. Conze : *figura, come pare a noi, d'un atleta* ἀποξυόμενος.

et Apollon n'a que faire sur une stèle qui n'est pas votive, mais funéraire[1]. Quant au tir de l'arc, nous savons comment les Grecs le pratiquaient, et les archers du fronton d'Égine[2], pour nous borner à cet exemple, nous montrent qu'on prend l'arc de la main droite et le tient immobile au bout du bras raidi et inflexible, qu'on saisit la corde entre les doigts de la main gauche, tournée à plat et non de champ, et qu'on la tire à soi en pliant le bras gauche et l'écartant du corps; c'est-à-dire que le geste est de tout point l'inverse de celui de notre personnage. D'ailleurs, le bas-relief, bien examiné, contredit à lui seul l'hypothèse de l'archer : les deux bras chevauchent l'un sur l'autre et la main gauche, celle qui devrait tenir l'arc, croise précisément la droite, celle qui devrait en tendre la corde, et passe par dessus. La main droite laisse voir entre le pouce et l'index une petite cavité, dans laquelle il semble bien qu'une pièce de rapport — en bronze ou marbre — fût encastrée; mais ce n'est point là que passerait la corde, qui, d'ailleurs, serait trop mince pour remplir la cavité. J'ajouterai qu'un arc n'aurait pas manqué de venir donner contre la tête de l'enfant et qu'il aurait eu bien juste la place de se développer dans la partie supérieure de la stèle. Un strigile, au contraire, que l'on tient à poignée, conviendra à la pose de la main droite, s'adaptera à la forme et aux dimensions de la cavité, suivra de sa rondeur le contour du bras gauche, tout en le râclant de sa tranche.

Braun, étudiant l'Apoxyoménos de Lysippe, insiste sur l'importance capitale qu'on donnait dans la diète athlétique aux onctions d'huile et au râclage qui les suivait[3]; il était donc tout naturel que ces occupations fussent représentées par les artistes, qui y trouvaient en outre matière à des attitudes variées et très heureusement rythmiques. En fait, statues, bas-reliefs, gemmes et vases peints répètent à plaisir le motif de l'athlète armé du strigile, soit qu'il converse au repos, cet instrument à la main, soit qu'il le nettoie ou en essaie l'élasticité, soit qu'il s'en frotte en effet le cou, le dos, les flancs, le ventre, les jambes ou, comme ici, le bras[4]. Dessinez en profil l'Apoxyoménos de Lysippe[5] et vous reproduirez inversement, — de droite à gauche, — l'attitude de notre personnage; vous le retrouverez, avec de légères variantes dans la

---

1. Cf. p. 217, note 5.
2. Brunn-Arndt, *Gr. und röm. Denkm.*, nos 24, 27.
3. *Annali*, 1850, p. 229, 231 ; il cite Plutarque, *De adul. et amico*, 17.
4. Réunion d'athlètes tenant le strigile, ou en faisant usage, dans des attitudes variées : Gerhard, *A. V.*, 277, 2 = Reinach, *Rép.*, II, 136 (vase); Michaelis, *Annali*, 1862, tav. d'agg. M (bas-relief). La liste des représentations est fort longue et inutile à donner, sauf pour celles qui ressemblent à la nôtre.
5. Clarac, 2168 A.

pose des bras, sur des coupes du beau style, sur un bas-relief attique du IV⁰ siècle[1].

Ce qui fait la valeur du bas-relief de Delphes, ce n'est donc pas la rareté de la composition ou l'imprévu du motif, c'est la date relativement ancienne du monument, c'est surtout la beauté de l'exécution.

Par la date, le bas-relief delphique est un des premiers exemples en sculpture, sinon le plus ancien, de cette composition à trois personnages, le jeune homme, le chien et l'enfant, et du motif de l'Apoxyoménos, qui eut une vogue si grande et si prolongée ; car il ne peut pas être placé plus bas que le décennat 460-450[2]. On trouvera ci-dessous, dans l'étude du style, d'autres arguments en faveur de cette estimation, justifiée par des ressouvenirs d'archaïsme. Je me borne à indiquer ici un signe tout à fait extérieur, dont la valeur chronologique a été souvent signalée, la forme conventionnelle et schématique du *pubis*[3].

Trois qualités me paraissent faire l'originalité supérieure de l'artiste et l'excellence de l'œuvre : la science anatomique, le sentiment de la vie, la hardiesse du rythme.

Les indications anatomiques sont si précises et si justes qu'on pourrait compter et dénommer, ainsi qu'en une planche d'anatomie, les muscles, les tendons et les veines. Qu'on veuille bien jeter les yeux sur le torse, on y reconnaitra d'abord et la ligne blanche et les intersections fibreuses du grand droit de l'abdomen, et le grand oblique de l'abdomen, et le grand dentelé et le grand dorsal... Si je donne ces noms, — on pourrait les multiplier et répéter la même observation sur les bras et les jambes, — ce n'est pas par pédantisme, mais afin de bien marquer un des caractères essentiels de l'œuvre, la solidité et la vérité impeccable de la construction. Tout y est et tout est en sa place, à

---

1. Comparer, dans le vase cité plus haut (Reinach, 136, B), le premier personnage à gauche et, sur le bas-relief, celui qui est appelé ΑΝΤΙΓΕΝΗΣ ΛΑΚΙΑΔΗΣ. Voir également Gerhard, *A. V.*, 281 = Reinach, *Rép.*, 138, n. 5 — le deuxième personnage à gauche.

2. Je ne vois pas de représentation plus ancienne d'apoxyomènes en sculpture ni en peinture que la très élégante peinture attribuée à Onésimos (Hartwig, *Meisterschalen*, pl. 62, n° 3, p. 561) et la spirituelle silhouette de Cachrylion (Hartwig, p. 18, fig. 2a). Quant à la composition, elle est en germe dans la stèle d'Orchomène ou la stèle de Naples ; mais elle avait encore à être complétée et animée par le personnage de l'enfant.

3. Je me contente de renvoyer sur ce sujet aux observations de Hauser, *Jahrbuch*, II, p. 105 ; Richardson, *Amer. J. of Arch.*, IX, p. 53, pl. XI ; Wiegand, *Ath. Mitth.*, 1900, p. 153. On pourrait multiplier les exemples, tant pour la sculpture que pour la peinture. Les œuvres à citer vont du VI⁰ siècle à la fin de la première moitié du V⁰ (Olympie).

son plan, à sa valeur; car, si l'auteur est un savant et un réaliste, il n'est pas moins un artiste soucieux de l'ensemble et capable de subordonner les détails à l'unité. Cette ferme charpente n'est pas une vaine affectation de science, c'est la traduction expressive de la force juvénile, de la beauté, du parfait équilibre, de la συμμετρία, d'un corps harmonieusement développé par la gymnastique. Rien ne tire à soi et ne retient le regard; il embrasse l'œuvre entière avec une calme et pleine satisfaction.

Le maître ouvrier se reconnaît encore à ce frémissement de vie qu'il a fait courir dans toute la figure, à la palpitation des chairs dont il a enveloppé cette charpente. Ce n'est pas un modèle anatomique, précis, sec, inanimé, c'est un athlète en mouvement : tous les membres participent à l'action, les uns efficacement, les autres plus ou moins passivement; tous les muscles vibrent directement ou par contre-coup, et l'œil de l'observateur a saisi, la main du sculpteur a su rendre les contrastes, les nuances, par lesquels se traduisent les oppositions de l'activité et du repos et les gradations mêmes de l'activité, selon qu'elle est plus ou moins intense, immédiate ou réfléchie.

Une autre idée d'artiste, mais qui demandait une très adroite légèreté de touche, c'est d'avoir rapproché et fait valoir l'une par l'autre la robuste vigueur d'un corps fait et la molle grâce d'un corps d'enfant, avec ses rondeurs et ses gracilités. Nous retrouvons dans l'enfant les mêmes qualités que dans le jeune homme, finesse d'observation et sûreté de rendu.

En décrivant le bas-relief, j'ai indiqué combien le mouvement du corps est souple, complexe, animé et en même temps équilibré. Il vaut la peine d'y revenir avec quelques détails, car de ces recherches de l'attitude résulte précisément le rythme, rythme varié, nombreux et harmonique. Deux conditions le déterminent : la station du corps sur la jambe droite, la portée des deux bras en avant et sur la gauche du corps. De là ce pivotement du torse en trois quarts et de la tête en profil, sur des jambes de face; de là la raideur de la jambe droite, portante, la flexion de la gauche; la saillie arrondie d'une hanche, la rentrée de l'autre et l'inclinaison du bassin de gauche à droite; puis, par un effet contraire, l'infléchissement du corps à gauche, le relèvement de l'épaule droite, l'effacement du côté gauche en perspective, le large développement du flanc droit et la saillante rondeur des muscles du dos et de l'épaule ramenés au premier plan du relief. Même contraste dans les bras, l'un actif, l'autre au repos; mêmes liberté et variété dans leur pose alternée et croisée, l'un raidi, presque droit, avec une légère inflexion en dedans, l'autre plié en arrière, relevé et ramené en avant. Ils rompent les lignes de la figure, mais sans en troubler l'équilibre, grâce à la solide assiette du corps sur le pied et la jambe gauches, à la masse et à la convexité du côté droit qui fait contrepoids.

Les observations analogues que l'on pourrait faire sur la figure de l'enfant, d'un rythme aussi étudié, mais beaucoup plus calme et discret, s'offriront d'elles-mêmes au lecteur averti et ne seraient qu'une répétition atténuée de celles qui précèdent.

Mais on doit signaler, au moins d'un mot, la hardiesse qui consistait à projeter, pour ainsi dire comme sur un écran, une figure qui se joue aussi librement dans l'espace, qui se développe en profondeur sur des plans aussi variés; à l'enfermer dans la mince épaisseur d'un relief très plat, en donnant l'illusion des saillies et des creux, des ressauts et des retraits, l'impression des raccourcis, la sensation de la perspective du corps placé obliquement et du vide que mettent entre les bras, — appliqués sur le fond, — la largeur de la poitrine et la divergence de leurs gestes opposés, et en modelant encore, dans chacune des parties du corps, les vigueurs ou les finesses d'une musculature très poussée et très nuancée. Qu'on trouve à reprendre çà et là : que le bras droit soit trop raide et laisse à peine sentir une flexion nécessaire; que la fuite du bras gauche ne soit point assez accusée; qu'un juge difficile juge la manière encore un peu tendue, un peu sévère, ce sont traces légères d'un archaïsme qui s'efface. Pour même en sentir tout à fait la sévérité et percevoir ce qui manque encore à notre auteur de liberté et d'ampleur, il faut mettre en regard de l'Apoxyoménos de Delphes et de son compagnon des œuvres attiques du ve siècle : un écuyer de la frise du Parthénon, qui, d'un geste presque semblable à celui de l'athlète, tient la bride d'un cheval; l'enfant prêt à monter à cheval, qui lui fait face, ou celui qui, sur la frise orientale, s'appuie, dans une pose abandonnée, au genou d'une déesse[1]. On mesure alors l'intervalle de temps qui sépare les uns et les autres, vingt-cinq ans environ; on sent la différence d'inspiration dont ils procèdent.

Notre sculpteur paraît être un attique; je ne reconnais du moins dans le bas-relief, ni les proportions plutôt courtes, ni la rigueur un peu géométrique des artistes péloponésiens. Il est plus voisin de Myron que de Phidias, à la

---

[1]. *Ancient marbles Brit. Mus.*, ser. VIII, pl. V, XXIII. — Cf. Michaelis, *Parthénon*, frise ouest, n°° 4 et 6; frise est, n° 42.

fois par son âge et par ses tendances. Myron est renommé pour son réalisme savant, il avait, disait-on, « multiplié la vérité » ; par son goût des mouvements animés et des rythmes complexes (numerosior in arte et in symmetria diligentior) ; il se plaisait aux figures d'athlètes et s'appliquait curieusement à la représentation du corps, mais du corps seulement (corporum tenus curiosus). Il avait bien assoupli la sculpture (molliora Myronis signa), non cependant sans garder encore quelque gaucherie archaïque, par exemple dans la représentation de la chevelure et des poils (capillum quoque et pubem non emendatius quam rudis antiquitas[1]). Qu'on m'entende bien, je ne prétends pas attribuer le bas-relief de Delphes à Myron, ni à un élève de Myron ; mais l'auteur était son contemporain, sentait comme lui, travaillait dans le même esprit et avec les mêmes moyens. Il suffit, pour l'honneur de l'Apoxyoménos de Delphes, qu'il appartienne à une période de l'art grec dont les spécimens authentiques ne sont pas très abondants, qu'il en soit lui-même un type excellent et qu'il nous donne, plus d'un siècle avant Lysippe, comme un prototype d'une des plus célèbres statues de ce maître.

1. Overbeck, *Schriftq.*, 533, 599-601, 603, 605.

LES
DIVINITÉS ALEXANDRINES

CHEZ LES PARISII

Par M. Georges Lafaye

Membre résidant.

Dans une brochure publiée en 1826 un auteur nommé Déal[1] a soutenu contre Dulaure[2] qu'Isis, à l'époque romaine, avait été l'objet d'un culte chez les Gaulois, notamment chez les Parisii. Pour ce qui est de la Gaule en général, il n'y a pas lieu de reprendre la question : un coup d'œil jeté sur le *Corpus des inscriptions latines* (tomes XII et XIII) suffit à prouver que Déal était dans le vrai comme tous les savants plus anciens dont il a reproduit l'opinion ; la cause est entendue. Il s'ensuit naturellement qu'Isis a fort bien pu être adorée à Lutèce sous l'empire ; le fait est même très vraisemblable, puisqu'on retrouve les traces des divinités égypto-grecques à Reims[3] et à Soissons[4]. Mais existe-t-il des preuves positives? Comment s'est formée la tradition relative à ce sujet? Quelle en est la source et que vaut-elle? Tous les historiens de Paris l'ont reproduite depuis quatre cents ans ; il est d'autant plus nécessaire de soumettre à une critique rigoureuse les témoignages sur lesquels elle repose. Laissons de côté, tout d'abord, ce qui n'est qu'une pure hypothèse et une hypothèse con-

---

1. J.-N. Déal, *Dissertation sur les Parisii ou Parisiens et sur le culte d'Isis chez les Gaulois*, Paris, Didot, 1826, 1 vol. in-8°.
2. Dulaure, *Histoire physique, civile et morale de Paris*, Paris, 1821, t. I, p. 54.
3. Cernay-les-Reims, *Bull. des Antiquaires de France*, 28 avril 1886; *Rev. archéol.*, 1886, VII, 368; VIII, 104 ; *Comptes-rendus de l'Acad. des inscr. et belles-lettres*, 14 mai 1886.
4. Ch. Robert, *Épigraphie gallo-romaine de la Moselle*, I, p. 29. L'*shabti* et vases égyptiens trouvés en 1832 dans une sépulture à Thun, près Meulan (Seine-et-Oise); *Rev. des Sociétés savantes*, 1859, I, p. 705 ; J. Quicherat, *Mélanges d'archéol. et d'histoire*, I (1885), p. 246. Les doutes exprimés par Quicherat à propos de cette trouvaille n'ont plus aujourd'hui de raison d'être. Après avoir fait partie de la collection de l'abbé Grimot à l'Isle-Adam, un des vases, examiné par Théodule Devéria, a passé au Musée du Louvre. Fr. Lenormant, *Bullettino della commissione archeol. comunale di Roma*, V (1877), p. 101.

damnée ; on a prétendu pendant longtemps que le vaisseau qui figure dans les armes de Paris était le vaisseau d'Isis ; cette opinion avait encore beaucoup de partisans au commencement du siècle dernier : le 29 janvier 1811, sur un rapport de Petit-Radel, des lettres patentes de Napoléon déterminaient ainsi les armoiries de la capitale : « De gueules au vaisseau antique, la proue chargée d'une figure d'Isis, assise, d'argent, soutenu d'une mer du même et adextré d'une étoile d'argent, au chef cousu des bonnes villes de l'Empire. » Isis en personne a donc trôné à la proue du navire parisien de 1811 à 1814. Sur l'origine du navire, on sait aujourd'hui ce qu'il faut penser, et il est inutile de refaire une étude qui a été très bien faite[1]. Mais on peut encore avoir des doutes sur les textes et sur les monuments qui ont motivé cette pompeuse apothéose. M. Drexler, dans un article aussi solide que copieux, les invoquait récemment et renvoyait le lecteur à la dissertation de Déal[2]. Il n'est donc pas inutile de rechercher ce qui subsiste des arguments accumulés par nos vieux historiens.

Il y a en effet chez Déal, au milieu de théories confuses et de rapprochements arbitraires qui ont fait leur temps, des textes dignes d'examen. Hâtons-nous d'ajouter que toute la partie de sa brochure qui concerne le culte d'Isis chez les Parisii[3] est empruntée, y compris les références, à l'ouvrage bien connu de dom Martin sur la *Religion des Gaulois*[4], publié cent ans auparavant ; du reste, Déal l'a loyalement déclaré lui-même. En réalité, la plupart des matériaux ont été rassemblés par dom Martin[5]. Voici donc la genèse de la tradition qu'il a recueillie.

Dans le latin du moyen âge, le bourg d'Issy, près Paris, était désigné sous le nom d'*Issiacum* ou *Isiacum*; on possède une charte, datée de l'an 558, par laquelle Childebert Ier fonda l'abbaye plus tard appelée Saint-Germain-des-Prés, à Paris, sur un terrain dépendant du domaine royal d'Issy, *fiscus Isciacensis* ou *fiscus Isciacus*. Cette charte est suspecte ; Quicherat suppose qu'elle a été fabriquée entre les années 1003 et 1015 ; mais elle peut reproduire un acte

---

1. Coëtlogon et Tisserand, *Les armoiries de la ville de Paris*, 2 vol. in-4°, Imprimerie nationale, 1874-1875 (dans la collection de l'*Histoire générale de Paris*), t. I, p. 24, 34-38, 152 ; t. II, p. 179, 205.
2. Drexler, art. *Isis*, col. 413, 1. 47 à 63, dans Roscher, *Ausführliches Lexikon der gr. und röm. Mythologie*, t. II (1890).
3. P. 67 à 82.
4. Dom Jacques Martin, *Religion des Gaulois*, 2 vol. in-4° (1727), t. II, p. 133-140, 145.
5. Les textes, comme chez Déal, sont parfois écourtés ou rapportés avec une exactitude insuffisante.

plus ancien[1]. D'ailleurs, le nom d'Issy apparaît sous les mêmes formes dans d'autres documents du Xe au XIIe siècle[2]. Abbon, religieux de Saint-Germain-des-Prés, qui a écrit entre 896 et 898 un poème sur le siège de Paris par les Normands (en 886-887), débute ainsi[3] :

> Dic alacris salvata Deo Lutecia summo,
> Sic dudum vocitata, geris modo nomen ab urbe
> Isia, Danaum[4] latae media regionis,
> Quae portu fulget cunctis venerabiliori :
> 5 Hanc Argiva sitis celebrat peravara gazarum,
> Quod nothum species metaplasmi modo nomen,
> O collega tibi Lutecia pingit honeste
> Nomine, Parisiusque novo taxaris ab orbe,
> *Isiae* quasi *par;* merito pollet tibi consors.
> 10 Nam medio Sequanae recubans, culti quoque regni
> Francigenum, temet statuis per celsa canendo :
> « Sum polis[5] ut regina micans omnes super urbes, »
> Quae statione nites cunctis venerabiliori.

Autant qu'on peut se reconnaître dans les broussailles de ce latin barbare, il faut entendre que Lutèce devait son nom plus récent de Paris à une autre ville des Francs, appelée Isia, qui était alors occupée par les Normands et qui avait jusque-là partagé les destinées de Paris. Environ cinq cents ans plus tard, un auteur, qui probablement avait lu ce passage, a identifié Isia avec Melun[6]. Il n'y a été conduit que par une fausse interprétation du vers 10 ; il a cru que cette ville devait nécessairement être située, comme Paris, dans une île de la

---

1. De Lasteyrie, *Cartulaire général de Paris*, 1, p. 3-4.
2. *Potestas Ysiaca, Isiaca.* De Lasteyrie, *ibid.*, p. 88, 99, 133, 464 ; Longnon, *Polyptyque de l'abbaye de Saint-Germain-des-Prés*, 1, p. 215 et l'index.
3. Abbo, *de bello Parisiaco*, I, 1-9, dans Pertz, *Monumenta Germaniae historica, Scriptores*, t. II, p. 776 (réimprimé dans les *Scriptores rerum germanicarum in usum scholarum recusi*, 1871). Traduction française dans Déal, dans Guizot, *Mémoires sur l'histoire de France;* il y en a une autre, avec notes explicatives et historiques, par N.-R. Taranne, Paris, 1834, in-8°. J'ai collationné le texte sur le ms. de Paris (IXe siècle), qui vient de Saint-Germain-des-Prés (Bibl. nat., lat. 13833).
4. Les Danois, les Normands, identifiés avec les Grecs, *Argivi* (vers 5), comme l'explique la glose *Graecorum*, en vertu de la légende qui faisait du Troyen Francus l'ancêtre des Francs ; leurs ennemis ne pouvaient être que des Grecs.
5. « Πόλις, *urbs* » (glose).
6. C'est le moine augustin Jacques Legrand. Jacobi Magni *Sophologium* (1472), livre I, ch. xv. Il a été à son tour copié par Guillaume Benoit, conseiller au parlement de Bordeaux, puis sénateur de Toulouse : Benedicti *Solemnis ac perutilis repetitio in capite Raynutius de testamentis* (1522), art. *Parisius*, n° 886.

Seine. Mais, outre qu'Abbon ne dit rien de tel, aucun document ne permet de supposer que Melun se soit jamais appelé Isia à une époque quelconque de son histoire[1]. Abbon a prudemment éclairé lui-même[2] son obscur ouvrage par des gloses interlinéaires ; il n'a pas glosé *Isia*. Dom Toussaint du Plessis, commentateur, et commentateur excellent d'Abbon, a mis en note : « Ville fabuleuse et inconnue à tous les géographes tant anciens que modernes[3]. » Il paraît probable cependant qu'Abbon a pensé à une ville déterminée, puisqu'il ajoute qu'elle était située sur le territoire envahi par les Normands; suivant toute apparence, il aura voulu parler d'Issy, *Isiacum;* ce rapprochement lui aura semblé glorieux pour son abbaye, dont le domaine embrassait le bourg d'Issy. Il a cousu ensemble deux étymologies également mauvaises, en laissant au lecteur le soin de choisir : Paris pouvait être la ville voisine d'Isia, παρ' Isiae, et dans ce cas on devait prendre son nom pour un nom hybride (*nothum*)[4], ou bien Paris était comme la ville sœur d'Isia, *par Isiae*. Heureusement nous sommes aujourd'hui mieux renseignés; nous ne doutons plus que les noms d'Issy et de Paris viennent d'une racine celtique; si nous ignorons encore le sens du premier, on s'accorde généralement à penser que *Parisii* signifie les gens *actifs*, *entreprenants*[5]. Si extraordinaire cependant que paraisse l'opinion d'Abbon, elle ne l'est pas plus que celle qui attribuait à Paris comme fondateur Paris, fils de Priam[6]. Un auteur anonyme du xie siècle parle aussi d'un certain Isius, qui aurait été le premier ancêtre des Parisii[7]. Tout ce que nous avons à retenir de ces fantaisies ingénues, c'est qu'aucun des textes cités n'établit le moindre rapport entre Paris et Isis. Le souvenir de cette déesse ne semble pas avoir survécu au delà du vi[e] siècle[8]; personne ne songeait plus qu'elle avait.

---

1. Gabriel Leroy, archiviste, *Histoire de Melun* (1887), p. 89, note 3. C'est ce qu'avait déjà bien vu le vieux Sébastien Roulliard dans son *Histoire de Melun* (1628), p. 29-31. Hirschfeld, *C. I. L.*, XIII, 1, p. 443, col. 2.

2. Comme il résulte de sa Lettre à Gozlin, l. 33. Voir aussi l'introduction de Pertz.

3. Les gloses du ms. Bibl. nat. lat. 13833, pour la plupart supprimées par Pertz, sont reproduites chez du Plessis (dom Toussaint), *Nouvelles Annales de Paris jusqu'au règne de Hugues Capet* (1753), p. 236, et chez Taranne, ouvrage cité.

4. « *Medium latinum, medium graecum* » (glose).

5. Holder, *Altceltischer Sprachschatz*, s. v.; C. Alb. Williams, *Die französ. Ortsnamen keltischer Abkunft*, inaug. diss., Strasbourg, 1891, p. 62; Ernault, *Index de César*, éd. Benoist et Dosson, Hachette (1893). C'est ce que pressentait déjà Moreau de Mautour, *Remarques sur quelques singularités de la ville de Paris* (1717), dans l'*Hist. de l'Acad. des Inscr. et Belles-Lettres*, III (1746), p. 275.

6. *Chronique de Saint-Denis*, I, 4; P. Meyer, *Romania*, XI (1882), p. 579.

7. Anonyme de 1053 dans dom Bouquet, *Recueil des historiens des Gaules*, t. VII, p. 231.

8. Il est encore question d'Anubis dans Fortunat, *De vita sancti Martini*, II, 164; IV, 170, éd. Leo. Ces textes supposent l'existence du culte isiaque à Tours dans les siècles qui ont précédé.

jadis reçu un culte en Gaule ; son nom même y avait disparu de la mémoire des hommes.

Il reparaît pour la première fois dans un document que dom Martin ne connaissait pas; on en doit la découverte à Quicherat ; c'est une dissertation bizarre rédigée au temps de Charles V et ajoutée au manuscrit des continuateurs d'Aimoin. Elle a pour titre : *Descriptio cujusdam de ydolo Yside, sita in Leucoticio*[1]. Nous voyons là qu'il y avait à Paris, au XIVe siècle, une image, une « idole », que l'on appelait l'idole d'Isis. L'auteur, après avoir raconté à sa façon l'histoire de cette déesse[2], expose qu'elle reçut un culte en Gaule « jusqu'au temps où fut construite » l'église de Sainte-Croix et Saint-Vincent, appelée depuis Saint-Germain-des-Prés. Il ne résulte pas très clairement de son texte que l' « idole » se trouvât à Saint-Germain-des-Prés. Cependant c'est, à coup sûr, ce qu'il a voulu dire ; car, à partir de la Renaissance, il est souvent question de cette image fameuse dans des termes dont la précision ne laisse plus rien à désirer. Dès qu'on fut devenu plus familier avec les auteurs anciens et qu'on y eut recueilli un plus grand nombre de témoignages relatifs à Isis, l'idée surgit que Paris était la ville d'Isis. Jean Lemaire de Belges, dans ses *Illustrations de Gaule*, dont la première partie date de 1509, a raconté aussi, et à peu près de la même manière, les aventures et pérégrinations d'Isis la Déesse, qui « vint en Gaule du tēps Lugdus treiziesme Roy d'icelle ». Et il se hâte d'ajouter : « Encores voit on son simulachre en France, qu'on appelle l'Idole de Sainct Germain des præz[3]. » Peu de temps après, en 1514, elle fut détruite par ordre de Guillaume Briçonnet. Le témoignage le plus ancien sur cet événement est celui de Corrozet : « Touchant l'imposition du nom, aucuns dict que là

---

1. Bibl. nat., S. G. lat. 438. J. Quicherat, dans la *Bibl. de l'Éc. des chartes*, XXVI (1865), p. 535. En Italie cette résurrection est peut-être un peu antérieure. Pétrarque lisait les *Métamorphoses* d'Apulée en 1348 ; de Nolhac, *Pétrarque et l'humanisme*, p. 294-297 ; Boccace, *De claris mulieribus*, chap. VIII, a une vague idée du culte d'Isis à Rome et en Occident.
2. Il ajoute : « Legitur in quodam codice antiquo et bene neterato quod ab antiquioribus temporibus delata fuit in partibus Gallicis. » Il ne serait pas sans intérêt de déterminer quelle était cette source.
3. Jean Lemaire de Belges, *Illustrations de Gaule*, éd. Stecher, Louvain (1882), t. I, p. 86 et 89. Il est encore question d'Isis dans l'ouvrage déjà cité de Jacques Legrand, *Sophologium* (1472), liv. I, ch. XV : *castrum sic dictum a nomine cujusdam deae dictae Isis*. C'est vers cette époque qu'ont été imprimés les principaux auteurs de l'antiquité qui parlent d'Isis ; ainsi l'édition princeps des *Métamorphoses* d'Apulée est de 1469 ; le traité de Plutarque *sur Isis et Osiris* a été imprimé dans ses *Œuvres morales* en 1509 ; cf. Rabelais, *Pantagruel*, III, 1, 48 ; IV, 2 ; V, 4, 11, 39.

où est sainct Germain des prez y auoit vn temple dédié à la superstition de l'idole ou déesse Isis, qu'on racompte auoir esté femme du grand Osiris ou Iupiter le juste, la statue de laquelle a esté veuë de nostre tēps & en ay souuenance[1]. Elle estoit maigre, haulte, droite, noire pour son antiquité, nuë, sinon auec quelque figure de linge enlassé entour ses membres & estoit située contre la muraille du costé septentrional au droit ou est le crucifix de l'église; on l'appelloit l'idole sainct Germain des prez; elle fut ostée par monseigneur Briçonnet, euesque de Meaux & abbé dudit lieu, enuiron l'an mil cinq cens & quatorze, & y feit mettre au lieu vne croix rouge qu'on voit encores auiourd'huy. Ce lieu estoit appelé le temple d'Isis, et pour ce que la cité en estoit prochaine elle fut nommée Parisis (quasi iuxta Isis) près du temple d'Isis[2]. » Jacques du Breul, religieux de Saint-Germain, ajoute quelques détails curieux : « La statuë ou idole d'Isis, qui auoit tousiours esté gardée, non pour l'adorer, ains pour remarque d'antiquité du lieu, fut érigée & posée contre le mur septentrional de la nef d'icelle Eglise, & y a demeuré iusques en l'an 1514, que Messire Guillaume Briçonnet, Euesque de Meaux & Abbé dudit monastère, la fit oster sur la remonstrance que luy fit le Secretain, frère Jean, surnommé le Sage : asseurant qu'il auoit trouué vne femme à genoux deuant icelle idole, tenant une touffée de chandelles allumées & déplorant quelque perte qui luy estoit aduenuë. Et interrogée qu'elle faisoit là, respondit que des escolliers au pré aux Clercs luy auoient donné ce conseil & dit *Allez à l'idole de sainct Germain & vous trouuerez ce qu'auez perdu*. Vn Trival rapsodieux a escrit que ladite idole est encore entière & que les moynes de leans l'ont cachée en certain lieu. Mais ie puis affirmer du contraire; c'est à sçauoir qu'elle a estée brisée et mise en pièces, l'ayant appris de quatre de nos Religieux, qui s'employèrent à la démolition, lesquels estoient encore viuans en l'an 1530. En la place de ladite idole ledit Sieur Briçonnet y fit sceller vne grande Croix que l'on y void encore[3]. » Enfin Roulliard, historien de Melun, écrit à propos de la statue de Saint-Germain : « Je m'enquis y ha long-temps d'un ancien religieux d'icelle, s'il sçavoit quelle étoit sa figure; et il m'apprit auoir appris d'un religieux de leans, plus vieil que lui, qui l'auoit vue, qu'elle étoit comme d'une grande femme hâve, maigre et déchevelée, et qui auoit la moitié du corps cou-

---

1. *& en ay souuenance*. Mots supprimés par dom Martin. Corrozet était né en 1510 : il avait quatre ans quand la statue fut détruite; la « souuenance » ne pouvait être très précise.
2. Corrozet, *Antiquitez de Paris* (1561), p. 3.
3. Dom Jacques du Breul, *Théâtre des antiquitez de Paris* (1612), p. 261. Du Breul était né en 1528.

uerte d'un rézeau par dessus¹. » Ici s'arrêtent les témoignages des témoins oculaires. Les autres historiens n'ont fait que les reproduire ou les discuter, sans rien apporter de nouveau. La plupart les ont brouillés avec les textes du moyen âge, et, en y mêlant quelques passages des auteurs anciens, ils ont fait du tout un amalgame où il paraît impossible de se reconnaître². Si l'on y regarde de près, on se convaincra qu'il ne s'agit pas là d'une survivance populaire du culte d'Isis et que la statue ne représentait pas Isis; j'ajouterais volontiers qu'elle n'était pas antique. C'est ce qu'a déjà avancé l'abbé Lebeuf³.

Si des écoliers du Pré-aux-Clercs, en veine de plaisanterie, envoyèrent une femme faire ses dévotions devant la statue, c'est apparemment qu'elle n'y allait pas toute seule; il est probable que ces messieurs, comme Lemaire de Belges, avaient lu leurs auteurs et que le tour leur parut bon. Il parut fort mauvais au sacristain, qui en fit aussitôt son rapport; le fait était donc inouï, scandaleux; il y a loin de là à un culte populaire⁴. Cinquante ans plus tôt, personne ne se fût ému; mais Savonarole venait de mourir et Luther allait donner le signal de l'hérésie; les arts profanes encouragés par la cour papale inquiétaient certains esprits, qui craignaient un retour au paganisme et en voyaient partout des symptômes. Quoiqu'il eût, au nom de Louis XII, donné des gages éclatants de fidélité au Saint-Siège, Guillaume Briçonnet, abbé de Saint-Germain-des-Prés, n'était point sans subir l'influence de ces idées; on l'a accusé à tort d'avoir pendant quelque temps incliné vers les luthériens; mais il est certain qu'il fit beaucoup pour astreindre son abbaye à une discipline plus sévère et qu'il y introduisit de graves changements⁵. Ce fut cet état d'esprit, présage de

---

1. Roulliard, *Histoire de Melun* (1628), p. 29.
2. François de Belleforest, *Cosmographie universelle* (1575), t. I, p. 211, col. 1; p. 213, col. 1; Duchesne, *Antiquités des villes de France* (1610), p. 10; Morel sur Stace, *Silves*, éd. Émeric de la Croix (1618), p. 337; La Roche-Maillet, *Théâtre de Paris* (1632); Tristan de Saint-Amant, *Commentaires historiques* (1644), III, p. 735; Claude Malingre, *Antiquitez de la ville de Paris* (1644), p. 2; Patin, *Imperatorum romanorum numismata* (1671), p. 483; Moreri, *Grand Dictionn. histor.* (1673), s. v. *Isis*; Spon, *Recherches curieuses d'antiquité* (1683), p. 302, 306; Guillaume Marcel, *Histoire de la monarchie françoise* (1686), I, p. 40, etc., etc. Dom Bouillart, *Histoire de l'abbaye de Saint-Germain-des-Prés* (1724), p. 179, prétend que la statue était en plâtre; on ne sait d'après quelle autorité.
3. Abbé Lebeuf, *Histoire de la ville de Paris*, éd. Cocheris (1863), t. III, p. 11.
4. Du Breul parle d' « une femme ». C'est sur son unique témoignage que s'appuient tous les historiens postérieurs. A cette époque, l'abbaye, située hors des murs, était enfermée dans une enceinte fortifiée, avec poterne et pont-levis; il fallait franchir encore plusieurs portes pour arriver au mur septentrional de l'église. L'émoi du sacristain était doublement justifié. Voir le plan dit *de la tapisserie* dans Berty, Tisserand et Vacquer, *Topographie historique du Vieux Paris*, II (1876), p. 2, planche.
5. Dom Bouillart, *ouvrage cité*, p. 176-179. Le cardinal Briçonnet, père de l'abbé, avait convoqué à Pise, en 1512, un concile hostile à Jules II « pour corriger les mœurs du chef et des membres de l'Église catholique ». On a souvent confondu le fils avec le père. L'abbé, plus tard évêque de Meaux, fut l'âme du groupe de réformateurs prudents qu'on a appelé « le groupe de Meaux ». Voir H. Lemonnier, dans

la Réforme imminente, qui acheva de donner du crédit à la légende de l'« idole »; la meilleure preuve en est que, cent ans plus tard, après les guerres de religion, elle servait encore d'argument aux ennemis de l'abbaye. Qui était « le trival rapsodieux » qui accusait les moines d'avoir, non détruit, mais caché l' « idole »? Dom du Breul ne l'a pas dit; mais il y a bien des chances pour que ce fût un écrivain protestant. A partir du XVIIe siècle, la tradition constante de l'abbaye fut que la statue détruite ne représentait pas une Isis : « Les religieux de Saint-Germain-des-Prés, dit Sauval, rejetaient l'opinion que l'idole, restée si longtemps dans leur église, et qui fut détruite en 1514, était une Isis, mais ce sentiment ne s'accordait pas avec celui du savant dom J. du Breul[1]. » La raison en est simple; c'est que depuis du Breul la science des antiquités avait fait des progrès et que les bénédictins ne retrouvaient pas dans les descriptions du siècle précédent les caractères distinctifs des images d'Isis. En 1514, était-on en état de reconnaître les attributs particuliers que l'antiquité lui avait donnés? C'est peu probable, si l'on en juge par les récits de Corrozet et de Roulliard. Passe encore pour la tête « déchevelée ». Mais qui a jamais vu une Isis « hâve » et « maigre »? Ce n'est pas ainsi que les anciens ont figuré une déesse de l'abondance et de la génération, assimilée à Cérès et à Vénus. Il est donc inutile de prêter aux religieux de Saint-Germain-des-Prés des motifs secrets; mieux instruits par l'étude des monuments antiques, ils s'étaient convaincus que l'Isis de Briçonnet n'était pas une Isis. L'abbé Lebeuf[2] suppose que la statue plus ou moins dégradée représentait le Christ auteur de la nouvelle loi et qu'elle occupait d'abord le trumeau du milieu dans le portail de l'église du XIe siècle; déplacée depuis pour des travaux de restauration, elle aurait été déposée à terre contre un mur de la nef, où elle fit au public, qui ne s'expliquait pas cette disgrâce, l'effet d'une idole condamnée[3]. Quicherat estime que, si la statue était antique[4], elle

---

l'*Histoire de France* de Lavisse, t. V, p. 339 et 344. Sa correspondance avec Marguerite, duchesse d'Alençon, sœur de François Ier, a été publiée par A. Becker, *Bull. de la Soc. hist. du protestantisme français*, 1900, p. 93. Voir, du même, *Les idées religieuses de Guillaume Briçonnet*, dans la *Revue de théologie*. Montauban, IX (1900), p. 318 et 377. C'est vers la même époque et par suite des mêmes préoccupations que fut détruite une soi-disant Diane d'Éphèse à l'église Saint-Étienne de Lyon. Claude Bellièvre, *Lugdunum priscum*, d'après le témoignage de son père, dans Paradin, *Histoire de Lyon* (1574), ch. XLI.

1. Sauval, *Antiquités de Paris* (1724), I, p. 341; cf. Bouillart, p. 179; du Plessis, p. 12; Félibien, III, p. 7. Pourtant l'opinion de du Breul est encore défendue par dom Martin, *ouvr. cité*, II, p. 135; mais on a vu qu'il soutient une thèse.

2. Lebeuf, *ouvr. cité*, III, p. 10-11.

3. Lebeuf cite, t. I, p. 10, une statue du Christ, enlevée à Notre-Dame, qu'on avait prise pour un Esculape. Cf. Moreau de Mautour, *Sur quelques singularités de la ville de Paris, loc. cit.;* Lebeuf, *Mém. de l'Acad. des Inscr. et Belles-Lettres*, t. XXI, p. 182.

4. Les exemples de sculptures païennes employées à la décoration des églises sont assez nombreux, il est vrai, pour justifier cette supposition. Sans sortir de France, voir ceux que cite Quicherat, p. 536, n. 2.

avait pu être déterrée en l'an 1002 ou 1003 dans les fouilles entreprises pour la construction de l'église actuelle et qu'on lui assigna dès cette époque la place où la vit l'anonyme du xiv° siècle[1]. Mais il faudrait d'abord établir que la statue était bien un ouvrage de l'époque romaine, et un examen attentif des témoignages qui s'y rapportent semble plutôt favoriser l'opinion contraire.

Les doutes exprimés à diverses reprises par de bons juges n'ont pas mis un frein aux fantaisies des historiens. Plusieurs sont restés obstinément attachés à la tradition parce qu'ils ont été déçus par une question mal posée ; convaincus, avec juste raison, qu'Isis avait reçu un culte en Gaule, ils ont voulu à tout prix retrouver ses traces à Paris. Assurément il n'est pas du tout invraisemblable que l'église construite par Childebert 1er ait remplacé un temple païen ; mais rien n'atteste jusqu'à présent qu'on y adorât Isis plutôt que Junon ou Mercure. Au lieu de se demander si le fait était possible, nos vieux historiens auraient dû se demander si les preuves qu'on en a données sont acceptables. Il serait temps de reconnaître enfin, une fois pour toutes, qu'elles n'ont aucune valeur. Quelques auteurs, doués d'une imagination particulièrement féconde, ont délibérément placé un temple d'Isis à Issy, un autre à Saint-Germain-des-Prés, et même un troisième à Melun[2]. Qu'y a-t-il au fond de tout cela? Des étymologies fausses, des textes du moyen âge interprétés à contre-sens, un monument suspect[3]. Il faut donc donner raison à Dulaure ; laissons là des arguments qui n'ont que trop servi pour ce qu'ils valaient et cherchons autre chose.

---

1. Belleforest, *ouvr. cit.*, p. 213, col. 1, approuve Briçonnet d'avoir fait détruire l'idole, « laquelle ses prédécesseurs auoyent *par tant de siècles* laissée en cette Église ». Ce sont là des termes vagues qui ne peuvent faire foi.
2. Le prétendu « *Temple d'Isis* » est mentionné dans la nomenclature des monuments parisiens par Étienne Cholet, Lyonnais, 1614 (Bibl. nat., Estampes, *Topographie de Paris*, t. I., et il est même figuré dans la restitution de Lutèce par MLCDLM, 1705 *Ibid.*). Il convient de remarquer que les fouilles pratiquées dans le pavé ou autour de l'église n'ont jamais amené la découverte d'aucune antiquité égyptienne ; *Bull. de la Soc. de l'hist. de Paris*, I (1874), p. 37 ; VIII (1881), p. 35, 77, 78, 161, 173 ; *Procès-verbaux de la commission municipale du Vieux Paris*, 1901, p. 36. On n'a encore signalé à Issy que des vestiges du moyen âge ; de Brière, *Notice sur le château seigneurial d'Issy, connu sous le nom de château de Childebert, et sur quelques antiquités qui y ont été découvertes*, Paris, 1811. La statue trouvée près de Melun (G. Leroy, *Histoire de Melun*, loc. cit.) n'est pas une Isis. Gassies, *Rev. des études anciennes*, IV (1902), p. 47, a cru voir dans *C. I. L.*, XIII, 3010, une dédicace à Sérapis ; mais son interprétation des bas-reliefs, d'où il tire son principal argument, est inadmissible.
3. Drexler, *Mythol. Beiträge* (1890), p. 15-16, a montré pareillement comment une fausse étymologie avait fait attribuer à Isis des monuments d'Eisenberg (près d'Augsbourg).

Alexandre Lenoir a publié une étude qui a pour titre : *Sur deux statues égyptiennes découvertes à Paris en 1809*[1]. Ces deux *statues* sont deux couvercles de sarcophages en forme de momies; comme il résulte de l'article même de Lenoir, ils avaient été *découverts* dans une maison particulière de la rue de la Santé au faubourg Saint-Jacques et provenaient en réalité de l'ancienne collection du surintendant Fouquet; ils avaient été apportés d'Égypte en 1632[2].

Clarac mentionne aussi deux statues égyptiennes, qui auraient été trouvées dans les fondations de l'église Saint-Eustache. L'une, en granit noir et blanc, haute de 1m69, représente un homme debout, qui porte à deux mains devant lui une petite chapelle contenant une image d'Osiris; dans une inscription hiéroglyphique gravée sur le côté, on lit le nom du roi Amasis II (an 569-525 av. J.-C.). Cette statue, en partie enfouie dans le sol de l'église, aurait servi de marche[3]. L'autre, en basalte, représente un homme debout et au repos, les deux bras pendants le long du corps; il n'a pour tout vêtement qu'une sorte de jupe serrée autour des hanches, qui s'arrête au-dessus des genoux[4]. Les deux pièces viennent-elles bien de Saint-Eustache? Elles furent exposées au Louvre en 1817 dans la salle dite de l'Isis, récemment inaugurée[5]; elles figurent alors sous les numéros 278 et 281 dans le Catalogue publié cette année même par les soins de Visconti, mais sans aucune indication de provenance. Cette indication apparaît pour la première fois sous les numéros 365 et 372 dans le Catalogue de 1820, dressé par Clarac après la mort de Visconti. Pourquoi et sur quels indices y a-t-elle été insérée? On connaît les fouilles qui furent pratiquées vers 1675 dans le jardin de l'abbé Berrier près de Saint-

---

1. *Mémoires de l'Académie celtique*, V (1810), p. 228 à 235, pl. III.
2. Kircher, *Œdipus* (1652), t. III, p. 477; de la Sauvagère, *Recueil des antiquités de la Gaule* (1770), p. 329, pl. XXVIII et XXIX. L'un de ces monuments est le sarcophage d'Anklimeri, Musée du Louvre. E. de Rougé, *Notice des monuments exposés dans la galerie des antiquités égyptiennes*, p. 177, n. 7. L'autre est le sarcophage d'Har-Kheb, *Ibid.*, n. 5.
3. Clarac, *Musée de sculpture*, III, pl. 335, n° 404; V, p. 300, n. 2553 = Sal. Reinach, *Répertoire de la statuaire antique*, I, p. 170. L'inscription dans Clarac, II, n° 399, pl. 247. Aujourd'hui au Musée du Louvre, au rez-de-chaussée, dans la salle des antiquités égyptiennes. Cette statue, qui provient sans doute d'Abydos, représente Pefaanet, chef du palais. E. de Rougé, *Notice des monuments exposés dans la galerie des antiquités égyptiennes*, p. 45, n° 93.
4. Clarac, III, pl. 289, n. 372, V. p. 301, n. 2558 = Sal. Reinach, *ouvr. cité*, I, p. 146.
5. Il n'en est pas question dans les Catalogues imprimés de 1793 à 1817, ni dans Petit-Radel, *Musée Napoléon* (1804-1806), ni dans le Catalogue manuscrit du premier Empire que l'on conserve au Louvre.

Eustache; là aurait été exhumée la tête de Cybèle en bronze, aujourd'hui conservée au Cabinet des médailles, qui est elle-même d'une authenticité assez discutable[1]. Mais ce n'est pas de ces fouilles qu'a voulu parler Clarac; ceux qui nous en ont gardé le souvenir n'auraient pas passé sous silence des monuments aussi importants; et comment expliquer que Montfaucon, que Caylus ne leur aient point donné une place dans leurs recueils, qui contiennent une section égyptienne? De leur temps, les antiquités égyptiennes n'abondaient pas en France; ils n'auraient pas laissé échapper des pièces de cette dimension. Il faudrait donc supposer que d'autres fouilles eurent lieu à Saint-Eustache entre 1770 et 1817. Souhaitons que de nouveaux renseignements nous permettent quelque jour d'éclaircir ce mystère[2]. Mais jusque-là il est prudent de réserver notre jugement : ou Clarac a fait une confusion, ou les statues de Saint-Eustache avaient eu la même destinée que celles de la rue Saint-Jacques; elles avaient été apportées à Paris au XVIIe ou au XVIIIe siècle et momentanément égarées. Car si des sculptures égyptiennes d'une pareille taille ont été souvent retrouvées dans le sol de l'Italie, elles seraient tout à fait exceptionnelles dans le sol de la Gaule. L'opinion de M. Bénédite est que celles-ci ont été enlevées d'Égypte en 1798-1800, pendant l'expédition française. Cette hypothèse est, entre toutes, celle qui s'accorde le mieux avec les limites chronologiques dans lesquelles doivent s'enfermer nos recherches.

Donc, pas plus que les textes, les monuments allégués jusqu'ici ne peuvent nous éclairer sur le culte d'Isis à Paris. Je ne voudrais cependant point finir cette revue sans accorder une mention à d'autres monuments, qui, s'ils n'ont pas été à proprement parler des objets du culte, ont au moins contribué, comme tous ceux de la même famille, à entretenir dans le voisinage de Lutèce ce goût et ce respect religieux des choses de l'Égypte, auxquels Isis a dû ses étonnantes conquêtes[3].

M. Ch. Magne[4] possède une statuette en bronze, de six centimètres de

1. Babelon et Blanchet, *Bronzes antiques de la Bibl. nat.*, p. 258, n. 614. On l'avait appelée à tort une Isis. Peut-être y a-t-il un rapport entre les deux faits.
2. Lebeuf et Cocheris, son continuateur, mentionnent (t. I, p. 133 et 243) les fouilles et les travaux exécutés à Saint-Eustache jusqu'en 1860; le portail a été édifié entre 1755 et 1772. Ils ne savent rien, ni l'un ni l'autre, des statues de Clarac. M. Bénédite, conservateur des antiquités égyptiennes au Musée du Louvre, n'a entre les mains aucun document qui puisse nous tirer d'incertitude.
3. Sur ce point, qu'il me suffise de renvoyer aux exemples et aux réflexions très justes de Fr. Lenormant dans le *Bullettino della commissione archeologica comunale di Roma*, V (1877), p. 101. Cf. Drexler, *Mythol. Beiträge*, 1, p. 29 à 33.
4. Ch. Magne, *Les divinités païennes sur la rive gauche de l'ancienne Lutèce*, dans le *Bulletin de la montagne Sainte-Geneviève*, t. III (1902), p. 144-145.

hauteur, dans laquelle on peut voir avec lui une Isis, quoique la reproduction à très petite échelle, qu'il en a donnée, soit bien peu distincte. Cette pièce provient des fouilles exécutées, en 1885, rue du Cardinal-Lemoine, dans les jardins du n° 71. En voici la description : « Isis allaitant Horus du sein gauche. La déesse est debout, enveloppée d'une robe qui dessine des plis autour de son corps. Sa tête est surmontée d'une espèce de chignon[1] que masque un voile retombant sur ses épaules. La patine a beaucoup souffert, et de nombreuses rugosités rendent difficile l'étude des détails de son visage, dont les yeux seuls sont accentués. »

Le même collectionneur a publié aussi une figurine funéraire égyptienne en terre émaillée, de couleur verte, qui représente Osiris tenant d'une main le fouet et de l'autre le sceptre. Ce petit objet, haut de 0^m07 et brisé à sa partie inférieure, faisait partie du bagage funéraire d'une sépulture exhumée en 1880, avenue des Gobelins, n° 14, sur l'emplacement d'un cimetière gallo-romain. On y recueillit, à côté de la figurine, un bol en terre rouge et un gobelet en verre blanc très irisé.

Enfin, il faut citer une figurine funéraire toute semblable à la précédente, mais d'un émail brun violacé, haute de 0^m10 et brisée aussi à sa partie inférieure (fig. 1). Elle offre cet intérêt qu'elle a été recueillie en 1870, dans le lit de la Seine, en aval du pont de Neuilly, dans des travaux de dragage exécutés près de l'île de la Grande-Jatte ; elle est aujourd'hui au Musée de Cluny. On ne doit invoquer qu'avec beaucoup de prudence le témoignage des monuments retirés du fond des rivières, car ils ont pu être charriés de fort loin. Toujours est-il que celui-ci a certainement séjourné au fond de l'eau pendant très longtemps ; l'émail est complètement usé sur la face antérieure, et les hiéroglyphes, vrais ou faux, qu'on y avait tracés à la pointe, sont devenus à peu près illisibles ; la face postérieure est en meilleur état, ce qui semble indiquer que la figurine est restée couchée sur

Fig. 1. — Figurine funéraire égyptienne, recueillie dans la Seine. (Musée de Cluny.)

---

1. Plutôt une fleur de lotus.

le dos, de telle sorte qu'elle n'a subi que d'un seul côté le frottement de l'eau et du sable[1].

Julien déclarait aux Alexandrins que, s'il était empereur, il le devait surtout au grand Sérapis[2]; on connaît en effet sa dévotion pour le Roi-Soleil; alléguant un oracle d'Apollon transmis par les poèmes orphiques, il s'écriait :

> Il n'est qu'un Jupiter, un Pluton, un Soleil ;
> C'est le dieu Sérapis[3].

Dans sa doctrine, tout entière empruntée à Jamblique, Horus n'était qu'un des noms de l'astre divin[4]. Or, ce fut à Lutèce, où Julien passait l'hiver depuis cinq ans, que les soldats l'élevèrent sur le pavoi et le saluèrent empereur, au mois de mai de l'an 360[5]. Quand nous n'aurions pas d'autres témoignages à invoquer, c'en serait assez pour justifier amplement l'hypothèse que les dieux égypto-grecs ont eu des adorateurs chez les Parisii, autour de ce vieil édifice des Thermes, qui abrite aujourd'hui l'humble *ushabti* découvert au fond de la Seine.

1. Du Sommerard, *Catalogue du Musée de Cluny* (1881), p. 633, n. 7987. En même temps on a trouvé une épée gallo-romaine, qui est aujourd'hui au Musée de Saint-Germain-en-Laye, et plusieurs autres pièces de diverses époques (*Ibid.*, n°ˢ 7984-7986). La figurine a été donnée au Musée de Cluny en 1875 par M. Boucher.
2. Julien, *Lettre* X.
3. Julien, *Sur le Roi-Soleil*, 5.
4. *Ibid.*, 15; cf. 19, 20.
5. Julien, *Épître au sénat et au peuple d'Athènes*, 14. Remarquez comment dans ce passage Julien attribue l'événement à une intervention divine. L'*Épître* a été écrite au mois de janvier de l'an 362.

RESTITUTION

D'UNE

INSCRIPTION DU XIe SIÈCLE

Par le Comte DE LASTEYRIE

Membre résidant.

Les auteurs de l'*Histoire littéraire de la France*, dans l'article qu'ils ont consacré à l'état des lettres et des sciences en France au XIe siècle, citent, parmi les moines qui se sont distingués dans les lettres au début de ce siècle, un certain Domnus. « Moine, disent-ils, de l'abbaïe de Mont-Majour, près d'Arles, il y porta les connoissances qu'il avoit puisées à l'école de Chartres, où il avoit étudié sous le docte Fulbert pendant neuf ans entiers, depuis 998 ou environ jusqu'en 1007[1]. » Mabillon, avant eux, avait déjà mentionné ce personnage. Il avait même donné dans ses *Annales Bénédictines* le texte d'une inscription gravée sur son tombeau et qui est la source des renseignements peu nombreux que l'on possède sur son compte[2]. Voici ce document tel que l'a publié Mabillon :

EPITAPHIUM DOMNI, MONACHI MONTIS MAJORIS.

Sub petra positus requiescit corpore Domnus,
Coenobii sancti constructi nomine Petri,
Almo Majoris doctus nutrimine Montis.
Post hinc Fulberti gliscit sub puppe doceri;
Artes percipiens septem sua pectora replet.
Novem continuos in scholis deguit annos
Jussu prudentis rectoris, seque docentis,
Aulas construxit, muros, portisque reclusit.
Pauperibus largus, miseris parcendo benignus,
Qui quatuor festum decimo ruit ante Novembris.

1. *Hist. litt.*, t. VII, p. 42.
2. *Annal. Bénéd.*, t. IV, p. 698, 699.

En présence de ce texte, dont le sens n'est pas partout très clair, mais dont rien n'autorise à suspecter l'authenticité, on comprend que personne n'ait songé à mettre en doute l'existence du moine Domnus, et ce ne sont pas seulement les Bénédictins du xviii⁰ siècle, ce sont aussi des auteurs du xix⁰, comme le savant président de Saint-Vincens[1], qui ont répété de confiance ce que Mabillon en avait dit.

Or, ils ont eu tort; Mabillon a commis une étrange inadvertance; le moine Domnus est un personnage imaginaire.

A la suite de l'épitaphe de Domnus, l'illustre auteur des *Annales Bénédictines* a publié celle d'un autre moine de Montmajour, qui s .ommait Humbert. En voici le texte :

EPITAPHIUM UMBERTI AUCTORIS MONASTERII CORRENENSIS, MONTIS MAJORIS MONACHI, IBIDEMQUE SEPULTI.

Istic Vmbertus, a puero monachus
Ecclesiae matris Virginis et Domini
Instructor verbis imbuitur Womontis
Francigenis mixtus, et studiis deditus
Ad omnia studuit, grammaticam docuit
Hinc se convertens, littera brisca[2] fruitur
Coepit coenobium, fundavitque locum, magnificamque domum
Sobrius addixit, qui sine fraude fuit,
Nunc coeli coetus gaudeat angelici.

Le texte de cette seconde inscription n'est pas plus satisfaisant que celui de la première, mais le sens général de l'une et de l'autre se dégage assez clairement pour que Mabillon ait pu fermer les yeux sur des obscurités et des fautes manifestes qu'il a dû mettre sur le compte d'un lapicide ignorant ou d'un copiste inattentif.

Il est plus étonnant qu'en publiant ces deux épitaphes il n'ait pas remarqué qu'elles sont en vers, et que, si la première est en hexamètres plus ou moins mauvais, la seconde ne contient que des pentamètres. Or, jamais le moyen âge n'a employé ce dernier genre de vers autrement qu'en distiques.

Il est vrai que, dans le texte donné par les *Annales Bénédictines*, plusieurs

---

1. *Mém. de l'Académie d'Aix*, t. I, p. 107.
2. « *Lege mellea* » (note de Mabillon).

vers ne sauraient se scander comme des pentamètres ; mais cela tient uniquement à des fautes de lecture qu'il était possible de soupçonner, sinon facile de corriger. Cependant, personne jusqu'ici ne s'est arrêté à cette anomalie. Les auteurs de l'*Histoire littéraire* se sont bornés à dire que l'enseignement de Domnus semblait avoir porté peu de fruits et que les moines de Montmajour n'étaient pas forts en poésie, à en juger par ces épitaphes. Ils n'ont pas soupçonné la singulière erreur dans laquelle était tombé leur illustre confrère Mabillon, en dédoublant une épitaphe unique pour en faire deux, et en attribuant à un personnage qui n'a jamais existé une partie des actes et des mérites qu'il faut restituer au seul moine Humbert.

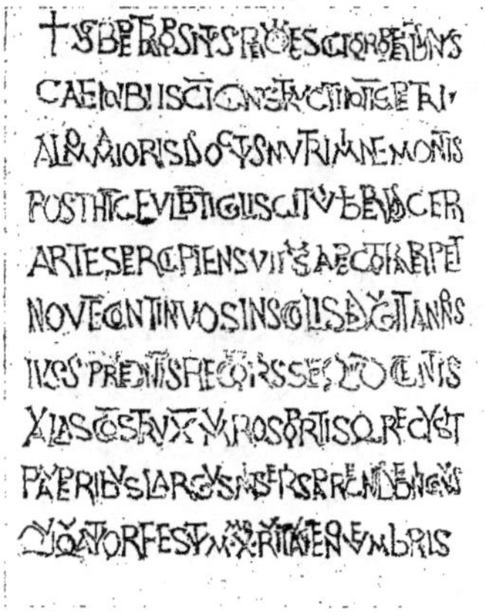

Fig. 1. — Épitaphe du moine Humbert, de Montmajour.
(Partie gauche, d'après un estampage de Peiresc.)

Un heureux hasard m'a fait découvrir dans les papiers de Peiresc[1], à la Bibliothèque nationale, trois estampages qui, bien qu'âgés bientôt de trois siècles[2], seraient encore presque intacts si, à une époque déjà ancienne, on

1. Bibl. nat., ms. lat. 8958, fol. 347 et 349.
2. On lit au dos du premier de ces estampages une note de Peiresc ainsi conçue : « Inscriptions de l'église de Courrens, contretirées en juillet 1626. »

n'avait repassé les lettres avec une encre noire qui a brûlé çà et là le papier et a fait disparaître quelques lettres. Le premier de ces estampages nous a conservé la prétendue épitaphe de Domnus (fig. 1), le troisième, celle d'Humbertus (fig. 2). Or, cette dernière présente la particularité que je signalais plus haut et qui aurait dû frapper Mabillon : elle n'est composée que de pentamètres. On remarque de plus qu'elle comprend le même nombre de vers que la première, qu'elle est écrite de la même façon, avec les mêmes caractères

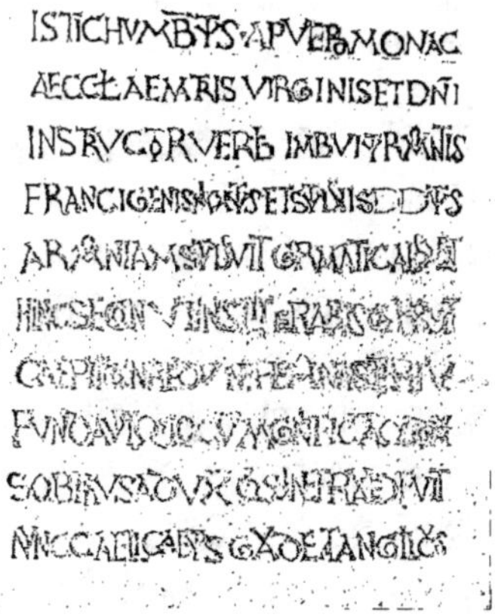

Fig. 2. — Épitaphe du moine Humbert, de Montmajour.
(Partie droite, d'après un estampage de Peiresc.)

entremêlés de ligatures et de lettres enclavées ou suscrites, qu'enfin les intervalles entre les lignes et la hauteur des lettres sont à peu près identiques.

On est donc conduit à cette conclusion forcée : c'est que ces deux estampages, quoique séparés dans le manuscrit de Peiresc[1] et provenant évidemment de deux pierres distinctes, appartenaient à un même monument; c'est que

---

1. La façon dont on a intercalé entre ces deux estampages celui d'une autre inscription sans aucun rapport avec eux montre que Peiresc, ou du moins celui qui a classé ses notes, considérait bien ces estampages comme formant deux épitaphes distinctes. C'est là peut-être l'origine de l'erreur de Mabillon, et le premier coupable est sans doute Peiresc, de qui il tenait la copie de ces textes.

Mabillon a fait à tort deux épitaphes d'une inscription unique ; c'est que le moine Domnus n'a jamais existé, et que le mot *domnus*, dont Mabillon a fait un nom propre, n'est autre chose que ce qualificatif dont les chartes du xie et du xiie siècle nous offrent tant d'exemples et que les Bénédictins eux-mêmes ont conservé jusqu'à nos jours dans la particule *dom* qu'ils mettent devant leurs noms.

Il faut donc fondre ces deux épitaphes en une seule, en intercalant les pentamètres de la seconde entre les hexamètres de la première, ce qui nous donne le texte que voici :

† SVB PETRA POSITVS REQVIESCIT CORPORE DOmNVS
   ISTIC HVMBerTVS, A PVERO MONACus
CAENOBII SanCtI CONSTRVCTI NOmInE PETRI,
   AECCLesIAE MATRIS VIRGINIS ET DomiNI
ALMO MAIORIS DOCTVS NVTRIMINE MONTIS
   INSTRVCTOR VERBis IMBVITVR MONITIS
POST HInC FVLBerTI GLISCIT VERBeRE DOCERI
   FRANCIGENIS MIXTVS ET STVDIIS DEDITVS
ARTES PERCIPIENS VII SVA PECTORA REPLET
   ARMONIAM STVDVIT GRAMATICAm DOCVIT
NOVEm CONTINVOS IN SCOLIS DEGVIT ANNOS
   HINC SE CONVerTENS LITERA PRISCA FRVIT
IVSSV PRVDENTIS RECTORIS SEQue DOCENTIS
   CAEPIT CONREDVm NEmPE MONASTERIVm
AVLAS COnSTRVXit MVROS PORTISQue RECLVSIT
   FVNDAVITQue LOCVm MAGNIFICAmQue DOMVm
PAVPERIBVS LARGVS MISERIS PARCENDO BENIGNVS
   SOBRIVS ADVIXit QuI SINE FRAVDE FVIT
QVI QVATVOR FESTVM XMO RVIT ANTE NOVEMBRIS
   NVNC CAELI CAETVS GAVDEAT ANGeLICVS

L'inscription ainsi rétablie n'offre plus grande difficulté. La valeur poétique en est médiocre, mais le sens en est très clair.

Le moine Humbert avait été élevé dès l'enfance dans l'abbaye de Montmajour, aux environs d'Arles. C'était un monastère dédié à saint Pierre, mais dont l'église principale était sous le vocable de la Vierge. Ce moine était ensuite allé à Chartres écouter les leçons du fameux Fulbert. Il y était resté neuf ans à étudier les sept arts libéraux ; puis il était revenu enseigner la grammaire à Montmajour. Enfin, ses supérieurs l'avaient chargé de construire un prieuré dans un des domaines de l'abbaye, à Correns, petite localité située sur les bords de l'Argens, à quelque distance au nord de la ville de Brignoles. Le poète termine par l'éloge des vertus du défunt, suivant la mode banale de l'époque. Il est regrettable qu'il ne nous ait pas donné plutôt la date du décès de Humbert. Il s'est contenté de nous en indiquer le jour en termes assez confus. Humbert mourut quatorze jours avant la fête de novembre, c'est-à-dire la Toussaint; cela correspond au 18 octobre. Sa mort se place sans doute vers le dernier quart du XIe siècle. Il passa en effet neuf ans à Chartres du temps de Fulbert, c'est-à-dire entre le commencement du XIe siècle et l'an 1028[1]. D'autre part, l'église de Correns, qu'il avait bâtie, fut consacrée le 25 mars 1065 ou 1066. Nous le savons par un acte de Raimbaud, archevêque d'Arles, dont le texte nous a été conservé par Peiresc[2] et par dom Chantelou[3]. Cette seconde date s'accorde facilement avec les données de l'épitaphe, car Humbert pouvait fort bien suivre

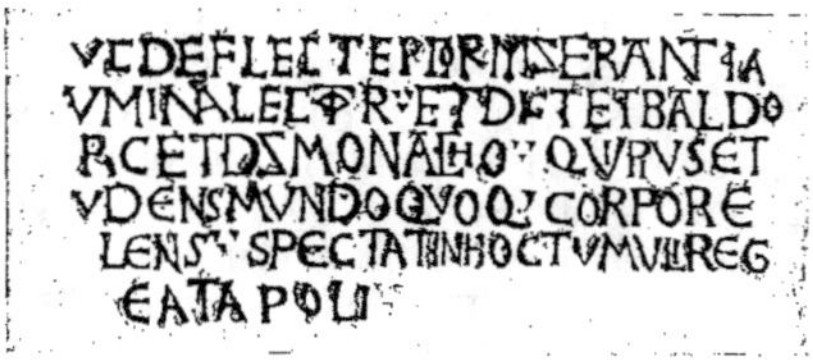

Fig. 3. — Épitaphe du moine Tetbaldus.
(D'après un estampage de Peiresc.)

les leçons de Fulbert vers l'âge de vingt ans et construire le prieuré de Correns quarante ans plus tard. Il sera mort un certain temps après la consécration de ce petit monastère, septuagénaire ou à peu près, et son épitaphe aura été gravée dans les vingt-cinq dernières années du XIe siècle, comme l'indiquent d'ailleurs les caractères de l'écriture. Les lettres ont en effet une tournure recherchée qu'on ne trouverait guère avant l'an 1070 environ. La forme des ligatures et

---

1. Fulbert est mort le mercredi de la Semaine Sainte, 10 avril 1028. Je ne vois donc pas bien pourquoi les auteurs de l'*Histoire littéraire* fixent entre 998 et 1007 l'époque où notre personnage a fréquenté l'école de Chartres.
2. Mss. de Peiresc à la bibliothèque de Carpentras, vol. LXXV, c. II, p. 340-367.
3. *Hist. monast. Montis Majoris*, Bibl. nat., ms. lat. 13915, fol. 100 r°.

des abréviations, le style même indiquent que l'inscription est du XIe siècle, mais font déjà pressentir le XIIe. On remarquera que la plupart des vers sont léonins, mais ce ne sont pas des vers rimés régulièrement, comme on en trouve tant au XIIe et au XIIIe siècle; ils sont simplement assonancés, ce qui est fréquent à la fin du XIe siècle.

J'ai dit plus haut qu'entre les deux estampages recueillis par Peiresc, et qui m'ont permis de rétablir le véritable texte de l'épitaphe du moine Humbert, s'en trouvait un troisième (fig. 3). Peiresc n'en a pas indiqué la provenance; mais la place qu'il occupe dans le volume et sa grande ressemblance avec l'inscription précédente sont des raisons suffisantes pour admettre qu'il venait aussi de Correns.

Ce texte a d'ailleurs peu d'importance, et je n'en parlerais pas si je ne le croyais inédit. Il est ainsi conçu :

> *H*VC DEFLECTE P*re*COR MISERANTIA
> *L*VMINA LECTOR ·.· ET DIC TETBALDO
> *P*ARCET De*u*Z MONACHO ·.· QVI PIVS ET
> *P*RVDENS MVNDO QVOQ*ve* CORPORE
> *DE* FLENS ·.· SPECTAT IN HOC TVMVLI REG
> *N*A BEATA POLI ·.·

Le moine Tetbaldus, dont cette pierre rappelait le souvenir, est mentionné par les auteurs du *Monasticon Gallicanum* comme un des religieux de Montmajour qui se sont le plus distingués par leur science et leur piété[1]. Mais ils ne le connaissaient sans doute que par son épitaphe, car ils ne citent aucun document où il ait figuré.

Il devait être contemporain de son confrère Humbert, et son épitaphe a certainement été gravée vers la même époque que celle de ce dernier. Elle est aussi en vers léonins simplement assonancés. C'est évidemment la recherche de l'assonance qui a conduit le lapicide à mettre par inadvertance à la cinquième ligne le mot TVMVLI là où le sens exigerait TVMVLO.

---

1. « Tetbaldus, non minus scientiae ac meriti vir, Montis uti et alii Majoris monachus, pietate et variarum rerum notitia conspicuus » (Bibl. nat., ms. lat. 11818, fol. 233 v°).

DEUX MONUMENTS
DU MUSÉE DE VICH

(ESPAGNE)

(Planches XIII-XIV)

Par M. Eugène Lefèvre-Pontalis
Membre résidant.

1° RETABLE EN BOIS PEINT DU XII° SIÈCLE

En 1891, Mgr Morgades, évêque de Vich, en Catalogne, eut l'heureuse idée de réunir dans l'étage supérieur de son palais épiscopal tous les objets d'art conservés dans les églises de son diocèse. Parmi les pièces les plus curieuses de cette remarquable collection archéologique, il faut signaler toute une série de devants d'autels en bois de chêne ornés de peintures de la période romane et de l'époque gothique. Il est évident que les artistes de cette région restèrent fidèles aux mêmes traditions pendant tout le moyen âge, car tous ces panneaux sont composés suivant les mêmes principes, qui consistent à mettre le Christ ou un saint dans la partie centrale en l'encadrant de scènes légendaires.

Le plus ancien devant d'autel, inscrit sous le n° 9 dans le catalogue du Musée, est celui dont j'ai pu réussir la photographie (Pl. XIII). Il mesure 1^{m}23 sur 0^{m}97 : dimensions un peu inférieures à celles des autres panneaux du même genre. Son cadre est garni de palmettes qui se rattachent à une longue tige ondulée, comme dans les rinceaux des églises romanes. Au centre, le Christ nimbé, encadré dans une gloire en amande et vêtu de la robe talaire, comme dans toutes les peintures du XII° siècle, est assis sur un siège rustique. Il bénit de la main droite en levant l'index et le médius : sa main gauche tient le livre des Évangiles posé sur son genou. Dans les quatre angles du panneau central, on distingue une palmette encadrée par des tiges.

De chaque côté du Christ, l'artiste a peint deux scènes superposées. La première, en haut et à gauche, représente saint Martin à cheval qui coupe son manteau avec son épée pour en donner la moitié à un pauvre, dont les vêtements sont en lambeaux. Au-dessous, le saint, accompagné d'un clerc, ressuscite un cathécumène qui était mort avant d'avoir reçu le baptême. A droite, le panneau inférieur est consacré à la mort de saint Martin couché sur un lit : deux clercs et un ange aux ailes éployées se tiennent à son chevet. Plus haut, deux anges enlèvent au ciel sur une nappe l'âme de saint Martin représenté sous la forme du buste d'un petit personnage nu et nimbé. On sait qu'au xiiie siècle, les figurines qui représentent les âmes dans les tympans et sur les pierres tombales ont toujours des corps entiers. L'artiste roman qui a peint cette scène s'est donc inspiré d'une autre tradition. Il faut noter également l'emploi dominant de la couleur rouge dans les tons de ce devant d'autel et des autres peintures sur bois qui l'entourent.

Entre les petits panneaux que je viens de décrire, c'est-à-dire dans l'axe longitudinal du retable, on lit l'inscription suivante en lettres capitales :

DANS INOPEM TERRIS MARTINVS VIVERE CELIS

Si les lettres sont beaucoup moins élégantes que dans les inscriptions de la seconde moitié du xiie siècle, très nombreuses en Espagne, l'A chevronné et l'R accouplés du mot MARTINVS, l'I fleuronné du mot INOPEM, la forme de l'E dans CELIS indiquent une épigraphie qui n'est pas rudimentaire. Ces caractères ne sont pas conformes aux traditions carolingiennes, mais ils furent en usage jusqu'au xiiie siècle. Je crois donc pouvoir attribuer ce curieux devant d'autel au milieu du xiie siècle.

Le savant conservateur du Musée de Vich, Don Jose Gudiol y Cunill, qui sait si bien faire les honneurs aux archéologues de cette collection unique en son genre, est d'avis que le retable de saint Martin remonte au xe siècle[1], mais je regrette de ne pas partager son opinion. Je proposerai également de rajeunir les devants d'autels où sainte Marguerite et la Vierge sont représentées dans la même salle et de les considérer comme des œuvres de la fin du xiie siècle, avec ceux de saint André, de saint Laurent et de l'Adoration des Mages. On peut les comparer à des retables de la même époque conservés dans les Musées de Suède et de Norwège.

1. *Catalogo del Museo arqueologico-artistico episcopal de Vich*, p. 67.

2° *DIPTYQUE EN IVOIRE DE LA FIN DU XIVe SIÈCLE.*

Le diptyque de la Passion, qui vient d'être malheureusement volé l'été dernier, mesurait 0^{m}24 sur 0^{m}25 et portait le n° 2180 dans le catalogue du Musée de Vich[1]. Cet objet d'art se trouvait dans un état de conservation remarquable, quand j'ai eu la bonne fortune d'en prendre une photographie au mois de septembre 1902 (Pl. XIV). Le premier inventaire du trésor de la cathédrale de Vich qui en fasse mention porte la date de 1430, mais je le crois antérieur à cette époque.

Les deux panneaux d'ivoire, réunis par des charnières d'argent, étaient divisés chacun en trois compartiments surmontés de quatre petits arcs tréflés qui sont garnis de crochets et d'un fleuron central. On y voyait des traces de dorure et de peinture verte, bleue et rouge. Ces arcatures ressemblent à celles qui encadrent les personnages dans la clôture du chœur de Notre-Dame de Paris, achevée par Jehan Le Bouteiller en 1351.

Les scènes de la Passion se suivent en allant de gauche à droite. A gauche, la première représentait l'entrée du Christ à Jérusalem. Jésus, monté sur un âne et suivi de deux apôtres, se présente devant la porte de la ville percée dans une grosse tour crénelée d'où sortent deux hommes, l'un tenant un livre, l'autre coiffé d'un chapeau pointu, comme le pétase antique, qui distinguait les Juifs au moyen âge. Un personnage étend une étoffe sous les pieds de l'âne. On aperçoit Zachée dans un sycomore dont le feuillage est peint en vert et or, comme les autres arbres du diptyque.

En face, à droite, l'artiste avait représenté le Christ à genoux, entouré de ses apôtres, qui lave les pieds de saint Pierre assis sur un escabeau. A côté, Jésus préside la Cène debout au milieu des apôtres et il bénit le pain sur une table soutenue par des tréteaux. Dans le compartiment central à gauche, le Christ est en prières au jardin des Oliviers. Les apôtres veillent à ses côtés, mais l'un d'eux s'est endormi. Deux soldats, armés de bâtons qui ressemblent à des massues, viennent l'arrêter.

A droite, sur le panneau du milieu, Judas, les entrailles pantelantes, est pendu à un arbre. Jésus, dépouillé de ses vêtements, est attaché à la colonne de la flagellation dont le chapiteau à crochets se trouve sous la retombée d'une

---

1. *Catalogo del Museo arqueologico episcopal de Vich*, p. 176.

arcature. Deux bourreaux, vêtus d'une courte tunique, le frappent à coups de fouet. A côté, il porte sa croix, accompagné de la Vierge et d'un homme qui tient un marteau.

Au bas du panneau de gauche, le Christ est crucifié entre la Vierge et saint Jean. A la suite, Nicodème le descend de la croix, entouré de saint Jean qui tient un livre, de la Vierge et de la Madeleine coiffées d'un voile. A droite, Nicodème et Joseph d'Arimathie déposent au tombeau le Christ enveloppé dans un linceul : un autre personnage tient un vase à parfums. Le sépulcre est décoré au centre d'une arcature tréflée. L'artiste a sculpté dans le compartiment le Christ, le torse nu, appuyé sur un bâton en forme de T, apparaissant à la Madeleine agenouillée près d'un arbre. A côté, on le voit descendre aux limbes, dont l'entrée est figurée par la gueule d'un monstre : deux hommes nus l'implorent les mains jointes.

Ce diptyque, dont les figures se font remarquer par l'expression de leur visage et les plis de leurs vêtements, doit être l'œuvre d'un artiste français de la fin du XIVe siècle.

L'ÉTYMOLOGIE
DU
NOM DE MONTMARTRE

Par M. Auguste Longnon

Membre honoraire.

Parmi les problèmes relatifs aux origines de l'église de Paris, la question du lieu où saint Denis fut mis à mort mériterait de faire l'objet d'une discussion approfondie, dans laquelle chacun des arguments produits jusqu'ici en faveur de Montmartre ou de Saint-Denis serait examiné, conformément aux exigences de la critique la plus sévère. J'avais pensé traiter cette question avec tout le développement désirable, mais je n'ai point trouvé le temps nécessaire à son étude, et je me bornerai pour l'instant à l'examen de quelques lignes de la *Vita Sancti Dionysii*, écrite antérieurement à 840 par Hilduin[1], lignes indiquant expressément Montmartre comme l'endroit où saint Denis souffrit pour la foi chrétienne, en compagnie de Rustique et d'Éleuthère :

> Quorum memoranda et gloriosissima passio e regione urbis Parisiorum in colle qui antea Mons Mercurii, quoniam inibi idolum ipsius principaliter colebatur a Gallis, nunc vero Mons Martyrum vocatur... celebrata est vii idus octobris[2].

Un savant, dont l'érudition française pleure encore la perte prématurée, Julien Havet, en son mémoire sur les origines de Saint-Denis, me semble avoir traité le texte en question avec une trop grande désinvolture. « Ainsi, dit-il, « un seul et même nom français aurait à la fois deux étymologies latines. C'est « ce qu'on ne peut admettre : l'une ou l'autre de ces étymologies est nécessai-

---

[1]. Abbé de Saint-Denis, de Saint-Germain-des-Prés et de Saint-Médard de Soissons, Hilduin fut aussi archichapelain de l'empereur Louis le Pieux et mourut en 840.
[2]. *Areopagitica sive Sancti Dionysii Vita*, c. 36 (t. CVI de la *Patrologie latine*, de Migne, p. 50).

« rement fausse. La vraie est *Mons Mercurii*, car un texte relativement ancien,
« la chronique dite de Frédegaire, nous apprend que Montmartre s'appelait au
« viie siècle *Mons Mercore*[1]. Hilduin a été frappé de ce détail. Ce nom, qui
« renferme un souvenir païen, lui a paru digne de figurer dans un ouvrage où
« il racontait des événements accomplis à Paris au temps du paganisme, et con-
« clure de ce nom à l'existence d'une idole de Mercure ne pouvait que lui
« paraître tout naturel. Puis, s'avisant que Montmartre aurait pu venir tout aussi
« bien de *Mons Martyrum* que de *Mons Mercurii*, il n'a pas résisté à la tentation
« de donner aussi cette seconde étymologie et de rattacher ainsi directement
« le lieu dont il parlait à la personne de son héros. Seulement, il ne s'est pas
« aperçu qu'en expliquant le même nom de deux façons différentes, il se met-
« tait en contradiction avec lui-même. Cette absurdité n'a nui en rien, du
« reste, au succès de son hypothèse. L'opinion qui fait venir Montmartre de
« *Mons Martyrum* a été universellement acceptée au moyen âge, elle compte
« encore ses partisans, qui n'osent rejeter une tradition dix fois séculaire[2]. »

La conclusion est nette. Elle ne saurait néanmoins entraîner la conviction des érudits qui prendront la peine d'y réfléchir, et Julien Havet lui-même s'en était parfaitement rendu compte, car, sur une observation de notre confrère M. d'Arbois de Jubainville, au sujet de l'explication de Montmartre par *Mons Mercurii*, il pose en note la question de savoir « comment l'accent, qui,
« dans *Mercurii*, devait être sur la syllabe *cu*, a-t-il passé à la syllabe précé-
« dente dans *Montmartre* et probablement déjà dans *Mercore* ». Au reste, il se contente d'ajouter que « c'est un problème qu'il faut signaler à l'attention des
« romanistes ».

Le « problème » n'a pas reçu de réponse, car il ne peut être répondu à un problème sans existence réelle. En effet, Julien Havet affirmait un fait dont la preuve restait à produire; il interprétait assez peu exactement, d'autre part, les paroles du biographe de saint Denis.

Qu'on veuille bien se reporter au texte d'Hilduin. On y verra que cet écrivain ne présente aucunement *Mons Mercurii* et *Mons Martyrum* comme étant l'un et l'autre la forme primitive du nom de Montmartre, il les indique simplement comme deux vocables successifs d'un même lieu, deux vocables

---

[1]. « Aeghyna jobente Chlothario in Monte Mercore resedit. » (Frédegaire, l. IV, c. 55; édition Krusch, p. 148.)

[2]. *Bibliothécaire de l'École des chartes*, t. LI (1890), p. 28. — *Œuvres de Julien Havet*, t. I, p. 212-213.

dont le plus ancien, emprunté au paganisme, a été postérieurement au martyre de saint Denis remplacé par une appellation rappelant le souvenir du pieux évêque et de ses compagnons. Une telle allégation n'offre absolument rien qui, à première vue, permette de la condamner.

Mons Mercurii est le nom primitif de Montmartre. Inspiré par le culte de Mercure, il était certainement à l'époque romaine le nom de plusieurs autres lieux de la Gaule, et je citerai à cet égard le bourg de Saint-Michel-Montmalchus, dans l'ancienne province de Poitou[1]. Or, *Mons Mercurii*, accentué sur *u* bref, n'a pu donner en roman que *Montmerqueur* ou *Montmerqueu*, pour aboutir finalement à *Montmalchus*, en passant par les intermédiaires *Montmercu*, *Montmarcu*, *Montmalcu*, et, en l'absence d'une preuve quelconque, il est imprudent d'affirmer qu'il ait produit *Montmertre* ou *Montmartre*.

Le nom latin de *Mons Martyrum*, qu'Hilduin dit avoir été substitué au nom primitif de la montagne, portait l'accent tonique sur l'antépénultième, c'est-à-dire sur l'*a* : c'est par conséquent, la seule étymologie qu'on puisse accepter du nom de Montmartre. Si l'on admettait avec Julien Havet que le vocable *Mons Martyrum* est de l'invention d'Hilduin, il faudrait supposer que ce prélat connaissait les lois qui ont présidé au passage du latin en français et dont l'existence n'a été révélée qu'au xix⁰ siècle seulement par Diez et par Gaston Paris.

---

1. Saint-Michel-Montmalchus ou Mont-Malchus (Vendée, arr. de Fontenay-le-Comte, cant. de Pouzauges) est appelé *Mons Mercurii*, vers l'an 1300, dans le plus ancien pouillé aujourd'hui connu du diocèse de Poitiers. (Aillery, *Pouillé de l'évêché de Luçon*, p. 97.) — L'évolution de *Mons Mercurii* devenant *Montmerqueu* en roman est exactement semblable à celle du nom de lieu *Mercurium*, pour un plus ancien *Ad Mercurium*, aujourd'hui Mercœur (Haute-Loire et Puy-de-Dôme); ce dernier vocable était prononcé Merqueu ou Marqueu par les Français du xiiiᵉ siècle, ce qui explique la graphie *Marcueil* ou *Marcuel* en usage à cette époque.

LES
JARDINS DES ACILII

Par la Comtesse Ersilia CAETANI LOVATELLI

Correspondant étranger honoraire.

Rome, reconstruite, pour ainsi dire, avec les fragments précieux des siècles, est vraiment une ville merveilleuse ! On y rencontre à chaque pas les souvenirs d'époques et de civilisations différentes.

Aux ruines grandioses de la Rome républicaine et impériale, succèdent celles des palais et des tours du Moyen Age, à côté desquelles s'élèvent les édifices sévères de la Renaissance et de la Papauté.

La vie antique se confond avec la vie moderne. Jusque sur les hauteurs du Caelius, au milieu des décombres du somptueux temple de Claude, enguirlandés d'une éternelle et riante floraison, s'abritent aujourd'hui des familles entières de pauvres gens; des sarcophages historiés, jadis destinés à recevoir les cendres d'illustres Romains, sont transformés en bassins et en auges. On dirait que les souvenirs sortent du sol, surgissent des églises et des monuments, que le passé redevient le présent.

Ce mélange d'antique et de moderne, d'âges et de choses différentes, constitue peut-être un des plus grands charmes de notre ville où toutes les douceurs de la nature et du climat viennent encadrer les merveilles de l'art.

C'est de la terrasse du Pincio qu'il faut contempler Rome et jouir du vaste panorama qui s'étend sous les yeux et qui, surtout dans la splendeur sereine des soirées d'été, prend les proportions étranges d'une vision de rêve.

En face, la coupole de Michel-Ange et le Janicule, avec les maisons entassées du Transtévère et le cloître de Saint-Onuphre au milieu, des cyprès et des pins ferment l'horizon; du côté opposé, au-dessus des grands ombrages de la villa Borghèse, on voit se perdre dans le rose pâle les montagnes de la Sabine et le solitaire Soracte, chanté par Horace.

Rome, avec ses dômes, ses obélisques, ses statues, ses fontaines monumentales, ses églises, ses clochers et ses tours du Bas-Empire, semble une ville enchantée qui naîtrait d'un mirage au milieu des lueurs embrasées du couchant.

Le Pincio, aujourd'hui transformé en promenade publique, avait reçu des Romains le nom de *Collis hortorum*, à cause des riches et délicieux jardins qui le recouvraient; ceux des Acilii Glabriones sont peut-être les plus connus.

Il importe de noter que parmi les nombreuses branches de la *gens Acilia*, les Balbi, les Aviola, les Rufi, les Severi, etc., la plus célèbre et la plus illustre était sans doute celle des Acilii Glabriones. Bien qu'ils fussent proclamés, à l'époque impériale, les plus nobles des patriciens, les Acilii Glabriones, d'après le témoignage constant de Tite-Live[1], appartinrent au peuple au moins jusqu'à la fin du vi^e siècle de Rome.

Il y aurait beaucoup à dire sur chacun des membres de cette très noble famille; ni le temps ni l'espace ne nous le permettraient. Aussi nous bornerons-nous à quelques détails sommaires sur les principaux d'entre eux, à partir de ce Manius Acilius Glabrion qui fut vainqueur d'Antiochus, roi de Syrie, à la bataille des Thermopyles, et qui, le jour de la rencontre, voua un temple à la Piété. Ce temple s'éleva plus tard dans le Forum Olitorium, et fut dédié par son fils Manius Acilius Glabrion, créé tout exprès à cette occasion duumvir par décret du Sénat. Il érigea devant le temple une statue équestre de son père; ce fut la première statue dorée qu'on eut encore vue en Italie[2]. Ce temple fut détruit lorsqu'on édifia le théâtre de Marcellus[3]. Nous retrouvons un de ses descendants, Manius Acilius Glabrion, comme lui consul, investi du commandement du Pont et de la Bithynie pendant la guerre contre Mithridate. En qualité de préteur, il eut la présidence dans la *quaestio de repetundis* lorsque Cicéron accusa Verrès.

La famille des Acilii s'éleva si rapidement en honneur, en splendeur et en richesse, qu'aux temps de l'Empire elle ne figure pas moins de onze fois dans les Fastes consulaires. Le Glabrion le plus connu dans l'histoire du Ier siècle est, sans contredit, le Manius Acilius, qui obtint les faisceaux en l'année 91, sous Domitien. Cet empereur le contraignit, pendant l'exercice de sa charge, à

---
1. XXVIII, 4.
2. Tite-Live, XL, 34.
3. Pline, *H. N.*, VII, 121; Dion Cassius, XLIII, 49; Wissowa, *Rel. d. Römer*, p. 274-275.

combattre un lion énorme, selon Dion Cassius[1], deux ours féroces, selon Juvénal[2], dans l'amphithéâtre de sa villa Albana, où il l'avait invité pour la fête des Juvenalia. Acilius Glabrion sortit sans blessure de cette épreuve. Le souvenir de ce haut fait, qui fit une grande impression à Rome, resta fameux pendant longtemps; nous voyons Fronton le donner comme sujet d'une composition de rhétorique à son élève Marc-Aurèle César[3]. Juvénal ajoute[4] qu'il ne servit de rien au malheureux jeune homme d'imiter le vieux stratagème de Brutus en contrefaisant l'insensé pour échapper au sort fatal que lui réservait le tyran. Il fut exilé, puis mis à mort par Domitien avec les deux consulaires, Civica Cerialis et Salvidienus Orfitus, comme coupable de conspiration, *quasi molitores novarum rerum*[5], ce qui pourrait indiquer le christianisme. Du reste, on soupçonnait que notre Acilius avait été condamné à la suite de sa conversion à la foi nouvelle; aujourd'hui, il n'est plus permis d'en douter, depuis la découverte dans l'ancien cimetière de Priscilla, hors la porte Salaria, de l'hypogée des Acilii chrétiens, comme le prouvent avec évidence les inscriptions trouvées en cet endroit[6].

Manius Acilius Glabrion, fils du précédent et consul en 124 avec Torquatus, est connu non seulement par plusieurs estampilles et par quelques inscriptions, mais aussi par une lettre que lui adressa l'empereur Hadrien, lettre conservée dans les Pandectes.

Nous ne savons rien, ou presque rien, de Manius Acilius Glabrion, consul en 152, si ce n'est qu'il fut probablement le mari d'Arria Plaria Vera Priscilla. Vient ensuite un autre Manius Acilius Glabrion, deux fois consul sous Commode, très admiré par Hérodien pour n'avoir pas contesté la pourpre impériale à Pertinax. Pendant qu'on délibérait dans l'enceinte du Sénat sur le choix d'un empereur, Pertinax voulant céder la pourpre, qu'il refusait pour lui-même, au plus illustre et au plus digne des sénateurs, prit par la main Acilius Glabrion et le conduisit au trône comme le plus noble des patriciens, εὐγενέστατος πάντων τῶν εὐπατριδῶν, puisqu'il descendait d'Anchise et d'Énée[7].

---

1. LXVII, 14.
2. *Sat.* IV, vv. 99-101.
3. *Lettres de Fronton et de Marc-Aurèle*, V, 23.
4. *Sat.* IV, 99-103.
5. Suétone, *Domit.*, 10.
6. De Rossi, *Bull. di arch. cristiana*, série 4, 1888-1889, p. 15-57; Marucchi, *Le catacombe romane*, p. 462 et suiv.
7. Hérodien, *Hist.*, II, 3.

Jusqu'au IV° siècle, les Acilii avaient conservé cette même réputation de noblesse. Nous l'apprenons par le témoignage du poète Ausone, déplorant dans un poème élégiaque la mort prématurée de son collègue Acilius Glabrion, professeur de lettres à Bordeaux. Il dit de lui :

> *Stemmate nobilium deductum nomen avorum*
> *Glabrio Acilini, Dardana progenies*

c'est-à-dire descendant de Dardanus, ancêtre d'Anchise, et fondateur d'Ilion.

Les Acilii, établis sur le *Collis hortorum* dès les derniers temps de la République, y construisirent un palais et y plantèrent de magnifiques jardins, qui s'étendaient sur tout le terrain occupé aujourd'hui par l'église et le verger de la Trinité-des-Monts, la villa Médicis, la promenade publique du Pincio et une grande partie de la villa Borghèse[1]. Une précieuse inscription votive, dont la paléographie nous reporte au déclin du II° siècle, fut trouvée en 1868, sur l'avenue qui mène du palais de l'Académie de France au monument des frères Cairoli. Elle avait été dédiée par un certain Tychicus, serviteur de Glabrion et surintendant de ses jardins :

> SILVANO SACRVM
> TYCHICVS
> GLABRIONIS N SER
> VILICVS HORTORVM

Elle nous atteste que la colline appartenait aux Acilii pendant les deux premiers siècles de l'Empire. Mais il ne serait pas possible de déterminer quel fut le Glabrion, premier possesseur des jardins[2].

Nous possédons quelques restes des magnifiques *horti Aciliorum*. Les substructions destinées à soutenir la colline sur trois de ses côtés, à l'est, au nord et à l'ouest, viennent au premier rang. Les dessins de Nolli et de Piranesi acquièrent une grande importance depuis que les travaux modernes ont caché toute la partie des anciennes murailles qui n'avait pas été endommagée pendant l'occupation française. Du côté du couchant qui fait face à la voie Flaminienne, il n'en reste aucune trace, mais leur existence nous est certifiée par Nolli et par

---

1. Lanciani, *Forma Urbis*, pl. 23.
2. Pour la *gens Acilia*, voir Klebs, *Prosopographia imperii romani*, p. 7-8.

Guattani[1]. Ce dernier nous affirme que tout l'emplacement autrefois occupé par ces somptueux jardins était entouré de substructions qui commençaient à l'est, tournaient au nord par le Muro Torto et continuaient à l'ouest en suivant la direction naturelle de la colline.

A ce propos, nous rappellerons en passant que ce reste remarquable d'*opus reticulatum* de l'époque de Sylla ou d'Auguste, désigné sous le nom de Muro Torto, se rattache à la première période de la guerre gothique, pendant le siège de Vitige.

Nous savons par Procope[2] que Bélisaire, ayant établi son quartier général sur le Pincio, aurait voulu abattre, puis rebâtir ce contrefort angulaire très délabré qui, pour cette raison, était alors nommé *murus fractus*. Tel a dû être à peu près le mot latin correspondant au περίβολος διερρωγώς de Procope; plus tard, dans quelques documents du moyen âge, on l'appelle *murus ruptus* ou *inclinatus*. Mais les Romains ne le lui permirent pas, alléguant que l'apôtre saint Pierre avait promis de le défendre. Le même auteur ajoute qu'en effet les Goths n'osèrent jamais l'attaquer. Pendant le moyen âge, on enterrait au pied de ce mur les femmes de mauvaise vie : cette circonstance nous fournit peut-être l'explication du nom de *muro malo* qu'on lui aurait quelquefois attribué[3].

Des beaux jardins des Acilii, il nous reste encore les piscines, assez bien conservées, dont l'une est taillée dans le roc sous la *Casina del Pincio*. Vacca, qui les a décrites[4], les proclame *cosa notabile per la sua magnificenza*.

Seroux d'Angicourt parle longuement de la découverte, en 1789, d'un immense cellier, *cellarium*, près des murailles du Pincio, et précisément dans le voisinage du Muro Torto. Il contenait un nombre infini de vases encore fixés au sol. Quoique de la classe des amphores ou *diotae*, la variété de leur forme, et plus encore celle des objets qui s'y trouvaient mêlés avec la terre et la cendre, laissa une certaine incertitude sur leur emploi primitif. Les uns renfermaient des petites têtes de terre cuite, des mains d'ivoire, des vases également de terre cuite en forme de lacrymatoires; d'autres étaient remplis d'os de bœuf sciés, de squelettes, de têtes, de mâchoires, de vertèbres, d'os desséchés de

---

1. *Mem. enciclop.*, 1816, luglio.
2. *B. Goth.*, I, 23.
3. Tomassetti, *Della campagna romana. Via Flaminia*, p. 384.
4. *Memorie*, 43; cf. *Bull. arch. com.*, 1891, p. 137 et suiv.; Lanciani, *Le acque e gli acquedotti*, p. 29.

différents animaux, tels que quadrupèdes, poissons, lézards, serpents, etc.; d'autres contenaient enfin des aiguilles d'ivoire ou de métal à l'usage des femmes ainsi que des médailles assez mal conservées. Rien ne put apprendre ni comment ni pourquoi tant d'objets disparates se trouvaient réunis dans ces vases d'une manière si extraordinaire. L'imagination et la crédulité populaires eurent bientôt fait de reconnaître là un antre de sorcières, et de voir dans ces objets des instruments de magie et de maléfice [1].

Outre ceux des Acilii Glabriones, d'autres jardins non moins somptueux embellissaient encore les délicieux sommets du *Collis hortorum*. Qu'il suffise de rappeler sommairement les fameux jardins de L. Licinius Lucullus, le vainqueur de Mithridate, dans la partie méridionale du Pincio ; les *horti Pompei*, quelquefois cités comme *horti superiores ;* et, sur le côté septentrional de la colline, les jardins des Domitii, où cette famille avait sa sépulture et où par conséquent fut enseveli Néron [2]. Mentionnons enfin les jardins des Anicii, qui formèrent un seul et même ensemble avec ceux dont nous parlons, car, par suite des alliances postérieures, les deux familles se fondirent avec le temps en une seule.

Quant au nom de Pincio donné à la colline dès les derniers temps de l'ancienne Rome, il tire sans doute son origine de la *gens Pincia* [3]. M. Huelsen nous apprend en effet que Sex. Petronius Probus, consul en 371, possédait un palais près de l'église actuelle de la Trinité-des-Monts [4], lequel devait lui venir de sa femme, Anicia Faltonia Proba. Or, celle-ci, qui, d'après ce qu'on lit dans son Éloge [5], *Amnios Pincios Aniciosque decoravit*, descendait par sa mère d'un Pincius, peut-être un patricien des temps qui suivirent Dioclétien. Le *Palatium Pincianum*, après la grande catastrophe de l'année 410 et la décadence de la famille Anicia, dans les mains de laquelle, comme il a été dit tout à l'heure, les jardins des Acilii étaient passés, entra dans le domaine impé-

---

1. *Recueil de fragments de sculpture antique en terre cuite*, p. 46-47.
2. Suétone, *Ner.*, 50.
3. Huelsen, *Rœm. Mittheil.*, 1889, p. 269.
4. *C. I. L.*, VI, 1715; Dessau, 1265.
5. *C. I. L.*, VI, 1754; Dessau, *Inscr. selectae*, 1269. Le mausolée des Probi, où furent enterrés Sex. Petronius Probus et sa femme Anicia Faltonia Proba, était placé près de la basilique du Vatican (Duchesne, *Mélanges, École française de Rome*, 1902, p. 386). Il fut renversé sous Nicolas V, dans la reconstruction de la nouvelle basilique (Müntz, *Les arts à la cour des papes*, I, p. 119-124).

rial. Il continua d'en faire partie jusqu'au vi° siècle, et l'inscription qu'on lit sur un tuyau en plomb

AQVA PINCIANA
D N FL VALENTINIA
NI AVG[1]

doit être rapportée, d'après M. Huelsen, plutôt à Valentinien III, c'est-à-dire au v° siècle, qu'à Valentinien Ier ou à Valentinien II, qui vécurent l'un et l'autre à la même époque que Sex. Petronius Probus.

Le *Collis hortorum* pourrait nous fournir matière à une étude plus étendue, si nous en avions le loisir, mais ce que nous aurions encore à dire ne se rattacherait qu'indirectement au principal sujet de cet article.

Nous dirons donc adieu aux jardins des Acilii et aux personnages de cette illustre famille, dont les lointains souvenirs dorment depuis des siècles sous l'herbe et sous les bouquets de roses du Monte Pincio.

---

1. Lanciani, *Le acque e gli acquedotti*, p. 225, n. 93; *C. I. L.*, VI, 7259.

SUR

LE SENS DU MOT « MI »

EN ÉTRUSQUE[1]

Par M. Jules MARTHA

Membre résidant.

Quiconque a feuilleté un recueil de textes étrusques a certainement remarqué le grand nombre des inscriptions qui débutent par le mot *mi*. Ce mot revient si souvent qu'il peut être « considéré comme un signe de reconnaissance à peu près infaillible; un texte commençant par ce vocable *mi* devant, par cela même, être attribué à la langue étrusque[2] ». Bien que ce terme ait été souvent étudié[3], le sens en demeure encore incertain, en raison de la diversité des interprétations proposées, lesquelles sont, à première vue, toutes également spécieuses. Je voudrais montrer ici que, parmi les interprétations possibles, il en est une qui l'emporte en vraisemblance sur toutes les autres; il y a plus, c'est la seule que la comparaison des textes permette de retenir.

Rappelons tout d'abord dans quelles conditions se présente le mot *mi*. Ces conditions sont les suivantes :

1° *Mi* est toujours en tête de la phrase[4].

2° Il est suivi d'un nom propre au nominatif : *mi Larthia* (F., 2405, 2406); *mi Kalairu* (F., 2048); *mi Hustileia* (F., 2608), etc.

---

1. Abréviations : F. = Fabretti, *Corpus inscr. italicarum;* — F. spl. = supplément du *Corpus de Fabretti;* — Pauli = Pauli, *Corpus inscr. etrusc.;* — Krall = Krall, *Die etruskischen Mumienbinden des Agramer National-Museums* (Wien, 1892).
2. Bréal, *Journal des Savants,* janvier 1899, p. 64.
3. Bibliographie dans Fabretti, *Glossarium,* p. 1170 et suiv. — Cf. Fabretti, *Terzo suppl.,* p. 65 et suiv.; C. Pauli, *Etrusk. Studien* (Göttingen, 1880), III : *Die Besitz, Widmungs und Grabformeln des etruskischen.*
4. Une seule fois (F., 2328 : *ma mi,* etc.), *mi* ne vient qu'en second. Mais le mot *ma* qui précède forme avec lui comme une locution liée. On trouve plusieurs fois la formule *mi ma* (voir plus bas). L'interversion des deux termes est toute naturelle.

3° Il est suivi d'un nom propre au génitif : *mi Thanchvilus* (F., 451); *mi Ramthas* (F., spl., I, 384); *mi Apirthes* (F., 2336); *mi Alfinas* (F., spl., II, 87); *mi Hurtinas* (F., 2606).

4° Il est suivi d'un ou de plusieurs mots qui ne sont pas des noms propres : *mi suthi*, etc. (F., 42 et spl., II, 3); *mi spurana talape* (F., 446); *mi fleres*, etc. (F., 267 et 2613). Parfois, le mot qui suit *mi* paraît être à un autre cas que le nominatif : *mi spural*[1] (F., spl., I, 106); *mi suthil*[2], etc. (F., 2603); *mi turce* (F., 2614 *ter*).

5° Dans ces différentes constructions, *mi* est quelquefois accompagné d'une sorte de déterminatif, tel que *ma*, *cana*, *ni*, *ne* ou *capi* : *mi ma laris suplu* (F., 351); *mi ma Velus Rutlnis Aulesla* (F., 352); *mi ma L. Casni* (Pauli, 60); *mi cana* (F., 2435); *mi cana Larthias*, etc. (F., 349); *mi cana Larthial*, etc. (F., 264); *mi ni mulvene*, etc. (F., 2164); *mi ni Caisie thannursi*, etc. (F., spl., III, 391); *mine mulvuneke*, etc. (Pauli, *Etrusk. Studien*, III, p. 59, n° 199); *mi capi*, etc. (F., 348 *bis a* et *b*, 314, 358).

6° Enfin, les inscriptions avec *mi* se lisent sur une foule d'objets différents, portes de tombeaux, sarcophages, urnes cinéraires, cippes, stèles, ex-voto, poteries, miroirs, statuettes, casques, chaudrons[3].

Étant donné ces conditions, il est difficile, pour ne pas dire impossible, de considérer *mi* comme un substantif. A coup sûr, ce n'est pas un nom d'objet, puisqu'il s'applique à tant de choses différentes. Est-ce une abstraction, l'expression d'une qualité, d'un état, d'une manière d'être? Il faudrait d'abord imaginer une qualité qui pût être commune à des personnes et à des choses. Il faudrait ensuite que le rapport de cette qualité à la personne ou à la chose qualifiée fût toujours exprimé. Or, de ces deux conditions, si la première est réalisable, la seconde n'est pas réalisée. Loin de se construire toujours avec le génitif, exprimant le rapport de la qualité à l'objet qualifié, *mi* se construit souvent avec le nominatif; preuve que, dans certains cas, il se confond avec l'objet. Dans l'exemple *mi Hustileia*, si *mi* était substantif, il ne pourrait être considéré que comme une apposition; il y aurait ainsi rapport d'identité entre *mi* et le nom propre. Ce rapport d'identité est incompatible avec le rapport de dépendance qu'impliquerait l'expression d'une qualité.

---

1. D'après les inscriptions bilingues, la désinence -*al* exprime l'idée de provenance.
2. *Suthil* est sans doute à *suthi* comme *cilthl* (Krall, p. 36, l. 7) est à *cilth* (Ibid., p. 38, l. 12). *Turce* est le mot *tur* (Krall, p. 33, l. 13) avec le suffixe -*ce*.
3. Fabretti, *Terzo suppl.*, p. 67.

Mi n'est pas davantage un adjectif. Non pas qu'ici la dualité des constructions, tantôt avec le nominatif, tantôt avec le génitif, soit un obstacle; on pourrait, en effet, concevoir à la rigueur une langue où l'adjectif ne s'accorderait pas nécessairement en cas avec le substantif. Mais la difficulté vient de la place invariablement attribuée à *mi* en tête de la phrase. Quel singulier adjectif, qui ne peut se placer qu'en vedette! Et, remarquez qu'il ne s'agit pas ici d'un adjectif d'une signification très particulière, puisqu'il est propre à déterminer tant de personnes et de choses différentes. Par là même, il devrait pouvoir se prêter à des emplois multiples et ne pas être condamné à une sorte d'immobilité.

Veut-on faire de *mi* un verbe, il faut considérer que le terme revient près de cent fois dans de très courtes phrases, dont la plus longue n'a pas dix mots, dont la plupart se bornent à deux ou trois mots, lesquels sont très souvent des noms propres. Qu'est-ce à dire, sinon que le verbe en question est un de ceux dont la syntaxe étrusque ne peut se passer et dont l'emploi s'impose dans l'énoncé des phrases les plus simples? Ce prétendu verbe, en tant qu'élément essentiel du langage étrusque, doit être d'un usage extrêmement fréquent, aussi fréquent que l'est, par exemple, celui de *esse* en latin. Quelle que soit la fonction modale, temporelle ou personnelle que l'on veuille attribuer à la forme *mi*, et à supposer que l'*i* final soit une désinence variable, un thème voisin de *mi* doit se rencontrer, non pas une fois, mais dix fois, dans n'importe quel texte un peu étendu. Or, on n'en découvre pas la moindre trace ni dans la grande inscription de Pérouse (Pauli, 4538), ni dans la momie d'Agram, ni dans aucune des épitaphes qui présentent autre chose qu'une nomenclature. Ce verbe, en apparence si nécessaire, est introuvable. C'est que sans doute le verbe *mi* n'existe pas.

L'hypothèse la plus en faveur aujourd'hui est celle qui fait de *mi* un démonstratif équivalent au latin *hoc*[1]. On a remarqué qu'à la formule *mi suthi* (F., 42; F., spl., II, 3) se substituait parfois des formules comme *eca suthi* (F., 2031, 2031 bis, 2084-2086, 2131, 2133, 2181, 2601, 2602), ou *ca suthi*[2] (F., 348, 367, 1933), ou *cehen suthi* (F., 1915), ou *an suthi* (F., 2335), ou enfin *an en suthi* (F., 2600^{aa}). De même on a, en regard de *mi turce* (F., 2614 ter),

---

1. Deecke, *Etr. Forschungen*, VII, p. 49 (6e fasc. des *Etr. Forsch. u. Stud.* de Deecke et Pauli); Pauli, *Etr. Studien*, III, p. 48; Torp, *Etr. Beiträge* (Leipzig, 1902), p. 12 et suiv.

2. Pour les inscriptions (F., 348 et 367) dont les originaux ont disparu, la copie traditionnelle porte *ta suthi*. Mais *ta* est très vraisemblablement une fausse lecture de *ca*.

la formule *ecn turce* (F., spl., I, 443). Comme les mots *eca, ecn, ca, cn, cehen, an*, paraissent, partout où ils se rencontrent, avoir une valeur démonstrative, on a cru pouvoir attribuer la même valeur à leur substitut présumé *mi*. Mais, si *mi* était un démonstratif, comme les termes auxquels on l'assimile, il devrait être, ce semble, comme eux, d'un usage courant. On devrait aisément le retrouver, comme eux, dans les textes un peu longs. Or, il n'en est rien. Dans diverses inscriptions, indépendantes des formules citées tout à l'heure, on a des exemples de *ca, eca, ecn, cehen, an, anc*[1] mêlés à des constructions variées[2]. Mais de *mi*, pas la moindre trace ailleurs que dans nos formules. Peut-on dire que *mi* est un démonstratif spécial, uniquement réservé à ces formules? Mais non, puisqu'il peut être remplacé par l'un ou l'autre de ces démonstratifs. Si *mi* était un démonstratif, de deux choses l'une, ou bien il serait complètement assimilable aux autres, et alors il devrait pouvoir s'employer comme eux dans n'importe quelle phrase; ou bien il ne leur serait pas assimilable, et, alors, il ne devrait pas pouvoir céder sa place à l'un d'eux. Je conclus que *mi* n'est pas un démonstratif.

Reste une dernière hypothèse, celle de *mi* pronom de la première personne. C'est l'hypothèse la plus simple, la plus naturelle, celle qui se présente tout d'abord à l'esprit. Elle répond parfaitement, elle est même la seule qui réponde à toutes les conditions indiquées plus haut. *Mi* est en tête de la phrase : c'est que la personne qui parle est d'elle-même portée à se mettre en vedette. *Mi* est suivi d'un nom propre au nominatif : c'est ou une signature[3] (= *moi Larthia*), ou une affirmation (= *je <suis> Larthia*). *Mi* précède un nom propre au génitif : c'est une marque de propriété (= *je <suis> chose de Thanchvil*). *Mi* est devant un nom commun au nominatif : c'est l'indication d'un objet (= *je <suis> un tombeau; — je <suis> une offrande*). *Mi* est devant un nom commun, qui n'est pas au nominatif : cela indique que la personne qui parle est *près* de l'objet exprimé par le nom commun, ou *sur* cet objet, ou *dans la direction, vers* cet objet, ou *loin* de lui, ou *en dehors* de lui (*mi spural = je <suis> sorti de spur*)[4]. *Mi* figure sur une quantité d'objets différents : c'est que le pro-

---

1. *Anc* n'est autre chose que *an* augmenté de l'enclitique de coordination *-c*.
2. *Ca* (F., 1914, l. 20 *b*); *eca* (F., 2598, 1914, l. 20 *a*); *ecn* (F., 2582 *bis*; Krall, *Index*, p. 50, 6 exemples); *cehen* (F., 1900); *an* (F., 2327 *ter b*; F., spl., I, 387, 399; Krall, *Index*, p. 48, 4 exemples).
3. Cf. certaines poteries d'époque romaine, où le propriétaire du vase a mis comme sa signature en guise de marque de propriété : *Eufemus* (C. I. L., XV, 2, 5964), *Firmus* (5970), *Fidias* (5969), *Jucunda* (5981).
4. Cf. plus haut, p. 264, note 1.

nom peut s'appliquer à tout. Enfin *mi* ne se retrouve pas dans les textes que nous possédons : c'est que ces textes ne sont pas des discours, et que, là où il n'y a pas de discours, l'emploi de la première personne n'a pas de raison d'être.

On fait à l'hypothèse de *mi*, pronom personnel, deux objections. On dit : vous donnez ainsi la parole non pas seulement à des êtres humains, mais encore à des choses inanimées, à des tombeaux, à des pierres, à des chaudrons, à de vulgaires poteries. C'est invraisemblable[1]. — Mais on n'a qu'à ouvrir un recueil de textes épigraphiques grecs ou latins, et l'on se convaincra que, si étrange que soit cette fiction, les anciens s'en sont parfaitement accommodés. Sur des poteries grecques, le vin contenu dans le vase ou le vase lui-même parlent à la première personne. On y lit, par exemple, χαῖρε καὶ πίε ἐμέ[2]. On lit de même, sur un vase italien : *noli me tollere, Helvetii sum*[3]. On recueillerait aisément des centaines d'exemples analogues.

La seconde objection est une observation rétrospective. *Mi* a le malheur d'avoir été qualifié de pronom personnel autrefois par des savants « qui se fondaient sur la supposition explicite ou tacite de la parenté avec le latin ou le grec[4] ». Cette parenté devenant, de jour en jour, de moins en moins probable, tout ce qui a l'air de la rappeler est aujourd'hui suspect. C'est une tare pour une interprétation étruscologique que de paraître entachée d'indo-européanisme. Mais, de ce que *mi* a le tort de faire penser à ἐμοί, *mihi* ou *me*, il ne s'ensuit pas, de toute nécessité, qu'il ne puisse pas être un pronom de la première personne. Il faudrait tout au moins avoir démontré auparavant qu'un thème pronominal analogue à *mi* est la propriété exclusive des langues indo-européennes. Tant que cette démonstration préalable n'aura pas été faite, le procès de tendance, que l'on fait à l'hypothèse de *mi* pronom personnel, ne sera pas légitime.

---

1. Pauli, *Etr. Stud.*, III, p. 19 : « Ein Becher und ein Goldspange können schwerlich die Inschrift tragen : ich bin der und der. » Cf. Bréal, *Journal des Savants*, janvier 1899, p. 64.
2. O. Jahn, *Vasensammlung zu München*, préface, p. cxi. Cf. Χαῖρε καὶ πίε με ναίχι (p. cxii) ; — Ταταίης εἰμὶ λήκυθος · ὃς δ'ἄν με κλέψῃ τυφλὸς ἔσται (p. cxxix) ; — Χάρωνος εἰμί ; — Τρομίου εἰμί (ibid.).
3. C. I. L., XV, 2, 5925. — Cf. *Hyalisti sum* (5926), *Philerotis sum* (5728).
4. Bréal, *Journal des Savants*, p. 64.

CINQ PORTRAITS

DU XIIIe SIÈCLE

MARIE DE BRABANT; — BLANCHE DE FRANCE; — JEAN II DE BRABANT;
ROBERT II D'ARTOIS; — ADENET LE ROI, MÉNESTREL

(Planche XV)

Par M. Henry Martin

Membre résidant.

Il serait téméraire, je crois, d'affirmer qu'il existe pour le xiiie siècle des portraits au sens que nous attachons maintenant à ce mot. Les contemporains de saint Louis, qui désiraient voir leurs traits reproduits, étaient tenus de n'avoir pas de grandes prétentions : on ne pouvait leur offrir que des essais de portraits bien timides et bien gauches. Ces essais même sont d'une extrême rareté.

Le livre[1] contenant les petits tableaux reproduits ici a été fait sous la direction de l'auteur, poète, musicien, héraut d'armes, et, de plus, le modèle des courtisans. En tête de son œuvre, il fait peindre ses protecteurs[2], il s'y fait lui-même plusieurs fois représenter. Ce livre, il le destine à être mis sous les yeux de ses puissants patrons, qui sont une reine de France, une fille et sœur de rois, un futur duc de Brabant, un comte d'Artois. C'est un des manuscrits les plus soignés qui nous soient restés du moyen âge. N'est-il pas présumable que l'auteur s'est adressé, pour historier le volume, à l'un des meilleurs enlumineurs de son temps? Il était alors à la cour de France. Voilà donc ce qu'un peintre officiel, comme nous dirions aujourd'hui, était capable de produire. On

[1]. Ms. de l'Arsenal 3142.
[2]. Fol. 1 et 72.

trouvera sans doute que c'est peu; mais l'œuvre n'en offre pas moins un réel intérêt puisque, au XIIIe siècle, on ne pouvait faire mieux (Pl. XV).

Les cinq personnages qui se trouvent réunis ici sont fort connus. Trois font partie de la famille royale. Un autre lui tient de près. Le cinquième est un ménestrel longtemps célèbre.

Ce n'est pas la première fois qu'est reproduite la plus grande de ces peintures. Paul Lacroix (Bibliophile Jacob) l'a insérée, en 1877, dans son ouvrage : *Sciences et arts au moyen âge et à l'époque de la Renaissance*[1]. L'identification des personnages y est entièrement fautive, sauf en ce qui concerne le ménestrel. P. Lacroix a mis, en effet, comme légende à cette miniature : « Adenez, le rois des ménestrels, envoyé par le duc Henri de Flandres et de Brabant au comte d'Artois, Robert, frère du roi Louis IX, récite le *Roman de Cléomadès* devant la comtesse d'Artois, Mathilde de Brabant, et la reine de France, Blanche de Castille. » A l'époque où Adenet composa son *Cléomadès*, tous les personnages nommés ici étaient morts. Tout récemment M. le Dr Hermann Suchier, professeur à l'Université de Halle, a fait également reproduire cette peinture[2].

Paulin Paris qui, en 1847, avait décrit la miniature[3], avait bien reconnu deux des personnages[4], Marie de Brabant, seconde femme de Philippe le Hardi, et Blanche, fille de saint Louis; mais il avait voulu voir dans le troisième Mahaud d'Artois. Cette identification ne peut certainement pas être admise.

C'est sans doute à cause de la légitime autorité qui s'attache au nom de P. Paris que ceux qui ont eu depuis cette époque à parler de notre peinture ont accepté toutes ses assertions. Le chevalier de Chatelain[5] en 1859, M. Van Hasselt[6] en 1865, M. le Dr Hermann Suchier en 1900 n'ont pas hésité à suivre P. Paris. S'ils ont eu raison de voir dans les deux premiers personnages Marie de Brabant et Blanche, fille de saint Louis, ils ont commis une erreur manifeste en prenant l'autre pour Mahaud d'Artois. J'aurai à fournir des arguments pour prouver l'identité de ce personnage, qui est le troisième en partant de la droite; mais, dès maintenant, je puis dire la raison péremptoire qui empêche

---

1. Page 440.
2. *Geschichte der französischen Litteratur* (Leipzig et Vienne, 1900), p. 205.
3. *Histoire littéraire de la France*, XX, 710.
4. Je ne parle pas du ménestrel Adenet, dont l'identification ne pouvait donner lieu à aucune hésitation.
5. *Cléomadès, conte traduit en vers modernes* (Londres, 1859). *Préface du traducteur*, p. vii-viii.
6. *Cléomadès* (Bruxelles, 1865). *Introduction*, p. xvii.

d'y reconnaître Mahaud d'Artois : c'est un homme. Le costume et la coiffure, qui n'ont rien de féminin, ne laissent aucun doute à cet égard.

Je dois indiquer maintenant quels sont en réalité les personnages représentés dans cette peinture.

Le premier que nous trouvons, en commençant par la droite, est incontestablement Marie de Brabant, reine de France, femme de Philippe le Hardi ; elle est reconnaissable aux armes de France et de Brabant dont elle est couverte. Couchée à demi sur un lit de parade, la tête appuyée sur sa main gauche, elle tient dans la main droite une rose et semble prêter une oreille attentive au récit que fait sa belle-sœur la princesse Blanche, redisant la romanesque histoire de *Cléomadès* qu'elle a jadis ouï conter au delà des Pyrénées.

Quant à la seconde personne, celle qui, couronne en tête, est assise sur un coussin, tout près et au-dessous de la reine Marie, on a vu que le Bibliophile Jacob la regardait comme Blanche de Castille, mère de saint Louis. Bien longtemps avant P. Lacroix, on avait essayé d'identifier, non pas la personne figurée dans la miniature, mais la princesse Blanche, à qui Adenet est redevable de la première donnée de son poème de *Cléomadès*, ce qui, dans l'espèce, est tout un. Barrois croyait y reconnaître Blanche d'Artois, fille de Robert Ier, comte d'Artois, et de Mathilde de Brabant[1]. Pour Étienne Barbazan, qui, après 1760, examina et analysa le manuscrit pendant qu'il se trouvait chez le duc de La Vallière, la princesse Blanche, mentionnée ici, serait Blanche de France, dernière fille de Philippe le Hardi et de Marie de Brabant[2]. Cent cinquante ans auparavant, Claude Fauchet, plus prudent, s'était contenté de dire que cette Blanche était une grande dame[3].

C'est Paulin Paris qui, le premier, démontra qu'il s'agissait ici de Blanche de France, fille de saint Louis[4]. Le chevalier de Chatelain, M. Van Hasselt, M. le Dr Suchier adoptèrent, avec raison, l'opinion de P. Paris. L'identification n'est pas douteuse. Blanche de France, née en 1252, avait épousé en 1269 Ferdinand de la Cerda, infant de Castille. Devenue veuve en 1275, elle se retira l'année suivante auprès de son frère le roi Philippe le Hardi. C'est elle

---

1. *Catalogue des livres de la bibliothèque de feu M. J.-B. Denis Guyon, chev. seigneur de Sardière* (Paris, Barrois, 1759), p. viii et 54, n° 527.
2. Ms. de l'Arsenal 7079, p. 45.
3. *Les antiquités gauloises et françoises* (1610), fol. 587 v°.
4. *Hist. litt.*, XX, 710.

qui avait rapporté d'Espagne la légende de *Cléomadès* que les deux belles-sœurs demandèrent au poète de mettre en vers[1]. La miniature nous montre la princesse Blanche racontant la merveilleuse histoire : le geste de la main droite indique qu'elle parle. Parmi ses auditeurs, il n'en est pas de plus attentif qu'Adenet, qui, la vielle en main, semble tout prêt à versifier et à chanter. La scène est charmante ; elle est peut-être unique dans l'histoire de la peinture au XIIIe siècle.

P. Paris estimait que le poème de *Cléomadès* avait été composé vers 1280. Certains détails de la miniature initiale permettent de supposer que le manuscrit tout au moins n'a pas été fait avant 1284. C'est, en effet, cette année-là, le 4 avril, que mourut Alphonse X, roi de Castille. Le trône de Castille et de Léon eût dû revenir légitimement à l'aîné des fils que Blanche de France avait eus de Ferdinand de la Cerda[2]; cependant, c'est le second fils d'Alphonse X, l'infant don Sanche, qui s'empara de la double couronne. Cette usurpation fut la cause de luttes longues et sanglantes ; mais, à partir de la mort d'Alphonse X, la princesse Blanche fut traitée en France comme une reine-mère, comme la régente des royaumes de Castille et de Léon; elle en eut les honneurs et prit le droit de porter la couronne. Or, on remarquera que dans notre peinture Blanche de France a la tête ceinte d'un diadème en tout semblable à celui qui orne le front de sa belle-sœur la reine Marie de Brabant. Quant au costume qu'elle porte, on voit qu'il est armorié *de France parti de Castille et de Léon.*

Du troisième personnage, on a fait une Mahaud d'Artois. J'ai dit que

---

1.
« . . . me daignièrent conmander
« Que je ceste estoire entendisse
« Et a rimer l'entrepreïsse
« .ij. dames en cui maint la flour
« De sens, de biauté, de valour.
« Leur nons ne vueil en apert dire.
. . . .
« La fin de ce livre cerchiés
« Se vous les nons trouver cuidiés
« Des dames dont m'oés parler :
« Là sont, là les couvient trouver,
« Là les querés, se vous voulés... »
(*Cléomadès*, fol. 1 du ms.)

2. Ces deux fils se nommaient don Juan et don Alonzo de la Cerda ; ils reprirent inutilement les armes sous le règne de Ferdinand IV, fils de Sanche IV.

c'était là une erreur. En effet, le costume et la coiffure sont d'un homme. C'est un adolescent dont il n'était pas bien difficile de constater l'identité. Il suffisait pour cela de regarder les armes peintes sur son vêtement, qui sont celles de Brabant. Je ne sais par quelle illusion on y a vu les armes de Mahaud d'Artois. Celle-ci, qui épousa, le 9 juin 1291, Othon IV, comte de Bourgogne, avait pour armes, avant son mariage, d'Artois, c'est-à-dire *semé de France au lambel de quatre pendants de gueules, chaque pendant chargé de trois châteaux d'or*. Après son mariage, elle dut porter *de Bourgogne ancien, parti d'Artois*. Or, les armes qui sont peintes ici sont celles de Brabant, armes qui ont toujours été étrangères à la comtesse Mahaud. On pourrait conclure de là que le prince que nous avons sous les yeux est simplement le frère de la reine de France, c'est-à-dire Jean Ier, duc de Brabant. Il n'en est rien. Un détail qui semble avoir échappé à ceux qui ont examiné la miniature est à noter. Les armes de Brabant sont ici chargées d'un lambel à trois pendants. Que signifie ce lambel ? C'est l'auteur du poème, Adenet lui-même, qui va nous l'apprendre :

> Cléomadès sor .j. destrier
> Séoit fin et fort et legier :
> *Les armes son père a label*
> *Portoit*, qui mout li sirent bel[1]...

Adenet qui parle est un héraut d'armes, et il nous dit clairement ici, comme le remarque P. Paris[2], que de son temps le lambel servait à distinguer l'écu du fils aîné de celui de son père. Les armes sont celles du duc de Brabant chargées du lambel : le personnage ne peut donc être que le fils unique de Jean Ier, c'est-à-dire celui qui sera plus tard Jean II, duc de Brabant.

Ce prince, qui a mérité le surnom de Pacifique, n'a pas joué un grand rôle dans l'histoire. Je ne vois pas qu'on sache exactement la date de sa naissance. Son père, devenu veuf, en septembre 1272, de Marguerite de France, fille de saint Louis, se remaria au mois d'août de l'année suivante à Marguerite de Flandre, fille de Gui de Dampierre. Jean II a pu naître dès 1274; cependant, des biographes ont adopté comme probable la date de 1276, mais je ne sais

---

1. Fol. 3 du ms.
2. *Hist. litt.*, XX, 714.

sur quelles preuves s'appuie cette opinion. Marié le 2 janvier 1294 à Marguerite, fille d'Édouard Ier, roi d'Angleterre, il succéda à son père le 3 mai de la même année et mourut le 27 octobre 1312.

Jean de Brabant avait perdu sa mère le 3 juillet 1285. Est-ce alors qu'il vint auprès de la reine de France, sa tante, tandis que son père, en compagnie de Philippe le Hardi, passait les Pyrénées pour aller combattre le roi d'Aragon? Bien qu'il n'y ait aucune certitude à cet égard, l'événement n'offrirait en soi rien que de vraisemblable. Si cette hypothèse recevait confirmation, on pourrait admettre que l'exécution de nos peintures n'est pas antérieure à l'année 1285. D'autre part, en 1290, à la suite de la conquête du Limbourg, Jean Ier de Brabant changea son cri de guerre[1] et ajouta à ses armes celles de Limbourg, c'est-à-dire *d'argent au lion de gueules*. Une modification aussi capitale ne saurait avoir échappé au ménestrel héraut d'armes Adenet, qui, dans ses poèmes, décrit à tout propos et si minutieusement les armes de ses héros. Or, on peut voir qu'ici le jeune prince Jean porte seulement les armes de Brabant, *de sable au lion d'or*. Si Adenet n'a point fait ajouter aux armes de Brabant celles de Limbourg, c'est que le prince n'avait pas encore le droit de les porter. C'est donc enfin que notre peinture a été exécutée avant 1290.

Quant au quatrième personnage, le dernier à gauche, au pied du lit, son identification n'a jamais donné lieu à aucune erreur. C'est l'auteur du poème, en tête duquel figure la miniature, c'est Adenet le Roi, écoutant de la bouche de Blanche de France le récit de l'histoire de Cléomadès qu'il s'apprête à mettre en vers sur le désir exprimé par « la roïne de France Marie » et par sa belle-sœur. Dans la lettrine qui accompagne la grande peinture, Adenet écrit sur des tablettes de cire : il prend des notes pendant le récit de la princesse Blanche. Ailleurs, dans le même volume, on le voit plusieurs fois représenté, mais écrivant dans un livre posé sur un pupitre et tenant le grattoir de la main gauche. C'est lui encore qui, en personne, offre son livre à Robert II d'Artois dans la seconde miniature.

Adenet fut l'un des plus célèbres poètes du XIIIe siècle. Il naquit probablement en Brabant et fut ménestrel de Henri III, qui gouverna ce duché de 1248 à 1261 :

---

1. Ce cri était : *Louvain au riche duc*. Le duc de Brabant adopta celui-ci : *Limbourg à qui l'a conquis*.

Menestrex au bon duc Henri
Fui : cil m'aleva et norri,
Et me fist mon mestier aprendre[1]...

On ignore d'ailleurs la date exacte de sa naissance aussi bien que celle de sa mort. Toute sa vie il resta un poète de cour. Protégé après la mort de Henri III par les deux fils de ce prince, le duc Jean Ier et son frère Godefroi, il passa plus tard au comte de Flandre, Gui de Dampierre; mais il n'en demeura pas moins le courtisan favori de Marie de Brabant, devenue reine de France par son mariage, en 1274, avec Philippe le Hardi. Beaucoup de princes eurent part à ses louanges, et c'est au comte d'Artois, Robert II, qu'il envoya son poème de *Cléomadès*, dédié pourtant, en quelque sorte, à Marie de Brabant et à Blanche de France. Flatteur habile, il savait d'un même poème s'attirer les bonnes grâces de plusieurs protecteurs. Les œuvres que nous connaissons d'Adenet sont au nombre de quatre. Ce sont des romans en vers qui ont pour titre : *Berte aus grans piés*, *Bueves de Comarchis*, les *Enfances Ogier* et *Cléomadès*. Je n'ai pas à en apprécier ici les mérites littéraires; mais je puis noter qu'on y trouve de précieuses indications relatives aux instruments de musique, qu'il connaissait bien étant ménestrel, c'est-à-dire non seulement poète, mais aussi musicien, sinon compositeur. Il était de plus héraut d'armes, et les renseignements qu'il nous fournit sur le blason sont parmi les plus anciens et les plus précis que nous possédions. Il n'est pas douteux, et P. Paris l'a constaté, qu'Adenet exerça auprès de Gui de Dampierre, comte de Flandre, cette sorte de magistrature qu'était la royauté des ménestrels : il ne manque pas de se qualifier lui-même « li rois Adans » ou « li rois Adenes, » diminutif « d'Adam, » qu'il adopta peut-être pour se distinguer d'un autre poète son contemporain Adam de la Halle. En sa qualité de roi, nous le voyons en toutes occasions le front ceint d'une couronne identiquement semblable à celles que portent la reine de France et la princesse Blanche, mère des infants de Castille.

La fin du poème de *Cléomadès* est un modèle de souplesse et de grâce. Tous les protecteurs d'Adenet y sont loués sans réserve. Marie de Brabant et Blanche de France purent y voir leurs noms en acrostiche, premier exemple

---

1. Fol. 71 v° du ms.

peut-être de ce genre de flatterie poétique[1]. L'auteur y rend hommage ensuite à son premier maître Henri III, duc de Brabant, à la mort de qui il avait assisté[2]. Les deux fils de ce prince, Jean et Godefroi, y trouvent aussi leur place[3]. Gui de Dampierre n'y est pas non plus oublié[4]. Enfin, l'auteur envoie son poème à Robert II, comte d'Artois, ce qui peut faire supposer que ce prince était alors éloigné de France. En effet, Robert d'Artois, qui avait passé en Sicile en 1283 pour se porter au secours de son oncle Charles d'Anjou, ne quitta l'Italie qu'en septembre 1289. Bien qu'il fût probablement absent, le comte d'Artois n'en fut pas moins figuré, sur les indications d'Adenet sans doute, dans la copie du *Cléomadès*. On l'y voit dans son costume de guerre, fièrement campé. Le visage

1. « Les dames qui me commandèrent
 Faire ce livre moustrèrent
 Boiaument leur humilité.
 Or me doinst Diex que a leur gré
 M'aie ma paine emploiie,
 Se li pri que il m'en aye.
 Nommer les vueil, k'en couvent l'ai
 En ce livre, et je le ferai,
 Dont me couvient bien aviser
 En ce que on ne puist trouver
 Tourme ne voie qui ensaigne
 Riens nule qui leur nons apraigne
 Ceaus qui querre les voront,
 N'en dout riens : ja ne trouveront
 Chose escrite, n'en ai pas soingne,
 En quoi on me truist en mençoingne,
 Mais en verité la plaisans :
 De ce fait bon estre tendans.

 Riens ne vaut chose mencongnable,
 Je me tieng à la véritable.
 E ! Diex, donnés me sens por quoi
 [Nommer] les puisse si com doi.
 Maintenant, se Diex me consaut,
 Ri nommé une qui mout vaut :
 Dont me couvient l'autre nommer.
 A ! Diex, tant par font à amer,
 Mout est chascune bonne et sage
 En fais, en dis et en usage,
 Bien doivent à Dieu obéir
 Liement, cuer et cors offrir,
 De des monteplient en bien.
 Ne croi k'en eles faille rien ;
 Ce don leur donna Diex sans doute :
 Haïr leur fist mauvaistié toute ;
 En leur cuers mist, ainsi le croi,
 [Amours] pour lui amer en foi. »
 (Fol. 71 v° du ms.)

2. « De sa mort fu duels et pitiez.
 . . . .
 De gent i avoit grant plenté,
 Car il méismes commanda
 A tous ceaus qui estoient là
 C'on feïst tous les huis ouvrir

 Et peussent a lui venir
 Tout cil qui venir i vorroient,
 Et povre et riche s'il vouloient.
 . . . .
 Je méismes aussi i fui... »
 (Fol. 71 v°-72 du ms.)

3. « Lui et les siens Diex garder vueille,
 Et tous à s'amour les acueille,
 Et puist le duc Jehan garder
 De Brabant, en honnour monter

 Le vueille et li doinst chose faire
 Qui lui et au siecle puist plaire.
 Lui et mon seignor Godefroit
 Maintes fois m'ont gardé dou froit. »
 (Fol. 72 du ms.)

4. « [Diex] gart le bon conte Guion
 De Flandres, cui loer doit on,
 Car en lui maint par verité,
 Fois et honnours et charité ;

 Et certes se a lui n'estoie
 De la bonté plus parleroie
 De lui et de ses bons enfans,
 En cui loiautez est manans. »
 (Fol. 72 du ms.)

est complètement imberbe. Robert II porte le haubert, couvert de la cotte d'armes sans manches. La large épée pend presque droite au baudrier. Sa main gauche soutient l'écu aux armes d'Artois; à l'épaule est un autre écu aux armes de Brabant du fait de sa mère la comtesse Mathilde. De la main droite, il saisit le livre que lui offre le ménestrel :

> A noble conte preu et sage
> D'Artois, qui a mis son usage
> En Dieu honnorer et servir,
> Envoi mon livre pour oyr
> Conment il est fais et dités.
> Or vueille Diex que il soit tés
> Que li quens le reçoive en gré...[1].

Ce noble comte d'Artois, preux et sage, qui avait été créé chevalier par son oncle saint Louis en 1267, guerroya en Afrique, en Navarre, en Sicile, en Guyenne, en Flandre, et périt le 11 juillet 1302 à Courtrai; il avait cinquante-deux ans. Robert II fut le père de la célèbre Mahaud d'Artois. Je ne sais si ce sont là vraiment les traits et la pose de ce chevalier batailleur, intrépide, téméraire jusqu'à la folie; mais c'est bien dans cette attitude que nous sommes portés à nous le représenter.

Au reste, quelque indécis que paraissent au premier abord les traits des personnages figurés dans ces peintures, ils diffèrent essentiellement entre eux. Vus à la loupe, les visages prennent une physionomie très particulière. Marie de Brabant nous y apparaît comme une femme grande et forte, le visage plein, l'œil dur, l'air impérieux. La princesse Blanche semble, à côté d'elle, assez grêle et chétive; l'expression du visage amaigri est triste, les yeux sont doux. Les traits de Jean de Brabant sont ceux d'un adolescent; le visage est rond, le menton peu développé. Appuyé familièrement sur le lit de parade de sa tante, il tient son gant dans sa main droite et semble s'intéresser beaucoup au récit des aventures de Cléomadès.

P. Paris admet que le manuscrit a été exécuté à Paris, sous la direction d'Adenet le Roi. « Quant au roman de *Cléomadès*, ajoute-t-il, il l'écrivit certainement sous les yeux de la reine Marie[2]. » Le fait ne paraît pas douteux, en

---

1. Fol. 72 du ms.
2. *Hist. litt.*, XX, 683.

effet ; le poète semble avoir eu l'habitude d'écrire ses poèmes pour l'un de ses protecteurs et d'en faire en même temps l'envoi à un autre éloigné à l'époque de la composition. C'est ainsi que le poème des *Enfances Ogier*, quelques années auparavant, fut écrit pour Gui de Dampierre et envoyé à Marie de Brabant[1]. On doit donc penser que le volume qui contient nos peintures fut écrit à la cour de France. Adenet y fit mettre en tête son plus récent poème, *Cléomadès* ; puis, sur ses indications, peut-être sur l'ordre de la reine, on y ajouta, non seulement les autres œuvres du poète, mais encore les ouvrages de divers littérateurs contemporains.

Je ne saurais dire quel fut, pendant le moyen âge, le sort du manuscrit d'où sont tirés ces portraits. Au XVIIIe siècle, il figura dans les bibliothèques de Guyon de Sardière[2], du duc de La Vallière, puis de Gaignat[3], et enfin dans celle du marquis de Paulmy, devenue aujourd'hui la Bibliothèque de l'Arsenal. Il est inutile d'en donner ici une description que j'ai eu l'occasion d'insérer ailleurs[4] ; mais je dois pourtant constater que les 72 feuillets contenant le poème de *Cléomadès* forment un cahier entièrement distinct et indépendant du reste du volume, qui ne compte pas moins de 321 feuillets.

Les quelques renseignements que j'ai donnés au sujet de la date probable des peintures demandent à être complétés. — Il n'est fait dans tout le poème de *Cléomadès* aucune allusion à Philippe le Hardi, qui mourut le 5 octobre 1285. On ne peut donc savoir s'il était encore vivant lorsque le poème fut composé ; mais cela me semble très probable. L'acrostiche où est nommée « la roïne de France Marie » serait-il bien rédigé dans cette forme si Marie de Brabant eût été veuve ? — On peut supposer, et c'est l'hypothèse qui me semble la plus vraisemblable, que le *Cléomadès* était déjà composé lorsque Philippe le Hardi partit pour l'Aragon au commencement de 1285, et que c'est pendant

---

1.   « ... au roi Adan le plaist a commander
    « Celui que il ne doit pas refuser...
    « C'est li quens Guis de Flandres seur la mer.
    . . . .
    « Ce livre vueil la royne envoiier
    « Marie, cui Jhesus vueille adrecier
    « De ce chemin tenir sans forvoiier. »
                      (Fol. 73 et 119 v° du ms.)
2. N° 527.
3. N° 1750.
4. *Catalogue des manuscrits de la Bibliothèque de l'Arsenal*, t. III (1887), p. 256-264.

l'été de cette même année qu'Adenet aurait fait exécuter la copie de son œuvre et l'aurait fait illustrer des peintures que nous y voyons.

Nous n'avons malheureusement aucune indication relative à l'auteur de ces portraits ; ils demeureront peut-être toujours anonymes. C'est, au reste, le cas de la plupart des miniatures du moyen âge. Mais, malgré leur anonymat, ces peintures n'en sont pas moins l'un des spécimens les plus intéressants, et aussi les plus anciens, de ces essais de portraits, première manifestation d'un art qu'allaient illustrer les André Beauneveu, les Jacquemart de Hesdin, les Jean Fouquet, les Bourdichon et bien d'autres.

LES

ORIGINES DE CONSTANTINOPLE

LES DATES DE LA DÉDICACE ET DE L'INAUGURATION

LES TRAVAUX D'ÉDIFICATION DE LA NOUVELLE CAPITALE DE CONSTANTIN

Par M. Jules MAURICE

Membre résidant.

Il existe de grandes divergences de vues entre les auteurs modernes sur les origines de Constantinople et sur la détermination des années où furent commencés ou accomplis les travaux d'édification de la nouvelle capitale de Constantin. Cela tient à ce que la méthode employée pour résoudre ces questions de chronologie s'est trouvée défectueuse : on s'est généralement contenté de recourir à l'examen des textes des historiens et des chronographes. Une étude récente de M. Preger, publiée dans l'*Hermès* de 1901[1], d'ailleurs très érudite, repose encore uniquement sur les mêmes textes et en particulier sur ceux des auteurs byzantins tardifs. Le professeur O. Seeck avait pourtant signalé d'une part le peu de confiance que l'on peut accorder à ces auteurs et d'autre part l'intérêt qui s'attache à l'étude critique des souscriptions des lois du Code Théodosien[2]; de plus, le colonel Voetter avait indiqué l'existence d'une monnaie de bronze de Crispus et d'une de Fausta portant la marque de l'atelier de Cons-

---

1. Th. Preger, *Das Gruendungsdatum von Konstantinopel* (*Hermès*, 1901, p. 336 à 342). Preger place la fondation de Constantinople en 328, mais pense que la ville ne reçut son nom qu'en 330.
2. O. Seeck, *Die Zeitfolge der Gesetze Constantins* (*Zeitschrift f. Rechtsgeschichte*, X; *Rom. Abth.*, p. 1 à 44 et 176 à 251).

tantinople[1]; j'avais enfin moi-même, en 1900, publié dans la *Revue numismatique* un article sur l'atelier monétaire de Constantinople, auquel je renverrai au cours de cette notice[2].

Je voudrais exposer, si l'on veut bien m'accorder momentanément ce qui sera démontré à la fin de ce travail, à savoir que la dédicace et l'inauguration de Constantinople furent absolument distinctes, que la première eut lieu presque certainement à la fin de l'année 324 et la seconde au 11 mai 330; les textes des auteurs, au lieu d'être contradictoires, se rangent alors en une série reflétant celle des événements qui se succédèrent et des travaux qui eurent lieu à l'origine de Constantinople. J'expliquerai ensuite comment la numismatique et l'étude des souscriptions des lois du Code Théodosien permettent seules d'arriver à cette conclusion, qui met d'accord les divers témoignages.

Je donnerai d'abord la série des textes les plus importants. L'orateur Themistius est l'auteur le plus ancien qui présente une explication de l'origine de Constantinople. Il dit dans sa harangue à Constance II : βασιλεῖ δὲ εἰκότως συναυξάνεταί πόλις ἡ τῆς βασιλείας ἡλικιῶτις · πυνθάνομαι γὰρ ὡς καὶ ἠμφίασεν ὁμοῦ ὁ γεννήτωρ τό τε ἄστυ τῷ κύκλῳ καὶ τὸν υἱέα τῇ ἁλουργίδι[3].

Ainsi, Constantin donna en même temps, d'après Themistius, la pourpre à son fils et une enceinte agrandie à sa nouvelle capitale, c'est-à-dire qu'il fonda Constantinople à la date de l'élévation de Constance II César, le 8 novembre 324. Je ferai remarquer que l'orateur, qui parlait devant cet empereur de son élévation comme César, était dans l'obligation d'être bien renseigné.

Vient ensuite, chronologiquement, environ trente ans après l'inauguration de Constantinople, le témoignage de l'empereur Julien. On l'a considéré comme en opposition avec celui de Themistius, parce qu'on en donnait une interprétation erronée. Voici le texte : ἐπεὶ δὲ ἁπάντων κύριος κατέστη, ... τὸ κλεῖθρον ἀφελὼν ἐπέκλυσεν ἀθρόως τῷ πλούτῳ πάντα, πόλιν τε ἐπώνυμον αὐτοῦ

---

1. O. Voetter, *Münzen der kaiserinnen Fausta und Helena. Datum der Gründung Constantinopels. Numismatischen Gesellschaft in Wien*, 24 nov. 1897. Voetter place la fondation de Constantinople en 326 et pense que Constantinople reçut dès lors son nom et que les lois furent dès lors datées de Constantinople. La date de 326 a été admise également par Duruy, *Hist. des Romains*, VII, p. 140, et Schiller, *Ges. d. römich. Kaiserzeit*, II, p. 224, pour celle de la pose de la première pierre.

2. J. Maurice, *L'atelier monétaire de Constantinople pendant la période constantinienne* (*Revue numismatique*, 1901, p. 174 à 213).

3. Themistius, *Or.*, p. 69, édition Dindorf.

κατέστησεν' ἐν οὐδὲ ὅλοις ἔτεσι δέκα[1]. On a voulu que cette période d'un peu moins de dix ans, pendant laquelle Constantin construisit, au dire de Julien, sa ville éponyme, se prolongeât jusqu'à sa mort[2]. Mais cette interprétation ne repose sur rien. Le texte dit, au contraire, ainsi qu'on vient de le voir, que, dès qu'il fut maître du monde romain tout entier, c'est-à-dire en 324, cet empereur ouvrit les portes du trésor amassé par Licinius et construisit la ville qui porte son nom. C'est donc en 334 que prit fin la période de dix ans dont il est question; et cela est vraisemblable, car Constantinople devait être en partie construite pour qu'elle pût être inaugurée en 330, et ses travaux n'étaient pas encore, d'autre part, achevés à cette époque, selon les récits des auteurs. On dut, au contraire, s'attacher à les terminer pour les fêtes très importantes qui y eurent lieu en 335, lors des tricennalia de Constantin[3].

Après le témoignage de Julien, qui s'accorde bien, ainsi qu'on vient de le voir, avec celui de Themistius, viennent les passages des histoires ecclésiastiques de Socrate et de Sozomène terminées vers 439. Socrate, qui est le plus précis des deux, dit : ἐπιτελέσας οὖν δημοτελῆ τῆς εἰκοσαετηρίδος αὐτοῦ ἑορτὴν, εὐθέως περὶ τὸ ἀνορθοῦν τὰς ἐκκλησίας ἐσπούδαζεν. Ἐποίει τε τοῦτο κατὰ τὰς ἄλλας πόλεις, καὶ ἐν τῇ αὐτοῦ ἐπωνύμῳ. Ἦν Βυζάντιον καλουμένην τὸ πρότερον, ηὔξησε, τείχη μεγάλα περιβαλών, καὶ διαφόροις κοσμήσας οἰκοδομήμασιν[4].

Ainsi, c'est après la célébration de ses vicennalia, qui eurent lieu en l'année 325 en Orient, que Constantin, d'après l'histoire de Socrate, s'occupa de suite de la construction des églises de Constantinople, de l'agrandissement de la ville et de la construction du mur d'enceinte et des monuments.

Ce récit de Socrate avait été considéré comme sans valeur par Lenain de Tillemont, et Preger dit encore, dans son article : « Dass, wie Sokrater sagt, gleich damals die Stadt Konstantinopel genannt wurde, ist entschieden falsch. »

Pourtant, l'explication de Socrate est d'accord avec le texte de Themistius, avec celui de Julien, bien interprété, et on le verra avec les faits fournis par la numismatique.

---

1. *Juliani imperatoris oratio I*, édition Teubner, vol. I, p. 9.
2. Lenain de Tillemont, *Hist. des empereurs*, IV, p. 655. Preger, *loc. cit.*, envisage l'hypothèse de la fin des travaux en 330 ou 337.
3. Eusèbe, *Vita Constantini*, lib. IV, c. 49, 50, 51 ; et *de Laudibus Const.*, cap. VI.
4. Socrate, *Historia ecclesiastica*, lib. I, c. 16.

Un auteur byzantin très postérieur puisqu'il finit d'écrire en 812, Theophanes[1] fournit encore un témoignage à l'appui des précédents, témoignage qui n'est pas sans valeur parce que, des deux faits suivants, le premier est absolument confirmé par la numismatique.

Cet auteur dit que l'année des vicennalia de Constantin et du concile de Nicée[2] : « τῶ δ'αὐτῶ ἔτει Ἑλένην τὴν θεόφρονα αὐτοῦ μητέρα εστέψε, κὰι μονῆταν ὡς βασιλίδι ἀπενείμεν, » et plus loin : « Θεὸς δὲ κατ 'ὄναρ αὐτῶ (à Constantin) ἐκέλευσεν ἐν τῷ Βυζαντίῳ κτίσαι τὴν νυν Κωνσταντινούπολιν. »

Ainsi, Theophanes dit d'abord que Constantin couronna sa mère Sainte-Hélène en 325 et lui accorda de faire frapper des monnaies en son nom comme impératrice. L'étude des ateliers monétaires de Constantin démontre qu'après l'élévation de Constance II César, au 8 novembre 324, Constantin fit frapper des monnaies au nom de Helena Augusta (monnaies qui présentent au droit la tête diadémée de l'impératrice) dans tout l'empire; et que cette frappe eut lieu dans l'atelier d'Antioche aussitôt après la défaite de Licinius; un peu plus tard dans les ateliers plus éloignés où les ordres ne purent parvenir qu'en décembre 325[3]; si bien que l'affirmation de Theophanes se trouve tout à fait exacte. Aussi est-il intéressant de lire dans cet auteur que « Dieu ordonna la même année à Constantin, dans un songe, de construire Constantinople dans l'ancienne Byzance ».

Parmi les autres textes qui parlent de la construction de Constantinople, il reste à citer principalement celui de la Chronique Paschale terminée en 630 et les Origines de Constantinople de Georgius Codinus[4], auteur beaucoup plus discutable.

La Chronique Paschale, parlant de la dédicace de sainte Sophie en 360, indique le début de sa construction trente-quatre ans plus tôt : τα εγκαίνια της μεγάλης ἐκκλησίας τῆς αὐτῆς πόλεως ἐτελέσθη δὶ ἐτων λδ'; ce qui nous reporte en 326. Je ne m'arrêterai pas à ce fait peu certain, car il est établi sur un chiffre que les copistes ont pu changer.

---

1. Theophanes, *Chronographia*, anno 5816 mundi.
2. Theophanes, *Chron.*, édition de Bonn, p. 29.
3. J. Maurice, *L'atelier monétaire d'Antioche pendant la période constantinienne* (*Numismatic Chronicle*, 1899, p. 230); pour les ateliers éloignés, voir J. Maurice, *L'atelier de Londres* (*Ibid.*, 1900, p. 147, et pl. V, n° 15).
4. Georgius Codinus, *De origin. Constantinopolitanis* (dans la *Byzantine* de Bonn), p. 328 à 330.

Le témoignage de la même chronique est beaucoup plus important pour l'année 328. En cette année, d'après son auteur, sous le consulat de Januarius et de Justus, Constantin, qui avait été à Rome et qui était revenu ensuite à Nicomédie, passa par Byzance, l'appela Constantinople et y exécuta des travaux; il releva les anciennes murailles, fit faire une nouvelle enceinte agrandie, fit construire l'hippodrome, la loge impériale, le passage qui la réunissait au palais impérial. L'auteur de la chronique, qui écrivait longtemps après les événements, a dû grouper des renseignements de provenances diverses. Les voyages de Constantin qu'il indique semblent exacts, en les répartissant sur trois années, puisque, en 326, cet empereur alla à Rome, et qu'après avoir traversé en 327 les provinces danubiennes, il vint à Nicomédie et qu'il quitta cette ville en 328 pour se rendre à Trèves[1]; il put passer en effet alors par Byzance et y ordonner des travaux. Il est probable qu'il les fit surtout activer pour que la ville fût plus vite prête pour son inauguration : ἀνενέωσεν τὸ πρῶτον τεῖχος τῆς Βύζου πόλεως, ποιήσας καὶ προσθήκας τῷ αὐτῷ τείχει οὐκ ὀλίγας, καὶ συνῆψεν τῷ παλαιῷ τείχει τῆς πόλεως[2].

Ainsi, l'auteur de la Chronique Paschale place en 328 les travaux dont Themistius attribuait le début à l'année 324. Tous deux peuvent être dans le vrai, si l'on admet que ces travaux n'ont pas été accomplis en un jour et que Constantin les fit activer en 328. Deux faits démontrent que la Chronique Paschale est parfois chronologiquement en retard sur l'ordre des événements. Elle dit qu'en 330, sous le consulat de Gallicanus et de Symmachus, Constantin donna son nom à la ville qu'il avait créée et porta pour la première fois le diadème formé de perles et de pierres précieuses :

ὑπ : Γαλλίκανοῦ καὶ Συμμάχου . . . .
Κωνσταντινούπολιν κέκληκε . . . . .
φορέσας πρῶτος διάδημα διὰ μαργαριτῶν καὶ
ἑτέρων τιμίων λίθων.[3] . . . .

Or, on trouve dans la même chronique qu'en 328 Constantin donna à Byzance le nom de Constantinople, καὶ ἐκάλεσεν αὐτὴν Κωνσταντινούπολιν, et l'on

---
1. O. Seeck, *loc. cit.*, p. 234 à 238.
2. *Chronicon Paschale*, dans les *Monumenta Germaniae historica*, t. IX; *Chronica minora* de Mommsen, vol. 1, p. 233.
3. *Ibid.*, p. 234.

verra plus loin que cette ville prit ce nom dès l'année 324. Quant au port du diadème par Constantin, le classement chronologique des émissions monétaires d'Antioche, de Constantinople et des ateliers d'Orient en général permet de démontrer que la tête de cet empereur est ornée du diadème, dans les effigies monétaires, sur des pièces frappées de 324 à 330 et que certains de ces diadèmes présentent des perles et des pierres précieuses : en conséquence Constantin avait dès 324 adopté ce symbole de la monarchie orientale.

Je renvoie pour la discussion du passage de la πάτρια Κωνσταντινοπόλεως de Codinus à M. Preger qui en a comparé les manuscrits, le texte étant fort douteux ; je ferai remarquer que la seule conclusion certaine à tirer de ce texte est qu'il y eut des travaux faits à Constantinople avant 330[1].

En cette année (330), les Fastes d'Idace placent à tort la dédicace de Constantinople[2]; ils ont été suivis par beaucoup d'auteurs, parce qu'ils sont généralement exacts.

C'est, en réalité, l'inauguration de la ville et non sa dédicace qui eut lieu le 11 mai 330, mais toute une série d'auteurs byzantins tardifs[3] réunirent la dédicace et l'inauguration à une même date, sans doute à cause de l'éclat des fêtes de 330 et de celles qui se répétèrent à l'anniversaire du 11 mai, pendant les années qui suivirent. On peut citer Malalas, Philostorgius, Hesychius, Zonaras, Glycas, Leo Grammaticus, etc., etc.

Je voudrais indiquer rapidement les renseignements que fournissent l'étude des monnaies et celle des souscriptions des lois du Code Théodosien sur les origines de Constantinople en examinant les conclusions qu'on peut en tirer.

Lorsque Constantin eut réuni tout l'empire sous son pouvoir, après la défaite de Licinius en 324, il éleva son fils Constance II au rang de César, le 8 novembre de cette année. Cet événement marque le début d'une émission monétaire qui fut frappée dans tous les ateliers de l'empire, alors ouverts, entre cette date du 8 novembre 324 à laquelle les monnaies de Constance II César commencèrent à être émises suivant l'usage alors constant, aussitôt après son élévation comme César, et les mois d'août ou de septembre 326 où cessèrent

---

1. Preger, *loc. cit.*, p. 339.
2. *Idatii Fasti*, Gallicano et Symmacho. *His Conss. dedicata est Constantinopoli*, die v Idus Mai.
3. Toutefois, Philostorgius laisse entendre que les travaux durèrent jusqu'en 334 qui est la 28ᵉ année du règne de Constantin, où, suivant lui, Constantinople remplaça définitivement Byzance. Plusieurs auteurs placent par erreur le commencement des travaux en 330, mais on sait d'ailleurs que les constructions n'étaient pas achevées.

de paraître les monnaies de Crispus et de Fausta[1], après que l'un et l'autre de ces personnages eurent péri successivement en juillet et août de cette année.

L'émission monétaire[2] en question est caractérisée, dans l'ensemble des ateliers de l'empire de Constantin, par l'apparition des légendes PROVIDEN-TIAE·AVGG aux revers des petits bronzes de Constantin, et PROVIDENTIAE·CAESS aux revers de ceux de Crispus, Constantin II et Constance II, ainsi que par la frappe des monnaies de Fausta et de Helena[3]. Les monnaies de cette émission, qui sont sorties de l'atelier de Constantinople, en portent la signature $\frac{|}{\text{CONS}}$ à l'exergue et présentent dans le champ du revers une des lettres numérales grecques A-B-Γ-Δ-E-S, qui désignent les six officines ouvertes dans cet atelier[4]. Cette émission de l'atelier de Constantinople nous montre le nom nouveau de la capitale, celui de CONS(*tantinopolis*) inscrit officiellement sur les monnaies de Constance II dès leur apparition, ce qui fait remonter au 8 novembre 324 la dédicace de la ville[5].

En effet, on dut frapper, ainsi que je l'ai déjà dit, des monnaies à l'effigie du nouveau César, dès qu'il eut été proclamé tel le 8 novembre 324[6], et les pièces de Fausta parurent également dans tous les ateliers de l'empire en même temps que celles de ce César, son second fils. C'est donc à cette date que commence cette émission, qui comprend également les pièces de Helena, émises aussitôt après la guerre de 324, laquelle mit fin à l'empire de Licinius[7].

Cette émission comprend, outre les pièces de bronze caractéristiques de Constance II, de Crispus et de Fausta, les médaillons suivants :

I. Au revers : CONSTANTINVS·MAX·AVG, avec le buste diadémé, drapé et cuirassé de Constantin à gauche, à mi-corps, tenant un globe surmonté d'une Victoire.

---

1. C'est la série décrite notamment dans mes études sur *L'atelier d'Antioche* (loc. cit., p. 235) et sur *L'atelier de Siscia* (ibid., 1900, p. 352-3). Ces monnaies de Crispus et de Fausta font encore partie de séries de pièces frappées en l'honneur des decennalia des Césars, pendant et après les fêtes de cet anniversaire, qui tombait le 1er mars 326.
2. J. Maurice, L'atelier monétaire d'Antioche (*Numismatic Chronicle*, 1899, p. 237). Voir mes études sur les ateliers de Rome, Londres, Tarragone, Siscia, Thessalonique, Alexandrie, Constantinople
3. J. Maurice, L'atelier monétaire de Constantinople pendant la période constantinienne (*Revue numismatique*, 1901, p. 174 à 182). L'exergue CONS n'appartient qu'à Constantinople. L'atelier d'Arles-Constantina a toujours pour signature CONST.
4. *Ibid.*, p. 176.
5. Sur l'élévation de Constance II à cette date, voir O. Seeck, *Zeitsch. f. Rechtgesch.*, X, p. 188; et J. Maurice, L'atelier de Thessalonica (*Numismat. Zeitschrift*, 1901, p. 135).
6. On procéda en effet ainsi pour tous les Césars depuis Constance Chlore et Galère.
7. J. Maurice, L'atelier d'Antioche (*Num. Chr.*, p. 237).

Au droit : NOBB · CAESS, avec les bustes diadémés et affrontés de Crispus et de Constantin II drapés, cuirassés et soutenant un globe surmonté d'une Victoire.

Ce médaillon est antérieur non seulement à la condamnation de Crispus, mais aux soupçons qui pesèrent sur lui[1]. — Le suivant fut frappé vers la fin de l'émission; en effet, il célèbre l'entrée de Constantin à Rome le 21 juillet 326.

II. Au revers : ADVENTVS · AVG · N, avec Constantin à cheval.

Au droit : CONSTANTINVS · MAX · AVG, son buste diadémé et drapé à droite (Cohen, 10).

Ces deux médaillons, le premier en bronze, le second en or, portent tous deux à l'exergue $\frac{|}{\text{CONS}}$, sans lettres d'officines dans le champ.

Toutes ces pièces, monnaies et médailles, sont donc non seulement antérieures à l'inauguration de 330 et à l'année 328 où M. Preger place le début des travaux de Constantinople, mais encore elles font partie d'une émission qui fut frappée depuis le 8 novembre 324 jusqu'à l'époque approximative du mois de septembre 326, après la mort de Crispus et celle de Fausta. Cette émission dura environ deux ans. La succession de ses frappes prouve qu'elle fut synchronique à Constantinople de celles des autres ateliers de l'empire, et que ce fut dès le 8 novembre 324, lorsque Constance II revêtit la pourpre, que la nouvelle capitale reçut son nom de Constantinople, conformément au témoignage de Themistius. Les souscriptions des lois du Code Théodosien achèvent de démontrer pourquoi la plupart des auteurs byzantins tardifs placèrent seulement en 330 la fondation de cette ville.

En effet, aucune loi ne paraît avoir été datée de Byzance ni de Constantinople, du 8 novembre 324 au 11 mai 330.

Deux d'entre elles faisaient exception à cette règle, mais elles appartiennent à un groupe de quatre lois,

liber XIII,	titulus 5,	lex 3;	de 319
— VII,	— 20,	— 3;	— 320
— II,	— 10,	— 4;	— 326
— II,	— 24,	— 2;	— 327

qui, dans la plupart des manuscrits, sont datées : *Constantinopoli*.

---

[1]. Ces soupçons durent exister dans l'esprit de Constantin quelques mois avant la mort de Crispus.

O. Seeck[1] et Th. Mommsen, qui ont spécialement étudié dans ces derniers temps les questions relatives au Code Théodosien, font remarquer que le nom de *Constantino...* (consul) suit invariablement celui de *Constantinopoli*, ce qui inspire un doute sur l'authenticité du premier. En outre, deux des lois en question ne peuvent pas être datées de Constantinople, puisqu'elles sont antérieures à la conquête de l'Orient et de Byzance par Constantin en 324.

Les deux lois qui paraissent faire exception à la règle générale, et auraient pu être datées de Constantinople, ont dû donner lieu à la même erreur que les premières. Les copistes du code ont voulu restituer un lieu d'expédition supprimé, et ils ont cru que le nom *Constantino* avait été répété deux fois et avait désigné d'abord la ville de *Constantinopolis*[2]. Ce qui l'indique, c'est que la loi II, 24, 2 ne présente pas en souscription, dans les meilleurs manuscrits, de lieu d'expédition, d'après Th. Mommsen qui a bien voulu me faire part de ses dernières recherches sur ce point[3].

La loi II, 10, 4 porte une souscription qui contient, comme les trois autres, le mot *Constantino*, et a dû donner lieu à la même erreur. D'ailleurs, il ne peut guère y avoir eu une loi unique datée de Constantinople. Il n'y eut pas non plus de loi datée de Byzance pendant la période en question. Les séjours de Constantin, de 324 à 330, sont au contraire signalés par les nombreuses lois datées de Nicomédie, Héraclée, Rome, Serdica, Trèves, Sirmium, etc.

La conclusion s'impose. Constantin ne séjourna pas avec sa cour à Constantinople de 324 à 330; le *Consistorium Principis* et la chancellerie impériale ne se transportèrent pas alors dans la nouvelle capitale; la cour n'y fit son installation solennelle que lors des fêtes de l'inauguration, qui débutèrent au 11 mai 330. De là vient qu'il n'y eut ni lois, ni décrets datés de Constantinople avant cette époque. Mais l'empereur avait donné le nom de Constantinople à sa nouvelle capitale lors de l'élévation de son second fils Constance II au rang de César, il avait fondé son atelier monétaire à cette date[4], qui est celle de la *dédi-*

La loi du Code Th., IX, 7, 2, du 25 avril 326 fut peut-être inspirée par la volonté de faire le silence autour du drame impérial (O. Seeck, *Zeitschr. f. Wissenschaft Theologie*, 1890, p. 71).
1. O. Seeck, *Die Zeitfolge d. Gesetze Constantins*, p. 40.
2. C'est l'opinion de Mommsen et de O. Seeck. Cf. O. Seeck, *loc. cit.*, p. 40.
3. Mommsen, à la date du 2 février 1933, reconnut que si l'on peut déduire du « Codex Theodosianus » que Constantin n'a pas fixé la résidence de la cour dans la nouvelle ville avant 330, on n'y trouve pas d'argument contre la date du 8 novembre 324 que je considérais comme celle de la dédicace de Constantinople.
4. J. Maurice, *L'atelier de Constantinople* (*Revue numismatique*, 1901, p. 174 et 176).

cace de la ville. Il avait même fait osciller le centre de l'empire vers l'Orient et adopté le symbole de la monarchie orientale, le diadème, pour lui et pour sa mère, aussitôt après la défaite de Licinius, en 324[1]. Enfin, ayant choisi sa nouvelle capitale après sa victoire, il avait fait de suite relever ses murailles, agrandir son enceinte et commencer dès 325 la construction des principaux édifices dont il a été question au cours de cette notice, travaux qu'il activait encore en 328, pour que la ville fût prête pour l'inauguration solennelle et religieuse du 11 mai 330. C'est également à cette période, entre la dédicace de Constantinople (324) et son inauguration (330) que l'on doit rapporter les premiers travaux d'édification des églises de Saint-Irénée et des Saints-Apôtres dont la tradition grecque fait remonter l'origine à Constantin et à sainte Hélène[2].

1. J. Maurice, *L'atelier d'Antioche* (*Num. Chr.*, 1899, p. 233-4) et *L'atelier de Constantinople* (*Revue numismatique*, 1901, p. 180 à 183).
2. Georg. Codinus, *De origin. Constantinopolitanis* (dans la *Byzantine* de Bonn, p. 16).

PÉTRARQUE
ET
LE SYMBOLISME ANTIQUE

Par M. F. de Mély
Membre résidant.

Fig. 1. — Le Triomphe de l'Amour,
d'après une estampe florentine du XVᵉ siècle.
(British Museum.)

Si les travaux des PP. Cahier et Martin, de l'abbé Auber, de Mme Félicie d'Ayzac, de Mgr B. de Montault, pour ne citer que les principaux, nous ont longuement exposé l'importance du symbolisme au Moyen Age, si le beau livre de M. Mâle nous apprend le nom des auteurs célèbres, où les incomparables artistes anonymes de cette époque sont allés chercher leur inspiration, si tous, enfin, nous font connaître son cosmopolitisme, je n'en vois pas un, cependant, qui soit parvenu à nous éclairer sur ses origines mêmes.

L'école symboliste moderne, qui ne se préoccupait aucunement de ces savantes dissertations, qui les ignorait même certainement dans son éphémère passage à travers la littérature du XIXᵉ siècle, aura du moins eu le mérite de nous laisser entrevoir un dualisme qui va peut-être nous permettre de pénétrer l'essence même du symbolisme. Grâce à elle, ce jeu d'énigmes, ces obscurités, ces mièvreries, comme les appelle M. Fernand Gregh, se dédoublent, et ceux qui veulent les étudier sous ce nouveau point de vue, aperçoivent déjà dans leur développement deux parties fort distinctes : l'une toute de fantaisie, l'autre relativement scientifique. C'est peu, mais c'est déjà quelque chose.

Fig. 2. — Le Triomphe de la Chasteté, d'après une estampe florentine du XVe siècle. (British Museum.)

La première est simple fiction littéraire. L'idée du symbole, comme le dit fort bien M. Doumic, est l'élément par excellence de la poésie; par cela même, le symbole est fugitif, personnel, flottant au gré des impressions de l'aède; il est par conséquent souvent difficile d'en expliquer la genèse. La seconde, au contraire, repose sur des idées, fausses peut-être, mais qui, pendant de longs siècles, ont été regardées comme vraies, qui appartiennent à la science antique et qui, dans des temps impénétrés, ont servi de base à des religions disparues. Jusqu'ici, on n'avait pu saisir, on n'avait même pas tenté de saisir, la relation qui avait rapproché l'idée du symbole, parfois même on ne soupçonnait pas l'existence d'un lien qui pût les unir; M. S. Reinach en poursuit actuellement la recherche par quelques-uns des mythes de l'Antiquité.

En réalité, le symbolisme poétique a seul été étudié : et seules, dans les premiers âges du christianisme, ses manifestations artistiques et littéraires ont été codifiées; car je suis convaincu, quoi qu'en pensent les Bollandistes et M. Mâle, que la *Clé* de saint Méliton est authentiquement du IIe siècle; j'en ai dit les motifs dans l'introduction à mes *Lapidaires grecs*[1]. Quant à la partie scientifique, elle ne saurait être abordée qu'avec les ouvrages que nous

---

1. F. de Mély, *Les lapidaires grecs* (traduction), t. II, p. XLIX. Paris, Leroux, 1902, in-4°.

a légués l'Antiquité la plus reculée, aujourd'hui à peine explorés, mais que nos ancêtres, tout pénétrés d'humanisme, ne dédaignèrent pas autant que nous. Là seulement, en effet, on pourra trouver l'explication de représentations dont le symbolisme nous échappe absolument encore actuellement. Le magnifique travail du prince d'Essling et de notre si savant et si regretté confrère Eug. Müntz, sur les *Triomphes de Pétrarque*, vient précisément nous faire saisir l'importance de la distinction que j'ai cru devoir établir plus haut.

Là, malgré sa vaste érudition et sa profonde connaissance des choses du Moyen Age, Eug. Müntz exprimait son regret de ne pouvoir expliquer comment, dans les illustrations des *Triomphes sur la vie et la mort de Madame Laure*, on voyait toujours, et cela sans qu'aucun artiste ait cru pouvoir y apporter le moindre changement, chacun des six chars, correspondant aux six Triomphes, toujours et invariablement traîné par les mêmes animaux. Ainsi, toujours, le char de l'Amour est traîné par des chevaux (fig. 1), celui de la Chasteté par des licornes (fig. 2), celui de la Renommée par des éléphants (fig. 3), celui du Temps par des cerfs (fig. 4), celui de la Mort par des buffles (fig. 5), celui de la Divinité par les quatre animaux des évangélistes (fig. 6); tels ils furent figurés dès l'origine, tels on les retrouve jusqu'aux temps modernes. Pourquoi cette immuable identité?

Fig. 3. — Le Triomphe de la Renommée, d'après une estampe florentine du XVe siècle. (British Museum.)

De ce que trois de ces six attelages peuvent s'expliquer symboliquement, n'en doit-il pas découler que les trois autres doivent être également symboliques? Mais où en trouver une plausible explication? Il est tout naturel que le char de la Divinité soit traîné par les évangélistes sous l'aspect de leurs animaux[1]; que celui de la Renommée soit traîné par des élé-

[1]. Dès 1144, nous en voyons un exemple dans les vitraux de Saint-Denis.

phants : saint Isidore nous apprend qu'ils sont « *genus animantis in rebus bellicis aptum* » : d'ailleurs, tous les triomphateurs de l'Antiquité, jusqu'à l'Alexandre de Lebrun, sont traînés par des éléphants; la licorne, symbole de la pureté, sans que nous en sachions d'ailleurs trop le motif, est tout naturellement désignée pour le char de la Chasteté. Mais pourquoi, et toujours, des chevaux au char de l'Amour, des cerfs au char du Temps, des buffles au char de la Mort?

Le livre des *Cyranides*, que nous venons d'éditer avec M. Ruelle, est assurément un de ces ouvrages dont les sources orientales, extrêmement lointaines[1], doivent fournir la solution de problèmes encore à peine posés. C'est ainsi que l'a compris du reste l'Académie des Sciences et pourquoi elle a bien voulu nous charger de le publier.

Fig. 4. — Le Triomphe du Temps, d'après une estampe florentine du XVe siècle. (British Museum.)

Traité médical, essentiellement scientifique par conséquent, à côté d'un *Lapidaire*, il comprend un *Volucraire*, un *Piscaire*, un *Herbier*, enfin un *Bestiaire*, ce dernier, assurément le plus antique de tous ceux qui sont parvenus jusqu'à nous : c'est lui que nous allons interroger. A chaque pas, nous nous apercevrons en effet que, si les idées exotiques s'implantent la plupart du temps difficilement dans une littérature étrangère, il en est quelques-unes au contraire qui vont s'y épanouir inconsciemment, tant elles sont admises facilement par l'humanité tout entière; j'aurai l'occasion d'y revenir. Qu'il suffise aujourd'hui de parler des trois animaux, dont il vient d'être question, dont le symbolisme chrétien, dont l'histoire naturelle occidentale ne nous ont jusqu'ici pas fait connaître les propriétés particulières.

A la lettre I, nous lisons :

---

1. A certains détails philologiques récemment aperçus, je croirais pouvoir leur assigner une rédaction copte du IVe siècle.

Fig. 5. — Le Triomphe de la Mort, d'après une estampe florentine du XVe siècle. (British Museum.)

Ἵππος. — Le cheval est un animal royal, rapide, connu de tous. Prenant dès sa naissance l'excroissance de chair qu'il porte au front, et que les hommes de cheval appellent *hippomane*, tu auras, en le portant, un puissant phylactère d'amour. Car, si tu le suspends seulement au cou de quelqu'un, il t'aimera beaucoup; si tu le mets dans un breuvage et que tu le fasses boire à quelqu'un, tu obtiendras le même effet, et, dans un aliment, tu seras pleinement chéri[1].

N'était-il donc pas naturel, dès lors, de choisir le cheval, porteur d'un si puissant talisman d'amour, pour traîner le char de l'Amour? D'ailleurs, l'Amour lançant ses flèches est également représenté sur un cheval dans le fameux codex du XIIIe siècle, *Documenti d'amore*, de la bibliothèque Barberini, dont plusieurs miniatures sont reproduites dans l'*Arte* (1902, p. 4).

Qu'était donc, en réalité, pour l'antiquité orientale ce Μονόκερως, cette licorne, sur laquelle on a tant disserté? Tout simplement le rhinocéros, nous apprennent les *Cyranides*. A la lettre P, on lit :

Ῥινόκερως. — Le rhinocéros est un quadrupède ressemblant au cerf, ayant sur le nez une très grande corne. On ne peut le prendre que par le parfum et la beauté des femmes bien habillées; il est en effet très porté à l'amour.

Dans cette description scientifique, on découvre également l'origine de la légende occidentale de la chasse à la licorne, qui ne peut être prise par le chasseur que dans le sein d'une vierge, où elle vient s'endormir. Et c'est précisément ce fait, qu'elle ne peut être capturée que par une jeune fille *immaculée*, qui l'a fait choisir très probablement comme symbole de la Chasteté.

Le chapitre consacré par les *Cyranides* au cerf n'est pas moins intéressant :

1. P. 81.

296   F. DE MÉLY.

"Ελαφος. — Il y a trois sortes de cerfs; animal d'ailleurs connu. L'un s'appelle *platonis* (daim), parce qu'il a des cornes larges et élevées; le second a les cornes rondes; le troisième, la femelle, n'a pas de cornes. Le mâle ne peut la saillir qu'auprès d'une fontaine. En effet, lorsqu'elle a soif, elle cherche une source, et lorsque, brûlée par la soif, elle boit, alors le mâle la saute. Car, pressée par la soif, elle ne pense qu'à boire et ne peut fuir. Dans toute autre circonstance, elle ne se laisse pas saillir; aussitôt donc, elle conçoit.

Cet animal vit cinq cents ans, à moins qu'il ne soit pris à la chasse, et il finit ainsi de sa propre mort.

Ainsi, d'après ce texte, le cerf est l'animal qui vit le plus longtemps, puisqu'il parvient jusqu'à cinq cents ans, à un âge que n'atteint aucun des autres animaux du *Bestiaire*. La même légende d'ailleurs se retrouve en Chine. Tout naturellement donc, il est le symbole du temps.

Ne quittons pas ce passage sans appeler l'attention des archéologues sur « le cerf et la biche à la fontaine ». Avec plusieurs autres symboles, que je ne tarderai pas à étudier, il semble avoir fourni l'idée première du « *Cervus ad fontes aquarum* » des *Écritures*, qui ont ainsi transformé d'une façon si poétiquement différente, un mythe oriental d'un réalisme tout païen.

Restent maintenant les buffles du char de la Mort. Il me faut reconnaître que les *Cyranides* sont muettes à leur égard. Mais est-ce bien le buffle, ὁ ἄγριος ταῦρος, que nous voyons dans les gravures des *Triomphes*? La tête des animaux pourrait nous le faire supposer; mais les cornes, toutes spéciales, *dentelées*, comparées aux miniatures des *Bestiaires* du Moyen Age, n'ont pas tardé à m'y faire reconnaître l'*Autalops* :

Fig. 6. — Le Triomphe de la Divinité.
Peinture de l'école de Botticelli.
(Oratoire de Sant' Ansano, près de Fiesole.)

Animal acerrimum nimis, ita ut, nec venator ei possit appropinquare. Habet autem longa cornua, serrae figuram habentia, ita ut possit etiam arbores resecare altas et magnas et ad terram deponere.

C'est l'urus, l'auroch, dont quelques rares spécimens survivent encore dans les forêts de Pologne et que leur férocité rend inabordables. N'est-ce pas encore un symbole bien choisi pour le char de la Mort, que ces animaux qui renversent tout sur leur passage et que rien ne saurait arrêter?

Mais si, pour ce dernier attelage, on voit facilement la source occidentale à laquelle ont puisé les premiers illustrateurs des *Triomphes*, il est beaucoup plus difficile d'expliquer comment Pétrarque, — car ce fut lui certainement l'inspirateur des premières miniatures de ses chants, — a pu connaître le *Bestiaire* des *Cyranides*, dont si peu de manuscrits existaient, que les premières études que je lui ai consacrées furent faites sur une vieille traduction latine ; à la vérité, elle datait du XIIe siècle ; on s'en occupait donc à ce moment.

Le problème était si intéressant qu'aussitôt signalé à Eug. Müntz, il fut décidé qu'il allait publier un supplément à son magistral travail, pour élucider ce point capital, certainement un des plus curieux des origines des *Triomphes*. La mort nous a privés d'une étude qui certainement eût été pleine d'originalité ; je n'ai pas voulu laisser tomber dans l'oubli cette pensée précieuse, et j'ose espérer que quelque humaniste ne dédaignera pas d'utiliser les modestes matériaux que je viens de signaler.

MENHIRS SCULPTÉS

DE LA CORSE

Par M. Étienne M<small>ICHON</small>

Membre résidant.

Il appartient à un membre de notre Société, M. le capitaine Mathieu, membre de l'Académie celtique, d'avoir signalé, en 1810, en même temps que le premier dolmen, le premier menhir de la Corse[1]. Trente ans plus tard, Mérimée décrivit une bonne partie des monuments mégalithiques de l'île[2]. Il remarqua en particulier, dans la région de Cauria, non loin de Sartène, neuf menhirs, qui avaient peut-être fait partie d'une série plus considérable, et, sans oser assurer qu'ils eussent formé autrefois une avenue régulière, il indiqua qu'ils pouvaient rappeler, quoique de très loin, les allées de Carnac[3]. L'existence certaine d'un alignement, dans le voisinage immédiat de ces menhirs dits de Rinaiou, a enfin été constatée en 1883 par M. A. de Mortillet, au cours d'une mission dont il avait été chargé en Corse : trente-deux pierres, en partie disposées sur deux lignes parallèles, y constituent l'alignement de Cauria[4].

M. de Mortillet ajoutait à la suite de son rapport, qui ne fut publié qu'en 1892, que, postérieurement à son voyage, un de ses correspondants lui avait signalé plusieurs menhirs dressés et couchés, dont quelques-uns d'assez grandes dimensions, au lieu dit Palaggio[5]. Il ne sera pas inutile d'ajouter quelques renseignements plus précis sur ces menhirs, situés non loin de la mer, sur le bord

---

1. *Description de deux monuments celtiques de l'île de Corse* (*Mémoires de l'Académie celtique*, t. VI, p. 78-83).
2. *Notes d'un voyage en Corse*, p. 14-46.
3. *Ibid.*, p. 29.
4. A. de Mortillet, *Rapport sur les monuments mégalithiques de la Corse* (*Nouvelles Archives des missions scientifiques et littéraires*, t. III, p. 51-52).
5. *Ibid.*, p. 79.

du chemin de Sartène à Tizzano, qui représentent l'alignement de beaucoup le plus important de la Corse et que j'ai dû à M. le Dr de Roccaserra de visiter en 1889. Deux groupes peuvent y être distingués : le premier comptant seulement cinq pierres, une couchée, quatre debout, dont la plus haute atteint 1^{m}50 ; le second, distant d'une dizaine de mètres et disposé suivant un axe quelque peu différent, formant l'alignement principal. Soixante à soixante-dix menhirs, en partie renversés, en partie penchés, quelques-uns bien verticaux et mesurant jusqu'à 2^{m}30 hors de terre, s'y touchent presque sur une longueur d'une cinquantaine de mètres ; seuls quelques-uns, tombés en avant, pourraient faire croire à une double rangée.

Il y a donc en Corse, comme en Bretagne, des dolmens, des menhirs et des alignements. Je ne fais que le rappeler. Mais les deux monuments que je voudrais faire connaître se distinguent de tous ceux qui ont été jusqu'ici signalés et, sans sortir de la réserve qui s'impose au sujet de la date à leur assigner, il semble bien qu'on puisse leur étendre la dénomination adoptée de menhirs sculptés ou statues menhirs. M. de Mortillet, il est vrai, ne les a pas complètement ignorés, mais c'est seulement après son voyage qu'ils lui ont été assez vaguement indiqués sous le nom de menhirs de Santa Maria et de Capo Castinco[1].

Le premier, situé à une quinzaine de mètres de la chapelle de Santa Maria, non loin de la très curieuse église de San Quirico, entre San Lorenzo et Cambia, dans l'arrondissement de Corte, — d'où son nom de menhir de Santa Maria, — n'est pas entièrement inédit. Depuis le mémoire de M. de Mortillet, il a été l'objet, en 1893, d'une courte note de M. Ph. Salmon, intitulée *Survivance mégalithique*, accompagnée d'un dessin peu exact et qui rend mal, ce qui est d'ailleurs inévitable, le caractère tout à fait primitif de la sculpture[2]. M. Salmon s'est surtout intéressé à la légende qui serait attachée à la pierre, qu'il appelle « colonne mégalithique de Corsoli ». Il s'agirait d'un défi, très anciennement porté entre un jeune homme et une jeune fille, de se rendre à minuit à la porte de l'église voisine et de provoquer un vampire qui s'y trouvait enfermé : à l'appel de la jeune fille, le jeune homme, caché dans la chapelle, aurait répondu et celle-ci, frappée d'épouvante, serait morte sur le coup ; d'où, pour conserver sa mémoire, l'érection de la colonne « très populaire et con-

---

1. *Nouvelles Archives des missions*, t. III, p. 77 et 81.
2. *Revue mensuelle de l'École d'anthropologie*, 1893, p. 398-399.

nue sous le nom de *la Sainte*[1] ». Il est à craindre que cette légende n'ait été amplifiée ou embellie pour devenir susceptible d'un récit digne d'intéresser un étranger. En 1889, en tout cas, le menhir n'était pas très populaire et ce n'est qu'à grand'peine que je suis parvenu à le trouver.

Fig. 1. — Menhir de Santa Maria.

Le menhir de Santa Maria, ainsi qu'on peut le voir sur la reproduction photographique ci-jointe (fig. 1), est formé d'une pierre schisteuse, haute de 2^{m}10, large de 0^{m}35, épaisse de 0^{m}10 seulement en moyenne[2], dont la partie supérieure simule une tête humaine. Il en a disparu un morceau. Un seul œil se laisse reconnaître. Le nez serait en creux au lieu de former relief. Au-dessous, la bouche est bien visible. Surtout, le menton, proéminent, un peu pointu, est très caractérisé. Sur le corps même, deux trous symétriques pourraient correspondre aux seins, mais il en est un troisième un peu au-dessus, au milieu. Une croix occupe à peu près la place du nombril. Enfin, plus bas, a été tracée à une époque récente une inscription, qui semble nette sur le dessin de M. Salmon[3], mais qui, en réalité, est presque complètement effacée. Le revers de la pierre ne porte aucune trace de travail; rien même n'y marque le crâne.

Le menhir de Santa Maria n'est pas seul de son espèce. Entre San Pietro di Tenda et Casta, dans une contrée absolument déserte, sur les hauteurs dites

---

1. *Revue mensuelle de l'École d'anthropologie*, 1893, p. 398-399.
2. *Ibid.*, p. 398.
3. *Ibid.*, p. 399, fig. 80.

de Capocastinco ou Capostinco, j'ai pu photographier une seconde pierre de la même famille (fig. 2).

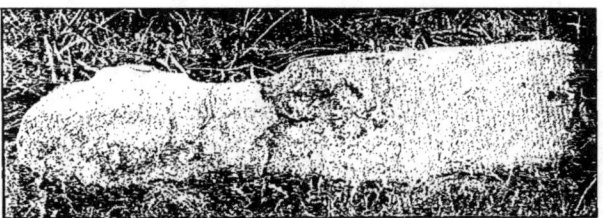

Fig. 2. — Menhir de Capocastinco.

Fig. 3. — Tête du menhir de Capocastinco.

Inconnue à San Pietro di Tenda, où je ne pus obtenir sur elle aucun renseignement, elle est évidemment une de celles, au nombre de trois, indiquées à M. de Mortillet[1]. Il est bien probable également que c'est de ces menhirs qu'il avait été parlé à notre regretté confrère M. de Laurière, comme se trouvant sur le territoire de Saint-Florent[2]. Je n'ai, pour ma part, recueilli aucun indice de l'existence, dans le voisinage, de plusieurs menhirs du même genre.

Le menhir de Capocastinco est renversé et brisé, et la cassure a emporté un large éclat. Sur le fragment correspondant à la tête (fig. 3), on croit voir trace des yeux, du nez aplati, de la bouche. Le menton est mieux marqué. Du côté gauche, une excroissance forme l'oreille. Il y a, enfin, au niveau du cou, un rétré-

---

1. *Nouvelles Archives des missions*, t. III, p. 77.
2. *Bulletin de la Société nationale des Antiquaires de France*, 1887, p. 151.

cissement qui se constate sur les deux faces et le revers présente une partie bombée en forme de crâne. L'ensemble de ces particularités semble exclure l'hypothèse d'une configuration naturelle. Rien, en revanche, ne marque le corps ; mais il est à noter que les éclats manquants correspondent précisément à l'emplacement des seins et du nombril.

Il y a, à coup sûr, fort peu de rapports entre les deux menhirs informes de Santa Maria et de Capocastinco et les figures de l'Aveyron, du Tarn, du Gard et de l'Hérault connues sous le nom de statues menhirs[1], et, quoique ces dernières soient toutes groupées dans une seule et même région, sans doute la distance qui en sépare la Corse ne suffit-elle pas à rendre compte des différences. M. Salmon, toutefois, serait porté à considérer le menhir de Santa Maria comme un des termes postérieurs de la série lapidaire dégénérescente dont les figures de Collorgues, les plus sommaires de celles dont il vient d'être question, seraient les termes antérieurs[2]. La comparaison, de toute manière, n'est pas assez de ma compétence pour que je veuille y insister.

Il y a, au contraire, en Corse même, à une douzaine de kilomètres de Vico, en descendant vers Sagone, un troisième monument qui me paraît ne pouvoir être séparé de nos deux menhirs, je veux dire la statue d'Apricciani. Mérimée[3], Renan[4], M. Perrot[5], M. Th. Reinach[6] ont parlé de cette statue, qu'on pourrait donc croire bien connue et qui même est classée comme monument historique. Il n'en est pas moins vrai que, peut-être, n'en reste-t-il rien aujourd'hui. M. de Laurière l'a encore vue entière en 1887 et se flattait de l'espoir qu'elle serait bientôt transportée à la bibliothèque d'Ajaccio[7]. En 1889, elle était déjà bien oubliée. Il me fallut à grand'peine la découvrir à nouveau, et la pierre était brisée. Il ne peut s'agir, comme le montrent les reproductions photographiques données ici pour la première fois, l'une d'après une épreuve que je dois à M. de Laurière (fig. 4), les autres d'après des clichés pris par moi-même, d'un couvercle de sarcophage anthropoïde, ainsi que l'avait imaginé

---

1. Voyez, sur ces figures, S. Reinach, *La sculpture en Europe avant les influences gréco-romaines*, p. 12-15.
2. *Revue mensuelle de l'École d'anthropologie*, 1893, p. 399.
3. *Notes d'un voyage en Corse*, p. 53-60.
4. *Mission de Phénicie*, p. 425 et 864.
5. *Histoire de l'art dans l'antiquité*, t. III, p. 186.
6. *Une nécropole royale à Sidon*, p. 160 et 165. La statue d'Apricciani y occupe le n° 27 du catalogue des sarcophages anthropoïdes.
7. *Bulletin de la Société nationale des Antiquaires de France*, 1887, p. 150-151.

jadis M. Aucapitaine[1], dont l'affirmation a trompé Renan et MM. Perrot et Th. Reinach. Outre la grossièreté du travail, qui ne se rapproche en rien des sar-

Fig. 4. — Statue d'Apricciani.

cophages phéniciens, la présence, sur le revers (fig. 5), de saillies indiquant les omoplates, semblables, moins les deux petits trous, à celles qui indiquent les seins, attestent que la pierre était vue des deux côtés et n'a jamais été un couvercle. La triple image jointe à cette notice me dispense de m'étendre sur la description; je me borne à indiquer les dimensions : longueur, 2^m22; largeur maxima aux épaules, 0^m60; largeur aux pieds, 0^m40; épaisseur, 0^m18; la tête seule mesure 0^m50 de haut sur 0^m55 de large aux oreilles.

Dans l'ensemble, la statue d'Apricciani est évidemment d'une exécution

---

[1]. *Revue africaine*, 1862, p. 471.

beaucoup plus poussée que les menhirs de Santa Maria et de Capocastinco. Le dessin de la tête et des épaules, en particulier, cherche à s'y rapprocher davan-

Fig. 5. — Statue d'Apricciani.

tage de la nature. Il faut tenir compte, pourtant, que les yeux, le nez et la bouche, que l'éclairage oblique fait particulièrement valoir sur la photographie de M. de Laurière, n'apparaissent au contraire que bien sommaires lorsqu'ils sont vus de face, comme en témoigne la photographie à plus grande échelle que j'en ai prise (fig. 6). L'oreille même n'est pas sans une certaine analogie avec l'excroissance qui y correspond dans la pierre de Capocastinco. La forme générale du monument, aussi, si on le suppose redressé, ressemble moins à une statue qu'à une sorte de menhir du genre de celui de Santa Maria et c'est cette ressemblance que tra-

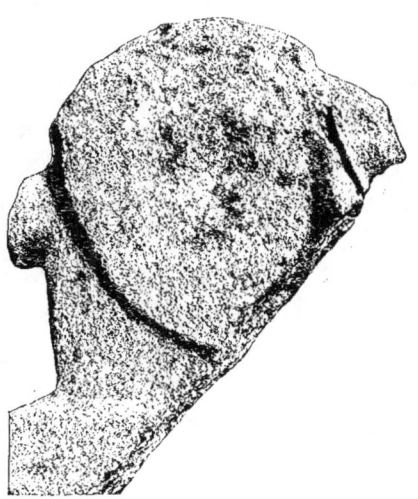

Fig. 6. — Tête de la statue d'Apricciani.

duisait, en l'exagérant, le renseignement donné à M. de Laurière et qu'il recommandait de vérifier, d'après lequel il existerait des pierres exactement semblables à celle d'Apricciani sur les montagnes du Nebbio, fichées en terre[1]. Il ne paraît donc pas invraisemblable que cette statue d'Apricciani soit un spécimen plus soigné de la même classe de figures à laquelle appartiennent les menhirs de Santa Maria et de Capocastinco et l'on peut, je crois, la ranger, aussi bien que les deux menhirs sur lesquels j'ai voulu appeler l'attention de la Société des Antiquaires, dans cet ensemble de monuments, d'époque assez indécise et sans doute variable, qui sont pour nous les témoins, selon le titre adopté par M. Salomon Reinach, de ce qu'était la sculpture en Europe avant les influences gréco-romaines.

1. *Bulletin de la Société nationale des Antiquaires de France*, 1887, p. 151.

LES
INSCRIPTIONS CHRÉTIENNES DE CARTHAGE

RECHERCHES

SUR LA CHRONOLOGIE DE QUELQUES FORMULES ET SYMBOLES

Par M. Paul Monceaux

Membre résidant.

Les inscriptions chrétiennes de Carthage se sont multipliées sous nos yeux avec une extraordinaire rapidité. De Rossi n'en connaissait encore que deux ou trois en 1857, quand le cardinal Pitra lui en envoya quinze nouvelles. En 1881, le tome VIII du *Corpus* n'en pouvait réunir que trente à quarante, la plupart très mutilées. Depuis ce temps, les fouilles du R. P. Delattre n'ont cessé de grossir ce nombre dans des proportions invraisemblables. Dès 1891, cet infatigable et savant archéologue pouvait évaluer à « quatorze mille et plus » la masse des inscriptions et fragments trouvés dans les ruines de Damous-el-Karita, sans parler des découvertes faites dans les autres quartiers de la ville. Actuellement, le nombre total doit approcher de vingt mille. Assurément, il n'y a pas que de l'or dans ce minerai. Mais, si l'on écarte les milliers de fragments tout à fait insignifiants et inutilisables, si l'on écarte aussi les innombrables lampes et les autres monuments qui offrent seulement un monogramme ou un symbole, on reste encore en présence de cinq ou six cents documents épigraphiques plus ou moins complets, épitaphes latines ou grecques sur pierre ou sur mosaïque, acclamations, amulettes, sceaux, etc.

Il n'est pas facile de s'orienter au milieu de tant de richesses, car les inscriptions chrétiennes de Carthage ne sont pas datées. Le R. P. Delattre, qui a découvert presque tous ces documents, a été le premier, et il est jusqu'ici le seul, qui ait cherché à projeter dans ce chaos quelques rayons de lumière. A plusieurs reprises, il a dressé des listes de formules et de symboles, listes devenues incomplètes l'année suivante. Dans un mémoire fort intéressant, il a essayé de classer, d'après l'ordre chronologique, les cinq ou six formules les plus usuelles[1]. Pour cela, il a tenu compte presque uniquement de l'aspect extérieur des documents, physionomie des épitaphes, différences paléographiques, forme et dimensions des plaques, etc. Évidemment, ce sont là de précieux éléments d'information. Mais ils ne suffisent pas à eux seuls; on sait, de reste, combien sont décevantes les conclusions tirées de la paléographie des inscriptions. Il nous paraît donc utile de ne pas négliger les moyens de contrôle. En voici un, qui permet d'éclairer sur certains points la question.

Plusieurs des formules et des symboles usités à Carthage se retrouvent sur des inscriptions africaines *datées*. Si l'on tient compte de ce fait, que Carthage a toujours été la capitale religieuse de toute la contrée et l'initiatrice des nouveautés, on peut admettre que la plupart de ces formules, de ces symboles, ont été employés d'abord dans cette ville; les inscriptions africaines datées permettent donc de fixer, pour Carthage, un *terminus ante quem*. En tout cas, c'est une méthode d'information indirecte dont on peut tirer beaucoup.

Dans l'épigraphie chrétienne de Carthage, latine ou grecque, nous avons relevé : 4 formules d'usage courant; environ 60 formules moins fréquentes ou très rares; près de 60 titres ou sigles; une trentaine d'acclamations diverses ou mots remarquables; plus de 20 symboles et plus de 15 formes diverses du monogramme chrétien. Faute de place, et malgré l'intérêt qu'elles présentent, nous ne pouvons reproduire ici ces longues listes avec tout l'appareil critique qu'elles exigeraient[2]. Nous parlerons seulement des formules et des symboles de Carthage que nous avons rencontrés sur des inscriptions africaines datées.

A Carthage même, quelques rares documents épigraphiques portent une indication chronologique plus ou moins précise. En voici la liste :

---

1. P. Delattre, *L'épigraphie chrétienne à Carthage*. Paris, 1891.
2. Pour la même raison, et à regret, nous avons dû supprimer partout les références, qui auraient doublé ou triplé la matière de ce mémoire. Nous prions les lecteurs qui s'intéressent à la question de nous faire crédit provisoirement; tous les textes épigraphiques visés dans cette étude figureront dans le recueil que nous préparons des inscriptions chrétiennes d'Afrique.

LES INSCRIPTIONS CHRÉTIENNES DE CARTHAGE.

Inscriptions de Carthage datées par le contenu.

Avant la paix de l'Église.	Débris d'épitaphes avec l'ancre.
408-450.	Lampe où est reproduite, avec les légendes, une monnaie de Théodose II.
439-533.	Épitaphe datée d'après les années de règne d'un roi vandale.
496-523.	Sceau de Thrasamond, roi des Vandales.
Milieu du vi° siècle.	Sceau du stratilate Joannes (sans doute Jean Troglita, 546-552).
565-578.	Dédicace à l'empereur Justin II.
Première moitié du vii° siècle.	Sceau du patrice Gregorius.
Milieu du vii° siècle.	Sceau de Fortunius, évêque de Carthage.
Milieu du vii° siècle.	Sceau de Victor, évêque de Carthage.
533-698.	Tous les sceaux byzantins trouvés à Carthage.

De cette liste, on peut tirer déjà quelques renseignements. Les formules *d(e)p(ositus)* et *fidel[is in pace vixit anni]s* figurent sur l'épitaphe, datée d'après les années de règne d'un roi vandale; on doit en conclure naturellement qu'elles ont été employées à Carthage entre 439 et 533. De plus, on doit rapporter à la période de la domination byzantine (533-698) les titres et formules des documents de Carthage qu'on retrouve dans les autres provinces de l'empire byzantin : ἀποέπαρχος, ἀπὸ ὑπάτων, *commerciarius*, *domesticus*, δούλου τῆς Θεοτόκου, ἔπαρχος, κομμερκιάριος, κουβικουλάριος, *patricius*, σπαθάριος, στρατηλάτης.

La comparaison méthodique avec les documents datés des provinces africaines permet de déterminer l'âge approximatif d'une partie des formules ou des symboles de Carthage. Nous résumons nos recherches dans le tableau suivant, où nous indiquons, pour chaque formule ou symbole, les deux dates extrêmes relevées sur les monuments africains.

Age approximatif d'une partie des formules de Carthage d'après les inscriptions africaines datées.

FORMULES ET SYMBOLES :	LIMITES CHRONOLOGIQUES SUR LES DOCUMENTS DATÉS :
In pace vixit annis.	377, Sitifis. — 549, Pomaria.
Fidelis in pace vixit annis.	360, Sillègue. — 471, Tiaret; ou peut-être 508, Theveste.
Decessit.	324, Sillègue. — 577, Aquae Sirenses.

Depositus ou *depositio*.	360, ou peut-être 331, Sillègue. — 448, Aïn-Mellul; après 533, Rusguniae.
Dulcissimus	305, Altava. — 425, Altava.
Hic jacet.	405, Sitifis. — 440, Sitifis.
In Deo vivas.	324, Orléansville (dédicace de la basilique).
Innocens.	392 (?), Altava. — 419, Sitifis.
Innocuus.	395, Altava.
Memoria (= tombeau).	322, Satafis. — 583, Altava.
Memoriam fecit.	352, Regiae. — 424, Altava.
Memoriae (= reliques).	474, Kherbet-el-Ma-el-Abiod. — 581, Ras-el-Aïoun.
Plus minus.	339, Albulae. — 639, Pomaria.
Qui et.	327, Altava. — 390, Altava.
Recessit.	444, Sertei (peut-être 434, Mechera-Sfa). — 557, Hippo Regius.
Reddidit (spiritum).	238, Tipasa. — 434, Ala Miliaria.
Refrigeratio (= refrigerium).	318, Auzia.
Requievit.	344, près Sitifis. — Après 439, Ala Miliaria; peut-être 453, Leptiminus (*Quievit*, de 406, Sitifis, à 526, Ammaedara).
Vixit annis.	302, Altava. — 651, Pomaria.
Ancre.	Avant la paix de l'Église, Caesarea et Tipasa.
Colombe tenant un rameau d'olivier, ou avec l'olivier.	Avant la paix de l'Église, Caesarea et Tipasa.
Colombes.	342, Sillègue. — 432, peut-être aussi 485, Altava.
Fleur.	333, Altava. — 427, peut-être aussi 453, Leptiminus.
Orante.	485, Altava.
⚹	329, Renault. — 394-398, Mechera-Sfa.
α⚹ω	384, Sitifis (le même dans un cercle, 406, Orléansville). — 480, Ternaten.
⊛	398, Altava.
✸	343-350, Tassamert. — 530, Altava.
ω✸α	419, Sitifis.
⳨	425, Altava. — 578-582, Aïn-Ksar.
⊕	Après 449, Altava.
A⳨ω	454, Sitifis (R latine). — 565-578, Thibursicum Bure.
⊕	394, Altava. — 419, Thamalla (557, Hippo Regius, croix dans un cercle).
Croix grecque.	440, Sitifis. — VIIe siècle, Thamugadi.
Croix latine.	550, Pomaria.

Ce tableau nous paraît donner lieu aux remarques suivantes :

1° Plusieurs formules toutes païennes ont persisté longtemps dans l'épigraphie chrétienne de Carthage et d'une partie de l'Afrique : *dulcissimus, memoria*, au sens de tombeau, *plus minus, qui et, vixit annis*.

2° Une formule, *reddidit (spiritum)*, deux symboles, l'ancre et la colombe avec l'olivier, apparaissent en Afrique avant la paix de l'Église.

3° Trois formules ne se montrent pas jusqu'ici, sur les monuments datés, avant le ve siècle : *hic jacet, memoriae*, au sens de reliques, *recessit*. De même, pour le symbole de l'Orante, pour les monogrammes α-⳨-ω, ✳, ⳨, ⊕, et pour la croix grecque. Quant à la croix latine, elle n'apparaît qu'au vi^e siècle.

4° Toutes les autres formules et les autres symboles, ceux du moins qui figurent sur nos documents datés, semblent avoir été introduits en Afrique dans le courant du ive siècle. La plupart sont restés en usage jusqu'au ve ou au vi^e siècle; quelques-uns, jusqu'au viie.

L'étude des mosaïques tombales de Carthage confirme les données précédentes et permet de les compléter sur plusieurs points. Une douzaine de mosaïques *funéraires* africaines sont datées : la plus ancienne, à Cartenna, est de 357, la plus récente est de 475 (Orléansville), ou peut-être de 508 (Theveste). Ce genre de sépulture paraît donc avoir été en usage depuis le milieu du ive siècle jusqu'à la fin du ve ou au début du vi^e; c'est à la même époque que l'on fait remonter la plupart des mosaïques non datées de Thabraca, de Tapurura et de Leptiminus, dont nous n'avons point à parler ici. Tout fait supposer que les tombeaux en mosaïque de Carthage sont du même temps. Voici le tableau des formules et des symboles qu'on y relève :

FORMULES SUR LES MOSAÏQUES TOMBALES DE CARTHAGE.

FORMULES :	SYMBOLES ET MONOGRAMMES :
Depositio (7 fois).	Croix dans un cercle entre deux colombes (2 fois).
Fidelis in pace (7 fois).	Calice à deux anses (2 fois).
Fidelis in pace vixit annos (1 fois).	Colombes (4 fois).
Fidelis in pace vixit annos N, depositus (die) (6 fois).	Coupe (1 fois).
	Nom dans une couronne (2 fois).
Fidelis in pace vixit annos N, recessit (die) (1 fois).	Raisin (1 fois).
	Vase (1 fois).

Indictio (1 fois).
In pace (1 fois).

Memoriam hanc fecit (1 fois).
Vixit annos (1 fois).

Vase entre deux fleurs et deux colombes (1 fois).
α⳨ω. (1 fois).
⊕ (1 fois).
Croix grecque (2 fois).
Croix latine dans un cercle (2 fois).

On voit que, pour plusieurs formules et symboles, le témoignage des mosaïques de Carthage concorde entièrement avec celui des documents africains datés : les formules *depositus, fidelis in pace vixit annos, recessit, memoriam fecit, vixit annos*, le symbole des colombes, les monogrammes α⳨ω, ⊕, la croix grecque, ont bien été employés, à Carthage, entre le milieu du IVe siècle et la fin du Ve ou le début du VIe. De plus, les mosaïques attestent l'emploi à Carthage, pendant la même période, des formules *in pace* et *fidelis in pace*, de l'*indictio*, et de plusieurs symboles, la croix dans un cercle entre deux colombes, le calice à deux anses, la coupe, le nom dans une couronne, le raisin, le vase, le vase entre deux fleurs et deux colombes.

On peut également tirer parti, pour la chronologie, de certaines épitaphes chrétiennes de Carthage, souvent doubles ou triples, qui présentent en même temps plusieurs formules différentes, gravées par le même lapidaire. Voici le tableau de concordance de ces formules :

FORMULES DIFFÉRENTES EMPLOYÉES A CARTHAGE SUR UNE MÊME ÉPITAPHE.

Decessit, employé avec :
Depositus, avec :

D(omini) n(ostri) regis, avec :
Fidelis in pace, avec :

fidelis in pace (plusieurs fragments).
d. n. regis (1 fois).
fidelis in pace (4 fois).
fidelis in pace vixit annos (18 fois).
indictio (7 fois).
innocens in pace vixit annos (3 fois).
in pace (1 fois).
in pace vixit annos (1 fois).
fidelis... depositus (1 fois).
decessit (plusieurs fragments).
depositus (4 fois).
in pace (3 fois).
in pace vixit annos (1 fois).

Fidelis in pace vixit annos, avec :	*depositus* (18 fois).
	indictio (3 fois).
	recessit (1 fois).
Indictio, avec	*depositus* (7 fois).
	fidelis in pace vixit annos (3 fois).
	innocens in pace vixit annos (3 fois).
	in pace vixit annos (1 fois).
Innocens in pace vixit annos, avec :	*depositus* (3 fois).
	indictio (3 fois).
In pace, avec :	*depositus* (1 fois).
	fidelis in pace (3 fois).
In pace vixit annos, avec :	*depositus* (1 fois).
	fidelis in pace (1 fois).
	indictio (1 fois).
Recessit, avec :	*fidelis in pace vixit annos* (1 fois).

Ce dernier tableau est encore fort instructif. Il prouve jusqu'à l'évidence que bien des formules ont été employées concurremment à Carthage, depuis le milieu du IVe siècle jusqu'au VIe. Cette conclusion, du reste, s'accorde pleinement avec le témoignage des mosaïques tombales de Carthage et des inscriptions africaines datées.

De là, une conséquence assez importante pour la méthode à suivre dans l'étude de l'épigraphie chrétienne de Carthage. Il est superflu de chercher à enfermer dans une période chronologique déterminée chacune des formules, puisque la plupart ont été employées simultanément depuis la fin du IVe siècle. Il serait à désirer seulement que l'on pût fixer l'époque où chacune d'elles fut introduite à Carthage; mais, là-dessus, de nouvelles découvertes épigraphiques pourraient seules nous renseigner avec précision.

CONTRIBUTIONS

A LA

NUMISMATIQUE DE GALLIEN

(Planche XVII)

Par le Commandant Robert Mowat

Membre résidant.

I. — *Médaillon d'or inédit orné d'un Pégase.*

Il y a vingt-quatre ans, les monnaies d'or romaines et les bijoux qui venaient d'être découverts à La Condamine, près de Monaco, furent mis sous les yeux de la Société des Antiquaires de France[1]. Parmi ces objets, un médaillon de Gallien, remarquable par l'image d'un petit Pégase placé sous l'effigie de l'empereur, attirait surtout l'attention; cette particularité n'était connue jusqu'alors que par un moyen bronze de l'ancienne collection de l'abbé N. Fradet, passé au Musée de Vienne et caractérisé par la légende de revers ALACRITATI[2]. Aujourd'hui, je suis en mesure d'en faire connaître un troisième exemple, en signalant un autre médaillon d'or; ce dernier, retiré en 1886 du lit du Main, à Wurtzburg, en Bavière, et actuellement passé dans la collection d'un amateur allemand, avait été acquis par feu Léopold Hamburger, l'expert bien connu de Francfort-sur-le-Main, qui m'a communiqué les empreintes et les renseignements me permettant d'en donner une description exacte :

IMP GALLIENVS AVG COS V. Tête laurée de Gallien, à droite; sous

---

1. *Bulletin de la Société des Antiquaires de France*, 1880, p. 52. Ant. Héron de Villefosse, *Trésor de Monaco; notice sur les bijoux* (Mém. de la Soc. des Ant. de France, XL, 1880, p. 203-227); reproduit dans l'*Annuaire de la principauté de Monaco*, 1881, p. 165-190. R. Mowat, *Trésor de Monaco; notice d'un médaillon inédit de Gallien et de huit monnaies romaines en or* (Mém. de la Soc. des Ant. de Fr., XL, 1880, p. 160-202).

2. H. Cohen, *Descr. hist. des monn. de l'emp. rom.*, 2ᵉ éd., V, 1885, p. 353, n. 54, fig., et p. 423, n. 834, fig.

la tranche du cou, un petit Pégase galopant à droite ; le tout dans un cercle perlé.

R/. VIRT GALLIENI AVG. Hercule nu, debout, de face, la tête tournée à gauche, tenant un rameau dans la main droite levée et sa massue dressée dans le pli du bras gauche enveloppé d'une peau de lion pendante ; le tout dans un filet circulaire.

Diamètre, 0^{m}027 ; poids, 14 gr. 83 (Pl. XVII, 1).

Le médaillon est muni d'une bélière de suspension à quatre cannelures, soigneusement fixée, de manière à n'entamer ni la légende, au-dessus du portrait impérial, ni les pieds de la figure, au revers. On peut en conclure qu'il était suspendu à un collier, passant par l'ouverture de la bélière, à la manière des pendeloques du célèbre collier de Naix[1], exposé dans une vitrine du Cabinet des Médailles.

Ce médaillon me paraît être le même que celui qui appartient à M. Bachhofen von Echt, de Vienne, décrit par le lieutenant-colonel Otto Voetter, *Sammlung Bachhofen von Echt. Rœmische Münzen und Medaillons*, 1903, p. 122, n. 2137, en ces termes :

N Medaillon, 26 mm. 12.91 Gr. IMP GALLIEN VS AVG COS V Kopf mit Lorbeeren bekränzt nacht r. Unter dem Halsabschnitte Pegasus nach r. R/ VIRT GALLIENI AVG. Hercules mit Zweig, Keule und Lœwenfell. Cohen fehlt.

Tanini[2] a décrit un médaillon semblable à celui de Wurzburg, et de poids à peu près égal (14 gr. 91), qu'il avait vu dans le Cabinet du Vatican. Il eût été intéressant de faire la confrontation de ces deux pièces ; malheureusement, celle de Tanini ne se retrouve pas, malgré les recherches que M. Camillo Serafini, directeur du Cabinet des Médailles du Vatican, a eu l'obligeance de faire à ma prière. On constate cependant dans son signalement l'absence du petit Pégase, qui n'aurait pu échapper à l'œil exercé de Tanini si réellement il figurait sur la pièce. Je suppose donc que, par suite d'un défaut d'ajustage du coin au moment de la frappe, ce symbole se sera trouvé placé sur le bord, ou même en dehors, et n'aura pas laissé son empreinte sur le flan. Au surplus, voici les propres termes de sa description :

IMP GALLIENVS AVG COS V. Protome laureata.

---

1. *Magasin pittoresque*, mars 1850, p. 84, n° 10. Chabouillet, *Catalogue général et raisonné des camées, etc.*, p. 375, n° 2558.
2. H. Tanini, *Numismatum imperatorum romanorum ab A. Bandurio editorum supplementum*, p. 66.

R/. VIRT GALLIENI AVG. Hercules nudus, dextrorsum stans, d. elata lauri ramum, s. clavam et leonis exuvias. Max. mod. Pond. den. 12 gr. 2. *Vatic.*

Le denier pondéral, en usage à Rome avant l'adoption du système moderne, valait 1 gr. 177747; le grain, 0 gr. 049074; ce qui met le poids du médaillon à 14 gr. 191.

Un médaillon de bronze, probablement frappé avec les mêmes coins de droit et de revers que celui du Vatican en or décrit par Tanini, se trouve dans la collection O. Voetter à Vienne [1].

En ce qui concerne le numéro du consulat, je fais remarquer que, sur l'exemplaire de Wurtzburg, le chiffre V est ouvert à la base et se présente sous la forme de deux jambages distincts à peu près parallèles, comme, du reste, la lettre V dans les autres mots de la légende; s'agit-il du deuxième ou du cinquième consulat? il est permis d'hésiter dans le déchiffrement; de même en est-il pour le médaillon de Monaco; c'est pourquoi, dans le texte de ma notice précitée, le numéro du consulat a été imprimé II, tandis que le dessinateur a figuré un V. Je crois utile d'en rappeler la description, pour faciliter sa comparaison avec celui de Wurtzburg; la rédaction de la légende de tête est la même, mais la coupe épigraphique est différente :

IMPGALLIE NVS AVG COS V (ou COS II). Tête laurée de Gallien, à droite; au-dessous, un petit Pégase galopant à droite; le tout dans un cercle perlé.

R/. PMTRP VIIII COS IIIIPP. L'empereur, debout à gauche, en costume pontifical, voilé, tenant une patère dans la main droite, au-dessus d'un trépied allumé, et, dans la gauche, un sceptre; le tout dans un cordon perlé.

Diamètre, 0ᵐ029; poids, 22 gr. 60; moulage communiqué par M. Gustave Saige, l'aimable bibliothécaire-archiviste du Palais de Monaco (Pl. XVII, 2).

Voici enfin le signalement d'un moyen bronze du Musée de Vienne, remarquable par l'absence des sigles sénatoriales S C; sa légende de tête présente la même coupe que le médaillon de Monaco :

[*Imp*] GALLIE NVS AVG [*cos ii* ou *cos v*]. Tête laurée de Gallien à droite; au-dessous, un petit Pégase galopant à droite, incomplètement venu à la frappe sur le bord; le tout dans un filet circulaire.

---

1. *Numismatische Zeitschrift*, XXXIII, 1901, p. 110, art. de M. O. Voetter, *Die Münzen des Kaisers Gallienus und seiner Familie.*

R/. ALACRITATI. Grand Pégase bridé, galopant à droite; restes d'un filet circulaire.

Diamètre, 0^m024. Moulage obligeamment communiqué par feu Ed. von Sacken, ancien conservateur du Musée impérial de Vienne (Pl. XVII, 3).

Je tiens cette pièce pour un essai ou pour une reproduction sur bronze de médaillon d'or plutôt que pour un médaillon de bronze proprement dit; en effet, par l'absence des lettres S·C, par la rédaction de la légende et par la nature des types, son cas est assimilable à celui d'un autre moyen bronze sans S·C, par rapport à un médaillon d'or qui en est la reproduction fidèle; l'un et l'autre sont décrits par Cohen[1], avec une annotation qui confirme pleinement mon opinion :

254. GALLIENVS AVG. Sa tête laurée, à gauche.

R/. FIDES MILITVM, dans une couronne de laurier.

Module, 5 1/2 (= 0^m225). Poids, 9 gr. 45. British Museum. Or. Médaillon.

258. GALLIENVS AVG. Sa tête laurée, à gauche.

R/. FIDES MILITVM; même revers (sans S·C). Collection Hoffmann.

Cette médaille paraît avoir été frappée avec le coin du médaillon d'or n° 254, ci-dessus. Même observation pour les deux pièces suivantes :

810. IMP GALLIENVS AVG COS II (sic). Sa tête laurée, à droite.

R/. PMTRPV COS III PP. Gallien debout à gauche, sacrifiant sur un trépied allumé (Cohen dit à tort un autel) et tenant un sceptre; en face de lui, un victimaire levant la hache sur un taureau. An 257.

Poids, 13 gr. Le chiffre indiqué par Cohen, 12 gr. 25, a été reconnu faux. Cabinet de France, *Médaillons d'or*, n° 8 (Pl. XVII, 4).

811. Même description, sans S · C. Cabinet de France (*Moyens bronzes*, n° 7738). Pièce trouée (Pl. XVII, 5).

Là encore, le consulat du côté de la tête est II pour V. Voir aussi le n° 834, médaillon du Musée de Monaco.

Il existe un grand nombre d'autres moyens bronzes de Gallien et même quelques grands bronzes[2] sans S·C; mais, comme on n'en a rencontré aucune

---

1. *Descr. hist. des monn. imp.*, 2e éd., V, p. 371.
2. Cohen, *Descr. hist. des monn. de l'emp. rom.*, V, *Gallien* : 18, *adventus augg*, MB ; 70, *apolini* (sic) *conserva*, MB; 90, *apollo conserva*, MB; 115, *cohort praet principi suo*, GB; 176, *diana felix*, GB; 218, *fidei praet*, GB ; 242, *fides militum*, MB ; 653, 654, 664-666, *moneta aug*, GB ; 674, *ob conservationem salutis*, MB ; 675, *ob conservationem salutis augg*, MB ; 679, *ob libertatem receptam*, MB; 682, *ob reddit libert*, MB ; 722, *pax aeterna aug*, MB; 841, *p m tr p xii cos vi pp*, MB; 899, *restit galliar*, GB; 967,

reproduction en or, tels que les n°ˢ 254 et 810, il serait excessif de les ranger parmi les essais de médaillons d'or, comme les n°ˢ 218 et 811 ; d'autre part, ils diffèrent essentiellement des vrais médaillons de bronze par leur module et par leur style. Il faut donc y voir la preuve que Gallien s'arrogea le droit de frapper le bronze, droit réservé jusqu'alors exclusivement au Sénat. Toutefois, ce fut moins par la suppression de la prérogative sénatoriale que par un simple partage de cette attribution entre le Sénat et l'empereur ; en effet, on connaît des grands bronzes à la légende VICTORIA AVG III, les uns sans S·C, les autres avec ces sigles, ce qui prouve que la monnaie de bronze de l'empereur circulait concurremment avec celle du Sénat portant les mêmes types. La date officielle de cette déchéance du Sénat est fournie par les moyens bronzes 841 et 1006, marqués à la 12ᵉ puissance tribunice et au 6ᵉ consulat de Gallien, c'est-à-dire à l'an 264. La mésintelligence était complète entre le Sénat et l'empereur[1], qui réservait ses faveurs et confiait tous les emplois aux membres de l'ordre équestre, tandis que les patriciens étaient l'objet de ses défiances et de sa haine ; on s'explique donc facilement qu'il ait cherché à les humilier dans leur prérogative de souveraineté monétaire. C'est peut-être la frappe des essais de ces médaillons d'or qui lui a suggéré l'idée de faire passer dans la circulation des bronzes dépourvus des lettres S·C.

Quant à la frappe de l'argent avec les coins de l'or, elle est fréquente ; elle n'a d'ailleurs rien d'anormal, puisque le monnayage de ces deux métaux était réservé à l'empereur et s'effectuait dans les mêmes ateliers.

Fig. 1. — Monnaie d'Auguste.

Le petit Pégase placé sous l'effigie de Gallien, évidemment d'après le modèle du Capricorne qu'Auguste avait fait mettre au-dessous de son image,

---

securitas aug, MB ; 975, serapidi comiti aug, GB ; 1006, trp xii cvi pp, MB ; 1026, vesta, GB ; 1044, vict ger ii, MB ; 1126, victoria aug iii, MB ; 1146, victoria augg, MB.

1. Aurelius Victor, Caesar., 33 : « Et patres quidem, praeter commune Romani stimulabat proprii ordinis contumelia ; quia primus ipse, metu ne imperium ad optimos nobilium transferretur, senatum militia vetuit. » Cf. L. Renier, dans Bull. épigr. de la Gaule, I, 1881, p. 6.

sur un *aureus* et sur un denier au revers AEGYPTO CAPTA (fig. 1), rappelle sans doute aussi le type que l'empereur avait adopté pour la gravure de son sceau. Ce symbole imprimait ainsi un cachet personnel aux médaillons qui en étaient ornés et convenait parfaitement à des pièces destinées à être offertes en cadeau par l'empereur à ses courtisans, *manu sibi osculantibus quaternos aureos sui nominis dedit*[1].

II. — *Les prétendues médailles satiriques de Gallien.*

Parmi les singularités du monnayage de Gallien, dont l'abbé Barthélemy[2] a donné une jolie définition en disant qu'elles font l'ornement d'un cabinet et le désespoir des antiquaires, se place en première ligne l'*aureus*, représentant, à gauche, la tête de l'empereur couronnée de roseaux et entourée de la légende GALLIENAE AVGVSTAE au lieu de la formule habituelle que l'on s'attendrait à lire, GALLIENVS AVGVSTVS ; au revers, la Victoire dans un bige au galop, à droite, avec la légende VBIQVE PAX. Il est reproduit ici (Pl. XVII, 6) d'après l'exemplaire du Cabinet de France, n° 1259. Il fut d'abord signalé par une simple mention du médecin Ch. Patin[3] ; peu après, Spanheim, qui en avait vu un exemplaire dans le cabinet du cardinal de Médicis, utilisa le dessin de celui d'un prince de l'empire, que lui communiqua Morell pour illustrer un passage des *Césars* de Julien[4], amusante parodie dans laquelle l'impérial ironiste montre Gallien éconduit par Jupiter du festin des dieux où il s'était présenté avec une robe et une démarche de femme, tandis que le vieux Claude y était accueilli avec faveur. Ce rapprochement bouffon fut le point de départ de la théorie des médailles satiriques que Vaillant[5] formula en ces termes : « In ludibrium Gallieni ab uno ex ipsis qui imperatoris titulum contra eum arripuerat percussus videtur, illum Augustam appellans ut omnibus denotaret pro fœmina eum haberi debere qui res tam negligenter in bellis undique romanum imperium prementibus ageret ». Il serait oiseux de raconter la controverse qui s'éleva entre les numismates et que Rasche résuma dans son *Lexicon rei numariae* à l'article GALLIENAE AVGVSTAE ; il suffira de rappeler que Eckhel[6] s'est

---

1. Trebellius Pollion, *Gallieni duo*, 16.
2. *Mém. de l'Acad. des Inscr. et Belles-Lettres*, XXVI, p. 553.
3. *Epist. ad abbat. Braccens*, p. 43.
4. Spanheim, *Les Césars de l'empereur Julien*, 1683, p. 103, et *add.*, p. 489.
5. Vaillant, *Numismata imperatorum romanorum praestantiora*, 1692, p. 385.
6. Eckhel, *Doctrina numorum*, VII, p. 412.

refusé à suivre Spanheim et Vaillant. De notre temps, Cohen a repris à son compte leur thèse à sa manière[1] ; en dernier lieu, il me restait à consulter le beau livre dans lequel M. Babelon a magistralement fait l'historique et exposé l'état actuel de la science[2] ; en constatant qu'il a passé sous silence la théorie des médailles satiriques dans l'antiquité, j'ai conclu qu'en véritable disciple d'Eckhel il l'a condamnée par prétérition et tenue pour non avenue.

Dès avant Louis XIV les guerres de religion et la politique avaient mis à la mode les médailles satiriques que les partis employaient les uns contre les autres concurremment avec les libelles et les pamphlets. Jusqu'alors, la monnaie, instrument universel d'échange, même entre ennemis, avait traditionnellement conservé quelque chose du caractère sacré dont elle était revêtue dans l'antiquité quand elle participait au prestige d'images vénérées dont elles étaient revêtues pour la garantie du crédit public. Quand la Réforme et la Renaissance affranchirent l'esprit de libre examen, la critique frondeuse s'éveilla du même coup. L'influence s'en fit sentir dans le domaine de l'institution monétaire, uniquement réservée aux besoins du commerce, par la création de la médaille proprement dite, destinée à perpétuer les traits d'un personnage ou le souvenir d'un événement, sans entrer dans le trafic. La médaille, purement artistique en principe, ne devait pas tarder à devenir une arme entre les mains d'adversaires politiques. Des recherches méthodiques de Klotz[3] sur cette question, il résulte que la notion de la médaille satirique ne remonte pas au delà du XVIe siècle[4] ; suivant cet auteur, la première aurait été frappée en 1501 par Frédéric II, roi de Naples, à l'adresse de Ferdinand III le Catholique, roi de Sicile et d'Aragon. Dès lors, les médailles satiriques se multiplièrent rapidement de plus en plus. Pour en donner une idée, j'en rapporterai deux ou trois exemples.

A l'occasion du siège de Metz par Charles-Quint, en 1552, « il se fit aussi, dit le P. Daniel, des médailles satiriques, dont la plus ingénieuse fut celle où

---

1. Cohen, *Descr. hist. des monn. frappées sous l'emp. rom.*, 2e éd., V, 1885, p. 440-441, note 1.
2. *Traité des monnaies grecques et romaines*, 1, col. 1901.
3. Klotz, *Historia numorum contumeliosorum et satyricorum*. Altenburg, 1765, in-8°.
4. M. H. de la Tour fait, cependant, remonter l'origine des médailles satiriques modernes jusqu'aux dernières années du XVe siècle et le prouve par une médaille milanaise hostile à Charles VIII ; elle est à l'effigie de Ludovic Sforza, dit le More ; au revers, l'aigle de Maximilien fond sur des coqs terrifiés, qui représentent les Français, Galli (*Revue numismatique*, 3e série, XIV, 1896, p. 94). Cette pièce, conjointement avec la napolitaine de Frédéric II, atteste l'origine italienne de cette catégorie de monuments numismatiques.

l'on employa sa devise. On sait que c'étoit les colonnes d'Hercule avec le mot latin *Ultra*, plus outre. On ajouta au corps de la devise un aigle enchaîné et attaché aux colonnes d'Hercule, avec les mots latins *Non ultra metas*. L'équivoque de ce mot *metas*, qui signifie Metz, et en même temps les deux colonnes qui étoient les bornes des conquêtes d'Hercule, étoit fort piquante, en marquant que l'empereur n'avoit pu passer au delà de Metz[1]. »

A son tour, Louis XIV ne fut pas épargné, témoin les sarcasmes dont il fut l'objet à propos des dames de la cour, qui suivirent l'armée jusqu'aux bords du Rhin. En voici un spécimen :

LVDOVICVS MAGNVS REX. Tête du roi.

R/. VENIT, VIDIT, SED NON VICIT. Dans un char attelé de deux femmes en costume de cour, le roi rétrograde sur Versailles ; une autre dame marche en avant, portant un bâton auquel est attaché un sac étiqueté 0 (zéro). A l'exergue, A BELG EXPEDITI REDVX VERSAL M IVN MDCXCIII.

En voici un autre :

WILHELMVS III · D · G · ANG · SCO · FRANC · ET · HIB · REX. Tête de Guillaume III, roi d'Angleterre.

R/. NIL CANTVS NIL NVMERVS. Un coq et six poules fuyant devant un renard. En exergue, XII IVN · MDCXCIII.

Naturellement, le coq, *gallus*, symbolise le roi de France mis en posture ridicule. Nous avons là un renseignement curieux pour l'historique du soi-disant emblème national, le coq gaulois.

Les médailles satiriques de ce genre, fabriquées en Hollande et répandues à profusion dans le public, devenaient nécessairement le sujet des commentaires et des conversations journalières ; elles ne pouvaient manquer d'exercer une influence sur les numismates contemporains. Avec une telle prévention dans l'esprit, il n'est point surprenant qu'ils aient reporté dans l'antiquité la notion qu'ils se faisaient de ces médailles par l'usage dont ils étaient témoins et qu'ils aient prêté aux ennemis de l'empereur Gallien les sentiments que professaient les coalisés d'Augsbourg pour le roi de France, dont la cour était aussi décriée que les mœurs du piteux adversaire de Victorine et de Zénobie. Ils ont toutefois négligé de tenir compte d'une différence essentielle, c'est que les prétendues médailles satiriques de Gallien n'ont jamais été autre chose que de véri-

---

1. Daniel, *Histoire de France*, V, p. 496.

tables monnaies, par leurs poids, par leurs modules et par les sujets qui y étaient gravés, tandis que celles du xvi⁰ siècle n'ont absolument rien de monétaire et n'ont jamais pu entrer dans le trafic.

L'explication de l'*aureus* de Gallien doit donc être cherchée ailleurs. L'abbé de Vallemont pensait qu'il avait été frappé en l'honneur d'une cousine de Gallien, laquelle lui aurait rendu le service de le débarrasser par un meurtre de l'usurpateur Celsus, et que, par reconnaissance, l'empereur avait ordonné que le nom de cette femme fût inscrit comme une couronne autour de sa propre effigie. Cette explication ne déplaisait pas à Eckhel, **Vallemontii doctrina eatenus saltem aliquam habet veri speciem,** *quatenus Trebellii testimonio, cujuscumque illud auctoritatis putemus, feminam Gallienam memorantis nititur.* Pour mon compte, je l'adopte en principe, mais en lui faisant subir une modification relative à la personne visée par la légende *Gallienae Augustae*. Ne pouvant me résoudre à y voir une féminisation dérisoire de *Gallienus Augustus*, je reconnais en cette légende, comme Vallemont, les noms d'une femme ayant réellement existé; mais, comme il est absolument invraisemblable qu'une parente à un degré plus éloigné que celui d'épouse, de sœur, de fille ou de nièce[1] ait été décorée du titre d'Augusta, je tiens cette Galliena pour la propre fille de Gallien. C'est elle qui est figurée à gauche de Salonine, sa mère, sur les monnaies à la légende PIETAS AVGG, où l'on voit ses deux jeunes frères, Valérien César et Salonin Valérien César, debout côte à côte devant l'impératrice assise[2]; on ne saurait d'ailleurs objecter sa grande jeunesse, car on en connaît un précédent historique : Néron avait donné le titre d'Augusta à Claudia, sa fille, qui mourut à peine âgée de quatre mois; des monnaies en son nom en font foi[3].

Le souvenir de cette jeune princesse nous a d'ailleurs été conservé par un document que Bréquigny[4] avait pris en sérieuse considération et qui mérite d'être textuellement rapporté. Dans la Vie de saint Anthime (*Acta Sanctorum*, 11 mai, p. 616), on lit : *Sergius Terentianus, illustris vir, secundo Urbis prae-*

---

1. Par ces mots j'ai en vue Marciane, sœur de Trajan, et Matidie, fille de Marciane, dont on a des monnaies sur lesquelles le titre d'*Augusta* est ajouté à leur nom.
2. Cohen, *loc. cit.*, V ; *Salonine*, nᵒˢ 83-84.
3. Cohen, *loc. cit.*, I, p. 315, 316.
4. Bréquigny, *Recherches sur la famille de Gallien*, dans les *Mém. de l'Acad. des Inscr. et Belles-Lettres*, XXXII, p. 277. Galland, *Lettre sur la nouvelle explication d'une médaille de Gallien par M. de Vallemont*, dans *Journal des Savants*, 1698, p. 335, et 1701, p. 379, avec la fausse lecture ΕΦΕϹΙΩΝ ΛΟΥΚΙΟϹ ΒΗΡΟϹ.

fectus, Plotinam (alias Protinam), neptem Gallieni Augusti, natam ex Gallia (sic) *filia ejus, est sortitus uxorem; ex qua nati sunt Claudius Pompeianus et Lucina* (*alias Anicia Lucina*), *quam tradidit in conjugium Faltonio Piniano, qui missus est, cum hanc haberet uxorem, proconsul Asiae acceptis codicillis a Diocletiano et Maximiano Augustis.*

Ce document, dans lequel il faut évidemment corriger *Gallia* en *Galliena* et *Protinam* en *Plotinam*, nous apprend que la fille de Gallien laissa postérité; sa fille, nommée Plotina, épousa Sergius Terentianus, préfet de Rome, et donna naissance à Claudius Pompeianus et à Anicia Lucina, qui épousa Faltonius Pinianus, proconsul d'Asie, sous le règne simultané de Dioclétien et de Maximien. Nous ignorons le nom du mari de Galliena.

Il est présumable que cette princesse reçut le titre d'*Augusta* en même temps que son frère Salonin celui d'*Augustus*, que lui donnent un *aureus* de la collection Hoffmann[1] et un denier de l'ancienne collection Declesves, passé au Cabinet de France[2], sous le n° 9168 (Pl. XVII, 7). Voetter les classe à l'atelier de Lyon[3].

En raison de leur grande rareté, je crois utile de faire savoir que j'en possède un autre exemplaire, très probablement le même que celui de Pellerin publié par Bréquigny[4].

IMP SALON VALERIANVS AVG. Son buste radié et drapé, à droite.

R/. SPES PVBLICA. L'Espérance marchant à gauche, tenant une fleur et relevant sa robe. Dans le champ, à gauche, la lettre V sous le bras droit.

R/. Argent. Poids, 3 gr. 31 (Pl. XVII, fig. 8).

J'attire l'attention sur la lettre V, qui occupe dans le champ la même place que sur des monnaies de billon de Postume, de Victorin et de Tétricus fils, toutes au revers PAX AVG, et qu'on serait tenté de prendre pour la marque d'une cinquième officine de l'atelier de Lyon, par analogie avec les lettres P, S, T qui, sur d'autres monnaies de ces trois usurpateurs, désignent respectivement les officines *Prima*, *Secunda*, *Tertia* de Lyon. Mais le numérotage paraît s'être arrêté à cette dernière, car la marque Q, pour *Quarta*, fait absolument défaut.

---

1. Cohen, *loc. cit.*, V; *Salonin*, n° 22.
2. *Ibid.*, n° 93. Banduri, *Num. Imp.*, I, p. 257, fig. 6.
3. O. Voetter, *Die Münzen des Kaisers Gallienus und seiner Familie*, dans *Numismatische Zeitschrift*. Vienne, XXXIII, 1901, p. 75, pl. XX, p. 27-28.
4. Bréquigny, *Recherches sur la famille de Gallien*, fig. 5 (*Mém. de l'Acad. des Inscr. et Belles-Lettres*, XXXII, 1762, p. 262-279).

Pour cette raison, la lettre V, au lieu d'avoir une signification numérale, pourrait être plutôt l'initiale de *Vienna*, ville monétaire, comme sur une monnaie de Tétricus fils, au revers VICTORIA AVG, avec la marque C V, *Colonia Vienna* ou *Viennensis*, comparable à la marque C A, *Colonia Agrippinensis*, sur une monnaie de Postume, au revers JOVI VICTORI, frappée à Cologne[1].

Pour revenir à la légende *Gallienae Augustae*, je pense que, malgré l'absence d'une effigie féminine qui semblerait régulièrement lui convenir, elle comporte de façon positive un élément de présomption favorable à l'authenticité d'une monnaie de bronze ou de billon que l'abbé de Vallemont signala[2], d'après un manuscrit autographe de Goltzius qui paraît malheureusement égaré ou perdu : « Le manuscrit de Goltzius, où j'ai trouvé la médaille de Gallienne, se garde au Cabinet du Roi. C'est un recueil très précieux des plus curieuses médailles que ce célèbre antiquaire a trouvées, qu'il a dessinées de sa propre main il y a plus de 120 ans et qu'une mort prématurée ne lui a pas donné le loisir de graver et de joindre à ses autres ouvrages. » Plus loin, il s'exprimait sur la probité scientifique de Goltzius, injustement attaquée, en des termes qui méritent d'être reproduits *in extenso* : « Le célèbre M. Vaillant, dont le seul témoignage en vaut mille, n'a point fait difficulté de nous dire plusieurs fois que c'est un paradoxe odieux et insoutenable de prétendre que Goltzius n'ait pas vu les médailles qu'il rapporte et qu'il a si bien dessinées. »

L'abbé Barthélemy n'est pas moins explicite[3] : « Le sentiment de M. l'abbé de Vallemont est donc le plus vraisemblable de tous ; il se trouve même singulièrement confirmé par une médaille que Goltzius avait dessinée dans son manuscrit conservée (*sic*) aujourd'hui dans le Cabinet de M. le président de Cotte, p. 336. » Il a même eu la bonne pensée de faire graver en fac-similé le dessin de Goltzius, sous le n° VIII de la planche qui accompagne son mémoire ; c'est d'après cette figure que je décris la pièce en question :

LICIN GALLIENA AVG. Buste diadémé de femme, sur un croissant, à droite.

R/. PIETAS AVGVSTA. La Piété, debout, à gauche, tenant une patère au-dessus d'un autel allumé. Petit bronze.

Je ne me sépare de mes devanciers que sur un point, à savoir que la pièce

---

1. R. Mowat, *Les ateliers monétaires impériaux en Gaule*, dans *Rev. num.*, 1895, p. 130, 175.
2. *Journal des Savants*, 1701, p. 342-355, art. *Lettre de M. l'abbé de Vallemont à M. Delpech, conseiller du Roi au Parlement de Paris*.
3. *Mém. de l'Acad. des Inscr. et Belles-Lettres*, XXVI, 1759, p. 565, art. *Remarques sur quelques médailles publiées par différents auteurs*.

doit être attribuée à la propre fille de Gallien plutôt qu'à sa cousine Galliena qui se signala par le meurtre de l'usurpateur Celsus à Carthage, suivant le récit de Trébellius Pollion.

Quant à la destinée du manuscrit de Goltzius, vu tantôt au Cabinet du Roi, tantôt dans celui du président de Cotte, elle se complique par le fait que Lipsius, *Bibliotheca numaria*, p. 153, ligne 5 en remontant, le cite comme ayant fait partie de la bibliothèque de Claude de Boze, d'après son *Catalogue*, p. 395.

La particularité d'un nom de femme inscrit en légende autour d'une tête d'empereur ne constitue pas un fait sans exemple. Le Cabinet de France en possède deux autres spécimens.

Fig. 2. — Grand bronze de Marc-Aurèle.

L'un[1] est un grand bronze à l'effigie laurée de Marc-Aurèle, à droite, avec la légende FAVSTINA AVGVSTA (fig. 2). Le coin du droit a été accidentellement accouplé avec celui d'un revers de moyen bronze de fabrication barbare, portant à l'intérieur d'une couronne de laurier une inscription en cinq lignes : R P III | MEON | IPMISA | ƆNLEIII | ƆS, transcription défigurée de la formule normale PRIMI DECENNALES COS III.

L'autre spécimen[2] est un grand bronze d'Éphèse, provenant de l'ancienne collection de N.-J. Foucault, intendant de la généralité de Caen :

ΛΟΥΚΙΛΛΑC CEBACTHC. Tête laurée de L. Vérus, à gauche.

R/. ΕΦΕCΙΩΝ Β ΝΕΩΚ. Statue d'Artémis Éphésia dans un temple octostyle (fig. 3).

Quant à la couronne de roseaux, elle n'est pas plus dérisoire que la légende

---

1. Cohen, *loc. cit.*, III; *Marc-Aurèle*, p. 51, note. Cabinet de France, *Grands bronzes*, 2763. Woltereck, *Electa rei numaria*, 1709, p. 182.
2. Mionnet, *Descr. de méd. ant.*, III, p. 104, n. 323. Cabinet de France, *Éphèse*, 3171; Woltereck, *loc. cit.*, p. 200.

Gallienae Augustae, et c'est en vain que Chabouillet a allégué le roseau placé dans la main du Christ crucifié par ses bourreaux (*Matth.*, XXVII, 29). En effet, la couronne de roseaux est un attribut des dieux-fleuves ; tel le Danube représenté sur la colonne Trajane[1] et sur deux deniers de Trajan, avec son nom en exergue, DANVVIVS[2]. Le roseau lui-même, tenu le plus souvent à la main par ces divinités, est leur insigne par excellence, tel qu'on le voit sur des bronzes de

Fig. 3. — Grand bronze de Lucius Verus.

Trajan à la légende AQVA TRAIANA, ou encore ARMENIA ET MESOPOTAMIA IN POTESTATEM P R REDACTAE[3]. Le *Lexicon rei numariae* de Rasche, au mot *arundo*, n'enregistre pas moins de quarante cités grecques et de quatorze empereurs qui ont fait figurer ce type sur leurs monnaies.

Il est, d'ailleurs, avéré que Gallien s'est fait souvent représenter avec les attributs d'une divinité ; sur un médaillon de bas argent[4], on le voit tête laurée, vêtu d'une chlamyde et appuyant le caducée de Mercure sur son épaule. Quantité d'autres monnaies et de médaillons le montrent en Hercule, la tête et les épaules couvertes d'une peau de lion. Au dire de Trébellius Pollion[5], il avait donné l'ordre qu'on lui dressât une statue colossale le représentant en Apollon solaire, *statuam sibi majorem colosso fieri praecepit Solis habitu*. On ne doit donc pas s'étonner de le voir aussi parfois avec les attributs d'un dieu-fleuve. Il est même possible de préciser l'événement auquel ces ornements symboliques font

---

1. Fröhner, *La colonne Trajane*, p. 68, vignette, et *Album*, pl. 31.
2. Cohen, *loc. cit.*, II ; *Trajan*, nos 136-137.
3. *Ibid.*, nos 20-25, 39.
4. *Ibid.*, V ; *Gallien*, n° 10.
5. Treb. Pollion, *Gallieni duo*, 17.

allusion par l'étude attentive d'un *aureus* du Musée impérial de Vienne[1], n° 19044 (Pl. XVII, 9).

GALLIENVS AVG. Sa tête à gauche, couronnée de roseaux.

R/. PM TRP VII COS PP. Gallien, en habit militaire, debout; de face entre deux dieux-fleuves à demi couchés à ses pieds, l'un en face de l'autre, et lui tendant le roseau que chacun d'eux tient à la main; lui-même s'appuie de la main droite sur une haste et tient dans la main gauche une longue tige flexible qu'en raison de sa courbure prononcée et de sa longueur on ne saurait prendre pour un sceptre, ni pour un parazonium, comme le pensait Cohen, ni pour une deuxième haste ou pilum.

Je n'hésite pas à y reconnaitre un roseau que l'empereur tient en guise de palme victorieuse. Dans la composition de ce petit tableau, les dieux-fleuves personnifient soit le Rhin et le Main, soit la Sau et la Kulpa, et, si la figure dominante est celle de Gallien, c'est pour signifier que le passage des cours d'eau, en présence de l'ennemi, était considéré comme une victoire sur les dieux-fleuves eux-mêmes, qui avaient en quelque sorte prêté leur assistance aux Barbares. C'est pour rappeler ce fait de guerre qui eut lieu pendant la septième puissance tribunice de Gallien, c'est-à-dire en l'an 259, qu'il se pare de la couronne et du trophée symboliques arrachés aux dieux-fleuves.

Le même sujet sert de revers à un denier de bas argent[2], conservé au Cabinet de France sous le n° 8778; il ne diffère de l'*aureus* précédent que par la couronne qui est radiée, au lieu d'être de roseaux (Pl. XVII, 10).

Ces pièces ont été classées par le colonel Voetter[3] à l'atelier de Siscia (aujourd'hui Siszeck), au confluent du Savus et du Colapis (la Sau et la Kulpa); dans ce cas, il s'agirait de la victoire remportée en Pannonie sur l'usurpateur Ingénuus.

Sur un médaillon d'argent à buste lauré et cuirassé, on voit également au revers[4], qui porte la légende FIDES EXERCITVS, deux fleuves à demi couchés aux pieds de Gallien, debout, couronné par la Victoire en arrière, et donnant la main à la déesse Roma, casquée, debout devant lui. Ici, je verrais volontiers une allusion à la campagne de Gallien sur le Rhin et le Main, relatée par Zosime,

---

1. Cohen, *loc. cit.*, V; *Gallien*, n° 828.
2. Cohen, *loc. cit.*, V; *Gallien*, n° 829.
3. *Numism. Zeitschrift*, XXXIII, 1901, p. 91, pl. XXIX, fig. 44.
4. Cohen, *loc. cit.*, V; *Gallien*, n° 224; Cabinet de France, n° 99.

Hist., I, 30 : αὐτὸς μὲν οὖν τὰς τοῦ Ῥήνου διαβάσεις φυλάττων ὡς οἷον τε ἦν, πῇ μὲν ἐκώλυε περαιοῦσθαι, πῇ δὲ καὶ διαβαίνουσιν ἀντετάττετο[1].

En résumé, la tête de Gallien, couronnée de roseaux, avec la légende féminine *Gallienae Augustae*, se voit sur des monnaies d'or et de billon, au revers, VBIQVE PAX[2]; sur des *aurei*, au revers, VICTORIA AVG, et sur un denier de billon de même coin[3]; enfin sur un *aureus*, au revers, VICTORIA AVGVSTI[4], acquis par l'abbé Barthélemy pour le Cabinet de France, n° 1157.

La même tête, mais avec la légende normale *Gallienus Aug.*, se voit sur un *aureus* au revers FIDES MIL[5] et sur un *aureus*, au revers VBIQVE PAX[6]. Avec la légende *Gallienus p. f. Aug.*, sur un *aureus* et sur un billon au revers VBIQVE PAX[7]; enfin sur un médaillon de bronze de l'ancienne collection Prosper Dupré[8], avec la légende de tête IMP GALLIENVS PIVS FEL AVG GERM, et le revers MONETA AVG, au type des trois Monnaies, debout.

La multiplicité de ces divers types sur l'or et le billon, et surtout l'existence de ce médaillon de bronze, constituent en dernier ressort un argument décisif contre la thèse leur attribuant un caractère satirique.

Il n'est pas jusqu'aux petites pièces de bronze saucé de Salonine, dont le revers représente l'impératrice assise à gauche et tenant dans la main droite un rameau abaissé, dans la gauche un sceptre, que Vaillant n'ait essayé de faire entrer dans la même catégorie, en soutenant sérieusement que la légende AVG IN PACE était aussi ironique que VBIQVE PAX, puisque, sous le règne de Gallien, l'empire n'avait cessé d'être troublé par des guerres malheureuses[9].

Le baron J. De Witte, un des anciens membres les plus fidèles de la Société des Antiquaires, croyant trouver dans la légende *Augusta in pace* un rappel de la formule funéraire *requiescat in pace*, très fréquente sur les tombes chrétiennes, mais non sans exemple sur des monuments païens, en a pris texte pour

---

1. Cf. Aur. Victor, *Caes.*, 33 : *Licinius Gallienus quum a Gallia Germanos strenue arceret*.
2. Cohen, *loc. cit.*, V; *Gallien*, n°ˢ 1015, 1016. Le Cabinet de France possède deux *aurei*, catalogués 1259 et 1260 : le premier, provenant d'une collection princière d'Allemagne, entra au Cabinet du roi par les soins de Louvois.
3. Cohen, *Ibid.*, n°ˢ 1111, 1112, 1113.
4. Cohen, *Ibid.*, n° 1157. Cf. *Mém. de l'Acad. des Inscr. et Belles-Lettres*, XXVI, p. 555, fig. VII.
5. Cohen, *Ibid.*, n° 226.
6. Cohen, *Ibid.*, n° 1017.
7. Cohen, *Ibid.*, n°ˢ 1018, 1019.
8. Cohen, *loc. cit.*, V; *Gallien*, 643.
9. Vaillant, *Numism. imp. praestant*, p. 387 : *in dedecus hunc etiam numum ejus conjugi signatum putamus a quodam tyranno qui similiter eam in pace Augustam appellavit dum per omne imperium continuum arderet bellum*.

prouver que Salonine était chrétienne[1]. Toutefois, il n'a point tenté d'en donner la signification précise. Personne, du reste, n'en a pénétré le sens, si ce n'est peut-être Tristan[2], qui me paraît l'avoir deviné en disant que « Salonine est qualifiée *Augusta in pace* dans cette inscription, comme animant de son génie la déesse Pax, sous l'attribut de laquelle elle est représentée le rameau d'olive à la main. » J'adopte cette opinion et je la précise en transcrivant la légende sous la forme *Augusta in* Pace, par une majuscule, pour signifier que le dernier mot est un nom propre de divinité et que la locution est mise elliptiquement pour *Augusta in habitu* Pacis, par une tournure familière à la latinité classique ; c'est ainsi que Pline, *Hist. nat.*, VII, 34(53), dit : *Cornelius Gallus, praetorius, et Q. Haterius, eques romanus, in Venere obiere*, comme s'il y avait *in re Veneris*, ou *in usu Veneris*. (Cf. Val. Maxime, IX, XII, 8 : *Corn. Gallus, praetorius, inter usum Veneris absumptus*.)

Je pense que ces monnaies ont été frappées pour commémorer l'érection d'une statue de Salonine personnifiant la Paix. Suivant le colonel Voetter, elles ont été émises par l'atelier de Rome[3]. Toutefois, l'une d'elles porte à l'exergue les lettres MS qu'il n'a pas expliquées et que des numismatistes interprètent par M(*ediolani*) S(*ecunda*) (*officina*). Faut-il croire que l'atelier d'Aquilée avait été momentanément transporté à Milan quand Auréolus s'en fut emparé? Ou que Gallien, quand il mit le siège devant Milan, avait un atelier monétaire ambulant, *Moneta castrensis?* Zonaras rapporte que Salonine avait suivi Gallien dans cette campagne et que même elle faillit être enlevée dans une sortie effectuée par Auréolus.

Il est utile de faire observer que ce type de la Paix assise doit avoir été copié sur celui des médaillons de Commode en or et en bronze, à la légende PACI AETER[4]. A part ces spécimens, la Paix est généralement représentée debout; en reprenant donc pour son monnayage et pour celui de Salonine un type qui n'avait eu qu'une durée éphémère sous un de ses prédécesseurs, Gallien a introduit une véritable innovation pour son époque (Pl. XVII, 11, 12, 13, 14).

---

1. *Mémoire sur l'impératrice Salonine* (extr. des *Mém. de l'Acad. royale de Belgique*, XXVI, 1851, in-4°).
2. *Commentaires historiques*, III, p. 100.
3. O. Voetter, *Les monnaies de Gallien et des membres de sa famille*, dans le *Congrès international de numismatique réuni à Paris en 1900*, pl. XXII, f. 70; XXIV, f. 67, 69, 70, 71, 72.
4. Cohen, *loc. cit.*, III, n°° 393-394.

En terminant, il me reste à rappeler que le Congrès international de numismatique de 1900 avait inscrit à son programme, sous le n° 13, la question suivante : étudier les difficultés de l'histoire numismatique du règne de Gallien. Le présent mémoire y répond en partie, mais il est loin de l'avoir épuisée ; elle sollicitera longtemps encore l'attention, même après les travaux du colonel Voetter qui l'a traitée spécialement sous le rapport de la répartition des ateliers.

LE CABINET D'ANTIQUITÉS

DE

SAINT-GERMAIN-DES-PRÉS

AU XVIIIe SIÈCLE

Par M. Henri OMONT

Membre résidant.

L'abbaye de Saint-Germain-des-Prés, à Paris, possédait au XVIIIe siècle, à côté de sa riche bibliothèque, dont les manuscrits sont aujourd'hui conservés à la Bibliothèque nationale, un cabinet d'antiquités, formé par Dom Bernard de Montfaucon[1]. Signalé, dès la fin du XVIIe siècle, dans plusieurs guides ou descriptions de Paris[2], il n'en est aucun, pendant tout le XVIIIe siècle, surtout depuis que le célèbre bénédictin eut pris soin d'en faire graver les pièces principales dans différents volumes de son *Antiquité expliquée*[3], qui ne manque

---

1. Montfaucon avait été appelé de Bordeaux à Paris en 1687 pour travailler aux éditions des Pères grecs (*Histoire littéraire de la congrégation de Saint-Maur*, p. 587), et, dès 1693, il paraît avoir réuni les premières pièces de son cabinet, suivant son propre témoignage : « Je commençai, il y a environ vingt-« six ans, à ramasser des desseins et des pièces antiques » (*Antiquité expliquée*, t. I (1719), p. II).
2. Voir Germain Brice, *Description de Paris*, éd. de 1698, t. II, p. 216; éd. de 1706, t. II, p. 271; éd. de 1713, t. III, p. 48; éd. de 1717, t. III, p. 60; éd. de 1725, t. III, p. 303; éd. de 1752, t. III, p. 341-343 : « [La bibliothèque de Saint-Germain] est actuellement précédée d'une galerie, dans laquelle elle a sa prin- « cipale entrée... L'on a destiné à l'extrémité de cette galerie [où étaient les manuscrits de Coislin], qui est « proche de l'entrée et qui est parfaitement bien éclairée, pour y placer les diversitez antiques que Dom « Bernard de Montfaucon assemble depuis plusieurs années avec un soin extrême » (Montfaucon était mort en 1741). — Il suffira de citer encore, outre l'*Agenda* de S. de Valhebert (dont un extrait est reproduit plus loin), le *Mémorial de Paris*, d'Antonini, éd. de 1732, p. 135; éd. de 1749, t. I, p. 207; — le *Voyage pittoresque de Paris*, de d'Argenville, éd. de 1757, p. 394; éd. de 1765, p. 380; éd. de 1770, p. 383; éd. de 1778, p. 367; — les différentes éditions de la *Description historique de la ville de Paris*, de Piganiol de la Force, notamment l'éd. de 1765, t. VIII, p. 76; — l'*Essai historique sur la bibliothèque du Roi*, de Le Prince (1782), p. 347; — le *Guide des amateurs*, de Thiéry (1787), t. II, p. 239; etc.
3. *L'Antiquité expliquée et représentée en figures* (Paris, 1719, et Supplément, 1724, 15 vol. in-fol.), tomes I, pl. 8, 18, 26, 44, 68, 77, 80, 82, 93, 112, 124, 144, 160, 168, 169, 189, 192, 196, 208, 222; II, 55, 58, 59, 66, 109, 111, 112, 118, 122, 126, 128, 130, 135, 136, 137, 144, 148, 153, 155, 162, 168, 174, 179, 192; III, 28, 29, 30, 36, 38, 42, 44, 54, 60, 78, 84, 93, 135, 136, 147, 153, 155, 156, 166, 171, 194; IV, 1, 7, 15 et

de recommander aux curieux la visite de ce cabinet et de lui consacrer des notices plus ou moins étendues. Il suffira de reproduire l'une d'elles, due à Montfaucon lui-même, et insérée dans l'*Agenda du voyageur, ou journal des fêtes et solennités de la Cour et de Paris*, de S. de Valhebert[1] :

Les PP. Bénédictins de Saint-Germain-des-Prés possèdent un cabinet des plus curieux pour l'antiquité des pièces qui le composent. On y voit la plupart des Deïtés profanes gréques et romaines ; et entr'autres l'*Hermaténes*, qu'on ne se souvient pas d'avoir vu ailleurs : la tête d'un satire avec des cornes de bélier, d'un goût exquis ; les autres satires ont tous des cornes de bouc : les divinités égiptiennes en grand nombre, dont quelques-unes sont fort curieuses. Quelques dieux gaulois : entr'autres le *Cernunnos*, le même qui fut découvert à N.-D. de Paris en 1711. Des échansons (*pincernæ* ou *pocillatores*). Des boucles et des clefs antiques, entr'autres une clef annulaire. Deux épées d'anciens Gaulois, dont les lames sont de cuivre, ainsi qu'une pique : des haches de cuivre, et de pierre : des tablettes antiques.

Il est peu de cabinets où l'on trouve un plus grand nombre de seaux antiques, que dans celui-ci : l'on y en voit de la plus haute antiquité, soit grecs ou latins.

Entre les poids et mesures qu'on trouve ici, on y voit le poids du talent, qui n'a jamais été remarqué ailleurs.

On y voit aussi des urnes de marbres, carrées, et sépulcrales ; dont l'une, la mieux conservée de toutes, représente les portes de l'Enfer gardées par deux génies. Des lampes antiques en assés grand nombre, aussi bien que des joueurs de téâtres hétrusques. Il y a aussi des vases hétrusques, qui ont été aportés d'Italie. On y voit aussi le dieu *Mabouia* ou *Mabouya*, avec sa barque.

Telle est la description que dom Bernard de Monfaucon a bien voulu prendre la peine de faire pour moi, de ce fameux cabinet qui est son ouvrage.

Depuis la mort de Montfaucon, survenue le 21 décembre 1741, jusqu'à la fin du XVIIIe siècle, il semble que le cabinet d'antiquités de Saint-Germain-des-Prés ait reçu peu d'accroissements[2]. Après la suppression de l'abbaye, il y resta

p. 302 ; V, 98, 136, 137, 139, 172, 173, 187, 194, et p. 246 ; *Supplément*, t. III, pl. 7, 28, 38, 39, 51 ; IV, 14 ; V, 45, 48 et 49.

1. Paris, 1736, in-12, p. 80-81.
2. Un autre bénédictin de Saint-Germain-des-Prés, mort en 1759, le frère Mathurin Genest, apothicaire de l'abbaye, avait contribué à l'accroissement du cabinet d'antiquités. Il est dit de lui dans le Nécrologe, publié par l'abbé Vanel, *Les Bénédictins de Saint-Maur à Saint-Germain-des-Prés* (1896), p. 248 : « Il a « mis beaucoup de bronzes dans la bibliothèque ; il a fait aussi un fort beau cabinet de médailles, de coquil- « lages, pierres précieuses, qui est aussi dans la bibliothèque. »

D'un autre côté, Montfaucon a donné dans la préface du tome 1 (p. XXI) de son *Antiquité expliquée* les noms de quelques donateurs qui avaient enrichi son cabinet : « Je suis encore plus redevable à ceux « qui ont poussé leur générosité jusqu'à me faire présent de ce qu'ils avoient de curieux et d'antique. Tel « est M. l'abbé Davejan, qui m'a donné deux satyres de bronze, dont l'un aux yeux d'argent est d'un goût « excellent, et d'une figure fort extraordinaire. Tel M. de Gaumont de Porcien, qui m'a fait présent du

temporairement conservé jusqu'au déplorable incendie du 1ᵉʳ fructidor an II (18 août 1794), qui dévora une grande partie de la bibliothèque, à l'exception des manuscrits[1], et anéantit la plupart des pièces qui composaient le cabinet, au témoignage du Journal d'Alexandre Lenoir :

> Ledit [1ᵉʳ fructidor an II], toute la bibliothèque Saint-Germain-des-Prés a été totalement consumée par les flammes ; tout le beau cabinet d'antiquités, formé par Montfaucon, a été entièrement perdu, ainsi que tous les ouvrages que contenoit la bibliothèque. Les manuscrits seuls ont été sauvés[2].
> Le 11, après de longues recherches faites dans les décombres de l'abbaye, on a découvert quelques têtes de bronze venant du cabinet, dont plusieurs ont été transportées à la bibliothèque Mazarine et au dépôt ; une tête colossale, représentant Minerve, et deux têtes de philosophes, en tout quinze bustes ; douze sont à la bibliothèque Mazarine. — *Nota*. Pour mon propre compte, j'ai fait chercher dans les cendres et je n'ai pu découvrir que deux vieilles crosses en cuivre, entièrement brûlées, dont une est tellement tordue qu'elle a perdu sa forme ; un petit bas-relief gothique, qui paroît avoir servi à ce qu'on appelle Paix, une petite tête de Diane et quelques médailles tellement informes qu'elles ne valoient pas la peine d'être recueillies. Cette recherche m'a coûté 15 francs, valeur écus[3].

Malgré les reproductions données par Montfaucon dans son *Antiquité expliquée*[4] de la plupart des pièces de son cabinet d'antiquités, qui devait devenir celui de Saint-Germain-des-Prés, malgré les notices que lui ont consacrées les nombreux guides ou descriptions de Paris pendant tout le cours du XVIIIᵉ siècle, on serait peut-être encore imparfaitement renseigné sur l'importance de ce cabinet, si Montfaucon n'avait pris soin d'en dresser lui-même un petit catalogue,

« *sextarius castrensis*, imprimé au troisième tome au chapitre des mesures romaines, et de quelques « boucles. Tel M. Fournier, religieux de Saint-Victor [de Marseille], qui a enrichi notre cabinet d'une « patère antique de terre cuite, d'un beau cachet, qui appartenoit à une société de marchands, et de « quelques autres antiquailles moins considérables. » — La statuette d'Isis, décrite sous le n° 44 du catalogue publié plus loin, avait été donnée en 1733 à Montfaucon par le duc de Bouillon.

1. Voir notamment L. Delisle, *Le Cabinet des manuscrits* (1874), t. II, p. 48-49. — La « Déclaration des biens immobiliers des religieux de l'abbaye royale de Saint-Germain-des-Prés en 1790 » (Arch. nat., S. 2858) ne contient aucun détail sur le cabinet d'antiquités, non plus qu'un autre dossier conservé dans le carton T. 1602. Cf. aussi Babelon et Blanchet, *Catalogue des bronzes antiques de la Bibliothèque nationale* (Paris, 1895, gr. in-8°), p. XXXIII.
2. *Alexandre Lenoir, son Journal et le Musée des monuments français*, par L. Courajod (Paris, 1878, in-8°), t. I, p. 63-64. Cf. l'*Inventaire général des richesses d'art de la France. Archives du Musée des monuments français* (Paris, 1886, gr. in-8°), 2ᵉ partie, p. 206-207.
3. *Alexandre Lenoir...*, p. 64-65.
4. Les numéros suivants du *Catalogue des antiques du cabinet de Saint-Germain-des-Prés* ne paraissent pas avoir été gravés dans l'*Antiquité expliquée* de Montfaucon : nᵒˢ 3, 10, 12, 14, 17, 27, 28, 29, 32, 33, 34, 42 à 47, 52, 54, 56, 108 à 112, 129, 145, 146, 147, 154, 156, 157, 162, 163, 217, 218, 220, 226, 227 et 228.

qui a été conservé et dont le texte est publié plus loin. Cette liste des différents objets antiques réunis à Saint-Germain-des-Prés est tout entière écrite de la main du célèbre bénédictin, sur un mince cahier de papier pot, et forme neuf pages, à deux colonnes; à la suite de chaque article, un espace blanc est réservé pour des additions, dont plusieurs (et les seules qui aient été faites) sont aussi de la main de Montfaucon. Distrait des collections de Saint-Germain-des-Prés, ce petit cahier fut recueilli au XIXe siècle dans la bibliothèque de M. de Cayrol, à la vente duquel il fut acquis en 1861 pour la Bibliothèque nationale, où il est conservé maintenant sous le n° 2614 des nouvelles acquisitions du fonds français[1].

---

1. Ce volume n'est pas mentionné au *Catalogue des livres manuscrits et imprimés composant la bibliothèque de feu M. de Cayrol, ancien député, membre de la Société des Antiquaires de Picardie*, etc. (Paris, Potier, 1861, in-8°), mais il porte en tête la signature de ce collectionneur et son cachet oval, plusieurs fois répété, avec une fleur de lys au centre et la légende : « Ex libris de Cayrol ». Il ne sera pas inutile de donner ici une description du contenu de ce recueil, intitulé, de la main de Cayrol : « Manuscrits provenant des papiers de Dom Montfaucon ».

Fol. 1. Fragment autographe de notes prises par Montfaucon pendant son voyage en Italie : au recto, sur les inscriptions et tableaux du palais Grimani, à Venise (*Diarium italicum*, p. 41); au verso, copie du décret des habitants de Cyzique (*ibid.*, p. 38-39).

Fol. 3-7. « Catalogue des antiques du cabinet de Saint-Germain-des-Prez... » Imprimé plus loin.

Fol. 11-17. « Catalogue des types ou sceaux du cabinet de la bibliothèque de Saint-Germain-des-Prés. » — Cette liste de sceaux, qui n'est pas de la main de Montfaucon, est reproduite en appendice. Il y est fait allusion par G. Brice dans sa *Description de la ville de Paris*, éd. de 1752, t. III, p. 343 : « On voit encore dans le même cabinet plus de 70 sceaux ou cachets anciens et du moyen âge, très curieux la plupart. »

Fol. 19-43. Découpures des planches de l'*Antiquité expliquée* de Montfaucon, où se trouvent gravés les monuments antiques de son cabinet, et au-dessous desquelles on a copié les explications données dans le texte du même ouvrage, mais sans renvois aux pages ou aux numéros des planches.

Fol. 44-49. Divers dessins d'antiquités, ajoutés au XIXe siècle, parmi lesquels on remarque des vue et plan du théâtre romain de Lillebonne (Seine-Inférieure).

CATALOGUE DES ANTIQUES
DU
CABINET DE SAINT-GERMAIN-DES-PRÉZ

EN BRONZE, ALBATRE, MARBRE, PIERRE, TERRE CUITE, ETC.

I.

Divinitez greques et romaines.

1. Jupiter, de goût hétrusque, de bronze, de trois pouces ou environ de haut.

2. Tête de Jupiter, qui a la bouche ouverte.

3. Le Pân, oiseau de Junon, en bronze; c'est une boucle.

4. Vesta, ou Vestale, de belle forme, d'environ trois pouces de haut, en bronze.

5. Belle canéphore de Cérès, en bronze, de neuf ou dix pouces de hault.

6. Grand Mercure, en bronze, d'un beau dessein, d'environ onze pouces de haut.

7. Autre Mercure, en bronze, d'un excellent dessein, d'environ quatre pouces de haut.

8. Autre Mercure, en bronze, de deux pouces et demi de haut, d'un beau dessein.

9. Hermathène, figure rare et unique, en bronze, de cinq ou six pouces de haut; c'est un composé de Mercure et de Minerve.

10. Le Coq, oiseau de Mercure, en bronze.

---

1. Montfaucon, *Antiquité expliquée*, t. I, I, pl. VIII, n° 8. Cf. Babelon et Blanchet, *Catalogue des bronzes antiques de la Bibliothèque nationale*, n° 12.
2. Pl. XVIII, 3.
3. Cf. plus loin le n° 112.
4. Pl. XXVI, 14.
5. Pl. XLIV, 10.
6-8. Pl. LXVIII, 1-3.
9. Pl. LXXVII, 15.

11. Le dieu Terminus, ou Jupiter Terminus, de marbre, d'environ cinq pouces de haut.

12. Minerve, de bronze, statue de trois pouces de haut.

13. Autre Minerve, buste de bronze, de trois pouces de haut.

14. Chouette, moulée sur un antique; elle tient une griffe élevée.

15. Diane d'Éphèse, de porphyre verd, de six ou sept pouces de haut.

16. Autre Diane d'Éphèse, de quatre pouces ou environ de haut, de porphyre verd.

17. Vénus sortant du bain, de bronze, d'environ dix pouces de haut.

18. Cupidon, de bronze, qui sonne la trompette, d'environ deux pouces de haut.

19. Hercule, de bronze, sans barbe, de six ou sept pouces de haut.

20. Autre Hercule, de bronze, sans barbe, qui porte la corne d'abondance sur le bras, d'environ quatre pouces de haut.

21. Bacchus enfant, de marbre, d'un excellent dessein, d'un pied et demi de haut, ou environ.

22. Baccant, qui jette des grappes dans un sac, bronze de six pouces de haut.

23. Tête d'un Satyre, aux cornes de bélier, de bronze, d'un excellent goût.

24. Satyre, de bronze, de trois pouces de haut, qui tient un oiseau.

25. La déesse Rome, statue de bronze, de trois ou quatre pouces de haut.

26. Autre déesse Rome, buste dont la base est couverte de casques; il est de bronze et a environ trois pouces de haut.

27. Louve, symbole de Rome; elle est de bronze.

28. Autre Louve, de bronze, avec une base.

29. Autre, de bronze.

30. La déesse Fortune, de bronze, de trois ou quatre pouces de haut.

11. Pl. LXXVII, 19.
13. Pl. LXXXII, 6.
15-16. Pl. XCIII, 1-3.
18. Pl. CXII, 3.
19-20. T. I, II, pl. CXXIV, 1-2.
21. Pl. CXLIV, 1.
22. Pl. CLX, 5.
23. Pl. CLXIX, 4.
24. Pl. CLXVIII, 2.
25-26. Pl. CXCII, 4-5.
30. Pl. CXCVI, 3.

31. Belle Sirène, de bronze, de deux pouces de haut.
32. Teste de cheval, en bronze, d'assez belle manière.
33. Petit lion, de bronze.
34. Chauve-souris, de bronze.

Instrumens de religion.

35. Patère de terre, singulière.
36. Cueiller, de bronze.
37. Autre cueiller, de bronze.
38. *Extispicium*, ou fourchete.
39. *Ligula*, ou spatule pour remuer les libations.
40. Belle pesle pour mettre les charbons ou l'encens dans l'*acerra*.
41. Petite main votive, de bronze.

II.

Divinitéz des nations barbares.

Des Égyptiens.

42. Belle tête d'Isis, de bronze, de grandeur naturelle; ce peut aussi être la tête d'une Sphinx.

43. Autre Isis, de basalte, accroupie, à laquelle la tête manque; elle tient devant les jambes une grande inscription, en lettres égyptiennes, non hiéroglyphique. Elle est de grandeur un peu moindre que la naturelle.

44. Isis, de près d'un pied et demi de haut, qui porte l'épervier sur la tête, qui m'a été donnée par feu Mgr le duc de Bouillon; ceci fut écrit le 7 juin 1733.

45. Isis, ou idole des Mumies, de porphyre verd, de quatre ou cinq pouces, avec des caractères égyptiens non hiéroglyphiques au dos.

46. Autre, de porphyre verd, de trois pouces et demi, avec les mêmes caractères.

---

31. Pl. ccxxii, 1.
35. T. II, i, pl. lix, 5.
36-37. Pl. lv, 4-5.
38-39. Pl. lxvi, 10 et 4.
40. Pl. lv, 8.
41. T. II, ii, pl. cxxxvii, 5.

47. Autre, de marbre verd, de deux pouces et demi de haut.

48. Autre, de basalte, de quatre pouces de haut, avec des hiéroglyphes au dos.

49. Autre, de terre cuite, de quatre pouces et demi, avec des hiéroglyphes.

50. Autre, de terre cuite verte, de quatre pouces de haut.

51. Buste d'Isis, de marbre verd, d'un pouce de haut.

52. Osiris, de bronze, d'environ neuf pouces de haut.

53. Autre Osiris, de bronze, de trois pouces de haut.

54. Osiris, de porphyre verd, de sept pouces de haut; il a la tête d'épervier.

55. Apis, de bronze, de deux pouces de long.

56. Apis serpent, de bronze, de deux pouces et demi de long.

57-62. Six escarbots, dont un de terre cuite et cinq de bois.

63-102. Quarante petites figures, de terre cuite ou de bois, des Isis, Osiris, Anubis, Ibis, mesures du Nil et autres, qu'on trouve au Champ des Mumies.

De Syrie.

103. Le dieu Poisson, de trois pouces de haut.

Des Gaules.

104. *Deus Bemilucius*, statue sur une pierre, de près de trois pieds de haut.

Troisième partie.

Les usages de la vie.

105. Statue de Marc-Aurèle, de bronze, de trois ou quatre pouces de haut.

106. Buste de marbre, d'un Romain, en demi-relief, de grandeur naturelle.

107. Enfant assis, de bronze, d'un fort beau travail.

48-51. Pl. cix, 3; cxi, 4, 6, 7, et cxii, 6, 7.
53. Pl. cxviii, 1.
55. Pl. cxxvi, 2.
57-102. Pl. cxxxv, 2 et 3.
103. Pl. clxxix, 1.
104. Pl. cxcii, 3 (et non 5).
105. T. IV, i, pl. i, 1.
107. T. III, ii, pl. clxxi, 3. Cf. le n° 218.

108. Autre Enfant, de bronze, de quatre pouces de haut.
109. Buste de Pertinax, de marbre; douteux.
110. Autre buste, de marbre, d'une femme.
111. Autre buste, de marbre, d'une femme.
112. Boucle, à la figure d'un Pan, de bronze.
113. Pièce de bronze, à la figure d'un Lion, pour enchasser les boucles.
114. Autre boucle, de bronze.
115. Autre boucle, de bronze.
116. Autre, de bronze.
117. Autre, de bronze.
118. Autre boucle, de bronze, ronde.
119. Bulle, ou *amuletum*, qui représente la tête d'Hercule.
120. Femme égyptienne, de bronze, de trois pouces de haut.
121. Buste d'une Égyptienne, dont la tête, un peu moindre que nature, est de basalte; elle est de bon goût.
122. Grande clef, de bronze, de quatre pouces de haut.
123. Autre clef, de bronze.
124. Autre, de bronze.
125. Autre, de bronze.
126. Clef annulaire, fort curieuse.
127. Échanson, de trois ou quatre pouces de haut, de bronze.
128. Autre, de bronze, avec un vase singulier.
129. Tuyau de fontaine, de onze pouces de long, ou environ, qui a été autrefois doré.
130-140. Vases hétrusques, au nombre d'onze, de différente grandeur, en y comprenant une tasse hétrusque, fort singulière.
141-142. Deux anses de cuivre, d'un excellent goût, avec des testes aux yeux d'argent.

---

112. Cf. plus haut le n° 3.
113-118. T. III, I, pl. xxx.
119. Pl. xxxviii.
120-121. Pl. xlii, n°ˢ 5 et 3.
122-126. Pl. liv.
127-128. Pl. lx.
130-140. Suppl., t. III, p. 69; pl. xxviii, 2; pl. xxxviii, 1-2, et xxxix, 1-2.
141-142. T. III, I, pl. lxxviii.

Mesures et poids.

143. *Sextarius castrensis*, de bronze, contenant environ 40 onces d'eau.
144. Grand poids de marbre noir, pesant 59 livres; il est ovale, d'un pied dans sa plus grande longueur, aiant deux trous au-dessus; c'est le Talent attique.
145. Poids de trois onces, de marbre noir.
146. Poids d'une once, de marbre noir, aiant un petit clou d'argent.
147. *Semis*, ou poids de demi livre, de bronze, de forme quarrée.
148-153. Six poids de bronze, ronds, qui font autant de différentes parties de l'*As*.

Bagues, cachets, seaux.

154. Une bague, d'or, qui a un jaspe et un Bacchant.
155. Bague antique, de bronze, gravée, qui représente un oiseau et un *lituus*.
156-157. Deux bagues de moyen âge.
158-159. Deux seaux ou cachets grecs.
160-161. Deux seaux ou cachets latins.
162. Seau singulier d'une société de marchands.
163. Seau de chrétiens.
164-208. Quarante-cinq seaux ou cachets de moyen âge.
209. Masque, de bronze, de deux pouces de diamètre.
210. Joueur de théâtre, de bronze, de trois pouces de haut.
211. Beau gladiateur, de bronze, de trois ou quatre pouces de haut.
212. Athlète de théâtre, de goût hétrusque.
213. Autre, de goût hétrusque.
214. Autre, de même.
215. Autre archer.

---

143. Pl. LXXXIV.
144. Suppl., t. III, pl. LI.
148-153. T. III, I, pl. XCIII.
155. T. III, II, pl. CXXXV.
158-161. Pl. CXXXVI.
164-208. Voir en appendice.
209. T. III, II, pl. CXLVII.
210-215. Pl. CLIII, CLV et CLVI.

216. Lutteurs, d'albâtre oriental, d'excellent goût; le groupe est haut d'un peu moins d'un pied.
217. Athlète, de cinq pouces de haut.
218. Enfant qui joue à la boule.
219. Tabletes antiques d'yvoire.
220. Grouppe de marbre, qui représente un homme, armé de cuirasse, qui tenoit une arme à la main, qui est tombée, et auquel un autre homme mord la cuisse; le groupe a plus d'un pied de haut en tout.
221. Figure d'un soldat barbare, de trois pouces de haut; il est de bronze.
222. Épée d'un Gaulois de la Gaule Belgique, dont la lame, qui est de cuivre, a deux pieds un pouce et demi de haut.
223. Autre épée, de même forme et grandeur.
224. Instrument de cuivre, d'où pendoient ces épées.
225. Lame d'une pique, qui est de cuivre, trouvée avec ces épées.
226-228. Trois haches de cuivre.
229-231. Trois haches de pierre.
232. Trophée de marbre, d'un goût excellent, qui a un peu moins d'un pied de haut.
233. Urne d'une grande beauté, de marbre, avec son couvercle; elle représente les portes de l'Enfer et deux génies qui les gardent; l'épitaphe est de Valerius Verna.
234. Autre urne, quarrée, de marbre, plus grande, sculptée de trois cotez; l'épitaphe est de Doris.
235. Autre urne, plus basse, de marbre; l'épitaphe est : [Dis Manibus Benigni Nannei Caesiani].
236. Marbre sépulcral, d'un pied et demi de haut, où est représenté Actenilius Soterichus, enfant de six mois.
237. Autre marbre sépulcral, où il y a deux épitaphes.

---

216. Pl. CLXVI.
218. Cf. le n° 107.
219. Pl. CXCIV. — Les scènes représentées sur ces tablettes d'ivoire se rapportent au roman de Florence de Rome. — Je dois cette remarque à M. le prof. A. Wallensköld, de l'Université d'Helsingfors.
221. T. IV, 1, pl. XV, 1.
222-225. T. IV, II, après la p. 302.
229-231. T. V, II, pl. CXXXVII; et Suppl., t. IV, pl. XIV, 4.
233. Suppl., t. V, pl. XLIX. Cf. *Corpus inscr. lat.*, t. VI, n. 28143 a.
235. Suppl., t. V, pl. XLVIII; et p. 116, pour les n°s 231-237. Cf. *C. I. L.*, VI, 13550.
236. Suppl., t. III, pl. XVII, 4, et t. V, pl. XLV. Cf. *C. I. L.*, VI, 10554.

238. Tombeau trouvé à Blois; femme assise qui tient un enfant mort, avec une pleureuse à chaque côté et des ossemens.

239. Lampe de bronze, avec une chaine.

240-248. Neuf lampes de terre cuite.

249. Fragment d'une lampe, qui représente Mercure.

250-252. Trois urnes lacrymatoires.

238. T. V, II, pl. CXXXVI.
239. Pl. CXXXIX.
240-249. Pl. CLXXII, CLXXIII, CLXXXVII et CXCIV.
250-252. Pl. XCVIII.

APPENDICE

CATALOGUE DES TYPES OU SCEAUX
DU CABINET DE LA
BIBLIOTHÈQUE DE SAINT-GERMAIN-DES-PRÉS.

1. *Sigillum Beatę Mariæ de Bellomonte prope Turones.* — Sceau de plomb en relief, écriture gothique majuscule. La sainte Vierge, représentée debout, tenant l'enfant Jésus sur son bras gauche, la tête couronnée et un sceptre dans la main droite. Sceau oblong, où la Vierge paraît sous un portail d'église gothique. Il est du XIVe au XVe siècle.

2. *S. Katherine de Comiers, abbatisse Bellimontis.* — Sceau de plomb en relief, écriture gothique minuscule. Une Vierge debout à l'entrée du portail d'une église gothique; elle tient l'enfant Jésus sur son bras gauche; sous ses piés sont les armes de l'abbesse en écusson. Le sceau est en ovale et oblong. Cette abbesse de Beaumont-lès-Tours mourut en 1490. Il y a à ces deux sceaux des avances par lesquelles on peut les saisir. Ce sont aparament des moules de sceaux.

3. *S. Rodulfi domini Berardi.* — Sceau de cuivre en creux, accompagné de deux palmes; heaume surmonté d'un chien aboyant; couronne de marquis; écu au-dessous. XIVe siècle.

4. *Sigillum curie generalis Patrimonii Beati Petri in Tuscia.* — Grand sceau rond, représentant saint Pierre, qui tient deux clés de la main gauche, assis sous un portail à trois tours, sur la principale desquelles on voit deux clés en sautoir.

5. *S. fratris Matei de ordine Sancti Spiritus in Saxia de Urbe.* — L'ordre du Saint-Esprit de Montpellier fut appelé de *Sassia*, en Italie, du nom de *Beatæ Mariæ in Saxia*; église bâtie par Ina, roi anglo-saxon, à Rome. Le sceau est elliptique et du XIVe siècle. Il représente une croix patriarchale, au haut de laquelle une colombe porte son bec en descendant. Sur le second croisillon se voient ces lettres : *F* d'un côté et de l'autre *M*, qui signifient peut-être *Frater Mattheus*, ou plutôt *Fratris Mathei*, eu égard à deux I presque effacés. Le long de la croix, il y a six têtes de chaque côté, les unes sur les autres.

6. *Séel des contras Johan de Motelais.* — Il faut peut-être lire de Monelais, Movelais ou Montelais, parce que la marque d'abréviation n'est pas toujours exprimée au XIVe siècle. Ce sceau est rond et fort mal gravé.

7. *Sigillum sancti Germani, Parisiensis episcopi.* — Sceau en ogive, où saint Germain est représenté en habits pontificaux, tenant sa crosse de la gauche et une fiole de la droite. Ce sceau paraît du xv⁰ siècle.

8. *Sigillum conventus Sancti Stephani Cadomensis ad causas.* — Sceau tout rond, représentant saint Étienne, à genoux, en habits de diacre, avec un limbe, et un juif qui est prêt à l'assommer d'une pierre; une main paroît descendre du ciel. xiv⁰ siècle.

9. *Stelarum candor splenduit, novum sidus emicuit.* — Sceau en pleine ogive, représentant saint François recevant les stigmates d'un séraphin; le saint placé dans une église a un écusson au-dessous de lui représentant trois tours sur une porte. xv⁰ siècle.

10. *Sigillum Jacobi de Pesaro.* — Sceau rond en cimier, ou plutôt une tête en casque avec les ornemens et au-dessous un petit écusson. xiv⁰ siècle.

11. *Séel de Jehan Lambert.* — Ce sceau n'a pas deux cents ans d'antiquité, et cependant l'inscription n'est pas gothique. Au milieu de l'écusson est le chiffre de Jehan Lambert.

12. *S. viscecomitatus Bajocensis.* — Sceau rond, dans le champ duquel il y a trois fleurs de lys. xiv⁰ siècle.

13. *S. curie comitatus Sabinensis.* — Sceau rond, ayant deux clés en sautoir, surmontées d'une croix patée et au-dessous, vis-à-vis, ⋰.

14. Gros anneau de cuivre, en ovale, qui paroît ancien; les lettres ou sigles de la légende sont difficiles à expliquer.

15. *S. Jehan Vanin.* — Cachet ayant un écusson; dans le champ, une chouette. xiv⁰ à xv⁰ siècle.

16. *S. Pauli Sarr., domini Papæ scriptoris.* — Sceau rond. Saint Apollinaire, en habits pontificaux, vis-à-vis de la sainte Vierge, tenant l'enfant Jésus. Le long de la crosse est écrit de haut en bas : *S. Apol.* Au pié de la crosse est un petit homme à genoux, qui est sans doute l'écrivain. Ce sceau pourroit être du xii⁰ siècle.

17. Cachet rond. Sous les lettres *m, d, b* est un écusson avec des maillets ou des champignons sur et sous des chevrons brisés. xiv⁰ à xv⁰ siècle.

18. *S. Jacobi Parmensis, camerarii domini Pape, clerici Cathalaunensis, Calvensis canonici.* — Le sceau en ogive est oblong; le champ est divisé par trois étages : au plus haut paroissent deux personnages, c'est peut-être J.-C. et la Vierge; au second, on en voit trois, deux debout et un au milieu à genoux, regardant vers la gauche, c'est aparament le pape entre saint Pierre et saint Paul; il est tourné du côté du premier. Au bas, sous une voûte, paroît un autre personage à mi-corps et les mains jointes, c'est sans doute Jaque de Parme. xiv⁰ siècle.

19. *S. Simonis Lachassanta militis, domini de Mirabet.* — Sceau rond, qui a un écusson de chaque côté. xiv⁰ à xv⁰ siècle.

20. *S. Pbrirt' ner' Batasce, decan. Agrig.* — Sceau en ogive, qui paroît du xɪvᵉ siècle. Le champ a deux étages : la Vierge tenant l'enfant Jésus entre deux tours; au-dessous est un prêtre à genoux en surplis et tourné vers la gauche.

21. *S. Partis Guelfe castri Abbie.* — Sceau rond; dans le champ, un lion ravissant, surmonté d'une fleur de lys.

22. *Séel de Henri Miller.* — Cachet rond; dans le champ, une *h* couronnée de fleurs de lys; couronne ouverte. xvᵉ siècle.

23. *S. Bartholomei Acc̄., canonici Venafran. (forte Afraniorum)*[1]. — Sceau du xɪvᵉ siècle, en ogive; dans le champ, une Notre-Dame tenant l'enfant Jésus, avec une étoile au-dessus; un chanoine ou moine à genoux ayant une étoile devant lui.

24. *Q' Sabini Secundini.* — Antique ou espèce de sceau en quaré oblong et en relief. Il a pu servir pour sceller des vases de terre. (Voir *Palæograph.*, p. 168.) Il étoit en forme d'aneau, mais l'aneau est rompu; le cachet a deux pouces et demi de long.

25. *S. Pitenciariæ Sancti Germani de Pratis juxta Parisios.* — Sceau en ogive, dans le champ duquel paroît un moine debout, la tête découverte, tenant de la droite un couteau et de la gauche un poisson. Au-dessous, on voit à droite une fleur de lis et une rosette à gauche. Le champ est en échiquier; sous les pieds du moine paroît un écusson, ayant une espèce de burette, surmontée de deux tourteaux; ce second écusson est bordé de fleurs de lis.

26. *Séel de la prevosté de Monniacliou.* — Sceau rond. xvᵉ siècle.

27. **T. ΙΟΥΛΙΟΥ ΦΟΙΒΙΩΝΟC.** — Antique en forme d'anneau caré oblong et en relief. (Voir *Palæograph.*, p. 169-170[2].)

28. RIVM. — Antique en forme d'anneau; il est en creux.

29. *Séel Raoul de Blais.* — xɪɪɪᵉ à xɪvᵉ siècle. Petit sceau ou signet rond; dans le champ, un oiseau sur une branche d'arbre.

30. ✠ *S. frater Achiles, abas Sancti Leonardi de Mataioco.* — Sceau en ogive, représentant saint Léonard, debout, en habits pontificaux, ayant une crosse dans sa gauche et une espèce de bourdon dans sa droite; de ce côté, l'abbé est à ses genoux. xɪvᵉ siècle.

31. *S. Aldereti clerici.* — Petit cachet rond, représentant une tête de femme voilée en religieuse. xɪvᵉ siècle.

32. *Séel Piere de Noirefontaine.* — Sceau avec une charnière. xvᵉ siècle. On y voit dans le champ rond, sur un casque surmonté de deux ailes, un chien montant. Le casque est accompagné de deux rinceaux; au-dessous du casque de biais est un écu ayant trois étriers.

---

1. Lisez : *Venafran(i)*.
2. Voy. aussi *Antiquité expliquée*, t. III, ɪɪ, pl. cxxxvɪ.

33. *Fratris Anniballi Torre.* — xvᵉ siècle. Sceau ovale, surmonté d'un timbre, accompagné de rinceaux.

34. *S. Roderici Petit, domini Papæ capellani.* — xiiiᵉ siècle. Ce sceau en ogive représente deux personnes assises et au-dessus un oiseau avec une tête humaine ; c'est peut-être la Trinité qu'on a voulu représenter. L'inscription placée sous les pieds des deux personnages porte : *Ave Maria*. Au-dessous est un clerc à genoux en surplis.

35. + S·T·A·P·E·T· *Sigillum Tapet*, ou, par sigles, *Sigillum T·A·P·T*. — Sceau en ogive, représentant un grand oiseau, qui peut être une aigle, sur une branche d'arbre, avec un rinceau descendant au-dessus de sa tête. xivᵉ siècle.

36. *S. Jacobi domini Johannis de Columpna.* — Sceau rond ; au milieu de l'écu une colonne. xivᵉ siècle.

37. + *Perrot de Vanoise.* — Cachet rond, qui, sur un écu, représente un oiseau et un poignard. xivᵉ siècle.

38. *S. Rainaldi Baldovilli,* ou *Baldovini.* — Sceau en ogive, portant dans son champ une aigle à ailes déployées. Il paroit antérieur au gothique et du xiiᵉ à xiiiᵉ siècle.

39. + *Sigillum Adam de Marcoci.* — Cachet rond, dont l'écu porte une N ; elle est aussi sur l'autre bout du cachet.

40. *Presbyteri Bartholomæi Johannis Robert, beneficiati S. Petri.* — Sceau en ogive ; au haut, trois têtes, dont la première paroit celle du Père Éternel, et, au-dessous, les têtes de saint Pierre et saint Paul ; une longue croix au milieu descend jusqu'au bas des deux côtés des personages. xivᵉ siècle.

41. *Séel Andrieu Bosquet.* — Petit cachet rond du xvᵉ siècle ; dans le champ, un écureil.

42. *Ave Maria, gratia plena, Dominus tecum.* — Sceau rond, du xviᵉ siècle au plus. Il représente une Annonciation assez mal faite ; entre la Vierge et l'ange est un lis dans un pot et dessus : Ave Mar.

43. + *Odonis de Briyad, presbyteri de Caureto.* — xivᵉ siècle. Sceau en ogive ; saint Pierre y est représenté bénissant le prêtre en surplis à genoux.

44. Anneau antique en cuivre, où est enchâssée une agathe onyx, pierre précieuse représentant le cirque avec une pyramide et huit ou neuf bornes ou bâtimens et quatre quadriges. Il faudroit voir ces objets avec un microscope ; il est remarquable qu'on voit mieux la plupart de ces objets au travers de la pierre, ils paroissent alors en relief.

45. Gros anneau d'argent en carré, représentant des chiffres ou caractères inconnus.

46. + *Secretum Johannis.* — Petit cachet rond du xivᵉ siècle.

47. *Séel Jehan Aubulon.* — Sceau rond, du xve siècle. Cimier dans le champ, surmonté de deux ailes de paon; le timbre accompagné de deux rainceaux au-dessous de l'écu.

48. *S. Johannis Nicolai.* — Sceau en triangle, ayant dans son champ une colonne et un oiseau dessus. xiie à xiiie siècle.

49. *Sigillum prioratus Sancti Martini de Callecia.* — Sceau du xve siècle, en ogive; saint Martin, monté sur un cheval, coupe son manteau et en donne la moitié à un pauvre.

50. + *Auberi Bertin.* — Petit cachet rond, du xive siècle; écusson portant une aigle à ailes déployées.

51. *Ravol de Flandres.* — Cachet rond, du xve siècle au plus; un écureuil sur une barre.

52. *Séel curé de Pavart.* — Cachet ou petit sceau en ogive, du xve siècle. Curé représenté en habits sacerdotaux, tenant, ce semble, le saint ciboire.

53. *S. Beatæ Mariæ de Molins.* — Sceau en ogive, représentant plutôt un homme qu'une femme, tenant l'enfant Jésus. xive siècle.

54. *George Calote.* — xive à xve siècle. Sceau rond.

55. *Sigillum Piseti de Andeliaco clerici.* — Sceau rond, du xive siècle. Dans le champ, un pélican qui donne son sang à trois petits, qui paroissent sur leur nid.

56. + *Sigillum Silvestri, prepositi Sancti Petri de Sinitio.* — Sceau en ogive, du xive siècle. Saint Pierre est représenté tenant deux clés de la gauche et bénissant de la droite un ecclésiastique à genoux dans une église. Saint Pierre est représenté au milieu des étoiles et comme dans le ciel.

57. *Sigillum Jacobi de Mariano.* — Le sceau a dans son champ un buste assez bien fait; il est en ogive. xive siècle.

58. + *S. Romani de Marllo.* — Sceau rond, du xive siècle. Écusson vairé en dedans.

59. *S. Radulfi Desquetot clerici.* — Sceau en ogive, du xive siècle. Dans le champ, un dragon portant deux cornes tournées vers le dos avec une queue bouclée.

60. *Thibaut de Dura.* — Petit cachet rond, du xve siècle. Écu coupé : dans la première moitié, une fleur de lis; dans la deuxième, trois étoiles.

61. + *S. Johannis, filii domini Jacobi Cataldi.* — Sceau rond, du xiiie siècle, représentant de profil le buste d'un homme portant barbe.

62. + *S. Stephani dicti Armigeri clerici.* — Sceau en ogive, du xiiie à xive siècle; dans le champ, un rinceau; sur ses petits rameaux, deux oiseaux adossés.

63. *Ave Maria, gratia plena, Dominus tecum.* — Sceau en ogive, du xive siècle. La Vierge avec l'enfant Jésus qui la regarde; à son dos, on voit une R, et de l'autre côté, proche sa main droite, une autre R, avec quelques autres lettres. En joignant ces

lettres éparses, on pourroit lire par deux fois *Mare;* c'est peut-être le nom de l'ecclésiastique représenté à genoux dans une église gothique.

64. *Séel demiosiele Jehanein Dalinei.* — Sceau en ogive du xiv⁰ siècle. Il représente une demoiselle, debout, tenant un écusson chargé de losanges.

65. Sceau du fameux Concordat. — Grand sceau en ogive; au pied du crucifix, les armes du Pape couronnées de la thiare et les armes de France couronnées. L'inscription : *Leo decimus, pontifex maximus, et Franciscus primus, Francorum rex.* Dans le champ, aux deux côtés de la croix, on lit : *In hoc signo vinces.* Par ces mots, le Pape vouloit apparamment donner à entendre qu'en vertu de la bonne action que faisoit le roi de France par le Concordat avec le Pape, scellé de la croix, il remporteroit la victoire dans les guerres d'Italie, comme avoit fait Constantin par la vertu de la croix du Sauveur.

66. *Sigillum Sancti Dionysii Remensis.* — Sceau d'os, dont l'inscription n'est pas écrite sur le plan, mais sur les bords; il paroit au moins du xi⁰ siècle.

67. Gros aneau antique, représentant une victoire debout. Il semble qu'elle a dans sa droite une couronne en forme d'R; on pourroit même supposer que ce seroit ☧, auquel cas ce pourroit être le Labarum. Ainsi cet anneau ne seroit que du iv⁰ ou v⁰ siècle; il est en effet d'un travail un peu grossier.

68. *Sigillum fratris Dionisii Leot D̄ Ōbelle, tertii Ordinis sancti Augustini.* — Sceau en ogive, du xiv⁰ ou xv⁰ siècle. Dans le champ, une espèce de chapelle; saint Denis qui a saint Antoine à sa gauche, l'un et l'autre sur une estrade; au-dessous, sous une voûte, paroît un chevalier à genoux.

69. *Jaque Putheron.* — Petit cachet rond, du xiv⁰ ou xv⁰ siècle. Écusson sur lequel est un hibou.

70. ✠ *S. Ricardi de Rio...* — Effacé.

71. Sceau rond, du xv⁰ ou xvi⁰ siècle. On n'y voit pas d'inscription, quoiqu'il y ait des traits dans la place où elle devroit être.

72. Pierre de touche, en forme d'œuf, que D. de Montfaucon[1] appelle pierre d'aiman. On y lit :

ΧΥΔΜΑΙ ΛΑΧΟΥC ΑΛΟΛΥΤΑ ΑΒΡΑCΑΞ
ΑΚCΧΕΙѠΧ ΜΙΘΑΜΑ ΜΥΟΑΜ ΚΟΟΜ ΒΑΟΑ
ΠΑΥCΑΤΕ ΜΟΙ ΠΟΝΟΝ ΤΗ ΦΟΡΟΥC ΗCΕΝ,

[*id est.* Je donne la solution des sorts les plus insolubles : « Abrasax, Ascheioc, Mithama, Musoam, Koom, Baoa, délivrez-moi de ma peine en me déchargeant des impos. »

---

1. *Palæographia græca,* p. 179.

73. *Séel dame Johanne de Houtot.* — xive siècle. Cachet rond, deux aigles à ailes déployées.

74. *Séel Jehan Desportes.* — xiiie à xive siècle. Cachet rond, au milieu duquel est représentée une Vierge, debout, couronnée, avec l'enfant Jésus; à sa droite, *M*.

75. *Sigillum ecclesie Sancti Bartholomei de Bauquilla.* — Cachet rond, du xive siècle; dans le champ, une crosse avec deux fleurs de lis.

76. *Jehan Langlois.* — Cachet rond, du xive à xve siècle, renfermant un écusson portant trois canettes.

77. *Séel Robert de Pierrecourt.* — Cachet rond, du xve siècle. Sur un cimier accompagné de deux rainceaux, chargés de fruits et de feuilles, est un chien de chasse et un écusson panché.

78. *Séel Willame de Greboual.* — Cachet rond, du xive à xve siècle. Sur le cimier, dans le champ, une tête de bouc, avec deux rainceaux, chargés de fleurs et de fruits; un écusson au-dessous du tymbre.

79. *Séel G. de Treffles.* — Sceau rond, en forme de cachet; au milieu est une Vierge, debout, couronnée, tenant l'enfant Jésus, accompagnée de deux rainceaux, chargés de fleurs, en forme de ceps de vigne. xive à xve siècle.

80. *Séel Guillaume de Torchi.* — Petit sceau rond, du xive siècle. Dans le champ est un monstre à deux têtes humaines, l'une au bout d'un col d'oiseau, relevée par-dessus le dos, l'autre au derrière; il a deux piés et des ailes, et au derrière une tête humaine de profil, et de sa bouche sort une queue.

81. *Mellun.* — Sceau, en forme de cachet rond, du xve siècle. L'inscription est sur un écriteau posé sur une croix haute, fleurdelisée et surmontée d'une crosse.

82. *Sigillum Furcei dicti Rutille clerici.* — Sceau du xive siècle, en forme de cachet; dans le champ, un moine sur une chaise, qui enseigne deux enfans moines, dont l'un est assis et l'autre debout.

83. *Marie de Raveton, abesse de Notre-Dame de Lizieux.* — Grand sceau en ogive; dans le champ, la Vierge, assise dans une église, tenant l'enfant Jésus; au-dessous l'abbesse à genoux, et des deux côtés un écusson, en lion passant sur une bande.

84. ✠ *Sigillum baillivie de Joyaco.* — xiiie à xive siècle. Grand sceau rond; le roi paroît dans le champ, assis sur un trône, tenant un sceptre, terminé par une fleur de lis.

85. *Séel Anne Briçonet.* — xvie siècle.

86. *Sigillum prepositure Castri Novi supra Ligerim.* — Grand sceau rond; dans le champ est représenté un château, à côté d'une fleur de lis et d'un chien ou d'un lion ravissant; au-dessous du château paroît une rivière. xive à xve siècle.

87. *Sigillum prepositure Lorriaci.* — xive à xve siècle. Grand sceau rond; dans le champ un château et sur les deux tours, aux deux bouts, deux fleurs de lis.

88. *Sigillum seneschallie episcopi Bajocensis.* — xiv⁰ siècle. Grand sceau rond; dans le champ est le buste d'un évêque, tenant une crosse, accompagnée de fleurs de lis.

89. *M. Joannes de Flavionis.* — Sceau rond, du xv⁰ à xvi⁰ siècle. Au milieu, un écusson en échiquier, accompagné de deux rainceaux; au centre de l'échiquier, une étoile.

90. *Sigillum Litolfi, filii Johannis Donati Macini.* — Sceau triangulaire, du xiii⁰ à xiv⁰ siècle. Dans le champ, une fleur de lis en balai; entre les pétales recourbées sortent deux longs fleurons fleurdelisés.

91. *Sigillum Simonis de Gornay clerici.* — xiii⁰ à xiv⁰ siècle. Sceau en ogive; dans le champ est un aigle à ailes déployées.

92. *F. V. Chenaye.* — xvi⁰ siècle. Sceau rond, où l'on voit une façon de gerbe, d'où s'élèvent deux cœurs; au milieu, une épée en sautoir avec une branche en balai, un cœur sur le tout; au-dessus, une branche de chêne verd avec son gland; à l'autre bout du sceau est un cachet, sur lequel on lit : *Frère Vincent Chenaye.*

93. + *Aumosne Saint-Denis. 1624.* — Sceau rond; dans le champ, trois manequins pleins de pain.

94. *prepositure Bosti communis.* — xiv⁰ à xv⁰ siècle. Grand sceau rond; dans le champ, une fleur de lys, avec deux fleurons en molette d'épron.

95. *Sigillum Galaoti de Malatestis.* — xiv⁰ à xv⁰ siècle. Grand sceau rond; au milieu du champ, une tête de profil très saillante, devant une étoile à huit rayons. Le champ semé de petites étoiles par rhombes en treillis; une étoile dans chaque rhombe; cercle d'étoiles autour.

96. *Sigillum Burcardi Cienté pē militis.* — Sceau triangulaire, du xiv⁰ siècle.

97. *S. magistri J. quondam filii Maurici.* — Grand sceau en ogive. Dans le champ, un homme debout, tenant la main d'un jeune homme, qui a un genou en terre; derrière le jeune homme, on voit un arbre et trois étoiles derrière le père, l'une sur l'autre, celle du milieu plus grande. Ce sceau peut être du xii⁰ siècle; il est attaché avec une corde de chanvre au suivant.

98. *S. Hardoinus : Capellani : presbiter.* — xiii⁰ à xiv⁰ siècle. Sceau en ogive, où un prêtre, disant la messe, est représenté.

99. *Sigillum prepositure de Novilla.* — Grand sceau rond, du xiv⁰ à xv⁰ siècle : dans le champ est une grappe de raisin et quatre fleurs de lis.

100. *S. J. de Bonu : decani : S. Dionisi : de Nogento : Rotrodi.* — Grand sceau en ogive, représentant une église gothique et saint Denis, en habits pontificaux, tenant sa tête; sous le saint est un écusson, au lion gravissant sur une barre. Ce sceau n'est pas antérieur au xvi⁰ siècle.

101. *Sigillum decani et capituli Collegii Beate Marie de Lambala.* — Grand sceau en ogive, du xv⁰ siècle. Dans le champ est une Vierge debout, couronnée,

tenant l'enfant Jésus, sous un portail d'église; à côté, un chevalier à genoux, tourné vers la Vierge; au-dessous, un écusson aux armes de Bretagne. Les mêmes armes sont semées dans le champ.

102. *Le grand séel as cause des contrats de Persaine.* — Ce sceau de l'abbaye de Perseigne est rond et n'est pas antérieur au xvᵉ siècle. Il représente dans le champ une Vierge couronnée, avec l'enfant Jésus, dans une église; à côté sont les armes de Perseigne en écusson, trois fleurs de lis dans le champ.

103. + *S. prioratus de Senonchiis.* — xivᵉ siècle. Vierge debout, couronnée et tenant l'enfant Jésus.

104. + *S. de la vicomté : S. Phillebert sus Rille.* — Sceau rond en forme de cachet, du xvᵉ siècle. Le champ semé d'étoiles; une mitre à gauche; une main tenant une crosse à droite, au-dessus; à côté, une coquille.

105. *Sigillum fratris Ricardi de Creuli monachi.* — Sceau du xiiiᵉ à xivᵉ siècle, en ogive, représentant la sainte Vierge assise et tenant l'enfant Jésus; un moine à genoux devant l'enfant Jésus, au-dessus duquel est un croissant et une étoile; au-dessus du moine on lit : *Ave M.*

106. *Séel du balliage de Rueil en Brée.* — xivᵉ à xvᵉ siècle. Sceau rond, représentant deux personages, qui semblent être saint Pierre et saint Paul, aux deux côtés d'une croix maçonnée et sous une voûte d'église; aux deux côtés, des rainceaux.

107. *Sigillum Indulgentiarum omnium ecclesiæ... Ludovicus... Parisiens.* — Très grand sceau rond, représentant sous un portique deux saints, l'un en habits pontificaux, l'autre en royaux; ce dernier est saint Louis. Aux deux côtés sont deux personnes à genoux; le champ est semé de fleurs de lis. Les habits de saint Louis et le haut de sa niche, aussi bien que celle de l'autre saint, sont pareillement semés de fleurs de lis. A ce sceau du xvᵉ siècle, les deux suivans sont attachés avec une corde de chanvre.

108. *Sigillum fratris Petri Aturbatensis* (pour *Atrebatensis*). — Sceau en ogive; dans le champ, une Vierge debout, couronnée et tenant l'enfant Jésus. xivᵉ ou xvᵉ siècle.

109. *S. Agillus.* — Cette lecture n'est pas certaine. Petit cachet rond, représentant un cavalier, le sabre à la main; ce cachet peut être antique.

110. *Carolus Hubertus, subvicarius generalis Militiæ sanctæ fidei.* — Sceau en ovale, qui n'est pas antérieur au xviiᵉ siècle. Armoiries en ovale sur une croix fleurdelisée, partie d'azur et d'argent, à dix quartiers, avec un crucifix et une Madeleine, au 1ᵉʳ et 6ᵉ d'azur, à une hache d'armes naissante, au 2 et 7 d'azur, un casque, au 3 de gueule, avec trois étoiles, au 4 et 9, d'or à l'aigle d'azur à ailes déployées, au 5 et 10 d'azur, à l'écusson, autour duquel est une cordelière, surmontée de lacs; au-dessus, une couronne pontificale, impériale, royale et cardinale.

111. *Sigillum territorii Guillelmi, archiepiscopi Bisuntinensis.* — Grand sceau rond, du xivᵉ à xvᵉ siècle. Un évêque, en habits pontificaux, tenant sa crosse de la

gauche et bénissant de la droite ; il est assis sur une espèce de trône, d'où s'avance à droite et à gauche deux espèces de serpents. A ses deux côtés paroissent deux écussons, surmontés de la croix, portant trois rosettes.

112. Signet de notaire apostolique, du xv⁰ siècle.

113. Autre signet de notaire, du xv⁰ siècle.

114. Sceau ovale récent, sans inscription ; dans le champ, écusson aux armes de Bretagne, environnées de deux lauriers, surmontés d'une crosse. Ce cachet ne paroît pas avoir cent ans.

115. *Sigilum parvum Conventus ecclesiæ... Capue.* — Sceau rond, du xv⁰ siècle, représentant dans son champ la Résurrection de Jésus-Christ.

116. Sceau en ogive, dont l'inscription n'est pas lisible. Il représente une Annonciation ; au-dessous est un ecclésiastique à genoux. Il paroît du xiv⁰ siècle.

117. Crucifix en relief, accompagné de deux personnes au-dessus de la tête, comme deux grenades. L'inscription est : + Τὸν σταυρόν σου προσκυνοῦμεν. Le reste n'est pas sûr ; c'est peut-être : καὶ ῥυὲν ou ἐρυὲν ὑμνοῦμεν. Il faut remarquer qu'il n'y a pas σταυρὸν, mais σταβρὸν, ni ὑμνοῦμεν, mais εἰμνοῦμεν. Ces prononciations se confondent chez les Grecs ; cette écriture ne passe pas quatre à cinq cents ans.

INDEX ALPHABÉTIQUE

DU CATALOGUE DES SCEAUX

ACHILLES, abbas S. Leonardi de Mataioco, 30.
ADAM de Marcoussis, 39.
AGILLUS, 109.
AGRIGENTE (Doyen d'), 20.
ALDERETUS, 31.
ALIGNY (Jeanne d'), 64.
ANDELIACO (Pisetus de), 55.
ANDRIEU Bosquet, 41.
ANNE Briçonnet, 85.
ANNIBAL Torra, 33.
ARMIGER (Stephanus dictus), 62.
ATREBATENSIS (Petrus), 108.

AUBRY Bertin, 50.
AUBULON (Jean), 47.

BALDOVILLUS, ou Baldovinus (Rainaldus), 38.
BARTHOLOMAEUS Acc..., canonicus Venafranus, 23.
BARTHOLOMAEUS (Robert), 40.
BAUQUILLA (Ecclesia S. Bartholomæi de), 75.
BAYEUX. Sénéchaussée, 88 ; — Vicomté, 12.
BEAUMONT-LÈS-TOURS (Abbaye de), 1, 2.
BERARDUS (Rodulfus), 3.
BERTIN (Aubry), 50.

BESANÇON (Archevêque de), 111.
BLOIS (Raoul de), 29.
BOISCOMMUN (Prévôté de), 94.
BOSQUET (Andrieu), 41.
BRIÇONNET (Anne), 85.
BRIYAD (Odo de), 43.
BURCARDUS Cien..., 97.

CAEN. Abbaye de Saint-Étienne, 8.
CALLECIA (Prioratus S. Martini de), 49.
CALOTE (George), 54.
CAPELLANUS (Harduinus), 98.
CAPUE (Conventus), 115.
CAROLUS Hubertus, 110.
CATALDI (Johannes Jacobi), 61.
CAURETO (Odo Briyad, presbyter de), 43.
CHATEAUNEUF-SUR-LOIRE (Prévôté de), 86.
CHENAYE (Vincent), 92.
COLUMPNA (Jacobus de), 36.
COMIERS (Catherine de), abbesse de Beaumont-lès-Tours, 2.
CREULLY (Richard de), 105.

DESPORTES (Jean), 74.
DIONYSIUS Leot ..., 68.
DURAS (Thibaut de), 60.

ECQUETOT (Raoul d'), 59.

FLANDRE (Raoul de), 51.
FLAVIONIS (Joannes de), 89.
FRANÇOIS 1er, 65.
FURCEUS, dictus Rutille, 82.

G. de TREFFLES, 79.
GALEOTUS de Malatestis, 95.
GEORGE Calote, 54.
GIRGENTI (Doyen de), 20.
GOURNAY (Simon de), 91.
GREBOVAL (Guillaume de), 78.
GUILLAUME de Greboval, 78.
GUILLAUME de Torchi, 80.
GUILLAUME de Vergy, archevêque de Besançon, 111.

HARDUINUS Capellanus, 98.
HENRI Miller, 22.
HOUTOT (Jeanne de), 73.

HUBERTUS (Carolus), 110.

JACOBUS de Columpna, 36.
JACOBUS de Mariano, 57.
JACOBUS Parmensis, 18.
JACOBUS de Pesaro, 9.
JACQUES Putheron, 69.
JEAN Aubulon, 47.
JEAN Desportes, 74.
JEAN Lambert, 11.
JEAN Langlois, 76.
JEAN de Motelais, 6.
JEAN Nicolas, 48.
JEAN Vanin, 15.
JEANNE d'Aligny, 64.
JEANNE de Houtot, 73.
JOHANNES, 46.
JOHANNES Jacobi Cataldi, 61.
JOHANNES de Columpna, 36.
JOANNES de Flavionis, 89.
Ἰούλιος Φοιβίων (T.), 27.
JOUY (Bailliage de), 84.

LACHASSANTA (Simon), 19.
LAMBALLE (Chapitre de Notre-Dame de), 101.
LAMBERT (Jean), 11.
LANGLOIS (Jean), 76.
LEO X papa, 65.
LISIEUX (Abbaye de Notre-Dame de), 83.
LITOLFUS, filius Johannis Donati Macini, 90.
LORRIS (Prévôté de), 87.
LOUIS (S.), 107.

MACINI (Litolfus, filius Johannis Donati), 90.
MALATESTIS (Galeotus de), 95.
MARCOUSSIS (Adam de), 39.
MARIANO (Jacobus de), 57.
MARTLO (Romanus de), 58.
MATAIOCO (Abbatia S. Leonardi de), 30.
MATTHÆUS, frater S. Spiritus in Saxia de Urbe, 5.
MELUN, 81.
MILLER (Henri), 22.
MIRABET (Dominus de), 19.
MOLINS (Beata Maria de), 53.
MONDOUBLEAU (Prévôté de), 26.
MOTELAIS (Jean de), 6.

NICOLAS (Jean), 48.

Nogent-le-Rotrou (Saint-Denis de), 100.
Noirefontaine (Pierre de), 32.
Novilla (Prepositura de), 99.

Odo de Briyad, 43.

Paris. Abbaye de Saint-Germain-des-Prés, 7, 25.
Paulus Sarr..., 16.
Pavart (Curé de), 52.
Perrot de Vanoise, 37.
Perseigne (Abbaye de), 102.
Pesaro (Jacobus de), 9.
Petit (Rodericus), 34.
Petrus Atrebatensis, 108.
Pierre de Noirefontaine, 32.
Pierrecourt (Robert de), 77.
Pisetus de Andeliaco, 55.
Putheron (Jacques), 69.

Radulfus Berardus, 3.
Rainaldus Baldovillus, ou Baldovinus, 38.
Raoul de Blois, 29.
Raoul d'Ecquetot, 59.
Raoul de Flandre, 51.
Raveton (Marie de), 83.
Reims. Abbaye de Saint-Denys, 66.
Richard de Creully, 105.
Ricardus de Rio..., 70.
Riux, 28.
Robert (Bartholomaeus), 40.
Robert de Pierrecourt, 77.
Rodericus Petit, 34.
Rodulfus Berardus, 3.

Romanus de Martlo, 58.
Rome. Ordo S. Spiritus de Saxia in Urbe, 5.
— Voy. *Toscane.*
Rueil-en-Brée (Bailliage de), 106.
Rutille (Furceus, dictus), 82.

Sabinensis (Comitatus), 13.
Sabinius Secundinus (Q.), 24.
Saint-Denys (Aumône de l'abbaye de), 93.
Saint-Philibert-sur-Risle (Vicomté de), 104.
Sancti Spiritus in Saxia de Urbe (Ordo), 5.
Sarr... (Paulus), 16.
Secundinus (Q. Sabinius), 24.
Senonches (Prieuré de), 103.
Silvester, præpositus S. Petri de Sinitio, 56.
Simon de Gournay, 91.
Simon Lachassanta, 19.
Sinitio (Silvester, præpositus S. Petri de), 56.
Stephanus dictus Armiger, 62.

Tapet, 35.
Thibaut de Duras, 60.
Torchi (Guillaume de), 80.
Torra (Annibal), 33.
Toscane (Patrimoine de S. Pierre en), 4.
Treffles (G. de), 79.

Vanin (Jean), 15.
Vanoise (Perrot de), 37.
Venafro (Chanoine de), 23.
Vergy (Guillaume de), archevêque de Besançon, 111.
Vincent Chenaye, 92.

APERÇU SOMMAIRE

DU

DÉVELOPPEMENT DES SCIENCES ARCHÉOLOGIQUES

EN RUSSIE

Par la Comtesse OUVAROFF

Correspondant étranger honoraire.

La Société des Antiquaires de France m'ayant fait l'aimable invitation de collaborer au volume qu'elle se propose de faire paraître à l'occasion de son premier Centenaire, je me permets de lui adresser ces quelques pages, consacrées à l'histoire du développement des études archéologiques en Russie, avec l'espoir que cette courte étude présentera quelque intérêt non seulement au lecteur français, mais même à la savante Compagnie qui a bien voulu me faire l'honneur de m'admettre au nombre de ses membres.

L'origine des études archéologiques et de la conservation des monuments en Russie date de temps assez reculés. Mais ces études, et surtout l'idée abstraite de ce qui représente un monument, de ce que lui doit l'histoire du pays et le pays lui-même, se présentaient à la compréhension de nos aïeux sous une forme tout autre qu'aujourd'hui. Sous le nom de monuments, on ne comprenait que les chartes et les manuscrits, sous le nom d'études que la récolte de ces mêmes chartes et manuscrits. Et, comme des divisions intestines troublaient encore le pays, que les princes et les boyards devaient surtout penser à la défense et à l'agrandissement de leur royaume, que la tranquillité et la sécurité personnelles n'étaient pas toujours garanties, les collections et la conservation des manuscrits trouvaient abri surtout dans les couvents et les communautés religieuses, qui ont joué un rôle important dans l'histoire de l'ancienne Russie. C'est de cette manière que se forma la fameuse Bibliothèque du Saint-Synode à Moscou, bibliothèque d'une telle importance que le savant grec, le moine Maxime, qui la visita au XVIe siècle, affirme dans ses écrits ne point en connaître d'aussi riche ni en France, ni en Allemagne, ni même en Grèce.

Les Bibliothèques de l'église de Sainte-Sophie à Novgorod, du couvent de la Sainte-Trinité auprès de Moscou, du couvent de Saint-Joseph à Volokolamsk, du couvent de Saint-Cyrille sur la mer Blanche, du couvent de Solovetsk et autres rivalisaient avec celle du Saint-Synode à Moscou et tâchaient de réunir tout ce qu'il fallait sauver, tout ce que l'on pouvait trouver dans le pays.

Les annales nous conservent même le souvenir de riches bibliothèques rassemblées par des particuliers religieux : archevêques, grands prêtres et autres.

Comme exception à la règle, et comme première tentative de conservation d'exemplaires appartenant à un nouvel ordre de monuments, se présente le fameux Trésor des tzars à Moscou, connu sous le nom d'Orougeïnaïa Palata, où l'on réunissait les joyaux de la couronne, les habits d'apparat, les coches et les voitures, les armes, les jouets des princes, les cadeaux et les offrandes apportés par les ambassadeurs des différentes cours qui déjà se voyaient forcées de rechercher l'amitié de nos souverains. Notre empire d'Orient grandissait en effet aux portes de l'Europe et la défendait contre les hordes barbares, qui avaient pris l'habitude de profiter des steppes du midi de la Russie pour fondre sur les pays avoisinants.

Une ère toute nouvelle s'ouvrit à la science avec le règne novateur de Pierre le Grand et la fondation de l'Académie des Sciences. Les membres de cette savante institution firent de leur mieux pour rassembler et éditer les chroniques qu'on rechercha partout avec ardeur ; une expédition fut envoyée en Sibérie pour revoir et fouiller les archives des différentes localités et en tirer tout ce qui pouvait servir à l'histoire du pays. Tatistcheff, un collectionneur sérieux de l'époque, tenta, en 1720, un premier essai de classification et d'études critiques et publia une Histoire de Russie depuis les temps les plus anciens jusqu'au règne des Romanoff, travail très apprécié à son heure et qui ne manque pas d'intérêt archéologique. Lomonosoff, le premier académicien russe sorti du peuple et qui, pendant de longues années, éclaira de son génie les différentes branches de la science dont il s'occupait, travailla aussi aux chroniques et à l'histoire de son pays.

Le règne de la grande Catherine vit la continuation de tous ces travaux historiques, guidés par Schlezer, Miller, Novikoff, Boltin, etc., et couronnés par quinze volumes de l'Histoire de la Russie du prince Stcherbatoff. Des collectionneurs titrés, comme le comte Alexis Moussine-Pouchkine, le prince Galitzine, les comtes Boutourline, Vorantzoff et Stroganoff, travaillent de leur mieux à rassembler des bibliothèques, rivalisant avec le gouvernement pour les recherches et les publications d'anciens monuments.

L'Impératrice fonda l'Ermitage impérial, ce vaste et riche musée de Saint-Pétersbourg, qui tient noblement sa place parmi les plus beaux musées de l'Europe.

C'est aussi à ce même règne qu'appartient l'honneur de la plus ancienne découverte faite en Russie, celle de la fameuse pierre trouvée sur la presqu'île de Taman, qui fournissait une page nouvelle de l'histoire de notre patrie, en précisant l'endroit occupé autrefois par la principauté de Tmoutorokane, fondée au XIe siècle aux bords de la mer Noire par l'un des fils de Saint-Wladimir, le prince Mstislaw le Téméraire.

Mais tout le brillant du règne de Catherine ne doit pas nous faire oublier qu'il fut fatal pour l'antiquité monumentale en Russie ; jamais, peut-être, les monuments n'ont été aussi souvent démolis, rebâtis, refaits, recimentés, regrattés à neuf, etc., etc. Ce travail de destruction avait lieu au grand jour, avec l'inconscience de l'ignorance et presque toujours avec la ferme persuasion de bien faire, de travailler au nom de l'art et de la science.

Le commencement du XIXe siècle s'annonça par le règne de l'empereur Alexandre Ier, qui fut, en général, très favorable au développement de la Russie. On continue les travaux historiques des règnes précédents, mais ces travaux tendent de plus en plus à se concentrer, à prendre une forme plus précise d'études critiques et morales : Karamsine nous donne sa première histoire de Russie, fondée sur l'étude des monuments ; l'Université de Moscou réunit sous son toit hospitalier des savants aussi distingués que Matthei, Boulé et Bausé, dont le premier mena à bonne fin un catalogue raisonné des manuscrits grecs de la bibliothèque du Saint-Synode ; le second écrivit en allemand une histoire de la Russie ; le troisième forma à Moscou une riche bibliothèque et une remarquable collection d'objets et de monnaies.

Dès cette époque, les savants commencent à sentir la nécessité de se réunir, de discuter, d'étudier les monuments d'une manière critique, et, en

1804, nous voyons se fonder, sous les auspices de l'Université de Moscou, deux sociétés savantes : la Société d'histoire et d'antiquités et la Société des naturalistes. Le fondateur de la première était Platon Beketoff, collectionneur éminent, qui sut donner une teinte tout à fait archéologique à sa Description du mariage du premier Romanoff. Il choisit pour secrétaire Kalaïdovitch, jeune savant, né archéologue, dont les recherches dans nos couvents et bibliothèques amenèrent des découvertes qui firent date tant dans l'histoire que dans l'ancienne littérature et la paléographie slave. Il travailla avec d'autres savants à l'édition d'anciennes chartes et manuscrits, donna la description des Anciens monuments de la Russie et des Antiquités de Riazan, s'essaya même à la recherche de débris monumentaux et découvrit, à Moscou, tout un cimetière d'étrangers, ayant encouru la disgrâce des tzars : c'est là que se trouvait la pierre tombale du land-maréchal de Livonie, Bell, exécuté du temps de Jean le Terrible. Les études et les recherches de Kalaïdovitch furent comme un premier sillon ouvert à tous ceux qui voulurent après lui s'adonner à l'étude critique des monuments.

Vers la même époque, Pierre Valoueff, directeur du Trésor de Moscou, surveille et patronne la Description historique de ce Trésor faite par Malinofsky.

Tout ce mouvement, tous ces travaux trouvaient un protecteur instruit et puissant dans la personne du chancelier d'État, le comte Nicolas Roumianzoff, qui consacra sa vie à l'étude de l'histoire et des monuments nationaux, qui rechercha par toute la Russie les hommes capables de l'aider de leurs lumières et de leurs travaux, qui les soutint dans leurs recherches, leur donna toutes les facilités nécessaires pour se rendre utiles au pays et à la science, fit faire des recherches dans les bibliothèques et les archives et entreprit même des fouilles sur l'emplacement des anciennes cités disparues de notre temps mais dont le nom est conservé dans les annales. Il serait trop long d'énumérer toutes les découvertes et toutes les éditions faites sous les auspices de ce Mécène distingué; il n'est que justice de donner ici le nom de ses principaux collaborateurs : Hodakovsky, Stroef, Kalaïdovitch et Malinofsky à Moscou; Vostokoff, Kroug, Adeloung, Keppen et Iasikoff à Saint-Pétersbourg; le métropolitain Eugène, le grand prêtre Grigorieff, etc., et de rappeler que le comte Roumianzoff légua à la Russie sa riche bibliothèque et son musée, qui font de nos jours l'ornement et la richesse de la ville de Moscou.

C'est sous les auspices du comte que furent aussi entrepris les premiers travaux concernant l'histoire de Russie en dehors des frontières du pays : le docteur Hasé fut chargé à Paris de l'édition de la Chronique de Léon le Diacre ; Saint-Martin et Hammer reçurent la mission de rechercher à Paris et à Vienne toutes les indications des chroniques orientales par rapport à nos aïeux les Slaves ; à Ticksen fut confié un travail concernant les monnaies coufiques trouvées sur les bords de la mer Baltique ; on commanda à Florence des copies d'anciennes cartes de la Russie ; on fouilla les archives de l'Allemagne, de la Suède et de l'Angleterre pour en retirer les documents ayant rapport à l'histoire de notre pays, etc., etc.

Ce travail continu, ces recherches intelligentes devaient réveiller, entraîner, pousser à l'étude et au développement des collections. Aussi voyons-nous se former, à côté du Musée Roumianzoff, les collections du comte Tolstoy, de Beketoff, Korobanoff, Medinzeff, Tzarsky, Tchertkoff, Lapteff, et se grouper autour de Kalaïdovitch toute une série de connaisseurs comme Chouhoff pour les anciennes armures, Matweefsky pour la numismatique, Molochnikoff pour l'iconographie, Bolchakoff pour les imprimés, Pissareff et Lapouhine pour les manuscrits, etc.

C'est au règne d'Alexandre que revient aussi l'honneur de signaler à la science la nécessité absolue de se tourner vers l'Orient et d'y chercher les bases du grand édifice de la civilisation humaine. Cette idée, nouvelle pour l'époque que nous traitons, fut présentée à l'empereur, en 1810, par un jeune savant, Serge Ouvaroff, sous la forme d'un Mémoire sur la nécessité de fonder en Russie une Académie asiatique. Appelé, en 1812, au poste de président de l'Académie des sciences, Ouvaroff poursuit son idée, fonde à l'Académie une section et un Musée oriental, y réunit des savants dignes d'y travailler, organise des expéditions tendant à explorer des régions jusque-là inconnues ; plus tard, sous le règne de l'empereur Nicolas, ayant reçu la haute charge du Ministère de l'Instruction publique, il crée aux universités russes des cours de langues orientales qui prennent un développement remarquable, surtout à Kazan, devenu ainsi un centre civilisateur pour les habitants des bords de la mer Caspienne, pour la Perse, les Tatars, les Turcs, les Bouriates et autres. Ouvaroff sut réunir autour de lui tous ceux qui pouvaient l'aider dans la nouvelle direction qu'il donnait aux travaux scientifiques, et c'est ainsi qu'on vit paraître les travaux de Fraine, Charmoi, Dorn, Schegrin, Senkofsky, Kasenbek, Hanikoff, Grigorieff, Bartolomé, Savélief, Brosset, qui s'adonnent aux différentes branches des sciences orientales. N'oublions point aussi les savants étrangers qui travaillèrent sous les auspices du gouvernement russe à cette époque et dans la même direction : Klaprot, Ritter, Martin, Dubois de Montpéreux et autres.

Le comte Serge Ouvaroff a encore d'autres grands mérites aux yeux de tous ceux qui travaillent en Russie : il fut le premier ministre de l'Instruction publique qui sut et voulut être Russe et qui donna une base nationale à l'instruction et aux études en Russie. De plus, étant lui-même très savant archéologue et grand connaisseur des sciences classiques, il imprima une nouvelle impulsion aux études archéologiques, poussa l'étude critique des monuments et fit avancer la science aussi bien par ses propres travaux que par la protection qu'il accorda aux jeunes savants formés dans les universités russes.

C'est de son temps que se fondèrent à Riga (en 1834) la Société d'archéologie et d'histoire pour l'étude des provinces baltiques et à Odessa (en 1839) la Société d'histoire et d'antiquités, destinée à l'exploration des monuments du midi de la Russie, terrain classique connu des peuples de la plus haute antiquité, riche en ruines grecques, en tombes scythes et barbares qui ne manquèrent point de fournir un immense tribut à l'Ermitage impérial et au Musée de la Société même.

C'est à cette époque aussi qu'on fonde à Saint-Pétersbourg et à Kief, sous les auspices du ministère de l'Instruction publique, des Commissions archéographiques destinées à la publication des anciennes chartes, annales et documents, Commissions qui travaillent depuis avec talent et persévérance.

Après la mort du comte, les études archéologiques continuent et prennent un grand développement grâce à la protection et au goût prononcé pour les antiquités nationales de Sa Majesté l'empereur Nicolas Ier, qui fait éditer les monuments de son empire et charge Olenine, le comte Serge Stroganoff, Sonzeff, Veltman et Snéguireff de l'exécution de ce magnifique ouvrage, dont la valeur est restée la même jusqu'à nos jours. C'est aussi l'empereur qui ordonne la restauration de l'ancien palais Romanoff, du couvent Ipatiefsky auprès de Kalouga, de la cathédrale de Sainte-Sophie à Kief, avec ses anciennes mosaïques et ses fresques.

En 1846 se fonda, à Saint-Pétersbourg, une société savante sous le nom modeste de Société numismatique : quelques années plus tard, elle se développe, prend le nom de Société archéologique russe et travaille dans toutes les branches de l'archéologie, réunissant autour d'elle les savants de l'Université, de l'Académie des Sciences, de la Bibliothèque publique, de la Commission archéographique, de l'Ermitage impérial et des autres Musées et Compagnies savantes de Saint-Pétersbourg.

L'empereur Nicolas, tenant très haut le drapeau du sentiment national et suivant de près le développement des riches collections de l'Ermitage, fonda à Saint-Pétersbourg, dans les années suivantes, une Commission archéologique, avec l'ordre spécial de faire des fouilles au midi de la Russie pour enrichir le susdit Musée et de sévir contre ceux qui voudraient travailler dans les mêmes endroits pour leur propre compte ou avec une idée de trafic. Cette Commission, dirigée au commencement par le comte Léon Pérowsky, ministre de l'Intérieur, nous donne, en 1853, un premier Compte-rendu, écrit par le comte Alexis Ouvaroff, fils de l'ex-ministre. Ce Compte-rendu, qui fut une révélation pour l'époque, présentait à l'empereur (à la personne duquel il était destiné) un tableau complet des fouilles entreprises par la Commission et des résultats auxquels on était arrivé, avec des plans pour l'avenir, le tout accompagné de dessins explicatifs et d'indications archéologiques et critiques. Plus tard, nous voyons la Commission travailler sous les ordres du comte Serge Stroganoff et de M. Guédeonoff, prendre un plus grand développement, entreprendre les fouilles de tombeaux scythes, faire la découverte de trésors immenses, les étudier et les décrire avec l'aide de savants comme Zabeline, Stéfani, Lutzenko, le baron Tisenhausen, Lerch, Radloff, Stassof, Kondakoff et autres.

C'est à cette époque que revient l'honneur des premières découvertes dans les anciennes colonies grecques du midi de la Russie : la Chersonèse, Panticapée, la presqu'île de Taman; c'est à cette époque aussi que les grands tumulus scythes, le Zolotoï Kourgane, le Lougovaïa Moguila, Krasnokoutskaïa, Kamennaïa, Blisnitzi, le tumulus de Koul-Oba et le Tchertomlitsky Kourgane livraient au monde savant leurs trésors. C'est alors aussi qu'on fonda les Musées de Kertch et de Théodosie, destinés à conserver sur place les objets provenant des fouilles qui ne peuvent être transportées à l'Ermitage. Lerch entreprend ses études sur l'ancienne population de la vallée de Syr-Daria et les gorodistche Tchouds au gouvernement de Vologda; on commence, sous la direction de l'académicien Radloff, l'exploration de la province de Semiretchenskaja; les gouvernements de Perm et de Viatka livrent une importante suite de plats Sassanides; le Khanat de Khiva enrichit l'Ermitage d'un nouveau et précieux trésor numismatique; on étudie le groupe des tumulus des Sept-Frères dans le district de Timruk de la province de Kouban; on déblaye et on conserve les grands tumulus de Panticapée; on se débrouille dans l'étude des tumulus spoliés dans l'antiquité; on se rend compte de l'époque où apparaissent dans le midi de la Russie les peuplades d'origine non hellénique, qui, peu à peu, impriment leur caractère aux colonies grecques, changent du tout au tout le type classique de leurs productions et sont la cause première de la ruine et de la disparition des colonies en question.

Le savant qui donna la première impulsion à ces idées et ces travaux fut le comte Alexis Ouvaroff. Il entreprit, pendant les années 1852 et 1853, l'exploration du terrain occupé jadis par les colonies grecques, fit les premières découvertes en Chersonèse et consacra une étude spéciale à l'ancienne Olbia, suite d'explorations exposées dans un travail sur les Antiquités des bords de la mer Noire, qui fut traduit en français et qui est devenu une rareté bibliographique.

Digne successeur de son père, le comte Alexis Ouvaroff fait date en Russie pour les études archéologiques. Il fut l'un des premiers savants russes qui indiquèrent à leurs compatriotes que la Russie devait avoir son histoire archéologique à elle, que le pays était aussi riche en monuments que les autres contrées européennes, que le sol de la Russie devait contenir des milliers de tombeaux appartenant aux différents peuples qui avaient balayé son sol pendant des siècles avant d'envahir l'Europe entière. Il entreprit lui-même pendant plusieurs années consécutives des fouilles suivies dans les gouvernements du centre de la Russie et prouva, par un travail sur les Mériens (traduit en français), la présence dans le pays, pendant les premiers siècles de notre ère, d'une peuplade d'origine finnoise, qui, tout en s'amalgamant peu à peu avec les peuplades slaves qui arrivaient du sud, imprime un caractère spécial à la civilisation et y laisse une trace prononcée et caractéristique : tout en se concentrant au centre de la Russie, cette peuplade pousse des ramifications plus ou moins sérieuses et profondes vers le nord, l'Orient et le sud. C'est au comte Alexis que revient l'honneur de soulever en Russie la question de la conservation des monuments, question placée par lui comme fondement de toutes les études archéologiques, comme loi indispensable pour un pays qui se respecte et qui tient à conserver ses monuments formant une page brillante de son histoire. Le comte fonda à Moscou, en 1864, une Société archéologique qu'il présida jusqu'à sa mort (en 1884) : il sut inspirer à cette Société son amour profond pour l'archéologie nationale ; il lui fit partager ses idées concernant la conservation des monuments, la décentralisation des études et des collections archéologiques, et la mit à la tête des Congrès archéologiques qui se rassemblent depuis 1868 régulièrement, tous les trois ans, dans les différents points de la Russie. Le comte couronna son œuvre par un plan d'histoire archéologique nationale : malheureusement une fin prématurée ne lui donna le loisir que d'achever le premier volume, *l'Age de la pierre*, consacré à la description des stations paléolithiques et néolithiques, découvertes par lui-même au gouvernement de Wladimir, dans cette partie de la Russie qui lui avait déjà fourni une moisson si riche sous la forme des tumulus Mériens ; ce travail devait lui servir de base pour l'examen critique des autres localités de l'immense empire à l'étude archéologique duquel il avait voué sa vie et sa science.

La Société de Moscou est à la tête de différentes publications (*les Drewnosti, les Matériaux pour l'archéologie du Caucase, les Matériaux pour l'archéologie des gouvernements de l'est, les Travaux des commissions de la Société-Commission orientale, slave et archéographique, les Travaux des congrès archéologiques*), qui présentent au monde savant un tableau vivant de la marche et du développement des études archéologiques en Russie. On y trouve des plans de cours archéologiques, dressés par des savants comme Bouslaeff, Zabéline et le comte Ouvaroff, des programmes pour l'étude spéciale des gorodistché, des tumulus, des grottes, des antiquités monumentales, élaborées par Samokwassoff, Ivanovski, le baron Tisenhausen, le comte Ouvaroff, etc., des cartes archéologiques des différents gouvernements de la Russie par les professeurs Antonovitch et Bagaley, Pokrovsky et Bouratchkoff, des catalogues raisonnés des différentes collections du pays par Gisnefsky, Troitsky et la comtesse Ouvaroff, des études archéologiques traitant certains arrondissements du côté de leurs antiquités monumentales ou des traces de l'antique culture, comme les travaux de l'archimandrite Léonide, des architectes Pavlinoff et Artlébène, du comte et de la comtesse Ouvaroff, des professeurs Anoutchine, Millel, Samokvassof, Sisoff et autres, des études sur l'iconographie et la symbolique, comme les travaux de Mansvetoff, Roumantzeff, Kirpitchnikoff, Sokaloff, Rédine, Aïnaloff, Pokrovsky et le comte Ouvaroff, des études sur certaines cérémonies religieuses des aborigènes du pays par les professeurs Echevsky, Kotliarevsky, Anouchine, le baron Scheping, le comte Ouvaroff, des études tendant à expliquer les monuments classiques trouvés dans le sol de la Russie ou importés de l'ouest, comme les travaux des professeurs Görz, Schwarz, Destounis et autres, des études sur l'architecture civile en Russie, comme le travail de l'architecte Potapoff, des comptes-rendus de restaurations d'anciens monuments à Moscou, Wladimir, Zwénigorod, Rostoff, Iaroslof, etc.

Deux autres sociétés savantes de Moscou, celle des Amateurs des sciences naturelles, d'anthropologie et d'ethnographie et celle des Antiquités et de l'art, fondées dans les mêmes années, travaillent de pair avec la Société archéologique en se partageant les diverses branches des sciences archéologiques, se développant (la première) d'année en année, formant des élèves, patronnant les jeunes savants, etc.

Il serait trop long d'énumérer tous les érudits qui travaillèrent, au XIXe siècle, au développement des sciences archéologiques; nommons encore le comte Serge Stroganoff et son importante monographie de la cathédrale de Saint-Dimitry à Wladimir, l'archevêque Makari et le comte Michel Tolstoy et leurs travaux sur les trésors d'art de l'ancien Novgorod, les architectes Martinoff, Richter, Grimm, Artleben et Sousloff, Saharoff, Stroeff, Sresnevsky, Tihonravoff et leurs découvertes en philologie et en paléographie, Filimonoff, Prohoroff, Savaitoff, Stassoff, faisant école en iconographie et connaissance des divers styles, écoles, etc.

Les dernières années du siècle voient tous ces travaux avancer, se développer et mûrir; l'archéologie russe tend de plus en plus à gagner du terrain, à pousser des racines dans les parties les plus reculées de notre empire; des sociétés savantes se fondent non seulement dans les villes universitaires comme Kiew, Kazan, Dorpat, mais même dans les centres moins importants, comme Ekaterinoslav, Ekaterinodar, Riazan, Tever, Poltawa, Wladimir, Simphéropol, Kostroma, Tiflis et autres. Toutes ces Sociétés possèdent des collections, étudient, travaillent, éditent; des cabinets particuliers se forment de tous côtés; le gouvernement soutient et patronne les expéditions et les fouilles à Samarkand, au Kokan, Boukara, Merv et dans les différentes parties du Caucase; on reprend les fouilles systématiques commencées par le comte Alexis Ouvaroff en Chersonèse et à Olbia. On dirige et on soutient les études en Sibérie de l'académicien Radloff, d'Ossowsky, Adrianoff et Klemenz; on fait la découverte de champs funèbres dans les gouvernements de Vitebsk, Tomboff, Viatka, Kalouga, Simbirsv, qui développent les idées émises par le comte Ouvaroff dans son travail sur les Mériens; le général Brandenbourg et les professeurs Ivanofsky et

Inostranzeff entreprennent une suite de travaux sur les aborigènes et leurs tombes dans les gouvernements du nord de la Russie; Samokvassoff, Antonovitch, Zavitnevitch, Scadovsky, le comte Bobrinsky, Lappo-Donilevitch, Malmberg, Wesselofsky, Masaraky, Hvoïko s'adonnent à l'étude des gouvernements du sud. Le professeur Brunn recherche et explique les données d'Hérodote sur l'ancienne Scythie; l'académicien Laticheff édite les inscriptions provenant des fouilles; le professeur Nicolsky entreprend, sous les auspices de la Société archéologique de Moscou, un voyage dans les plaines de l'Araske, copie toutes les inscriptions cunéiformes du sud du Caucase, les étudie et les explique dans les publications de la Société.

On travaille donc en Russie sur toute la ligne et dans toutes les branches des sciences archéologiques : on n'éprouve qu'un seul regret, c'est de se rendre compte qu'on est encore trop peu lu par le reste de l'Europe savante.

LE CONSULAT

DU

JURISCONSULTE SALVIUS JULIANUS

ET LE SYSTÈME DES PRÉNOMS MULTIPLES

Par M. A. Clément Pallu de Lessert

Membre résidant.

Le consul de 148, P. Salvius Julianus, a eu une singulière fortune. On l'avait presque toujours identifié avec le jurisconsulte Salvius Julianus, quand Th. Mommsen, en 1870, contesta cette opinion, en s'appuyant d'ailleurs sur des arguments assez sérieux pour entraîner l'adhésion de presque tous les savants. Pour lui, l'année 148 était trop basse, Julianus avait dû recevoir les faisceaux sous Hadrien, son protecteur[1].

La découverte à Souk-el-Abiod, l'ancienne Pupput, en 1899, du *cursus honorum* de ce personnage[2], aurait dû, semble-t-il, mettre fin à la controverse : elle paraît devoir la raviver. Elle a produit même un curieux revirement d'opinions. Tout le monde, à la vérité, s'accorde maintenant sur un point, c'est que la suite des fonctions du jurisconsulte, et particulièrement son proconsulat d'Afrique sous Marc-Aurèle et Verus, obligent à placer son consulat aux environs de 148. Seulement, le plus grand nombre de ceux qui s'en sont occupés ont cru trouver dans le texte un argument décisif pour rejeter l'identification

---

1. *Zeitschrift der Savigny Stiftung für Rechtsgeschichte*, IX, p. 87.
2. *Comptes-rendus de l'Acad. des inscr. et belles-lettres*, 1899, p. 366. Communication de M. Gauckler :
L · OCTAVIO · CORNELIO · P · F · SALVIO · IVLIANO ‖ AEMILIANO · XVIRO · QVAESTORI · IMP ‖ HADRIANI · CVI · DIVOS · HADRIANVS · SOLI ‖ SALARIVM QVAESTVRAE · DVPLICAVIT ‖ PROPTER INSIGNEM DOCTRINAM · TRIB · PL ‖ PR · PRAEF · AERAR · SATVRNI · ITEM MIL · COS ‖ PONTIF · SODALI · HADRIANALI · SODALI ‖ ANTONINIANO · CVRATORI · AEDIVM ‖ SACRARVM · LEGATO · IMP · ANTONINI ‖ AVG · PII · GERMANIAE · INFERIORIS · LEGA ‖ TO · IMP · ANTONINI · AVG · ET VERI · AVG ‖ HISPANIAE CITERIORIS · PROCOS ‖ PROVINCIAE AFRICAE PATRONO ‖ D · D · P · P

du consul de 148 avec le rédacteur de l'Édit perpétuel; tandis que Th. Mommsen, dans un article récent, vient précisément de conclure en faveur de cette identification[1]. — Le consul ordinaire de 148, disent péremptoirement les premiers, s'appelait Publius; or, le jurisconsulte mentionné dans l'inscription de Pupput porte le prénom de Lucius : il faut donc supposer qu'il se trouve au nombre des consuls suffects de ce temps, dont le souvenir n'a pas été conservé[2]. — Je me suis trompé, vient de répondre le second : les éléments chronologiques fournis par le nouveau texte sont tels que l'identification avec le consul de 148 s'impose. Quant à la question de différence des prénoms, le savant professeur de Berlin ne s'y arrête pas, mais il la tranche d'un mot : l'état de transmission de l'inscription qui porte le nom de Publius est, dit-il, si mauvais (on ne la connait que par une copie ancienne) qu'elle n'a à cet égard aucune valeur probante certaine. Il constate, d'autre part, qu'on ne trouve dans l'inscription de Pupput aucune trace d'un second prénom qu'aurait porté Julianus : si ce second prénom a existé, ajoute-t-il, il y a une omission fautive imputable à la pierre africaine. Il laisse donc le choix entre ces deux hypothèses : ou une lecture défectueuse du premier document ou une lacune du second.

Mon sentiment est, en principe, qu'il faut, comme le propose Mommsen, identifier notre consul avec le consul de 148; mais, de plus, je crois que Salvius Julianus a dû avoir un double prénom et il me semble que les textes fournissent des indications favorables à cette solution. Je ne crois pas en tous cas qu'ils prouvent contre l'identification, comme on l'a dit tant de fois depuis quatre ans, et c'est à éliminer l'argument fondé sur la différence de prénoms que je vais surtout essayer d'arriver. Le cas de Salvius Julianus me parait semblable à celui de Javolenus Priscus, et je voudrais en donner la raison. Ce que je dirai ne sera, au surplus, que le développement d'une thèse que j'ai soutenue, il y a quinze ans, à propos du second[3], thèse dont une découverte récente a démontré l'exactitude[4].

1. *Zeitschrift der Savigny Stiftung*, 1902, p. 54.
2. Les questions relatives à la biographie de Salvius Julianus ont été exposées dans une thèse remarquable présentée récemment à la Faculté de droit de Paris : Boulard, *L. Salvius Julianus; son œuvre*, Paris, 1902.
3. *Fastes de la Numidie*. Cf. *Recueil de Constantine*, XXV, 1888, p. 38. Th. Mommsen (*Ephem. epigr.*, V, p. 656) s'était, comme aujourd'hui, arrêté avec peine à l'hypothèse d'un double prénom pour Javolenus Priscus : *Minus fortasse offendet conjectura, sane molesta et ipsa, duo praenomina Priscum habuisse corumque alterum in basi illa praeteritum esse.*
4. Cf. *C. I. L.*, III, 9960. Je ne connaissais pas cette nouvelle lecture quand j'ai rédigé la notice de Javolenus Priscus dans mes *Fastes des provinces africaines*, I, p. 164.

L'arbitraire, qui paraît régner dans la composition des noms au IIe siècle, n'exclut pas l'application de certaines règles.

Le nom romain était construit à la fin de la république sur un modèle très simple : un *praenomen*, le *gentilicium*, puis un ou plusieurs *cognomina*. Tout autre est son apparence à l'époque qui nous occupe. On y trouve sans doute toujours un prénom et un premier gentilice, mais, à leur suite, se déroule fréquemment une longue théorie où pêle-mêle défilent des *gentilicia*, avec ou sans *praenomina*, avec ou sans *cognomina*.

La confusion est venue surtout, semble-t-il, des adoptions qui imposaient à l'adopté les noms de l'adoptant. Elle ne se produisit pas tout d'abord. Longtemps l'adopté prit les noms complets de l'adoptant, y compris le *praenomen*, ne conservant que son gentilice d'origine transformé en *cognomen* par l'adjonction de la désinence *ianus*. Paul Émile, adopté par P. Cornelius Scipio, prenait les noms de P. Cornelius Scipio Aemilianus. Auguste, dont le nom d'origine était C. Octavius, devenait C. Julius Caesar Octavianus.

Mais peu à peu on s'écarta de ces règles; l'adoption n'aboutit plus qu'à une simple juxtaposition des noms de l'adoptant et de ceux de l'adopté. Celui-ci conserva jusqu'à son propre prénom et jusqu'à sa filiation, qui ne désigna plus que son père naturel.

Comment ce changement se produisit-il? Vraisemblablement par suite du développement d'une forme particulière de l'adoption : l'adoption testamentaire, qui dès la fin de la république avait fait d'Auguste le fils posthume de César, et qui tendait à se transformer en une simple institution d'héritier avec charge pour l'institué de prendre les noms du défunt[1].

De ce fait qu'il y avait seulement juxtaposition des noms de l'adoptant et de ceux de l'adopté, il résulte que chaque groupe de ces noms conservait juridiquement sa forme propre et distincte. Dans l'usage, l'adopté les portait rarement tous, il faisait un choix pour lequel il jouissait d'une certaine latitude. Il pouvait prendre simplement les noms de l'adoptant ou continuer de s'en tenir aux siens. Il ne lui était pas interdit, d'un autre côté, de joindre à son *gentilicium* et à son *praenomen* propres des *cognomina* de l'adoptant, ou réciproquement d'ajouter au *gentilicium* de celui-ci un de ses *cognomina* propres. Il pouvait

---

1. Cf. Mommsen, *Pline le Jeune*, traduction Morel, p. 37 et suiv.

même éliminer l'un ou l'autre *praenomen* pour n'en garder qu'un seul. Je crois aussi que le nom de l'adoptant se mettait assez généralement en tête; cette règle n'était cependant pas absolue.

Mais ce qu'il ne faisait pas, c'était de déplacer les *praenomina*, parce qu'ils étaient inséparables du *gentilicium*. Il ne pouvait, par exemple, joindre le prénom de l'adoptant à son gentilice d'origine, et, vice versa, faire précéder de son prénom d'origine le gentilice de l'adoptant. Ces deux éléments primordiaux du *nomen* formaient un tout indivisible.

Des exemples nous permettent de constater la mise en pratique de ces règles[1] :

1° C. Antius A. Julius Quadratus, consul en 105, ne s'appelle jamais C. Julius Quadratus, mais A. Julius Quadratus, lorsque son second nom est séparé du premier.

2° C. Octavius Tidius Tossianus L. Javolenus Priscus, le jurisconsulte qui fut légat propréteur de Numidie en 83-84, consul, légat consulaire de la Germanie supérieure en 90-91, puis proconsul d'Afrique, n'est jamais appelé C. Javolenus Priscus, mais L. Javolenus Priscus.

3° P. Delphius Peregrinus Alfius Alennius Maximus Curtius Valerianus Proculus M. Nonius Mucianus, consul suffect en 138, qui porte tous ces noms réunis dans le senatus consulte *de Nundinis Saltus Beguensis*, est habituellement désigné comme M. Nonius Mucianus[2].

4° M. Eppuleius Proculus Ti. Caepio Hispo, consul de date incertaine[3], paraît aussi s'être appelé Ti. Caepio Hispo, si l'on en juge par le nom d'un de ses affranchis, Ti. Caepio Hieronymus[4].

5° L. Fulvius... C. Bruttius Praesens Min... Valerius Maximus Pompeius L. Valens Cornelius Proculus... Aquilius Veiento, consul en 153, est toujours désigné avec le prénom de C. Bruttius Praesens.

---

1. Je laisse de côté les personnages qui, ayant des prénoms multiples, paraissent avoir toujours porté dans l'usage le premier prénom, accompagné du premier gentilice. Par exemple : A. Platorius Nepos Aponius Italicus Manilianus C. Licinius Pollio, consul en 119, qui est appelé ordinairement A. Platorius Nepos; ou bien C. Pompeius Senecio Roscius Murena Coelius Sex. Julius, etc. (*C. I. L.*, XIV, 3609), qui s'appelle ordinairement C. Pompeius Senecio Sosius Priscus ou C. Pompeius Sosius Priscus.
2. *C. I. L.*, VIII, 270-11451 ; cf. *Ephem. epigr.*, II, p. 271.
3. *C. I. L.*, XI, 14.
4. *C. I. L.*, VI, 9357.

6° L. Pompeius Vopiscus C. Arruntius Catellius Celer[1] est tantôt L. Pompeius Catellius Celer, tantôt C. Arruntius Catellius Celer[2].

7° On peut enfin, je crois, faire figurer dans cette énumération l'empereur Ser. Sulpicius Galba, qui, adopté par sa belle-mère, prit les noms de L. Livius Ocella[3]. Les inscriptions nous donnent : Ser. Sulpicius Galba[4], Λούκιος Λίβιος Σεβαστὸς Σουλπίκιος Γάλβα[5]; les monnaies : Λούκιος Λιβ. Σουλπ. Γαλβα Καις. Σεβ[6]. Dans un seul cas, il est dérogé à la règle, et l'on voit le prénom de l'adoptant accolé au gentilice de l'adopté dans cette formule elliptique gravée sur deux tessères de gladiateurs : L · SVLP[7].

Cette règle que j'appellerais volontiers la loi de l'adhérence du *praenomen* au *gentilicium* paraît comporter, je l'avoue, quelques exceptions, et il est de toute justice que je les signale; je dirai ensuite pourquoi je crois qu'il ne faut pas en exagérer l'importance. Ainsi :

C. Roscius Coelius Murena Silius Decianus Vibullius Pius Julius Eurycles Herculanus Pompeius Falco, consul en 109, est appelé dans trois textes C. Pompeius Falco, c'est-à-dire avec un prénom qu'il semble emprunter au *gentilicium* placé en tête de l'inscription. Il faut faire la même observation à propos de C. Calpetanus Rantius Quirinalis Valerius Festus, désigné ordinairement comme C. Valerius Festus, — de C. Octavius Suetrius Sabinus, consul en 214, appelé souvent C. Suetrius Sabinus, — de T. Pomponius Vitrasius Pollio, consul en 176, qui est dit dans beaucoup de textes T. Vitrasius Pollio[8].

Sans méconnaître l'importance de l'objection à tirer de ces exemples, elle est quelque peu atténuée par cette considération que nous ignorons les prénoms affectés originairement aux *gentilicia* des groupes Pompeius Falco, Valerius Festus, Suetrius Sabinus, Vitrasius Pollio. Il n'est pas impossible, en effet, que ces *praenomina* aient été identiques à ceux des groupes de tête et que l'adopté, si adoption il y a, ait eu le même prénom que l'adoptant,

---

1. *Acta arv.*, année 81.
2. *Acta arv.*, passim. On trouvera, cependant, une fois L. Arruntius à l'année 90.
3. Suet, *Galba*, p. 4.
4. *C. I. L.*, X, 1233.
5. *C. I. G.*, 4957.
6. Mionnet, VI, n° 245.
7. *C. I. L.*, I, 770, 771.
8. C'est à dessein que je ne fais pas figurer ici Sex. Julius Severus, le consul de 127, appelé quelquefois Sex. Minicius Severus; nous n'avons aucun texte présentant réunis l'ensemble de ses noms.

comme par exemple c'était le cas d'Auguste, qui s'appelait Caius comme César[1].

Le cas du consul de 142, dont le nom s'écrit tantôt L. Cuspius Rufinus, tantôt C. C(uspius) Rufinus, serait plus difficile à expliquer si, comme je l'ai soutenu ailleurs[2], on doit l'identifier avec C. Atilius L. Cuspius Julianus Rufinus, qui est mentionné dans l'inscription d'Antium. Mais je dois reconnaître que cette identification est contestée[3].

Il arrive parfois que, dans les juxtapositions de noms dont nous parlons, les *praenomina* des groupes subordonnés disparaissent, sauf à reparaître quand le groupe sera isolé. C'est par un accident de cette nature que je tendrais, on vient de le voir, à expliquer les cas anormaux que j'ai énumérés. Mais il est des hypothèses où nous pouvons constater ces élisions d'une façon certaine. Ainsi, C. Antius A. Julius Quadratus, dont j'ai parlé plus haut, est appelé C. Antius Julius Quadratus dans deux diplômes militaires de 93 et 105[4].

Le consul de 185, Ti. Claudius Appius Atilius Bradua Regillus Atticus, ainsi dénommé avec un seul prénom dans une inscription d'Athènes[5], se retrouve en divers autres endroits, tantôt sous les noms de Ti. Claudius Bradua Atticus[6], tantôt sous ceux de M. Atilius Bradua[7]. En Espagne, un consul du règne d'Hadrien s'appelait, en 128, M. Messius Rusticus Aemilius Papus Arrius Proculus Julius Celsus[8]; en 147, ses noms se sont accrus, et il est désigné comme M. Cutius Priscus Messius Rusticus Aemilius Papus Arrius Proculus Julius Celsus[9]. Le *praenomen* du *gentilicium* primitif est tombé dans cette nouvelle combinaison.

Pour en revenir au jurisconsulte Salvius Julianus, l'inscription de Pupput montre que son nom était formé de la juxtaposition de deux noms différents séparés par l'indication de la filiation : L. Octavius Cornelius P. f. Salvius Julianus Aemilianus. Ce fut sans doute la conséquence d'une adoption, soit réelle,

---

1. Il y aurait peut-être aussi à apprécier la valeur de quelques-uns des textes qui sont en contradiction avec le principe que j'ai posé.
2. Cf. mes *Fastes des provinces africaines*, I, p. 183.
3. Cf. *Prosopographia imperii romani*, I, p. 175 et 488.
4. *C. I. L.*, III, p. 859 et p. 2212.
5. *Athenische Mittheilungen*, VI, 1881, p. 309.
6. *C. I. A.*, III, 1165.
7. Dittemberger, *De Herodis Attici monumentis Olympicis*, dans l'*Index scholarum Halensis*, 1892, p. xii.
8. *C. I. L.*, II, 1371.
9. *C. I. L.*, II, 1282-1283.

soit plutôt testamentaire. Les témoignages concordants des historiens et des jurisconsultes établissent que, dans l'usage, ce fut le second groupe de ces noms qui servit à le désigner. Ce groupe isolé du premier devait alors rappeler à lui le prénom qui lui était propre et qui était vraisemblablement celui de son père Publius. On ne pouvait donc pas plus dire L. Salvius Julianus qu'on ne disait C. Javolenus Priscus ou C. Julius Quadratus. Ainsi tombe la seule objection sérieuse qu'on ait faite à l'identification de notre personnage avec le consul de 148.

Quant à l'omission du prénom Publius dans l'inscription de Pupput, je ne suis pas convaincu qu'elle constitue, ainsi que le dit Th. Mommsen, une incorrection : c'est du moins ce que les exemples multiples de pareilles élisions que je viens de citer tendraient à faire supposer.

UNE

STATUE DE DIOCLÉTIEN

EN PORPHYRE[1]

Par M. Louis PASSY

Membre honoraire.

On lit, dans le récit du voyage de Paul Lucas, voyage fait par ordre de Louis XIV et qui remonte à l'année 1714, le passage suivant :

« L'ancienne Alexandrie n'a à présent que trois portes ouvertes : celle de « Rosette, celle qui conduit à la colonne de Pompée et la porte verte. Toutes « ces portes sont belles et bien bâties, et on y voit encore des colonnes de « granit et de porphyre qui sont de la dernière beauté. Je fis le tour des « murailles de la ville, qui sont en fort bon état... »

Un peu plus loin, le même auteur ajoute :

« Je découvris au pied des murailles, sur le bord de la mer, plusieurs « blocs de porphyre qu'il serait fort facile d'enlever pour en faire d'excellents « ouvrages. Il y en a qui pèsent assurément deux ou trois milliers. J'en enlevai « un de cent cinquante livres, que j'ai envoyé en France, et on peut juger par « cet échantillon de la beauté du porphyre et de l'usage qu'on en pourrait faire. « Toutes ces richesses sont fort inutiles aux Turcs, qui ne sçavent pas les mettre « en œuvre, et, par conséquent, n'en font pas beaucoup de cas[2]. »

Ce curieux passage nous apprend qu'au commencement du XVIIIe siècle un certain nombre d'ouvrages en porphyre, qui ornaient l'ancienne Alexandrie, avaient été conduits sur le bord de la mer pour être expédiés en Europe et impitoyablement transformés en tables, en vases ou en bustes modernes. C'est

---

1. Cf. *Académie des Inscriptions et Belles-Lettres. Comptes-rendus*, 1870, p. 66 à 70.
2. *Voyage du sieur Paul Lucas*, t. II, p. 27 et 29.

ainsi que Paul Lucas s'empara d'un morceau de cent cinquante livres et qu'il s'arrêta devant le poids respectable des autres morceaux.

Au voyageur passionné de Louis XIV succédait, quatre-vingts ans plus tard, un bataillon de savants que le général Bonaparte conduisait à la conquête scientifique de l'Égypte. Les morceaux de porphyre attendaient encore sur le bord de la mer que les ravisseurs de l'Occident eussent l'occasion ou la force de les dérober. Parmi ces morceaux s'en trouvaient deux qui avaient fait partie d'une statue colossale et cuirassée. Aussitôt, on se mit à dire que ces morceaux devaient être les restes mutilés de la statue d'un empereur romain, de la statue qui couronnait la colonne de Pompée. Cette conjecture était tout à fait hasardée : car une statue, qui n'avait pas moins de sept mètres de hauteur, n'aurait pas été en proportion avec la colonne de Pompée. Quoi qu'il en soit, et sous ce prétexte, voici les fragments de porphyre embarqués et apportés en France par l'amiral Truguet. M. de Choiseul-Gouffier les achète, et ils sont cités dans le catalogue de sa vente comme les fragments de la statue colossale et cuirassée d'un empereur romain[1]... Je n'épargnai rien pour retrouver ces fragments, auxquels leur origine me permettait d'attribuer un intérêt historique, et je crus avoir fait une heureuse découverte, quand j'appris qu'ils avaient passé des mains de M. de Choiseul-Gouffier dans celles de M. le prince de Bourbon-Conti, et finalement dans celles de M. le duc de la Rochefoucauld-Doudeauville. Malheureusement, ces fragments, qui ornaient le jardin de l'hôtel de la Rochefoucauld-Doudeauville, ne mesurent qu'un mètre soixante centimètres environ et ne représentent que les cuisses de la statue et une portion de la cuirasse. La sculpture est grossière et le porphyre n'est pas de grande valeur.

Revenons donc à Alexandrie et retournons sur le bord de la mer. Peut-être trouverons-nous encore un de ces blocs de porphyre dont nous a parlé Paul Lucas, un de ces blocs qui, par leur poids, forcent le respect des amateurs et que les gouvernements seuls sont capables de soulever et de s'approprier. En effet, sur un trône, un véritable trône, siégeait, il y a quelques années, un empereur romain. La tête, les bras, les pieds avaient disparu, mais la majesté impériale survivait aux mutilations et répandait sur ces restes déshonorés l'ineffaçable cachet de sa grandeur première. Cette statue fut transportée au Musée de Boulacq, où on lui restitua une partie des épaules et du cou qui gisait auprès de la statue, mais la tête n'existait plus. La photographie ci-jointe (fig. 1)

---

1. *Catalogue d'antiquités de la collection de feu M. le comte de Choiseul-Gouffier*, 1818, p. 17, n° 46.

Fig. 1. — Restes d'une statue assise, en porphyre.
(Alexandrie d'Égypte.)

représente la statue mutilée, sur la plage, avant son transport à Boulacq. C'est ce qui reste d'une statue de Dioclétien divinisé. J'invoquerai d'abord, à l'appui de mon opinion, quelques souvenirs historiques.

On se rappelle, sans aucun doute, que les Alexandrins, ayant tué le préfet d'Égypte, l'empereur Dioclétien assiégea Alexandrie et finit par s'en rendre maître en coupant les aqueducs. La répression fut terrible. L'empereur, à cheval, entra dans la ville. Il avait ordonné de massacrer les habitants, jusqu'à ce que le sang montât aux genoux de son cheval. Heureusement, non loin des portes de la ville, le cheval butta contre un cadavre et Dioclétien arrêta le massacre ordonné. Les Alexandrins élevèrent une statue en airain au cheval de Dioclétien et la consacrèrent sous le nom du cheval d'Alexandre[1]. On sait encore que la célèbre colonne dite de Pompée fut, si ce n'est élevée, du moins consacrée à Dioclétien par le préfet Pomponius ou Pompée, et il n'est point douteux qu'elle ne fût couronnée par une statue de cet empereur. Alexandrie était remplie des statues de celui qui l'avait prise et qui devait réorganiser l'Égypte, embellir Alexandrie, relever les temples et mériter enfin qu'on prît son avènement à l'empire pour le point de départ d'une ère nouvelle. Eutrope dit : « Ea tamen occasione ordinavit provide multa et disposuit quae ad nostram « aetatem manent[2]. » Mais si Dioclétien peut être considéré comme le réorganisateur de l'administration égyptienne, c'est surtout comme ennemi du christianisme et protecteur ardent du paganisme qu'il excita l'enthousiasme des Égyptiens vaincus. Les auteurs n'ont pas négligé de nous apprendre que, reprenant dans un but politique les traditions des Caligula, des Domitien et des Commode, Dioclétien voulut être adoré et proclamé par toute la terre comme le fils adoptif de Jupiter.

Par une coïncidence singulière, Alexandrie avait pour dieu principal un Jupiter, le grand Jupiter Sérapis, dont la statue assise était l'objet d'un culte solennel. Du moment que les habitants d'Alexandrie cherchaient à honorer l'empereur par une statue colossale, ils ne pouvaient le flatter plus délicatement qu'en lui donnant la pose de son patron Jupiter, c'est-à-dire en le représentant sur un trône dans une attitude souveraine.

Qui sait, d'ailleurs, si notre statue colossale n'était pas destinée à être l'ornement d'un temple comme cette statue de Valentinien, que Valens fit placer

---

1. Malalas, *Chronographia*, XII, p. 38.
2. Eutrope, *Brev.*, IX, 23.

dans une basilique à Antioche[1]? Ce rapprochement ne manquerait pas d'importance, quand bien même il ne trouverait pas, dans un médaillon d'or de Dioclétien, une éclatante confirmation. Le médaillon d'or en question porte les lettres ALE : il a été frappé à la monnaie d'Alexandrie, comme médaille de fête, à l'occasion d'une solennité extraordinaire. Sur la face principale on voit la tête nue et barbue de Dioclétien, avec le nom de l'empereur : C · C · VAL · DIOCLETIANVS P · F · AVG. Au revers, se trouve la légende IOVI · CONSERVATORI, accompagnant une représentation de Jupiter, la tête ornée d'une couronne de laurier, avec une barbe fournie qui tombe sur sa poitrine. Assis sur son trône, le dieu tient de la main droite le foudre et de la gauche la haste. Les trois lettres de l'exergue ALE nous autorisent à attribuer ce médaillon à la ville d'Alexandrie. On peut supposer qu'il a été frappé à l'occasion d'une solennité extraordinaire comme une médaille de fête[2].

Fig. 2. — Médaillon d'or de Dioclétien.

Si maintenant on veut bien comparer la représentation qui orne le revers du médaillon frappé à Alexandrie et notre statue colossale de porphyre évidemment sculptée en Égypte, on aura sous les yeux, je ne dis pas le modèle et la copie, mais du moins deux monuments reproduisant le même type à la même époque. Je sais bien que le médaillon montre Jupiter nu dans la partie supérieure du corps et couvert par une draperie dans la partie inférieure, tandis que Dioclétien est vêtu des pieds à la tête, mais cette différence dans le costume est nécessaire pour distinguer le dieu et l'homme. D'ailleurs, il est impossible de contester que les vestiges de la chaussure ne semblent se rapprocher des

1. Malalas, *Chronographia*, XIII, p. 3, 339.
2. *Revue de la numismatique belge*, t. III, p. 23, pl. I, n° 2, art. de M. Meynaerts.

chaussures patriciennes et notamment de la chaussure des empereurs dans le groupe de porphyre de Venise.

Ce qui doit surtout attirer notre attention, c'est le trône, qui est un monument unique dans l'histoire de l'art de la sculpture à cette époque, c'est l'ornementation du trône dans la médaille d'or et dans la statue de porphyre. Cette ornementation se retrouve dans une médaille d'or de Licinius et surtout dans un médaillon d'or de Valentinien et de Valens[1], ce qui établit, entre les groupes de porphyre représentant des Augustes et des Césars encastrés dans le mur extérieur de l'église de Saint-Marc à Venise et la statue mutilée d'Alexandrie, un lien indissoluble d'art et de chronologie.

On peut affirmer que la statue d'Alexandrie a été taillée et sculptée dans les ateliers impériaux qui exploitaient les carrières de porphyre du Mont Claudien. C'est bien de ces ateliers que sont sorties les colonnes, les mausolées, les statues qui ont orné les places publiques et les palais d'Alexandrie, de Rome et Constantinople depuis le III° jusqu'au VI° siècle. Non seulement la qualité du porphyre est un sûr garant de la provenance de cet ouvrage; mais la manière dont le sculpteur a traité les détails de ce monument permettent d'en assigner la date aux bas temps des Augustes et des Césars, et si l'on veut bien partager mon sentiment, à l'époque de Dioclétien.

---

1. J. Arneth, *Die antiken gold- und silber Monumente des KK. Münze und Antiken Cabinetes in Wien*. Wien, 1850, pl. G. XIV, médaillon n° 12.

UNE CHARTE DE GARIN

ÉVÊQUE DE BEAUVAIS

L'ASSEMBLÉE DE COMPIÈGNE DE 1023 OU 1024

(Planches XVIII-XIX)

Par M. Maurice Prou

Membre résidant.

Les historiens les plus autorisés[1] fixent à l'année 1023 l'envoi d'une ambassade de l'empereur Henri II au roi de France Robert. Ils appuient leur assertion du seul témoignage d'une charte de Garin, évêque de Beauvais. Je me propose d'examiner si cette charte mérite toute la créance qu'on lui donne.

La charte débute par une invocation à la sainte Trinité, suivie d'un récit. L'auteur du document rappelle que le roi Robert avait réuni ses grands à Compiègne pour assister à la réception de Gérard, évêque de Cambrai, et de Richard, abbé de Saint-Vanne de Verdun, ambassadeurs de l'empereur Henri. Dans l'assemblée se trouvaient le comte Baudouin Belle-Barbe, Lievin, abbé de Saint-Vaast, et l'évêque de Beauvais, Garin. Celui-ci prend alors la parole et déclare qu'à la suite de divers entretiens avec l'abbé de Saint-Vaast, il a conclu une société de prières entre l'église de Beauvais et celle de Saint-Vaast, puis qu'il a cédé à cette dernière le tiers de l'autel de la *villa* d'Angicourt[2], à des conditions déterminées par la charte. Le roi a donné son approbation à l'acte. Viennent ensuite les souscriptions du roi Robert, de son fils Henri et d'un grand

---

1. Hirsch et Bresslau, *Jahrbücher des d. Reichs unter Heinrich II*, t. III, p. 257; Pfister, *Études sur le règne de Robert le Pieux*, p. 241.
2. Oise, arr. et cant. de Clermont.

nombre de seigneurs et prélats alors présents au palais de Compiègne. Le chancelier royal Baudouin souscrit l'acte, qui se termine par une date.

Cette date, dans la forme où les historiens l'ont connue, présente quelques difficultés : « Acta sunt haec Compendio palatio, mense maio, prima die mensis, indictione VI, regnante serenissimo rege Francorum Roberto, anno imperii sui XXIX. »

Donc l'assemblée de Compiègne aurait eu lieu le 1er mai de la 29e année du règne de Robert, qui répondait à une sixième indiction. Car il importe de remarquer que la date précédée des mots « Acta sunt haec » vise expressément l'époque de la conclusion du contrat et non celle où il fut consigné par écrit.

Il est évident tout d'abord qu'on ne peut songer à prendre pour point de départ des années du règne de Robert la date de son sacre, le 25 ou le 30 décembre 987[1], le 1er mai de la 29e année répondant dans cette hypothèse au 1er mai 1016. En cette année-là, Baudouin ne tenait pas encore la chancellerie. Il faut donc penser que le rédacteur de la charte a compté les années du règne de la mort de Hugues Capet survenue le 24 octobre 996. Alors, la 29e année s'étend du 24 octobre 1024 au 23 octobre 1025; le 1er mai de la 29e année de Robert serait le 1er mai 1025. Cette date ne se concilie pas davantage avec la teneur de la charte; car, le 1er mai 1025, l'empereur Henri était mort depuis près d'un an[2].

C'était un usage assez courant au XIe siècle dans les chancelleries de faire concorder les années des souverains avec celles de l'Incarnation. On a donc pu considérer, surtout en dehors de la chancellerie royale, la première année de Robert comme s'étant achevée avec l'année 996, et la seconde comme ayant commencé avec l'année 997. Nous pourrions nous arrêter à la date du 1er mai 1024, s'il n'y avait une autre difficulté, savoir que l'an 1024 répond à une septième indiction.

C'est pourquoi l'on a, sans trop de témérité, corrigé XXVIIII en XXVIII ; car un copiste peut avoir commis une erreur, encore que l'addition d'une unité soit une faute moins fréquente que l'omission.

Cette correction de XXVIIII en XXVIII admise, il faut encore, pour arriver au 1er mai 1023, supposer qu'on a fait concourir exactement les années du

---

1. Sur cette date, voy. J. Havet, *Les couronnements des rois Hugues et Robert*, dans *Œuvres de Julien Havet*, t. II, p. 68 et suiv.
2. Henri II est mort le 13 juillet 1024. Cf. Hirsch et Bresslau, *Jahrbücher*, t. III, p. 299.

règne et celles de l'Incarnation ; dès lors, la 28ᵉ année répond à l'année 1023, dont le chiffre d'indiction est 6.

Cette date de 1023 s'accorde bien avec la suite des événements. Car il était naturel de considérer, comme on l'a fait, l'envoi d'une ambassade de l'empereur au roi de France comme le prélude de l'entrevue des deux souverains à Yvoix en août 1023[1].

Mais les choses ne vont plus aussi simplement quand on examine la valeur du texte publié. On aurait dû se demander si le document ne nous avait pas été conservé sous sa forme originale. Et même, supposé qu'on n'eût pas retrouvé l'original, on aurait dû prendre en considération une copie du XIIᵉ siècle, sur un feuillet liminaire d'un manuscrit d'Arras, signalée en 1872 dans le Catalogue de la bibliothèque d'Arras[2]. La notice du Catalogue est, il est vrai, inexacte. Elle présente la charte comme un « accord passé entre la cathédrale de Cambrai et le monastère de Saint-Vaast, en présence du roi Robert à Compiègne. » En outre, la transcription de la date est erronée : « Acta sunt hec Conpendio palatio, mense maio, prima die mensis, anno incarnati Verbi M XXVIII, indictione VI, regnante serenissimo rege Francorum Roberto, anno ipsius regni XXVIIII. » Or, la charte est non pas un accord entre les églises de Cambrai et de Saint-Vaast, mais bien un accord entre les églises de Beauvais et de Saint-Vaast, c'est-à-dire celle-là même que nous étudions. L'année de l'Incarnation n'est pas M XXVIII, mais M XXXVIIII. Depuis, M. Guesnon a signalé[3] tout ensemble une copie de la fin du XIIᵉ siècle[4], ou du commencement du siècle suivant, et l'original[5] même ou prétendu tel. Cette copie et l'original portent la même date que la copie du manuscrit de la bibliothèque, c'est-à-dire : « Acta sunt haec Compendio palatio, mense maio, prima die mensis,

---

1. Sur cette entrevue, voy. Hirsch et Bresslau, *Jahrbücher*, t. III, p. 261, et Pfister, *Études sur le règne de Robert le Pieux*, p. 370.
2. *Catalogue général des manuscrits des bibliothèques publiques des départements*, série in-4°, t. IV, p. 222. Il s'agit du manuscrit qui, lors de la rédaction du catalogue, portait le n° 557 et qui aujourd'hui est coté 624.
3. A. Guesnon, *Un cartulaire de l'abbaye de Saint-Vaast d'Arras, codex du XIIᵉ siècle* (extrait du *Bulletin historique et philologique*, 1896), p. 21-22.
4. Cartulaire de Saint-Vaast, conservé à l'évêché d'Arras, fol. XLII. J'adresse mes très respectueux remerciements à S. G. Mgr l'évêque d'Arras, qui a bien voulu me permettre de consulter ce manuscrit, et à M. l'abbé Hoguet, qui me l'a communiqué avec une si complète obligeance le 21 octobre 1903.
5. Archives départementales du Pas-de-Calais. Je me fais un plaisir de remercier M. Chavanon qui, lorsqu'il était archiviste du département du Pas-de-Calais, m'a fourni si aimablement de nombreux renseignements sur cet original, et MM. Claudon, archiviste, et Lavoine, chef de bureau, qui, avec la meilleure grâce, ont fait pour moi diverses recherches et vérifications dans les archives dont ils ont la garde.

anno incarnati Verbi MXXX VIIII, indictione VI, regnante serenissimo rege Franchorum Rotberto, anno imperii sui XXVIIII. »

C'est donc désormais à ce seul original qu'il faut se reporter. Il est tout entier écrit d'une même main; il est scellé (Pl. XVIII-XIX).

Nous n'avons pas besoin d'insister sur l'absurdité de la date, sur l'impossibilité de concilier la mention du règne de Robert avec celle de l'an 1039 de l'Incarnation. Le roi Robert est mort en 1031, comme chacun sait, et le 20 juillet[1].

Tout de suite, on songe à une faute de scribe. Il aurait mis XXX au lieu de XX. La date de 1029 n'est cependant pas admissible, puisqu'il faudrait encore corriger et l'année du règne et l'indiction, et que d'ailleurs le rédacteur a prétendu donner la date même de l'assemblée de Compiègne, laquelle a eu lieu nécessairement avant la mort de l'empereur Henri, survenue le 13 juillet 1024. Que, si l'on propose de supprimer aussi le V, de façon à avoir M XX IIII, nous répondrons que c'est prêter au scribe une accumulation de trop grosses étourderies.

Une autre hypothèse serait plausible, à condition de corriger M XXX VIIII en M XX VIIII. La charte, qui d'ailleurs débute par un récit d'un événement passé : « Rotbertus rex .... conduxerat ....., imperator .... miserat. Aderat ergo comes, etc. », à la façon d'une notice, ne serait, quoique rédigée sous forme d'*epistola* au nom de Garin, qu'une notice écrite en 1029, au temps de l'évêque Garin et du roi Robert. Le scribe aurait inscrit la date de la « documentation » au lieu de celle de l' « action ». Encore se serait-il trompé sur le chiffre de l'indiction et sur celui des années du règne qui ne conviennent pas à 1029, à moins qu'il n'ait confondu en une même formule la date de l' « action » et celle de la « documentation », d'une part 29° année du règne et indiction VI, d'autre part, 1029. Voilà, ce me semble, trop de simplicité prêtée au rédacteur, au scribe et à ceux qui pouvaient le contrôler, et, de notre part, trop de corrections et d'hypothèses.

Prenons la date telle qu'elle est. La charte est mise sous le nom de l'évêque Garin. Si nous ne savons pas en quelle année il mourut, au moins pouvons-nous affirmer qu'il n'occupait plus le siège de Beauvais en 1039, puisque, dès 1035, Dreus, son successeur, obtenait un privilège royal du roi Henri

---

1. Voy. Pfister, *ouvr. cité*, p. 81.

pour le monastère de Saint-Symphorien, qu'il avait fondé près de Beauvais[1]. La charte que nous avons n'a pu être rédigée qu'avant le 13 janvier 1023 ou après le 3 mars 1038. Il y est dit, en effet, que l'église de Saint-Vaast possède dans le diocèse de Beauvais la *villa* d'Angicourt. Or, dès le 13 janvier 1023, indiction 6, 27ᵉ année du règne de Robert (tous ces éléments chronologiques concordent parfaitement), l'abbaye de Saint-Vaast avait cédé Angicourt à l'abbaye de Jumièges en échange de la *cella* d'Haspres[2]. Angicourt ne fit retour au domaine de Saint-Vaast que le 3 mars 1038[3]. Cependant, la présence du sceau de Garin sur la charte originale ne nous oblige-t-elle pas à en placer l'expédition de son vivant?

Ce sceau est ovale; il mesure 0ᵐ080 de hauteur sur 0ᵐ065 de largeur. Actuellement, il est brisé en plusieurs morceaux, qui ont été naguère recollés. Les morceaux ont été mal replacés, mais il est facile par la pensée de les assembler convenablement et de restituer ainsi la légende : + G[A]RIN[9] GRA[D]I BELVACE/////// EPS. Quoique le champ soit gâté, on y distingue encore un personnage en pied, la tête nue. Au XIᵉ siècle et même au siècle suivant, les évêques sont souvent représentés sans mitre. Le sceau de Garin paraît être authentique.

Le scribe en avait prévu l'apposition, et il avait ménagé une place pour l'intercaler dans les souscriptions, dont il interrompt manifestement la suite. Mais, si le sceau s'est détaché, la raison en est qu'il était mal plaqué. D'ordinaire, au XIᵉ siècle, le sceau était retenu au parchemin par une incision à travers laquelle on faisait couler la cire, de telle sorte qu'elle s'étalât au revers et que les bords relevés de l'incision y fussent pris. C'est la règle, et je ne connais pas de documents d'une authenticité incontestable où ce mode de placage n'ait été adopté. Ici, rien de pareil; le sceau a été simplement appliqué sur le parchemin, auquel il n'était retenu que par l'adhérence de la cire. D'où cette conclusion que ce sceau, détaché d'un autre document, a été simplement posé et collé sur celui-ci. Sans doute, l'on eût pu remettre le sceau sur un nouveau gâteau de cire qu'on eût fait couler à travers une incision, opération délicate et dans laquelle on risquait de détériorer le sceau. On n'a donc pas pris cette peine; le faussaire se trahit toujours par quelque endroit.

---

1. Diplôme original, Bibl. nat., Coll. de Picardie, vol. 304; publ. dans le *Recueil des historiens de la France*, t. XI, p. 572, n° VIII.
2. Guesnon, *Un cartulaire de l'abbaye de Saint-Vaast d'Arras*, p. 23-24.
3. Guesnon, *Ibid.*, p. 24.

Il y a d'autres indices que nous sommes en présence d'une charte refaite. Je ne parle point de l'écriture, n'étant pas en état de décider à quelle période du XIe siècle elle appartient. En tout cas, on conviendra, je crois, qu'elle pourrait avoir été tracée dans la seconde moitié du XIe siècle. Je n'ose pas davantage insister sur le surnom donné au comte Baudouin, *honestae barbae;* il n'est pas invraisemblable qu'on l'ait ainsi qualifié de son vivant.

Voici qui est plus grave : la charte ayant été souscrite par le roi et par son chancelier, ni l'une ni l'autre souscription, tracée de la même main que le reste de l'acte, n'est accompagnée d'aucun signe de reconnaissance autographe; quand un roi du XIe siècle confirme une charte, s'il n'y fait pas mettre son sceau, au moins y trace-t-il une croix ou y fait-il dessiner son monogramme.

D'autre part, il est notable que les souscriptions soient, toutes, celles de personnages contemporains du roi Robert, et les uns des autres. Qu'un faussaire n'ait commis aucune erreur sur les noms des témoins, voilà qui est surprenant. Une telle exactitude dans le détail ne s'explique que s'il a eu pour modèle une charte remontant à l'époque de l'assemblée de Compiègne. Ce qui nous amène à proposer cette hypothèse que notre charte a été faite à l'aide d'une charte de Garin, relative au même objet, réellement expédiée immédiatement après l'assemblée de Compiègne, et dont le faussaire a reproduit les souscriptions. Cet instrument lui fournissait aussi un sceau authentique. Enfin, il n'était peut-être daté que de l'année du règne et de l'indiction, comme c'est le cas pour nombre de chartes du commencement du XIe siècle. Le faussaire aura voulu préciser la date par l'addition du millésime; et, dans son ignorance, il a mal calculé la concordance des années du règne avec l'année de l'Incarnation. Toutefois, pour qu'une semblable erreur ait été commise, il faut que la réfection de l'acte n'ait eu lieu qu'assez longtemps après la mort du roi Robert et après 1039, par exemple, sous le règne de Philippe Ier.

L'acte primitif ne portait que trois éléments chronologiques : le jour, l'année du règne et l'indiction. En d'autres termes, la date ne devait guère différer de celle qui se trouvait dans le cartulaire perdu, dont plusieurs ouvrages imprimés et des copies du XVIIe et du XVIIIe siècle nous ont conservé le texte[1]. Nous n'entendons pas dire que ce cartulaire représente la charte

---

1. Cartulaire représenté par les manuscrits désignés, en tête du texte que nous donnons en appendice, par les lettres *E F* et les ouvrages cotés *a b c* et peut-être *d*.

primitive de Garin. Si l'on compare ce texte avec celui du prétendu original, on demeure convaincu qu'il en est issu directement ou indirectement. Le rédacteur du cartulaire, plus instruit, sachant qu'un acte portant la souscription de Robert ne pouvait remonter à 1039, a supprimé le millésime. Il lui suffisait de connaître un diplôme du roi Henri pour Saint-Vaast, lequel est daté de 1038. Mais dans quel dessein les moines de Saint-Vaast ont-ils fait remanier la charte de Garin? C'est là un point obscur. Peut-être la charte primitive constatait-elle seulement une association de prières, sans porter aucune donation de la part de Garin. Il y aurait place pour beaucoup d'hypothèses. La solution du problème exigerait d'ailleurs une étude préalable des documents relatifs au domaine d'Angicourt. Or, si une autre charte de Lievin, concernant la cession d'Angicourt par les moines de Saint-Vaast à ceux de Jumièges, en échange d'Haspres, a été l'objet d'une étude, marquée au coin de la plus fine critique, de la part de M. Guesnon, qui a déterminé le sens exact de cet acte et lui a restitué sa date véritable[1], il reste d'autres documents à critiquer, par exemple une bulle de Benoît VIII, dans laquelle un passage, concernant la *villa* d'Haspres, a tout l'air d'une interpolation[2].

Quoi qu'il en soit, la présence d'un acte faux dans le dossier d'Angicourt n'a rien d'extraordinaire. Cette propriété des moines de Saint-Vaast a passé par de telles vicissitudes qu'on conçoit facilement qu'à un moment donné les moines aient eu besoin de forger un titre pour revendiquer leurs droits ou justifier leurs prétentions. Sans entrer dans l'historique du domaine d'Angicourt, il convient de comparer à la prétendue charte de Garin un acte de l'un de ses successeurs, Gui, évêque de Beauvais, daté de Soissons et du 11 novembre 1084[3]. L'évêque confirme les moines de Saint-Vaast dans la possession de l'autel d'Angicourt et déclare qu'ils le tiendront à l'avenir des évêques de Beauvais, sans qu'on puisse le leur contester, comme ils l'ont tenu des évêques Garin, Dreus et Gobert[4]. On retiendra de cette déclaration deux choses, que

---

1. Guesnon, *Un cartulaire de l'abbaye de Saint-Vaast d'Arras*, p. 23 à 25.
2. Voy. le texte de cette bulle dans Van Drival, *Cartulaire de l'abbaye de Saint-Vaast d'Arras, ... par Guimann*, p. 59; cf. Guesnon, *ouvr. cité*, p. 14.
3. Le texte a été publié dans Ricouart, *Les biens de l'abbaye de Saint-Vaast*, p. 42; mais il convient d'y introduire les corrections indiquées par M. Guesnon, *ouvr. cité*, p. 25.
4. « Guido, Dei gratia Belvacensis episcopus... altare de Angicurte prenominatae ecclesiae, videlicet sancti Vedasti Atrebatensis, firmiter tenere sicut ab antecessoribus suis tenuerat episcopis Belvacensibus, scilicet Warino, Drogone, Sisberto (*corr.* Gosberto)...... concedit, et privilegio ut sine querela deinceps possideat stabilivit. » Ricouart, *ouvr. cité*, p. 42, et Guesnon, *ouvr. cité*, p. 25.

les moines avaient été troublés dans leur possession, et, qu'en 1084, on savait que la concession leur en avait été faite par Garin. Cependant, Gui met une réserve à sa confirmation : l'église de Saint-Vaast paiera annuellement à l'évêque le droit de synode et huit deniers pour le droit de visite : « ita tamen ut ecclesie Belvacensi debitum suum solvat, sinodum scilicet et octo denarios circadie[1]. » Il semble bien que ce texte distingue deux droits, le droit de synode et le droit de visite. Or, la charte de Garin ne parle que d'un seul droit, une redevance de huit deniers *pro obsonio*, c'est-à-dire pour la « procuration », équivalant par conséquent aux huit deniers de visite, « octo denarios circadie », et qui se paiera au moment du synode, « nisi ut in sinodo VIII denarii pro obsonio in anno persolvantur. » N'en conclura-t-on pas que l'abbé de Saint-Vaast, en sollicitant de l'évêque Gui la confirmation de la concession de Garin, ne lui a pas présenté la charte de Garin, au moins sous la forme où elle nous est parvenue? Car, s'il avait eu ce titre, qui ne soumettait l'église d'Angicourt qu'au paiement d'un seul droit, il n'aurait pas laissé aggraver les charges de son église. D'où il suit que la charte de Garin, qui ne fait pas de distinction entre le droit de synode et celui de visite, n'aurait été rédigée qu'après 1084, et précisément pour supprimer l'une des deux redevances dues à l'évêque. Et, ce qui paraît confirmer cette conjecture, c'est que plus tard, dans une charte de 1222, réglant les droits réciproques de l'église de Saint-Vaast et du curé d'Angicourt, il est fait mention des huit deniers que doit l'église de Saint-Vaast pour l'autel et l'église d'Angicourt au synode annuel de la Toussaint[2]. Il n'y est pas question, comme dans la charte de Gui, d'un droit de synode distinct des huit deniers. Voilà qui s'accorde bien avec notre charte de Garin. Ainsi, la comparaison de la charte de Gui, de 1084, avec celle de son prédécesseur Garin, nous ferait saisir du même coup et la date avant laquelle celle-ci n'a pu être rédigée et le motif même de sa rédaction.

Cependant, cette conclusion ne s'impose pas. Et voici, en effet, qui la rend incertaine. Si nous établissons notre comparaison entre les deux chartes sous un autre point de vue, nous trouverons que la charte de Garin paraît être moins avantageuse aux moines que celle de Gui. La charte de Garin, en effet, porte cession à Saint-Vaast, non pas de l'autel de l'église d'Angicourt, c'est-

---

1. Guesnon, *ouvr. cit.*, p. 25.
2. « Octo denarios parisiensium, quos debet ecclesia sancti Vedasti curie Belvacensi pro altari et ecclesia de Angicurte, ad synodum Omnium sanctorum singulis annis solvet curie Belvacensi presbiter superius nominatus. » Ricouart, *ouvr. cité*, p. 53.

à-dire de ses revenus, mais seulement d'un tiers : « altaris tertiam partem... contribuimus. » D'autre part, Gui, dans sa charte, déclare confirmer aux moines, non pas le tiers de l'autel d'Angicourt, mais l'autel « altare de Angicurte. » On n'imaginera pas facilement que l'abbaye de Saint-Vaast, ayant un titre qui lui concédait tout l'autel, en ait forgé un qui ne lui en reconnaissait que le tiers. Il faut prendre garde, toutefois, de ne pas prêter au texte de la charte de Gui une signification qu'il n'a pas. Il n'y est pas dit : l'évêque a décidé que l'église de Saint-Vaast possédera l'autel d'Angicourt, et rien de plus, mais bien que l'église de Saint-Vaast possédera l'autel d'Angicourt et le tiendra comme elle l'a tenu des évêques de Beauvais, prédécesseurs de Gui. Or, il était sans doute de notoriété publique que l'église de Saint-Vaast n'avait que le tiers de l'autel. Ainsi tomberait l'objection qu'on pourrait faire contre la postériorité de la charte de Garin à celle de Gui.

En résumé, nous tenons la charte de Garin pour forgée à la fin du XIe siècle.

Est-ce à dire que ce soit un document sans valeur et que les historiens doivent rejeter? Faut-il donc effacer de nos annales et l'assemblée de Compiègne et l'envoi d'une ambassade de l'empereur au roi de France Robert?

Non, si l'on admet que le rédacteur du faux a eu sous les yeux une charte authentique de Garin relatant un contrat conclu à Compiègne. Et c'est ce qui paraît vraisemblable pour deux raisons : parce que le faussaire a eu à sa disposition un sceau authentique et qu'il ne paraît pas avoir commis d'anachronisme dans l'inscription des noms des témoins au bas de sa charte. Il aurait, selon nous, emprunté une partie de la date, l'indiction et l'année du règne, puis les noms des témoins à cette charte authentique.

Quant au récit par lequel s'ouvre la charte, on peut douter qu'il ait figuré dans la charte prototype. Il importe de le mettre sous les yeux du lecteur : « Robert, roi de France, avait assemblé ses grands dans son palais de Compiègne dans un dessein déterminé, parce que l'empereur des Romains, Henri, lui avait envoyé comme ambassadeurs Gérard, évêque de Cambrai, et Richard, abbé de Verdun. Or, il y avait là le comte de Flandre, Baudouin Belle-Barbe, et avec lui Lievin, de vénérable vie, abbé du monastère de Saint-Vaast, homme complètement digne de l'affection de tous les hommes de bien; j'y étais aussi, moi Garin, évêque du siège de Beauvais, et sous d'heureux auspices, puisque j'y ai fait la connaissance d'un homme si considérable et ai gagné à mon indignité le secours de sa sainte société. » On avouera qu'il est peu probable que cette sorte de panégyrique, en l'honneur de l'abbé de Saint-Vaast, ait été écrit de son vivant. Il eût suffi sans doute au faussaire, pour établir ce récit, que son modèle lui présentât la souscription du roi Robert, les souscriptions des grands et celles de Gérard et de l'abbé Richard, avec l'apposition « qui ibi causa legationis aderant ». Mais il est incroyable qu'un homme, si mal renseigné sur l'époque où vivait un roi de France, ait connu le nom de l'empereur de la part de qui venaient les ambassadeurs, si son modèle n'en faisait pas mention.

Peut-on, sans tenir compte du texte de la charte[1], avec les seuls noms des témoins, déterminer la date de l'assemblée de Compiègne où se présentèrent les ambassadeurs impériaux ?

Nécessairement, cet événement se place avant la mort de Henri II, survenue le 13 juillet 1024. Des personnages qui, d'après notre document, se trouvaient à Compiègne, les uns sont inconnus, les autres ont vu tout le règne de Robert ; pour d'autres, nous savons seulement qu'ils vivaient vers le temps auquel doit être rapportée l'assemblée.

Les seuls personnages dont les noms doivent être retenus pour la recherche de la date sont : le prétendu auteur de la charte, Garin, l'abbé Lievin et le chancelier royal Baudouin.

A propos de Garin, l'historien de Beauvais écrit : « J'avois dit en mon commencement d'histoire imprimé en l'an 1614, livre 4, chap. 3 (après Sigebert, que j'avois suivy), que Roger estoit décédé en l'an 1024, comme de vray il estoit, mais depuis j'ay remarqué qu'il estoit décédé dès l'an 1022, le jour de S. Jean[2]. » On lit, en effet, dans la chronique de Sigebert de Gembloux, sous l'année 1024 : « Hoc tempore in Gallia, Belvacensi urbe, inclitus Rogerius decessit episcopus[3]. » Et ce renseignement a quelque autorité, car il a été ajouté à la chronique de Sigebert par un moine de Beauvais qui vivait dans la première moitié du XIIe siècle. Cependant, si Louvet, par la suite, a rejeté cette

---

1. Nous ne pouvons en effet tenir compte du texte puisque nous ne savons ni les emprunts que son rédacteur a faits à la charte prototype ni les modifications qu'il a apportées au modèle. Spécialement, nous ne pouvons tenir compte de la phrase : « Ipsa ecclesia beati scilicet Vedasti in episcopio nostro villam Angicurt habere noscitur, » qui, si elle avait figuré (ce qu'on ne peut établir) dans une charte rédigée au temps de l'assemblée de Compiègne, nous obligerait à en reporter la date antérieurement au 13 janvier 1023. Voy. plus haut, p. 387.
2. Louvet, *Histoire et antiquitez du diocèse de Beauvais*, t. II, p. 183.
3. Additions à la Chronique de Sigebert de Gembloux, publ. sous le titre d'*Auctarium Bellovacense*, dans *Monumenta Germaniae historica, Scriptores*, t. VI, p. 461.

date, c'est qu'il avait eu connaissance de notre charte même, qu'il attribuait au 1ᵉʳ mai 1023 ; c'est peut-être aussi qu'il savait que Garin, successeur de Roger, avait souscrit une charte du roi Robert, donnée à Orléans en 1022, quoiqu'il n'en parle pas. Il nous paraît qu'en présence de la souscription de Garin, évêque de Beauvais, apposée au bas d'un privilège accordé par le roi Robert au monastère de Micy, et donné à Orléans l'an 1022, la 27ᵉ année du règne, indiction V, « quand Étienne, hérétique, et ses complices furent condamnés et brûlés à Orléans[1] », on doit rejeter le témoignage du moine de Beauvais. Ainsi, à la fin de 1022 (car la 27ᵉ année du règne ne commençait que le 24 octobre 1022), Garin était déjà évêque de Beauvais. Il est même probable qu'il l'était plus tôt. Car on ne peut guère se refuser à le reconnaître dans cet évêque Garin, dont la souscription, sans indication de siège, est inscrite à la fin d'un diplôme de Robert, lu aux grands assemblés à Compiègne à la Pentecôte (9 juin) 1017, pour le sacre de Hugues, fils du roi Robert[2]. Cette souscription est, en effet, placée entre celle de l'évêque de Soissons, Foulques, et celles de l'évêque Raoul [de Senlis], de l'évêque Hardouin [de Noyon], tous trois de la province de Reims.

D'autre part, les auteurs de la *Gallia christiana* disent que Roger était encore évêque de Beauvais le 25 janvier 1018 (1019, n. st.)[3], puisque, à cette date, il souscrit un accord entre l'abbaye de Saint-Denis et Bouchard de Montmorency. Mais cet acte n'est autre qu'un diplôme royal dont on a contesté l'authenticité, dont la date fait difficulté et que les érudits placent soit vers 1008, soit en 1008[4]. Le document le plus récent où paraisse Roger est un diplôme de l'an 1015[5]. Le plus ancien où paraisse Garin est un diplôme du 9 juin 1017. Garin est donc monté sur le siège de Beauvais entre les années 1015 et 1017. Dès lors, son nom ne peut plus nous servir à déterminer l'époque où s'est tenue l'assemblée de Compiègne, car, parmi les personnages

---

1. Diplôme publ. dans *Recueil des hist. de la France*, t. X, p. 607. Raoul Glaber (l. III, cap. VIII, éd. Prou, p. 74) donne l'année 1022 comme celle où furent brûlés les hérétiques orléanais, à condition de corriger « tertio de vicesimo infra jam dictum millesimum anno » en « tertio et vicesimo », comme l'a proposé M. Pfister, *Études sur le règne de Robert le Pieux*, p. 331.
2. Diplôme publ. dans *Recueil des hist. de la France*, t. X, p. 599, n° XXVII. Cf. Pfister, *ouvr. cité*, p. XXXVI et LXXVI, n° 55, et p. LXXVII.
3. *Gallia christiana*, t. IX, col. 707.
4. Diplôme publ. dans Du Chesne, *Hist. gén. de la maison de Montmorency*, Preuves, p. 11 ; *Recueil des hist. de la France*, t. X, p. 592 ; Tardif, *Cartons des rois*, p. 156, n° 249. Cf. Bréquigny, *Table chronologique*, t. I, p. 517, et Pfister, *ouvr. cité*, p. LXXI, n° 38.
5. Diplôme publ. dans *Recueil des hist. de la France*, t. X, p. 597 ; cf. Pfister, *ouvr. cité*, p. LXXV, n° 51.

qui s'y seraient trouvés, il y en a un dont le nom nous permet de serrer la date de plus près.

Ce n'est pas Lievin, abbé de Saint-Vaast, car les renseignements que nous avons sur lui sont bien vagues. Il succéda à Richard, abbé de Saint-Vanne, qui avait reçu de Gérard, évêque de Cambrai et d'Arras, le gouvernement de l'église Saint-Vaast[1]. Hugues de Flavigny dit que Richard se choisit pour successeur Lievin, en 1024[2]. Seulement, cette date est contredite par la notice relative à l'échange d'Angicourt contre Haspres, qui présente l'abbé Lievin comme auteur de cet acte à la date du 13 janvier 1023[3]. Ajoutons que la date de 1024 n'est pas non plus celle qu'a adoptée au xviie siècle l'auteur d'une histoire de Saint-Vaast; après avoir dit que Richard reçut en 1009 le gouvernement de Saint-Vaast, il ajoute qu'il s'en déchargea au bout de neuf ans sur Lievin, ce qui donnerait, pour l'avènement de Lievin à l'abbatiat, la date de 1017[4]. En quoi il est d'accord avec un passage des *Gesta episcoporum Cameracensium*[5], qui place, au milieu du récit d'événements survenus vers 1020, l'abandon du monastère artésien par Richard en faveur de Lievin. On ne peut donc faire état de la date initiale, trop incertaine, de l'abbatiat de Lievin.

Il ne nous reste plus qu'à tenir compte de la présence du chancelier Baudouin à l'assemblée de Compiègne. Nous laisserons de côté un privilège royal de 1015 pour Saint-Bénigne de Dijon souscrit par Baudouin, qui s'y qualifie d'apocrisiaire, car c'est un acte suspect, et, d'ailleurs, ce n'est qu'à partir de 1019 que Baudouin souscrit constamment les actes royaux comme chancelier[6]. Le 9 juin 1017, Francon était encore chancelier[7]; pour l'année 1018, nous n'avons qu'un diplôme royal sans nom de chancelier. Baudouin a pris la direction de la chancellerie après le 9 juin 1017 et avant 1019.

---

1. « Proerat tunc Cameracensi aecclesiae et Atrebatensi Gerardus venerabilis episcopus. Hic aecclesiam sancti Vedasti in suburbio Atrebatensi sitam .... anno ab Incarnatione Domini M VIII huic patri nostro ... assignavit » (*Chronicon Hugonis Flaviniacensis*, l. II, c. 10; *Recueil des hist. de la France*, t. X, p. 208; *Monumenta Germaniae historica, Scriptores*, t. VIII, p. 377). Pour ce qui regarde la date, l'erreur de Hugues est manifeste, car Gérard ne devint évêque de Cambrai qu'en 1012.
2. « Eodem anno qui erat ab incarnatione Domini M XXIIII, jussu et oboedientia patris Richardi, Leduinus, de quo supra retulimus, praelatus est abbatiae sancti Vedasti » (*Chronicon Hugonis Flaviniacensis*, l. II, c. 17; *Recueil des hist. de la France*, t. X, p. 209; *Monumenta Germaniae historica, Scriptores*, t. VIII, p. 392).
3. Charte citée plus haut, p. 387, et p. 389, n. 1.
4. *De rebus Vedastinis commentarius*, Bibl. nat., ms. lat. 5437, p. 187 et 191.
5. *Gesta episcoporum Cameracensium*, l. III, c. 16 (*Monumenta Germaniae historica, Scriptores*, t. VII, p. 470).
6. Voy. Pfister, *ouvr. cité*, p. xxxii.
7. Diplôme cité plus haut, p. 393, n. 2.

L'assemblée de Compiègne a-t-elle eu lieu un 1er mai, Baudouin y a-t-il assisté en qualité de chancelier, alors elle a été tenue au plus tôt le 1er mai 1018. Il faudrait en fixer la date à un 1er mai des années 1018 à 1024.

A condition de considérer le chiffre de l'indiction et celui de l'année du règne comme empruntés à une charte contemporaine de l'assemblée ou peu postérieure, nous pourrons resserrer davantage la date et n'hésiter plus qu'entre le 1er mai 1023 et le 1er mai 1024.

L'indiction 6 est celle de l'année 1023. Quant à l'année du règne, elle ne peut être conservée, en comptant la première année du 24 octobre 996 au 24 octobre 997 et ainsi de suite, car nous serions amenés au 1er mai 1025, c'est-à-dire à une date postérieure à la mort de l'empereur. Il faut donc supposer qu'on a fait concourir les années du règne avec les années de l'Incarnation, et alors la 29e année répond à l'an 1024, et, en corrigeant XXVIIII en XXVIII, on obtient la date du 1er mai 1023. Le chiffre de l'indiction paraîtrait autoriser cette correction, si nous ne savions que, dans certains systèmes de comput, l'indiction pouvait être en retard d'une unité sur le calcul ordinaire[1].

De telle sorte qu'on ne saurait décider si l'assemblée de Compiègne se tint le 1er mai 1023 ou le 1er mai 1024, si elle fut le prélude ou la suite de l'entrevue qui eut lieu à Yvoix, en août 1023, entre le roi de France et l'empereur.

En résumé, si l'on peut inscrire, dans nos annales, l'envoi d'une ambassade de l'empereur Henri II au roi Robert, ce ne doit être qu'à une date incertaine et sous la réserve qu'elle est attestée, non comme on l'avait cru par un document contemporain, mais par un document postérieur. Il faut donc abaisser cet événement de plusieurs degrés sur l'échelle des probabilités.

---

1. Voy. Giry, *Manuel de diplomatique*, p. 99.

APPENDICE

Charte de Garin, évêque de Beauvais, souscrite par le roi Robert, portant conclusion d'une société de prières entre l'église de Beauvais et l'église Saint-Vaast d'Arras, et concession par ledit Garin à Saint-Vaast du tiers de l'autel d'Angicourt.

A. Original, prétendu. Parchemin scellé du sceau plaqué de Garin, évêque de Beauvais. Hauteur : 0ᵐ539; largeur : 0ᵐ382. Archives départementales du Pas-de-Calais, fonds de Saint-Vaast.

B. Copie du xiie siècle. Bibliothèque municipale d'Arras, ms. n° 624, fol. 1. — *C.* Copie de la fin du xiie siècle ou du commencement du xiiie, dans un Cartulaire de Saint-Vaast, conservé à l'évêché d'Arras, fol. xlii, sous le titre : « Carta de altari Angicort[1] », sans les souscriptions.

D. Copie authentique, du 31 octobre 1642, collationnée par Nicolas Didier, huissier, et François Caulier, procureur du Conseil d'Artois. Archives départementales du Pas-de-Calais, fonds de Saint-Vaast, prévôté d'Angicourt, d'après le *Cartulaire P de Saint-Vaast*, au fol. 110. — *E.* Copie du xviie siècle, dans dom Placide Bertheau, *Histoire ecclésiastique et civile de Compiègne*. Bibliothèque nationale, Collection de Picardie, vol. 21, fol. 122 v° (anc. p. 276), d'après un Cartulaire de Saint-Vaast autre que les cartulaires ci-dessus indiqués sous les lettres *C* et *D*; manque le millésime. — *F.* Copie du xviiie siècle, Bibliothèque nationale, Collection de Picardie, vol. 255, fol. 49, d'après le même cartulaire que *E.* — *G.* Copie du xviiie siècle, Bibliothèque nationale, collection de Picardie, vol. 233, fol. 141, d'après *F.*

a. A. Du Chesne, *Histoire généalogique de la maison de Montmorency*, Preuves, p. 12, d'après le même cartulaire que *E* et *F.* — *b.* Le Mire, *Diplomatum belgicorum libri duo*, p. 58, chap. xxix, d'après le même cartulaire; republ. dans *Miræi Opera diplomatica*, t. I, p. 150. — *c.* Louvet, *Histoire et antiquitez du diocèse de Beauvais*, t. II, p. 186, d'après le même cartulaire. — *d.* Ricouart, *Les biens de*

---

1. Ce titre, tracé en marge, et en long, était destiné à servir de modèle au rubricateur; la place de la rubrique, en tête de la charte, est restée en blanc.

l'abbaye de Saint-Vaast, p. 39, d'après une copie authentique de 1640, collationnée à un cartulaire, probablement le même qui est indiqué en E, F, a, b, c.

Indiq. : *Recueil des historiens de la France*, t. X, p. 609, note. — Bréquigny, *Table chronologique des diplômes*, t. I, p. 546. — Pfister, *Études sur le règne de Robert le Pieux*, p. lxxx, n⁰ˢ 69 et 70. — Guesnon, *Un cartulaire de l'abbaye de Saint-Vaast d'Arras, codex du XIIe siècle*, p. 21.

In nomine summæ et individuæ Trinitatis, Patris et Filii et Spiritus Sancti, amen.

||² Rotbertus, rex [Franc]iæ ᵃ, proceres suos certa de ca[usa in] palatio Compendii conduxerat quod ad eum Romanorum ||³ imperator Heinric[us] Gerardum, Kamaraci episcopum, et Richardum, Virduniensem abbatem, legationis gratia miserat. ||⁴ Aderat ergo comes F[lan]driæ, Balduinus honestæ barb[æ], cum quo venerabilis vitæ Ledvinus, abba cęnobii beati ||⁵ Vedasti, vir plane dignus omnium bonorum dilectione, ubi etiam ego VVarinus, Belvacensis sedis episcopus, bono ||⁶ meo omine interfui, [cum] ibidem tanti viri notitiam et sanctę societatis presidium paraverim meę indignitati. Communica[to] ||⁷ enim cum sancto viro sermone, nichil ab eo visum est optabilius exposcere quam suam societatem et sanctę æcclesiæ sibi ||⁸ commissæ, quam ipse cum summo karitatis affectu michi et omnibus æcclesiæ beati Petri filiis, episcopalis scilicet sedis, concessit ||⁹ suppliciterque ut et ipse meam et æcclesiæ nostræ societatem et beneficium mereretur expetiit. Sic unita alternarum æcclesiarum fraterna societate, visum ||¹⁰ est mihi hanc sanctę societatis pactionem confirmare memoriali karitatis pignore. Ipsa æcclesia beati scilicet Vedasti in episcopio nostro villam ||¹¹ Angicurt habere noscitur, [no]sque altare æcclesiæ ipsius villę possidemus. Ips[iu]s ergo altaris tertiam partem, pro nostra successorumque nostrorum salute, æcclesiæ predicti ||¹² sancti contribuimus, utque ex red[itu] tertię illius partis vinum ad celebrandas missas eidem æcclesiæ amministretur constituimus, ab æcclesia autem episcopali ||¹³ juri nullam consuetudinem persolvendam statuimus vel statui permittimus, nisi ut in sinodo .viii. denarii pro obsonio in anno persolvantur. Et ne quis hoc ||¹⁴ perfunctorie fieri umquam com[mentetur], episcopalis sigilli obsignatione inconvulse in posteros perpetuamus; interminamus insuper episcopali ||¹⁵ auctoritate ne quis hoc [mut]are vel de his [remor]dere aliquid presumat vel causas in[nectendo] æcclesiæ dampnum moliatur vel inferat, ||¹⁶ [negligenti vero hanc nostram interminationem] geh[ennales penas minando indicimus sicut e di]verso conservanti beatitudinem veram pro[mittendo] ||¹⁷ [optamus. Ut ergo posteris clare]at nos super h[oc] nego[tio multorum probabilium communicasse] et ex eorum hoc [egisse] consilio, quos [adesse tunc contigit,] ||¹⁸ et attestatione hoc fieri testium [ju]re sub[notamus]. Signum

a. Les mots entre crochets, illisibles en A, ont été restitués d'après B et C.

||[19] ROTBERTI, Franchorum regis gloriosi, cujus consilio et ap- -probatione actum
est.
||[20] S[1]. Henrici, filii ejus. S. Balduini, comitis Flandrorum honestę barbę.
||[21] S. Richardi, Nortmannorum comitis, et Rotberti, fratris ejus archiepiscopi.
||[22] [S.] Rodulfi comitis. S. Drogonis. S. Rotgerii. S. Heylonis. S. Herlandi.
||[23] [S. Bur]chardi, filii Burchardi de Monte Morinciaco. S. Fulchonis, Ambia-
||[24] [nensium] episcopi. S. Gerardi, Kamaracensium presulis et Ri- Virdunensium ab-
chardi batis
||[25] [qui ibi cau]sa legationis aderant. S. Ledvini, abbatis sancti Vedasti. S. Huberti
abb[atis].
||[26] [sancti Luciani. S. Vualteri Cameracensis. S. Burcar]di comitis. S. Alberti Cred[u-
lensis et Guillelmi fratris ejus].
||[27] S. [Bal]duini [de Claro]monte. Ego BALDVINUS cancellarius perlegendo subscripsi.

||[28] **Acta sunt** hæc Compendio palatio, mense maio, prima die mensis, anno incar-
nati Verbi.
||[29] .M. XXX. VIIII., indictione .VI., regnante serenissimo rege Franchorum ROTBERTO,
||[30] anno imperii sui .XX. VIIII.

1. L'S, abréviation de *Signum*, placée devant chaque nom de témoin, est barrée.

LE
BAS-RELIEF CIRCULAIRE

DE GABIES

Par M. Charles Ravaisson-Mollien

Membre résidant.

Ce curieux monument gréco-romain du Louvre[1], « unique dans son genre « et qui a longtemps exercé la sagacité des savants », n'a encore été que légèrement examiné; le principal en reste incompris et plusieurs détails importants sont mal interprétés[2]. Je vais essayer d'expliquer, avec des remarques nouvelles sur les restaurations et sur l'ordonnance des figures, la signification primitive des divinités, et de montrer qu'une seule fait comprendre le but de tout l'ouvrage.

La découverte fut faite en 1792, par le peintre Gavin Hamilton qui dirigea les fouilles de Tivoli, pour le prince M.-A. Borghèse, à Castiglione sur l'Anio, près de Rome, où fut la ville de Gabies.

La composition est intéressante et savamment combinée; l'exécution ingénue, ni servile ni affectée.

Le monument en marbre, dit pentélique[3], a la forme des bassins[4] de l'Égypte exposés au Louvre dans l'escalier du sud-est[5], sorte de *labrum*[6] à

---

1. Rotonde du Mars Borghèse, *Catalogue sommaire des marbres antiques du Louvre*, n° 666 : « Autel astrologique. »
2. Clarac, 1841, *Musée de sculpture*, t. II, p. 182; pl. 258, 18 et pl. 171. — Frölner, 1869, *Notice de la sculpture antique du Louvre*, n° 2 (plusieurs pages, deux tableaux et la bibliographie).
3. Dit jadis : « De Luni » (Inventaire MR, n° 959). Grain fin, tons dorés, mats et luisants, ou gris, etc.; aspects variés. Sur les marbres, voir : Clarac, *Musée de sculpture*, t. 1, p. 167 et 176; et G. Richard Lepsius, *Griechische Marmorstudien*, Berlin, 1890.
4. Bassin se dit d'un objet contenant soit un liquide (bassin des jardins, bassin oculaire), soit autre chose (bassin d'une balance, bassin des offrandes).
5. E. de Rougé, *Notice des monuments exposés dans la galerie d'antiquités égyptiennes* : « N° 50, « bassin circulaire en diorite; n° 52, cuve circulaire en basalte......, ornée de chaque côté d'une tête de la « déesse Hathor, etc. »
6. A. Rich, *Dictionnaire des antiquités grecques* : « LABRUM, 2. »

large plate-forme, sur laquelle on voit les bustes des douze dieux et déesses de l'Olympe avec l'Amour à mi-corps, suivis, sur une zone externe et verticale, de leurs symboles et des signes corrélatifs du zodiaque (fig. 1).

Le diamètre de l'ensemble a 0^m81 et le circuit 2^m55; le diamètre de la cuvette, avec le rebord arrondi : 0^m43[1] (ce rebord large de : 0^m015) ; la largeur de la plate-forme est de : 0^m19[2]. La hauteur du creux est de : 0^m04 et celle de son pourtour évasé de : 0^m05. Le diamètre du fond a 0^m35, ce qui donne au circuit : 1^m10; à 0^m005 en dedans : un filet parallèle. Sa hauteur extérieure est de 0^m16 (dont 0^m11 pour les symboles et le reste en bordure[3]).

Fig. 1. — Le bas-relief circulaire de Gabies, consacré a Mars.

Les restaurations[4] ne sont pas toutes d'un seul sculpteur, « Franzoni[5] » ; mais d'au moins trois faires différents et complexes : de rajustements, de réparations et de remplacements. Le marbre fut cassé, depuis les jambes de la vierge

---

1. Selon M. Fröhner, « exactement un cubitus (0^m44). »
2. $0^m43 + 0^m19 \times 2 = 0^m81$.
3. Avec des filets sous la bordure du haut.
4. Sur les restaurations, voir, dans la Revue archéologique de 1876 : La critique des sculptures antiques au Musée du Louvre; et le Bulletin de la Société des Antiquaires de France, 1887, p. 78 et 189 à 193 ; 1894, p. 105, 255; 1896, p. 76; 1897, p. 406 ; 1898, p. 110 à 112 et 272 ; 1899, p. 283.
5. Fröhner, Notice de la sculpture antique : « Probablement par Franzoni. »

zodiacale, derrière Cérès, jusqu'à droite d'Apollon et aux poissons[1], ainsi que jusqu'à gauche de Jupiter et au taureau, c'est-à-dire en trois fragments principaux, dont le moindre a disparu avec une déesse ; on a réuni les premiers et refait le dernier.

Quatre des treize personnages font partie intégrante du monument : l'Amour, Vénus, Vesta, Cérès ; quatre sont rapportés ; cinq sont modernes.

La tête et le cou de Mars avec un peu de la plate-forme, la tête et le cou de Jupiter, le devant de la tête de Diane, sont rapportés ; mais de même exécution et de même marbre, ayant appartenu au monument à l'origine, auquel une partie de chacune était restée[2].

Junon aussi doit provenir du monument, bien que la netteté de la sculpture et l'aspect du marbre, en comparaison des autres déesses antiques, en fasse beaucoup douter[3]. Mais rien du relief de la chevelure et du cou n'est resté à la plate-forme, et le sceptre qu'on voit à côté, tel que celui de Vénus, ne désigne pas Junon plutôt que Minerve ; la première devait être auprès de Jupiter, donc la seconde entre Apollon et Neptune[4]. Il ne fallait pas les placer près de leurs emblèmes astronomiques, comme ne sont pas les autres bustes, rompant ainsi et les rapports intellectuels établis entre les divinités et la symétrie artistique.

Un seul des bustes qui n'ont pas été séparés du monument ou qui, rapportés, en provenaient, correspond directement avec son signe vertical, c'est celui de Cérès, avec la vierge et la corbeille ; c'est à dessein. L'inventeur a voulu que la grande déesse fût reconnaissable et de même Vesta, sans attribut latéral ; c'est pourquoi Cérès est seule, presque de profil, inclinée, comme souvent est la mère de Proserpine dans l'art grec ; regardant avec un vif intérêt et faisant regarder une scène sentimentale, qui est ici la raison de la réunion olympienne, à savoir : La réconciliation de Mars et Vénus.

---

1. Les poissons sont l'un au-dessus de l'autre, non pas « attachés ensemble » ; les dauphins l'un derrière l'autre, non les « queues entrelacées ».
2. *Adhérent ainsi :* un peu du casque de Mars, à droite (ses saillies effacées), l'arrière des cheveux de Jupiter, l'arrière de la tête et du cou de Diane.
3. Le marbre de Junon doit être celui de la plate-forme (jaune et lisse entre Apollon et Neptune, gris et mat ailleurs, etc.). Le travail, en contraste avec celui de Cérès et de Vesta (qui ont souffert), est analogue à celui des morceaux de Jupiter et d'Apollon adhérents au *labrum*, ainsi qu'à celui du côté gauche des traits de Vénus, très différent du droit.
4. Fröhner, *Notice de la sculpture antique,* croyait Jupiter et Junon modernes, et, d'autre part, hésitait à les rapprocher (p. 10 : « V, Junon? VI, Apollon ; VII, Minerve? VIII, Jupiter »).

Les sept bustes et l'Amour antiques sont rapiécés[1]. Au contraire, Minerve, Apollon, Neptune, Vulcain, Mercure, sont comme neufs en un autre marbre et bien modernes[2]. Le style d'imitation n'en est pas sans talent, tout diffé-

Fig. 2. — L'Amour réconcilie Mars et Vénus.

rent du travail des pièces, surtout du pourtour de la tranche (avec la chouette, le bélier, la colombe changée en corneille) sottement exécuté. Je conclus que si Franzoni a préparé toute la réfection du monument, il ne l'a pas achevée, ne sculptant que Minerve et quatre dieux, laissant le reste de la besogne à un ignorant praticien.

C'est entre Mars et Vénus en brouillerie qu'est le jeune Amour, ou

1. *Rapiécés ainsi : Mars,* nez, haut de l'épaule gauche et un peu du cou et des cheveux, raccords; *l'Amour,* côté droit du corps avec le bras et le haut de l'épaule; *Junon,* haut du diadème, bout du nez, lèvre inférieure, pièce sous le cou, épaule gauche; *Vesta,* nez, trous des boucles; *Cérès,* nez, boucle droite des cheveux avec le cou et partie du corps, ainsi que du rebord et de la pente du creux. — *Rapporté du monument :* pièce derrière Cérès et derrière Mars; tête et cou avec un peu de la draperie, bras et avant-bras droit de la vierge; principal de l'âne, avec le haut de la lampe; pièces sous le pileus, sous le loup, sous le scorpion; le bélier avec les oiseaux. A l'intérieur du bassin : le morceau de Minerve puis une petite pièce, une autre devant Apollon et une grande devant Cérès. (Le nez de l'Amour n'est pas restauré, et « la cavité du milieu » n'est pas « composée d'une multitude de petits morceaux ».)

2. Peut-être en deux marbres (comparer Minerve et Mercure).

l'Hymen[1], nu et sans ailes, peut-être né de leur union précédente; il s'efforce de les réconcilier (fig. 2; et la fig. 1, qu'elle reproduit, au-dessus des mots : Bas-relief circulaire). A droite, Cérès que Diane écoute, exhorte le dieu des combats à la paix (Arès, devenu Mars, Quirinus, puis Gradivus[2] et Silvanus), et de l'autre côté les époux tutélaires de l'Hyménée, Jupiter et Junon, conseillent la pensive Vénus, tournée vers eux, en faveur de leur fils[3]. Vénus et Junon sont seules déesses diadémées[4]. L'enfant, dans un vif et expressif mouvement, la tête renversée, retenant Vénus par les épaules, a mis la main au casque de Mars en cherchant le regard du dieu qui l'écoute et il le fait consentir à céder le premier. Les autres divinités assistent plus ou moins à ce spectacle.

D'où il résulte que : 1° un sujet domine les deux bas-reliefs ; 2° le principal personnage en est Mars avec l'Amour, et c'est par lui qu'on doit commencer, puis passer à Vénus, de droite à gauche des bustes (comme vont les figures de la zone zodiacale, non pas à Vesta, puis à Mercure)[5]. Cet ordre donne : Mars (B^1)[6], l'Amour (A^1), Vénus (A^2), Jupiter (B^2), Junon (C), Apollon (D^1), Minerve (D^2), Neptune (D^3), Vulcain (D^4), Mercure (D^5), Vesta (A^3), Cérès (A^4), Diane (B^3). Ces figures sont en symétrie d'équivalences, c'est-à-dire : d'une part, la triade de l'Amour avec deux groupes d'un dieu et une déesse et de l'autre, un tel groupe entre deux dieux et deux déesses, ou bien : trois dieux et trois déesses. — Les attributs (sceptres, foudre et lance modernes, trident, caducée) sont à gauche des personnages, sauf le carquois de Diane; au casque de Mars on voit des griffons et un cimier, à Vénus et Junon un diadème, à Apollon et Cérès une couronne d'étoffe, à Vulcain le bonnet.

1. Demoustier :
Dès que l'Hymen la touche...
Mais on voit naître de sa tige,
Une grâce enfantine, ...
Ou bien un jeune Amour sans carquois et sans ailes.
Ainsi les descendants des héros et des belles
De fleur en fleur sont venus jusqu'à nous.
(*Lettres à Émilie.*)
2. « Tralle molte etimologie del nome di Marte..... Mahara che vuol dire un campo di gramigna; e Festo in Gradivus dice : Gradivus Mars appellatur..... quia gramine sit ortus » (*Delle antichità di Ercolano*, t. VI, p. 67).
3. Dans la théogonie d'Hésiode, Arès-Mars était fils de Jupiter et Junon; ce furent les poètes latins qui contèrent comment Junon, irritée de la naissance de Minerve, conçut par Flore, en Orient, une fleur qui la fit mère de Mars.
4. Aphrodite et Héra rient ensemble d'Athéna, à propos de Marsyas.
5. Fröhner, *Notice de la sculpture antique*, p. 9 (2) et 12 (1) : « Je commence par elle, d'après une ancienne locution proverbiale : ἀφ' Ἑστίας ἄρχου. »
6. A signifie ici : n'a pas quitté le bassin; B : rapporté du bassin; C : peut-être du bassin; D : moderne.

Quant à la zone des signes, c'est bien par Vesta qu'il faut débuter pour compter les mois, qui sont de l'année julienne (ἀφ' Ἑστίας ἄρχου)[1], à rebours (de gauche à droite), mais non pas en désignant, près de Vesta, les emblèmes de Vulcain (19 septembre-18 octobre); avec les siens propres, la lampe et le capricorne (17 décembre-15 janvier), qui sont près de Neptune.

Les poissons avec les dauphins (15 février-16 mars) rappellent le premier mois des années de Romulus, consacré à Mars, et c'est vis-à-vis de celui-ci que Neptune est placé, le trident en face de l'Amour; entre ces dieux, il y a, de chaque côté, cinq des autres grandes divinités de l'Olympe.

Neptune et Vulcain sont tournés l'un vers l'autre, causant, et leurs épaules sont les seules juxtaposées, tandis qu'il y a fusion entre une de Vulcain et l'autre de Mercure, une de Vesta et l'autre de Cérès; l'épaule gauche de tous les autres personnages était sur la droite du suivant. Ce groupe convergent est la contre-partie, religieuse et artistique, du divergent avec l'Amour. Autrement dit : une religion renouvelée de l'âge d'or naîtra de la suprématie martiale des Romains sur la puissance des Grecs.

Entre Neptune et Minerve il existe un désaccord depuis que la déesse l'a emporté à Athènes sur le maître des luttes maritimes, non seulement avec l'olivier, mais aussi par les arts, par la pure intelligence, ce qui l'associe à Apollon[2]. Neptune boude et se détourne, tandis que Vulcain reste jaloux de Mars, échappé à son invisible filet; et voilà pourquoi ces dieux sont en aparté. Chez les Pélasges, dans la mythologie cabirique de Samothrace, Axiokersos le fécondateur (tel qu'Arès-Mars) est fils d'Axiéros (tel qu'Héphaïstos-Vulcain, puissant comme Zeus-Jupiter) et son épouse est Axiokersa (telle qu'Aphrodite-Vénus[3]). En pendant de Minerve, Mercure est, en même temps qu'associé à

---

1. Voir p. 403, n. 5. — D'ordinaire, les calendriers romains consacrent janvier à Junon, décembre à Vesta. Voir Saglio, *Dictionnaire des antiquités grecques et romaines*.
2. Apollon-Phébus, dieu de la lumière céleste, comme Vulcain du feu, et de qui Minerve eut Lychnos, lumière lustre, lampe des ténèbres terrestres.
3. Comme au VIIe siècle av. J.-C., sur le coffre de Cypsélus, consacré à Junon, c'est avec Vénus que Mars est sur les anciens bas-reliefs des douze dieux, grecs ou imités grecs, tandis que Minerve est avec Vulcain; exemple au Louvre : l'autel ou base de la salle du Tibre, *Catalogue sommaire*, n° 672, et Fröhner, *Notice de la sculpture antique*, n° 1, « calendrier rural grec ». Ennius ne les a pas séparés dans ses deux vers :

« Juno Vesta Minerva Ceres Diana Venus Mars
« Mercurius Jovi' Neptunus Vulcanus Apollo. »

C'est Homère qui a uni Vulcain à Vénus; de cette fable est née celle de la déesse trompant Vulcain avec Mars.

Vesta, en rapport avec Vulcain, parce que, comme Vesta est la déesse du feu, Vulcain est le dieu du feu.

Tout cela signifie que, quand l'harmonie sera née de Mars et Vénus, conseillés par Cérès et par Jupiter de céder à l'Amour, les derniers désaccords cesseront. Minerve s'entendra avec Neptune, Vulcain avec Mercure, Vesta avec Cérès, Diane avec Mars; tout l'Olympe voudra les bienfaits de la paix victorieuse et active autour des mariages heureux et féconds.

La disposition en sens contraire des bustes et de leurs emblèmes astronomiques produit certains rapports et certains échanges dont les astrologues pouvaient tirer des horoscopes, ou quelque autre parti énigmatique, pour le calendrier de chaque saison ; ainsi le capricorne de Vesta est à demi en poisson près de Neptune, tandis que les poissons et dauphins de Neptune sont près d'Apollon, comme pour signifier qu'auprès de Minerve il remplace le dieu marin. Le taureau de Vénus est derrière l'amant d'Europe ; les gémeaux sont groupés près de Vénus avec un vase, peut-être ici allégorique de l'Hyménée ; derrière Mars et l'Amour, le cancer (crabe[1]) peut indiquer que le dieu ne s'est pas désintéressé des mers, bien que Neptune se tienne encore à l'écart ; puis la tortue de Mercure et de Vénus rappelle que Mars est, comme Mercure et Pluton, un dieu de la mort et de la vie, de la vie par la mort ; et près de Mercure on voit le scorpion avec le loup[2] de Mars ; derrière la chasseresse Diane à côté du dieu guerrier, le lion de Jupiter ; derrière Cérès, la vierge aux flambeaux, qui a passé près de la déesse du feu, et derrière Vesta est le pileus de Vulcain, tandis que près de Vulcain est la lampe de Vesta. La balance est tenue par un enfant ressemblant à l'Amour, qui la fait pencher vers Mars, et de même le jeune sagittaire décoche sa flèche vers Vénus, pendant que le paon fait la roue et regarde derrière lui, vers Junon près de Vénus. L'Amour n'a pas d'ailes comme Mars et Vénus n'ont pas de tendresse, mais Mars est entre les ailes éployées de l'aigle et de la tortue, allusion au bonheur divin qui va renaître avec l'essor psychique de l'enfant.

M. Fröhner crut voir au fond du labrum des traces d'aiguilles et de lames d'un cadran solaire. On disait jadis qu'il avait servi d'autel astrologique, et naguère cette opinion a paru justifiée par de petites cavités au circuit du fond, dont le centre est marqué par un petit creux ; le liquide des sacrifices ou liba-

---

1. Ailleurs, on voit Mars avec une écrevisse.
2. Ou « la louve » (selon M. Fröhner).

tions se serait écoulé par là ; ce n'est pas la vérité. Les cavités étaient au nombre de dix (une est supprimée, devant Minerve); ce sont de simples entailles, n'ayant que quelques millimètres de profondeur et de largeur; variées en longueur, de deux à quatre centimètres. Le dessous du monument, horizontal, n'est percé que du trou d'un goujon pour fixer le marbre sur un support; profond seulement de six centimètres, sur la hauteur de seize[1]. Il me semble qu'on pouvait insérer dans ces cavités les pieds du bas circulaire d'un appareil astrologique[2], cadran solaire spécial, ou réchaud d'un vase à libations, ou à fumées de parfums, accessoire d'un autel pythonien, etc. En tout cas, l'ensemble des bas-reliefs constituait probablement un calendrier de Mars pour l'Hyménée ou la réconciliation des amants par l'enfant, selon un rite rappelant, plus ou moins, ceux des Cabires[3].

Il reste à savoir si ce marbre, où l'année julienne est en contraste avec celle de Romulus, est postérieur à Jules César. A considérer le caractère des sculptures, on peut le croire moins ancien, du IIe siècle de J.-C., sous les Antonins.

Jules César mit en vogue les amours de Mars, père de Romulus, et de Vénus, mère d'Énée, l'ancêtre de sa famille; dans les temps qui suivirent, les Latins en multiplièrent les représentations romanesques. On en trouve plusieurs parmi les peintures de Pompéi gravées dans le *Museo Borbonico*[4], à rapprocher du groupe statuaire du Casino Borghèse. Une d'elles, réduite ici de moitié (fig. 3), offre une scène semblable à celle de Gabies : le raccommodement

---

1. Le dessous du bassin a été martelé lors de la restauration; peut-être, au lieu d'être plan, avait-il la forme conique des bassins égyptiens cités à la première page de cette étude, et devant être placés sur de larges supports. — Le filet qui limite la partie principale, polie, du fond de la cuvette, à 0^{m}05 de son circuit, est net devant le groupe de l'Amour, et se réduit ensuite à un tracé, qui à gauche va se perdant. Derrière, l'intervalle n'est pas soigné, comme devant être caché par un objet circulaire. Les entailles ne sont pas nettes : elle sont placées, en commençant par Vénus, sous l'épaule droite des bustes, sauf pour Diane (sous la gorge). Largeur de la 1re entaille : 0^{m}025; de la 2e : 0^{m}025; de la 3e (présumée) : 0^{m}025; de la 4e (à demi disparue) : 0^{m}02; de la 5e : 0^{m}025; de la 6e : 0^{m}02; de la 7e : 0^{m}04; de la 8e : 0^{m}04; de la 9e : 0^{m}025; de la 10e : 0^{m}035. Au centre du bassin, un minuscule creux de 0^{m}03. — Voir : Saglio, *Dictionnaire des antiquités grecques et romaines* : « *Ara* et *Focus* »; Montfaucon, *L'antiquité expliquée*, t. II, chap. II à IV (autels, trépieds, instruments), et p. 139, 140, pl. XCIII, 5, LV, 2; Clarac, *Musée de sculpture*, pl. LIX, 553^c, 823; et au Musée du Louvre : *à la Céramique antique*, salle A, au fond à gauche, sept personnages (mithriaques?) et un enfant autour d'un creux, et salle L, vitrine A, n° 56, trois vases de la Grèce, *aux Bronzes*, vitrine des balances, etc., trois petits trépieds, surmontés de disques.

2. Avec une courte pointe au centre du disque.

3. C'est sous l'égide de Mars que se faisaient les mariages romains. Pas de noces quand les anciles, gardées par les prêtres saliens, étaient hors du temple de ce dieu. La fiancée était *sub hasta;* on peignait ses cheveux avec une pique, *hasta caelibaris*, etc. (Montfaucon, *L'antiquité expliquée*, t. III, ch. VI).

4. *Museo Borbonico*, t. I, pl. XVIII; t. III, pl. XXX et XXXVI (ci-dessus reproduite); t. VIII, pl. XX; t. IX, pl. IX; t. X, pl. XL.

de Vénus et Mars ; mais ce n'est plus le dieu, c'est la déesse que l'Amour veut persuader.

Sans doute le jeune et beau guerrier, encore farouche, avait déplu à la gracieuse jeune femme en voulant la conquérir d'emblée, mais l'enfant lui a promis une revanche. Mars attend, en apparence impassible ou distrait, mais soucieux, assis, presque nu, armé ; Vénus, debout, la main droite sur la hanche, hésite, avec son mauvais génie à gauche. Du côté de Mars, Éros, monté sur son grand bouclier, les ailes déployées, pousse la déesse par l'épaule et le bras pour la décider, tandis qu'Antéros, aussi ailé, cherche à l'em-

Fig. 3. — Peinture de Pompéi.

mener, la prenant par le cou, loin de la froideur de son amant. Elle, diadémée et parée, presque demi-nue, avec une tunique transparente et décolletée, le manteau autour des jambes et sur l'épaule et le bras gauches, arrête ce mutin par le poignet et avance un pied, près de céder, comme Mars cède sur le bas-relief circulaire.

L'analogie entre le sujet de cette peinture et celui de notre monument peut les faire croire contemporains, entre Auguste et Titus ; ce fut deux mois après l'avènement de cet empereur, le 23 août 79, que Pompéi disparut. Mais la ville de Gabies, importante au IIIe siècle av. J.-C., sous Tarquin le Superbe, était délaissée sous Auguste ; elle redevint prospère au IIe siècle. Dans ces conditions, il me semble qu'on peut attribuer le bassin des douze dieux, avec le zodiaque, au règne d'Hadrien, le prince sculpteur, passionné des arts et des sciences, qui s'occupa de magie, eut pour familier Antinoüs et voyagea en Égypte.

Sous Hadrien, l'union de Mars avec Vénus revint des scènes de genre au caractère religieux qu'elle avait en Grèce ; c'est ce que nous montrent deux statues assemblées, au Louvre[1], ainsi que d'autres groupes romains[2] imités du type du Mars Borghèse ou Thésée en Mars, jadis dit Achille[3], et du prototype de la Vénus de Milo. Vénus n'y figure pas après Mars, à sa gauche, comme sur le monument d'invention romaine dont il s'agit et dans certaines compositions de la même époque, ou bien archaïsantes[4]; elle est à sa droite, tournée vers lui, le pied gauche élevé, le manteau retenu par la cuisse. C'est ainsi que Phidias dut sculpter l'Aphrodite céleste avec le pied sur une tortue, dont la nôtre ailée est une descendante; déjà la charmante déesse était mariée par Éros au terrible Arès[5].

En résumé : 1° La triade divine est le sujet du bas-relief circulaire de Gabies et l'enfant ardent l'explique : esprit mystique de vie et de résurrection qui change la direction de Mars et qui de deux âmes désire faire une puissance de douceur triomphante, supérieure à la force naturelle et à la beauté de la grâce; 2° Le bassin a pu être un autel pythonien, muni d'un appareil astrologique, en ressouvenir des Cabires, et il était consacré à Mars.

1. Salle de Septime Sévère, *Catalogue sommaire*, n° 1009; Clarac, *Musée de sculpture*, pl. 326, n° 1431.
2. Voir Clarac, *Musée de sculpture*, pl. 634; Salomon Reinach, *Répertoire de la statuaire grecque et romaine*, t. I, pl. 346.
3. Rotonde de Mars, *Catalogue sommaire*, n° 866.
4. Exemples : S. Reinach, *Répertoire*, t. I, p. 543 et 547 (Mariage romain). D'autre part, l'autel triangulaire des douze dieux au Louvre. Clarac, pl. 172 à 174; Fröhner, n° 1; *Catalogue sommaire*, n° 672.
5. Comme fut probablement la Vénus de Milo, quoi qu'on dise encore à l'encontre; c'est une probabilité, dont la négligence d'exécution, à gauche du visage et de la draperie, est un indice positif. — Félix Ravaisson, *La Vénus de Milo* (*Mémoires de l'Académie des inscriptions et belles-lettres*, 1892, libr. Klincksieck). — Voir le *Bulletin de la Société nationale des Antiquaires de France*, 1898, p. 272 et 287. — Les plus récents écrivains d'autorité sur la Vénus de Milo ne sont pas d'accord; ainsi, M. Collignon déclare qu'elle était seule (*Histoire de la sculpture grecque*, t. II), bien qu'il eût cru d' « une grande force » l'opinion contraire (*Manuel d'archéologie grecque*, p. 200), et, selon M. Salomon Reinach, la déesse serait Amphitrite avec Neptune (*Recueil de têtes antiques; Gazette des beaux-arts*, 1903).

LES « EMPIRIENS »

Par M. Ulysse Robert

Membre résidant.

On sait que les députés aux États généraux de Tours, en 1484, avaient énergiquement réclamé la réformation de la justice. Alors, comme aujourd'hui, on se plaignait non sans raison des lenteurs judiciaires et de l'énormité des frais de procédure. Les causes de ces lenteurs étaient dues, d'une part, à la multiplicité des affaires portées devant le Conseil; d'autre part, aux fréquents déplacements de la Chancellerie, qui accompagnait partout le roi ; enfin aux nombreux intermédiaires qui, depuis le « greffier au sac » jusqu'au Chancelier, vivaient du malheureux plaideur.

Ce n'est pas ici le lieu de reprendre une question sur laquelle le dernier mot a été dit par notre confrère M. Valois. Je voudrais seulement, à la nomenclature des hauts et bas officiers de justice bien connus, ajouter une autre catégorie de parasites tout à fait ignorée et dont, par une coïncidence bizarre, l'éclosion se produisit au moment même où se poursuivait cette œuvre de réformation tant désirée. Ils se nommaient « empiriens ».

Quelle est l'étymologie de cette qualification qu'ils s'étaient spontanément attribuée? Et quelle en est la signification? C'est en vain que j'ai demandé celle-ci à nos anciens glossaires et à nos meilleurs lexicographes. Quant à celle-là, je n'ose pas risquer l'hypothèse qu'elle aurait été empruntée au mot grec ἐμπειρία, que nous traduisons par « expérience » et dont nous avons fait « empirisme ». Car l'expérience suppose une certaine étude; or, les « empiriens » ne se livraient jamais à d'autre étude qu'à celle qu'ils faisaient de la... crédulité humaine.

Qu'était donc cette corporation de juristes? Un très intéressant document que j'ai récemment découvert aux Archives nationales va nous l'apprendre, avec une abondance de détails auxquels il serait tout à fait dommage de rien changer.

Elle se composait de quatre-vingts à cent membres environ, jeunes pour la plupart. S'ils avaient des maîtres, on ne les connaissait pas. Ce qu'on savait bien, c'est qu'ils étaient sans aveu. Il leur eût d'ailleurs été difficile de faire preuve d'aptitudes quelconques, puisqu'il fut constaté que ceux qui savaient lire, écrire ou « besongnier » étaient l'exception; encore leurs notions en ces matières étaient-elles plus qu'élémentaires. Par contre, ils étaient tous dissolus, joueurs, paresseux et malhonnêtes. A Paris, ils pouvaient donner libre cours à leurs vices; il ne leur était pas aussi aisé de tirer parti de leur science.

Ils eurent l'idée ingénieuse d'aller opérer dans les provinces et celle, pas banale du tout, de se donner comme attachés à la Maison du roi et à la Chancellerie; ils avaient soin de devancer quelque peu le cortège toujours considérable du souverain. Partout où ils passaient, ils faisaient sonner bien haut leurs relations, soit avec Charles VIII lui-même, soit avec les princes, soit au moins avec le chancelier Guillaume de Rochefort.

C'est surtout aux portes des villes et sur les chemins que devait suivre la cour qu'ils étaient assurés de trouver une clientèle confiante et lucrative. Dans la foule nombreuse qui se pressait pour contempler les magnificences royales et les puissants du jour, il ne manquait pas de gens venus afin de présenter des placets, des mémoires judiciaires ou de solliciter des lettres de provision d'offices. Les « empiriens » étaient là à propos pour mettre leur influence à la disposition de ces gens-là. Un tel était notaire, un autre secrétaire; tous avaient plus que le crédit suffisant pour faire aboutir n'importe où et à bref délai les affaires les plus délicates, les plus compliquées. Comme on espère volontiers ce que l'on désire, les naïfs se laissaient prendre à leurs « parolles deceptives et piperies » et leur remettaient leurs mémoires, trop heureux d'avoir rencontré quelqu'un qui voulût bien prendre leur cause en main. S'agissait-il de lettres closes, les « empiriens » consentaient également à s'en charger. Ou bien l'un d'eux était le clerc du personnage à qui elles étaient adressées, mais qui précisément, par une sorte de fatalité, ne faisait pas, ce jour-là, partie de la suite du roi; ce qui n'empêcherait pas les lettres de parvenir à leur destination; ou bien encore il arrivait qu'un complice était le personnage en question.

Naturellement, ils disaient ne rien exiger pour leurs bons offices; avec un Chancelier aussi intègre et aussi sévère que Rochefort, ils ne voulaient pas s'exposer à perdre leur situation en acceptant la moindre rémunération ou le plus petit présent. Mais il leur était nécessaire de débourser certaines sommes pour payer soit les rapporteurs, soit les frais de sceau, de signature et d'enregistrement. Et les intéressés de satisfaire aussitôt à une demande aussi légitime.

Est-il besoin d'ajouter que, le plus souvent, les « empiriens » se hâtaient de disparaître, se « latitaient », comme dit le document, emportant mémoires et argent, et que le tout était perdu pour le crédule client?

Cependant, parmi eux, il y en avait de relativement honnêtes. Ceux-ci, qui avaient, on ne dit pas comment, pu s'introduire à la Chancellerie, faisaient expédier, au lieu de provisions de grâce ou de justice, des lettres communes dépourvues de toute valeur. D'autres y pénétraient en bande, se bousculaient affairés, interpellaient les secrétaires et les clercs, leur faisaient faire des recherches dans les fameux coffres et bahuts qui suivaient le Grand Conseil, et, pendant qu'ils les mettaient sur les dents, ils soustrayaient des lettres scellées, les « rasuraient » au profit de leurs clients; enfin, s'ils ne pouvaient utiliser ces lettres, ils s'en servaient comme de modèles pour contrefaire à l'occasion la signature des maîtres des requêtes et des rapporteurs.

Grâce à toutes ces pratiques, les « empiriens », considérés ainsi que des officiers de marque, avaient su inspirer la confiance générale. Ils avaient pour la plupart réussi à se procurer bon gîte, bon couvert et... « utencilles sans en riens païer ». Bref, leurs méfaits de toute sorte finirent par atteindre des proportions telles qu'il en résulta de véritables scandales et surtout « vitupere et « derrision de la justice. » Des plaintes furent portées à la Chancellerie, qui se vit obligée de mettre un terme aux agissements des « empiriens ».

Par une ordonnance datée de Melun, le 8 décembre 1485, Charles VIII prescrivit que désormais les lettres patentes ou autres provisions seraient faites par les seuls notaires et secrétaires agréés d'ancienneté; que l'entrée de la Chancellerie serait rigoureusement interdite aux « empiriens » et aux clercs qui ne pourraient justifier de répondants sérieux. Défense était faite aux notaires et secrétaires de signer ou d'expédier, aux audiencier et contrôleur de la Chancellerie de recevoir aucun acte émané d'eux, et ce sous peine de privation de leurs gages pendant un mois.

Guillaume de Rochefort était chargé de l'exécution de cette ordonnance, et il était enjoint au prévôt de l'Hôtel de faire annoncer à son de trompe et « cry public » que les « empiriens » et autres exploiteurs de leur espèce eussent à s'éloigner de la cour et de la Chancellerie, dans un délai de trois jours, s'ils ne voulaient être passibles de châtiments corporels[1].

Il semble que cette tentative d'épuration ne fut pas sans quelque succès, car les registres du Grand Conseil sont muets, au moins pendant un temps, sur le compte des « empiriens ». Mais, ainsi que le phénix, ils ont su renaître de leurs cendres; ils ont changé de nom et ne sont plus seulement quatre-vingts ou cent : ils sont légion.

[1]. Ce qui précède est l'analyse des lettres patentes de Charles VIII conservées dans le premier registre du Grand Conseil, V⁵ 1040, fol. 173.

TESSÈRE INÉDITE

PORTANT LES NOMS DE

ZÉNON ET ODOACRE

Par M. Gustave Schlumberger

Membre résidant.

J'ai acquis dernièrement, de MM. Rollin et Feuardent, une tessère entièrement inédite, tessère de bronze incrusté d'argent, qui présente le plus haut intérêt. Elle mesure dix-huit millimètres de largeur sur quinze de hauteur. Sur chaque face figure une inscription niellée gravée sur trois minces rubans d'argent superposés incrustés dans le métal de la tessère.

Au droit, l'inscription est ainsi conçue :

SALVO DN ZEN
ONE ET DOMNO
ODOVACRE

Salvo d(omino) n(ostro) Zenone et domno (sic) *Odovacre.*

Au revers, on lit :

SYMMACHVS
VC PRAEF ·
VRBI FECIT

Symmachus v(ir) c(larissimus) praefectus Urbi fecit.

Cette charmante tessère est du genre de celles dont tous les exemplaires connus (sauf deux ayant appartenu à Rascas de Bagarris et publiés depuis par M. Mowat[1]) ont été réunis par M. H. Dressel dans le *Corpus inscr. lat.*, t. XV, 2, 1, p. 887 et suiv., n°ˢ 7106-7124, sous le titre : *Tesserae monumentorum et tesserulae nominibus virorum laudabilium inscriptae*. L'importance de ces petits monuments, a dit fort bien M. Mowat, dont je n'ai qu'à reproduire les explications très précises, tient à ce qu'ils sont inscrits aux noms des plus grands personnages de Rome et de l'Empire aux iv° et v° siècles. Leur forme et la disposition des minces rubans d'argent portant les légendes gravées et niellées sont constamment analogues. Le poids des exemplaires connus varie de 3 gr. 92 maximum à 2 gr. 97 minimum[2]. Toutes celles connues jusqu'ici portent les noms de préfets de la Ville ou du Prétoire. On a pris ces petites tablettes tantôt pour des *apophoreta*, tantôt pour des *exagia* monétaires, — et M. Babelon a encore maintenu cette opinion dans l'article consacré par lui à ces monuments et à d'autres en apparence assez voisins, dans le *Dictionnaire des antiquités grecques et romaines*, t. III, p. 873 et suiv., — tantôt encore pour des poids représentant la *sextula*, soixante-douzième de la livre romaine, tantôt enfin pour des *tesserulae aedificiorum*, destinées à être noyées dans la maçonnerie des monuments en construction ou en réparation, comme on le fait encore de nos jours en murant des pièces de monnaies dans les fondations. C'était l'opinion de Caylus; elle a été reprise en dernier lieu par Borghesi et par J.-B. de Rossi[3], qui a fait valoir un argument décisif : « Nulla hanno di « comune, coi pesi monetali, *nè in esse è stata mai notata alcuna delle cifre nume-* « *riche, che giammai mancano nelle vere exagia.* »

M. Mowat fait observer encore qu'on ne voit jamais sur ces tessères d'effigies impériales comme sur les *exagia* monétaires, auxquels on a cru pouvoir les assimiler et dont le poids moyen est de 4 gr. 20; de plus, on ne connait aucune monnaie du iv° au v° siècle correspondant à un poids nominal compris entre les limites extrêmes de ces tessères : 2 gr. 97 et 3 gr. 92. Ce sont donc bien des *tesserulae aedificiales* participant de la nature des *apophoreta*, en ce sens que, lors de la dédicace d'un monument, les unes étaient placées

---

1. *Bulletin de la Société nationale des Antiquaires de France*, 1900, p. 276 et suiv. — Les deux tessères dessinées par Rascas de Bagarris et reproduites par M. Mowat ne formeraient-elles pas les deux faces d'un seul et même monument?
2. La tessère que je publie aujourd'hui pèse 3 gr. 70 environ.
3. *Bullettino dell' Instituto di corr. arch.*, 1886, p. 125.

dans les fondations, les autres peut-être remises à titre de souvenir aux personnages convoqués à cette cérémonie.

La tessère que je publie aujourd'hui[1] a ceci de bien intéressant qu'elle porte les noms réunis de l'empereur d'Orient Zénon et du roi des Hérules Odoacre, devenu, à partir de l'an 477, patrice d'Occident sous la suzeraineté nominale de Byzance. Elle est, en outre, datée des environs de l'an 485 par la présence sur la face opposée du nom du préfet de la Ville, Q. Aurelius Memmius Symmachus, qui fut le consul ordinaire pour cette année[2]. On sait que ce Symmachus, arrière-petit-fils du grand orateur du siècle précédent Q. Aurelius Symmachus Eusebius[3], fut l'intime ami de Boëce, auquel il donna en mariage sa troisième fille Rusticiana. De ce mariage naquit un autre Symmachus qui fut consul en 522[4]. Le nôtre fut mis à mort à Ravenne, par ordre de Théodoric, en 526. Il fut le premier de sa famille à embrasser la religion chrétienne. La tessère que je publie aujourd'hui indique qu'il avait été non seulement consul, mais aussi préfet de la Ville[5]. Ce fait nous est confirmé par deux inscriptions concernant le même personnage, qui sont gravées sur les sièges de l'amphithéâtre Flavien, autrement dit le Colysée à Rome[6].

Aucune des *tesserulae* publiées jusqu'ici ne porte des noms aussi illustres que celle que je viens d'acquérir : Zénon, empereur d'Orient, Odoacre, patrice ! J'attire l'attention sur la forme *Odovacre*, de l'orthographe du nom du roi des Hérules. C'est bien l'*Odovacar* germanique. C'est l'orthographe qui figure sur tous les monuments du temps.

---

1. Je l'ai présentée à l'Académie des Inscriptions dans la séance du 20 février 1903, *Comptes-rendus des séances de l'année 1903*, p. 81.
2. Voir J.-B. de Rossi, *Inscr. christ. Urbis Romae*, I, p. 390 et 433, et V. de Vit, *Onomasticon*, I, p. 621 et 623.
3. V. de Vit, *Onomasticon*, I, p. 621 et suiv., où sont passés en revue les divers Q. Aurelii Symmachi.
4. *Ibid*. — Le nom d'un quatrième Symmachus, Anicius, figure précisément sur une des deux tessères publiées par M. Mowat, d'après les dessins de Rascas de Bagarris.
5. On sait que ces deux fonctions étaient d'ordinaire simultanées.
6. *Corpus inscr. lat.*, t. VI, p. 3199 et suiv., n°s 32162 et 32182 : *Q. Aurelii Symmachi viri clarissimi praef. Urbi et consulis ordinarii*; cf. *Ibid.*, p. 3222.

LA DÉDICACE

DE

L'ÉGLISE ABBATIALE DE MÉOBECQ

EN 1048

(Planches XX-XXI)

Par M. Henri Stein

Membre résidant.

Une charte apocryphe, sous forme de copie du xvie siècle, que l'on conserve aux archives départementales de l'Indre[1], déclare que Dagobert Ier, fils de Clotaire, fut le fondateur de l'abbaye de Méobecq au diocèse de Bourges[2].

Cette origine fabuleuse, qui ne repose sur aucune preuve sérieuse[3], est rappelée également dans un acte authentique, de beaucoup postérieur au premier, qui constate la dédicace de l'église Saint-Pierre de ladite abbaye, ainsi que la confirmation de l'immunité du bourg par l'archevêque de Bourges Aimon, sous le règne de Henri Ier (3 septembre 1048).

Publié pour la première fois par M. Eugène Hubert, en 1899, avec quelques légères inexactitudes[4], ce dernier document existe en original, non aux archives de l'Indre, où le fonds de Méobecq est d'ailleurs assez pauvre, mais chez Mme la comtesse de Lambert. Avec l'autorisation de M. l'abbé Laurent, actuellement curé-doyen de Buzançais, et grâce à la médiation fort gracieuse de M. Balsan, ancien député, nous pouvons donner une reproduction fidèle de l'acte de 1048 (Pl. XX-XXI).

---

1. Sous la cote H. 281. Cf. Labbe, *Alliance chronologique*, II, p. 413 ; — Pardessus, *Diplomata*, II, p. 19 ; — et *Revue du Berry*, 1899, p. 83-90.
2. L'acte porte, par erreur, la date de 532 (au lieu de 632).
3. C'est une fabrication du xie siècle, sans doute antérieure de fort peu à 1048.
4. *Revue du Berry*, 1899, p. 166-167. — L'erreur la plus grave porte sur la date : il a été imprimé fautivement *mille XLIII* au lieu de *mille XLVIII*, mais l'analyse la donne exactement.

Il mérite cette publicité. Les actes de cette nature, contemporains du règne de Henri Ier, sont rares en originaux ; et il ne sera plus possible désormais d'infirmer son authenticité, sur laquelle M. Hubert n'avait pas paru vouloir se prononcer très nettement. Et si le récit de la fondation de Méobecq au VIe siècle, le pèlerinage de Sigiramnus à Rome et son entrevue avec le pape[1], la remise et l'apport des reliques de saint Pierre[2] en Berri peuvent être rejetés au nombre des pures légendes, il n'est pas douteux que la dédicace de l'église de cette abbaye bénédictine eut lieu en 1048. Là, comme ailleurs, les moines ont voulu faire remonter l'origine de leur maison à une époque très ancienne, et ils ont tenté de donner une origine romaine et particulièrement précieuse à leurs reliques : n'oublions pas que le XIe siècle est le siècle de la fraude par excellence, en matière de fondations pieuses[3].

L'acte de 1048 fait partie de ce genre de documents qu'on appelle *notice* (*notitia*) et qui étaient fort en usage dans le haut moyen âge. Il se distingue très aisément des chartes et diplômes proprement dits[4]. Ce sont bien aussi des actes destinés à conserver le souvenir d'un événement mémorable et à faciliter éventuellement la preuve de la réalité de cet événement, mais les formules de notification et de souscription diffèrent essentiellement ; du moins les règles de chancellerie, plus tard absolues, n'y sont que partiellement et insuffisamment observées. C'est ce qui explique pourquoi, dans cet acte relatif à Méobecq, il y a absence complète de témoins mentionnés, malgré la présence certaine d'ecclésiastiques accourus, le 3 septembre 1048, pour assister, en pleine forêt de Brenne, à la dédicace de l'église abbatiale[5]. Au contraire du diplôme solennel, la *notice* aura été rédigée après l'événement accompli, après le départ de ceux qui auraient été désignés pour servir de témoins.

Mais si, comme l'écrivait Giry[6], la critique doit toujours s'appliquer à

1. Nos efforts pour retrouver dans les très anciens documents tourangeaux un archidiacre du nom de Sigiramnus sont restés vains. — Quant au pape, il s'appelait alors Honorius, originaire de Campanie, et on ne voit guère la signification de ces mots : « Cui gallus nomen inerat ».
2. Il n'en est aucune mention dans le procès-verbal de visite qui fut fait de l'abbaye de Méobecq en 1673 (Archives de l'Indre, II. 310).
3. Il n'y a rien à tirer d'une très insignifiante *Histoire de l'abbaye de Méobecq*, par C. Gaudon, parue dans la *Revue du Centre*, IX (1887), p. 76-91, 190-200, 300-318, 419-427, 565-572, et X (1888), p. 21-31, 109-119, 312-320, 346-357, 478-481 et 543-553.
4. Cf. H. Brunner, *Carta und notitia* (*Commentationes philologicae in honorem Th. Mommseni*, 1877, p. 570).
5. Malgré une démolition partielle, l'église actuelle (paroissiale) de Méobecq possède, surtout dans le chœur, un aspect roman d'une très grande pureté de style, qui l'a fait admettre au nombre des monuments historiques. On y trouve des traces apparentes de peintures murales du XIIe siècle.
6. *Manuel de diplomatique*, p. 816.

déterminer l'autorité de ce genre de documents, on nous saura gré de donner ici un fac-similé, auquel nous joignons une lecture aussi exacte que possible. A la suite, on trouvera une bulle d'Alexandre III (1174) relative aux possessions de la même abbaye de Méobecq; elle nous vient de la même source que la pièce qui précède et parait inconnue aux bullaires et aux recueils d'actes pontificaux.

Notice de la dédicace de l'église abbatiale de Méobecq.
(3 septembre 1048.)

A. Ω. Cum primum fides catholica per mundum divulgari mentesque humanas divini sermonis messe dulces ex amaris cepit efficere, multas per orbem æcclesias fidei nove cultores ferventissimi memorantur construxisse, constructis proprias res vel predia jure hereditario consessisse, dein sub trifarii ordinis sancta castissimaque commisisse, hos igitur, in quantum potuit, sanctus suis temporibus imitatus est SIGIRAMNUS æcclesiæ turonicæ urbis insignis archidiaconus, qui propter plurimas quas diversis in locis, presenti etiam loco qui Milebeccus dicitur, regnante Dagoberto, Clotarii filio, solam in honore sancti PETRI APOSTOLI construxit æcclesiam, magnitudine quidem operis humilem sed virtutum incremento mirabiliter altam. Nam postquam vir sanctus eam juxta pre titula tummodum fundavit, missis ad serviendum monachis, Romam peregrinus adiit, ubi a romano papa, cui gallus nomen inerat per ordinem narravit qualiter in Aquitaniæ partibus parvum in honore sancti PETRI oratorium construxisset, ad cujus opus de reliquiis ejusdem sancti apostoli cujus esset aliquid sibi pie concedere deberetur, qui precibus famuli Dei benigniter, Deo inspirante, annuens subnotatas ei visus est dedisse reliquias, rasorium scilicet sancti Petri, forpices et cultellum cum vagina, necnon et altare super quod summus ille apostolus sacrum probatur sepius celebrasse misterium, sed et etiam brevissimas barbe vel capillorum recisiones que utique omnia Sigiranno sanctus Roma gratanter detulit delataque loco huic honestissime commisit, ubi, remota omni dubietate, adhuc esse populus fidelis non ambigitur, sed succedente nova majorique quam sancti SIGIRAMNI fuit æcclesia, adest ad ejus presentem dedicationem diversus e diversis locis populus; adest monachorum clericorumque seu sanctimonialium non minima multitudo; adsunt etiam episcopi, inter quos supereminet noster provincialis pontifex, pater scilicet AIMO qui, utique ad honorem æterni sponsi, sponse suæ hæc dotem contulisse cernitur talem, ut nullus sit qui intra vicum ipsius prosequi aliquem presumat, non hostis hostem invadat, nullus prepotens vir per vim aliquid rapiat, nemo tandem alicui vim vel injuriam omnino inferre audeat, peregrini quoque securum veniendi ad æcclesiam hanc ac redeundi iter habeant, ut quicunque ad apostolum et amicum Dei fideliter venerint nullomodo hostem vel inimicum sentiant. Corroborat autem dotalicium hoc isdem gloriosus antistes sed et episcopi qui cum eo sunt dulcissime benedicentes omnibus honorem ei vel reverentiam prestantibus, contra amarissime maledicentes cunctis ei violentiam inferentibus, ita ut sanctæ matris æcclesiæ introitum omnimodo perdant, cum christianis consorcium non habeant donec æcclesiç cui peccaverunt satisfaciant, destructa reedificent, rapta reddant, culpas tandem sacrilegii penitus pœnitendo diluant.

FACTA EST AUTEM DEDICATIO ÆCCLESIE SANCTI PETRI HUJUS MILLEBECCENSIS III° NONAS SEPTEMBRIS, DIE SABBATI, LUNA XXI, AB INCARNATIONE QUOQUE DOMINI MILLE. $\overline{XL}$. VIII. ANNIS PERACTIS. REGNANTE HENRICO REGE FRANCORUM NECNON AIMONE PRESULE BITURICAS IN CIVITATE FELICITER PRESIDENTE.

[A droite, notes tironiennes défigurées par un scribe ignorant, et où il semble qu'on puisse lire : AMEN.]

Bulle d'Alexandre III confirmant les possessions de l'abbaye de Méobecq.
(11 janvier 1174.)

Alexander episcopus, servus servorum Dei, dilectis filiis Petro abbati monasterii Sancti Petri Millebeccensis ejusque fratribus tam presentibus quam futuris regularem vitam professis, in perpetuum. Quotiens illud a nobis petitur quod religioni et honestati convenire dinoscitur, animo nos decet libenti concedere, et petentium desideriis congruum impertiri suffragium. Eapropter, dilecti in Domino filii, vestris justis postulationibus clementer annuimus, et prefatum monasterium in quo divino mancipati estis obsequio, sub beati Petri et nostra protectione suscipimus, et presentis scripti privilegio communimus, in primis siquidem statuentes ut ordo monasticus, qui secundum Deum et beati Benedicti regulam in eodem loco noscitur institutus, perpetuis ibidem temporibus inviolabiliter observetur. Preterea quascumque possessiones, quecumque bona idem monasterium inpresentiarum juste et canonice possidet, vel in futurum concessione pontificum, largitione regum vel principum, oblatione fidelium seu aliis justis modis prestante Domino poterit adipisci, firma vobis vestrisque successoribus et illibata permaneant, in quibus hec propriis duximus exprimenda vocabulis, locum ipsum in quo prefatum monasterium situm est cum omnibus pertinentiis suis; ecclesiam sancti Hylarii de Nobiliaco[1] cum capella sancti Johannis Millebeccioli et capella sancti Maximi de Clasia[2] et aliis pertinentiis suis; ecclesiam sancti Letanciani de Nuriaco[3] cum pertinentiis suis; ecclesiam sancti Martini del Croor[4] cum pertinentiis suis; ecclesiam sancti Stephani de Vendopera[5] cum capella sancte Marie de Clasia[6] et aliis pertinentiis suis; ecclesiam sancti Petri de Magniaco[7] cum pertinentiis suis; ecclesiam sancti Petri de Poligniaco[8] cum capella sancti Petri de Benevento[9] et

1. Neuillay-les-Bois, canton de Buzançais (Indre).
2. La Claise, commune de Neuillay-les-Bois. — Quant à la chapelle Saint-Jean, on en retrouve les traces, ainsi que d'un cimetière, près du domaine voisin de Mébouchet.
3. Nuret-le-Feron, cant. de Saint-Gaultier (Indre).
4. Le Creux, comm. de Chasseneuil, cant. d'Argenton. Le chef-lieu de la commune (patron Saint Martin) fut transféré à Chasseneuil au xv⁵ siècle.
5. Vendœuvres-en-Brenne, cant. de Buzançais.
6. N'existe plus.
7. Migné, cant. de Saint-Gaultier (Indre).
8. Pouligny-Saint-Pierre, cant. du Blanc (Indre).
9. Bénavent, comm. de Pouligny-Saint-Pierre.

aliis pertinentiis suis; ecclesiam sancte Marie de Gallovaro[1] cum pertinentiis suis; ecclesiam sancti Martini de Ochis[2] cum capella de Cornu[3] et capella sancti Nazarii[4] et aliis pertinentiis suis; ecclesiam sancti Christofori de Casellis[5] cum omnibus pertinentiis suis; ecclesiam sancti Martini de Villagongis[6] cum omnibus pertinentiis suis; ecclesiam sancti Petri de Monasteriolo[7] cum omnibus pertinentiis suis; ecclesiam sancti Petri de Abiliaco[8] cum capella sancti Johannis[9] et aliis pertinentiis suis; ecclesiam sancte Marie de Busenciaco[10] cum omnibus pertinentiis suis; ecclesiam sancti Stephani[11] cum capella sancti Honorii martiris[12] et capella sancti Lazari[13] et aliis pertinentiis suis; ecclesiam sancti Petri de Ugnia[14] cum pertinentiis suis in episcopatu Turonensi; ecclesiam sancti Mauricii de Evia[15] cum omnibus pertinentiis suis; ecclesiam sancti Senoch[16] cum omnibus pertinentiis suis; ecclesiam sancti Petri de Partiaco[17] cum capella sancte Marie de Valle Raer[18], et aliis pertinentiis suis; ecclesiam sancti Romani de Troguis[19] cum omnibus pertinentiis suis; ecclesiam sancti Petri de Magun[20] cum capella sancti Johannis et aliis pertinentiis suis; ecclesiam sancti Petri de Insula Bucchardi[21] cum omnibus pertinentiis suis; ecclesiam sancti Mauricii de Insula Bucchardi[22] cum omnibus pertinentiis suis; ecclesiam sancti Petri de Brisaico[23] cum omnibus pertinentiis suis; ecclesiam sancti Petri de Casellis[24] cum omnibus pertinentiis suis. Sepulturam quoque ipsius loci liberam esse decernimus ut eorum devotioni et extreme voluntati qui se illic sepeliri deliberaverint, nisi forte excommunicati vel interdicti sint, nullus obsistat, salva tamen justitia illarum ecclesiarum a quibus mortuorum corpora assumuntur. Liceat quoque vobis clericos vel laicos liberos et absolutos e seculo fugientes ad conversionem vestram recipere et eos absque ullius

1. Jauvard, comm. de Belâbre, cant. du Blanc (Indre).
2. Oulches, cant. de Saint-Gaultier (Indre).
3. Cors, comm. d'Oulches.
4. Saint-Nazaire, comm. d'Oulches.
5. Chezelles, cant. de Buzançais (Indre).
6. Villegongis, cant. de Levroux (Indre).
7. Ménétréols-sous-le-Landais, cant. d'Écueillé (Indre).
8. Habilly, comm. de Buzançais.
9. Chapelle à Buzançais, détruite en 1791.
10. Buzançais, chef-lieu de cant. (Indre).
11. L'église de Buzançais est sous le vocable de saint Étienne.
12. N'existe plus; c'était un prieuré sis à Buzançais.
13. Saint-Lazare, comm. de Buzançais.
14. Heugnes, cant. d'Écueillé (Indre).
15. Esves-le-Moutier, cant. de Ligueil (Indre-et-Loire).
16. Saint-Senoch, cant. de Ligueil (Indre-et-Loire).
17. Parçay-sur-Vienne, cant. de l'Ile-Bouchard (Indre-et-Loire).
18. Vaurayer, comm. de Parçay-sur-Vienne.
19. Trogues, cant. de l'Ile-Bouchard (Indre-et-Loire).
20. Mehun, comm. de Villedieu-sur-Indre, cant. de Buzançais (Indre).
21. L'église paroissiale Saint-Pierre se trouvait à l'intérieur du château de l'Ile-Bouchard.
22. L'église Saint-Maurice existe encore à l'Ile-Bouchard.
23. Brizay, cant. de l'Ile-Bouchard (Indre-et-Loire).
24. Chezelles, même canton.

contradictione in vestro monasterio retinere, nisi ad arctiorem vitam voluerint transmigrare. Cum autem generale interdictum terre fuerit, liceat vobis, clausis januis, exclusis excommunicatis et interdictis, non pulsatis campanis, suppressa voce divina officia celebrare. Obeunte vero te nunc ejusdem loci abbate vel tuorum quolibet successorum, nullus ibi qualibet subreptionis astutia seu violentia preponatur, nisi quem fratres communi consensu vel fratrum pars[1] consilii sanioris, secundum Dei timorem et beati Benedicti regulam providerint eligendum. Decernimus ergo ut nulli omnino hominum liceat prefatum monasterium temere perturbare aut ejus possessiones auferre vel ablatas retinere, minuere seu quibuslibet exactionibus fatigare, sed illibata omnia et integra conserventur eorum pro quorum gubernatione et sustentatione concessa sunt, usibus omnimodis profutura, salva sedis apostolice auctoritate et diocesani episcopi canonica justitia. Si qua igitur in futurum ecclesiastica secularisve persona, hanc nostre constitutionis paginam sciens, contra eam temere venire temptaverit, secundo terciove commonita, nisi presumptionem suam digna satisfactione correxerit, potestatis honorisque sui dignitate careat, reamque se divino judicio existere de perpetrata iniquitate cognoscat, et a sacratissimo corpore ac sanguine Dei et Domini redemptoris nostri Ihesu Christi aliena fiat, atque in extremo examine districte ultioni subjaceat. Cunctis autem eidem loco sua jura servantibus sit pax Domini nostri Ihesu Christi quatinus et hic fructum bone actionis percipiant, et apud districtum judicem premia eterne pacis inveniant. Amen. Amen. Amen.

 Rota[2]. Ego Alexander catholice ecclesie episcopus ss. (*monogr.* :) Bene Valete.

   ✝ Ego Johannes presbiter cardinalis sanctorum Johannis et Pauli tituli Pamachii ss.
   ✝ Ego Guillelmus presbiter cardinalis tituli sancti Petri ad Vincula ss.
   ✝ Ego Boso presbiter cardinalis sancte Pudentiane tituli Pastoris ss.
   ✝ Ego Petrus presbiter cardinalis tituli sancte Susanne ss.
   ✝ Ego Hubaldus Hostiensis episcopus ss.
   ✝ Ego Bernardus Portuensis et sancte Rufine episcopus ss.
   ✝ Ego Gualterius Albanensis episcopus ss.
   ✝ Ego Ardico diaconus cardinalis sancti Theodori ss.
   ✝ Ego Cynthius diaconus cardinalis sancti Adriani ss.
   ✝ Ego Vitellus diaconus cardinalis sanctorum Sergii et Bachi ss.
   ✝ Ego Laborans diaconus cardinalis sancte Marie in Porticu ss.

Datum Ferentino per manum Gratiani, sancte Romane ecclesie subdiaconi et notarii, III° idus januarii, indictione VIII\ua, incarnationis dominice anno M°CC°LXX°IIII°, pontificatus vero domini Alexandri pape III anno sexto decimo.

1. Le texte original porte, par erreur, *fars*.
2. Ici la *rota* du pape Alexandre III avec la légende circulaire : *Vias tuas, Domine, demonstra michi*.

LES GRAFFITES DE L'AUTEL
DE L'ABBAYE DU HAM

(MUSÉE DE VALOGNES)

Par M. Joseph TARDIF

Membre résidant.

La plupart des monastères primitifs du Cotentin et de l'Avranchin ont été détruits par les Normands[1]. Les uns, Nanteuil, Maudane ou Mandane, ont disparu sans qu'il en reste aucune trace; les autres, comme Scissy et le Ham, ont laissé quelques vestiges, qui permettent, malgré la pénurie des sources hagiographiques contemporaines, de se rendre compte des débuts de la vie monastique en Basse-Normandie.

L'abbaye de femmes fondée vers 677 ou 678 par saint Fromond, évêque de Coutances, au village du Ham près de Montebourg, est une des plus favorisées; car l'autel de la basilique qu'avait dédiée son fondateur s'est conservé jusqu'à nos jours[2] et est déposé à la bibliothèque de la ville de Valognes[3]. Ce monument ne se compose plus aujourd'hui que de la table de l'autel, les pilastres ou colonnes qui lui servaient de supports ayant disparu; il consiste en une épaisse dalle de pierre rectangulaire un peu plus longue que large, dont le dessus légèrement évidé est entouré d'une bordure qui le dépasse d'un centimètre environ. C'est sur cette moulure et sur les faces latérales de l'autel

---

1. *Gallia christiana*, t. XI, c. 910-913.
2. Léchaudé d'Anisy, *Description de l'ancien autel du Ham* (*Mémoires de la Société des Antiquaires de Normandie*, 1847, t. XVII, p. 213-220); Le Blant, *Recueil des inscriptions chrétiennes de la Gaule*, Paris, 1856, t. I, p. 181-186; *La Normandie monumentale et pittoresque, Manche*, 1re partie, Le Havre, 1899, p. 213-219 (Notice de M. l'abbé Adam).
3. Cet autel resta dans l'église du prieuré du Ham, devenue église paroissiale, jusqu'en 1833, où il fut vendu par le Conseil de fabrique à l'administration départementale, qui en fit don à la ville de Valognes.

qu'est gravée en creux la belle inscription en lettres onciales, qui relate la construction du monastère et la consécration de l'église par saint Fromond[1]. Au-dessous de la grande croix ancrée, qui orne le milieu de la table, et sur la gauche du spectateur se trouve l'abréviation XPE, qui devait se continuer à droite et précédait soit une prière, soit une formule dédicatoire, dont on distingue encore les trois lettres VSI... gravées vraisemblablement à la même époque que la grande inscription commémorative. Toute la surface de la table a, en effet, subi un travail de grattage, qui non seulement n'a pas respecté les inscriptions ayant un caractère sacré, mais a fait disparaître en même temps de nombreux graffites laissés par des pèlerins ou des visiteurs, comme il en existe encore sur les autels de Minerve (Hérault)[2] et d'Auriol (Bouches-du-Rhône)[3] ; on remarque en effet sur la pierre de nombreux traits fins qui s'entrecroisent et dont quelques-uns sont à peine perceptibles. Toutefois, deux de ces inscriptions, qui avaient été tracées à la pointe sur des parties déclives de la table, le long des moulures saillantes, furent ainsi protégées et ont échappé à l'œuvre de destruction.

La première se trouve en face des mots : MEDIO HIC FESTVS CELEBRATVS de l'inscription principale. Elle est en cursive et présente d'assez grandes difficultés de lecture[4] par suite de l'enchevêtrement des traits, dont quelques-uns proviennent peut-être d'autres graffites[5] ; le dernier mot est complètement effacé. On peut cependant y déchiffrer la souscription suivante :

1. L'auteur de cette longue inscription n'énumère pas dans un ordre chronologique rigoureux les trois faits distincts qu'il raconte : la construction et la consécration de l'église par saint Fromond, — l'élévation d'un mur autour du monastère. — la concession par Thierry III de l'emplacement où il a été bâti ; car la donation du roi aurait dû être rappelée en tête. La date de la sixième année du règne de Thierry III, donnée dans l'inscription, se rapporte à l'établissement d'une enceinte fortifiée autour de l'abbaye, travail qui n'a eu lieu, d'après le contexte, qu'après l'achèvement des bâtiments claustraux. Or, la sixième année du règne de Thierry III, comptée à partir de son premier avènement en Neustrie (673), s'étend du 11 mars-16 avril 678 au 11 mars-16 avril 679. La consécration de la basilique et de l'autel est vraisemblablement postérieure et pourrait être placée soit en 679, soit en 680. V. J. Havet, *La date d'un manuscrit de Luxeuil* (Œuvres de Julien Havet, Paris, 1896, t. I, p. 96); B. Krusch, *Die älteste Vita Leudegarii* (Neues Archiv der Gesellschaft für ältere deutsche Geschichtskunde, t. XVI, 1895, p. 579 et n. 1).

2. Le Blant, *Mémoire sur l'autel de l'église de Minerve* (Mémoires de la Société des Antiquaires de France, 1862, t. XXV, p. 1-40). Recueil des inscriptions chrétiennes, t. II, p. 428-454.

3. Sabatier, *Note sur un ancien autel en marbre trouvé à Auriol* (Bulletin monumental, 1872, 4ᵉ série, t. VIII, p. 534-538).

4. M. Le Blant, qui a signalé ce graffite, réunissait le premier mot au suivant et lisait *Egudu* (Inscriptions chrétiennes de la Gaule, t. I, p. 186), quoique les trois mots soient nettement séparés sur la pierre.

5. Ainsi les traits verticaux et horizontaux qu'on remarque au-dessus du deuxième et du troisième mot dans le premier fac-similé n'appartiennent vraisemblablement pas à cette inscription : ce sont des restes d'autres graffites ou simplement des éraflures de la pierre.

I.

Egω dumbkertus (dumkbertus) suscripsi et[1]...

La seconde inscription est placée tout à fait au-dessous de la grande croix ancrée, vis-à-vis du mot CONSTANTININSIS de l'inscription dédicatoire. Elle est écrite en minuscule mélangée de quelques lettres capitales et est parfaitement conservée[2]; elle ne comprend du reste que ces deux mots :

II.

Episqoppωs pr[esbyter][3].

Il est assez difficile de déterminer d'une manière précise la date de ces inscriptions d'après les caractères de l'écriture; car les lettres dont elles se composent peuvent être aussi bien des dernières années du VIIe siècle que du IXe; en outre, ces signatures ont d'ordinaire un caractère très personnel, qui ne permet pas de leur appliquer rigoureusement les règles de la critique paléo-

---

1. La partie supérieure de l'*e* initial de *ego* a disparu; l'*o* final a la forme d'un ω grec, comme dans la bulle du pape Jean VIII pour l'abbaye de Tournus, en 876 (Champollion-Figeac, *Chartes et manuscrits sur papyrus de la Bibliothèque royale*, Paris, 1840, f. 10). — Les premières lettres du second mot *dumb* sont très nettes, mais les suivantes sont plus difficiles à déchiffrer : la cinquième a plutôt la forme d'un *k* que d'un *e* minuscule; la sixième est un groupe de ligatures qui paraît pouvoir se décomposer en *er;* la lettre suivante est un *t*, dont la barre transversale est à peine visible; la terminaison *us* est assez distincte. Il serait possible qu'il y ait eu métathèse du *k* et que l'on doive lire *Dumkbertus*, forme analogue à la leçon *Tuncbertus* des manuscrits de Bède. — Les lettres du troisième mot ne sont plus représentées que par des traits verticaux, tous les autres éléments ayant à peu près complètement disparu; il semble cependant qu'on puisse y reconnaître le début d'une formule de souscription. V. p. 427, n. 5 et 6.
2. MM. Le Blant et l'abbé Adam (*loc. cit.*) ont donné une transcription de cette signature; mais nous pensons que la forme grecque *Episqoppos* doit être préférée aux leçons *Episqoppus* ou *Episquoppus* qu'ils ont adoptées, et la suppression de l'*u* entre le *q* et l'*o* paraît fournir un argument en faveur de cette conjecture; d'ailleurs, l'*o* et l'*u* ne se confondent pas dans la cursive mérovingienne ou carolingienne.
3. Le premier *o* a la forme du chiffre arabe 8, mais sur la pierre les deux branches supérieures vont en s'amincissant, si bien qu'au point de jonction le trait est à peine sensible; cette lettre se rapproche donc beaucoup de l'*o* cursif mérovingien, qui a persisté jusqu'au IXe siècle; le second *o* ressemble à un ω grec. — L'abréviation p͞r représente à la fois *pater* et *presbyter*; mais les nombreux graffites de l'autel de Minerve ne laissent aucun doute sur l'interprétation de ce sigle.

graphique. Elles sont, dans tous les cas, antérieures à la destruction de l'abbaye du Ham par les Normands sous la conduite de Bjœrn et de Hasting[1], événement qui se place probablement entre 855 et 858[2].

Les archéologues, qui ont spécialement étudié l'autel du Ham, se sont demandé à quelle classe de personnes il fallait attribuer ces deux inscriptions. Les uns veulent y voir les signatures des prélats qui ont assisté à la consécration de l'église et de l'autel par saint Fromond[3], bien que les lettres n'aient pas un caractère assez archaïque pour permettre cette conjecture, qui aurait l'avantage d'expliquer la forme solennelle de la souscription de Dumbert[4]. Les autres pensent que ce sont des visiteurs[5] ou des pèlerins[6] qui ont laissé des traces de leur passage; mais on ne voit pas bien quel aurait pu être l'objet de leur vénération, à moins de supposer que saint Fromond n'eût choisi pour lieu de sépulture la basilique qu'il avait construite[7]. Cette opinion est peut-être plus près de la vérité que la première; car il est très probable que ces inscriptions ont été mises par des voyageurs, qui s'arrêtaient en passant à l'abbaye du Ham et dont la plupart se rendaient à un lieu de pèlerinage plus éloigné. Ce monastère se trouvait à une petite distance de la voie romaine, qui conduisait de Bayeux à Valognes et ensuite à Barfleur[8], un des ports les plus fréquentés du pays au moyen âge; c'était là que venaient débarquer les voyageurs du sud de l'Angleterre, qui ne prenaient pas la route de Douvres pour aller en France ou en Italie[9]. Leur nombre devait être assez considérable aux

---

1. « Al Ham aveit riche abeïe   A' Saint Marculf en la riviere
    E bien assise e bien garnie,   Riche abeïe ert e pleniere,
    Hasteins li lerres l'eissilla,   Nanteis a cel jur aveit nun...
    L'aveir en prist, puis l'aluma.   Hasteins e Bier la gasterent ».
    Maistre Wace's Roman de Rou, éd. H. Andresen, Heilbronn, 1877, t. I, p. 24, v. 390 et s.
2. Si la présence d'Hasting n'est pas une indication chronologique suffisante, l'association de ce chef avec Bjœrn Jarnsida, fils de Ragnar Lodbrok, ne permet guère de placer le sac des abbayes du Ham et de Nanteuil à une autre époque; car Bjœrn n'apparaît sur nos côtes qu'en août 855 et on ne le retrouve plus après 858. Chronicon Fontanellense (Monumenta Germaniae Historica, in-fol., t. II, p. 304). Prudentii Trecensis Annales, ann. 856, 858 (Mon. Germ., t. I, p. 450 et 451). Steenstrup (J.), Normannerne. II. Vikingetogene mod Vest in det IX^de Aarhundrede. Kjœbenhavn, 1878, p. 164, 183 et 184.
3. Abbé Adam, La Normandie monumentale, p. 218.
4. La formule complète était : Ego... subscripsi et consensi ou consensi et subscripsi. V. Kemble, Codex diplomaticus aevi Saxonici, Londini, 1839, t. I, p. 241, n° CXCV, etc.).
5. R. Bordeaux, Congrès archéologique de Cherbourg, p. 163.
6. Le Blant, op. cit., p. 186.
7. Saint Marcouf avait été inhumé dans le monastère de Nanteuil qu'il avait fondé (Gallia christiana, t. XI, col. 868 et 912. Recueil des historiens de France, t. IX, p. 501 et n. 6).
8. De Gerville, Recherches sur les villes et voies romaines du Cotentin (Mémoires de la Société des Antiquaires de Normandie, 1829-30, t. V, p. 48-50).
9. Math. Paris. Historia Anglorum, ed. Fr. Madden, t. I, Introduction, p. XLVI.

VIIe, VIIIe et IXe siècles ; car les pèlerinages aux tombeaux des saints Apôtres Pierre et Paul étaient fort en honneur chez les Anglo-Saxons[1] et beaucoup de personnes de toute condition, princes, évêques[2], abbés, grands seigneurs, dames de l'aristocratie[3], moines et religieuses se faisaient un devoir d'aller visiter Rome. Il semble donc que ce soit parmi ces pèlerins qu'il faille chercher les auteurs des inscriptions tracées sur l'autel du Ham.

Bien que le nom propre *Dumbertus*, *Dumberhtus* (anglo-saxon, *Tumberht*, *Tunberht*, *Tumbyrht*) soit formé de racines communes à la plupart des idiomes germaniques[4], il semble avoir été plus fréquent en Angleterre que dans les autres pays et a été porté du VIIe au IXe siècle par plusieurs membres du clergé anglo-saxon. On trouve d'abord un abbé de Gilling et de Ripon du nom de *Tumberhtus*, *Tunberctus*, *Tunberchtus*, *Tuncbertus*[5], qui fut sacré évêque d'Hexham en 681, par Théodore, archevêque de Cantorbéry, et fut ensuite déposé en 684[6]. Un abbé, appelé *Tunbeortus*, reparaît, en 704, dans une donation d'Ine, roi de Wessex, à la cathédrale de Winchester[7]. Peut-être est-ce le même personnage que le précédent ? Il y a encore un évêque de Lichfield du nom de Tumberht, Tunberht, qui a été élevé à l'épiscopat de 841 à 844[8] et dont la souscription figure au bas des chartes de Berhtwulf et de Burhred, rois de Mercie[9] ; il est mort entre

---

1. 796. « De peregrinis vero, qui pro amore Dei et salute animarum suarum beatorum limina Apostolorum adire desiderant, sicut olim perdonavimus, cum pace sine omni perturbatione vadant suo itineri secum necessaria portantes. » Lettre de Charlemagne à Offa, roi de Mercie (Haddan and Stubbs, *Councils and ecclesiastical documents relating to Great Britain and Ireland*, Oxford, 1871, t. III, p. 496).

2. 708-709. « Cenredus, rex Merciorum, Romam transire disponens... » (Kemble, *Codex diplomaticus*, t. I, p. 67, n° LIX ; p. 71, n° LXI).

3. 872-874. « Tunc ille Cudulf a praefata muliere [Uuerdryde] Romam cupienti pergere... cum probabili pecunia comparavit » (Kemble, *Codex diplomaticus*, t. II, p. 99, n° CCIV).

4. La forme *Domberlus* se rencontre une fois dans le Polyptyque d'Irminon (*Polyptyque de l'abbé Irminon*, éd. B. Guérard, Paris, 1844, t. I, p. 95, col. 2).

5. *Historia abbatum auctore anonymo*, §§ 2, 3 (C. Plummer, *Venerabilis Baedae opera historica*, Oxonii, 1896, t. I, p. 388 et 389).

6. Baedae *Historia ecclesiastica gentis Anglorum*, lib. IV, cap. XII et XXVIII (*Opera historica*, t. I, p. 229 et 273) ; Florentii Wigorniensis *Chronicon* (*Monumenta historica Britannica*, éd. H. Petrie, 1848, t. I, p. 536) ; Symeonis Monachi *Historia Dunelmensis ecclesiae*, éd. Th. Arnold, 1882, t. I, p. 30 et 31. Il est appelé Trumberht ou Trumbryht dans la traduction de l'Histoire ecclésiastique de Bède, par Alfred le Grand (J. Schipper, *König Alfred's Uebersetzung von Beda's Kirchengeschichte* (*Bibliothek der Angelsächsischen Prosa begründet von Ch. Grein*, IV, 1, Leipzig, 1898, p. 415).

7. Kemble, *Codex diplomaticus*, t. V, p. 40, n° DCCCCXCVII ; W. de Gray-Birch, *Cartularium Saxonicum*, London, 1885, t. I, p. 149, n° 102.

8. Haddan and Stubbs, *op. cit.*, t. III, p. 627.

9. Kemble, *Codex diplomaticus*, t. II, p. 14, n° CCL ; p. 25, n° CCLVIII ; p. 64, n° CCLXXX ; W. de Gray-Birch, *Cartularium Saxonicum*, t. II, p. 29, n° 448 ; p. 37, n° 453 ; p. 95, n° 492.

857 et 862[1]. On rencontre ensuite la signature d'un abbé nommé Tumbert, Tunberd, dans des actes passés en 871 et 877 et dont un émane de l'évêque de Winchester, Eahlfrid[2]. Enfin le successeur d'Eahlfrid sur le siège de Winchester s'appelait aussi Tunbyrht, Tunbiort[3], et il serait possible que, malgré cette petite différence d'orthographe, l'abbé Tumbert et l'évêque Tunbiorht ne soient qu'une seule personne. Les caractères de la première inscription ne sont pas assez anciens pour qu'on puisse l'attribuer à l'évêque d'Hexham (681-684) ou à un de ses contemporains, et, d'autre part, l'épiscopat de Tunbiorht, évêque de Winchester (877-879), est probablement postérieur au sac de l'abbaye du Ham par les Normands. On ne peut donc songer qu'à l'évêque de Lichfield (841-857); le trajet par Barfleur était d'ailleurs la route naturelle des voyageurs venant des provinces de Mercie et de Wessex.

Le personnage mentionné dans la seconde inscription est un simple prêtre nommé *Episqoppus;* car l'interprétation des lettres PR., qui accompagnent ce nom, n'est pas douteuse. Il y a du reste en Angleterre quelques exemples du mot *episcopus* employé comme nom propre sous sa forme anglo-saxonne *biscop*[4]. Ce nom a été porté notamment par Benedictus Biscop, qui, après avoir été abbé de Saint-Pierre de Cantorbéry, fonda les monastères de Wearmouth et de Jarrow dans le Northumberland[5] et fit à Rome six voyages, dont l'un des derniers est contemporain de la consécration de l'église du Ham par saint Fromond; il mourut en 689 ou 690[6].

Il est regrettable que le travail de grattage exécuté au XIe siècle[7], avant

---

1. Florentii Wigorniensis *Chronicon* (*Monumenta historica Britannica*, p. 623).
2. Kemble, *Codex diplomaticus*, t. II, p. 107, n° CCCX; t. V, p. 120, n° MLXII; W. de Gray-Birch, *Cartularium Saxonicum*, t. II, p. 148, n° 531; p. 163, n° 543.
3. Kemble, *Codex diplomaticus*, t. V, p. 121, n° MLXIII; W. de Gray-Birch, *Cartularium Saxonicum*, t. II, p. 163, n° 544.
4. On trouve ainsi un personnage nommé Biscop, fils de Beda, dans la *Genealogia Lindisfarorum*, qui fait partie de la *Regalis prosapia Anglorum* (Florentii Wigorniensis *Chronicon, Appendix* (*Op. cit.*, p. 631).
5. « Religiosus Christi famulus Biscopus, cognomento Benedictus » (*Historia abbatum auctore Baeda*, § 1 (*Opera historica*, t. I, p. 364-376); Florentii Wigorniensis *Chronicon* (*Op. cit.*, p. 530-538). — « Alius adolescens nomine Biscop, cognomento Benedictus ». Baedae *Historia ecclesiastica*, lib. V, cap. XIX (*Opera historica*, t. I, p. 323).
6. Les voyages de Benedictus Biscop à Rome eurent lieu en 653, 665, 668, 671, 678, 684-686; il revint de son cinquième voyage en 679. V. C. Plummer, Baedae *Opera historica*, t.II, notes, p. 356-362. Haddan and Stubbs, *op. cit.*, t. III, p. 126.
7. Arefast, parent de la comtesse Gonnor, donna à l'abbaye de Saint-Père de Chartres, avant 1027, la sixième partie des revenus qu'il avait dans le village du Ham, « *videlicet de ecclesiis et de silva et de*

que l'autel profané par les Normands ne fût rendu au culte, ait fait disparaître les nombreux graffites tracés sur la surface de la table; ces inscriptions auraient probablement fourni des renseignements intéressants sur les relations entre la Basse-Normandie et les comtés du sud de l'Angleterre à une époque où les documents historiques sont très rares.

plano et de marisco » (B. Guérard, *Cartulaire de l'abbaye de Saint-Père de Chartres*, Paris, 1840, t. I, p. 108). Cette donation fut renouvelée et complétée par Guillaume d'Aubigny, vers 1150 (t. II, p. 611).

INSCRIPTION INÉDITE

DE

LA CASERNE DES VIGILES A OSTIE

Par l'Abbé Henry THÉDENAT

Membre résidant.

Il y avait à Rome sept cohortes de Vigiles dont les casernes (stationes), une par cohorte, étaient distribuées dans la ville de manière à y assurer le bon ordre et, en cas d'incendie, de prompts secours[1]; en même temps que pompiers, les Vigiles étaient sergents de ville. L'emplacement d'une de ces casernes, celle de la cinquième cohorte, a été reconnu au commencement de l'année 1820, sur le Caelius, à l'endroit où est aujourd'hui la villa Mattei[2]. On y trouva, encore en place, les inscriptions bien connues[3] qui ont permis à Olaüs Kellermann de dresser les cadres complets d'une cohorte de Vigiles avec ses officiers, sous-officiers, médecins et chirurgiens, simples Vigiles[4].

Mais, une caserne pour deux régions, c'était peu, et cette caserne pouvait être parfois bien éloignée du lieu du sinistre. Aussi, chaque cohorte avait, en outre, dans les divers quartiers des régions de son ressort, des postes, — on les appelait *excubitorium*, — où elle détachait un certain nombre d'hommes. Ceux-ci faisaient des rondes de nuit, protégeaient le sommeil ou la rentrée tardive des citoyens paisibles, et, comme nous le voyons dans le récit du repas de Trimalchion, dès qu'un incendie était signalé dans leur quartier, accouraient avec leurs seaux et leur matériel. En 1866, Visconti a découvert au quartier Monte-de'-Fiori, dans le Transtévère, en face l'église Saint-Chrysogone, un de

---

1. G.-B. de Rossi, *Le stazioni delle sette coorti dei Vigili nella città di Roma*, dans *Annali dell' Instit.*, 1858, p. 265 à 297, 391 à 392.
2. G.-B. de Rossi, *op. cit.*, p. 289, s.
3. *Corp. inscr. lat.*, VI, 221, 222, 1057, 1058.
4. Olaüs Kellermann, *Vigilum romanorum latercula duo Caelimontana*, Rome, 1835, in-4°.

ces postes très bien conservé, au moins dans les parties déblayées qui sont les principales[1]. Cette fouille, bien conduite, nous a fourni des renseignements pleins d'intérêt sur la disposition du poste, son architecture et la vie qu'y menaient les pompiers appartenant à la septième cohorte. Ceux-ci, d'ailleurs, ont eu soin, pour notre plus grande joie, de graver à la pointe, au retour des rondes, leurs impressions sur les murs du poste[2].

Nous avons donc, grâce à cette découverte et aux travaux érudits dont elle a été l'objet, un tableau bien vivant d'un poste de Vigiles à Rome au IIIe siècle de notre ère. Mais les fouilles romaines ne nous ont pas fourni, pour l'étude des casernes, des documents aussi complets. La découverte dont nous parlions tout à l'heure, faite sur le Caelius en 1820, si elle a rendu à la lumière des textes d'un exceptionnel intérêt, n'a guère permis, par contre, de constater autre chose que l'emplacement de la caserne. On en peut dire autant de la caserne de la quatrième cohorte, dont le site a été reconnu sur l'Aventin, là où est aujourd'hui l'église de Saint-Sabas[3]. Ce n'est pas à Rome même, mais dans son port, à Ostie, qu'il nous faut aller pour rencontrer une caserne de Vigiles bien conservée, là où M. R. Lanciani, après en avoir deviné l'emplacement, l'a, en effet, retrouvée[4].

Les grands approvisionnements de blé entassés dans les greniers d'Ostie étaient nécessairement l'objet d'une active surveillance; aucune précaution n'était ménagée pour assurer leur conservation. Un grand incendie, qui les aurait détruits, aurait eu, en effet, les plus graves conséquences; il en serait résulté dans la ville de Rome, qui, de là, tirait son pain de chaque jour, la disette, et, par suite, des désordres redoutables. Aussi l'empereur Claude avait voulu que, à Ostie comme à Rome, des Vigiles fussent préposés à la garde de

---

1. P.-E. Visconti, *La coorte settima dei Vigili*, Rome, 1868; W. Henzen, *Bullettino dell' Instit.*, 1867, p. 12 et suiv.; *Annali*, 1874, p. 111 et suiv.; C. Nocella, *Sebaciaria, Emitularius*, Rome, 1887; Ernest Desjardins, *Un corps de garde de Vigiles dans l'ancienne Rome*; mémoire lu à la séance publique des cinq Académies, le 25 octobre 1875; *Note sur les inscriptions graffites du corps de garde de la septième cohorte des Vigiles*, dans les *Mémoires de l'Académie des Inscriptions*, 2e série, 2e partie, XVIII (1876-1877), p. 265-285.

2. *Corp. inscr. lat.*, VI, 2998-3091; Desjardins, *op. cit.*

3. *De regionibus*, Reg. XII; *Corp. inscr. lat.*, VI, 219, 220, 643, 1055. — Si on ne sait pas, par des découvertes archéologiques, l'emplacement précis de toutes les casernes de Vigiles, on sait tout au moins par des textes, surtout par les *Régionnaires*, leur distribution par régions; cf. G.-B. de Rossi, *Le stazioni*, etc.; H. Kiepert et Ch. Huelsen, *Formae Urbis Romae antiquae*, au mot COHORTES VIGILUM; Homo, *Lexique de topographie romaine*, au mot COHORTES DES VIGILES.

4. *Notizie degli scavi*, 1889, p. 37.

la ville et surtout de ses greniers[1]. On ne créa pas spécialement pour Ostie une cohorte nouvelle, mais on y envoya une *vexillatio* composée d'hommes détachés des sept cohortes de Rome[2]; c'est pourquoi on voit à Ostie des dédicaces aux empereurs érigées non pas seulement au nom de la *vexillatio*, mais au nom des sept cohortes[3]. A la tête de la *vexillatio* on mettait un officier qui portait le titre de *praepositus* et avait déjà le grade de *tribunus cohortis*[4]. C'est la caserne de cette *vexillatio* que M. R. Lanciani a découverte et déblayée avec tant de soin et en même temps d'activité au commencement de l'année 1889[5].

Les greniers d'Ostie étaient immenses[6]; il fallait, pour assurer leur sécurité, un nombre d'hommes assez considérable; aussi la caserne était grande et pouvait recevoir quatre compagnies, c'est-à-dire environ six cents Vigiles[7]. Composée d'un vaste atrium entouré d'un portique et de constructions élevées au moins de deux étages, elle rappelle beaucoup, par ses dispositions, comme le fait avec raison remarquer M. Lanciani, la maison des Vestales au forum romain. De la pièce qui occupait le fond de l'atrium, au centre, celle qui correspond au *tablinum* de la maison romaine, la plus belle et la plus spacieuse, les Vigiles avaient fait un Augusteum ou sanctuaire voué à la divinité des empereurs. Sur le sol, et aussi sur un suggestus qui occupe le fond de la pièce, on a retrouvé, avec leurs inscriptions aussi fraîches qu'au premier jour, les bases qu'ils leur avaient dédiées; la plus ancienne, de l'année 137 ap. J.-C., est au nom de L. Aelius César, la plus récente, datée par les noms des consuls de l'année 239 ap. J.-C., porte le nom de Gordien[8]. Dans cette caserne, comme à l'excubitorium de Rome, les Vigiles ont écrit sur les murs; mais ici les graffites ou ont disparu par la chute de l'enduit qui recouvrait les murailles, ou, à cause de la nature même de cet enduit, sont aujourd'hui très peu lisibles; ce qui est regrettable, car ils étaient nombreux[9].

J'ai le remords d'avoir longtemps conservé inédite une inscription non dépourvue d'intérêt et qui, sans aucun doute, a appartenu à cette caserne

---

1. Suétone, *Claud.* XXV; cf. Tacite, *Hist.*, I, 80.
2. Ce fait est démontré avec la dernière évidence par les inscriptions trouvées à Ostie.
3. Cf. les inscriptions publiées par Lanciani, *Notizie degli scavi*, 1889, p. 41, 74, 75.
4. Voir Id., *ibid.*, les inscriptions publiées p. 38 et suiv., 73 et suiv.; voir aussi les observations de Lanciani, p. 39.
5. Voir les rapports de Lanciani, *Notizie degli scavi*, 1889, p. 18, 37, 72.
6. Cf. Thédenat, Horreum, dans le *Dictionnaire des antiquités grecques et romaines* de Saglio, p. 274.
7. Lanciani, *Notizie degli scavi*, 1889, p. 40.
8. Id., *Ibid.*, p. 38-41, 73-76.
9. Id., *Ibid.*, p. 79.

et probablement à l'Augusteum. Elle m'a été donnée, peu de temps avant sa mort, il y a déjà un certain nombre d'années, par l'abbé Le Louët. Un marchand la lui avait cédée comme provenant d'Ostie. Il faut d'habitude n'accepter qu'avec défiance, ou tout au moins sous bénéfice d'inventaire, les indications de provenance ainsi établie. Mais le texte présente lui-même l'attestation que l'origine indiquée est bien sincère. C'est un *laterculus Vigilum* formé d'une plaque de marbre blanc, haute de vingt centimètres, large de trente-cinq, épaisse de deux. Le texte est gravé, en caractères assez négligés, dans le sens de la largeur; les creux, au moment où je l'ai reçu, avaient encore des traces du minium qui, aujourd'hui, ont presque complètement disparu. Les restes d'un mortier très fin sur la face gravée, une double moulure sur le revers indiquent suffisamment que ce fragment a été employé dans une construction, peut-être dans des travaux exécutés à la caserne même, probablement comme montant de porte.

```
        COH · III · 7 · CARPIANI · FELIX
        MAMERTINO ET RVFO COS · IQVI
        DESCIDERVNT OSTIIS IN VEXILLAT·
        EX ID DECEMB · IN IDVS · APRILES · T · CXXVII ·
        L·CRITONIVS· L·F·TROPHIMVS F·P·A·D·VIII
                                                    ox
        L·TVLLIVS· L·F· FELICISSIMVS INC· F· P· D· IIII
        M·AEMIL· M· F· HERMES · INC· FP· D· IIII OST X
        Q · FAERONIVS Q · F · CASTOR    IMP · COMM
        P · BRITTIVS P · F · FELIXS     IIII·ET VICTO
        L FANNIVS L F SATVRNALIS·       RINO · II · COS
        ▮▮▮▮▮▮▮▮▮▮▮▮▮▮                  D · D · VII · ID ·
        Q VIBIDIVS Q· F· TIMOCRATES    APRILES
```

Cohors tertia, centuria Carpiani Felix, Mamertino et Rufo co(n)s(ulibus), i(i) qui desci(v)erunt Ostiis in vexillat(ione), ex id(ibus) decemb(ribus) in idus apriles, t(abula) cxxvii :

L(ucius) Critonius, L(ucii) f(ilius), Trophimus, f(rumentum) p(ublicum) a(ccepit), d(ie) viii, o(stio) x,

L(ucius) Tullius, L(ucii) f(ilius), Felicissimus, inc(isus) f(rumento) p(ublico), d(ie) iiii, o(stio) x,

M(arcus) Aemil(ius), M(arci) f(ilius), Hermes, inc(isus) f(rumento) p(ublico), d(ie) iiii, o(stio) x,

Q(uintus) Faeronius, Q(uinti) f(ilius), Castor,   *Imp(eratore) Comm(odo)*
P(ublicus) Brittius, P(ublii) f(ilius), Felixs,   *quartum, et Victo-*
L(ucius) Fannius, L(ucii) f(ilius), Saturnalis,   *rino iterum co(n)s(ulibus),*
(ligne soigneusement effacée.)   *d(e)d(icata) septimo idus*
Q(uintus) Vibidius, Q(uinti) f(ilius), Timocrates.   *Apriles.*

Le texte, daté par les consulats de M. Petronius Mamertinus et de Q. Tineius Rufus (182 après J.-C.), nous donne les noms des Vigiles de la troisième cohorte, appartenant à la centurie Felix, commandée par Carpianus, qui, des ides de décembre de cette même année (13 décembre 182) aux ides d'avril de l'année suivante (13 avril 83), se sont retirés d'Ostie dans la *vexillatio* ; les noms sont extraits de la table cent vingt-septième. La liste comprend sept noms ; il est probable qu'elle est complète pour cette centurie, car, quoi qu'il y ait, au-dessous de la dernière ligne, un espace blanc plus large que les interlignes du texte, on ne relève, sur les bords de la cassure, les traces d'aucune lettre. Un nom, l'avant-dernier, gravé sans doute par erreur, a été soigneusement effacé. Les trois premiers Vigiles jouissent de la plénitude du droit de cité, car ils sont admis à participer aux distributions de blé. Suivant l'usage, à côté de la mention de leur inscription sur les listes, on a indiqué le numéro de l'arcade (ostium) du portique Minicia où ils doivent se présenter et le jour (dies) qui leur est attribué[1]. En l'an 24 de notre ère, une loi, la loi Visellia, accordait aux Vigiles, après six années de service, le *jus Quiritum*[2], plus tard, un sénatus-consulte réduisit à trois ans le temps de service exigé[3]. Nos trois Vigiles remplissaient sans doute cette condition. Il est étonnant toutefois que le nom de la tribu où on avait dû les inscrire, ou tout au moins le nom de la patrie, ne figure pas après l'indication de la filiation.

La dédicace du monument est datée du septième jour avant les ides d'avril, l'empereur Commode étant consul pour la quatrième fois et C. Aufidius Victorinus pour la deuxième, ce qui nous reporte au 7 avril de l'année 183 ; le monu-

---

1. Cf. Otto Hirschfeld, *Untersuchungen auf dem Gebiete der rœmischen Verwaltungsgeschichte*, p. 134 et n. 1 ; Id., *Die Getraideverwaltung in der rœmischen Kaiserzeit*, dans *Philologus*, t. XXIX, 1869, p. 53, 63 ; *Corp. inscr. lat.*, VI, n°° 220, 10223, 10224 ; Mommsen, *Chronogr. de l'an 354*, dans *Abhandlung. d. Sächs Gesellschaft*, I, p. 645, [24], [2b].
2. Ulpien, fragm. III, 5 ; *Corp. inscr. lat.*, VI, ad n. 220.
3. *Ibid.;* cf. Marquardt, *Manuel des antiquités grecques et romaines. Organisation militaire*, traduction Brissaud, p. 211.

ment fut donc dédié six jours avant le 13 avril, dernière date fixée dans la première partie de l'inscription (*ex idibus decemb(ribus) in idus apriles*).

Parmi les fragments qu'a recueillis M. Lanciani dans ses fouilles, il en est un qui, depuis que je possède l'inscription dont je viens de donner le texte, a particulièrement attiré mon attention[1].

.... COH·V..........
.... CL·PROCVLO........
.... 7·VINIO CHO.......
.... II·QVI·DES·IN........
.... TOSIVS·L·F·FA·V........

Je crois que ce fragment a appartenu à une liste semblable à celle qui nous occupe et que les deux dernières lignes doivent se lire ainsi :

.... *ii qui des(civerunt) in [vexillatione*.....
       [*L(ucius)*] *Tosius, L(ucii) f(ilius), Fa(bia tribu), V.... [inc(isus) f(rumento) p(ublico)*...

Je complète l'abréviation DES par *des(civerunt)*, le mot *desciderunt*, dans le premier texte, étant une faute.

Nous n'avons plus qu'à nous demander pour quel motif ces inscriptions ont été gravées ; quelqu'amateurs qu'aient toujours été de cette littérature les anciens Romains de tout grade, depuis les officiers jusqu'aux simples soldats, il n'est guère probable que le retour à Rome de la *vexillatio* d'Ostie, ou peut-être même d'une partie de la *vexillatio*, ait été regardé comme un événement assez considérable pour que, chaque fois, on ait cru devoir en consigner le souvenir sur le marbre. Je croirais plutôt que les Vigiles mentionnés dans ces textes ont voulu, avant leur départ, dédier à l'empereur Commode un cippe et peut-être une statue ; la dédicace se trouvait sur le devant du cippe, et, sur les côtés, des plaques de marbre appliquées portaient les noms de ceux qui y avaient participé.

1. *Notizie degli scavi*, 1889, p. 42.

LES JETONS

DE L'ACADÉMIE CELTIQUE

ET DE

LA SOCIÉTÉ DES ANTIQUAIRES DE FRANCE

(Planches XXII et XXIII)

Par M. Henri de La Tour

Membre résidant.

N'est-ce point se conformer à la pensée qui a fait décider la célébration du Centenaire de notre Société, que de faire un retour sur les cent ans qui viennent de s'écouler, et de consacrer les quelques pages dont chacun de nous dispose dans ce recueil soit à l'une des œuvres de nos prédécesseurs, soit à l'un des épisodes de la vie intime de notre Société? Tout ce qui touche à l'histoire de la Société des Antiquaires de France ne prend-il pas, en effet, en ce moment une importance exceptionnelle? Je veux me contenter de quelques menus faits de cette histoire et délaisser pour un jour antiquité, moyen âge et Renaissance. Je parlerai des jetons de présence créés par nos prédécesseurs et distribués jusqu'à présent. L'histoire de ces pièces, si elle est une page modeste de nos annales, prend, maintenant du moins, un véritable caractère d'actualité.

On peut dire que, pendant la durée d'une existence déjà séculaire, la Société des Antiquaires de France et l'Académie celtique, dont elle est la fille, n'ont fait usage que de deux jetons de présence ; le nouveau jeton, de l'année 1900, n'étant que la copie du premier, avec une simple modification dans la légende du revers. De ce dernier, il suffira donc de dire, en quelques lignes, en quoi il peut différer de son prototype.

Le but de cette courte étude est d'indiquer à quelle date et dans quelles circonstances ces pièces ont été projetées et créées ; quels furent les initiateurs des projets et par quels savants en furent élaborés les programmes ; par quels artistes et d'après quels documents elles furent exécutées, et aussi quelle est leur valeur historique et artistique.

Le jeton de l'Académie celtique fut proposé et exécuté dès l'origine de la Société[1]. Il est au type de la Gaule assise, dévoilée par un Génie qui porte une torche et déchiffre l'inscription qu'elle lui présente. En 1848, les coins étant usés, ce jeton fut remplacé par la pièce à l'effigie de Montfaucon, qui est connue de tous, et dont la reproduction continue à figurer sur le titre de nos *Mémoires*. Le dernier jeton, celui frappé en 1900, n'est, en quelque sorte, qu'une variété du premier, avec le remplacement de l'inscription du revers : ACADÉMIE ‖ CELTIQVE FONDÉE AN XIII, par cette autre : SOCIÉTÉ ‖ NATIONALE ‖ DES ‖ ANTIQVAIRES ‖ DE FRANCE.

I. — Le jeton de l'Académie celtique.

Une des premières préoccupations de l'Académie celtique fut d'avoir un jeton. Dès la première séance, le 3 ventôse an XIII (22 février 1805)[2], une décision fut prise en ce sens. Et, sans tarder, c'est-à-dire dès la seconde séance, le secrétaire perpétuel, Éloi Johanneau, présentait à lui seul dix projets différents ; il communiquait en même temps à ses collègues des croquis du célèbre graveur en médailles Augustin Dupré, exécutés pour chacun de ces projets, et un plus grand dessin avec la légende : *Sermonem patrium moresque requirit* pour celui des projets ou « programmes » qui lui avait paru le meilleur. C'est aussi ce dernier qui réunit du premier coup tous les suffrages. A la séance du 29 avril 1806, il était adopté à l'unanimité. Le président et le secrétaire perpétuel étaient chargés de s'entendre, pour l'exécution, avec Dupré, qui était peut-être dès ce moment-là membre résidant de la Société[3]. Cet artiste avait été révoqué de ses fonctions de graveur général des monnaies, comme son prédécesseur, Benjamin Duvivier[4], en 1791. Rendu à sa liberté,

---

1. Ce jeton est devenu rare et n'a jamais été reproduit dans les publications de notre Société.
2. *Mémoires de l'Académie celtique*, t. I, Paris, 1807, p. 394.
3. Du moins, son nom figure-t-il déjà sur la première liste des « membres résidens » (*Mém. de l'Acad. celtique*, p. 4).
4. Albert Barre, *Annuaire de la Société de numismatique* (1867) : *Graveurs généraux et particuliers des monnaies de France*, p. 154.

il pouvait se mettre immédiatement à l'ouvrage et accomplir sa tâche avec tout le soin désirable[1]. Son œuvre fut terminée au commencement du mois de décembre 1806; et une épreuve était présentée le 9 du même mois à une séance de l'Académie celtique[2], avant même que la première livraison des *Mémoires* eût été publiée et présentée à l'impératrice[3].

Fig. 1. — Jeton de l'Académie celtique gravé par Augustin Dupré.

Voyons de près ce petit monument, dont le projet fut si soigneusement élaboré et dont l'exécution fut confiée à l'un des plus habiles graveurs qu'ait eus la France. Le sujet étant d'un symbolisme quelque peu touffu, il est plus prudent et plus simple de faire intervenir ici Éloi Johanneau lui-même et de citer ses propres paroles, afin que l'on connaisse exactement sa pensée avec ses nuances, et que l'on sache quelle signification ses confrères et lui ont entendu attribuer au type de ce jeton :

DESCRIPTION
de la médaille de l'Académie Celtique, exécutée par M. Dupré sur le programme de M. Éloi Johanneau[4].

L'Académie ayant arrêté, dans sa 1ère séance du 3 ventôse an XIII, qu'un jeton de la valeur de trois francs serait délivré à chaque membre, tous les mois, pour les trois signatures de présence du mois précédent, M. Éloi Johanneau a présenté à la séance du 29 germinal suivant, différents sujets de médaille, timbre et cachet pour l'Académie, dessinés sur ses programmes par M. Dupré, graveur distingué et membre de l'Académie. Il a lu les programmes de ces dessins, dont le plus grand qui est encadré et

---

1. Ch. Saulnier, *Augustin Dupré*, Paris, 1894, in-8°, p. 95.
2. *Mém. de l'Acad. celtique*, p. 395.
3. La première livraison des *Mémoires* fut présentée à l'impératrice le 18 septembre 1807 (*Mém. de l'Acad. celtique*).
4. *Mém. de l'Acad. celtique*, t. I, p. 394 à 396.

qui a pour légende : *Sermonem patrium moresque requirit*, a paru réunir tous les suffrages. Son adoption définitive a été remise à une des séances suivantes. Enfin, à la séance du 29 avril 1806, ce dessin a été adopté à l'unanimité, et le président et l'auteur des programmes ont été chargés de le faire exécuter, et de s'aboucher avec M. Dupré pour régler le prix. Le 9 décembre de la même année, le président a présenté à l'Académie une épreuve de cette médaille, dont l'exécution a satisfait tous les membres. En voici la description :

Côté du type ou de la partie allégorique.

Dans l'obscurité de la nuit, éclairée par la faible lueur du croissant de la lune qui commence à poindre, un génie marchant parmi des ruines, tenant un flambeau d'une main, soulève de l'autre le voile qui enveloppe une belle femme représentant la Gaule, assise auprès d'un *dolmen* (autel druidique) et d'un coq; elle se relève, comme réveillée par le génie, en s'appuyant sur une main; elle lui présente de l'autre un rouleau qu'il cherchait, et sur lequel il lit avec une joie empressée ces mots celtiques : *iez a kiziou gall*, qui signifient langue et usages celtiques. On voit dans le lointain une tombelle druidique surmontée d'un arbre, et on lit pour légende : SERMONEM PATRIVM MORESQVE REQVIRIT (Virg.)

Côté historique ou du revers.

Dans une couronne formée d'une branche de chêne et d'une branche de gui, on lit pour inscription : ACADÉMIE CELTIQVE, FONDÉE AN XIII, et pour légende autour de la couronne : GLORIÆ MAJORVM. »

Sommaire des observations faites à l'Académie par l'auteur du programme pour en motiver l'adoption[1].

Cette médaille exprime : 1° par son type et sa légende, le double but de l'Académie, la *recherche de la langue et des antiquités celtiques;* 2° par le croissant de la lune, par le flambeau du génie et le voile soulevé, que la lumière commence à luire sur nos antiquités, grâces à l'établissement et aux recherches de l'Académie Celtique; et cette allégorie donne l'espérance, par le croissant de la lune tourné vers l'orient, qu'une plus grande lumière remplira son orbe et succédera à ses faibles rayons; 3° par l'allégorie du revers, l'Académie semble offrir et consacrer une couronne de chêne et de gui à la gloire de la patrie, comme l'explique la légende *gloriae majorum*. Ainsi la légende du type exprime le double but de l'Académie, but aussi utile que bien déterminé; et la légende du revers, le motif de l'établissement de l'Académie, motif aussi louable, aussi honorable, que capable de faire taire l'envie, celui de travailler à l'illustration des antiquités nationales, et par là à la gloire de la patrie.

1. *Mém. de l'Acad. celtique*, p. 396 et 397.

Cette médaille a l'avantage, en outre, d'offrir deux monuments de la religion druidique, une *tombelle* et un *dolmen*, ainsi que des inscriptions en celtique, en latin et en français, les trois langues principales des trois époques celtique, romaine et française de nos antiquités, que l'Académie cherche à éclairer.

Enfin, tout le monde sait, et il est presque inutile de le faire remarquer, que c'était au croissant, au sixième jour de la lune, que les Druides, selon Pline, faisaient leur grand sacrifice de chaque mois; que le chêne et le gui étaient révérés par eux; que le *coq*, en latin *gallus*, qui surmonte encore tous nos clochers pyramidaux, dont nos guerriers portent encore la crête dans la *cocarde*, qui en tire son nom, que le coq, dis-je, était le symbole de la Gaule et des Gaulois, nommés de là par les Romains *galli*, les coqs, par un de ces sobriquets si ordinaires dans les noms des anciens peuples; car, selon César, les Gaulois s'appelaient *celtae* ou celtes, dans leur propre langue, et *galli* ou gaulois dans la langue latine : *qui ipsorum*, dit-il, *linguâ* CELTAE, *nostrâ* GALLI *appellantur*.

On le voit, transcrire les explications de Johanneau était à peu près indispensable en présence de ce symbolisme compliqué. Nous nous en tenons au seul projet adopté, bien qu'il y ait intérêt à lire aussi les autres « programmes », proposés en même temps par le même auteur. On y voit que le dolmen, la tombelle (ou *tumulus*) et le coq sont les attributs ordinaires de la Gaule. Le coq surtout, qui se trouve au premier plan dans notre jeton, occupe toujours un rôle important, et plusieurs fois même il usurpe le rôle principal en se substituant à la Gaule[1]. Il faut donc conclure que le coq a été considéré à cette époque comme le symbole par excellence de cette nation. Sur les dix projets, s'il a été oublié une fois, il a obtenu, en revanche, à deux reprises la place prépondérante. Ordinairement, il est campé à côté de la Gaule, parfois perché sur son casque; tantôt il porte une branche de gui dans son bec, tantôt il se tient debout sur un berceau, ou bien « il réveille par ses chants une femme représentant la Gaule[2]. » Plus souvent, il est « perché sur un peulvan » « et semble appeler, par ses chants, le jour, qui commence à luire[3]; » il « bat des ailes au soleil levant[4]. » Le coq chantant et battant des ailes était celui du dessin de Dupré; malheureusement, dans l'exécution du coin, il fut ramené à une pose plus paisible. Cette modification est regrettable, car ce premier coq se

---

1. Projets III et IV, *Mém. de l'Acad. celtique*, t. I, p. 398 et 399.
2. Projet III, p. 399.
3. Projet V, p. 399.
4. Projets III et IV, p. 398 et 399.

rapprochait tellement du type de certaines monnaies gauloises[1] que l'on croirait que Johanneau, en le décrivant, avait en vue ces pièces elles-mêmes. Cet oiseau, à la silhouette insolite et fantastique, appartient en propre à la numismatique de la Gaule. Sur les monnaies grecques et romaines, le coq apparaît toujours debout, immobile. Sur les monnaies gauloises de ce groupe, on le voit, dans le paroxysme du mouvement, dressé sur ses ergots, le cou tendu, battant des ailes et chantant; comme composition et comme style, il est gaulois. Les monnaies à ce type font partie d'un groupe plus vaste, difficile à localiser avec précision, mais qui peut être attribué d'une façon générale aux peuples de la partie nord-ouest du bassin de la Seine. Ce dernier groupe, qui mérite d'être signalé d'une façon spéciale, est l'un des plus extraordinaires et des plus curieux de la numismatique gauloise. Types et symboles y sont d'un style contourné et rayonnant qui n'a rien de commun avec celui des monnaies grecques et romaines, et qui se retrouve seulement sur les monuments archaïques et de l'art dit mycénien[2].

Par bonheur, le projet dessiné par Augustin Dupré, d'après le « programme » de Johanneau, accueilli avec faveur par l'Académie celtique dans sa première séance, puis adopté à l'unanimité dans celle du 29 novembre 1806, a été conservé. Il est reproduit à la planche XXIII. Ce beau dessin est entré au Musée Carnavalet, où j'ai pu le retrouver, grâce à l'inépuisable obligeance de MM. Cain et Sellier, et aux renseignements très aimablement communiqués par M. Charles Saulnier, qui a été le premier à le reproduire (mais à trop petite échelle) dans son bel ouvrage sur Augustin Dupré[3].

Ce dessin, au crayon noir, très poussé et très fini, mesure 0^{m}230 de diamètre; il a été encore assez sensiblement réduit ici, puisque le diamètre de

---

1. H. de la Tour, *Atlas de monnaies gauloises*, pl. XXIX, 7221 et 7224 (Caletes), et pl. XXXIV, 8584 (Veromandui).
2. Le coq, considéré comme symbole de la Gaule et de la France, a suscité de nombreux travaux. Mais, de même qu'on a eu tort de prétendre que cet oiseau a été l'emblème collectif des peuples gaulois, de même il est impossible de nier qu'il apparaît sur les monnaies de divers de ces peuples comme symbole accessoire et même comme type principal. N'ayant été adopté comme type monétaire que par quelques peuples et non par tous les peuples de la Gaule, il n'a jamais pu symboliser la Gaule entière; sur les monnaies, il a une importance restreinte comparé au sanglier et au cheval, et il n'y est guère plus fréquent que le loup, par exemple. Ce qui est incontestable, c'est qu'à la fin du XVIIIe siècle et au commencement du XIXe il était universellement accrédité comme le symbole de la France. (Cf. notamment A. de Barthélemy, *Manuel de num. moderne*, p. 68; Lambert, *Essai sur la num. gauloise du nord-ouest de la Gaule*, p. 70; E. Hucher, *L'art gaulois*, II, 42 à 44, 59 à 61; Th. Ducrocq, *Le coq prétendu gaulois*, Paris, 1900, in-8°; J.-A. Blanchet, *Rev. num.*, 1903, p. 111 à 116.)
3. *Augustin Dupré*, Paris, Société de propagande des livres d'art, 1894, in-8°, p. 96.

notre phototypie n'est que de 0ᵐ163. Cependant, toutes les finesses sont venues, mais un peu alourdies, ainsi les détails des deux signatures. On voit, en effet, deux signatures dans l'exergue; l'une à gauche, au crayon noir, ainsi tracée : *dupré* ; l'autre vers le milieu, à la mine de plomb : *dupré inv. fesite*[1].

Ce dessin est très étudié comme composition, très cherché comme modelé et d'une exécution excellente. Le style est ferme, les personnages sont fortement charpentés. La Gaule, notamment, y est figurée par une femme à la carrure puissante, aux muscles vigoureux, qui inspirent confiance en sa force. Mais, malgré toute l'habileté du maître, il y a de la lourdeur dans l'ensemble.

Cette lourdeur a disparu dans l'exécution du coin. Dupré fut, on le sait, un virtuose du métal, un maître ciseleur qui entailla l'acier avec une sûreté de main, une décision et une verve bien oubliées de nos jours. Dans son œuvre métallique, il est peut-être des spécimens d'art plus parfait; néanmoins, le jeton de l'Académie celtique paraîtra supérieur à beaucoup d'autres du XIXᵉ siècle et, en tout cas, au second jeton de la Société.

Si l'on compare le projet au jeton tel qu'il a été frappé depuis 1806 jusqu'en 1848, il n'y a, en dehors de la remarque générale que je viens de faire, que peu de chose à noter, car les modifications ont été de minime importance. Voici les plus caractéristiques : les « cornes de la lune, » au lieu d'être tournées vers le haut, le sont vers la gauche; le coq, placé au premier plan, au lieu de chanter et de battre des ailes comme dans le dessin, est immobile; enfin, la jambe droite de la Gaule, qui était enveloppée d'une draperie habilement disposée et très étudiée, a été dégagée jusqu'au genou, ce qui allège sensiblement le bas de la figure.

II. — Le jeton de la Société des Antiquaires de France à l'effigie de Montfaucon.

La décision de la Commission administrative de la Société repoussant définitivement, en 1900, le jeton distribué pendant plus de cinquante ans et ne lui laissant plus qu'une valeur de souvenir, l'a fait entrer dans le domaine de l'archéologie et nous a invité par là à l'étudier et à le faire connaître. Voyons dans

---

1. Les fautes d'orthographe de Dupré seraient à rapprocher de celles d'un autre maître, le fameux graveur de gemmes Jacques Guay. Comme lui, Dupré se préoccupait beaucoup plus de son art que de la grammaire; cette dernière le touchait aussi peu que possible (E. Babelon, *Histoire de la gravure sur gemmes en France*, Paris, 1902, in-8°, p. 158 à 208).

quelles circonstances il fut créé, d'où vient son type et quel portrait lui donna naissance ; quel fut l'initiateur du projet et qui collabora à son exécution ; de quels personnages, enfin, il évoque le souvenir.

Fig. 2. — Jeton de la Société des Antiquaires de France, gravé par Depaulis.

On sait que les derniers exemplaires du jeton de l'Académie celtique témoignaient de cassures et d'usure des coins. Il fut constaté que ceux-ci ne pouvaient plus servir.

Dans la séance du 9 mars 1848, « la Société des Antiquaires prie M. de Longpérier de lui présenter prochainement un projet sur les changements à introduire dans les jetons de présence et dans la devise de la Société[1]. »

Ainsi « chargé par la Société de proposer un nouveau coin pour les jetons de présence, dont les événements politiques demandent la modification[2], » Longpérier, à la séance du 20 du même mois, « rend compte des démarches qu'il a faites. Après une longue délibération, à laquelle, dit le procès-verbal de la séance, prennent part plusieurs membres, la Société renvoie sa décision à la première séance du mois prochain. »

Le 10 avril, Longpérier « déclare qu'il n'a trouvé à la Monnaie aucun coin disponible pour remplacer avec avantage la tête de Minerve, commune à plusieurs autres sociétés[3]. Il pense donc qu'il y a lieu à faire graver un type nouveau et propose d'adopter la tête de Montfaucon. La Société des Antiquaires, ajoute-t-il, s'honorerait en se mettant ainsi sous le patronage de cet illustre savant. Ce serait une justice à rendre à celui qui a donné un si grand développement à l'archéologie et dont aucune médaille n'a conservé le souvenir.

---

1. *Annuaire de la Soc. des Antiq. de France* pour 1849, p. 103.
2. *Annuaire*, même année, p. 104.
3. *Annuaire pour 1849*, p. 107-108. — Il importe de transcrire ici les termes mêmes des motifs qui décidèrent la Société à accepter le changement proposé par A. de Longpérier.

Le Cabinet des antiques de la Bibliothèque nationale possède un très beau portrait fait par le célèbre Duvivier. M. de Longpérier propose d'en confier la reproduction au talent de M. Depaulis. De tous les artistes auxquels il s'est adressé, c'est celui qui semble offrir les conditions les plus avantageuses à la Société. »

La Société des Antiquaires, convaincue par ces arguments, « adopte la proposition de M. de Longpérier et décide que le nouveau jeton de présence portera d'un côté la tête de Montfaucon et au revers, dans une couronne : *Société des Antiquaires de France*. Le travail sera confié à M. Depaulis. MM. Lenormant et Longpérier seront chargés de veiller à l'exécution du travail. »

A partir de ce moment jusqu'à la séance du 19 novembre 1849[1], dans laquelle le trésorier « annonce qu'il a reçu le nombre d'exemplaires du jeton de présence fixé par la Société pour les deux métaux, » A. de Longpérier se fit un devoir de tenir ses confrères au courant de l'état d'avancement progressif de la gravure des coins et de leur demander la solution des difficultés qui se présentaient.

C'est ainsi qu'il « soumet à la Société, le 9 mai 1848, une proposition de M. Depaulis, qui demande que l'inscription du nouveau jeton de présence soit placée autour de la couronne d'olivier et le centre réservé pour y graver en creux le nom des personnes auxquelles la Société voudrait en faire part. » Mais « cette proposition est rejetée[2]. »

A la même séance, « A. de Longpérier propose d'augmenter l'épaisseur des nouveaux jetons, afin que les empreintes en soient plus vigoureuses. » Cette seconde proposition fut probablement adoptée, bien que le compte-rendu ne le dise pas. Ce qui peut étonner, toutefois, c'est moins la décision que le motif allégué; car, enfin, doit-on croire que les plus beaux jetons du xviie et du xviiie siècles, frappés tous sur flans minces, n'ont pas des types d'un relief assez vigoureux !

Le 19 juillet suivant, Longpérier « annonce que M. Depaulis avance dans la gravure du jeton. » « Il prie l'assemblée de décider quelle légende elle entend placer sur le droit de la pièce, autour de la figure de Montfaucon. Sur l'initiative du président, qui le prie de donner son avis, M. de Longpérier fait remar-

1. *Annuaire de la Soc. des Antiq. de France* pour 1850, p. 144.
2. *Annuaire pour 1849*, p. 111.

quer qu'on ne peut pas se servir du latin, puisqu'on a déjà adopté le français pour l'inscription du revers; il propose de mettre : *dom Bernard de Montfaucon*, avec la date de la naissance et de la mort de l'illustre antiquaire. Il s'élève une discussion à ce sujet. Le mot *dom* est repoussé comme inutile. Quant à l'inscription des dates de la naissance et de la mort, qu'on proposait de rejeter aussi, elle est votée après les observations de M. de Longpérier, qui fait remarquer que la reproduction de la figure de Montfaucon n'a pas seulement pour but de donner un signe particulier à la Société des Antiquaires, mais encore de rendre hommage à l'un des savants les plus recommandables du xviiie siècle. La Société décide que ces dates seront inscrites avec un trait d'union. En conséquence, l'inscription sera telle : *Bernard de Montfaucon, 1655-1741*[1]. »

A partir de ce moment, toutes les questions étant réglées, le travail se poursuit, mais avec une lenteur croissante, jusqu'à la date relevée plus haut. Le 19 novembre 1849, la Société, ayant été mise en possession du nombre de jetons commandés, « charge son président d'adresser à M. Depaulis ses remerciments pour son désintéressement et ses félicitations pour le talent dont il a fait preuve dans l'exécution de cette œuvre, vraiment remarquable[2] ».

Le vrai motif qui provoqua l'abandon du jeton de l'Académie celtique et son remplacement par une pièce d'un type différent est, en quelque sorte, inscrit sur l'unique exemplaire d'argent conservé à la Société des Antiquaires. Des cassures très apparentes prouvent surabondamment que les coins étaient en trop mauvais état pour pouvoir fournir des exemplaires acceptables.

Nous venons de le voir, on préféra alors innover que copier, et, sur l'initiative d'Adrien de Longpérier, un nouveau type fut adopté, à l'effigie de Montfaucon; mais si les vues de Longpérier triomphèrent, ce ne fut pas sans quelques contradictions.

Pendant son passage au Département des médailles de la Bibliothèque nationale, Longpérier avait remarqué un beau dessin à la sanguine représentant Montfaucon, et attribué à l'un des plus habiles et des plus célèbres médailleurs du xviiie siècle, Jean Duvivier, le père de Benjamin Duvivier, graveur général des monnaies. Il pensa que, pour exécuter une effigie de Montfaucon, nul document ne valait ce simple dessin. Et, en effet, malgré une certaine usure et un certain effa-

---

1. *Annuaire pour 1849*, p. 127.
2. *Annuaire pour 1850*, p. 144.

cement des traits de sanguine[1], il reste le meilleur et le plus vivant portrait de Montfaucon, et il est en même temps un spécimen indubitablement authentique des dessins de Jean Duvivier dans la plénitude de son talent. Au moment où l'artiste traçait le portrait du savant, ils étaient déjà célèbres l'un l'autre. Montfaucon venait de terminer, avec un succès sans précédent, la publication de son *Antiquité expliquée*, et il était dans toute la force de sa production et de sa science. Quant à Duvivier[2], il avait la réputation d'un bon peintre, d'un dessinateur infatigable, d'un habile graveur en taille-douce et d'un graveur de médailles de premier ordre. Il appartenait à l'Académie royale de peinture et il était graveur des médailles du roi. Il avait déjà donné la médaille du sacre d'après les dessins de Louis de Boullongne, exécuté nombre de pièces pour le Régent d'après Le Moyne père et gravé l'effigie du duc de Bourbon d'après ses propres dessins. Car, on le sait, il dessinait avec esprit et chaleur, et, s'il gravait encore la plupart des médailles royales d'après Bouchardon, c'est que son caractère difficile n'avait pas encore produit entre eux la rupture définitive.

Voici la description de ce précieux dessin, reproduit ici pour la première fois, à la planche XXII :

Montfaucon est en buste, de profil, et regarde vers la droite. L'effigie, qui mesure 0m099 de hauteur, est tracée à la sanguine sur un papier vergé très jauni, de 0m152 de hauteur.

Ce portrait au trait est d'une rare intensité de vie. Il faut être un maître et posséder une singulière acuité de vision pour faire si simple et à la fois si expressif. Ce croquis d'après nature est la plus noble et la plus vivante figure qui nous reste de Montfaucon.

Au-dessous du buste est une inscription en trois lignes, d'abord tracée très légèrement à la mine de plomb, puis passée à l'encre :

[Le Pere] Dom monfaucon Celebre benedictin
antiquaire dessiné par Duvivier le Pere
1725.

Les deux premiers mots : *Le Pere*, ont été effacés, mais apparaissent encore assez nettement pour être lus sans difficulté.

---

1. On ne peut pas juger de cet effacement sur la photogravure, qui accentue sensiblement tous les traits.
2. Victor Advielle, *Notices sur Jean et Benjamin du Vivier, graveurs de médailles et de jetons...* (*Réunion des Sociétés des Beaux-Arts des départements*, 1889, p. 320 et 321, 324 et 325, 333).

Au revers du cadre, dont la bordure, en bois doré, est ancienne, on lit ces mots :

Donné au Cabinet par M^r
Duvivier le 15 messidor an XIII.

C'est donc le 4 juillet 1805, dans l'année même de la fondation de l'Académie celtique, que ce don fut fait au Cabinet de France. Par suite, l'auteur du dessin ne peut être que Jean Duvivier, peintre, graveur en taille-douce et graveur de médailles, né en 1687, admis à l'Académie royale de peinture en 1718 et mort en 1761 ; et le donateur est nécessairement son fils, Pierre-Simon-Benjamin Duvivier, ancien graveur général des monnaies, destitué de ses fonctions en 1791[1] et remplacé peu de temps après par Augustin Dupré. C'est en toute certitude qu'on peut attribuer ce dessin à Jean Duvivier, puisqu'il fut offert à la Bibliothèque nationale par son fils, qui ne pouvait évidemment se tromper sur l'attribution d'un dessin à son père, ce dernier fût-il mort depuis plus de quarante ans.

Après avoir décollé, avec précaution, la feuille de papier qui adhérait au carton de garde maintenant le dessin (car il a fallu décadrer ce dernier pour le photographier), on a vu apparaître, sur la face encollée, une esquisse légère à la mine de plomb, qui supprimerait tout doute sur l'attribution, s'il en pouvait rester. Le trait est très léger, sommaire et rapide, comme de premier jet. Ce n'est là qu'un fragment ; il n'est point négligeable toutefois, car il fournit une notable portion d'une première idée de B. Duvivier pour sa belle médaille de G. Washington, et, je le répète, cette simple esquisse achèverait de rendre indiscutable, si cela était nécessaire, l'attribution à Duvivier le père du dessin de Montfaucon. La présence de cette esquisse au dos du cadre semble prouver, en outre, que B. Duvivier a non seulement donné le Montfaucon, mais qu'il l'a probablement encadré lui-même. Et cette dernière hypothèse se trouve corroborée par le fait suivant : après avoir enlevé les bandes employées au calfeutrage et collées sur le pourtour du carton, on a pu y relever quelques lettres de l'écriture de Benjamin Duvivier et aussi, semble-t-il, un fragment de sa signature.

Voici ce qu'il reste du projet de B. Duvivier : d'abord le commencement et la fin de la légende : GEORGIO WAS... I LIBERTATIS ; ensuite la partie infé-

---

1. A. Barre, *loc. cit.*, p. 154 ; — Advielle, *Jean et Benj. Duvivier* (*Réunion des Sociétés des Beaux-Arts en 1889*, p. 339 à 376).

rieure d'un buste nu, c'est-à-dire le haut de la poitrine, le cou et le bas du menton. Au-dessous, dans l'exergue, se lisent les mots : COMITIA AMERIC.[1].

Parmi les portraits de Montfaucon publiés jusqu'à ce jour, pas un ne révèle le moine énergique et hardi à la besogne qu'il fut réellement. Et voici que, en quelques traits, le coup de griffe d'un maître nous le rend mieux que les gravures les plus soignées. On remarquera que ce profil n'est pas sans ressemblance avec celui d'un autre moine, bien connu aussi dans l'archéologie, le paisible génovéfain Claude du Molinet; mais il est à rapprocher surtout du profil plus accentué du puissant et fougueux Savonarole. Quoi qu'il en soit de ces ressemblances, ce portrait, si concordant avec ce que nous savons du caractère et de la vigueur physique de Montfaucon, n'a rien de commun, au point de vue de la physionomie, avec les gravures et les peintures où les artistes ont surtout voulu voir le religieux en Montfaucon, et lui ont prêté une allure de chanoine modeste, à face paterne et somnolente, qui contraste vraiment trop avec cette énergie au travail et à la polémique, dont il fit preuve jusqu'à la fin de sa longue vie, ne rêvant encore à la veille de sa mort que longs travaux et grandes entreprises littéraires et scientifiques.

En face d'un tel modèle, la tâche confiée à Depaulis était évidemment ardue et périlleuse; elle ne l'effraya pourtant pas.

A. de Longpérier avait proposé Depaulis à la Société des Antiquaires parce qu'il l'avait vu, en 1834, à la Bibliothèque nationale faire preuve, dans la restauration de certains objets du trésor de Berthouville, d'un « complet désintéressement, » en même temps que d'une « véritable science » et d' « un sentiment exquis de l'antique[2]. » D'ailleurs, l'œuvre de Depaulis, comme médailleur, était alors déjà considérable; il avait gravé sa première pièce en 1811. Depuis ce moment jusqu'à sa mort, arrivée en 1867, c'est-à-dire pendant plus de cinquante ans, il ne cessa de produire, gravant des médailles pour tous les souverains français du XIXe siècle. Formé à une forte discipline, appliqué à son art, dont il connaît tous les secrets, l'esprit attentif aux choses de l'archéologie, cet artiste personnifie assez bien notre école de gravure pendant les deux premiers tiers du XIXe siècle. Sous l'influence de Louis David et d'Ingres, ses silhouettes sont accentuées, son dessin est fini et serré, son modelé vigoureusement ressenti. Tout ce qui s'apprend, tout ce qui s'acquiert par la patience

---

1. Loubat, *Medallic History of the United States of America*, in-4°, 1878, t. II, pl. 1.
2. Chabouillet, *Catal. général et raisonné des camées...*, Paris, 1858, in-8°, p. 424.

et la ténacité, il le possède ; il se joue des difficultés. Ses portraits sont exacts ; toutefois est-il trop insensible à ce qui est atmosphère ou couleur ; ses types sont découpés comme à l'emporte-pièce et ses plans, stratifiés, se superposent régulièrement les uns aux autres, comme par couches successives. Il n'a point d'envolées, et, s'il est ému, ce n'est qu'exceptionnellement, comme dans la médaille commémorative du « Passage à Rouen des restes mortels de l'empereur Napoléon ». D'ailleurs, son art est tellement à l'opposé de l'art actuel qu'il est peut-être difficile de l'apprécier avec justice. Les médailleurs de son temps gravaient eux-mêmes, nos artistes ne taillent plus ni leurs poinçons ni leurs coins ; ceux-là exagéraient le modelé, nous le rendons insensible et parfois insaisissable ; ils étudiaient leurs silhouettes jusqu'à tomber dans la sécheresse, nous dédaignons la composition ; ils étaient froids mais toujours corrects, veillaient au bon agencement des lignes et s'efforçaient à avoir du style, nous ne nous occupons plus beaucoup de ces choses et nous tombons parfois dans la trivialité.

La médaille et le jeton à l'effigie de Montfaucon, gravés par Depaulis, sont bien tels que l'on devait s'y attendre. Le travail est très consciencieux, très fini, et il n'y a rien à reprendre, sauf peut-être dans l'importance relative des plans entre eux, mais on ne peut s'empêcher d'y trouver un peu de sécheresse et de froideur. Il faut avouer, d'ailleurs, que la comparaison avec le dessin de J. Duvivier, exécuté d'après nature, est bien difficile à soutenir.

A côté de l'œuvre, on aime volontiers voir paraître l'artiste qui l'a exécutée. C'est pour cela que j'ai dessiné ce portrait inédit, qui n'est point dépourvu de saveur. Il est arrivé au Cabinet de France, sans aucune indication, au milieu des médailles, jetons et autres objets légués par Depaulis et sa fille ; mais il n'est pas douteux que ce soit le portrait de l'artiste par lui-même. Cette effigie est modelée en cire, sur une plaque d'ardoise légèrement brisée. Le travail a été mené d'une main rapide, mais sûre et déjà très exercée. L'artiste est représenté encore fort jeune, et la facture est plus facile et plus large que celle d'un autre médaillon qu'il exécuta plus tard et qui appartient également à la Bibliothèque nationale. Le caractère de l'homme est ici nettement exprimé : le profil se détache vigoureusement ; le front est droit, large, pensif ; le nez court et fort ; le menton en saillie affirme la volonté ; l'œil est attentif à la besogne entreprise et l'ensemble respire la droiture et la ténacité.

Depaulis avait su, aussi bien que Longpérier, apprécier le dessin qui lui avait été confié, et, comme il tardait à le rendre, Anatole Chabouillet fut chargé de le lui réclamer au nom du directeur de la Bibliothèque nationale[1]. De ce portrait qu'il avait si longuement étudié, Depaulis tira deux œuvres de valeur

Fig. 3. — Portrait d'Alexis-Joseph Depaulis, graveur de médailles.

à peu près égale : le jeton de la Société des Antiquaires, gravé en 1848, et une médaille à l'effigie de Montfaucon, dont le modèle en plâtre porte la date de 1854. Voici la description de ces pièces.

1° *Jeton de la Société des Antiquaires*. — BERNARD DE ‖ MONTFAUCON. Son buste à droite, le capuchon relevé sur la tête. Au-dessous : 1655-1741 ; sur la tranche de l'épaule : DEPAULIS.

R/. Dans une couronne d'olivier, inscription en cinq lignes : SOCIÉTÉ ‖ DES ‖ ANTIQVAIRES ‖ DE ‖ FRANCE. — Module, 33 millimètres.

L'effigie du droit est la traduction exacte du dessin de Duvivier, mais moins vivante, moins spirituelle et légèrement alourdie, surtout pour la partie inférieure du visage. Il ne subsiste aucune des études préparatoires exécutées en vue de cette œuvre.

---

1. Lettre de Chabouillet à Depaulis, Bibl. nat., ms. fr. nouv. acq. 6659, fol. 40.

2° *Médaille*. — BERNARD DE MONTFAVCON·. Buste à droite, calotte en tête et capuchon baissé. Sous la tranche de l'épaule : DEPAVLIS F·.

Fig. 4. — Médaille de Bernard de Montfaucon gravée par Depaulis.

R/. Dans une couronne, on lit l'inscription suivante, en quinze lignes : NÉ || EN LANGVEDOC 1655· || S'ILLVSTRE || PAR SES TRAV. BIBLIOGRAPH. || FONDE LA SCIENCE DE LA PALEOGR. || EXPLIQVE || L'ANTIQVITÉ REPRÉSENTÉE EN FIGVRES || RASSEMBLE LES MONVM. || DE L'HIST. DE LA MONARCH. FR. || MEMBRE DE L'AC. DES INSCR. 1719. || MORT A PARIS || 1741. — Module, 50 millimètres.

La Bibliothèque nationale possède deux médaillons sans revers, études exécutées d'après le dessin de Duvivier, en vue de cette seconde pièce. Ces deux modèles font partie du legs Depaulis. Le premier est un médaillon anépigraphe, de 20 centimètres de module, formé d'un buste en cire rouge plaqué sur un disque de verre bleu foncé.

Le deuxième est une épreuve en plâtre de ce même buste, épreuve complétée par la signature et la date 1854, par l'adjonction d'une légende différente de celle de la médaille et par un grènetis au pourtour.

Nous n'avons fait reproduire ni l'un ni l'autre de ces deux médaillons, parce que notre médaille en est l'exacte copie, quant au buste. Le second médaillon, qui mesure 22 centimètres, en diffère en trois points : par la lettre F et la date inscrite après la signature, par le grènetis, remplaçant la bordure, et par la légende, qui est la suivante : DOM BERNARDVS DE MONTFAVCON MON. BENED. N. 1655 ⊖ 1741.

III.

Nous l'avons dit plus haut, la Commission administrative de la Société des Antiquaires de France remarqua, en 1900, que les coins du jeton à l'effigie de Montfaucon étaient usés et ne pouvaient, après plus de quarante ans de services, fournir désormais de bonnes épreuves. Commander de nouveaux coins était indispensable. Il eût été plus économique et plus expéditif de se servir, pour l'exécution de ces coins, du poinçon du Montfaucon, conservé à la Monnaie[1]; mais le type de la Gaule assise en face du Génie qui la dévoile parut préférable. Le Montfaucon était définitivement rejeté. La Commission administrative, par délibération du 4 avril 1900, chargea M. Adrien Blanchet de faire exécuter par M. Borrel, graveur en médailles, une copie exacte du jeton de l'Académie celtique, « en faisant substituer l'inscription *Société nationale des Antiquaires de France* à celle d'*Académie celtique.* »

Si l'on compare la copie à l'original, on constate qu'elle est aussi fidèle que possible; mais il est certain que la copie la plus parfaite ne peut avoir ni ces délicatesses exquises, ni ces accents qui font vibrer et vivre une œuvre exécutée directement par l'artiste qui l'a conçue.

Aussi n'y a-t-il pas lieu de s'étonner si la vigueur est atténuée dans la reproduction, si les angles sont arrondis, si l'ensemble revêt un aspect un peu banal; si certains détails sont alourdis, tels les deux branches, qui ont perdu de leur délicatesse primitive, tel le nuage enveloppant et surmontant le croissant de la lune, qui, dans le nouveau jeton, ressemble à une draperie. Peut-être regrettera-t-on également que le graveur ait donné la forme antique de V à l'U du mot *Antiquaires*, alors que tous les U des légendes latines avaient gardé la forme moderne arrondie. Mais ce sont là points de détail, et ces quelques remarques montrent mieux qu'un éloge banal avec quel soin méticuleux et quelle conscience ont été gravés les nouveaux coins du jeton de présence de la Société des Antiquaires.

---

1. *Annuaire de la Soc. des Antiq. de France pour 1855*, p. 56.

L'INSTITUTION

DU

CULTE IMPÉRIAL DANS LES TROIS GAULES

Par M. Jules TOUTAIN

Membre résidant.

Les documents précis que nous possédons sur l'origine du culte de Rome et d'Auguste dans les Trois Gaules se réduisent à quelques lignes de Strabon, d'un *Epitome* de Tite-Live, de Suétone et Dion Cassius.

Strabon (IV, 3, § 2) en parle à propos de la ville de Lyon : « Un temple, dit-il, y fut décerné par tous les Gaulois d'un commun accord à César Auguste ; il s'élève près de la ville, au confluent du Rhône et de la Saône[1]. »

L'*Epitome* du livre CXXXVII de Tite-Live est ainsi rédigé : « Plusieurs tribus germaniques, qui résidaient en deçà et au delà du Rhin, sont vaincues par Drusus ; l'agitation, qui s'était élevée en Gaule à propos du cens, est calmée. Un autel est dédié à César, près du confluent de la Saône et du Rhône ; le premier prêtre de cet autel est l'Éduen C. Julius Vercondaridubius[2]. »

Suétone s'exprime en ces termes : « Claude (l'empereur) naquit à Lyon, le jour des kalendes d'août, sous le consulat de Julius Antonius et de Fabius Africanus ; le même jour eut lieu la dédicace de l'autel à Auguste[3]. »

Quant à Dion Cassius, le passage souvent cité où il fait allusion à l'autel d'Auguste est textuellement le suivant : « Les Sicambres et leurs alliés avaient commencé la guerre, encouragés par l'éloignement d'Auguste et les mauvaises

---

1. Τό τε ἱερὸν τὸ ἀναδειχθὲν ὑπὸ πάντων κοινῇ τῶν Γαλατῶν Καίσαρι τῷ Σεβαστῷ πρὸ ταύτης ἵδρυται τῆς πόλεως ἐπὶ τῇ συμβολῇ τῶν ποταμῶν.
2. *Civitates Germaniae, cis Rhenum et trans Rhenum positae, oppugnantur a Druso, et tumultus, qui ob censum exortus in Gallia erat, compositus. Ara Caesari ad confluentem Araris et Rhodani dedicata, sacerdote creato C. Julio Vercondaridubio Aeduo.*
3. Claudius, 2 : *Claudius natus est Julio Antonio, Fabio Africano consulibus, Kalendis Augustis, Lugduni, eo ipso die quo primum ara ibi Augusto dedicata est.*

dispositions des Gaulois, qui paraissaient vouloir secouer le joug des Romains ; Drusus prévint la révolte des sujets de Rome, en faisant venir leurs chefs près de lui à l'occasion de la fête, que les Gaulois célèbrent aujourd'hui encore à Lyon autour de l'autel d'Auguste[1]. »

De tous ces documents, celui qui nous fournit le renseignement chronologique le plus précis est le texte de Suétone. D'après ce texte, l'autel d'Auguste fut dédié le 1er août de l'an 10 av. J.-C. Nous avons d'autant plus le droit de retenir cette date que Suétone fut attaché sous le règne d'Hadrien à la chancellerie impériale, spécialement au bureau *ab epistulis*[2]. Il put consulter, pour ses *Biographies des douze Césars*, les archives de l'État, et la date qu'il donne pour la naissance de Claude n'a jamais été contestée. Par là même, le problème des origines de l'assemblée provinciale des Gaules devrait se trouver résolu.

Mais la plupart des historiens ont accordé moins d'attention au texte de Suétone qu'au passage de Dion Cassius. Ils ont interprété ce passage et lui ont attribué un sens à nos yeux excessif. D'après eux, Drusus aurait invité les chefs gaulois à créer près de Lyon le culte d'Auguste, en élevant l'autel voisin du confluent de la Saône et du Rhône. Cette opinion a été formellement exprimée par Marquardt[3], Mommsen[4], P. Viollet[5], P. Guiraud[6], E. Carette[7], Bloch[8]. Elle soulève deux difficultés, dont l'une a été nettement aperçue par ces historiens, dont l'autre, croyons-nous, a échappé à leur perspicacité.

La première difficulté provient de ce que la date indiquée par Dion Cassius ne concorde pas avec la date si précise donnée par Suétone. C'est en 12 av. J.-C. et non en 10 que Drusus traversa la Gaule pour aller combattre les Sicambres et leurs alliés. Comment concilier les deux documents? Marquardt, Mommsen, Bloch se prononcent pour l'année 12, sans apporter d'arguments détaillés à l'appui de leur décision; c'est également l'avis de M. l'abbé Beur-

---

1. Dio Cassius, LIV, 32 : Τῶν τε γὰρ Συγάμβρων καὶ τῶν συμμάχων αὐτῶν διά τε τὴν τοῦ Αὐγούστου ἀπουσίαν καὶ διὰ τὸ τοὺς Γαλάτας μὴ ἐθελοδουλεῖν πολεμωθέντων σφισι, τὸ δὲ ὑπήκοον προκατέλαβε, τοὺς πρώτους αὐτοῦ, προφάσει τῆς ἑορτῆς ἣν καὶ νῦν περὶ τὸν τοῦ Αὐγούστου βωμὸν ἐν Λουγδούνῳ τελοῦσι, μεταπεμψάμενος.
2. A. Macé, *Essai sur Suétone*, ch. IV, p. 110 et suiv.; ch. VII, p. 357 et suiv.
3. *Ephem. Epigraph.*, I, p. 204 (*De consiliis et sacerdotibus provinc.*); *Manuel des antiquités romaines : Organisation de l'Empire romain*, trad. franç., II, p. 128, n. 2; p. 131.
4. Mommsen, *Histoire romaine*, trad. franç., IX, p. 118.
5. *Histoire des institutions politiques de la France*, I, p. 47-48.
6. *Les assemblées provinciales dans l'Empire romain*, p. 45.
7. *Les assemblées provinciales de la Gaule romaine*, p. 39.
8. E. Lavisse, *Histoire de France*, t. 1 : *Les origines; la Gaule indépendante et la Gaule romaine*, p. 179.

lier[1]. P. Viollet et E. Carette adoptent, au contraire, l'année 10. Quant à P. Guiraud, le seul qui ait essayé de résoudre la contradiction, il croit que Drusus détermina bien en l'an 12 les notables Gaulois à instituer près de Lyon le culte de Rome et d'Auguste, mais que le temple élevé pour la célébration de ce culte ne fut inauguré que le 1er août de l'an 10. La solution est ingénieuse, mais hypothétique[2].

La seconde difficulté, qui ne nous paraît pas moins grave que la première, réside dans ce fait que l'acte de Drusus serait en opposition avec ce que nous savons de l'origine du culte de Rome et d'Auguste dans le monde romain. Partout, en effet, où il nous est possible de distinguer comment et dans quelles circonstances ce culte fut institué, nous constatons qu'il le fut par l'initiative des provinciaux[3]. Le gouvernement impérial intervint peut-être, dans certains cas, en Narbonnaise par exemple[4], pour fixer tel ou tel détail de l'organisation du culte nouveau; mais nulle part un gouverneur de province ne joua le rôle d'instigateur que l'on croit devoir prêter à Drusus. L'attitude de Drusus aurait, en cette matière, une gravité toute spéciale, puisque Drusus était le beau-fils d'Auguste.

Mais ces difficultés existent-elles réellement? A notre avis, non. Le sens du passage de Dion Cassius a été forcé, dénaturé. Dion Cassius ne dit point que Drusus manda près de lui les notables Gaulois pour les inviter à fonder le culte de Rome et d'Auguste; il nous apprend seulement qu'il les manda à l'occasion d'une fête, fête que ces notables célébraient encore au temps de Dion Cassius autour de l'autel d'Auguste à Lyon. Il n'y a rien de plus dans le passage de Dion. En conclure que Drusus convoqua les notables Gaulois et les décida à élever un autel en l'honneur d'Auguste, c'est introduire dans le document antique une idée qui n'y est nullement exprimée. Et non seulement cette idée est absente du passage de Dion, mais encore elle l'est de trois autres textes, dont deux se rapportent à l'institution du culte d'Auguste à Lyon, et dont le troisième a trait à l'œuvre accomplie par Drusus en 12 av. J.-C. Les deux

---

1. *Essai sur le culte rendu aux empereurs romains*, p. 19.
2. P. Guiraud, *loc. cit.*
3. C'est le cas, par exemple, pour l'Asie et la Bithynie (Dio Cassius, LI, 20), pour la Judée (Joseph., *Antiq. Jud.*, XV, 11, § 1), pour la Tarraconaise (Dio Cassius, LIII, 25; Tacite, *Annales*, I, 78).
4. Sur la plaque de bronze de Narbonne, voir E. Beurlier, *Essai sur le culte rendu aux empereurs romains*, p. 19 et suiv.

premiers sont les passages de Strabon et de l'*Epitome* de Tite-Live, que nous avons rappelés au début de cette note. D'après Strabon, « le temple voisin de Lyon fut décerné à César Auguste par tous les Gaulois d'un commun accord. » Drusus n'est pas nommé dans le passage. Il n'est pas davantage nommé dans la phrase de l'*Epitome* du livre CXXXVII de Tite-Live, qui mentionne la dédicace de l'autel de Lyon. Strabon et Tite-Live étaient contemporains d'Auguste. N'est-il point remarquable que ni l'un ni l'autre n'attribue le moindre rôle à Drusus dans l'érection de l'autel de Lyon? D'autre part, l'empereur Claude, dans le discours fameux, dont la plaque de bronze, découverte à Lyon, nous a révélé le texte authentique[1], fait allusion aux événements de l'année 12 et à l'œuvre que son propre père Drusus accomplit en Gaule pendant cette année, sans mentionner, même indirectement, l'institution du culte impérial près du confluent du Rhône et de la Saône[2]. Un tel silence serait-il vraisemblable si Drusus avait été l'instigateur de ce culte?

De tout ce qui précède, il résulte, à notre avis, que le passage de Dion Cassius ne doit pas être invoqué dans la circonstance. Suétone nous apprend que l'autel d'Auguste fut inauguré le 1er août de l'an 10 av. J.-C.; Strabon nous apprend que cet autel fut décerné à Auguste d'un commun accord par les notables Gaulois; enfin l'*Epitome* de Tite-Live nous fait connaître le nom du premier prêtre provincial des Trois Gaules, l'Éduen C. Julius Vercondaridubius. Voilà les faits précis que les documents nous révèlent; voilà tout ce que nous savons d'authentique, de scientifiquement démontré sur l'origine et la fondation du fameux autel de Lyon.

Est-ce à dire toutefois que le texte de Dion ne renferme aucune indication intéressante? Bien au contraire. Il nous apprend que, deux ans avant l'institution du culte d'Auguste près de Lyon, se célébrait au même endroit une fête, chère aux notables Gaulois. Les cérémonies du nouveau culte remplacèrent l'ancienne fête. Au fond, ce texte de Dion dit presque le contraire de ce qu'on a voulu lui faire dire. Bien loin de voir dans les fêtes religieuses qui se donnaient chaque année le 1er août des fêtes spécialement créées en l'honneur d'Auguste par Drusus, nous devons les considérer comme d'anciennes fêtes gauloises

---

1. *C. I. L.*, XIII, 1668.
2. ... *Illi patri meo Druso Germaniam subigenti tutam quiete sua securamque a tergo pacem praestiterunt, et quidem cum ad census novo tum opere et inassueto Gallis ad bellum avocatus esset...*

simplement modifiées ou augmentées. Au lieu de s'adresser à une divinité gauloise, Lug, par exemple, suivant l'opinion de MM. d'Arbois de Jubainville[1] et P. Monceaux[2], elles s'adressèrent à la double divinité de Rome et d'Auguste. Le signe matériel, pour ainsi dire, de cette transformation, fut l'inauguration de l'autel signalée par Strabon, l'*Epitome* de Tite-Live et Suétone, inauguration qui eut lieu le 1er août de l'an 10 av. J.-C.

1. *Le cycle mythologique irlandais*, p. 5, 138, 139, 304, 305. Cf. *Nouvelle Revue historique du droit*, 1881, p. 195-213.
2. *Revue historique*, 1888, 1, p. 27-28.

FRA ANGELICO
ET
LE CARDINAL JEAN DE TORQUEMADA

(Planche XXIV)

Par M. Noël Valois

Membre résidant.

Les historiens de l'art s'accordent à faire commencer vers 1446 la dernière période de la vie de fra Angelico, celle qu'on pourrait appeler la période romaine. Le peintre de Fiesole et du couvent de Saint-Marc fut appelé à Rome par le pape Eugène IV dans les dernières années de son pontificat.

Ce séjour de fra Angelico à Rome fut interrompu à diverses reprises. L'artiste s'était engagé à travailler chaque année au dôme d'Orvieto pendant les mois de juin, de juillet, d'août et de septembre, c'est-à-dire, comme on l'a justement fait remarquer[1], à l'époque où le climat de Rome était le plus meurtrier. Outre cette simple villégiature d'été, qui eut lieu en 1447 et ne se renouvela point, fra Giovanni retourna, pour un assez long temps, en Toscane vers la fin de 1450[2]. Il revint ensuite à Rome, où il demeura jusqu'à sa mort, survenue le 18 mars 1455.

C'est durant ce séjour de Rome, ainsi coupé, que fra Angelico, en pleine possession de son talent, et justement apprécié de ses contemporains, — il recevait du Saint-Siège les gages les plus élevés qui aient été attribués à aucun artiste de l'époque[3], — exécuta au Vatican les fresques de la chapelle du Saint-Sacrement, malheureusement détruites sous Paul III[4], et couvrit les parois du

---

1. E. Müntz, *Histoire de l'art pendant la Renaissance*, t. I, p. 660.
2. On a noté sa présence à Fiesole, dont il était devenu prieur, le 10 janvier 1451 et le 21 mars 1452. Voir le t. II de l'édition de Vasari donnée par Milanesi, p. 531.
3. E. Müntz, *Les arts à la cour des papes*, 1re partie, p. 101.
4. Sur l'identité de cette chapelle avec celle de Saint-Pierre, dont il est question dans les comptes, voir surtout Maurice Faucon, *L'œuvre de fra Angelico à Rome*, dans *L'Art*, 9e année (1883), p. 144.

studio de Nicolas V de ces pages merveilleuses de la *Vie de saint Étienne* et de la *Vie de saint Laurent* qui constituent encore maintenant l'une des plus étonnantes parures de la vieille demeure apostolique.

En dehors de ces commandes officielles, quelles furent les œuvres de fra Angelico durant ces dix dernières années? On est réduit aux conjectures[1]. Outre ses élèves, parmi lesquels Benozzo Gozzoli tient la tête, quels hommes fréquenta-t-il, au milieu de tant d'artistes, de savants, d'humanistes, qui peuplaient la brillante cour de Nicolas V? Nous sommes forcés ici encore de confesser notre ignorance.

Un prince de l'Église cependant dut suivre avec un intérêt particulier les succès de fra Angelico durant cette période : je veux parler d'un de ses frères en religion, du dominicain espagnol Jean de Torquemada (*de Turre cremata*), qu'on se gardera de confondre avec un autre dominicain de la même époque et du même nom, Thomas de Torquemada, le terrible inquisiteur. Celui dont je parle avait, dit-on, reçu d'Eugène IV le titre de « Défenseur de la foi, » tant il avait déployé de zèle et de science, notamment au concile de Bâle, en défendant les droits du Saint-Siège contre les obstinés partisans de la suprématie conciliaire. Maître du sacré Palais, son rôle à Bâle d'abord, puis à Ferrare et à Florence, lui valut, en 1439, le chapeau de cardinal. Il reçut les insignes de sa nouvelle dignité au cours d'une mission en France. Mais il ne cessa pas de porter l'habit de son ordre et d'en observer la règle. Torquemada ne fut pas seulement un prélat pieux, un théologien de première force, un écrivain fécond, épris de la science, et qui, dans ses ouvrages, traite à peu près de toutes les questions à l'ordre du jour dans le monde ecclésiastique d'alors[2] : il ne dédaignait pas les arts. Je n'en veux pour preuve que les travaux qu'il fit exécuter dans l'église et dans le cloître de la Minerve (le couvent de fra Angelico) et les peintures dont il fit orner les parois de ce cloître[3]. On conviendra que, vivant à Rome, durant

---

1. Voir E. Cartier, *Vie de fra Angelico de Fiesole* (Paris, 1857, in-8°); G.-B. Cavalcaselle et J.-A. Crowe, *Storia della pittura in Italia*, t. II (Florence, 1883, in-8°), p. 416-418; M. Faucon, *loc. cit.*; Langton Douglas, *Fra Angelico* (Londres, 1902, in-4°). Vasari dit que fra Angelico exécuta, sur l'ordre de Nicolas V, quelques miniatures pour livres de chœur; il lui attribue également divers travaux à la Minerve : le tableau du maître-autel et une Annonciation (t. II, p. 516). Dans la même église, on a encore attribué au Beato la Madone sur toile de la chapelle du Rosaire (voir Cavalcaselle et Crowe, t. II, p. 417), puis l'Annonciation dont je parlerai plus loin et aussi celle de la chapelle Caraffa.

2. Sur ces œuvres, on consultera principalement le livre de S. Lederer, *Der spanische Cardinal Johann von Torquemada, sein Leben und seine Schriften* (Fribourg-en-Brisgau, 1879, in-8°).

3. Sans doute après la mort de fra Angelico. Ces fresques auraient été pourtant attribuées à fra Giovanni, si j'en crois E. Förster (*Leben und Werke des fra Giovanni Angelico da Fiesole*, Ratisbonne, 1859, in-8°, p. 69). En tout cas, cette attribution doit être fausse, non qu'on puisse juger du style de ces pein-

sept ou huit ans, aux côtés de fra Angelico, le cardinal de Torquemada ne put manquer d'entretenir de fréquents et affectueux rapports avec un frère en religion dont les vertus et le talent jetaient alors un si vif éclat sur l'ordre de Saint-Dominique[1].

Ce rapprochement du cardinal et du peintre dominicains paraît si naturel qu'on a été jusqu'à attribuer à fra Angelico l'*Annonciation* de la Minerve où se trouve la figure agenouillée de Jean de Torquemada, sans s'apercevoir que ce tableau commémore le souvenir d'une fondation charitable faite par le cardinal en 1460, cinq années, par conséquent, après la mort de fra Angelico[2].

Si vraisemblables que soient les relations du maître de Fiesole et du « Défenseur de la foi, » l'idée ne me serait point venue d'en faire l'objet d'une étude spéciale, si je ne croyais en avoir découvert en quelque sorte la preuve matérielle. Il s'agit d'un petit monument dont, sauf une exception, les historiens de l'art n'ont point jusqu'ici tenu compte.

En 1860, M. Ch. Timbal, le collectionneur bien connu, achetait à Bologne un tableau peint sur bois, mesurant 0m88 sur 0m36, se terminant en pointe dans la partie supérieure, et que son premier coup d'œil lui faisait reconnaître pour un fra Angelico[3]. La forme du panneau, la disposition de la moulure, échancrée de manière à favoriser la juxtaposition de deux volets, montrent assez qu'on est en présence de la partie centrale d'un triptyque de petites dimensions, tel qu'on en voit figurer souvent, au XIVe et au XVe siècle, dans la décoration des appartements privés ou des oratoires.

Le sujet représenté sur fond or est le Crucifiement. Au centre, le Christ en croix, les cheveux blonds, les yeux clos. A sa droite, la Vierge se tient les mains jointes, enveloppée d'un manteau bleu foncé, qui laisse à peine entrevoir une robe à manches, de couleur rouge. De l'autre côté, saint Jean, cheveux roux, longs et ondulés, tunique bleue, manteau rose, doublé de jaune ; la main se porte au front d'un geste douloureux. En avant, du même côté que la Vierge, un personnage, sur lequel je reviendrai bientôt, se présente de profil, agenouillé, les mains jointes et le regard fixé sur le Christ expirant. Enfin, au-des-

---

tures, aujourd'hui détruites, par les fameuses reproductions sur bois d'Ulrich Hahn, dont le principal mérite ne doit pas être la fidélité, mais parce qu'aucun auteur ancien ne les mentionne dans l'œuvre de fra Angelico.

1. Il avait pu déjà faire la connaissance de fra Angelico à Florence, où Eugène IV tint sa cour jusqu'en 1443, et où lui-même rentra, après son ambassade en France, le 20 novembre 1440 (K. Eubel, *Hierarchia catholica medi aevi*, t. II, p. 28).
2. Le style de cette œuvre jure, d'ailleurs, à première vue, avec celui du maître de Fiesole.
3. Ce tableau est actuellement en ma possession.

sus de la croix, la partie triangulaire du cadre est occupée par des feuillages sur lesquels se détache un symbolique pélican (Pl. XXIV).

Des nombreux artistes ou érudits qui ont connu la collection Timbal, je ne sache pas qu'aucun ait jamais émis de doute sur l'authenticité de ce tableau. Il figure dans le catalogue des œuvres du maître dû au P. Vincenzo Marchese[1]. Pour ne citer qu'un critique, dont l'autorité est grande, le feu comte Henri Delaborde cite quelque part ce *Christ en croix*, en l'attribuant à fra Angelico, et le qualifie d' « ouvrage exquis[2]. »

Indépendamment, en effet, des types et des procédés de peinture que l'on retrouve ici conformes à tout ce que l'on sait de fra Giovanni, il est impossible de ne pas reconnaître la touche, ou plutôt l'âme du maître dans cette série d'expressions intenses qui, sans déformer les traits, se trahissent par une crispation imperceptible de la bouche, par un froncement du sourcil, par une élévation de l'œil : douleur concentrée chez la Vierge, mêlée de foi et d'espérance; mêmes sentiments chez saint Jean, avec plus de sérénité, et ce regard lointain, en quelque sorte, d'un homme à qui se découvre soudain un horizon nouveau; chez l'homme agenouillé, la prière grave, mais surtout confiante; chez le Christ enfin, un abandon joint à une douceur infinie, d'où est exclue à dessein toute idée de souffrance physique. Nous sommes bien en présence d'un de ces Crucifiés qu'au dire de Vasari, le Beato ne pouvait peindre sans que ses joues fussent baignées de larmes : « Non fece mai Crucifisso che non si bagnasse le gote di lagrime[3]. » Le dessin, d'ailleurs, a une finesse et une fermeté que ne présentent pas, au même degré, toutes les grandes compositions du maître : dans ce cadre exigu, le peintre de Fiesole a retrouvé toutes ses qualités de miniaturiste.

Je n'ajouterai qu'une remarque sur quelques accessoires. Ici, comme dans les divers Crucifiements du couvent de Saint-Marc, comme dans l'un des petits panneaux de l'Annunziata de Florence, comme dans la fresque entrée au Louvre en 1880, la croix en forme de T est surmontée d'une simple tige de

---

1. *Memorie dei più insigni pittori, scultori e architetti Domenicani* (Bologne, 1878, in-12), t. I, p. 399. — Le P. Marchese a le tort d'ajouter que ce Christ est une réplique du Crucifiement de Saint-Dominique de Fiesole. La fresque qui décorait le réfectoire de ce couvent, et qui est aujourd'hui exposée au Louvre, diffère notablement de notre petit tableau, non seulement par la pose, mais par le choix des personnages : au pied de la croix se trouve à genoux, non pas un cardinal de l'ordre des Frères Prêcheurs, mais, comme dans plusieurs autres compositions du maître, saint Dominique lui-même.

2. *Notice* publiée en tête des *Notes et causeries sur l'art et sur les artistes*, œuvre posthume de Ch. Timbal (Paris, 1881, in-12).

3. Éd. Milanesi, t. II, p. 520.

métal ou de fiche de bois, à laquelle est fixé le titre, et elle s'enfonce dans une motte de terre en forme de pyramide tronquée, sur laquelle le sang ruisselle de façon apparente avant de parvenir jusqu'à la tête de mort placée au bas de ce petit escarpement. Cette conformité absolue aux habitudes du maître jusque dans les plus menus détails acheverait de prouver, s'il était nécessaire, que le Christ de la collection Timbal a été justement attribué à fra Angelico.

J'ai hâte d'en venir au personnage de profil, agenouillé dans la partie gauche du panneau. Il porte la grande tonsure — une couronne de cheveux gris — et le costume des Frères Prêcheurs ; à côté de lui, appuyé contre le petit monticule, se distingue un chapeau de cardinal.

Seule des quatre figures représentées dans ce cadre, celle-ci n'est point nimbée. Elle n'est même environnée d'aucun de ces rayons lumineux dont fra Angelico avait coutume d'entourer la tête des bienheureux[1]. J'en conclus que nous n'avons affaire ici ni à un saint ni à l'une des anciennes illustrations de l'ordre, mais à un personnage encore vivant, à un contemporain du peintre.

Le premier nom qui s'offre à l'esprit est celui de Jean Dominici. Fondateur du couvent de Fiesole, hautement réputé dans son ordre pour son zèle réformateur et pour la part qu'il prit au dénouement de la crise du Grand Schisme d'Occident, ce cardinal dominicain ne mourut, en odeur de sainteté, qu'en 1419[2], à une époque où fra Angelico avait assurément commencé à peindre.

Je ne crois pas pourtant qu'il soit possible de s'en tenir à cette identification, si l'on veut bien considérer la nature même de l'objet d'art dont il est ici question : petit triptyque portatif, destiné, d'après ses dimensions, non pas à la décoration d'une église ou d'une chapelle de couvent, mais à l'usage particulier de quelque riche personnage qui, sans doute, en a fait la commande lui-même et a prié le peintre de l'y représenter. Cela suppose, si je ne me trompe, des rapports personnels entre fra Giovanni et le cardinal dont le portrait figure au pied du Crucifix.

Or, comment supposer que le cardinal Dominici ait pu nouer de tels rapports avec fra Angelico? Je ne sais même si jamais ils se sont rencontrés. Quand le jeune homme de dix-neuf ans que nous appelons l'Angelico se présenta pour

---

1. Par exemple, dans les médaillons placés au-dessous de la fresque du Crucifiement de la salle capitulaire du couvent de Saint-Marc, ou encore dans le Jugement dernier de l'Académie des beaux-arts de Florence.
2. Il n'a été admis par l'Église au nombre des Bienheureux et son culte n'a été approuvé que par un bref de Grégoire XVI du 9 avril 1832.

la première fois, avec son frère, au couvent de Fiesole, demandant à recevoir l'habit de dominicain (1407), le fondateur de ce monastère, Dominici, l'avait déjà quitté; dès le mois de novembre de l'année précédente, il avait accepté une mission des Florentins et s'était rendu à Rome afin d'empêcher les cardinaux de donner, s'il en était temps encore, un successeur à Innocent VII[1]. Il ne put rien empêcher; mais, à partir de ce jour, sa vie cessa d'être mêlée à celle des communautés toscanes[2]. Retenu à la cour du nouveau pape ou par lui employé en des missions lointaines, bientôt devenu son confident, son conseiller le plus écouté, Dominici est nommé d'abord archevêque de Raguse, puis cardinal (9 mai 1408); il suit Grégoire XII dans toutes ses pérégrinations, à Cividale, dans le Frioul, à Gaëte, à Rimini, en attendant qu'il aille porter sa démission au concile de Constance (1415). Les travaux du concile le retiennent plusieurs années en Allemagne, après quoi, sur l'ordre de Martin V, il se dirige vers la Bohême, puis vers la Hongrie; il y meurt, à Bude, le 10 juin 1419. Au cours de cette existence errante et agitée, je doute que la réputation à peine naissante du jeune peintre qui faisait alors tout au plus ses débuts à Cortone ou à Foligno[3] soit parvenue jusqu'à Dominici. En tout cas, on ne se figure guère le membre du concile de Constance, le légat du pape en Bohême commandant de loin à l'Angelico le précieux meuble d'oratoire dont il est en ce moment question.

Une objection pourtant est ici à prévoir. L'Angelico n'a-t-il pas pu représenter aussi bien Dominici sur ce triptyque qu'au bas du célèbre Crucifiement de la salle capitulaire du couvent de Saint-Marc[4], où se lit, dans l'un des médaillons, l'inscription suivante : *Beatus Johannes Dominicus de Florentia, cardinalis XXII^{us}?* Mais l'authenticité de ce portrait, plusieurs fois reproduit[5], n'est rien moins que certaine. Il est même douteux que ce soit un portrait. Les

---

1. *Epistolarum Leonardi Aretini libri octo* (Bâle, 1535, in-8°), p. 48.
2. Je ne sais sur quel fondement s'appuie le P. Marchese (*op. cit.*, t. I, p. 293) pour attribuer à Jean Dominici les démarches qui aboutirent, vers 1418, à la réintégration de la communauté de fra Angelico dans le couvent de Fiesole; son récit me paraît ici d'autant plus sujet à caution qu'il donne aussi un rôle, dans cette affaire, à Grégoire XII, lequel avait abdiqué dès 1415 et était mort en 1417.
3. Cavalcaselle et Crowe, t. II, p. 353; E. Müntz, *Florence et la Toscane* (Paris, 1897, in-fol.), p. 392; Langton Douglas, *Fra Angelico*, p. 26.
4. Voir *Acta Sanctorum junii*, t. II, p. 396; Augustin Rösler, *Cardinal Johannes Dominici* (Fribourg-en-Brisgau, 1893, in-8°), etc.
5. Le fait est certain pour le prétendu portrait de saint Antonin; il y a aussi des raisons particulières de douter de l'attribution d'un médaillon à Jean Dominici (P. Marchese, t. I, p. 329; Cavalcaselle et Crowe, t. II, p. 379; Vasari, éd. Milanesi, t. II, p. 508, note).

inscriptions actuelles de la salle capitulaire ne remontent pas au temps de fra Angelico; le maître avait sans doute représenté quelques-unes des gloires de son ordre sous des traits de fantaisie qui ont été, par la suite, attribués au hasard à tel ou tel cardinal ou prélat. Nul ne saurait affirmer que fra Giovanni ait compté mettre la figure de Dominici au bas de son Crucifiement.

Si donc, pour les raisons indiquées ci-dessus, on écarte Jean Dominici, l'idée viendra peut-être d'identifier le cardinal dominicain de notre triptyque avec un autre prélat quelque peu postérieur, Jean de Casanova.

Autre Frère Prêcheur, de Barcelone celui-là, et confesseur du roi d'Aragon. Il devint maître du sacré Palais (1418), évêque d'Elne (1425), enfin cardinal (8 novembre 1430)[1]. Il commença par donner dans les écarts du concile de Bâle[2], et Eugène IV se vit amené à le priver de ses bénéfices. Mais, bientôt rétabli dans toutes ses dignités (15 décembre 1433)[3], Casanova devint le défenseur de la suprématie pontificale[4]. Quand le pape, chassé de Rome, se réfugia à Florence (23 juin 1434), il n'avait auprès de lui d'autre cardinal que Casanova. Casanova ne cessa pas de lui tenir compagnie en exil et mourut, en cette même ville de Florence, vingt mois plus tard, le 1er mars 1436[5]. Durant ce séjour de Florence, il est certain que Casanova put entendre parler de l'artiste que possédait le couvent tout proche de Fiesole. Rien ne s'oppose absolument à ce qu'il y ait fait alors la connaissance de fra Angelico. Il se pourrait même, à la rigueur, qu'il lui eût commandé le triptyque du Crucifiement. Notre tableau daterait, en ce cas, environ de 1435.

A vrai dire, dans ce qu'on sait du cardinal de Casanova, rien ne permet d'affirmer qu'il ait eu le moindre goût pour les arts. Théologien et canoniste, on lui reconnaît ces qualités : amateur de tableaux, ce serait un nouveau titre auquel il ne semblait avoir jusqu'ici aucun droit.

---

1. K. Eubel, *Hierarchia catholica medii aevi*, t. I, p. 33, 248; t. II, p. 7; cf. *Gallia christiana*, t. VI, col. 1062.
2. Il est encore présent à la cour d'Eugène IV le 12 février 1432 (Labbe, t. XII, col. 937), mais fait exhiber sa procuration devant le concile de Bâle, le 6 septembre suivant, au cours de la sixième session (*ibid.*, col. 495).
3. Rinaldi, *Annales ecclesiastici*, t. IX, p. 164.
4. Dans un écrit *De potestate Papae super Concilium*, qui ne se confond peut-être pas avec un *Tractatus contra schismaticos Basilienses*, cité également par Quétif et Echard (*Scriptores ordinis Praedicatorum*, t. I, p. 791).
5. *Istoric Fiorentine* (Muratori, t. XIX, col. 976-979); K. Eubel, t. II, p. 28, note 25a; *Amplissima collectio*, t. VIII, col. 802.

C'est ce qui m'encourage à émettre une troisième et dernière hypothèse, infiniment plus séduisante.

Si l'on écarte Dominici, si l'on écarte Casanova, le petit problème que j'ai posé est résolu d'avance, attendu qu'à l'époque de fra Angelico il n'y a eu, en dehors de ces deux hommes, qu'un religieux de l'ordre de Saint-Dominique qui ait été revêtu de la pourpre cardinalice[1]. Ce cardinal dominicain n'est autre que le prélat dont je parlais en commençant, dont les relations avec le maître paraissent indéniables : c'est Jean de Torquemada.

Un cardinal de la cour d'Eugène IV et de Nicolas V, un savant s'intéressant aux arts, un dominicain ayant vécu de longues années à Rome, côte à côte avec fra Giovanni, ayant peut-être habité et, en tout cas, fréquenté le couvent de la Minerve, où résidait le Beato, y ayant entrepris d'importantes constructions, y ayant élu sa sépulture, n'est-ce pas là l'homme qui, vraisemblablement, a dû commander à fra Angelico ce petit tableau d'oratoire? N'est-ce pas la figure de Torquemada qui doit être ici représentée au pied du Christ mourant?

Je crois rendre cette hypothèse encore plus vraisemblable en faisant remarquer que Torquemada, non seulement employait des artistes pour son compte et commandait des tableaux ou des fresques, mais faisait volontiers représenter sa propre image. Deux fois au moins, à ma connaissance, le fameux cardinal s'est fait peindre.

Les fresques exécutées par son ordre dans le pourtour du cloître de la Minerve ont disparu; mais il en subsiste un trait dans le recueil des *Meditationes reverendissimi patris domini Johannis de Turrecremata*, ouvrage imprimé à Rome par Ulrich Hahn dès 1467. Or, parmi des sujets tirés de l'Ancien et du Nouveau Testament, j'y remarque une composition où se voit, agenouillé devant saint Sixte, un cardinal de l'ordre des Frères Prêcheurs, et la prière suivante se lit au bas de l'image :

Gloriosus certe et mirabilis in sancto Sixto apparuisti, bone Jhesu, dum ei et in confessione inconcussam Dei virtutem et in passione gloriosam victoriam contulisti.

---

[1]. Je ne parle pas de Leonardo Dati, général des Dominicains, qui, s'il fut réellement créé cardinal par Martin V, ce que l'on conteste, mourut peu de jours après, le 17 mars 1425, avant même, dit-on, que la nouvelle lui en fût parvenue. Je parle encore moins de Jean de Stojkovich ou de Raguse, autre dominicain, fait cardinal à Bâle, le 12 octobre 1440, par l'antipape Félix V, et qui mourut probablement au mois d'octobre 1443 (*Monumenta conciliorum generalium seculi decimi quinti*, t. I, p. viii et suiv.).

O pastor eximie, basis firmitatis, adamas costantie, doris puritatis, Sixte, fons clementie, rivus largitatis, *militantem me in acie sub titulo tue Sanctitatis*, post cursum presentis vite junge cum beatis.

Torquemada ayant été cardinal-prêtre du titre de Saint-Sixte, nul doute qu'il ne soit le personnage ainsi figuré sur le mur du cloître de la Minerve. Premier portrait contemporain du « Défenseur de la foi. »

Il y en a un second. La chapelle de la confrérie de l'Annonciation, construite aux frais du cardinal dans la même église de la Minerve, contient un tableau attribué généralement aujourd'hui à Antoniasso Romano; on y remarque Torquemada, qui présente à la Vierge trois jeunes filles pauvres, auxquelles celle-ci remet des bourses bien garnies.

Il ne me paraît pas téméraire de supposer que le cardinal si curieux de voir ses traits reproduits par le pinceau des peintres a commandé aussi le portrait exécuté par fra Angelico.

Au surplus, les deux portraits de la Minerve devraient nous fournir d'utiles termes de comparaison. Il n'en est rien en ce qui concerne le portrait du cloître. Les illustrations d'Ulrich Hahn ont une physionomie tudesque que ne présentaient certainement pas les fresques originales : pour la reconstitution des traits de Torquemada, il n'y a rien à tirer de la figure agenouillée devant saint Sixte dans le recueil des *Meditationes*, indigne caricature du « Défenseur de la foi. »

Il en est autrement du tableau de la chapelle de la Minerve, où l'auteur, quel qu'il soit, de cette composition s'est appliqué à reproduire les traits du cardinal, mais postérieurement à 1460, date de la fondation de la confrérie, et peut-être peu avant la mort de Torquemada, survenue le 26 septembre 1468. Celui-ci avait alors près de quatre-vingts ans. De là les rides de la face, la lourdeur des chairs, la déformation de la bouche, par suite de l'absence des dents. Cependant, en tenant compte de ces changements produits par l'âge et aussi de la différence de procédés des deux artistes, il n'est pas impossible de reconnaître dans le viellard de la chapelle de l'Annonciation l'homme mûr de notre triptyque. Fra Angelico l'aura peint, je suppose, peu après son arrivée à Rome, vers 1447[1], en l'idéalisant, d'ailleurs, suivant son habitude[2].

---

1. Il est possible aussi, comme on l'a vu, qu'il ait peint Torquemada vers 1441, pendant son séjour à Florence.
2. Cf. F. Müntz, *Histoire de l'art pendant la Renaissance*, t. I, p. 654.

Les portraits de la main du Beato sont rares. Nous ne possédons plus ceux de Nicolas V, de l'empereur Frédéric III, de Ferdinand d'Aragon, de l'archevêque Antonin de Florence et de Flavio Biondo qu'on remarquait, paraît-il, dans la fresque de la chapelle du Saint-Sacrement[1]. J'ai cru d'autant plus utile de signaler celui-ci, dans lequel il m'a paru légitime de reconnaître l'image du célèbre cardinal espagnol Jean de Torquemada.

1. Voir Langton Douglas, *op. cit.*, p. 120.

DEUX

STATUETTES DE BRONZE

DU XIVᵉ SIÈCLE

(Planche XXV)

Par le Marquis de Vogüé

Membre résidant.

La rareté relative des statuettes de bronze françaises datant du XIVᵉ siècle donne un certain intérêt aux deux figures dont la planche XXV offre la reproduction. Ni le Musée du Louvre, ni le Musée de Cluny, ni la collection Dutuit n'en renferment d'analogues. Guettés par le creuset, les objets de métal ont plus difficilement encore que les objets de pierre, de bois ou d'ivoire, traversé les révolutions de la mode et celles de la politique. Les deux statuettes de ma collection ont échappé à toutes ces causes de destruction. Je les ai trouvées, il y a une quarantaine d'années, chez un modeste marchand de bric-à-brac d'une ville des Pyrénées; je n'ai pu obtenir aucun renseignement sur leur provenance.

Elles représentent des anges, des « angelots, » sous la figure de jeunes hommes, imberbes, d'une stature élancée. Le corps est légèrement infléchi à gauche, d'un mouvement élégant, qui laisse pressentir le déhanchement, si en faveur à la fin du XIVᵉ siècle. Les têtes sont petites[1], d'un modelé juste et ferme; les cheveux, abondants, ceints par un cordon, encadrent le visage d'une couronne de boucles juvéniles. Ces anges sont vêtus de longues robes, légèrement maintenues à la taille par une mince ceinture, largement dégagées autour du cou, avec des manches serrées aux poignets. Elles tombent en larges plis verticaux, vigoureusement accentués, qui se brisent sans exagération au contact du sol et des pieds nus des personnages. Sur la robe est jeté un man-

---

[1] L'une des figures a sept têtes de hauteur, l'autre sept et demie.

teau, qui rappelle la toge romaine par sa forme, sinon par son ajustement, et qui, traversant le milieu du corps de ses plis étagés, laisse un des bras découvert, et, relevé par l'autre, est rejeté sur l'épaule et retombe dans le dos. Ces draperies sont d'un bon style, naturel et vigoureux. Les mains, d'un bon modelé, sont tendues en avant et ouvertes; elles portaient un objet difficile aujourd'hui à déterminer, dans l'ignorance où nous sommes de la composition à laquelle appartenaient ces figures d'anges. Faisaient-elles partie de la décoration d'une châsse, d'un autel, accompagnaient-elles une scène évangélique? Nous ne saurions le dire. D'après les analogies, on peut supposer qu'elles soutenaient soit de petits reliquaires, soit des phylactères, ou, comme on disait au moyen âge, des « brefs » portant des inscriptions appropriées au sujet[1]. Dans le dos de chacun des personnages étaient fixées des ailes, qui ont disparu. Pour rendre aux figures leur véritable caractère, il faut rétablir par la pensée les plumes fines et acérées de ces deux appendices qui, continuant le mouvement du corps de leurs lignes parallèles et hardies, en complétaient le galbe élégant et distingué. Les statuettes sont posées sur des socles d'un bon profil, dont le plan est un triangle aux angles abattus. On peut déduire de cette forme que les figures étaient isolées. Elles ont été dorées; mais la dorure a presque entièrement disparu. Les orfèvres du moyen âge, au témoignage du moine Théophile, éprouvaient de grandes difficultés pour dorer le bronze.

Nous avons assigné à ces statuettes la première moitié du XIVe siècle et nous les considérons comme un produit de l'art français. Nous ne pouvons citer comme point de comparaison aucun monument de bronze analogue, puisque nous n'en connaissons pas; mais les monuments de pierre, dont on peut les rapprocher, sont très nombreux. Il nous suffira de rappeler les charmants bas-reliefs qui décorent extérieurement les chapelles absidales de Notre-Dame de Paris; la merveilleuse « Vierge dorée » de la cathédrale d'Amiens; les grands anges qui flanquent la porte occidentale de Saint-Martin de Laon[2] et qui tiennent des chandeliers, dans une attitude et avec des draperies qui rappellent singulièrement celles de nos figures; de nombreuses sculptures de Reims, de Saint-Denis, de Rouen, de toute la région spécialement française, et, parmi les petits monuments, la remarquable Vierge d'argent doré de Jeanne d'Évreux

---

1. « Figurae que singulae teneant singulos breves... et aptabis unicuique... testimonia... quae sunt brevibus inscribenda » (Theophilus, *Diversarum artium Schedula*, liv. III, cap. LXI).
2. Courajod, *Catalogue raisonné du Musée du Trocadéro*, n°s 605, 606.

(1339), conservée au Musée du Louvre ; le triptyque d'ivoire de Saint-Sulpice du Tarn, conservé au Musée de Cluny ; les deux personnages qui, au registre inférieur de ce triptyque, accompagnent le Christ et tiennent l'un le calice, l'autre le pain eucharistique, offrent avec nos anges les plus frappantes analogies. Tous ces monuments se distinguent par les qualités de l'art français, la mesure, le goût, le naturel, le sentiment juste de la forme et l'élégance des attitudes. Quand, vers la fin du XIVe siècle, l'influence flamande dominera, le déhanchement des personnages augmentera, leurs proportions deviendront plus trapues, une certaine tendance à l'exagération multipliera les plis des draperies, accentuera leurs brisures devenues plus nombreuses et plus anguleuses, les anges, aux chevelures bouffantes, aux dalmatiques brodées et rehaussées de pierreries, perdront de leur naïve simplicité.

Il nous a paru intéressant de rechercher par quels procédés techniques ces statuettes avaient été exécutées. Le métal est un alliage, dont voici la composition :

Cuivre	91	75
Zinc	6	40
Étain	1	75
Divers	»	10
Total . . .	100	» »

Il se rapproche donc beaucoup plus du *laiton* que du *bronze*. C'est l'alliage que le moine Théophile appelle *aurichalcum* et qui s'obtenait en chauffant dans un creuset un sixième de calamine grillée mélangée de charbon et cinq sixièmes de cuivre. La température à laquelle l'oxyde de zinc se réduit étant inférieure à celle de la fusion du cuivre, tout le zinc de la calamine était concentré liquide au fond du creuset lorsque le cuivre entrait en fusion : le mélange des deux métaux s'opérait naturellement, un fort brassage rendait la matière homogène et propre au coulage.

Nos deux statuettes ont été coulées en plusieurs pièces, qui ont été ensuite assemblées. La tête et les mains ont été fondues à cire perdue, suivant le procédé minutieusement décrit par le moine Théophile et dont la tradition s'était maintenue depuis l'antiquité. Quant aux corps, ils ont été fondus chacun en deux pièces, séparées par un joint qui, prenant de chaque côté du cou, descend verticalement jusqu'aux pieds. Chacune de ces pièces a été coulée dans un moule en deux parties, dont la partie supérieure, formant demi-noyau, laissait entre elle et le creux de la partie inférieure l'espace très étroit destiné au métal; l'épaisseur de celui-ci varie ainsi entre un et deux millimètres. Ce procédé suppose l'existence d'un modèle complet, qui servait à prendre successivement le creux de chacune des pièces, et qui était soit en bois, soit en terre cuite, soit en terre cuite recouverte de cire; ses saillies étaient disposées de manière à être d'une « dépouille » facile. Les creux avaient été moulés dans un sable assez maigre, dont il reste quelques traces dans l'intérieur des statuettes. Les ailes, fondues séparément, avaient été fixées aux épaules par des goujons avant la réunion des deux pièces formant le corps. Ces deux pièces ont, ensuite, été soudées au feu, sans doute par l'interposition de la pâte décrite par Théophile et qui était composée de lie de vin calcinée[1] et de limaille d'un alliage de cuivre et d'argent. La soudure d'une des figures n'ayant pas complètement réussi, on la consolida à l'aide de deux tiges de fer traversant le corps, l'une au-dessous de la poitrine, l'autre au-dessous des genoux, et rivées sans doute à chaud dans de petites cavités circulaires entaillées dans le bronze; ces cavités ont été, ensuite, remplies de métal coulé. De même, la tête est maintenue à l'aide d'une tige de fer rivée d'un côté au sommet du crâne et de l'autre dans une plaque de métal qui ferme l'extrémité inférieure de la statuette; cette plaque porte, en outre, une douille à pas de vis qui sert à visser la figure sur sa base.

Aujourd'hui, les diverses soudures que comporte ce travail seraient exécutées au chalumeau. On ne saurait affirmer que ce procédé, tel qu'il est pratiqué de nos jours, fût connu au XIVe siècle. Il est permis de penser pourtant que le procédé mis en œuvre par les auteurs de nos statuettes se rapprochait de celui du chalumeau. Au XIIe et au XIIIe siècles, d'après le moine Théophile (III, 31) et les auteurs analysés par M. Berthelot (*La chimie au moyen âge*, I, p. 197), la soudure s'effectuait en entourant les pièces à souder de charbons incandescents et en soufflant légèrement : *leniter sufflabis, longo flatu*, dit Théophile; cette expression semble supposer l'usage, non du soufflet de peau, mais du tube actionné par la bouche humaine. Il ne faut pas oublier que le premier soufflet fut un roseau; c'était celui des fondeurs d'or égyptiens; ce dut être celui des orfèvres du moyen âge. En l'appliquant aux charbons qui entouraient une sou-

---

1. Bitartrate de potasse, transformé en carbonate par la calcination; d'autres auteurs du moyen âge conseillent, sous le nom de *borax*, plusieurs autres sels alcalins.

dure, ces orfèvres durent apprendre à diriger sur le métal les courtes flammes que dégagent les charbons et furent ainsi conduits à leur substituer la flamme plus longue d'un flambeau ou d'une lampe. A quelle époque se fit cette substitution ? Nous ne saurions le dire, tout en étant assez disposé à penser qu'elle remonte au moyen âge. La soudure des délicates pièces d'orfèvrerie des xive et xve siècles ne se conçoit guère autrement.

Nous avons dit que nos figures avaient été dorées, mais que la dorure avait presque entièrement disparu. Théophile, en décrivant les procédés de dorure usités de son temps, observe que la dorure sur bronze et même sur laiton (*aurichalcum*) est plus difficile à réussir que sur argent ou même sur cuivre pur : l'exemple de nos figures justifie cette observation.

Mais, avant d'être dorées, les statuettes ont certainement été ciselées. Les défauts de la fonte ont été corrigés, les traits de la face, le mouvement des draperies ont été accentués à l'aide des outils décrits par le moine Théophile, limes de formes variées, ciseaux, burins et racloirs, *ferra fossoria et rasoria*.

C'est sans doute pendant ce travail suprême que fut gravée sur le dos d'une des figurines une inscription que l'on s'étonne d'y trouver ; elle est en caractères hébraïques. Quoique d'une exécution assez négligée, elle suppose chez celui qui l'a tracée l'habitude de l'écriture hébraïque et l'usage d'outils professionnels. Les lettres ont d'abord été tracées légèrement à l'aide d'un burin, puis reprises par un pointillé assez profond qui accuse l'emploi d'un poinçon assez fort, poussé à coups de marteau et provoquant autour de chaque point la formation d'un bourrelet de métal soulevé. Ce travail semble n'avoir pu être exécuté qu'à l'étau d'un atelier régulier, sans doute par l'ouvrier même qui a ciselé la pièce. Il est difficile de croire que cet ouvrier fût un érudit sachant l'hébreu ; il est plus naturel de penser que cet ouvrier était un Juif. Les communautés juives de Paris, Sens, Troyes, Orléans... étaient prospères au commencement du xive siècle ; je n'en veux pour preuve que les terribles exactions auxquelles les soumit la fiscalité de Philippe le Bel : trois fois elles furent expulsées de France et trois fois rappelées par ce roi besogneux : parmi les persécutés, il y eut des défaillances, des conversions plus ou moins sincères : on peut supposer qu'un Juif sachant travailler le métal s'est mis au service d'un orfèvre chrétien et, son travail achevé, a voulu évoquer le souvenir de ses origines, sous une forme incompréhensible pour ses compagnons d'atelier. Elle n'est guère plus compréhensible pour nous, car le sens de l'inscription est très obscur. On est réduit aux hypothèses. J'étais tenté de lire לא תרצח en supposant une confusion, assez fréquente, entre le ע et le צ. C'est le cinquième commandement du décalogue : *tu ne tueras pas*, protestation muette du proscrit contre la violence dont il a subi la menace. Mon savant confrère M. Derenbourg préfère lire : לא תרעה; *tu ne la briseras pas*, sous-entendu *la statue;* mystérieuse recommandation de l'artiste en faveur de son œuvre. Peut-être les lettres sont-elles des abréviations dont le sens n'était connu que de l'auteur? Quoi qu'il en soit, la présence de cette énigme ajoute à l'intérêt qu'offrent, au point de vue de l'art et des procédés techniques du moyen âge français, les deux petits monuments que nous venons de décrire.

UN MONUMENT D'ORFÈVRERIE FRANÇAISE

DU XIIIe SIÈCLE

(Planche XVI)

Par M. Émile Molinier

Membre résidant.

I.

En juillet 1902, à Bourges, en démolissant un mur, on découvrit divers fragments d'orfèvrerie datant du moyen âge et, parmi ces fragments, une figure complète dont on peut voir l'image sur la planche XVI.

Cette figure (haut. : 0^{m}34; larg. : 0^{m}18) était loin d'être intacte, et il est probable que le jour même où elle avait été cachée, dans des circonstances qu'on tâchera plus loin d'élucider, elle avait déjà subi plus d'une injure assez grave.

D'un très fort relief, fabriquée en argent battu, repoussé et doré, certaines parties avaient cédé sous un choc extérieur et s'étaient aplaties; d'autres parties, vers le bas de la figure, étaient déchirées; le tout était assez profondément oxydé et il a fallu toute la science et l'habileté technique de M. Alfred André pour remettre la sculpture en état, lui rendre son originale beauté et son incontestable grandeur.

A première vue, on s'aperçoit qu'on est en face d'un fragment d'une grande composition, comportant sans doute de nombreux personnages. Cet homme debout, vêtu d'une robe serrée à la taille par une ceinture et d'un long manteau rejeté derrière les épaules, où il est maintenu par un cordon noué à l'ardillon d'une affique placée sur la poitrine, chaussé de souliers découverts, serrés sur le cou-de-pied par des lanières et des boutons, à la barbe et aux cheveux longs, couronné, ne peut être qu'un Roi.

Mais, dans cet ordre d'idées, le champ des hypothèses est assez vaste. S'agit-il ici d'un donateur, en adoration, les mains jointes en face d'une image du Christ ou d'une figure de la Vierge? Cela serait possible, bien que les donateurs soient surtout représentés à genoux. A la rigueur, on peut supposer telle scène exprimée en relief, dans laquelle l'attitude d'un personnage debout eût été plus convenable pour faire équilibre en quelque sorte à d'autres parties de la composition.

S'agit-il, au contraire, d'un Roi ayant fait partie d'une scène bien fréquemment reproduite par les artistes du moyen âge, l'Adoration des rois, par exemple? Cette hypothèse est beaucoup plus probable; car il est à remarquer que, dans l'iconographie telle qu'elle a été pratiquée en Occident à l'époque où a été fabriquée cette œuvre d'art, l'Adoration des rois comporte trois personnages, dont un est prosterné, les deux autres étant debout, attendant leur tour pour présenter leurs hommages et leurs présents au Sauveur. Si, à dire vrai, l'attitude de ces deux personnages debout est sensiblement différente de celle que nous voyons adopter ici pour un personnage unique, — l'un des rois montrant à son compagnon l'étoile qui les a guidés vers Bethléem, — rien n'empêche de supposer que les dispositions architecturales du monument considéré dans son ensemble ont forcé l'artiste à déroger sur certains points aux règles iconographiques généralement admises. On serait donc disposé à reconnaître dans ce personnage la figure de l'un des mages.

II.

A quelle époque doit-on attribuer ce monument? S'il est permis d'émettre plusieurs hypothèses sur sa signification, tout en reconnaissant qu'il a dû faire partie d'un ensemble considérable, il est possible d'être plus affirmatif sur la date. Le style de la sculpture, la disposition des draperies, fort simples et sans maniérisme, la coiffure, la barbe, dont l'arrangement est si caractéristique, permettent de penser que ce monument a vu le jour en France dans la seconde moitié du XIIIe siècle, à l'époque de Philippe le Hardi. Je ne pense pas qu'on puisse le considérer comme un spécimen d'une époque plus tardive, du commencement du XIVe siècle par exemple. Pour ce temps, on conserve encore fort heureusement quelques monuments datés, exécutés en orfèvrerie, telle la belle Vierge donnée par la reine Jeanne d'Évreux à l'abbaye de Saint-Denis, aujourd'hui au Louvre. Ce monument, du premier tiers du XIVe siècle, est

Roi, en argent repoussé et doré. Partie supérieure de la figure.
(Collection de M. G. Hœntschel.)

déjà d'un art sensiblement plus maniéré, et ce n'est guère que dans les sculptures de la seconde moitié du xiiie siècle qu'on trouverait, au point de vue du style, des œuvres aussi simples que le Roi de la collection Georges Hœntschel.

L'examen de la couronne qui ceint la tête du personnage, sa forme, les filigranes qui la décorent viennent encore confirmer cette opinion.

Il est certainement bien inutile ici de se répandre en éloges sur cette figure; il est des objets que l'on admire d'instinct sans qu'il soit besoin de les entourer de longues considérations esthétiques. Mais il me sera bien permis de dire que, dans l'état actuel de nos connaissances, aucune autre figure en orfèvrerie du moyen âge français, sauf la Vierge donnée par Jeanne d'Évreux, dont j'ai parlé tout à l'heure, n'atteint à la hauteur de conception, à l'élégance simple, à la grandeur de ce morceau de métal. Celui qui l'a conçu et exécuté était un aussi grand artiste que les imagiers des cathédrales et que les plus habiles ivoiriers. Désormais, il faudra compter le *Roi* de la collection Hœntschel au nombre des chefs-d'œuvre de la plastique française du xiiie siècle.

III.

Est-il possible de formuler une hypothèse au sujet de l'origine et de la destination de cette figure?

A tout hasard j'émettrai une opinion que les circonstances de la trouvaille rendent au moins vraisemblable.

On sait qu'en 1562, lors de la prise de Bourges par le comte de Montgommery, le Trésor de la cathédrale, dont plusieurs inventaires anciens nous attestent la richesse, fut en grande partie détruit. Si Montgommery emporta de riches dépouilles, une partie cependant des objets en métal précieux lui échappa. Avant la prise de la ville, le Chapitre avait pris soin de « dessembler les grandes reliques de ladicte église » et de les faire mettre en pièces pour plus facilement les transporter. On plaça le tout dans des coffres, qui furent mis dans des fosses recouvertes de dalles, dans le jardin d'une maison canoniale; d'autres pièces furent emmurées. Après le départ des huguenots, les reliquaires furent déterrés, puis cassés et fondus. Qui sait si, à ce moment, quelques pièces ne furent point détournées ou oubliées dans leur cachette? La chose est possible, et, dès lors, on serait amené à identifier le bas-relief de la collection Hœntschel avec une partie d'un grand reliquaire, de la châsse des Innocents que les inventaires anciens décrivent et qui disparaît dans les inventaires postérieurs à 1562[1]. Or, sur cette châsse des Innocents, ornée de bas-reliefs en argent doré, un grand bas-relief représentait précisément l'Adoration des rois mages. Voici la description de cette châsse, telle qu'elle a été publiée par le baron de Girardot dans les *Mémoires de la Société des Antiquaires de France*[2], d'après un inventaire de 1537. Nous donnons ici ce texte en respectant toutes ses imperfections auxquelles, d'ailleurs, le lecteur remédiera facilement avec un peu d'attention :

« 15. Item une chasse d'argent doré appelée la chasse des Innocents, en « la quelle a quatre pieds de cuivre doré en forme de quatre imaiges pourtant « la dite chape (*sic ;* lisez : chasse) à quatre pans, et à l'ung des grands pans a « l'histoire Ntre Dame allant en Egypte il y a un imaige de demye [bosse] et à « l'aultre... a l'istoire de l'occision des Innocents contenant cinq imaiges de « demye [bosse] et en l'aultre petit a l'istoire de la lapidation de monsieur Sct « Estienne, contenant deulx imaiges et une main en huisset et en l'aultre petit a « l'istoire du martyr mons[r] St. Laurent contenant cinq imaiges, et tout autour « desd. pans y a xiiii esmaulx où sont figurez plusieurs imaiges, et au fonds de « lad. chasse y a l'anuntiation Ntre Dame contenant deulx imaiges et ung Dieu « le père et plusieurs petits imaiges avec ung pot de lis tout à demye [bosse]... « *et de l'aultre cousté dud. fais y a le mystère des trois roys contenant cinq grans* « *imaiges, ung petit et deux testes et un arbre, le tout de demye [bosse]* et aux « deulx pignons de lad. chasse y a seize feuilles petites et deulx grans par les « deulx bouts et au dessus dud. fais dix crestes et autour de la couverture par « le bas y a xxxii petites feuilles, poisant tout iiii[xx] xv m. v onces[3]. »

Il me parait, quant à moi, plus que probable que le *Roi* de la collection Hœntschel a fait partie du *Mystère des trois rois*, représenté en bas-relief sur cette châsse des Innocents. C'est une hypothèse, mais une hypothèse qui est rendue vraisemblable par l'examen de la pièce, par la matière qui la compose, par les circonstances qui ont entouré sa découverte.

P.-S. — M. Gauchery, architecte à Vierzon, a eu l'extrême obligeance de m'envoyer une note détaillée sur les circonstances de cette trouvaille ; je l'en remercie vivement et je suis heureux de pouvoir mettre sous les yeux du lec-

---

1. On retrouve une châsse des Innocents beaucoup plus tard dans le trésor de la cathédrale. Mais celle-là provenait du Trésor de la Sainte-Chapelle de Bourges.
2. T. XXIV (1859), p. 193-272.
3. *Ibid.*, p. 210.

teur les passages les plus essentiels de ce document réellement intéressant pour l'histoire des origines de l'objet.

« Cette statuette a été trouvée en juillet 1902 par deux maçons, ouvriers de M. Bernard, entrepreneur à Bourges. Ils démolissaient les pans de bois d'une vieille maison appartenant à M. Massey, bourrelier, rue de Juranville, à Bourges. Cette rue, ouverte depuis plus de vingt ans, a été faite en élargissant les anciens boulevards plantés sur les fortifications du XIIIe siècle, surplombant le fossé où coule un bras de la rivière d'Yèvre.

« La maison Massey devait être de la paroisse Saint-Médard; elle était en face de l'abbaye bénédictine de Saint-Sulpice, située hors les murs; elle en était donc séparée par le fossé et les fortifications.

« La date de sa construction est difficile à préciser, car je ne me souviens pas d'avoir vu des profils de moulures. Elle pouvait remonter au XVe ou XVIe siècle, époques où ont été construites à Bourges beaucoup de maisons en pans de bois. Le rez-de-chaussée de cette maison était assez bas, il avait pu être habité autrefois; depuis, il servait de cave ou de magasin; il était bâti en maçonnerie de moellons. Le mur se continuait au-dessus du plancher sur un mètre environ de hauteur, et le reste de la maison, c'est-à-dire le grenier, était en pans de bois. Nous nommons ainsi un ensemble de poteaux et croix de Saint-André qui surmonte le mur en maçonnerie assez épais, 0^{m}60 à 0^{m}70. Ici, il y avait sur les deux faces du mur deux pans de bois de chacun 0^{m}16 d'épaisseur, ne se touchant pas et appartenant l'un à M. Massey, l'autre au voisin, M. Moreau, boulanger.

« Les pièces de charpente de pans de bois laissent des vides rectangulaires ou triangulaires que l'on bouche soit par des planches jointives clouées sur les pièces de charpente, soit par des portions de maçonnerie de moellon et mortier. On conçoit qu'une telle construction est peu solide à cause de ses matériaux et de son peu d'épaisseur. Souvent la maçonnerie mal entretenue se démolit dans ces vides de charpente, et ceci forme des alvéoles. Entre les deux pans de bois, il existe un vide dans toute la hauteur, puisque l'épaisseur des deux pans de bois ne fait pas l'épaisseur du mur qui les supporte. On nomme cela, dans les usages locaux, la *ruelle au chat*.

« J'ai cru nécessaire d'entrer dans ces longues explications avant de parler des circonstances de la trouvaille. Les ouvriers étaient donc sur le solivage du grenier et avaient démoli presque tous les remplissages du pan de bois en jetant les graviers dans la rue; il restait environ 0^{m}60 de remplissage, ce qui faisait, avec le mur en maçonnerie dépassant le grenier, 1^{m}50 au-dessus du plancher. Les deux maçons occupés à cette besogne se nommaient Charlon et Auclerc. Ils firent tomber ces 0^{m}60 de remplissage et, après la poussière abattue, ils s'apprêtaient à jeter les graviers dans la rue quand ils virent tous deux une plaque de métal bossuée. L'un d'eux, Charlon, se baissa pour la ramasser, croyant avoir affaire à un morceau de fer-blanc ou de zinc, quand il aperçut dans le bossuage un relief représentant un roi avec sa couronne. N'en soupçonnant pas du tout la valeur, son camarade le laissa faire et ils montrèrent leur trouvaille au propriétaire de la maison, M. Massey. Ce dernier, ignorant aussi l'intérêt de l'objet, demanda à le garder pour le fixer chez lui : les ouvriers y consentirent, et ils trinquèrent ensemble. Massey garda la pièce chez lui peu de temps. Voulant savoir quelle était la nature du métal, il lui donna un coup de lime (qui se voyait encore quand M. Hœntschel m'a montré la statuette).

« Intrigué par les pierreries de la couronne et par le brillant du métal, mis à nu par la lime, Massey alla la porter chez M. Blinet, horloger à Bourges, qui lui assura que c'était de l'argent doré. »

TABLE DES MATIÈRES

	Pages
Bureau de la Société pour l'année 1904	ɪ
Commission des impressions	ɪ
Commission de publication des *Mettensia*	ɪ
Commission des fonds	ɪ
Commission du Centenaire	ɪ
Membres honoraires au 1ᵉʳ avril 1904	ɪɪ
Correspondants étrangers honoraires au 1ᵉʳ avril 1904	ɪɪɪ
Membres résidants au 1ᵉʳ avril 1904	ɪᴠ
Liste des anciens membres de l'Académie celtique (1804-1814) et de la Société des Antiquaires de France (1814-1904)	ᴠɪɪ

RECUEIL DE MÉMOIRES

I. — *Relation de la bataille de Rocroy par le duc d'Alburquerque*. Document publié par la duchesse d'Albe, comtesse de Siruela, correspondant étranger honoraire.	1
II. — *Avotis*, par M. H. d'Arbois de Jubainville, membre résidant	15
III. — *Camée représentant Lucius Verus*, par M. E. Babelon, membre résidant.	17
IV. — *Note sur Jean Goujon*, par M. Germain Bapst, membre résidant	21
V. — *Note sur quelques fibules franques*, par M. A. de Barthélemy, membre honoraire	25
VI. — *Le Trophée d'Auguste près de Monaco (La Turbie)*, par M. Otto Benndorf, correspondant étranger honoraire.	33
VII. — *Notes sur les épitaphes d'enfants dans l'épigraphie chrétienne primitive*, par l'abbé E. Beurlier, membre résidant	55
VIII. — *L'influence de la Sicile sur Massalia*, par M. Adrien Blanchet, membre résidant	61
IX. — *Quelques estampes primitives de la région de Douai*, par M. Henri Bouchot, membre résidant	69
X. — *Diane et Actéon sur une mosaïque africaine*, par M. René Cagnat, membre résidant	73
XI. — *Tête d'athlète trouvée en Égypte et conservée au Musée du Louvre*, par M. Max. Collignon, membre résidant.	81
XII. — *Remarques sur l'architecture dite gothique*, par M. Édouard Corroyer, membre résidant	87
XIII. — *Une charte historiée des Archives nationales*, par le comte Delaborde, membre résidant	93

XIV. — *Une lettre en partie autographe du roi Charles V*, par M. Léopold Delisle, membre honoraire 101
XV. — *Saint Melaine, évêque de Rennes*, par Mgr Louis Duchesne, membre résidant 105
XVI. — *La question des œuvres de jeunesse de Jean Fouquet*, par le comte Paul Durrieu, membre résidant 111
XVII. — *La cathédrale Saint-Jean de Beyrouth*, par M. Camille Enlart, membre résidant 121
XVIII. — *De l'influence de l'Académie celtique sur les études de folk-lore*, par M. Henri Gaidoz, membre résidant 135
XIX. — *La responsabilité littéraire de l'archonte chez les Athéniens*, par M. Paul Girard, membre résidant. 145
XX. — *La maison de la reine Blanche, du faubourg Saint-Marcel à Paris*, par M. Jules Guiffrey, membre résidant 153
XXI. — *Proverbes grecs*, par M. Amédée Hauvette, membre résidant 169
XXII. — *Ad Juvenal. sat. X, 41, 42*, par M. Wolfgang Helbig, correspondant étranger honoraire. 181
XXIII. — *La statuette d'argent de Saint-Honoré-les-Bains*, par M. Antoine Héron de Villefosse, membre honoraire 185
XXIV. — *Buste d'un flamine provenant de Villevieille (Gard)*, par M. Léon Heuzey, membre honoraire 199
XXV. — *Le Conseil des Gaules*, par M. Otto Hirschfeld, correspondant étranger honoraire 211
XXVI. — *Bas-relief funéraire de Delphes*, par M. Théophile Homolle, membre résidant 217
XXVII. — *Les divinités alexandrines chez les Parisii*, par M. Georges Lafaye, membre résidant 223
XXVIII. — *Restitution d'une inscription du XIe siècle*, par le comte de Lasteyrie, membre résidant 239
XXIX. — *Deux monuments du Musée de Vich (Espagne)*, par M. Eugène Lefèvre-Pontalis, membre résidant 247
XXX. — *L'étymologie du nom de Montmartre*, par M. Auguste Longnon, membre honoraire. 251
XXXI. — *Les jardins des Acilii*, par la comtesse Ersilia Caetani Lovatelli, correspondant étranger honoraire 255
XXXII. — *Sur le sens du mot « mi » en étrusque*, par M. Jules Martha, membre résidant 263
XXXIII. — *Cinq portraits du XIIIe siècle : Marie de Brabant; Blanche de France; Jean II de Brabant; Robert II d'Artois; Adenet Le Roi, ménestrel*, par M. Henri Martin, membre résidant 269
XXXIV. — *Les origines de Constantinople. Les dates de la dédicace et de l'inauguration; les travaux d'édification de la nouvelle capitale de Constantin*, par M. Jules Maurice, membre résidant 281
XXXV. — *Pétrarque et le symbolisme antique*, par M. F. de Mély, membre résidant. 292
XXXVI. — *Menhirs sculptés de la Corse*, par M. Étienne Michon, membre résidant. 299

TABLE DES MATIÈRES.

XXXVII. — *Les inscriptions chrétiennes de Carthage.* Recherches sur la chronologie de quelques formules et symboles, par M. Paul Monceaux, membre résidant 307

XXXVIII. — *Contributions à la numismatique de Gallien,* par le commandant Robert Mowat, membre résidant 315

XXXIX. — *Le Cabinet d'antiquités de Saint-Germain-des-Prés au XVIIIe siècle,* par M. Henri Omont, membre résidant 333

XL. — *Aperçu sommaire des sciences archéologiques en Russie,* par la comtesse Ouvaroff, correspondant étranger honoraire 357

XLI. — *Le consulat du jurisconsulte Salvius Julianus et le système des prénoms multiples,* par M. A. Clément Pallu de Lessert, membre résidant . . 369

XLII. — *Une statue de Dioclétien en porphyre,* par M. Louis Passy, membre résidant 377

XLIII. — *Une charte de Garin, évêque de Beauvais :* L'assemblée de Compiègne de 1023 ou 1024, par M. Maurice Prou, membre résidant 383

XLIV. — *Le bas-relief circulaire de Gabies,* par M. Charles Ravaisson-Mollien, membre résidant 399

XLV. — *Les « Empiriens »,* par M. Ulysse Robert, membre résidant 409

XLVI. — *Tessère inédite portant les noms de Zénon et Odoacre,* par M. Gustave Schlumberger, membre résidant 413

XLVII. — *La dédicace de l'église abbatiale de Méobecq en 1048,* par M. Henri Stein, membre résidant 417

XLVIII. — *Les graffites de l'autel de l'abbaye du Ham* (Musée de Valognes), par M. Joseph Tardif, membre résidant 423

XLIX. — *Inscription inédite de la caserne des Vigiles à Ostie,* par l'abbé Henry Thédenat, membre résidant 431

L. — *Les jetons de l'Académie celtique et de la Société des Antiquaires de France,* par M. Henry de La Tour, membre résidant 437

LI. — *L'institution du culte impérial dans les Trois Gaules,* par M. Jules Toutain, membre résidant 455

LII. — *Fra Angelico et le cardinal Jean de Torquemada,* par M. Noël Valois, membre résidant 461

LIII. — *Deux statuettes de bronze du XIVe siècle,* par le marquis de Vogüé, membre résidant 471

LIV. — *Un monument d'orfèvrerie française du XIIIe siècle,* par M. Émile Molinier, membre résidant 477

TABLE ALPHABÉTIQUE

PAR NOMS D'AUTEURS

		Pages
ALBE (Duchesse D')	Relation de la bataille de Rocroy par le duc d'Alburquerque	1
ARBOIS DE JUBAINVILLE (H. D')	Avotis	15
BABELON (E.)	Camée représentant Lucius Verus	17
BAPST (Germain)	Note sur Jean Goujon	21
BARTHÉLEMY (A. DE)	Note sur quelques fibules franques	25
BENNDORF (Otto)	Le Trophée d'Auguste près de Monaco (La Turbie)	33
BEURLIER (Abbé E.)	Notes sur les épitaphes d'enfants dans l'épigraphie chrétienne primitive	55
BLANCHET (Adrien)	L'influence de la Sicile sur Massalia	61
BOUCHOT (Henri)	Quelques estampes primitives de la région de Douai	69
CAGNAT (René)	Diane et Actéon sur une mosaïque africaine	73
CLÉMENT PALLU DE LESSERT (A.)	Le consulat du jurisconsulte Salvius Julianus et le système des prénoms multiples	369
COLLIGNON (Max.)	Tête d'athlète trouvée en Égypte et conservée au Musée du Louvre	81
CORROYER (Édouard)	Remarques sur l'architecture dite gothique	87
DELABORDE (Comte)	Une charte historiée des Archives nationales	93
DELISLE (Léopold)	Une lettre en partie autographe du roi Charles V	101
DUCHESNE (Mgr Louis)	Saint Melaine, évêque de Rennes	105
DURRIEU (Comte Paul)	La question des œuvres de jeunesse de Jean Fouquet	111
ENLART (Camille)	La cathédrale Saint-Jean de Beyrouth	121
GAIDOZ (Henri)	De l'influence de l'Académie celtique sur les études de folk-lore	135
GIRARD (Paul)	La responsabilité littéraire de l'archonte chez les Athéniens	145
GUIFFREY (Jules)	La maison de la reine Blanche du faubourg Saint-Marcel à Paris	153
HAUVETTE (Amédée)	Proverbes grecs	169
HELBIG (Wolfgang)	Ad Juvenal. sat. X, 41, 42	181
HÉRON DE VILLEFOSSE (Antoine)	La statuette d'argent de Saint-Honoré-les-Bains (Nièvre)	185
HEUZEY (Léon)	Buste d'un flamine provenant de Villevieille (Gard)	199

HIRSCHFELD (Otto)	Le Conseil des Gaules.	211
HOMOLLE (Théophile)	Bas-relief funéraire de Delphes.	217
LAFAYE (Georges)	Les divinités alexandrines chez les Parisii	223
LASTEYRIE (Comte DE)	Restitution d'une inscription du xie siècle	239
LA TOUR (Henri DE)	Les jetons de l'Académie celtique et de la Société des Antiquaires de France	437
LEFÈVRE-PONTALIS (Eugène)	Deux monuments du Musée de Vich (Espagne)	247
LONGNON (Auguste)	L'étymologie du nom de Montmartre	251
LOVATELLI (Ctesse Ersilia CAETANI)	Les jardins des Acilii	255
MARTHA (Jules)	Sur le sens du mot « mi » en étrusque	263
MARTIN (Henry)	Cinq portraits du xiiie siècle : Marie de Brabant; Blanche de France; Jean II de Brabant; Robert II d'Artois; Adenet Le Roi, ménestrel	269
MAURICE (Jules)	Les origines de Constantinople. Les dates de la dédicace et de l'inauguration; les travaux d'édification de la nouvelle capitale de Constantin.	281
MÉLY (Fernand DE)	Pétrarque et le symbolisme antique	292
MICHON (Étienne)	Menhirs sculptés de la Corse	299
MOLINIER (Émile)	Un monument d'orfèvrerie française du xiiie s.	477
MONCEAUX (Paul)	Les inscriptions chrétiennes de Carthage. Recherches sur la chronologie de quelques formules et symboles	307
MOWAT (Commandant Robert)	Contributions à la numismatique de Gallien.	315
OMONT (Henri)	Le Cabinet d'antiquités de Saint-Germain-des-Prés au xviiie siècle.	333
OUVAROFF (Comtesse)	Aperçu sommaire des sciences archéologiques en Russie.	357
PASSY (Louis)	Une statue de Dioclétien en porphyre.	377
PROU (Maurice)	Une charte de Garin, évêque de Beauvais, et l'assemblée de Compiègne de 1023 ou 1024	383
RAVAISSON-MOLLIEN (Charles)	Le bas-relief circulaire de Gabies	399
ROBERT (Ulysse)	Les « Empiriens »	409
SCHLUMBERGER (Gustave)	Tessère inédite portant les noms de Zénon et Odoacre	413
STEIN (Henri)	La dédicace de l'église abbatiale de Méobecq en 1048	417
TARDIF (Joseph)	Les graffites de l'autel de l'abbaye du Ham (Musée de Valognes).	423
THÉDENAT (Abbé Henry)	Inscription inédite de la caserne des Vigiles à Ostie.	431
TOUTAIN (Jules)	L'institution du culte impérial dans les Trois Gaules.	455
VALOIS (Noël)	Fra Angelico et le cardinal Jean de Torquemada.	461
VOGÜÉ (Marquis DE)	Deux statuettes de bronze du xive siècle	471

TABLE DES PLANCHES

I. — 1. Camée représentant l'empereur Lucius Verus; 2. Médaillon de bronze de Lucius Verus (Bibliothèque nationale; Cabinet des Médailles).
II. — Figures allégoriques par Jean Goujon, ornant un œil-de-bœuf du rez-de-chaussée de la Cour du Louvre.
III. — Le Trophée d'Auguste; aspect actuel des ruines de la Turbie.
IV. — Tête d'athlète trouvée en Égypte (Musée du Louvre).
V. — Charles V, sa famille et les moines de Royaumont (Archives nationales, J. 465, n. 48).
VI. — Une lettre en partie autographe du Roi Charles V (Musée Condé).
VII. — 1-2. Miniatures du « Frontin » de Bruxelles; 3. Émail du Musée du Louvre.
VIII. — Abside de la cathédrale Saint-Jean de Beyrouth.
IX. — Intérieur de la cathédrale Saint-Jean de Beyrouth.
X. — Divinité locale. Statuette votive en argent repoussé, trouvée à Saint-Honoré-les-Bains (Nièvre).
XI. — Buste d'un flamine trouvé à Villevieille (Gard) et conservé dans le Cabinet de M. Fernand Révil.
XII. — Bas-relief d'un apoxyomène (Musée de Delphes).
XIII. — Rétable en bois peint du XIIe siècle (Musée de Vich, Espagne).
XIV. — Ivoire de la fin du XIVe siècle (Musée de Vich, Espagne).
XV. — Cinq portraits du XIIIe siècle (Bibliothèque de l'Arsenal).
XVI. — Un Roi. Figure en argent repoussé et doré; art français, XIIIe siècle (Collection de M. G. Hœntschel).
XVII. — Médaillons et monnaies de Gallien.
XVIII-XIX. — Charte de Garin, évêque de Beauvais (Archives départementales du Pas-de-Calais).
XX-XXI. — Dédicace de l'église abbatiale de Méobecq, diocèse de Bourges.
XXII. — Portrait de Montfaucon, dessin à la sanguine par le graveur en médailles Jean du Vivier (Bibliothèque nationale; Cabinet des Médailles).
XXIII. — Jeton de l'Académie celtique. Projet par Augustin Dupré, graveur général des monnaies (Musée Carnavalet).
XXIV. — Panneau central d'un triptyque de Fra Angelico (ancienne collection Timbal).
XXV. — Deux statuettes de bronze du XIVe siècle (Cabinet du marquis de Vogüé).

LISTE DES GRAVURES

DANS LE TEXTE

	Pages
Fibule franque en or du Cabinet de France	27
Fibule franque trouvée à Thuillies (Hainaut)	27
Fibule franque du cimetière de Liverdun (Musée de Nancy)	28
Fibule franque du cimetière de Monceau-le-Neuf (Aisne)	29
Fibule franque trouvée à Ramèche, près de Namur	29
Fibule franque du cimetière de Liverdun (Meuse)	30
Fibule franque de Séry-les-Mézières (Cabinet de France)	31
Fibule franque du cimetière de Monceau-le-Neuf (Aisne)	31
Nero Claudius Drusus. Tête en marbre provenant de la Turbie et conservée au Musée de Copenhague (face et profil)	44
Médaille de Nero Claudius Drusus (Cabinet de France)	45
Fragment du Monument de la Turbie (Musée de Saint-Germain)	46
Forteresse de la Turbie. Dessin de Carlo Morello (1656)	48
Plan de la forteresse de la Turbie. Dessin de Carlo Morello (1656)	48
Restitution des « Tropaea Augusti », d'après le *Theatrum Pedemontii* de Gioffredi (1682)	49
« Tropaea Augusti ». Essai de reconstruction; esquisse de l'architecte W. Wilberg	50
« Tropaea Augusti ». Essai de reconstruction; esquisse de George Niemann	51
Restitution des « Tropaea Augusti », d'après une ancienne gravure italienne	52
Vue de la Turbie, d'après une ancienne gravure italienne	53
Obole de Massalia	61
Obole de Syracuse	62
Obole de Massalia	63
Monnaie massaliète	64
Monnaie de Syracuse	64
Revers d'une monnaie de Syracuse	65
Monnaie de Tauromenium	65
Le Jugement dernier. Estampe française de la région de Douai; xve siècle (Bibliothèque nationale; Département des Estampes : *Incunables*, n° 177)	71
Diane et Actéon; mosaïque découverte à Timgad	74
Diane et Actéon; scène gravée sur un morceau d'ambre	76
Diane et Actéon; scène d'un sarcophage du Louvre	77
Plan de l'église Saint-Jean de Beyrouth	123

LISTE DES GRAVURES DANS LE TEXTE.

Coupe transversale de l'église Saint-Jean de Beyrouth	125
Pilier du porche occidental de l'église Saint-Jean de Beyrouth	127
Corniches des absides de l'église Saint-Jean de Beyrouth	129
Détail de l'abside latérale du nord de l'église Saint-Jean de Beyrouth	130
Décoration surmontant la porte de l'escalier dans la cour de la maison portant le n° 19 rue des Gobelins à Paris	158
Plan d'ensemble des maisons situées rue des Gobelins n°s 17 et 19	159
Maison n° 19 de la rue des Gobelins, vue de la cour	160
Vue générale du bâtiment situé au fond de la cour, au n° 17 de la rue des Gobelins, avec sa tourelle d'angle	162
Départ de l'escalier logé dans la tourelle du bâtiment situé n° 17 dans la rue des Gobelins	163
Mercure; statuette votive, en argent repoussé, du Trésor de Bernay (Bibliothèque nationale; Cabinet des Médailles)	192
Statuette votive, en argent repoussé, trouvée en Syrie (Musée du Louvre; salle des bijoux antiques)	193
Esclave portant l'aryballe et les vêtements d'un athlète; fragment trouvé à Delphes	219
Figurine funéraire égyptienne, recueillie dans la Seine (Musée de Cluny)	236
Épitaphe du moine Humbert, de Montmajour. Partie gauche, d'après un estampage de Peiresc	241
Épitaphe du moine Humbert, de Montmajour. Partie droite, d'après un estampage de Peiresc	242
Épitaphe du moine Tetbaldus, d'après un estampage de Peiresc	244
Le Triomphe de l'Amour, d'après une estampe florentine du xv° siècle (British Museum)	291
Le Triomphe de la Chasteté, d'après une estampe florentine du xv° siècle (British Museum)	292
Le Triomphe de la Renommée, d'après une estampe florentine du xv° siècle (British Museum)	293
Le Triomphe du Temps, d'après une estampe florentine du xv° siècle (British Museum)	294
Le Triomphe de la Mort, d'après une estampe florentine du xv° siècle (British Museum)	295
Le Triomphe de la Divinité. Peinture de l'école de Botticelli (Oratoire de Sant' Ansano, près de Fiesole)	296
Menhir de Santa Maria (Corse)	301
Menhir de Capocastinco (Corse)	302
Tête du menhir de Capocastinco	302
Statue d'Apricciani, vue de la face antérieure	304
Statue d'Apricciani, vue de la face postérieure	305
Tête de la statue d'Apricciani	305
Monnaie d'Auguste	319
Grand bronze de Marc-Aurèle	326
Grand bronze de Lucius Verus	327
Restes d'une statue assise, en porphyre, provenant d'Alexandrie d'Égypte	379
Médaillon d'or de Dioclétien	381
Le bas-relief circulaire de Gabies, consacré à Mars	400

LISTE DES GRAVURES DANS LE TEXTE.

L'Amour réconcilie Mars et Vénus	402
Peinture de Pompéi	407
Tessère en bronze incrusté d'argent, portant les noms de Zénon et Odoacre	413
Graffites de l'autel de l'abbaye du Ham	425
Jeton de l'Académie celtique, gravé par Augustin Dupré	439
Jeton de la Société des Antiquaires de France, gravé par Depaulis	444
Portrait d'Alexis-Joseph Depaulis, graveur de médailles	451
Médaille de Bernard de Montfaucon gravée par Depaulis	452
Roi, en argent repoussé et doré; partie supérieure de la figure (collection de M. G. Hœntschel)	479

IMPRIMÉ
PAR
P. DAUPELEY-GOUVERNEUR
A NOGENT-LE-ROTROU

11 AVRIL 1904

Société des Antiquaires de France. Centenaire (1804-1904). Pl. I

1. CAMÉE REPRÉSENTANT L'EMPEREUR LUCIUS VERUS
2. MÉDAILLON DE BRONZE DE LUCIUS VERUS

(BIBLIOTHÈQUE NATIONALE ; CABINET DES MÉDAILLES)

FIGURES ALLÉGORIQUES PAR JEAN GOUJON
ORNANT UN ŒIL-DE-BŒUF DU REZ-DE-CHAUSSÉE
(COUR DU LOUVRE.)

Société des Antiquaires de France. Centenaire (1804-1904). Pl. III.

Héliog. Dujardin.

LE TROPHÉE D'AUGUSTE
(ASPECT ACTUEL DES RUINES DE LA TURBIE)

TÊTE D'ATHLÈTE
TROUVÉE EN ÉGYPTE
(MUSÉE DU LOUVRE)

CHARLES V, SA FAMILLE ET LES MOINES DE ROYAUMONT
(ARCHIVES NATIONALES, J. 465, N° 48.)

LETTRE EN PARTIE AUTOGRAPHE DU ROI CHARLES V
(MUSÉE CONDÉ)

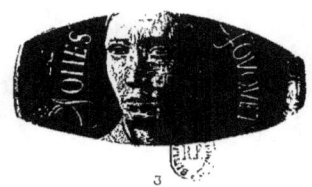

1. 2. MINIATURES DU « FRONTIN » DE BRUXELLES
3. ÉMAIL DU MUSÉE DU LOUVRE

Société des Antiquaires de France. Centenaire (1804-1904), Pl. VIII

ABSIDE DE LA CATHÉDRALE SAINT-JEAN DE BEYROUTH
(PHOTOGRAPHIE DE G. ENLART)

INTÉRIEUR DE LA CATHÉDRALE SAINT JEAN DE BEYROUTH

(PHOTOGRAPHIE DE C. ENLART.)

Société des Antiquaires de France. Centenaire (1804-1904). Pl. X

DIVINITÉ LOCALE. STATUETTE VOTIVE EN ARGENT REPOUSSÉ
TROUVÉE A SAINT-HONORÉ-LES-BAINS (NIÈVRE)

Société des Antiquaires de France. Centenaire (1804-1904). Pl. XI.

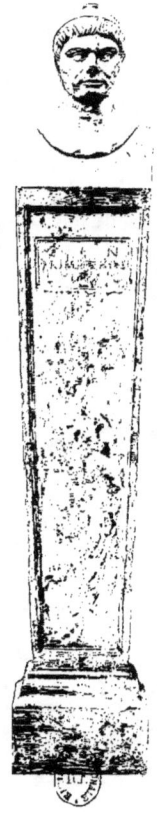

BUSTE D'UN FLAMINE
TROUVÉ A VILLEVIEILLE (GARD)
(CABINET DE M. FERNAND RÉVIL)

BAS-RELIEF D'UN APOXYOMÈNE
(MUSÉE DE DELPHES)

Société des Antiquaires de France.

Centenaire (1804-1904). Pl. XIII.

RÉTABLE EN BOIS PEINT DU XIIe SIÈCLE.
(MUSÉE DE VICH, ESPAGNE.)

Héliog Dujardin

E. Lefèvre-Pontalis Phot.

IVOIRE DE LA FIN DU XIVᵉ SIÈCLE
(MUSÉE DE VICH, ESPAGNE)

CINQ PORTRAITS DU XIIIe SIÈCLE
(BIBLIOTHÈQUE DE L'ARSENAL.)

Société des Antiquaires de France. Centenaire (1804-1904). Pl. XVI.

UN ROI
FIGURE EN ARGENT REPOUSSÉ ET DORÉ, ART FRANÇAIS XIIIᵉ SIÈCLE
(COLLECTION DE M. G. HŒNTSCHEL)

Société des Antiquaires de France. Centenaire (1804-1904). Pl. XVII.

MÉDAILLONS ET MONNAIES DE GALLIEN

Société des Antiquaires de France. Centenaire (1804-1904). Pl. XVIII-XIX

Cum primus fides catholica per mundum divulgari meruit, cepere multas per orbem ecclesias fideli et uere cultores feruentissimi iure hereditario concessisse. Denique sub trifario biduinis seculi imitator, Sigiramnus dux de turonice urbis insignis archi loco qui milleberc dicitur regnante dagoberto clotarii ... altitudine quidem operis humile, sed uirtutum incremento ... tum modum fundauit missis ad seruiendum monachis ... pordine peragrans qualiter in aquitanie partibus per ui ... eidem sci apli cui etc aliquid sibi pie concedere deberet. Qui uisus ... dedisse reliquias rasorum scilicet sci PETRI forpices ... sepul celebrasse misterium. Sed et etiam breuissimas barbe uel cap taq, loco huic honestissime eo misit, ubi remota omni dubietate ... sci Sigiramni fuit aecta. Adest adei pseple dedicatione du monachum non minima multitudo. Ad suri etiam episcopi inter utiq, ad honore xpi sponsi sponse sue hec dote corlatissime ... onhostis hoste inuadat. Nullus prepotens uir pium aliquid peregrini quoq secur ii uenerit ad aecclam hanc ac redeun ... tuli tomodo hoste ut inimica sentiat. Corroborat aute ... sime benedicet les omnib honore ei ut reuerer, uel iam p̄s inferent ib, ita ut sca materis a ecclē introitū omni cui per eueniut, satis faciant, destructa reedificent do diluant.

Facta est aute dedicatio aeccle sci PETRI hui milleb ab incarnatione quoq, dni MILLE XL III an̄ hec non AIMONE presule BITURICAS in ciui tat ...

...cinas diuinitier monui melle dulces ex amaris cepit effi
...atur construxisse. construccas ppriaes res uel pdia
...q; comisisse; Hos igtr inquantu potuit scs sius teporib;
...quipter plurimas quas diuer sis in locis psenti etia
am in honore sci PETRI aplí construxit ęcclam mag
liter altam; Nam pol tquia uir scs ex iuxta ptitule
grin° adut. ubi aromano papa cui gallus nomen inerat
sci PETRI oratoriu construxisset. Adcui op dereliquis
...uidi benigne do inspirante annuentis. Subnotatas ei
...cuicegna. necnon & altare sup quod sum ille apls sacru pba
...siones. queutiq; oma SIGIRAN scs roma greta e detulit delu
...opls fidelis nonambigite; Sed succedente noua marcoxiqui qua
...duer sis locis popls. A uestmona choru clericorq; seu sci
...mirie pt puinciehs pontifex pater scilicet AIMO. qui
tale. ut nullus sit qui inta uice ipsiu psequi aliqi psumal.
...emo taride alicui uim ut inuria omnino inferre audeat
...habeant. ut quicuq; aceptm & amicidi fideliter uenerit
au hoc i foem glorios antistes sed & epi qui eos sum dulci
oshac amarissime mele di contra cui tris ei uiolentiam
...t. tu xristianis consolciu um non habeat odner ęccle
...addat. culpas tandem sacrilegu penitus poeniten

...SIS. III NON SEPTBR. DIE SABBATI. LUNA XX.I
REGNANTE HENRICO REGE FRANCOR.
...ver presiōīense

Société des Antiquaires de France. Centenaire (1804-1904). Pl. XXII

PORTRAIT DE MONTFAUCON

DESSIN A LA SANGUINE PAR LE GRAVEUR EN MÉDAILLES JEAN DU VIVIER

(BIBLIOTHÈQUE NATIONALE; CABINET DES MÉDAILLES)

Société des Antiquaires de France. Centenaire (1804-1904). Pl. XXIII

JETON DE L'ACADÉMIE CELTIQUE
PROJET PAR AUGUSTIN DUPRÉ, GRAVEUR GÉNÉRAL DES MONNAIES
(MUSÉE CARNAVALET)

Société des Antiquaires de France. Centenaire (1804-1904). Pl. XXIV.

PANNEAU CENTRAL D'UN TRIPTYQUE DE FRA ANGELICO
(ANCIENNE COLLECTION TIMBAL)

Société des Antiquaires de France. Centenaire (1804-1904) Pl. XXV.

DEUX STATUETTES EN BRONZE DU XIVᵉ SIÈCLE
(CABINET DE M. LE MARQUIS DE VOGÜÉ)

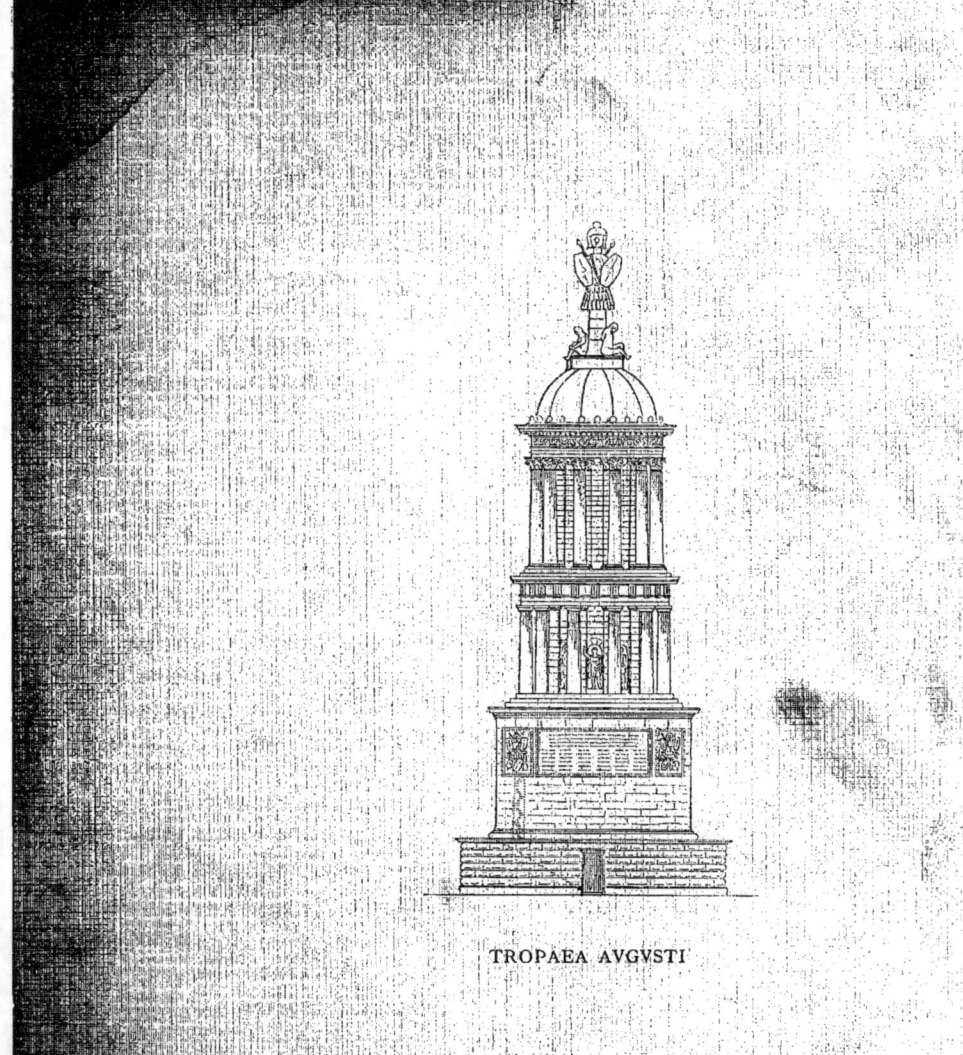
TROPAEA AVGVSTI

www.ingramcontent.com/pod-product-compliance
Lightning Source LLC
Chambersburg PA
CBHW050422240426
43661CB00055B/2244